Myriam Fröschle-Mess

**Gesundheitsförderung in einem Industrieunternehmen**

WIRTSCHAFTSWISSENSCHAFT

Myriam Fröschle-Mess

# Gesundheitsförderung in einem Industrieunternehmen

## Eine salutogenetische Perspektive

Mit einem Geleitwort von Prof. Dr. Heiner Keupp

Deutscher Universitäts-Verlag

Bibliografische Information Der Deutschen Bibliothek
Die Deutsche Bibliothek verzeichnet diese Publikation in der Deutschen Nationalbibliografie; detaillierte bibliografische Daten sind im Internet über <http://dnb.ddb.de> abrufbar.

Dissertation Ludwig-Maximilians-Universität München, 2004

1. Auflage September 2005



Lektorat: Ute Wrasmann / Britta Göhrisch-Radmacher

Der Deutsche Universitäts-Verlag ist ein Unternehmen von Springer Science+Business Media.
www.duv.de



Umschlaggestaltung: Regine Zimmer, Dipl.-Designerin, Frankfurt/Main

Gedruckt auf säurefreiem und chlorfrei gebleichtem Papier

ISBN-13:978-3-8350-0111-4 e-ISBN-13:978-3-322-82132-4
DOI: 10.1007/978-3-322-82132-4

# Geleitwort

Es ist keine neue Erkenntnis, dass Menschen, die sich psychisch und körperlich wohl fühlen, in jeder Hinsicht produktiver sind. Von daher müsste jeder Betrieb ein hohes Interesse an einer optimalen Gesundheitsförderung seiner MitarbeiterInnen haben. Wenn dann ein Großbetrieb spezielle Maßnahmen zur Gesundheitsförderung plant und einführt, ist die Vermutung nahe liegend, dass hier diese Grundvoraussetzung gegeben ist. Und wenn dann noch ein Stipendium vergeben wird, auf dessen Grundlage die nachhaltige Effizienz der eingeleiteten Maßnahmen evaluiert werden soll, dann sieht man auf jeden Fall erst einmal günstige Perspektiven für ein echtes Interesse an einer wirksamen Gesundheitsförderung in diesem Unternehmen. So in etwa dürfte die Ausgangsposition von Myriam Fröschle-Mess gewesen sein, als sie in dieses Gesundheitsförderprojekt als interne Angestellte mit Begeisterung einstieg. Sie legt jetzt mit ihrem Buch einen Bericht vor, der nicht zuletzt auch die Geschichte eines Projektes ist, das unter Bedingungen des globalisierten Kapitalismus keine Chance zu einer nachhaltig wirksamen Realisierung hatte. Vielleicht wird hier ein Lehrstück für den Widerspruch von positiven inhaltlichen Ansprüchen und den kurzfristigen ökonomischen Interessen, der keine produktive Lösung mehr findet, dokumentiert.

Es stellt sich also die Frage, ob Gesundheitsförderung im Betrieb, insofern keine kurzfristige Gewinnsteigerung damit erzielt werden kann, ein echtes Anliegen von Betrieben sein kann oder ob es nur rhetorische Kosmetik darstellt.

Mit unerschütterlichem Optimismus und Leidenschaftlichkeit hat Myriam Fröschle-Mess in einem international erfolgreichen Großbetrieb Projekte zur Gesundheitsförderung aufgebaut und sich dabei bemüht, möglichst alle Hierarchieebenen mit einzubinden. Das ist durchaus in wichtigen Teilschritten gelungen und es war dann ihr Anliegen, die nachhaltige Wirksamkeit der initiierten Maßnahmen auch zu evaluieren. Das jetzt vorliegende Buch gibt einen spannenden Einblick in dieses praxisbezogene Feldexperiment.

Im Aufbau ihres Buches rekonstruiert Myriam Fröschle-Mess nach der Formulierung ihrer Hauptfragestellungen zunächst einmal die aktuelle Basisphilosophie der Gesundheitsförderung unter spezieller Berücksichtigung ihrer Anwendung auf die betriebliche Gesundheitsförderung. Um die Perspektive der Salutogenese formulieren zu können, führt sie ihre LeserInnen historisch und philosophisch an das Thema Gesundheit heran und zeigt, wie stark die jeweils historisch bestimmenden Vorstellungen von Gesundheit und Krankheit von gesellschaftlichen und ideologischen Rahmenbedingungen geprägt sind und wie sie – im Unterschied zu biomedizinischen Vorstellungen – als soziale Konstruktionen betrachtet werden müssen. Das Modell von Aaron Antonovsky zur Salutogenese wird als das gegenwärtig wichtigste Basiskonzept der Gesundheitsförderung vorgestellt und diskutiert und die Erweiterungen dieses Modells durch Alexa Franke und Toni Faltermaier plausibel gemacht. Gerade die Arbeiten von Faltermaier, die die Alltagstheorien von Laien untersucht und mit dem Konzept des Gesundheitsbewusstseins zu einer wichtigen Weiterführung der salutogenetischen Perspektive beigetragen haben, werden im weiteren Verlauf des Forschungsprojektes von Myriam Fröschle-Mess einen zentralen Stellenwert bekommen.

Wenn das Salutogenesekonzept die theoretische Basis für eine zeitgemäße Gesundheitsförderung liefert, dann sind es die Ottawa-Charta und die weiterführende Jakarta-Erklärung der Weltgesundheitsorganisation, die einen Rahmen für eine kongeniale Umsetzung in die Praxis der Gesundheitsförderung geliefert haben. Die operative Konkretisierung dieser WHO-Philosophie liefern Konzepte wie Empowerment, Partizipation, Bewältigungsressourcen und soziales Kapital in

Form von sozialen Netzwerken, die von Myriam Fröschle-Mess präzise formuliert werden.

Nachdem Myriam Fröschle-Mess in den ersten Kapiteln mit beeindruckender Kompetenz eine tragfähige konzeptuelle Basis der betrieblichen Gesundheitsförderung gezimmert hat und nachdem sie weiterhin ihren konkreten Handlungsauftrag in dem spezifischen Unternehmen umrissen hat, gibt sie im folgenden Kapitel einen differenzierten Einblick in ihre Forschungswerkstatt. Den LeserInnen wird die Chance eingeräumt, jeden Forschungsschritt nachzuvollziehen. Schön finde ich, dass die Autorin ihre Leser mit diesen handwerklichen Spezialinstrumenten nicht überfordert und gleichwohl die Chance bietet, ihr Vorgehen im Detail mitverfolgen zu können.

Sehr wichtig sind auch die Reflexionen von Myriam Fröschle-Mess zu ihrer eigenen Rolle als Aktionsforscherin, die mit unterschiedlichen und teils konfligierenden Rollenerwartungen umzugehen hatte, die in einem machtbestimmten sozialen Raum immer wieder auch zu Loyalitätskonflikten führen können. Die Vor- und Nachteile von „Membership"- und Forscherinnenrolle werden reflektiert. Nicht unerheblich waren auch die Auswirkungen der Veränderungsdynamiken im Betrieb selbst, der im Untersuchungszeitraum an einen US-amerikanischen Konzern verkauft wurde und in dem sich auf den Führungsebenen das Personalkarussell munter drehte. Das führte auch zu schwierigen Pendelbewegungen in bezug auf die Relevanz und Akzeptanz des begonnenen Projektes des Gesundheitsmanagements. Es schwankte in der Wahrnehmung der Führungsetage zwischen hoher Akzeptanz und Desinteresse. Zu Recht betont Myriam Fröschle-Mess, dass es für sie von großer Bedeutung war, dass sie in der Auswertungsphase nicht mehr im Unternehmen verortet war, sondern jetzt mit einer räumlichen und persönlichen Distanz ihr Material auswerten konnte.

Bei der Analyse der gesundheitsbezogenen Alltagstheorien orientiert sich Myriam Fröschle-Mess an der Typologie von Faltermaier.

Seine Unterscheidung in „Schalter-“, „Batterie-“, „Akkumulator-“ und „Generator-Modell“ erwies sich als tragfähig und die Gesamtstichprobe konnte diesen unterschiedlichen Modellen zugeordnet werden. Hier erwies sich nicht zuletzt auch die Metaphernanalyse als sinnvoll. Bei der Verteilung der Modelltypen gab es bemerkenswerte Unterschiede zu der Untersuchung von Faltermaier, die die Autorin gut nachvollziehbar auf die unterschiedlichen Zielgruppen der beiden Studien zurückführt. Plausibel erklärt Myriam Fröschle-Mess diese Unterschiede und auch Abweichungen von Idealtypen aus spezifischen Kontextfaktoren. Hierbei stellen sich die konkrete Berufsrolle und die Stellung innerhalb der Unternehmenshierarchie als besonders prägend heraus. Man könnte es auch so formulieren: Die befragten Personen konstruieren sich ihre eigenen Gesundheitsvorstellungen und vor allem die auf das Unternehmen bezogenen jeweils so, dass sie in ihren Konstrukten eine Passung von Person und Kontext zu erlangen versuchen. Die sich zugeschriebene Selbstwirksamkeit oder auch das Gefühl, auf die Arbeitsbedingungen wenig Einfluss nehmen zu können und ihnen eher ausgeliefert zu sein, unterscheidet sich offensichtlich sehr und kann vor allem auf strukturelle Positionseffekte innerhalb des Machtraums Unternehmen zurückgeführt werden. Hier erfolgen auch Weichenstellungen für den Zugang zu spezifischen Ressourcen, die sich im Positionsgefüge ungleich verteilen.

Im Grunde hängen alle positiven Perspektiven von Gesundheitsförderung, die Myriam Fröschle-Mess in ihren „Schlussfolgerungen“ und „Empfehlungen“ ausführt, an dieser widersprüchlichen Konstellation. Wir verfügen über ein großes Wissensreservoir über gesundheitsförderliche Arbeitsbedingungen und wir wissen letztlich auch aus Jahrzehnten betriebs- und arbeitspsychologischer Forschung, dass die Schaffung humaner und damit auch gesundheitsförderlicher Formen menschlicher Arbeit den Unternehmen langfristig nutzen. Aber dieses Wissen bekommt offensichtlich nicht den Stellenwert, den es längst haben müsste. Trotzdem ist es erforderlich, immer wieder erneut dieses Wissen zu aktivieren und in Empfehlungen zu einer betrieblichen Gesundheitsförderung zu übersetzen. Es ist bewundernswert, wie Myriam Fröschle-Mess diese Sisyphosarbeit auf sich nimmt. Mir selbst fällt es schwer, diese geduldige, vernunft- und wissensbasierte sowie auf das Prinzip Hoffnung setzende Haltung aufzubringen. Ich sehe unverändert und eher verstärkt die Dominanz des Profitdenkens, das ja auch politisch kaum mehr eine Zähmung erfährt.

Heiner Keupp

# Vorwort

Der Begriff Gesundheit wird oftmals als ein hoher Wert im Leben beschrieben. Jedoch klaffen manches Mal ideelle Wertvorstellungen von gelebten Handlungskonzepten auseinander. Mitunter mag das an ungünstigen Rahmenbedingungen im Lebensumfeld liegen, die eine gesundheitsförderliche Lebensweise stark beeinträchtigen oder erst gar nicht ermöglichen.

Wo und vor allem wie kann demnach Gesundheit entstehen? Eine hohe Bedeutung kommt hierbei dem Arbeitsfeld zu. Denn über 30 Millionen Menschen in Deutschland sind den größten Teil des Tages in abhängiger Arbeit beschäftigt.

Im Zuge der Globalisierung und des gesellschaftlichen Wertewandels, der sich in den kapitalistischen Industrienationen seit den Humanisierungsbewegungen des Arbeitslebens in den 70er-Jahren und vermehrt seit den 90er-Jahren vollzogen hat, gewinnt auch das Thema Gesundheit und dessen Förderung innerhalb der Rahmengestaltung der betrieblichen Organisation zunehmend an Bedeutung. Persönlichkeitsentwicklung, Selbstverwirklichung und Eigeninitiative sollen gefördert werden, damit Erwerbstätige über neue Entfaltungs- und Selbstverwirklichungsmöglichkeiten ihre Motivation zur Leistung und zur Weiterentwicklung ihrer Fähigkeiten erhöhen und dementsprechend das Unternehmen durch die Arbeitskraft eine größere Kapazität an Leistungsfähigkeit erhält. Ziel ist eine Gewinnmaximierung des wirtschaftlichen Erfolgs.

Um Motivation, Leistungsfähigkeit und Engagement nachhaltig zu erhalten und zu fördern, betrachten Unternehmen es als eine Chance, teilweise über den im Rahmen des Arbeitsrechts verordneten Arbeitsschutz hinaus, ein betriebliches Gesundheitsmanagement zu implementieren. Leitbild gibt dazu die Ottawa-Charta der WHO mit ihren Empfehlungen zur Schaffung gesundheitsförderlicher Verhältnisse.

Angesichts der gesellschaftlichen Diskurse über Werteverlust und Wertewandel wie auch über unterschiedliche Zielausrichtungen hinsichtlich neoliberaler und kommunitaristischer Haltungen von Ökonomen und Sozialwissenschaftlern stellt sich die Frage, inwieweit die wirtschaftlich ausgerichteten Profitorganisationen ihre soziale und ökologische Verantwortung wahrnehmen und sich in Zusammenhang mit ihren Bestrebungen nach Profitmaximierung mit ethischen Fragen der Menschenwürde auseinander setzen.

Die vorliegende empirische Untersuchung setzte sich zum Ziel, die Prozesse während einer Implementierung von Gesundheitsmanagement in einem Industrieunternehmen zu erforschen und zu hinterfragen. Dabei war von Interesse, inwieweit sich Sichtweisen von betriebsinternen Gesundheitsexperten und Laien, Führungskräften auf oberster und mittlerer Führungsebene und Erwerbstätigen der MitarbeiterInnenebene aufgrund ihrer verschiedenen Aufgaben, Rollen, Positionen und Funktionen unterscheiden würden.

Die Untersuchung stützte sich bezüglich ihres methodischen Designs auf die Denkweisen der „Qualitativen Sozialforschung". In Einzelbefragungen wurden Erwerbstätige verschiedener hierarchischer Positionen eines Unternehmens zu ihren subjektiven Vorstellungen von Gesundheit und gesundheitsbezogenen Handlungsstrategien, zur Relevanz von Gesundheit im Unternehmen sowie zu gesundheitsbezogenen Maßnahmen für eine effektive Gesundheitsförderung befragt.

Aus den Befunden ergab sich, dass eine hierarchisch arbeitsteilige Organisationsform ungleichwertige Beziehungen herstellt und begünstigt und darüber ungleiche Zugangsmöglichkeiten zu Ressourcen schafft. Salutogenetisch orientiertes Handlungspotenzial wird dementsprechend nicht gefördert und die Möglichkeiten für eine salutogenetisch ausgerichtete Gesundheitsförderung dadurch stark beeinträchtigt. Die Erweiterung von Handlungs- und Dispositionsspielräumen und deren Gestaltungsmöglichkeiten stellte sich daher als eine gesundheitsförderliche Maßnahme heraus.

Darüber hinaus hat sich auch durch Vergleich mit der herangezogenen wissenschaftlichen Literatur bestätigt, dass soziale Ungleichheit eine gesundheitsbezogene Verhaltens- und Handlungsweise behindert und demzufolge die Schaffung geeigneter Rahmenbedingungen von großer Bedeutung für eine effektive salutogenetisch orientierte Gesundheitsförderung ist.

In Befragungen von MitarbeiterInnen aus der Fertigung und Mitarbeitern, die sich als Gesundheitsexperten für die Gestaltung human sozialer Projekte betriebsintern einsetzen, stellten sich soziale Handlungskompetenzen als außerordentlich geeignet heraus, um den beruflichen Alltag erfolgreich zu bewältigen. Als in besonderer Weise unterstützend dafür bewerteten die Interviewpartner dabei soziale Unterstützung innerhalb einer vernetzten, solidarischen Gemeinschaft sowie soziale Anerkennung durch KollegInnen und Führungskräfte wie auch die Möglichkeit zur Partizipation. Transparente, berechenbare Prozessabläufe, klare Kommunikationsstrukturen und eine gute Kooperation kristallisierten sich ebenfalls als wichtige Komponenten dafür heraus.

Insgesamt ergab sich der Befund, dass über die Implementierung einer Betrieblichen Gesundheitsförderung, die salutogenetisch ausgerichtet ist, das Human- und Sozialkapital nachhaltig verbessert und damit langfristig ein wertvoller Beitrag für den Geschäftserfolg des Unternehmens und seine Wettbewerbsfähigkeit auf dem globalen Markt geleistet werden kann.

Des Weiteren hat sich gezeigt, dass ein Unternehmen als Teil dieses gesellschaftlichen Systems einerseits für die Gestaltung gesundheitsbezogener Verhältnisse verantwortlich, aber andererseits auch von gesamtgesellschaftlichen Bewegungen abhängig ist. Daraus ergibt sich die Schlussfolgerung, dass insgesamt ein Umdenken in der Gesellschaft notwendig ist, um eine demokratische und gesundheitsförderliche Gesellschaftsform weiterhin aufrechterhalten und fördern zu können.

Mit der vorliegenden Dissertation, die an der Ludwig-Maximilian-Universität am Institut für Psychologie im Zeitraum von drei Jahren entstand, soll ein Beitrag für eine auf den arbeitenden Menschen zugeschnittene Gesundheitsförderung geleistet werden. Mithilfe salutogenetisch ausgerichteter Gesundheitsförderkonzepte sollen die Passungsprozesse zwischen ArbeitnehmerInnen im Rahmen ihrer Berufsrolle im Unternehmen und dessen Anforderungsstrukturen dahingehend verbessert werden, dass das Gelingen individueller Identitätsarbeit unterstützt und damit eine gesundheitsförderliche Lebensweise ermöglicht und gefördert werden kann.

In der Auseinandersetzung mit verschiedenen Konzepten der Gesundheitsförderung und Prävention während meiner Tätigkeit im Unternehmen NOVA beeindruckte mich das Salutogenesekonzept von Aaron Antonovsky am meisten, da es eine ressourcen- und lösungsorientierte prospektive Perspektive innerhalb der Gesundheitsförderung eröffnet. Angeregt durch die Untersuchungen von Toni Faltermaier, auf die mich mein Doktorvater Heiner Keupp aufmerksam machte, stellte ich die verschiedenen salutogenetischen Handlungskonzepte beziehungsweise subjektiven Gesundheitskonzepte von MitarbeiterInnen aus verschiedenen hierarchischen Ebenen des Unternehmens NOVA in den Mittelpunkt meines Forschungsinteresses.

Auf diese Weise gelang es mir schließlich, neue Perspektiven einer salutogenetisch orientierten betrieblichen Gesundheitsförderung aufzuzeigen und Empfehlungen für die im Implementierungsprozess notwendigen Rahmenbedingungen vorzuschlagen.

Besonders wichtig ist aus meiner Sicht in diesem Zusammenhang darauf zu achten, dass die Subjektivität des arbeitenden Menschen im Rahmen eines betrieblichen Gesundheitsmanagementkonzeptes zukünftig bewahrt und geschützt bleibt. An dieser Stelle will die vorliegende Arbeit auf die Bedeutung einer reflexiven Sichtweise und Vorgehensweise bei der Konzipierung oder Anwendung aktueller Managementkonzepte allgemein hinweisen.

## Danksagung

Diese Dissertation verdankt verschiedenen Personen sehr viel.

An erster Stelle möchte ich meinem Doktorvater Prof. Dr. Heiner Keupp für seine stets zur Verfügung gestellte, zuverlässige und sehr herzliche Unterstützung danken. Mithilfe seiner kritischen und fein differenzierten Anregungen konnte ich meine Arbeit auch nur zu diesem erfolgreichen Ende bringen.

Seine wissenschaftliche Sichtweise reflexiver Sozialpsychologie hat mich überdies maßgeblich für meine weitere berufliche Entwicklung geprägt.

Weiterhin möchte ich auch PDin Dr. Monika Jungbauer-Gans für Ihre hilfreichen Anmerkungen danken sowie Prof. Dr. Ulrich Beck für die Bereitstellung als dritten Prüfer.

Ebenso gilt mein Dank Prof. Dr. Egon Endres, der mich mit einigen fachlichen Anregungen unterstützte.

Großen Dank möchte ich auch meinem Supervisor aussprechen. Aufgrund seiner professionellen Unterstützung gelang es mir, die Schwierigkeiten, die sich aus der Position einer Aktionsforscherin vor Ort ergaben, besser zu reflektieren und damit eine qualitativ saubere Auswertung der Ergebnisse sicher zu stellen.

Im Weiteren möchte ich mich bei dem damaligen Personal- und Arbeitsdirektor des Unternehmens NOVA bedanken. Aufgrund seiner Zustimmung zu meinem Forschungsprojekt konnte diese empirische Untersuchung erst ermöglicht werden.

Einen herzlichen Dank auch an alle InterviewpartnerInnen für ihr großes Interesse am Thema und die ausgiebige Zeit, die sie in die Gespräche investierten. Dank ihrer Offenheit und dem Vertrauen, das mir in den Interviews entgegengebracht wurde, entstanden sehr kritische wie auch reichhaltige Ergebnisse, die dieser Studie erst zu ihrer Qualität verhalfen.

Nicht zuletzt möchte ich auch herzlich meinem Mann Manfred und meiner Mutter Stephanie für das geduldige Korrekturlesen und die moralische Unterstützung danken, wodurch ich in der Endphase der Fertigstellung sehr wertvoll unterstützt wurde.

Mein besonderer Dank gilt ferner Anja Rohde, die mit ihrem grafischen Know-how für das professionelle Design sowohl der vorliegenden Buchausgabe als auch der Version zur Abgabe an der Universität verantwortlich ist. Zudem möchte ich mich bei ihr an dieser Stelle auch für das aufmerksame Korrekturlesen bedanken. Ihre aufheiternden E-Mails halfen mir, auch noch am Schluss kurz vor Abgabe die Freude am Arbeiten zu erhalten.

Ebenso danke ich Gudrun Beck-Heirler für die sorgfältige und zügige Transkription der Interviews.

Zudem möchte ich mich recht herzlich beim Deutschen Universitäts-Verlag DUV für das Interesse an meiner Arbeit und der guten zuverlässigen Zusammenarbeit bedanken, insbesondere bei meiner Lektorin Britta Göhrisch-Radmacher.

Myriam Fröschle-Mess

# Gliederung (Kurzfassung)

# Inhalt

# 1. Arbeit und Gesundheit – Globalisierung und gesellschaftlicher Wertewandel Forschungsinteresse und Forschungsfragen

> „Gesundheit bedeutet für mich einfach – wie soll ich sagen – ein annehmbares Leben. Ich mein, ich muss arbeiten, um leben zu können, damit wird meine Gesundheit sicher geschmälert, aber wenn ich damit irgendwo sorgsam umgehe, dann hab ich Hoffnung wenigstens, dass ich auch später im Alter, sag ich mal, von dem, was ich erarbeitet habe, noch ein bisschen genießen kann, ... wenn ich mich schon verbraten habe, dann werde ich wahrscheinlich im Alter krank sein ... und dann war alle Mühe umsonst ..." (ein Werker)

> „Die größte aller Torheiten ist, seine Gesundheit aufzuopfern, für was es auch sei, für den Erwerb, für Beförderung, für Gelehrsamkeit, für Ruhm, geschweige für Wollust und flüchtige Genüsse: Vielmehr soll man ihr nachsetzen." Arthur Schopenhauer

Über 30 Millionen Menschen in Deutschland verbringen den größten Teil des Tages mit abhängiger Arbeit. Daher zählt die Arbeitswelt aus Sicht der Gesundheitswissenschaften auch zu den wichtigsten Interventionsfeldern innerhalb der Gesundheitspolitik.

Im Zuge des gesellschaftlichen Wertewandels, der sich in den kapitalistischen Industrienationen seit den Humanisierungsbewegungen des Arbeitslebens in den 70er-Jahren vollzogen hat, nimmt das Thema Gesundheit Einzug ins unternehmerische Denken.

Persönlichkeitsentwicklung, Selbstverwirklichung und Eigeninitiative gewinnen zunehmend mehr an Bedeutung und scheinen auch in der Arbeitswelt neben der Gewinnmaximierung verstärkt in den Vordergrund zu rücken.

> „Die veränderte Sichtweise und Bewertung des Menschen als Arbeitnehmer trägt auch zu neuen arbeitsorganisatorischen Formen und Strukturen bei. Die Gestaltung des Arbeitsplatzes wandelt sich. Neue Möglichkeiten eröffnen sich, andere Kompetenzen werden erforderlich. Der Mensch in seinem

Beziehungsfeld Team, Kollegen, Führungskräfte steht mehr im Vordergrund." (Fröschle-Mess, 2002, S. 9)

Persönliche Eigenschaften und Fähigkeiten der Erwerbstätigen sollen gefördert und ihre Entscheidungs- und Handlungsspielräume vergrößert werden, damit der arbeitende Mensch neue Entfaltungs- und Selbstverwirklichungsmöglichkeiten am Arbeitsplatz erfährt. Die Motivation zur Leistung und zum Weiterentwickeln der eigenen Fähigkeiten soll dadurch erhöht werden, damit das Unternehmen durch die Arbeitskraft eine größere Kapazität an Leistungsfähigkeit gewinnt.

Um diese auch erhalten und eventuell noch steigern zu können, betrachten Unternehmen es als eine Chance, gegebenenfalls auch als ihre Pflicht, hinsichtlich des gesetzlich verordneten Arbeitsschutzes, die Gesundheit des Mitarbeiters / der Mitarbeiterin zu schützen und sie im besten Fall darüber hinaus auch zu fördern. Es wächst der Konkurrenzkampf am Markt, einen interessanten, die individuelle Lebensgestaltung im Sinne von Work-Life-Balance integrierenden Arbeitsplatz anbieten und dadurch die besten, hoch qualifiziertesten und motiviertesten MitarbeiterInnen („Highpotentials") rekrutieren zu können.

Diese Bewegungen und Bestrebungen nehmen seit den 90er-Jahren offensichtlich vermehrt zu. Industrieunternehmen orientieren sich über eine *Vision und Leitbild-Strategie* an der Definition der Ottawa-Charta der Weltgesundheitsorganisation (WHO) und implementieren ein Betriebliches Gesundheitsmanagement.

Mit dieser, von der WHO vorgegebenen Definition von Gesundheit gewinnt die Schaffung und Gestaltung von gesundheitsfördernden Verhältnissen innerhalb eines sozialen Raums, wie sie die Organisation eines Unternehmens darstellt, an Aufmerksamkeit und Bedeutung. Im Gegensatz zur reinen individuellen Verhaltensprävention treten Maßnahmen in den Vordergrund, die bereits an den Rahmenbedingungen ansetzen und auf diese Weise ein gesundheitsorientiertes Verhalten des Einzelnen ermöglichen und optimieren sollen. Darüber hinaus verspricht sich der Arbeitgeber, dass MitarbeiterInnen eine bessere Präsenz und ein höheres Engagement einbringen.

Die Industrie gewinnt dabei leistungsstarke, motivierte und gesunde MitarbeiterInnen. Die Krankheitsquoten sinken bzw. die Gesundheitsquoten steigen und ersparen dem Unternehmer somit hohe Kosten, die ihm bei Arbeitsausfall drohen würden.

Das Thema Gesundheit wird gegenwärtig im 21. Jahrhundert in unserer Gesellschaft zunehmend brisanter und aufgrund der ständigen gesellschaftspolitischen Veränderungen hitziger als je zuvor diskutiert. Beinahe täglich wird man derzeit in den Medien mit Beiträgen zum Thema Gesundheitspolitik in Deutschland konfrontiert. Die Verabschiedung vom Sozialstaat, wie er bisher bestand, und die Entwicklungen auf dem Arbeitsmarkt im Zuge der Globalisierung fordern eine neue Auseinandersetzung mit der Finanzierbarkeit unserer Sozialgesellschaft und ihrer wachsenden sozialen Ungleichheit.

Der Wertewandel, wie ihn Helmut Klages und viele andere gegenwärtig beschreiben, veranlasst zu neuen Diskursen über zunehmende Individualisierung auf der einen Seite und notwendige kollektive Werte für die Demokratie auf der anderen Seite. Neoliberalismus und liberaler Kommunitarismus sind zentrale Begriffe der Auseinandersetzung und spalten Zielinteressen zwischen Ökonomen und Sozialwissenschaftlern.

Ulrich Beck versteht unter Individualisierung „... nicht neoliberalen Egoismus, Marktegoismus", „... Emanzipation oder eine wachsende Freiheit und Wahlfreiheit ..." oder „... Autonomie oder gar Autarkie ...".

> „Was ich unter Individualisierung verstehe, lässt sich am besten damit klären, dass ich mit dem Begriff *institutionalisierter Individualismus* beginne. *Institutionalisierter Individualismus* besagt, dass es sich dabei nicht nur um eine Wahrnehmungsform der Einzelnen handelt, sondern es werden damit zentrale Institutionen der modernen Gesellschaft bezeichnet, wie beispiels-

> weise die Notwendigkeit, sich eine eigene Biografie zu entwickeln, sich aus kollektiven Vorgaben herauszulösen." (Beck / Willms, 2000, S. 84/85)

Heiner Keupp beschreibt in seinem Buch „Riskante Chancen" die aktuellen politischen und gesellschaftlichen Probleme und Veränderungen unserer Zeit und macht auf die neuen Chancen, aber auch Risiken aufmerksam.

> „Gesellschaftliche Brüche und Widersprüche, atomare und ökologische Katastrophen und Bedrohungen, kollektive und individuelle Identitätskrisen bestimmen das gegenwärtige Lebensgefühl. Individuen verlieren zunehmend die Orientierungssicherheit, die ihnen bislang als gültig betrachtete Traditionen und Sinnzusammenhänge vermittelt haben. Sie werden teilweise schmerzlich konfrontiert mit der Tatsache, dass eingespielte Lebensmuster nicht mehr tragen, ohne dass sich bereits lebbare Alternativen anbieten würden. Wir leben in einer Situation wachsender Risiken und einer verwirrenden Unübersichtlichkeit. Manches, was vom gesellschaftlichen Erosionsprozess aufgelöst wird, erleben wir als Verlust, wir verspüren Trauer, vieles lässt sich aber auch als Befreiung aus Zwängen und Einengungen sehen. Aber haben wir dann auch die erforderlichen Ressourcen, um solche Freiheitschancen und Möglichkeiten zunehmender Selbstorganisation zu nutzen?" (Keupp, 1988, S. 7)

Gestützt auf den Leitsatz „In Wahrheit nützt mir nicht, was mir allein nützt, sondern was dem Mitmenschen, der Gemeinschaft, der Gesellschaft nützt" (Carl Friedrich von Weizsäcker), will das deutsche Netzwerk Wirtschaftsethik (DNWE) den Dialog zwischen Praxis und Wissenschaft fördern. Dabei stellt es „die Diskussion um moralische Neuorientierungen der Wirtschaft" als „eine zentrale und grundlegende Herausforderung für unsere Gesellschaft" in den Mittelpunkt.

Heinrich v. Pierer, Top-Manager und ehemaliger Vorstandsvorsitzender von Siemens wie auch Mitglied des DNWE, setzt sich gemeinsam mit Karl Homann, Professor für Philosophie, für mehr Ethik in der Wirtschaft ein („Zwischen Profit und Moral", 2003). Nur bleibt kritisch zu hinterfragen, auf welchem Verständnis von Moral dieses Bestreben beruht?

Vor diesem Hintergrund gewinnt auch das Thema Gesundheit eine neue Brisanz in den Unternehmen. Die arbeitsbedingten Gesundheitsrisiken nehmen neue tendenzielle Entwicklungen auf, die an einer Verschiebung der Belastungen sichtbar werden. Neue Beanspruchungs- und Belastungsprofile sind dabei in den Unternehmen zu erkennen.

Der Artikel „Ausgebrannt und angefeindet" von Judith Reicherzer aus einer Wochenendausgabe des 12./13. Juni 2004 der „Süddeutschen Zeitung" (SZ, Nr. 133, S. 28) berichtet über die Zunahme von psychischen Störungen und Erkrankungen von MitarbeiterInnen in Unternehmen.

> „Depressionen sind eines der teuersten Tabus in deutschen Unternehmen. Laut Techniker-Krankenkasse führen „depressive Störungen" zu 18 Millionen Arbeitsfehltagen. Jedes Jahr werden es fünf Prozent mehr. Inzwischen leidet einer von zehn Beschäftigten an psychischen Störungen. Sie sind, so weiß die Krankenkasse, der zweithäufigste Grund für Krankschreibungen – gleich nach Rückenschmerzen."

Die Bertelsmann Stiftung errechnete, dass im Jahr 2001 in Deutschland die Arbeitsunfähigkeit wegen depressiver Störungen zu einem Produktionsausfall von fast drei Milliarden Euro führte. Ein Sprecher der Bundesanstalt für Arbeitsmedizin stellt fest, dass psychische Erkrankungen inzwischen der Hauptgrund für Frühverrentung seien. Aber trotzdem gehe man mit dem Thema „psychische Störung" in deutschen Unternehmen nicht offen um, da man sonst, meint ein Sprecher der IG-Metall, zugeben müsse, dass das System unmenschlich ist. Zunehmende Leistungsverdichtung und Angst vor Entlassung und die daraus resultierende Verunsicherung im Hinblick auf die Zukunft veranlassen MitarbeiterInnen dazu, die entstehenden Belastungsstörungen durch Stress, Überlastung und zunehmende soziale Konflikte am Arbeitsplatz nicht offen zu kommunizieren. Das Management versucht weitgehend, das Thema psychische Belastungsstörung trotz der seit 1996 im Arbeitsschutzgesetz vorgeschriebenen Gefährdungsanalyse zu ignorieren und beschränkt sich auf physische, vornehmlich ergonomische Belastungen (vgl. SZ, Nr. 133, S. 28).

In den westlichen Industrieländern nehmen die sozialen und psychischen Belastungen wie auch die körperlichen Erkrankungen zu. „Offensichtlich sind die sozialen, wirtschaftlichen und ökologischen Lebensbedingungen für viele Menschen nicht „gesund" zu bewältigen" (Hurrelmann, 2000, S. 7).

Anders als von Gesundheitswissenschaftlern, wie z. B. Bernhard Badura, erwartet, stellen Werksärzte und Betriebsräte fest, dass nur wenige Unternehmen aktiv über gesundheitsfördernde Maßnahmen nachdenken, die die kausalen Zusammenhänge der psychosomatischen Belastungen in den Blick nehmen.

Daher stellt sich die Frage:

Nehmen die Unternehmen ihre gesellschaftliche Verantwortung wahr oder dominiert hier ein neoliberales Verständnis von Individualismus?

Inwiefern lassen sich wirtschaftliche Interessen mit humanen Werten vereinbaren? Lässt der Unternehmer sein Ziel, möglichst ökonomisch zu sein, dabei aus dem Auge?

Inwieweit wird Gesundheit nicht nur geschützt, indem man ergonomische Arbeitsplatzbedingungen schafft, um Krankheiten und Unfälle zu vermeiden, sondern Gesundheit auch im Sinne eines salutogenetischen Denkansatzes gefördert?

Wie und mit welchen Ansätzen und Methoden kann innerhalb einer Organisation Gesundheit in der Praxis ganzheitlich erfolgreich gefördert werden?

Aus der Psychologie und Soziologie haben wir Erkenntnisse gewonnen, dass beispielsweise durch ein gut ausgebautes soziales Netzwerk, d. h. durch das Bestehen eines starken Beziehungsgefüges, ein Individuum kritische Lebensereignisse, -belastungen und -bedingungen besser bewältigen kann (vgl. Hurrelmann 1994, S. 112).

Die salutogenetisch orientierte Gesundheitsforschung im Rahmen der Public Health Forschung (Badura, Rosenbrock, Siegrist, Trojan oder Udris und andere) stellt verschiedene Ansätze einer Betrieblichen Gesundheitsförderung in Aussicht, die sich nach dem Konzept der Ottawa-Charta um die Schaffung gesundheitsförderlicher Verhältnisse im Unternehmen bemüht.

Der Organisationsentwicklungs- und Humanressourcenansatz will insbesondere „die Qualifizierung und Steigerung der Arbeitsmotivation, die Entwicklung von Eigeninitiative und die Identifikation mit Auftrag und Zielen der Organisation" (Badura 2003) in den Blick nehmen. Innovationskraft und Wettbewerbsfähigkeit von Unternehmen sollen über die Motivation und Leistungsfähigkeit ihrer Beschäftigten gesichert und erhöht werden.

Inwiefern ist es nun möglich, diese Erkenntnisse in einem zweckgebundenen Unternehmen zu integrieren?

## 1.1 Mein Forschungsinteresse am Thema

In meinem bisherigen Forschungsprojekt innerhalb eines betrieblichen Unternehmens befasste ich mich inhaltlich mit dem Thema Personalentwicklung für Meister als einem neuen Arbeitsfeld in der Sozialen Arbeit, was eine Kompetenzerweiterung im Aufgabenbereich und Handlungsfeld innerhalb der Betrieblichen Sozialarbeit unterstützen sollte. In ähnlicher Weise interessierte mich u. a. auch am Thema der vorliegenden Arbeit eine mögliche Kompetenzerweiterung im Handlungsfeld der Betrieblichen Sozialarbeit innerhalb eines Industrieunternehmens. Die Reflexion des ersten Forschungsprojekts, die Auseinandersetzung mit Literatur, wie z. B. Richard Sennetts „Der flexible Mensch", und die persönliche Konfrontation mit Widersprüchen in den gegenwärtigen gesellschaftlichen Entwicklungen motivierten mich dazu, den Implementierungsprozess von Gesundheitsmanagement in einem Industrieunternehmen auf seine Chancen hin wissenschaftlich zu erforschen und zu evaluieren. Aufgrund der persönlichen Auseinandersetzung mit salutogenetischen Konzepten von

Antonovsky und den subjektiven Gesundheitskonzepten von Faltermaier interessierte mich insbesondere, inwiefern ein salutogenetischer Ansatz in einem ökonomisch monetär ausgerichteten System integrierbar ist.

## 1.2 Themenstellung und Forschungsfragen

Ziel der empirischen Untersuchung sollte sein, herauszufinden, unter welchen Bedingungen ein salutogenetisch orientiertes Gesundheitsmanagement in einer Profitorganisation möglich ist. Welche Widerstände würden sich auftun, welche Ressourcen spielen eine Rolle?

Um im Sinne der salutogenetischen Idee aus der Ottawa-Charta eine angemessene, auf die Zielgruppen zugeschnittene Gesundheitsförderung zu schaffen, interessierten mich weiterhin die kognitiven Vorstellungen, Motivationen und Intentionen zu einem gesundheitsbezogenen Handeln bei Erwerbstätigen wie auch deren soziale Interaktionen und Zugriffsmöglichkeiten und -praktiken auf Ressourcen innerhalb ihres Berufsumfelds. Welche Typen von Gesundheit sind in einem Wirtschaftsunternehmen vertreten? Inwiefern haben die berufliche Rolle der MitarbeiterInnen und deren Identifikation damit einen wesentlichen Einfluss auf das Gesundheitsverhalten?

Mithilfe der Typologisierung von Faltermaiers *subjektiven Gesundheitskonzepten* wollte ich herausfinden, ob, und wenn, wie viel salutogenetisch orientiertes Handlungspotenzial bei betriebsinternen MitarbeiterInnen vorhanden ist? Darüber hinaus interessierte mich, welche Relevanz das Thema Gesundheit aus deren Sicht im Unternehmen hat und woran sie erkennen könnten, dass ihre Gesundheit gefördert werde.

Die verschiedenen Sichtweisen von MitarbeiterInnen aus den unterschiedlichen Hierarchieebenen erschienen in diesem Kontext besonders interessant, um mögliche Korrelationen zwischen Gesundheit und sozialer Ungleichheit aufzudecken.

Daraus entwickelten sich folgende Forschungsfragen:

*Inwiefern verfügen Erwerbstätige aus verschiedenen hierarchischen Ebenen des Unternehmens im Kontext Arbeit über ein salutogenetisch orientiertes Gesundheitskonzept? Welche Vorstellungen und Theorien haben sie von Gesundheit? Über welche Handlungsstrategien verfügen sie?*

*Welche Relevanz hat das Thema Gesundheit im Unternehmen?*

*Wie schätzen MitarbeiterInnen die Organisation und ihre personalen Interdependenzen im Unternehmen ein? Inwiefern spielen Aufgabe, Funktion und hierarchische Position innerhalb der Organisation eine Rolle?*

*Woran können MitarbeiterInnen erkennen, dass Gesundheit gefördert wird? Welche Gesundheitsförderungsmaßnahmen erachten sie dabei als wichtig und sinnvoll?*

*Welche Chancen hat die Implementierung eines salutogenetisch orientierten Gesundheitsmanagements in einer Profitorganisation und unter welchen Bedingungen wird sie ermöglicht?*

Die subjektiven Sichtweisen von Erwerbstätigen standen innerhalb meines Forschungsinteresses im Zentrum.

## 1.3 Vorgehensweise

Der Aufbau der Arbeit gliedert sich in sechs Kapitel:

Im **ersten Kapitel** werden aus der aktuellen gesellschaftlichen Situation und den eigenen Erfahrungen aus der Praxis die der Arbeit zugrunde liegenden Forschungsfragen entwickelt und diese auf die Intentionen dieser empirischen Untersuchung eingegrenzt.

Im **zweiten Kapitel** wird der theoretische Hintergrund skizziert und dabei auf die wissenschaftliche Literatur der aktuellen Forschung in den Gesundheitswissenschaften, der Sozialpsychologie, Soziologie, Sozialen Arbeit und Gesundheitspädagogik sowie der Organisationsforschung und der Betriebswissenschaften zurückgegriffen.

Die Beschreibung des Forschungsfeldes und des Konzepts, auf dem der Forschungsgegenstand beruht, erfolgt im **dritten Kapitel.**

Im **vierten Kapitel** wird das methodische Design der empirischen Studie und seine Durchführung erläutert.

Dem schließt sich im **fünften Kapitel** die Ergebnisbeschreibung der 10 Fallanalysen an. Dabei werden die ermittelten Ergebnisse zu den drei Themenblöcken *Subjektive Gesundheitskonzepte, Relevanz von Gesundheit im Unternehmen, Maßnahmen für eine Betriebliche Gesundheitsförderung* beschrieben und interpretiert.

Die Ergebnisse werden im **sechsten** und letzten **Kapitel** der Arbeit resümiert und mit den Schlussfolgerungen aus den interpretierten Ergebnissen abgerundet. Die Befunde aus der vorliegenden Studie werden zum einen den Erkenntnissen aus der Literatur und zum anderen den in Kapitel 1 aufgeworfenen Fragestellungen gegenübergestellt und diskutiert. Mit der Beantwortung der Forschungsfragen werden Empfehlungen für die Praxis formuliert. Aus dem daraus resultierten Repertoire an Ressourcen und Widerständen für einen Implementierungsprozess wird eine Perspektive für eine salutogenetisch orientierte Gesundheitsförderung entworfen. Mit einem Ausblick auf weitere Problemstellungen soll die Diskussion angeregt und weiterer Forschungsbedarf thematisiert werden.

Im Anhang befinden sich Interviewleitfaden und Themenmatrizen.

Die Arbeit wurde in der dritten Person geschrieben, im ersten und vierten Kapitel jedoch wurde vereinzelt auf die Ich-Form zurückgegriffen, weil es sich hier um persönliche Erfahrungen oder Reflexionen handelt und die Forscherin die Interviews selbst durchführte.

Da im Unternehmen NOVA die Frauenquote sehr niedrig ist und Führungspositionen weitgehend nicht mit Frauen besetzt sind, befinden sich im Interviewpool außer einer Werkerin nur männliche Personen. Wenn es um diese interviewten Personen ging, verwendete die Autorin den Begriff „Mitarbeiter" nur in der maskulinen Form.

Die Zitate aus den Experteninterviews sind in den Transkripten eines zusätzlichen Anhangs der Arbeit nachzulesen. Aus Gründen des großen Umfangs und der Anonymisierung der Interviewpartner wird der Anhang mit den transkribierten Interviews nicht der Öffentlichkeit zugänglich gemacht.

In die Arbeit sind Abbildungen und Tabellen integriert, die den Lesefluss nicht weiter beeinträchtigen, sondern die Veranschaulichung der schriftlichen Ausführungen unterstützen sollen.

Das Unternehmen, sein Standort, die interviewten Mitarbeiter wie auch alle anderen Bezeichnungen innerhalb des Unternehmens wurden aus Gründen der Anonymität durch Pseudonyme ersetzt oder umschrieben. Der Name des Unternehmens wie auch die Namen der Interviewpartner sind frei erfunden. Eventuelle Ähnlichkeiten sind nicht beabsichtigt, sondern rein zufällig.

# 2. Gesundheitsförderung im Kontext Industrieunternehmen Eine salutogenetische Perspektive

## 2.1 Begriffsbestimmung von Gesundheit

### 2.1.1 Die etymologische Bedeutung

Das etymologische Wörterbuch Kluge ordnet, wie auch andere Herkunftswörterbücher, das Wort *gesund* am ehesten dem Wort *geschwind* zu und führt es auf die Ausgangsbedeutung *mächtig, stark* zurück (Kluge, 2002, S. 354).

### 2.1.2 Verschiedene Definitionen von Gesundheit

Das Historische Wörterbuch der Philosophie definiert *gesund* als ursprünglich *vollständig* (heil und ganz) und versteht *krank* als privativen Gegensatz von *gesund* (Historisches Wörterbuch der Philosophie, 1974, Bd. 3, S. 559).

Klaus Hurrelmann, Sozial- und Gesundheitswissenschaftler, weist ebenfalls in seinem Buch „Gesundheitssoziologie" darauf hin, dass der Begriff „gesund" in Herkunftswörterbüchern auf den Begriff „geschwind" zurückgeführt wird. Im Mittelhochdeutschen könne man dies mit *schnell* und *kräftig* übersetzen. Damit, so Hurrelmann, habe der Begriff „gesund" eine „positive Klangfarbe". Der Begriff „krank" hingegen bedeute, laut Hurrelmann, im Mittelhochdeutschen *schwach* und *leidend* und habe damit eine „negative Konnotation". Karl Jaspers deutet darauf hin, dass aufgrund dieser Semantik die beiden Begrifflichkeiten nicht gesellschaftlich neutral verwendet werden könnten und somit „nur durch gesellschaftliche Konventionen" geklärt werden könne, was physisch, psychisch oder sozial der Normalität oder einer Abweichung davon entspräche (vgl. Hurrelmann, 2000, S. 7).

Das Fachlexikon der sozialen Arbeit gibt unter seiner Definition von Gesundheit zu bedenken, dass es sich dabei meist lediglich um eine Beschreibung, der „durch die jeweilige individuelle Kompetenz zur Gesundung und das damit verbundene subjektive Gefühl" handle, als dass der Begriff objektiv zu fassen sei (vgl. Fachlexikon der sozialen Arbeit, 1997, S. 410). Diesem Definitionsproblem schließen sich Trojan und Legewie an. Am Versuch, Wohlbefinden zu definieren, machen Alf Trojan und Heiner Legewie die Subjektivität des Gesundheitsbegriffs wiederum deutlich, indem sie an der synonymen Verwendung des Begriffs *Wohlbefinden* für Gesundheit die in der Alltagssprache betonte subjektive Seite von Gesundheit feststellen und damit die Schwierigkeit der Wissenschaft aufzeigen, Gesundheit nicht eindeutig definieren zu können (vgl. Trojan et al. 2001, S. 20). In der Definition des Gesundheitsbegriffs selbst richtet sich Trojan nach Göckenjan (1992), indem er Gesundheit als einen „vielschichtigen normativen Begriff" definiert, „dessen Definition grundsätzlich nicht „objektiv" erfolgen kann, sondern das Ergebnis sich wandelnder Gruppeninteressen und Diskurse darstellt". Versicherungsrechtlich werde Gesundheit, laut Trojan, „mit Nichtvorhandensein von Krankheit gleichgesetzt, wobei Krankheit nach einem Kommentar zum Sozialgesetzbuch V (SGB V § 27) „ein regelwidriger Körper- oder Geisteszustand ..." ist, „... der die Notwendigkeit einer ärztlichen Heilbehandlung oder – zugleich oder allein – Arbeitsunfähigkeit zur Folge hat" (Trojan et al. 2001, S. 20).

Bernhard Badura, Gesundheitswissenschaftler und Vorsitzender der Deutschen Gesellschaft für Public Health (DGPH), orientiert sich in seiner Definition von Gesundheit an einer allgemeinen Theorie der Humanadaption:

> „Gesundheit ist eine Fähigkeit, zur Problemlösung und Gefühlsregulierung, durch die ein positives Selbstbild, ein positives seelisches und körperliches Befinden – insbesondere ein positives Selbstwertgefühl – und ein unterstüt-

> zendes Netzwerk sozialer Beziehungen erhalten oder wieder hergestellt wird" (Badura, 2003, S. 18).

An dieser ersten Übersicht von diversen Definitionen des Begriffs Gesundheit zeigt sich seine Vielschichtigkeit, Diffizilität und Komplexität, die einerseits in der historisch zeit- und kontextabhängigen Verwendung des Begriffs bereits deutlich wird, als sie sich andererseits heute auch in den unterschiedlichen Herangehensweisen und Perspektiven derjenigen Wissenschaften widerspiegelt, die sich mit Gesundheit und deren Förderung auseinander setzen. Dazu gehören, laut dem Lexikon der Sozialpädagogik und der Sozialarbeit Stimmer, Gesundheitssoziologie, Gesundheitspsychologie, Gesundheitspädagogik, Gesundheitsökonomie wie auch Sozial- und Umweltmedizin. Das Fachgebiet „Public Health", so das Lexikon, sei dagegen vorwiegend „... anwendungsbezogen auf die Verbesserung der Gesundheit und der Gesundheitsversorgung in der Bevölkerung ... ausgerichtet." (Lexikon der Sozialpädagogik und der Sozialarbeit Stimmer, 2000, S. 281). Demnach ist es der Sozialmedizin zu subsumieren, während sich die zuvor genannten Gesundheitswissenschaften unterteilt in Grundlagen und Praxis darstellen ließen. Zu den Grundlagen ordnet das Lexikon Gesundheitskonzepte, Gesundheitsressourcen, Gesundheitsrisiken und Gesundheitssysteme, zur Praxis die darauf bezogenen Maßnahmen wie Gesundheitssystemgestaltung, Gesundheitsförderung und Prävention (vgl. Lexikon der Sozialpädagogik und der Sozialarbeit Stimmer, 2000, S. 281).

## 2.2 Historische, philosophische und soziale Konstruktionen des Gesundheitsbegriffs

> „Gesundheit ist in der kapitalistischen Gesellschaft Erwerbsfähigkeit, unter den Griechen war sie Genussfähigkeit, im Mittelalter Glaubensfähigkeit" (zitiert nach Trojan & Stumm, 1992, S. 9).

Der Gesundheitsbegriff hat im Laufe der Geschichte einen großen Wandel erfahren. Die Definition von Gesundheit, also das, was die Menschen unter Gesundheit verstehen, ist sowohl historisch wie auch sozial konstruiert. Dies zeigt ein kurzer historischer Vergleich in der Verwendung des Gesundheitsbegriffs.

Der Terminus Gesundheit wird trotz der im Verlauf der Entwicklung von Kultur und medizinischer Erkenntnis unterschiedlichen inhaltlichen Bestimmungen immer wieder im korrelativen Verhältnis zum Krankheitsbegriff definiert.

So trat bereits in der antiken Medizin die Vorstellung von Gesundheit auf, als einem für den Menschen „... erstrebenswerte(n) Zustand des ungestörten Vollzugs aller Lebensprozesse, der Fähigkeit zur aktiven Lebensgestaltung und des damit verbundenen subjektiven Wohlbefindens ..." (Europäische Enzyklopädie zu Philosophie und Wissenschaften, Sandkühler, 1990, S. 442). Dabei ging man von „der ausgewogenen Zusammensetzung der Körpersubstanzen und dem geordneten Ablauf der physiologischen Funktionen" aus, wobei hinsichtlich der Erhaltung von Gesundheit diätetische Regeln ins Zentrum gestellt wurden sowie die Balance zwischen Arbeit und Erholung (vgl. Europäische Enzyklopädie zu Philosophie und Wissenschaften, Sandkühler, 1990, S. 442).

Wie schon die Definition des historischen Wörterbuchs der Philosophie zum Ausdruck bringt, verstanden die Griechen das Gesunde als das Ganze, im Sinne der Welt.

> „Zu ihrer Gesundheit gehören Gesund- und Kranksein als Einzelwesen, zu ihrem (unzerstörbaren) Leben Leben und Tod" (Historisches Wörterbuch der Philosophie, 1974, Bd. 3, S. 559).

Zunächst wurde von diesem kosmologischen Modell ausgegangen, dem laut Historischem Wörterbuch der Philosophie alle bekannten Heilkunden folgten. Ausgehend vom Ersten oder Göttlichen als Ungemischtes, bedeutete Schöpfung Mischung. In diesem Sinne verstanden die Griechen die „Gesundheit des Kosmos als harmonische Mischung der Elemente und die des Mikrokosmos als vernünftige Harmonie und

Mischung der Gegensätze, als Isonomie oder Wohlmischung der Urqualitäten ..." (Historisches Wörterbuch der Philosophie, 1974, Bd. 3, S. 559).

So ist dieses Verständnis von Gesundheit von einer harmonischen Balance der physischen und seelischen Bedeutung von Gesundheit getragen. Hierauf ist auch die physiologische und makrokosmische Orientierung der Arzneiwissenschaft zurückzuführen. Der Platonismus gab dem Gesundheitsbegriff überdies eine „esoterische Bedeutung der gesunden Vernunft", die von einer reziproken Relation zwischen Seele und Körper ausgeht, was noch bei Dante als „intello sano, die Kraft, die in das Verborgene einsieht" vorherrscht (vgl. Historisches Wörterbuch der Philosophie, 1974, Bd. 3, S. 559).

Im Mittelalter war der Gesundheitsbegriff durch das vorherrschende religiöse Weltbild geprägt. Gesundheit und Krankheit galten als Folge des individuellen Lebenswandels und als Strafe Gottes. Gesundheit wurde als gottgegeben und schicksalhaft angesehen:

> „Bis dahin wurden Gesundheit und Krankheit als göttliche Fügung verstanden, als Schicksal, gegen das der Mensch wenig machen kann, außer gottgefällig zu leben." (Faltermaier, 1994, S. 69).

Dementsprechend war auch das Schönheitsideal geprägt. Da im Mittelalter die Versorgung der Bevölkerung mit Nahrungsmitteln ungleich verteilt war, entsprach das Gesundheits- und Schönheitsideal nicht unserer heutigen Auffassung des schlanken und durchtrainierten Körpers, sondern Schönheit galt als ein Ausdruck von Gesundheit im Sinne eines wohlgenährten, fülligen Körpers. Später, im Zeitalter des Barock, „galt Leibesfülle sowohl als Ausdruck von Macht – mit ungehemmtem Zugriff auf materielle Ressourcen – als auch von Schönheit und Gesundheit" (Schiffer, 2001, S. 36).

Im Zeitalter der Aufklärung wandelte sich das Menschenbild innerhalb der Gesellschaft. Der Mensch wurde nun als selbst verantwortlich für sein Leben und seine Situation betrachtet, was dementsprechende Konsequenzen für das Verständnis von Gesundheit nach sich zog. Durch die zunehmende Säkularisierung des Weltbildes verlor die Religion an Erklärungskraft:

> „Entsprechend den bürgerlichen Wertvorstellungen, dass der Einzelne und die Gesellschaft für die Lebensumstände verantwortlich sind, wurde im Zeitalter der Aufklärung die Selbstverantwortlichkeit für die Gesundheit propagiert." (Faltermaier, 1994, S. 70).

Zudem wurde Gesundheit nun nicht mehr nur teleologisch, sondern auch genetisch bestimmt.

> „Im Zusammenhang mit der den Aufstieg der kapitalistischen Produktionsweise begleitenden Aufklärungsbewegung des 18. Jahrhunderts und als Reaktion auf die vielfältiger werdenden Möglichkeiten des individuellen Lebensgenusses sowie der Vereinseitigung der Lebensgestaltung im Gefolge der Industrialisierung und der Urbanisierung entstanden bedeutsame neue Momente in den medizinischen Reflexionen zum Thema Gesundheit, u. a. eine entschiedenere Betonung der Eigenverantwortung der Individuen, eine präzisere Kennzeichnung der für die Gesundheitsförderung wesentlichen Bedingungen der sozialen Hygiene und der Arbeit sowie eine stärkere Orientierung an normativen Vorstellungen von erstrebenswerten Lebenshaltungen wie Leistung, Fleiß, Mäßigkeit und Anpassungsvermögen." (Europäische Enzyklopädie zu Philosophie und Wissenschaften, Sandkühler, 1990, S. 443).

In der modernen Gesellschaft fanden tiefe Umwälzungen im wirtschaftlichen und sozialen Bereich statt. Dies hatte große Auswirkungen auf das Verständnis von Gesundheit zur Folge. So ist in der Moderne vor allem die Versorgung mit Nahrung durch die neuen Produktionstechnologien gesichert. Gesundheit wird als Verzicht von Nahrung und Triebbeherrschung verstanden, ebenso zeichnet sich das Schönheitsideal durch einen schlanken und sportlichen Körper aus. Die Medizin wandte sich immer mehr den naturwissenschaftlichen Arbeits- und Forschungsmethoden zu, was eine Fokussierung auf die pathologische Sichtweise nach sich zog und damit Gesundheit „vor allem als Zustand des Fehlens von objektivierbaren pathologischen

Abweichungen" definierte (vgl. Europäische Enzyklopädie zu Philosophie und Wissenschaften, Sandkühler, 1990, S. 443).

Bis heute dominiert weitgehend dieses biomedizinische Modell von Gesundheit, in dem der Patient als eine defekte Maschine betrachtet wird, die es von professionellen medizinischen Fachkräften zu reparieren gilt (vgl. Faltermaier, 1994, S. 71). Ein positiver Gesundheitsbegriff ist hier nicht vorhanden. In Verbindung mit den Krisenerscheinungen der Moderne gerät jedoch auch das medizinische Verständnis von Gesundheit in eine Krise, was an neuen Thematisierungen von Gesundheit ablesbar wird. Rodenstein vermutet jedoch „in der Krise unserer Gesellschaft" auch eigendynamische Prozesse, die ein vermehrtes Selbstbestimmungspotenzial in sich bergen und somit als neue „Produktivkraft als Basis einer erforderlichen neuen Sensibilität für die Gefährdungen der Gesellschaft wie auch deren Abwehr zu bestimmen", fungieren (Rodenstein, 1987, S. 298, zit. nach Faltermaier, 1994 S. 72). Demnach kann dieser neue Gesundheitsdiskurs auch „Ausdruck einer postmodernen gesellschaftlichen Entwicklung" sein (vgl. Faltermaier, 1994, S. 72). Ein balanciertes Bewältigen von zentralen Polaritäten in der modernen Gesellschaft wird ideologisch angestrebt. In der Alleinverantwortung beim Individuum für seinen gesundheitlichen Zustand liegt jedoch wiederum eine Gefahr. Dem Individuum wird suggeriert, es allein sei verpflichtet, sich in seiner Gesunderhaltung auf genormte Verhaltensanweisungen zu stützen, um einen idealen Gesundheitszustand erreichen zu können. Die soziale Kontrolle darüber wird zunehmend verstärkt und reicht bis in die Intimitätsbereiche der Individuen hinein. Die gesellschaftliche Verantwortung wird dabei weitgehend außer acht gelassen. Heiner Keupp beschreibt in seinem Buch „Riskante Chancen" an verschiedenen Beispielen, inwiefern das „zeitgenössische Subjekt" trotz seiner Eingebundenheit in kollektive Prozesse und deren riskante Auswirkungen seine eigenen Individualisierungsprozesse vollziehen kann, indem es aus den pluralisierten Gesundheitsvorstellungen riskante Chancen nutzen lernt (vgl. Keupp, 1988, S. 7/8).

Auch in den Gesundheitswissenschaften beobachtet man die gegenwärtige Verwendung des Gesundheitsbegriffs kritisch. Burkhard Sievers, Professor für Betriebswirtschaftslehre in Arbeit und Produktion, orientiert sich in seinem Verständnis von Gesundheit, neben seinen Erfahrungen aus der Organisationsentwicklungsforschung und Gesundheitsförderung, an Conrad und Schmidt:

So befürchtet Burkard Sievers nämlich, dass „Gesundheit zu einem „Zustand" permanenten Wohlbefindens und ewiger Glückseligkeit verkommt".

> „Anstatt Gesundheit als Herausforderung und „ständigen, aktiven Prozess der Veränderung und Verbesserung" (Conrad / Schmidt 1990, S. 8) zu verstehen, wird sie zur Ware, zu einem Ding, das man kaufen – aber auch verkaufen kann" (Sievers in Pelikan, Demmer, Hurrelmann, 1993, S. 40).

Dem schließt sich Alf Trojan an. Die Gefahr, dass Gesundheit zur „Zwangsbeglückung" verkommt, wenn Gesundheitsförderung ohne die Partizipation von betroffenen BürgerInnen gestaltet und vollzogen wird, sieht er in einem Zitat von Valentina Borremans begründet, das er nach Ilona Kickbusch, 1981, S. 24 zitiert:

> „Ich weigere mich zu definieren, was Gesundheit, die für andere wünschenswert ist enthalten sollte. Ich weigere mich Gesundheit als Ziel zu definieren, das von einer dritten Person gesetzt werden kann."

An dieser Äußerung wird zudem deutlich, dass gesundheitsbezogenes Verhalten und Handeln ohne die motivationale Einsicht und eigengeleitete Nutzenbetrachtung von MitarbeiterInnen nur schwerlich effektiv erzeugt oder bewirkt werden kann, um daraus innerhalb der betrieblichen Gesundheitsförderung effektive und wertschöpfende Faktoren herleiten zu können, die Motivation und optimierte Leistungsfähigkeit bei Beschäftigten hervorbringen soll.

Ein Zitat des Medizinhistorikers und Psychosomatikers Heinrich Schipperges stellt wiederum eine systemische Sichtweise von Gesundheit dar und weist hier auf eine kontinuierliche Gestaltbarkeit der Gesundheit im Leben hin.

> „Gesundheit ist kein Zustand, keine Verfasstheit, ist kein Ideal und nicht einmal ein Ziel. Gesundheit ist ein Weg, der sich bildet, indem man ihn geht".

Man gestaltet sich demnach selbst sein System innerhalb einer Umwelt. Das Individuum wird in seinem Bezug zu seiner Umwelt gesehen, wobei das soziale und ökologische Umfeld die wesentliche Rolle spielt und neben den Ressourcen auch Anforderungen an das Subjekt stellt.

Gesundheit bzw. die Vorstellungen von Gesundheit sind somit abhängig von der jeweiligen Kultur, dem Gesellschaftssystem und dem sozialen Umfeld. Der Begriff der Gesundheit ist weitgehend sozial konstruiert, ebenso wie der Umgang mit Gesundheit und Krankheit. Je nachdem, in welcher Gesellschaft ein Individuum lebt, wird es eine spezifische Auffassung von Gesundheit haben. Vor allem die letzten Jahrhunderte waren durch tief greifende Veränderungen in den Vorstellungen von Gesundheit geprägt:

> „Was Gesundheit meint, wandelt sich ... auch im fortschreitenden Lebensalter und (in) soziokulturellen Veränderungen. Gesundheit ist demnach ein soziokulturelles Produkt" (Schiffer, S. 36).

Das Gesundheitsverständnis variiert auch zwischen den verschiedenen Gesellschaften. Die Gesundheit bzw. die subjektive Vorstellung von Gesundheit ist daher abhängig von der Sozialisation und den in der jeweiligen Gesellschaft vorherrschenden Normen:

> „Wie ein Mensch mit seiner sozialen Umwelt interagiert und dabei sein dynamisches Gleichgewicht erhält, ist ebenso wesentlich ein sozialer Prozess wie die Entwicklung seines Potenzials und seiner Ressourcen. Gesundheit muss daher immer auch als soziale Kategorie verstanden werden." (Faltermaier, 1994, S. 58).

Im Nationalsozialismus beispielsweise verstand man unter Gesundheit die Leistungsfähigkeit des Einzelnen, Krankheit dementsprechend als Verweigerung:

> „Am unverblümtesten wurde die Gesundheit als Leistung im Nationalsozialismus propagiert. Gesundheit wurde zur Pflicht an der Volksgemeinschaft, Krankheit galt als Verweigerung – und derjenige, dessen Arbeitskraft sich nicht (wieder) herstellen ließ, wurde als unwert ausgegliedert" (Schiffer, 2001, S. 39).

An dem kurzen Auszug dieser verschiedenen Beispiele aus dem historischen Abriss kann eindrucksvoll gezeigt werden, wie vielfältig die verschiedenen Gesundheitsvorstellungen je nach Kultur, Gesellschaft und Zeitgeist ausfallen können.

## 2.3 Verschiedene Modelle von Gesundheit

### 2.3.1 Das dichotome Modell von Gesundheit

#### Der Gesundheitsbegriff in der Pathogenese

Ausgehend von einem biomedizinischen Modell, ist der Begriff der Gesundheit in der Pathogenese durch die Dichotomie *gesund* und *krank* geprägt:

> „Jeder Mensch ist zunächst danach klassifizierbar, ob er gesund oder krank ist. Als Ergebnis eines oft aufwendigen diagnostischen Prozesses wird er den dichotomen Kategorien Gesundheit oder Krankheit und dann einer spezifischen Krankheitskategorie zugeordnet, die international normiert in der International Classification of Diseases (ICD) vorliegt." (Faltermaier, 1994, S. 43).

Hierbei ist demnach klar definiert, was *krank* und *Krankheit* bedeutet, unklar bleibt jedoch, was unter Gesundheit zu verstehen ist. Das Modell der Pathogenese liefert daher keine Erklärung des Gesundheitsbegriffes, sondern gibt nur Auskunft darüber, was unter krank zu verstehen ist. Gesundheit ist hier definiert als nicht krank sein. Es handelt sich hierbei um eine negative Definition des Gesundheitsbegriffes. Will man den Gesundheitsbegriff bzw. das Verständnis von Gesundheit untersuchen, so liefert das Modell der Pathogenese keine befriedigenden Antworten.

### 2.3.2 Das multidimensionale Kontinuum-Modell von Gesundheit

#### Der Gesundheitsbegriff in der Salutogenese

*Anmerkung zur besseren Verständlichkeit der Definitionen:*

In der Literatur werden die Begrifflichkeiten „comprehensibility", „manageability" und „meaningfulness", die Aaron Antonovsky im Original so in seinem Salutogenesekonzept verwendet, unterschiedlich übersetzt. „Comprensibility" wird meist einheitlich mit *Verstehbarkeit* übersetzt, für „manageability" werden jedoch synonym die (übersetzten) Begriffe *Bewältigbarkeit* und *Handhabbarkeit* und für „meaningfulness" synonym *Sinnhaftigkeit* und *Bedeutsamkeit* angewendet. Um die Zitate der verschiedenen Autoren, die sich mit dem Konzept der Salutogenese beschäftigen, nicht zu verfälschen, wurden jeweils deren übersetzte Termini beibehalten.

Im Konzept der Salutogenese wird der Gesundheitsbegriff neu definiert. Er wird hier als Gegenbegriff zum Gesundheitsbegriff im Modell der Pathogenese verwendet.

Das Modell der Salutogenese wurde von Aaron Antonovsky, einem amerikanisch-israelischen Medizinsoziologen eingeführt. Er spricht von einem multidimensionalen Kontinuum-Modell von Gesundheit, wobei das Subjekt sich zu jedem Zeitpunkt irgendwo zwischen den Polen von maximaler Gesundheit und minimaler Gesundheit bzw. vollkommener Gesundheit (health-ease) und vollständig fehlender Gesundheit oder extremer Krankheit (dis-ease) befindet.

Für die Gesundheitspsychologie bedeutet dies die Auseinandersetzung mit der Frage, wie und aus welchem Grund Menschen gesund bleiben. Im Mittelpunkt steht daher nicht mehr der Krankheitsaspekt (pathologische Aspekt), die Negativ-Definition von Gesundheit, sondern es werden die Mechanismen untersucht, die das Individuum gesund erhalten.

#### 2.3.2.1 Das Modell der Salutogenese nach Antonovsky

„In der Salutogenese wird nach den Bedingungen von Gesundheit statt nach den Ursachen von Krankheit gefragt" (Faltermaier 1998, S. 21). Demnach wird nach salutogenetischem Modell die Frage gestellt, wie ein Subjekt trotz massiver pathogener Einflüsse gesund bleiben kann. „... Notwendigerweise geraten dadurch die positiven und allgemeineren Einflüsse mehr ins Blickfeld." (Faltermaier 1998, S. 21)

Antonovsky ging bei der Entwicklung seines theoretischen Modells von der Basis des Wissens über unterschiedliche Krankheiten aus und integrierte dabei bereits bekannte Einflussfaktoren wie Stressoren, Bewältigungsverhalten und Ressourcen mit neuen Faktoren.

Ziel des heuristischen Modells ist es, die Gesundheitsforschung mit neuen Fragen anzuregen.

Zentrale Einflussfaktoren bzw. -größen sind Stressoren, Bewältigung, Widerstandsressourcen sowie das Kohärenzgefühl. Diese werden nun kurz erklärt:

**Stressoren**

Stressoren sind definiert als eine „Anforderung der internen oder externen Umwelt eines Organismus, die sein Gleichgewicht stört und die zur Wiederherstellung des Gleichgewichtes eine nicht-automatische und nicht-unmittelbar verfügbare energieverbrauchende Handlung erfordert" (Antonovsky 1979, S. 72).

Stressoren sind nach Antonovsky psychosoziale als auch physikalisch-biochemische Einflüsse. Dabei unterscheidet er drei Arten von psychosozialen Stressoren: *langfristige, chronische Stressoren,* wie beispielsweise kontinuierliche Arbeitsbelastungen oder Partnerkonflikte, *diskrete Lebensveränderungen,* wie Lebensereignisse, -übergänge oder -krisen, und *kleinere Alltagsbelastungen.*

*Physikalische und biochemische Stressoren* bezeichnet er u. a. als schädigende physikalische Einwirkungen durch Unfälle, Katastrophen oder chemische oder biologische Umweltnoxen (vgl. Faltermaier 1998, S. 23).

Auf diese Stressoren reagiere der Organismus, so Antonovsky, mit Spannungszuständen, die sowohl negative als auch neutrale oder sogar positive Auswirkungen haben könnten.

Zwei zentrale Aspekte sind hier, dass Stressoren nicht zwangsläufig zu negativen gesundheitlichen Folgen führen müssten. Sie könnten sich zum anderen auch gesund bzw. salutogen auswirken. Außerdem versteht Antonovsky die Auseinandersetzung mit Stressoren als alltägliches Phänomen und nicht als Ausnahme, die es für das Individuum zu bewältigen gelte (vgl. Faltermaier 1998, S. 23).

**Bewältigung bzw. Coping:**

Wie bei Lazarus & Folkmann die subjektive Einschätzung der Stressoren mit ausschlaggebend ist, unterscheidet auch Antonovsky drei verschiedene Formen der Einschätzung des Stressors.

So differenziert er zwischen **1.** einer Situation, die als Stressor wahrgenommen wird (primary appraisal I), **2.** einer Situation, die als negativ für das Wohlbefinden eingestuft wird (primary appraisal II) und **3.** unterscheidet er, inwiefern welche Dimension, d. h. die Dimension der emotionalen Regulierung oder Lösungsschritte instrumenteller Art, der als gefährlich beurteilten Anforderungssituation betroffen ist (primary appraisal III) (vgl. Faltermaier 1998, S. 24, 25).

> „Die subjektive Wahrnehmung, welche Ressourcen oder Kompetenzen für die Bewältigung verfügbar sind (secondary appraisal), ist dann die Voraussetzung für die eigentliche Bewältigungshandlung, die die entstandene Spannung lösen soll" (Faltermaier 1998, S. 25).

Dabei richtet sich dieser Bewältigungsprozess zum einen nach der spezifischen Anforderungssituation, zum anderen nach dem persönlichen Copingstil und Handlungsrepertoire eines Individuums (vgl. Faltermaier 1998, S. 25). „Wenn schließlich Bewältigungshandlungen umgesetzt wurden, das sind in der Regel sowohl problemlösende als auch emotionsregulierende Versuche, dann wird das Ergebnis dieses Handlungsablaufs beurteilt (tertiary appraisal)" (Faltermaier 1998,

S. 25). Dies könne gegebenenfalls zu Korrekturen der eigenen Copingstrategien führen (vgl. Faltermaier 1998, S. 25).

**„Generalized Resistance Ressources GRR" (Widerstandsressourcen):**

Der Spannung können generalisierte Widerstandsressourcen entgegengesetzt werden. Unter allgemeinen Widerstandsressourcen wird das Repertoire an genetischen, konstitutionellen, körperlichen und psychosozialen Voraussetzungen für die Bewältigung von Stressoren verstanden, also *„jedes Merkmal einer Person, Gruppe oder Umwelt, das eine wirksame Spannungsbewältigung erleichtern kann" (Antonovsky 1979, S.99).*

Er unterscheidet dabei **körperliche und konstitutionelle Ressourcen** (Immunsystem, -kompetenz, vegetative Reaktivität, konstitutionelle Stabilität), **materielle Ressourcen** (Geld, Vermögen, Dienstleistungen), **personale und psychische,** unterteilt in **kognitive** und **emotionale** Ressourcen (Kontrollüberzeugungen, Selbstwertgefühl, -wirksamkeit, Ich-Identität, Intelligenz, präventive Orientierung, emotionale Stabilität, Handlungskompetenzen wie rationale und flexible Copingstile, soziale Kompetenzen), **interpersonale** (soziale Unterstützung, stabile soziale Netzwerke, Bindungen) und **soziokulturelle Ressourcen** (kulturelle Stabilität, religiös-philosophische Überzeugungen) (vgl. Faltermaier 1998, S. 26).

Die Quellen der psychosozialen Ressourcen sieht Antonovsky im „gesellschaftlich-kulturellen" Kontext wie auch im „individuell-biografischen" Kontext (vgl. Faltermaier 1998, S. 27). Sein Repertoire an Widerstandsressourcen wird daher von seinen spezifischen Sozialisationsbedingungen und kultureller Herkunft mitbestimmt, „... wie z. B. über soziale Beziehungen und Netzwerkstrukturen, über Identität und Persönlichkeitsstruktur ..." (Faltermaier 1998, S. 27).

Die Gesundheitsforschung heute „... konzentriert sich dabei deutlich auf die sozialen Ressourcen (soziale Unterstützung) und die personalen Ressourcen (Persönlichkeitsmerkmale); ..." (Faltermaier 1998, S. 27).

**„Sense of coherence" (Kohärenzgefühl):**

Einer der zentralen Begriffe bei Antonovsky ist das Kohärenzgefühl, „Sense of coherence" SOC. Verkürzt beschrieben, drückt dieser Begriff die Wirkung eines Phänomens als Widerstandsressource aus.

> „Das Gefühl der Kohärenz, des inneren Zusammenhangs ist eine globale Orientierung, die ausdrückt, inwieweit jemand ein sich auf alle Lebensbereiche erstreckendes, überdauerndes und doch dynamisches Vertrauen hat, dass (1) die Reize aus der inneren und äußeren Welt im Laufe des Lebens strukturiert, vorhersagbar und erklärbar sind; dass (2) es Mittel und Wege gibt, die Aufgaben zu lösen, die durch diese Reize gestellt werden; und dass (3) diese Aufgaben Herausforderungen sind, für die es sich lohnt, sich zu engagieren und investieren." (Antonovsky 1987, S.19; zit. nach Keupp, 1997, S. 44).

> „Das SOC-Konzept stellt somit eine überdauernde und relativ stabile Lebenseinstellung dar, die aus drei Komponenten besteht, dem Gefühl der *Verstehbarkeit, Bewältigbarkeit* und *Sinnhaftigkeit*" (Faltermaier 1998, S. 27).

Diese drei zentralen Komponenten des „Sense of coherence" sollen kurz definiert werden. *Verstehbarkeit* definiert Antonovsky in seiner ursprünglichen Bedeutung. „Sie", die *Verstehbarkeit,* „bezieht sich auf das Ausmaß, in welchem man interne und externe Stimuli als kognitiv sinnhaft wahrnimmt, als geordnete, konsistente, strukturierte und klare Informationen ..." (Antonovsky, 1997, S. 34). Für eine Person mit einem hohen Ausmaß an Verstehbarkeit sind in der Zukunft liegende Stimuli entweder vorhersagbar oder einschätzbar und sind für sie demzufolge einzuordnen und zu erklären. Die zweite Komponente, *Handhabbarkeit,* definiert Antonovsky „... formal als das Ausmaß, in dem man wahrnimmt, dass man geeignete Ressourcen zur Verfügung hat, um den Anforderungen zu begegnen, die von Stimuli, mit denen man konfrontiert wird, ausgehen" (Antonovsky, 1997, S. 35). Dabei zählt er sowohl solche als Ressourcen, die die Person selbst kontrolliert als auch solche, die durch andere Personen aus dem direkten sozialen Umfeld einer Person legitimiert oder kontrolliert werden. Die dritte Komponente, *Bedeutsamkeit,* bezieht Antonovsky „auf das Ausmaß, in dem man das Leben emotional als sinnvoll empfindet" (Antonovsky, 1997, S. 35). Sie repräsentiert demnach als sinnstiftende Komponente das motivationale Element.

In empirischer Forschung verfolgte Antonovsky die Hypothese, dass dieser „Sense of coherence" wesentlich Einfluss auf den Prozess der Salutogenese hat. Ergebnisse internationaler Forscher bestätigten diese, auch wenn sie das Modell noch weiter ergänzten.

#### 2.3.2.2 Antonovskys Verweis auf ähnliche Modelle

Antonovsky verweist in seinem Buch über die Salutogenese noch auf fünf weitere Modelle oder Konzepte, die seinem Denkansatz ähnlich sind und partielle Affinitäten haben, jedoch in der Auffassung von Gesundheit sich von seinem multidimensionalen Modell unterscheiden. Diese sollen aber in diesem Kontext nur namentlich erwähnt und nicht tiefer erläutert werden. Suzanne Kobasa entwickelte das Konzept der Widerstandsfähigkeit, Thomas Boyce (1977) das zentrale Konstrukt des Permanenzgefühls, Rudolf Moos (1984) entwickelte das Modell, in dem die Domänen des sozialen Klimas vorherrschen, Emmy Werner (1982) stellt die Unbesiegbarkeit trotz Verletzbarkeit von Kindern in ihrer Langzeitstudie heraus und schließlich David Reiss (1981) betont die familiäre Konstruktion von Wirklichkeit in seinem Modell von Gesundheit (vgl. Antonovsky, 1997, S. 47–58).

#### 2.3.2.3 Ressourcenorientierte Erweiterung des Modells nach Alexa Franke

Alexa Franke, eine Psychologin innerhalb der Gesundheitsforschung, hat das Modell von Antonovsky wie folgt erweitert:

> „Mit der Zentrierung auf die Bewältigung von stresshaften Anforderungen vernachlässigte Antonovsky die Berücksichtigung von Faktoren, die als positive Ressourcen direkt Gesundheit fördern. Förderliche Faktoren wie Phan-

> tasie, Liebe, Spiel erwähnt er zwar, doch werden sie weder weiter expliziert noch fließen sie in die Konzeption des SOC mit ein. Die drei Komponenten des SOC sind ausschließlich reaktiv formuliert, und zwar insofern, als jeweils die individuelle Reaktion auf einen Stressor im Mittelpunkt steht" (Franke, 2001, aus einem Vortrag).

Persönliche und soziale Ressourcen, die nicht im Zusammenhang mit aktiver Bewältigung stehen, sondern eher im Sinne von personimmanenten Bestrebungen positive Entwicklungen ermöglichen (wie etwa die Fähigkeit, positives Lebensgefühl und Wohlbefinden herzustellen, Zielgerichtetheit, Selbstaktualisierungstendenz, Motivation zum Lernen und zur Weiterentwicklung etc.) werden in dem Modell nicht berücksichtigt. Damit ist es zwar salutogenetisch, bleibt aber stress- und anforderungsorientiert. Da der salutogenetische Gedanke jedoch beinhaltet, dass ein Weniger an Risikofaktoren oder Stress nicht gleichzeitig ein Mehr an Gesundheit bedeutet, sollte man sich auch mit diesen Faktoren auseinander setzen.

Wenn man also den salutogenetischen Gedanken ernst nimmt, müssen gesundheits- und adaptionsfördernde Kognitionen, Emotionen und Verhaltensweisen, die aktiv zu Gesundheit und Anpassung beitragen, als Faktoren in Betracht gezogen werden (vgl. Franke, 2001, aus einem Vortrag).

### 2.3.3 Modelle subjektiver Vorstellungen von Gesundheit und Krankheit von Laien

#### 2.3.3.1 Das subjektive Gesundheitskonzept von Laien nach Faltermaier

Der Psychologe Toni Faltermaier hat sich mit dem Schwerpunkt Gesundheits-, Entwicklungs-, Sozial- und Gemeindepsychologie mit den subjektiven Vorstellungen von Gesundheit und Krankheit von Laien befasst.

> „Laien lassen sich dadurch kennzeichnen, dass sie kein berufliches Spezialwissen und keine fachlich-spezialisierten Kompetenzen im Feld von Gesundheit und Krankheit erworben haben; sie verfügen aber über umfangreiches gesundheitsbezogenes Wissen und Kompetenzen" (Faltermaier 1998b, S. 72).

In einer gesundheitswissenschaftlichen Studie über berufstätige Erwachsene aus Handwerks- und Verwaltungsberufen wurden kognitive Vorstellungen, die Motivation zum Handeln und soziale Interaktionen untersucht.

Ziel dieser Untersuchung war es, durch die Rekonstruktionen der subjektiven und sozialen Konstruktion von Gesundheit wesentliche Grundlagen für eine angemessenere Gesundheitsförderung zu schaffen unter Integration einer salutogenetischen und subjektorientierten Perspektive, die auf Partizipation und Kompetenz von Laien setzt.

Folgende vier idealtypische Modelle von subjektiven Gesundheitskonzepten konnten als Ergebnis in der Studie von Faltermaier festgestellt und sollen im Anschluss kurz erwähnt werden.

**Schalter-Modell von Gesundheit:** Gesundheit ist entweder vorhanden oder nicht vorhanden. Dies entspricht weitgehend dem Modell der Dichotomisierung von Gesundheit. Personen, die sich nach diesem Modell orientieren, sehen nur gering eigenen Einfluss auf ihre Gesundheit und sind auf ExpertInnen angewiesen. Die Selbstwahrnehmung konzentriert sich auf wahrnehmbare Anzeichen einer Erkrankung. Diese Wahrnehmung entspricht der in der Medizin dominierenden pathogenethischen Sichtweise.

**Batterie-Modell von Gesundheit:** Gesundheit baut sich im Laufe des Lebens ab und wird verbraucht. Es gibt fließende Übergänge zwischen Gesundheit und Krankheit. Es herrscht eine defensive Lebenshaltung vor mit der Vermeidung von Risiken.

**Akkumulator-Modell von Gesundheit:** Hier ist Gesundheit regenerierbar. Personen dieses Modells haben unterschiedlich differenzierte Gesundheitskonzepte, die körperliche, psychische und soziale Prozesse einbeziehen. Sie nutzen vielfältige soziale Kontrollmöglichkeiten, die auf aktive Bemühungen zur Wiederherstellung der Potenziale zielen. Dieses Modell steht dem multidimensionalen Kontinuum-Modell am nächsten.

**Generator-Modell von Gesundheit:** Die Gesundheit verändert sich in einem kontinuierlichen Prozess. Dieses Konzept erinnert an systemische Denkmodelle, die im Gegensatz zu den Ursache-Wirkungs-Erklärungsmodellen aus den Naturwissenschaften des 16./17. Jahrhunderts stehen, und die anstatt dessen Zusammenhänge und Wechselwirkungen untersuchen. Diese Systemtheorie geht von einer dynamischen Ordnung von Vorgängen innerhalb eines Systems aus (vgl. Faltermaier 1998, S. 83 ff.).

Ist das Kohärenzgefühl eines Individuums hoch, so müsste es sich auch im Gesundheitshandeln bemerkbar machen. Toni Faltermaier schlägt daher ein erweitertes salutogenetisches Konzept vor, das auch das Gesundheitsbewusstsein und das Gesundheitshandeln mit einschließt. Er geht davon aus, dass das Gesundheitshandeln ein Gesundheitsbewusstsein voraussetzt, das ebenso wie das Kohärenzgefühl bestimmte Ressourcen impliziert. Ist das Gesundheitsbewusstsein hoch, so hat dies direkte Auswirkungen auf das Gesundheitshandeln und somit auf die Gesundheit:

> „Gesundheit ist also nicht nur über das Bewältigungshandeln zu beeinflussen, die als Reaktion des Individuums auf Stressoren zu verstehen ist, sondern auch unabhängig davon durch eine gezielte Aktivität des Individuums. Ebenso wie die erfolgreiche Bewältigung durch das Gefühl der Kohärenz bestimmt wird, so wird ein gesundheitsförderliches Handeln durch ein positives Gesundheitsbewusstsein als Teil des Kohärenzgefühls ermöglicht." (Faltermaier, 1994, S. 159).

### 2.3.3.2 Soziale und kulturelle Unterschiedlichkeit der Gesundheitsvorstellungen in der Tradition von Claudine Herzlich

Zur Untersuchung, welche Theorien von Gesundheit im Alltag vorherrschen und wie Gesundheit subjektiv konstruiert wird, fand Claudine Herzlich in einer empirischen Studie heraus, dass der Begriff der Gesundheit im Alltagsverständnis drei verschiedene Dimensionen umfasst.

Zum einem wird Gesundheit als *Vakuum* betrachtet. Das bedeutet eine Betonung des Seins-Zustandes im Gesundheitsverständnis in der Form, dass man gesund ist oder nicht gesund ist. Gesundheit hat demnach einen unbestimmten Inhalt, meist wird sie negativ in Form von nicht krank sein definiert:

> „Gesundheit in diesem Sinn kann nicht positiv definiert werden, denn sie wird nicht erlebt; ihr einziger Bezugspunkt ist die Krankheit" (Faltermaier, 1994, S. 104).

Eine weitere Dimension der Gesundheit ist die Betrachtung der Gesundheit als ein *Reservoir*. Hier steht der Haben-Aspekt im Vordergrund und Gesundheit wird als ein Kapital betrachtet:

> „Jeder Mensch sei von Geburt an mit mehr oder weniger Gesundheit ausgestattet. Aber das Reservoir an Gesundheit kann sich im Laufe des Lebens erhöhen oder verringern, je nachdem wie eine Person lebt." (Faltermaier, 1994, S. 104).

Die dritte Dimension von Gesundheit stellt die Perspektive dar, unter der Gesundheit als ein *Gleichgewichtszustand* verstanden wird. Dieser Zustand wird als Idealwert betrachtet, den es gilt zu erreichen. „... es meint die Realisierung seiner Möglichkeiten, seines Reservoirs an Gesundheit. Bei diesem Verständnis gibt es keine Abstufungen: Man fühlt sich im Gleichgewicht oder man hat es verloren." (Faltermaier, 1994, S. 105)

Für die Sozialpsychologie ist dieses Wissen über spezifizierte Analysen von Gesundheitsbegriffen für die Anwendung in Präventionsprogrammen insofern relevant, als die sozialen Einflussfaktoren, die die unterschiedlichen Vorstellungen von Gesundheit hinsichtlich ihrer Wirkung und Ausgestaltungen beeinflussen, die Interventionen zur Prävention näher definieren helfen (vgl. Flick, 1998, S. 27).

Krankheit beschreibt Claudine Herzlich als Gegenstand eines kollektiven Diskurses.

Das Modell Herzlichs ist dem Modell Faltermaiers sehr ähnlich. Allerdings erweitert Faltermaier es mit dem Typus des Generators.

#### 2.3.3.3 Drei Dimensionen von Laienwissen nach Popay und Williams

In der Untersuchung von Popay und Williams werden ebenfalls drei Dimensionen von Laienwissen genereller betrachtet.

> „Verständnis von Laien hinsichtlich der Beziehung von individuellem Verhalten und Lebensumständen; Laientheorien über Ätiologie und die prädikative Stärke von Laienwissen" (Flick, 1998, S. 27).

Letzteres bezieht sich auf erst entstehende Gesundheitsprobleme und nicht auf symptomatische.

Laut Flick haben diese subjektiven Vorstellungen als Alltagstheorien eine hohe Bedeutung für die Gesundheitswissenschaften, da sie zum einen weitere Aufschlüsse über die Bandbreite und Vielfältigkeit solcher Gesundheitsvorstellungen geben können, und zum anderen daraus konkrete Angebote für eine effektive Gesundheitsprävention formuliert werden können, die auf die Betroffenen abgestimmt sind (vgl. Flick, 1998, S. 26/27).

Zusammenfassend haben diese Modelle gemeinsam, dass sie dynamisch und lebenszeitlich orientiert sind. Über die persönliche Entwicklungsgeschichte entsteht der Zugang zum individuellen Gesundheitsbegriff. Aspekte aus der eigenen Biografie oder dem persönlichen Erfahrungsschatz integriert das Subjekt nicht nur in sein Verständnis von Gesundheit, sondern die Veränderungsprozesse im Leben führen zu einer Modifikation des eigenen Gesundheitsverständnisses.

## 2.4 Gesundheitsförderung Das salutogenetische Modell von Gesundheit und seine Bedeutung für die Gesundheitsförderung

### 2.4.1 Gesundheitsförderung und Prävention

Im Lexikon der Sozialpädagogik und Sozialarbeit, Stimmer, wird als Definition von Gesundheitsförderung die Begriffsbestimmung des *Regionalbüros Europa der Weltgesundheitsorganisation WHO* aufgeführt, die besagt, dass „Gesundheitsförderung ... der Ausdruck einer gemeinsamen konzeptionellen Grundlage für Programmansätze ...“ ist, „... die die Verbesserung von Lebensweisen und Lebensbedingungen anstreben ... Gesundheitsförderung zielt darauf ab, die Menschen zu befähigen, größeren Einfluss auf die Erhaltung und die Verbesserung ihrer Gesundheit zu nehmen ...“ (Stimmer, 2000, S. 277). Die Bedeutung des Begriffs Gesundheitsförderung ist jedoch ähnlich umstritten wie die des Begriffs der Gesundheit.

Von einigen GesundheitswissenschaftlerInnen wird der Begriff Gesundheitsprävention synonym verwendet. Andere wiederum verwenden Gesundheitsförderung oftmals als Oberbegriff von Prävention. Die WHO betont in ihrer Definition von Gesundheit und Gesundheitsförderung mithin dessen Eigenständigkeit und legt auf die Abgrenzung zum Begriff Prävention großen Wert.

Ursprünglich unterteilte Caplan (1964) den Begriff Prävention in *primäre, sekundäre* und *tertiäre Prävention,* die auf unterschiedliche Stufen von Gesundheitszuständen bezogen werden, nämlich von „gesund mit Vorliegen von Risikofaktoren“, „akuter Erkrankung im Frühstadium“ bis hin zu „schwerer oder chronischer Erkrankung“. Entsprechend sollen mit der jeweiligen Präventionsform eine akute Erkrankung, eine schwere Erkrankung bzw. weitere Folgeschäden verhütet bzw. vermieden werden. Zudem wurde noch der Begriff der *primordialen Präventionsform* eingeführt, durch die im Zustand der „Gesundheit ohne Anzeichen von Risikofaktoren“ eine Erkrankung verhütet werden soll. Die Fokussierung liegt demzufolge auf dem Krankheitsbegriff. Daher wird in den Gesundheitswissenschaften Gesundheitsförderung meist der Prävention gegenübergestellt. Die Differenzierung der beiden Begriffe voneinander besteht nun darin, dass in der Gesundheitsförderung Strategien zum Erhalt und zur Stärkung von Ressourcen von Gesundheit gefunden werden und, im Gegensatz dazu, die Prävention deren Risiken zu vermeiden oder vermindern sucht. Waller bezeichnet in ähnlicher Weise die Gesundheitsförderungsstrategie als eine herausragende Entwicklung im Laufe der Gesundheitswissenschaften, „insbesondere aufgrund ihrer expliziten Ausrichtung auf Gesundheitsressourcen" (Waller, 1995, S. 148, zitiert nach Becker, 1997 in Schwarzer). (Vgl. Becker, 1997, S. 518 ff. in Schwarzer, 1997.)

Gesundheitsförderung steht gegenüber Krankheitsprävention für eine protektive, salutogenetische lösungsorientierte Gestaltung der Verhältnisse und des individuellen Verhaltens. Das Fachlexikon der sozialen Arbeit schreibt hierzu, dass in der modernen Industriewelt vorwiegend chronisch degenerative Erkrankungen, psychosomatische Krankheiten und Volkskrankheiten wie Rheuma, Krebs und Herz-Kreislauf-Erkrankungen vorkommen, deren verhaltens-, sozial- und umweltbedingt verursachte Faktoren meist erst bei Eintritt der Erkrankung therapeutisch behandelt werden könnten, jedoch nicht deren Ursachen bekämpft werden.

> „Erst, wenn es gelingt, Veränderungen im individuellen Lebensstil hin zu einer stärkeren Gesundheitsorientierung zu erreichen, aber auch gesundheitsgefährdende Arbeits- und Umweltbedingungen abzubauen, könnte der Eintritt vieler Erkrankungen vermieden werden" (Fachlexikon der sozialen Arbeit, 1997, S. 413).

In dieser Definition steckt jedoch immer noch der Begriff der Krankheitsvermeidung anstatt der positiven Ausrichtung nach Gesundheit und Wohlbefinden.

Die Europäische Enzyklopädie zu Philosophie und Wissenschaften differenziert zwischen Gesundheitsvorsorge, Gesundheitsförderung und Gesundheitserziehung.

> „Da Gesundheit Voraussetzung und Komponente der Persönlichkeitsentwicklung wie auch einer befriedigenden Lebensgestaltung von Individuen ist, verkörpert sie einen individuellen und sozialen Wert, der (auch) die Mitwirkung der Medizin an ihrer Erhaltung und Förderung herausfordert. *Gesundheitsvorsorge*",

so die Enzyklopädie weiter,

> „mit den der Medizin verfügbaren Mitteln umfasst dabei alle Erkenntnisse und Maßnahmen, mit deren Hilfe gesundheitsschädigende Bedingungen erfasst und eliminiert werden können, sowie (auch) solche Verfahren, die Beeinträchtigungen des Gesundheitszustandes bei Individuen frühzeitig zu ermitteln erlauben, um deren rechtzeitige Behandlung zu ermöglichen. *Gesundheitsförderung* setzt demgegenüber Einsichten und Mittel voraus, durch die körperliche und psychische Leistungspotenzen des Menschen systematisch gesteigert werden können, was im Regelfall durch Methoden des Trainings und der Konditionierung angestrebt wird. *Gesundheitserziehung* zielt immer darauf ab, Individuen durch Kenntnisvermittlung und Appell an die Eigenverantwortung zu befähigen, ihre Lebensweise angemessen zu gestalten, wobei rigide Anforderungen in der Regel wenig Chancen haben, ernst genommen zu werden, und die Stellung des Wertes von Gesundheit in der individuellen Hierarchie von bedeutsamen Werten wesentlich darüber entscheidet, wieweit relevante Risiken im persönlichen Interesse vermieden werden. Gesundheitsvorsorge und Gesundheitsförderung sind Aufgaben, die weit über die Wirkungsmöglichkeiten der Medizin hinausreichen und solche gesellschaftlichen Bedingungen erfordern, die den Individuen eine optimale Gestaltung von Lebensvollzügen ermöglichen.“ (Europäische Enzyklopädie zu Philosophie und Wissenschaften, Sandkühler, 1990, S. 444).

Mit dieser Definition geht die Enzyklopädie zwar von einem ganzheitlichen Gesundheitsverständnis aus, setzt aber mit der Differenzierung von drei Komponenten der Vorgehensweise hinsichtlich der Gesundheitserhaltung notwendige Einsichten, Handlungsfähigkeiten, Umweltbedingungen und Zugangsmöglichkeiten zu Ressourcen voraus, über die ein Individuum bereits verfügen können muss, um sich für eine gesundheitsbezogene Lebensweise auch dann entscheiden zu können. Damit knüpft sie an Bedingungen und Vorstellungen einer salutogenetisch orientierten Gesundheitsförderung an. Die Medizin jedoch stellt aufgrund ihrer erfahrungsbegründeten Heilkunde das Heilen von Krankheiten in den Vordergrund, sodass mit der pathogenetisch ausgerichteten Sichtweise die klassische Prävention im Sinne von

Krankheitsvermeidung die zentrale Bedeutung in der medizinischen Profession einnimmt (vgl. Europäische Enzyklopädie zu Philosophie und Wissenschaften, Sandkühler, 1990, S. 444).

Die Unterscheidung hinsichtlich der Ziele und Methoden trägt also vorwiegend zur Klärung des Verhältnisses zwischen Gesundheitsförderung und Prävention bei. Überdies beeinflussen auch die unterschiedlichen Modelle von Gesundheit die Definierung von Prävention und Gesundheitsförderung. Geht man beispielsweise von der Vorstellung eines Kontinuums der Gesundheit / Krankheit aus, wie es das Modell Antonovskys vorschlägt, lässt sich im Hinblick auf die Ziele Prävention und Gesundheitsförderung folgendermaßen voneinander abgrenzen: Die primäre Gesundheitsprävention zielt auf die Krankheitsvermeidung ab und sorgt somit für eine Verschiebung des Gesundheitszustandes einer Person auf dem Kontinuum in Richtung Krankheit. Gesundheitsförderung will jedoch die Position einer höchstmöglichen Gesundheit erreichen. Was die Methoden betrifft, lassen sich allerdings viele Überschneidungen und Gemeinsamkeiten entdecken, die nun in diesem Zusammenhang nicht weiter erläutert werden sollen. Als Resultat ist demzufolge nur festzustellen, dass diesbezüglich eine Abgrenzung beider Begriffe nicht trennscharf vorzunehmen ist. Hier bietet sich laut Becker (1982), Kolip & Hurrelmann (1994) wie auch Waller (1995) die Verwendung des Begriffs Gesundheitsförderung als Oberbegriff für Prävention an (vgl. Schwarzer, 1997, S. 518/519).

### 2.4.2. Gesundheitsförderung aus der Sicht der salutogenetischen Orientierung

Im Rahmen der Gesundheitsförderung legt eine salutogenetische Orientierung Fokus auf das Salutogene, das Gesundsein und Gesunderhalten.

Das bedeutet, dass

- „positive Gesundheitsziele formuliert werden, die aber nicht als ab-

solute und statistische Zielgrößen gedacht sind, sondern auf einem multidimensionalen Gesundheitskontinuum variieren,
- neben der Bewältigung von Risiken und Belastungen, vor allem die Erhaltung und Förderung der Ressourcen im Mittelpunkt stehen
- und die Förderung zentraler gesunderhaltender Kräfte angestrebt wird, etwa des Gefühls der Kohärenz, der personalen Kontrolle oder der Laienkompetenz" (Faltermaier 1998, S. 198).

Dabei stehen nach Faltermaier die „subjektorientierten und strukturellen Ansätze der Gesundheitsförderung in einem notwendigen Ergänzungsverhältnis", was bedeutet, dass weder die alleinige Beschränkung von Gesundheitsförderung, soziale und gesellschaftliche Strukturen zu verändern, noch sich allein auf die Individuen und ihre subjektiven Sichtweisen und Handlungen zu konzentrieren, sinnvoll und lösungsorientiert sein kann. Stattdessen ginge es nach Faltermaiers Schlussfolgerungen aus seinen Forschungsergebnissen darum, den Patienten ganzheitlich zu betrachten und ihn nicht nur aufgrund seiner Betroffenheit durch eine Krankheit, sondern auch im positiven Sinn aufgrund seiner gesundheitsbezogenen Bedürfnisse mit einzubeziehen. Diese Einbeziehung von subjektiven Laienkonzepten über Gesundheit sowie die Integration deren Lebenswelt und Subjektdimension gelte nach Faltermaier als Grundlage einer salutogenetischen und subjektorientierten Gesundheitsförderung.

Trotz der schon relativ ganzheitlichen Erklärungen der Ottawa- und Jakarta-Erklärung, die im Folgendem noch erläutert werden, müsse sich, so Faltermaier, die Gesundheitsförderung zukünftig mehr an der Salutogenese orientieren.

Ziel solle seiner Meinung nach

„... nicht die Beseitigung körperlicher oder psychischer Störungen oder die Veränderung von Persönlichkeitsstrukturen, sondern die Entfaltung gesundheitsbezogener Potenziale und Aktivitäten sein. Dazu können personenbezogene Ansätze einer ganzheitlichen Gesundheitsberatung ebenso beitragen wie systemische Ansätze der Gesundheitsförderung durch Organisationsentwicklung." (Faltermaier 1998, S. 200)

Subjektive Kompetenzen, Selbsthilfeansätze und lebensweltliche Kontexte von Zielgruppen oder -personen müssten jedoch bei einem subjektorientierten Vorgehen mit berücksichtigt werden (vgl. Faltermaier 1998, S. 200).

#### 2.4.2.1 Das Programm der Gesundheitsförderung der Ottawa-Charta WHO 1986 und der Jakarta-Erklärung WHO 1997

Im Folgenden soll kurz auf die Verabschiedung des Programms der Gesundheitsförderung Ottawa-Charta WHO der Weltgesundheitsorganisation 1986 eingegangen werden.

> „Gesundheit wird von Menschen in ihrer Umwelt geschaffen und gelebt: dort wo sie spielen, lernen, arbeiten und lieben. Gesundheit entsteht dadurch, dass man sich um sich selbst und für andere sorgt, dass man in die Lage versetzt ist, selber Entscheidungen zu fällen und seine Kontrolle über die eigenen Lebensumstände auszuüben sowie dadurch, dass die Gesellschaft, in der man lebt, Bedingungen herstellt, die all ihren Bürgern Gesundheit ermöglichen" (WHO, 1986 Ottawa-Charta, 1998, S. 559).

Mit dieser Definition wird mitunter die Bedeutung der Schaffung von gesundheitsfördernden Verhältnissen in den Vordergrund gerückt und werden somit u. a. soziale Räume wie Organisationen verpflichtet, zu dieser Gestaltung von Verhältnissen aktiv beizutragen.

Eine zentrale Aussage darin bezieht sich auf Gesundheitsförderung „... als einen Prozess, der allen Menschen ein höheres Maß an Selbstbestimmung über ihre Gesundheit ermöglicht" (WHO 1986). Dabei wird das Prozesshafte von Gesundheit und Gesundheitsförderung im Besonderen herausgestellt sowie auch besonderer Wert auf die Selbstbestimmung im Sinne einer aktiven Partizipation an der Planung und Gestaltung einzelner Maßnahmen in der Gesundheitsförderung gelegt.

Die Ottawa-Charta verfolgt einen rein salutogenetischen Ansatz, während die Jakarta-Erklärung in diesen den pathogenetischen Ansatz der Krankheitsprävention integriert.

Somit stellt Gesundheitsförderung im Sinne der WHO einen komplexen sozialen und politischen Prozess dar, der über individuelle Fragestellungen hinaus darauf abzielt, soziale, ökonomische und kulturelle Umweltbedingungen zu verändern.

Erforderliche Handlungsqualifikationen werden wie folgt postuliert:

- Befähigen und ermöglichen (Enabling):

  Im Sinne von Empowerment sollen Ressourcen mobilisiert werden (WHO 1998, S. 6).
- Interessen vertreten (Advocacy):

  Es bedarf eines aktiven anwaltschaftlichen Eintretens von Professionellen für Gruppen, wie auch umgekehrt, eines politischen Engagements von Gruppierungen für die Schaffung von gesundheitsfördernden Lebensbedingungen (WHO 1989, S. 19).
- Vermitteln und vernetzen (Mediation)

  Interdisziplinäre Zusammenarbeit:

  „In der Gesundheitsförderung ist Vermittlung der Prozess, durch den die verschiedenen Interessen (persönliche, soziale, ökonomische) von Individuen und Gemeinschaften unterschiedlicher Sektoren (öffentlichen und privaten) in einer Art und Weise in Einklang gebracht werden, dass Gesundheit gefördert und geschützt wird" (WHO 1998, S. 25).

Somit werden folgende Handlungsstrategien gefordert:

*Persönliche Kompetenzen und Fähigkeiten* müssen entwickelt, *gesundheitsbezogene Gemeinschaftsaktionen* unterstützt, *gesundheitsförderliche Lebenswelten, gesundheitsfördernde Gesamtpolitik* geschaffen werden und nicht zuletzt müssen *Gesundheitsdienste sich neu orientieren* (WHO 1998 S. 15–21).

Die Jakarta-Erklärung Gesundheitsförderung auf dem Weg ins 21. Jahrhundert (WHO 1997) bestätigt die Wichtigkeit dieser Handlungsstrategien und -felder.

Dabei setzt sie eine deutliche Betonung auf die Verantwortung des privaten Sektors für den Bereich der Gesundheitsförderung. Die Bereiche Gesundheitserziehung, Gesundheitsbildung sowie Gesundheitsberatung und -selbsthilfe werden hier integriert, unter Betonung eines intersektoralen und interdisziplinären Handelns als auch unter der Berücksichtigung der Lebens- und Arbeitsbedingungen und Teilhabemöglichkeiten der BürgerInnen (vgl. Niedersächsische Kommission 1992, S. 5).

### 2.4.2.2 Chancen oder Risiken? Mögliche Entwicklungsperspektiven

Zusammenfassend steht laut der WHO-Erklärungen Gesundheitsförderung für einen positiven ressourcenorientierten Ansatz mit dem Fokus auf Autonomie und Partizipation. Die kulturelle und politisch-ökonomische wie auch die organisatorische und individuelle Ebene werden als Grundlage für eine interdisziplinäre Kooperation auf systemtheoretischer Fundierung integriert.

Faltermaier kritisiert hier jedoch die bisherigen Aktivitäten und Ausrichtungen der Gesundheitsförderung und fordert, wie bereits erwähnt, verstärkt eine salutogene Orientierung.

> „Das allgemeine Prinzip für professionelles Handeln in der subjektorientierten Gesundheitsförderung wäre damit, sich an den bestehenden Laienkompetenzen als Grundlage zu orientieren, diese zu stärken und zu erweitern, sowie sinnvolle individuelle und soziale Selbsthilfeaktivitäten im Laiensystem zu unterstützen" (Faltermaier 1998, S. 201).

Im Sinne einer salutogenen Ressourcenorientierung würde demnach Gesundheitsförderung auf drei Ebenen zur Stärkung von gesundheitlichen Ressourcen beitragen: auf der körperlichen Ebene (durch z. B. Maßnahmen zur Stärkung des Immunsystems), auf der psychischen Ebene (durch z. B. Maßnahmen zur Stärkung von Bewältigungskompetenzen oder psychischer Ausgeglichenheit) und auf der sozialen Ebene (durch Maßnahmen zur Stärkung von Unterstützungsnetzwerken oder informellen gesundheitsbezogenen Austausch) (vgl. Faltermaier 1998, S. 201). Faltermaier skizziert aufgrund seiner Studienergebnisse einige Perspektiven, die zur Entwicklung innovativer Ansätze in der Gesundheitsförderung beitragen könnten (siehe Faltermaier 1998, S. 197 ff.). Hierauf wird an dieser Stelle jedoch nur verwiesen.

Heiner Keupp verweist noch auf eine andere Gefahr, wie die Definition der Ottawa-Charta ausgelegt werden könnte. Als zentrale Botschaften versteht er aus den Kernaussagen der Ottawa-Charta folgende:

> „1. Gesundheit entsteht aus der wahrgenommenen Selbstverantwortung und ist insofern eine produktive Eigenleistung der Subjekte in ihrem alltäglichen Handeln; aber 2. Menschen brauchen gesellschaftliche Bedingungen, die es ihnen erlauben, für sich zu sorgen" (Keupp, 2003, S. 555).

Auch wenn die erste Botschaft Liberalität ausdrückt, steckt in ihr, laut Keupp, die Gefahr, sich in eine neoliberale Ideologie einzureihen, sofern die Selbstverantwortung des Individuums auf es alleine übertragen würde und die notwendigen gesellschaftlichen Bedingungen dafür nicht mehr geschaffen würden. Dies führe dann zu einer Fokussierung auf die Förderung von Verhaltenskompetenzen, für die das Individuum in eigener Verantwortung über individuelle Anstrengungen Ressourcen aufdecken und bereitstellen müsste, um letztlich seine Gesundheit erhalten zu können. Keupp verweist an dieser Stelle auch auf eine Studie über zukunftsfähige Werthaltungen von Barz (2001), in der die Erweiterung der Ressourcenperspektive über die personalen Ressourcen hinaus auch die Bedeutung der sozialen Ressourcen, wie beispielsweise Netzwerke, mit einbezieht. Dies sei jedoch, laut Keupp, nicht ausreichend, da die „These, dass es unverändert die ungleichen Zugangschancen zu ökonomischen Ressourcen sind, die auch ungleiche Chancen bei Gesundheit, Bildung und der produktiven Mitgestaltungsmöglichkeiten in der Gesellschaft erzeugen", immer wieder an aktuellen Studien, wie der des PISA-Konsortiums 2001, belegt werden kann, dass es „vor allem ökonomisch und sozial marginalisierte Personengruppen (sind), bei denen die soziale Kapitalbildung defizitär ist" (Keupp, 2003, S. 569/ 570).

Diese Erkenntnis eines vielschichtigen Ressourcenbegriffs ist auf die Kapitalsorten-Theorie von Pierre Bourdieu zurückzuführen, der in diesem Zusammenhang u. a. drei primäre Kapitalsorten als Ressourcen hervorhebt: das *ökonomische Kapital*, das *soziale Kapital* und das *kulturelle Kapital* (vgl. Bourdieu, 1992, S. 49 ff.). Für diesen Kontext soll kurz mit der Definition des *sozialen Kapitals* von Bourdieu die Korrelation zwischen den drei Kapitalsorten, insbesondere zwischen dem *sozialen und ökonomischen Kapital*, aufgezeigt und belegt werden:

> „Das Sozialkapital ist die Gesamtheit der aktuellen und potentiellen Ressourcen, die mit dem Besitz eines dauerhaften Netzes von mehr oder weniger institutionalisierten Beziehungen gegenseitigen Kennens oder Anerkennens verbunden sind; oder, anders ausgedrückt, es handelt sich dabei um Ressourcen, die auf der *Zugehörigkeit zu einer Gruppe beruhen*. ... Der Umfang des Sozialkapitals, das der Einzelne besitzt, hängt demnach sowohl von der Ausdehnung des Netzes von Beziehungen ab, die er tatsächlich mobilisieren kann, als auch von dem Umfang des (ökonomischen, kulturellen oder symbolischen) Kapitals, das diejenigen besitzen, mit denen er in Beziehung steht" (Bourdieu, 1992, S. 63/64).

Hieraus zeigt sich einerseits die Notwendigkeit, unaufhörlich in soziale Beziehungen zu investieren, um durch deren Austauschbeziehungen das eigene Ressourcenrepertoire zu erweitern und damit eine gesundheitsbezogene Lebensweise unterstützen zu können. Andererseits ist die unumgehbare Nutzung ökonomischer Ressourcen dafür von Bedeutung, da gegenseitige Anerkennung wie auch die Aufrechterhaltung der Netzwerke ohne Verfügbarkeit über ausreichende ökonomische Ressourcen auf Dauer nur unzulänglich möglich ist. „... die in den Tauschbeziehungen institutionalisierte gegenseitige Anerkennung setzt das Anerkennen eines Minimums von „objektiver" Homogenität unter den Beteiligten voraus; außerdem übt das Sozialkapital einen Multiplikatoreffekt auf das tatsächlich verfügbare Kapital aus" (Bourdieu, 1992, S. 64). So ergeben sich, laut Bourdieus Theorie, aus den Zugehörigkeiten zu bestimmten Gruppen „materielle Profite", wie beispielsweise Gefälligkeiten, und „symbolische Profite", die sich aus der Mitgliedschaft ergeben.

Heiner Keupp stellt zudem fest, dass durch entsprechende Transformationsleistungen der reine Besitz von Ressourcen in „die Art, wie diese in handlungsrelevante Prozesse übersetzt werden" (Keupp, 2003, S. 560), Ressourcen aus Kapitalien in identitätsrelevante Ressourcen transformiert werden können und damit sowohl die Lebensbewältigung als auch die Identitätsentwicklung eines Individuums unterstützt werden kann. Dafür spiele der Optionsraum, die soziale Relevanzstruktur als auch die Bewältigungsressource eine Rolle (vgl. Keupp, 2003, S. 561). Hierauf wird an dieser Stelle jedoch nur verwiesen und auf vertiefende Ausführungen verzichtet.

Insgesamt geht aus der Betrachtung der verschiedenen Forschungsergebnisse und Ansätze hervor, dass Netzwerkarbeit mit der Inszenierung von solidarischer sozialer Unterstützung (Herriger 1997, S. 759) eine der geeigneten Methoden darstellt, um eine Gesundheitspolitik im Sinne einer salutogen ausgerichteten Gesundheitsförderung für das 21. Jahrhundert entwickeln und fördern zu können.

## 2.5 Begriffsklärung: Empowerment und Partizipation, Ressource und Bewältigung, Soziale Unterstützung durch soziale Netzwerke

### 2.5.1 Empowerment und Partizipation

Das Fachlexikon der sozialen Arbeit definiert Empowerment als

> „eine Sammelkategorie für alle solchen Arbeitsansätze in der sozialen Praxis, die die Menschen zur Entdeckung eigener Stärken ermutigen und ihnen Hilfestellungen bei der Aneignung von Selbstbestimmung und Lebensautonomie vermitteln. Handlungsziel der Empowermentpraxis ist es, die vorhandenen, (wenn auch vielfach verschütteten), Fähigkeiten der Adressaten sozialer Dienstleistungen zu autonomer Alltagsregie und Lebensorganisation zu kräftigen und Ressourcen freizusetzen, mit deren Hilfe sie die eigenen

Lebenswege und Lebensräume selbstbestimmt gestalten können." (Fachlexikon der sozialen Arbeit, 1997, S. 265).

Empowerment kann demzufolge einerseits lebensweltlich als (Wieder-)Herstellung von Selbstbestimmung über die Umstände des Alltags definiert werden oder auch, in seiner politischen Dimension, „einen konflikthaften Prozess der Umverteilung von Macht" bedeuten (vgl. Herriger, 1997, S.12/13). Empowermentprozesse können auf der Ebene des Individuums, auf der Ebene von Gruppen oder auf der Ebene von Strukturen ansetzen. In Bezug auf die profitorientierte Organisation eines Wirtschaftsunternehmens deutet Peter Senge in seinen Ausführungen zur „Lernenden Organisation" ebenfalls auf die Bedeutung von kundInnen- und mitarbeiterInnenorientierten Ansätzen für ein verbessertes Management hin (Senge, 1997). Der hier stattfindende Empowerment-Diskurs will traditionelle hierarchische Organisationsmodelle ablösen.

„Obwohl der Empowerment-Begriff anfänglich lediglich als Schlagwort für eine aggressivere Marktbeherrschung missbraucht wurde, entfaltet sich in den letzten Jahren – auch unter dem Einfluss einer beginnenden Wertediskussion im Management (vgl. Stark, 2001) – ein Diskurs, der kritischen gemeindepsychologischen Denkfiguren (vgl. Keupp, 1998, Prilleteltensky, 1994) recht nahe kommt" (Stark, 2002, S. 55).

Den Begriff der Partizipation, der bei Picot innerhalb der betriebswirtschaftlichen Sicht verwendet wird, stammt, laut Fachlexikon der sozialen Arbeit aus der Demokratie-Theorie und der Organisationssoziologie, die ihn als Sammelbegriff für „sehr verschiedene Arten und Formen der Beteiligung (→ Beteiligungsstrategien), Teilhabe, Teilnahme, Mitwirkung und → Mitbestimmung ..." verwendet. Es kann aber auch „Funktion, Umfang und Begründung der Partizipation ..." damit gemeint sein (vgl. Fachlexikon der sozialen Arbeit, 1997, S. 691). Der Begriff wird deskriptiv oder normativ verwendet. Wie das Lexikon zur Soziologie, weist das Fachlexikon der sozialen Arbeit auf die grundsätzliche Widersprüchlichkeit von Partizipation hin. Einerseits sei sie „Mittel zum Ziel“, das als Integration, in Form von „Didaktik auf dem Weg zur formierten Gesellschaft“ als auch als „Erziehungsmittel zur systemgerechten Sozialisation verstanden“ werde. „Andererseits werden als Partizipations-Ziel Emanzipation und reale (nicht nur formale) Demokratisierung und als Partizipations-Folge emanzipatorische Lernprozesse und Sozialisation zur Befreiung“ ... verstanden.

> „So kann Partizipation, die eigentlich universalistisch auf Freiheit aller gerichtet sein soll, durchaus auch dazu führen, dass faktisch Privilegierte weiter und umfassender privilegiert werden, und was eigentlich Gegenmacht gegen politisch-administrative Herrschaft aufbauen sollte, kann auch als nützliches Frühwarnsystem von der Administration und Sozialbürokratie vereinnahmt werden.“ (Fachlexikon der sozialen Arbeit, 1997, S. 692)

Innerhalb der Empowermentperspektive stellt die Partizipation eine grundlegende Empowermentstrategie dar. Mit Hilfe systemischer Ansätze, der Ressourcenaktivierung als Handlungsprinzip und der Netzwerkperspektive unterstützt der Empowermentansatz die autonome Gestaltung eigener Lebensverhältnisse.

Heiner Keupp definiert Empowerment wie folgt:

> „Empowerment meint den Prozess, innerhalb dessen Menschen sich ermutigt fühlen, ihre eigenen Angelegenheiten in die Hand zu nehmen, ihre eigenen Kräfte und Kompetenzen zu entdecken und ernst zu nehmen und den Wert selbst erarbeiteter Lösungen schätzen lernen. Empowerment bezieht sich auf einen Prozess, in dem die Kooperation von gleichen oder ähnlichen Problemen betroffene Personen durch ihre Zusammenarbeit zu synergetischen Effekten führt. Aus der Sicht professioneller und institutioneller Hilfen bedeutet die Empowerment-Perspektive die aktive Förderung solcher solidarischer Formen der Selbstorganisation.“ (Keupp, 1997, S. 46)

Wolfgang Stark beschreibt Empowerment als einen

> „... Prozess im Alltag ...“, der „... eine Entwicklung für Individuen, Gruppen, Organisationen oder Strukturen ...“ darstellt „... durch die die eigenen Stärken entdeckt und die soziale Lebenswelt nach den eigenen Zielen (mit-)gestaltet werden kann. Empowerment wird damit als Prozess der Bemächti-

gung von einzelnen Gruppen verstanden, denen es gelingt, die Kontrolle über die Gestaltung der eigenen sozialen Lebenswelt (wieder) zu erobern (Stark, 1993, S. 41; zit. nach Lenz, 2002, S. 13).

Im Salutogenese-Konzept Antonovskys kommt dem Kohärenzgefühl eine zentrale gesundheitsförderliche Bedeutung zu, da das Kohärenzgefühl als ein zentrales Grundvertrauen dazu verhilft, die verfügbaren Ressourcen zu integrieren und damit Bewältigungskompetenzen aufzubauen.

Mit der Empowerment-Perspektive kann in Verbindung mit Organisationsentwicklung ein System demokratischer organisiert und gestaltet werden.

### 2.5.2 Ressourcen und Bewältigung

„Als Ressource ist jeder Aspekt des seelischen Geschehens und der sozialen Lebenssituation eines Menschen zu verstehen. So z. B. motivationale Bereitschaften, Ziele, Wünsche, Interessen, Überzeugungen, Werthaltungen, Geschmack, Einstellungen, Wissen, Bildung, Fähigkeiten, Gewohnheiten, Interaktionsstile, physische Merkmale, wie Aussehen, Kraft, Ausdauer, finanzielle Möglichkeiten, sowie zwischenmenschliche Beziehungen“ (Lenz, 2002, S. 26).

„Die Gesamtheit all dessen stellt, aus der Ressourcenperspektive betrachtet, das positive Potenzial einer Person dar, – den Möglichkeitsspielraum des Patienten dar, in dem er sich gegenwärtig bewegen kann ...“ (Grawe & Grawe-Gerber, 1999, S. 67; zit. nach Lenz, 2002, S. 26)

Der Umfang wie auch die Qualität der Ressourcen spielen eine entscheidende Rolle, ob eine Person eine spezifische Belastungssituation bewältigen kann. Die Ressourcen eines Individuums formen also dessen „... Bewältigungsmuster, die zur Bearbeitung von Problemen eingesetzt werden und beeinflussen in entscheidender Weise auch den Erfolg oder Misserfolg der Bewältigungsversuche.“ (Lenz, 2002, S. 26)

Innerhalb des Belastungs-Bewältigungsparadigmas (stammt ursprünglich aus dem Stressmodell von Lazarus und Folkmann, 1984), in dem das Ressourcenkonzept eine zentrale Bedeutung besitzt, werden zwei unterschiedliche Arten von Ressourcen unterschieden:

> „**Personale Ressourcen** beinhalten die Fertigkeiten und Fähigkeiten, die sich im Verlaufe der Lebensgeschichte eines Individuums zu den persönlichen Handlungskompetenzen und Verarbeitungsstilen eines Menschen zusammenfügen" (Lenz, 2002, S. 27).

Hierzu zählen insbesondere internale Kontrollüberzeugungen (grundlegendes Vertrauen in die eigene Person) und Selbstwirksamkeitserwartungen (aktive Auseinandersetzung mit Stressoren).

> „**Soziale Ressourcen** sind durch das Vorhandensein eines hilfreichen sozialen Netzwerkes gegeben." (Lenz, 2002, S. 27).

Mit sozialem Netzwerk ist das Geflecht sozialer Beziehungen einer Person zu ihren Familienmitgliedern, Verwandten, Freunden und Freundinnen, Bekannten, Nachbarn, Arbeitskollegen und anderen Personen gemeint (vgl. Schwarzer & Lepplin, 1989) (bei Lenz, 2002, S. 27).

### 2.5.3 Soziale Unterstützung durch soziale Netzwerke

Blöschel definiert soziale Unterstützung wie folgt:

> „Art und Ausmaß von Hilfestellung psychologischer und/oder instrumenteller Art, die eine Person bei der Bewältigung von Lebensereignissen von seiner sozialen Umwelt erfährt oder zu erfahren glaubt." (Blöschel 1987, S. 312)

Albert Lenz verweist auf folgende Beschreibungen sozialer Unterstützung:

> „Heiner Keupp (1987 a) spricht von den spezifischen Webmustern unserer alltäglichen Beziehungen."
>
> „Soziale Integration und vor allem die verschiedenen Formen von sozialer Unterstützung gelten als die wichtigsten gesundheitsfördernden Potentiale sozialer Netzwerke" (Lenz, 2002, S. 27, Schwarzer & Lepplin, 1989)

Die Kernidee des Konzepts des sozialen Netzwerkes in Bezug auf den positiven Einfluss fasst Hurrelmann (1994) folgendermaßen zusammen:

> „Je stärker eine Person in ein soziales Beziehungsgefüge mit wichtigen Personen eingebunden ist, desto besser kann diese Person mit ungünstigen sozialen Lebensbedingungen, kritischen Lebensereignissen und andauernden

> Lebensbelastungen umgehen und desto weniger treten Symptome der Belastung wie soziale, psychische oder somatische Auffälligkeiten auf." (Hurrelmann 1994, S. 112)

Die Fähigkeit zum Umgang und zur erfolgreichen Bewältigung von ungünstigen sozialen Lebensbedingungen, kritischen Lebensereignissen und kontinuierlichen Lebensbelastungen wird entscheidend beeinflusst von der Stabilität und Qualität des sozialen Netzwerkes und den Beziehungen innerhalb des Netzwerkes.

Um die Qualität eines sozialen Netzwerkes einschätzen zu können, müssen dabei die sozialen Beziehungen hinsichtlich der Art der sozialen Unterstützungsleistung, die die jeweilige Person subjektiv wahrnimmt und bewertet, betrachtet werden (vgl. Broda 1987, Röhrle 1994).

Richard E. Pearson beschreibt in seinem Buch „Beratung sozialer Netzwerke" ebenfalls die positiven Wirkungen von Netzwerken auf die Gesundheit und erwähnt u. a. auch Cassels, Caplan und House, die in ihren empirischen Forschungsstudien nachweislich belegen können, dass die Förderung natürlicher Unterstützungssysteme im Rahmen einer sozialen Unterstützung durch soziale Netzwerkarbeit die gesundheitlichen Lebensbedingungen erheblich verbessern und neu entwickeln kann (vgl. Pearson 1997, S.23 ff.).

## 2.6. Begriffsklärung: Arbeit und Arbeitsschutz, Organisation: Organisationsstruktur, Unternehmenskultur, Organisationsentwicklung

### 2.6.1 Arbeit und Arbeitsschutz im Arbeitsrecht

Der Begriff Arbeit wird von verschiedenen wissenschaftlichen Disziplinen, wie z. B. den historisch-anthropologischen, den sozialpsychologischen, den soziologischen oder auch den sozialphilosophischen aus unterschiedlicher Perspektive vielfältig definiert. Aus der hieraus resultierenden Komplexität des Arbeitsbegriffes lässt sich im historischen Verlauf stets ein damit verbundenes Klasseninteresse feststellen. Zentral auf den Arbeitsbegriff gestützte Argumentationen finden sich im Rahmen der marxistischen und ökonomischen Theoriebildung. Neben den Definitionen des Arbeitsbegriffs bei Max Weber oder Karl Marx, beschäftigte sich auch Pierre Bourdieu mit der gesellschaftlich konstruierten Bestimmung von Arbeit. Ulrich Beck setzt sich in seiner Studie über die Risikogesellschaft, worunter er einen System- und Epochenwandel verschiedener Bereiche der Gesellschaft in der Reflexiven Moderne versteht, mit der Entstandardisierung der Erwerbsarbeit auseinander und beschreibt die zukünftige Bedeutung der Arbeit für den Menschen innerhalb unserer Gesellschaft.

Die Bestimmung von Arbeit soll an dieser Stelle nicht weiter vertieft werden. Im Weiteren soll lediglich kurz auf das gegenwärtige Arbeitsrecht und den darin verankerten Arbeitsschutz eingegangen werden, um darauf aufmerksam zu machen, inwieweit die Gesundheitsförderung gesetzlich geregelt ist.

Das deutsche Arbeitsgesetz ArbG regelt im Rahmen seiner Gesetze um das Arbeitsrecht den Arbeitsschutz, um damit einen Teil der sozialstaatlichen Sicherung der menschlichen Existenz und des geordneten sozialen Lebens zu organisieren (vgl. Rosenbrock, Müller, 1998, S. 10). Neben grundlegenden betrieblichen Arbeitsschutzregelungen gibt es „vielfältige gesetzliche Vorschriften vor allem zur Abwehr besonderer Risiken für Sicherheit und Gesundheit der Beschäftigten bei der Arbeit, §§ 1, Abs. 3 ArbSchG. Der Arbeitsschutz umfasst außer Maßnahmen zur Verhütung von Arbeitsunfällen und arbeitsbedingten Gesundheitsgefahren auch die menschengerechte Gestaltung der Arbeit, §§ 1 Abs. 1,2 Abs. 1 ArbSchG." (Dütz, 2003, S. 217). Im Rahmen des Arbeitsschutzes gibt es demnach den technischen Schutz, den medizinischen Schutz und den sozialen Schutz.

„Die Erwerbsarbeit kann", laut Rosenbrock, „gesundheitsgefährdend, aber auch gesundheitsfördernd wirken, sie definiert den sozialen

Status, bestimmt den Lebensstil des Menschen und ermöglicht seine soziale existentielle Sicherung." (Rosenbrock, Müller, 1998, S. 11).

Ludwig Preller (1962) hebt die „psychophysischen Dimensionen menschlicher Arbeit" hervor wie auch die „gesellschaftlichen Wirkungen von Arbeit für das menschliche Zusammenleben" (vgl. Rosenbrock, Müller, 1998, S. 11). Daraus lässt sich die zentrale Bedeutung eines Arbeitsschutzes bzw. Gesundheitsschutzes innerhalb der Erwerbstätigkeit herleiten.

### 2.6.2 Organisation

Wie Niklas Luhmann feststellt, hat der Organisationsbegriff erst seit Mitte des 19. Jahrhunderts größere Bedeutung gewonnen. Da im Mittelalter „die soziale Ordnung ... durch die Stratifikation der Familienhaushalte und durch Korporationen gewährleistet und im Übrigen einer Vielzahl von rechtlichen Regulierungen unterworfen" war, reduziert sich die Notwendigkeit einer Organisierung, so wie wir sie heute verstehen.

> „Erst im Laufe des 19. Jahrhunderts festigt sich ein Sprachgebrauch, der Organisationen als soziale Formationen besonderer Art von anderen sozialen Ordnungen (zum Beispiel von Gemeinschaften oder von sozialen Klassen) unterscheidet" (Luhmann, 2000, S. 11)

So bezeichnet der Begriff Organisation „zunächst die Ordnung organischen Lebens im Unterschied zu Artefakten und Mechanismen" im Sinne einer kosmologischen Weite, „bietet aber die Möglichkeit, zugleich eine Tätigkeit und ihren Effekt zu bezeichnen, ohne sich auf diesen Unterschied einzulassen" (vgl. Luhmann, 2000, S. 11/12). Damit ist die Herleitung zum heutigen Verständnis von Organisation vorbereitet.

Manuel Castells, ein amerikanischer Soziologe, versteht unter Organisationen „genau definierte Systeme von Mitteln, die eindeutig definierte Ziele erreichen sollen. Unter Institutionen verstehe ich Organisationen, die mit der notwendigen Autorität ausgestattet sind, um

Aufgaben im Namen der gesamten Gesellschaft wahrzunehmen. Die Kultur, um die es bei der Konstituierung und Entfaltung eines bestimmten Wirtschaftssystems geht, ist diejenige, die sich in einer Organisationslogik materialisiert, ..." (Castells, 2001, S. 173 ff).

Dieser Definition fügt das Fachlexikon der Sozialen Arbeit die Unterscheidung zwischen einem funktionalen, einem instrumentalen als auch einem institutionalen Organisationsbegriff hinzu. Wie auch in der betriebswirtschaftlichen Literatur (Arnold Picot, 1993) zu finden, versteht man unter dem *funktionalen Organisationsbegriff* das Organisieren als Tätigkeit (im Sinne von „ein Unternehmen wird organisiert"), unter dem *instrumentalen Organisationsbegriff* die Organisation als Instrument, das planvolle Arbeiten und Zusammenwirken der Mitarbeiter zu regeln (im Sinne von „das Unternehmen hat eine Organisation") und unter dem *institutionalen Organisationsbegriff* die Organisation als soziales Gebilde, das arbeitsteilig Sachziele verfolgt (im Sinne von „das Unternehmen ist eine Organisation") (vgl. Fachlexikon der sozialen Arbeit, 1997, S. 683 u. Picot, 1993, S. 104 ff. u. Kieser/Kubicek, 1983, S. 2).

Ein betriebswirtschaftliches Unternehmen als Profitorganisation stellt im derzeitigen Verständnis der Betriebswirtschaft eine instrumentelle Organisation dar, die ein zielgerichtetes, bestimmten Regeln unterworfenes soziales System ist. Im Vordergrund steht meist die Ablauforganisation, wobei Teilaufgaben und Beziehungen zwischen den Aufgabenträgern in Form eines Prozessphänomens strukturiert und organisiert sind (vgl. Vorlesung zur Organisation sozialer Dienste, Reinspach, 1996).

Im Gegensatz dazu betrachtet man in den gesundheitswissenschaftlichen Professionen verstärkt die Beziehungs- und Kommunikationsstrukturen, die sich aus der Art der gebildeten Aufgabenbereiche, Stellen und Abteilungen ergeben wie auch aus deren bestehenden Weisungs- und Informationsstrukturen. Die Aufbauorganisation, wie dies in der Betriebswirtschaft genannt wird, rückt damit zentraler in den Vordergrund.

Bereits an den unterschiedlichen Herangehensweisen der diversen Professionen zeigt sich das Spannungsverhältnis unterschiedlicher Zielinteressen im Wirtschaftsunternehmen, die meist nicht-kongruente Handlungslogiken freisetzen (vgl. Rosenbrock, 2004, S. 18 ff.). Manuell Castells' Verständnis von Organisation weist ebenfalls eine stärkere Ausrichtung auf Verantwortlichkeit der Entscheidungsträger für die Gestaltung einer Kultur im Unternehmen auf, die sich „grundlegend durch ihre Einbettung in Institutionen und Organisationen manifestiert" (Castells, 2001, S. 173).

### 2.6.2.1 Organisationsstruktur

Während sich die betriebswirtschaftliche Literatur vornehmlich mit der Definierung von Organisationsstruktur beschäftigt, steht in der Organisationspsychologie und -soziologie dagegen im Zuge des Wertewandels und des verschärften Wettbewerbs der Begriff Unternehmenskultur im zentralen Interesse, da man hier darum bemüht ist, die Gestaltbarkeit von Unternehmenskulturen hinsichtlich der Humanisierung von Arbeitsprozessen positiv zu beeinflussen.

Unter Organisationsstruktur versteht man die Gesamtheit der organisatorischen Regeln, die den „Handlungsspielraum der Organisationsmitglieder abgrenzen und damit deren Verhalten aufgabengerecht steuern" helfen sollen. Dabei unterscheidet man zusätzlich die formale Organisationsstruktur (z. B. Organisationsanweisungen innerhalb eines Handbuchs) als auch die faktische Organisationsstruktur (z. B. arbeitsteiliges Zusammenwirken in der Teamarbeit) (vgl. Picot, 1983, S.114 ff).

### 2.6.2.2 Unternehmenskultur

Die Unternehmenskultur, zum Teil angeregt aus der Praxis der Unternehmensberatungen wie auch aus den Wirtschafts- und Kulturwissenschaften, kann aus psychologischer Sicht ganz unterschiedlich definiert werden. Neuberger (1989) bietet hierzu folgende Formulierungen an (zitiert nach Rosenstiel, v., 1992, S. 354/355):

- „Kultur gilt als das Insgesamt der von Menschen geschaffenen bzw. weitergegeben und damit zeit- und gruppenspezifischen Inhalten und Gestaltungen;
- die weiterhin akzeptiert, gemeinsam bzw. von (fast) allen geteilt werden;
- ein relativ stimmiges System oder ein kohärentes Muster (eine „Ganzheit") bilden, was jedoch eine antagonistische Subkultur nicht ausschließt;
- Inhalte und Formen sind spezifisch und einmalig (unterscheiden eine Gruppe oder Epoche von anderen, machen ihren „Typ", „Charakter", „Stil" aus);
- sind ständig im Wandel (werden immer neu interpretiert, weiterentwickelt, umgeformt);
- sind zugleich Ergebnis wie Mittel sozialer Interaktionen und manifestieren sich in konkreten Produkten und Praktiken und
- erfassen und durchdringen den ganzen Lebensprozess und können (funktionalistisch) auf die Bewältigung wichtiger Probleme bezogen werden." (Neuberger, 1989, in Rosenstiel, v., 1992, S. 354/355).

Der Ansatz von Schein (1984) differenziert drei Ebenen der Analyse von Unternehmenskulturen:

> „... die der selbstverständlichen und damit nicht bewusst reflektierten Grundannahmen, die darauf aufbauenden bewusstseinsfähigen Werte und die wiederum darauf aufbauende Ebene der sichtbaren, aber oft schwer zu deutenden Artefakte" (Schein, 1984, zit. nach Rosenstiel, v., 1992, S. 355).

Handy (1978) klassifiziert demnach verschiedene Unternehmenskulturen danach, „... ob sie eher an Macht, an Personen, an Rollen oder Aufgaben orientiert sind ..." (Rosenstiel, v., 1992, S. 357).

So kann die Begriffsbestimmung in zweierlei Variationen ausfallen. Zum einen kann die Kultur eines Unternehmens als ein Merkmal einer Organisation neben anderen betrachtet werden, „als zwar komplexes und mehrschichtiges, aber doch abgrenzbares und beschreibbares Gefüge" (Rosenstiel, v., 1992, S. 357) (im Sinne von „ein Unternehmen hat eine Kultur"). Zum anderen aber kann auch, wie Neuberger (1985) es bezeichnet, ein Unternehmen umfassend als Kultur verstanden werden, im Sinne von „ein Unternehmen ist eine Kultur". Erstere Begriffsbestimmung beinhaltet Dimensionen wie die „vorherrschende Einstellung zum Menschen ...", „die Zeitorientierung im Sinne einer Ausrichtung an Vergangenheit, Gegenwart oder Zukunft, die Art der Machtausübung als hierarchisch oder partnerschaftlich ...". Unter dieser Perspektive werden Unternehmen hinsichtlich ihrer Werteausrichtung und Kultur eingestuft. Die zweite umfassende Begriffsbestimmung dagegen geht tendenziell eher wie die kulturethnologische Sichtweise vor und bestimmt über die Medien der symbolischen Vermittlung von Werten, Normen, Überzeugungen und Zielen deren dominierende dimensionale Kulturgestaltung einer Organisation (vgl. (Rosenstiel, v., 1992, S. 357).

#### 2.6.2.3 Organisationsentwicklung

„Organisieren ist", so das Fachlexikon der sozialen Arbeit, „Gestalten von Strukturen, Prozessen und Beziehungen in sozialen Systemen" (Fachlexikon der sozialen Arbeit, 1997, S. 682). Ganzheitlich betrachtet, betrifft demnach Organisieren das Zusammenwirken von MitarbeiterInnen in sozialen Systemen.

> „Organisationsentwicklung wird als zusammenfassender Begriff für die Bemühungen verstanden, zur Humanisierung der Arbeitsbedingungen sowie zur Steigerung der Flexibilität und Veränderungsbereitschaft einer Organisation beizutragen" (Fachlexikon der sozialen Arbeit, 1997, S. 686).

Eine allgemein akzeptierte Definition habe sich noch nicht gebildet, laut Fachlexikon der sozialen Arbeit. Erhöhung der Leistungsfähigkeit und Gestaltung von Raum für die Persönlichkeitsentfaltung der MitarbeiterInnen stehe jedoch dabei im Mittelpunkt, wobei Stichwörter wie Partizipation von Mitarbeiterschaft, Entwicklung von Rollenverständnis und Verhaltensänderung, Entwicklung von Entscheidungs- und Handlungskompetenzen u. a. eine zentrale Rolle spielen.

Die Verbesserung der Arbeitsbedingungen durch beispielsweise den Arbeitsschutz und die Arbeitssicherheit, die im Unternehmensmanagement gesetzlich verankert sind bzw. dieses dazu gesetzlich durch die Berufsgenossenschaften verpflichtet ist, steht eng im Zusammenhang mit der Förderung von Gesundheit bzw. der Vermeidung von Krankheit.

## 2.7 Gesundheitsförderung im Kontext Industrieunternehmen

### 2.7.1 Historische Entwicklung verschiedener Organisationsformen

Zentralisierung von Entscheidungen und hierarchischer Kontrolle zu höchster Produktionsrationalität stellten Faktoren der Massenproduktion in Großkonzernen dar, die durch eine institutionalisierte soziale und technische Arbeitsteilung als eine spezifische Organisationsform seit den 70ern existierten.

> „Diese Prinzipien waren eingebettet in Managementmethoden, die als „Taylorismus" und „wissenschaftliche Arbeitsorganisation" bezeichnet werden und die sich sowohl Henry Ford als auch Lenin zu eigen machten" (Castells, 2001, S. 176).

Taylorismus bedeutet für die einzelnen Arbeiter Produktion in Arbeitsteilung am Fließband, wobei jeder Werker für sein Fertigungsteil verantwortlich ist. In diesem mechanisierten Produktionsprozess wurde ein standardisiertes Produkt hergestellt (vgl. Castells, 2001, S. 176). Doch das System der Massenproduktion erwies sich aufgrund seiner Unflexibilität und hohen Kostenverursachung im Zuge des technologischen Wandels und der immer schwieriger kontrollierbaren Märkte, die mehr diverse Quantität und Qualität forderten, als zunehmend ungeeignet.

So lösten in den Neunzigerjahren neue arbeitsorganisatorische Formen, wie beispielsweise Lean Production, Gruppen- und Teamarbeit, das tayloristische Paradigma ab (vgl. Antoni , 1996 , S. 115).

Neue Forderungen des Marktes nach flexibler Ausrichtung am Kunden einerseits, laut Adenauer, und der gesellschaftliche Wertewandel andererseits, durch den sich die Ansprüche der Mitarbeiter hinsichtlich der Gestaltung ihrer Arbeitsplätze veränderten, machten ein Umdenken und -strukturieren der bisherigen Organisationsform erstrebenswert (vgl. Adenauer, 1997, S. 13; zitiert n. Fröschle-Mess, 2002, S. 13).

„Mit der Einführung von Gruppenarbeit bzw. Teamarbeit tritt eine erneute Veränderung der Arbeitsorganisation ein, die sich sowohl auf die Zusammenarbeit als auch auf die Führung und Unternehmenskultur insgesamt verändernd auswirkt. Indem lange bürokratische Wege durch Hierarchieabbau verkürzt und infolge von Dezentralisierungsprozessen mehr Aufgaben der betrieblichen Führungsebene in die Gruppe verlagert werden, entstehen dort für die Mitarbeiter vergrößerte Handlungs- und Entscheidungsräume.

Dies hat einmal zur Folge, dass kleinere selbststeuernde Einheiten in eigener Verantwortung immer schneller und flexibler auf den stets veränderten Kundenbedarf reagieren können und andererseits die Motivation der Mitarbeiter zu größerem Engagement und Ideeeinbringung gesteigert wird" (Fröschle-Mess, 2002, S. 13).

„Die neuen Technologien ermöglichen es, die für die Großkonzerne charakteristischen Fließbänder in leicht programmierbare Produktionseinheiten zu transformieren, die gut auf Marktschwankungen und auf Veränderungen in den technologischen Ausgangsbedingungen reagieren können. So gelingt es, Produktflexibilität und Prozessflexibilität miteinander zu verbinden" (Castells, 2001, S. 177).

### 2.7.2 Die Berufsstruktur

„Bei jedem historischen Übergangsprozess gehört die Transformation der Beschäftigung und der Berufsstruktur zu den unmittelbarsten Ausdrucksformen des Systemwandels" (Castells, 2001, S. 230).

Die Theorie des Post-Industrialismus prognostiziert, dass „die Quelle von Produktivität und Wachstum" in der „Erzeugung von Wissen" läge und sich das „Wirtschaften von Produktion von Gütern auf die Bereitstellung von Dienstleistungen" verlagere. Daraus resultiere eine Verringerung von Arbeitsplätzen im produktiven Bereich zugunsten von Dienstleistungstätigkeiten, was nicht mehr rückgängig gemacht werden könne (vgl. Castells, 2001, S. 231).

> „Die neue Wirtschaftsform wird die Bedeutung von Berufen mit Tätigkeiten erhöhen, die einen hohen Informations- und Wissensgehalt aufweisen. Manager-, Experten- und Techniker-Berufe werden schneller zunehmen als alle anderen und den Kern der Sozialstruktur ausmachen (Castells, 2001, S. 232).

Letztere These schränkt Castells im Weiteren noch ein, worauf aber an dieser Stelle nicht mehr eingegangen werden soll.

Für den thematischen Zusammenhang der vorliegenden Studie ist lediglich wichtig zu resultieren, dass eine Kommunikationsinfrastruktur und die Ressource Mensch wesentliche Erfolgsfaktoren für den gelingenden Organisationsablauf eines Unternehmens darstellen.

### 2.7.3 Belastung und Beanspruchung

Dezentralisierte Initiative, Partizipation der Belegschaft durch Teamwork in Produktionsprozessen, größere Entscheidungsautonomie, Belohnungssysteme der Teams für Leistungen für das Team und eine flache Management-Hierarchie bestimmen die Rahmenbedingungen für grundlegende Entwicklungstendenzen der Erwerbsarbeit und ihre gesundheitsförderlichen oder -gefährdenden Wirkungen.

> „Die Umwelt des Menschen ist durch eine Vielzahl psychosozialer, biologischer, physikalischer und chemischer Einwirkungen gekennzeichnet, auf die der Organismus mit akuten Funktionsänderungen, bei chronischer Einwirkung u. U. auch mit (bleibenden) gesundheitlichen Störungen reagiert, wobei zahlreiche intervenierende Variablen, individuelle und situative Determinanten eine Rolle spielen" (Griefahn, 1998, S. 443).

Infolge von Arbeitsteilung, Automatisierung und organisierter Fertigung komme es laut Griefahn vermehrt zu mentalen und psychischen Belastungen. Körperliche Belastungen dagegen nähmen infolge der Automatisierung eher ab.

Johannes Siegrist spricht von „drei Einflussfaktoren auf die menschliche Gesundheit", nämlich, die „genetische Ausstattung des Einzelnen, das individuelle Handeln und Erleben sowie die Einflüsse der natürlichen und der sozialen Umwelt auf den Organismus" (Siegrist, 1996, S. 3). Die Wirkung sozialer Belastungen durch soziale Krisen auf die physische Gesundheit steht in seinem zentralen Interesse. Er stellt hierzu drei Bereiche chronischer Distresserfahrungen zusammen, die, laut Siegrist, im Erwerbsleben eine dominierende Rolle spielen.

> „1. Belastungserfahrungen, die sich aus der Arbeitsorganisation bzw. dem Inhalt von Arbeitsaufgaben ergeben; 2. Belastungserfahrungen, die mit der sozialen, zwischenmenschlichen Dimension des Arbeitslebens assoziiert sind; 3. Belastungserfahrungen, die aus begrenzter beruflicher Statuskontrolle (unfreiwillige berufliche Mobilität, Statusinkonsistenz, Arbeitslosigkeit) resultieren" (Siegrist, 1996, S. 62).

Interessant ist hierbei auch folgende Forschungserkenntnis, dass die sozioökonomischen Lebensumstände der Eltern einen prägenden Einfluss auf die psychobiologische Entwicklung derer Babys und Kleinkinder nehmen, indem sie die längerfristige Empfänglichkeit für chronisch-degenerative Erkrankungen mitbestimmen (vgl. Siegrist, 1996, S. 63). Das bedeutet, dass eine schlechte ökonomische Arbeitssituation nicht nur Einfluss auf die Gesundheit des direkt betroffenen Subjekts nimmt, sondern auch entsprechend negative Konsequenzen auf dessen Nachkommen nehmen kann. Arbeitsplatzgestaltung wird somit zu einer gesellschaftlich weitreichenden und nachhaltig verantwortungsvollen Aufgabe.

Inwiefern haben psychosoziale Belastungserfahrungen direkt oder indirekt Relevanz innerhalb des Erwerbslebens?

Wie bereits erwähnt, haben sich seit den 70er-Jahren das Berufsbild und die damit verbundenen Anforderungen innerhalb der Massenproduktion immer wieder verändert. So haben sich beispielsweise die körperlichen Belastungen durch Schwerstarbeit, lange Arbeitszeiten und Exposition gegenüber gesundheitsschädigenden Umgebungs- und Materialverhältnissen zugunsten von mentalen und psychosozialen Belastungserfahrungen verringert. Letztere ergeben sich allerdings aufgrund der repetitiven Monotonie der Arbeitsabläufe. Ergebnisse eines Produktionsablaufes sind für den Einzelnen infolge von Arbeitsteilung nicht mehr sichtbar, was individuelles Engagement zunehmend einschränkt. Aufgrund der Veränderung der Belastungsspektren, die aus der Automatisierung und dem Anwachsen von Steuerungs- und Kontrolltätigkeiten herrühren, kommt es zu einseitigen Beanspruchungen. Berufsbezeichnungen verlieren und verändern ihre ursprünglichen Inhalte, was zu einer Veränderung der Arbeitsinhalte, -formen und -mittel führt. Der Mitarbeiter muss flexibler in seinen Arbeitsabläufen reagieren.

Zudem müssen infolge der neuen Arbeitsorganisationsformen geforderte Entscheidungs-, Handlungs-, Methoden- und Sozialkompetenzen erst erlernt und in den Arbeitsalltag integriert gelebt werden, wobei immer noch hierarchisch geführte und vornehmlich gewinnorientierte Systeme paradoxerweise im Gegensatz dazu stehen. Paradox insofern, als dass aufgrund der Dezentralisierungstendenzen einerseits Verantwortung von der Führung an die Mitarbeiter delegiert werden soll, andererseits Gehorsam vor der Führung verlangt wird und es damit oftmals eher den Anschein trägt, als solle die eigene Urteilskraft des Mitarbeiters an die Führung delegiert werden.

> „Im Vordergrund stehen nunmehr vermehrt zentralnervös vermittelte Belastungserfahrungen, die sich sowohl aus der Arbeitsorganisation, den spezifischen Arbeitsinhalten, als auch aus den sozialen Beziehungen am Arbeitsplatz, den Bedingungen der Entlohnung und den berufsbiographischen Risiken ergeben" (Siegrist, 1996, S. 64, 65).

Mit einer gesamtbetrieblichen Rationalisierung, einer weiteren Leistungsintensivierung und der Forderung nach einer möglichst fehlerfreien und gleichmäßigen Produktion geht eine „folgenreiche Umgestaltung der Beschäftigungsverhältnisse einher. Sie lässt sich mit zwei Wendungen als „Erosion des Vollzeitarbeitsverhältnisses" (Brose et al., 1993) und als „Fragmentierung stabiler Berufsbiographien" (Siegrist, 1986) beschreiben":

> „...befristete Arbeitsverhältnisse, Teilzeitarbeit, „job-sharing" etc. nehmen zu, während zugleich erhöhte Umschulungszwänge, Umsetzungsrisiken, vertikale und horizontale Mobilitätsereignisse sowie Berufsdiskontinuitäten infolge von Arbeitslosigkeit zu beobachten sind" (Siegrist, 1996, S. 65).

Dies wirke sich auch auf die Dienstleistungsberufe aus.

Doeringer und Piore (1971) teilen Erwerbstätige in zweierlei Gruppierungen:

> „in gut ausgebildete, flexibel und mobil Beschäftigte einerseits, welche auf die Erfordernisse der modernen Wirtschaft eingestellt sind, und in einseitig oder unzureichend geschulte, wenig flexible und immobile Beschäftigte andererseits, welche aufgrund geringer Qualifikation oder aufgrund langjähriger Tätigkeit in absterbenden Industrie- und Verwaltungszweigen einem hohen Arbeitslosigkeitsrisiko ausgesetzt sind" (Siegrist, 1996, S. 66).

Diese Ambivalenz bzw. Dichotomisierung innerhalb der Gesellschaft werde sich als Folge der Computerisierung und Rationalisierung der industriellen Produktion sowie als Folge der Strukturkrise traditioneller Produktionsbereiche weiterhin zuspitzen, prognostiziert Siegrist.

Aufgrund dieser Entwicklungen müsse, laut Siegrist, im Hinblick auf die betriebliche Gesundheitsförderung die Aufmerksamkeit auf die bereits erwähnten drei Bereiche gerichtet werden:

> „Erfahrungen im Zusammenhang mit Arbeitsorganisation und Arbeitsinhalt, Erfahrungen in Zusammenhang mit der sozialen Dimension des Arbeitslebens, und Erfahrungen, welche sich auf den Bereich beruflicher Statuskontrolle beziehen" (Siegrist, 1996, S. 67).

Es gilt also Arbeitsplätze derart zu konzipieren, dass sie ein „gesundheitsförderliches Entwicklungspotenzial in sich enthalten, indem sie Beschäftigte aktivieren, stimulieren, ihnen Entwicklungsanreize und befriedigende Erfolgserlebnisse ermöglichen" (Siegrist, 1996, S. 69).

Der amerikanische Soziologe Robert A. Karasek (1979) entwickelte dazu ein Anforderungs-Kontroll-Modell, um die Dimension der Arbeitsteilung, die Dimension der Anforderungsqualität und der sich damit ergebenen diversen Kontrollen über den Arbeitsprozess aus den Arbeitsinhalten abzuleiten. Seinen Annahmen zufolge kommt er zu dem Schluss, dass bei Personen, die Arbeitsplätzen mit quantitativ hoher psychomentaler Belastung bei zugleich niedrigen Kontrollmöglichkeiten und, in der Regel damit assoziiert, geringen Einsatzmöglichkeiten ihrer Fähigkeiten ausgesetzt sind, chronischer Distress zu erwarten ist.

Auf weitere Forschungsergebnisse und Erkenntnisse wird nun in diesem Zusammenhang nicht tiefer eingegangen werden.

### 2.7.4 Soziale Unterstützung und Gesundheitsverhalten

Den Interaktionszusammenhang von hilfreichen Sozialbeziehungen zu erforschen, wird zunehmend auch in Bezug auf die Bedeutung von sozialer Unterstützung in der Gesundheitsförderung bzw. in der Krankheitsbekämpfung und -prävention wichtig. Hier muss zwischen sozialer Integration, als quantitativ-strukturell, und sozialer Unterstützung, als qualitativ-funktional, differenziert werden. Letztere beinhalten zwei Aspekte, zum einen die wahrgenommene Unterstützung und zum anderen die erhaltene Unterstützung. Beide beinhalten emotionale, instrumentale und informationelle Unterstützung (vgl. Schwarzer, 1996, S. 174 ff).

In verschiedenen Studien, wie z. B. von Blazer (1982, Studie mit Senioren) oder Umberson (1987), wurden positive Zusammenhänge zwischen sozialem Rückhalt und seiner Wirkung auf das Gesundheitsverhalten festgestellt. Dabei spielten wiederum drei Arten des sozialen Rückhalts eine Rolle: die soziale Integration, die wahrgenommene Unterstützung und die erhaltene soziale Unterstützung.

Am Beispiel einer Selbsthilfegruppe können diese drei Arten veranschaulicht werden: soziale Integration als der Status der bereits

„Geheilten / Kurierten", wahrgenommene Unterstützung als die allgemein emotionale und damit stresspuffernde Hilfeleistung und schließlich die erhaltene Unterstützung als explizite Interventionen und Verstärkungen am Betroffenen (vgl. Schwarzer, 1996, S. 197 ff).

In diesem Zusammenhang ist wichtig zu erwähnen, dass **a.** die neue Bildung von Netzwerken, **b.** das unterstützende Verhaltenstraining von Netzwerkmitgliedern, **c.** das Training von Betroffenen in sozialen Techniken und Fertigkeiten, ein Netzwerk zielführend zu nutzen, drei wichtige „Support-Interventionen" darstellen.

Den Ergebnissen der Studien folgend, sei soziale Unterstützung „ein protektiver Faktor der sozialen Umwelt ..., der ein Gegengewicht zu den Distraktoren (z. B. Trägheit) bildet, die das Individuum von der Ausführung des intendierten Gesundheitsverhaltens abhalten" (Schwarzer, 1996, S. 201).

Wie auch Hobfoll et al. (1990) die Auffassung vertritt, dass „bereits vorhandene Ressourcen die Mobilisierung weiterer Ressourcen erleichtere" (vgl. Lenz, 2001, S. 27), kommt Schwarzer u. a. zu folgendem Fazit: „Die Intensionsbildung kann entweder durch soziale Vergleiche mit normativen Bezugspersonen veranlasst werden, und die Präsentation eigener Bewältigungsversuche kann einen Regelkreis von mehr Unterstützung stimulieren" (Schwarzer, 1996, S. 201). Hobfoll nimmt an, dass Personen mit hohen Selbstwirksamkeitserwartungen, internalen Kontrollüberzeugungen oder einem positiven Selbstkonzept es leichter fallen wird, positive Netzwerkbeziehungen zu knüpfen und in Belastungssituationen soziale Unterstützung zu mobilisieren. Er sieht demnach das Gefühl, anerkannt zu werden, also den sozialen Rückhalt, als einen entscheidenden Faktor in der Entwicklung personaler Ressourcen wie des Selbstwertgefühls an. Soziale Integration und vor allem diverse Formen sozialer Unterstützung gelten, wie bereits unter 2.5.3 erwähnt, als die wichtigsten gesundheitsfördernden Potenziale sozialer Netzwerke.

Aaron Antonovsky erweitert in seinem salutogenetischen Modell den Blick auf die Bedeutung der Ressourcen. Spezifische einzelne Ressourcen sieht er im Zusammenhang mit allgemeinen Ressourcen und spricht daher von Widerstandsressourcen und dem Kohärenzgefühl als „stabile, dauerhafte und generalisierte Orientierung", die als emotionale und kognitive Bewertungsinstanz wirkt, die ein konstruktives Verhalten begünstigt (vgl. Antonovsky, 1997, S. 36).

Damit eröffnet dieses Modell den Blick für eine proaktive und protektive salutogenetische Gesundheitsförderung im Gegensatz zu bloßen präventiven Vermeidungsstrategien gegen Erkrankung.

### 2.7.5 Betriebliche Gesundheitsförderung oder Betriebliches Gesundheitsmanagement oder Gesundheitsförderung durch Organisationsentwicklung?

#### 2.7.5.1 Betriebliche Gesundheitsförderung oder Betriebliches Gesundheitsmanagement?

Der Begriff der Betrieblichen Gesundheitsförderung wird in den Gesundheitswissenschaften als auch innerhalb der Unternehmenspraxis auf unterschiedliche Weise in den Zusammenhang mit Arbeitsschutz, betrieblichem Gesundheitsmanagement und betrieblicher Gesundheitsförderung gestellt. Bernhard Badura et al.(1999) äußern sich dazu so: Das betriebliche Gesundheitsmanagement hat seiner Forschung zufolge mehrere Wurzeln. So rührt einer der bedeutendsten Anstöße für eine Entwicklung der Gesundheitsförderung im erwerbstechnischen Bereich aus den Bemühungen der Weltgesundheitsorganisation WHO.

> „Gesundheitsförderung zielt auf einen Prozess, allen Menschen ein höheres Maß an Selbstbestimmung über ihre Gesundheit zu ermöglichen und sie damit zur Stärkung ihrer Gesundheit zu befähigen. Um ein umfassendes körperliches, seelisches und soziales Wohlbefinden zu erlangen, ist es notwendig, dass sowohl Einzelne als auch Gruppen ihre Bedürfnisse befriedigen, ihre Wünsche und Hoffnungen verwirklichen sowie ihre Umwelt meistern bzw. verändern können. In diesem Sinne ist die Gesundheit als ein

wesentlicher Bestandteil des alltäglichen Lebens zu verstehen und nicht als vorrangiges Lebensziel. Gesundheit steht für ein positives Konzept, das in gleicher Weise die Bedeutung sozialer und individueller Ressourcen für die Gesundheit wie die körperlichen Fähigkeiten betont. Die Verantwortung für Gesundheitsförderung liegt deshalb nicht nur im Gesundheitssektor, sondern in allen Bereichen der Politik und zielt über die Entwicklung gesünderer Lebensweisen hinaus auf die Förderung von umfassendem Wohlbefinden." (Ottawa Charta 1986)

Die Verabschiedung der Ottawa-Charta 1986 beinhaltet Grundsätze und Ziele zur Förderung der Gesundheit, die mit der Schaffung bzw. Erhaltung gesunder Lebensbedingungen verknüpft werden. Von zentraler Bedeutung darin ist die Befähigung der Individuen zum „selbstbestimmten Umgang mit Gesundheit sowie in der gesundheitsförderlichen Gestaltung der Lebenswelt" (Badura, 1999, S. 15). Gleichzeitig wurde versucht, die wirtschaftlichen Betriebe und Verwaltungen mit in die Verantwortung zu ziehen. Bereits 1991 wurden in einer Konferenz der WHO 38 Ziele formuliert, wovon sich 25 auf die Vision bezogen, bis zum Jahr 2000 die arbeitende Bevölkerung durch die „Schaffung gesünderer Arbeitsbedingungen etc." (WHO, 1991, S. 39) zu unterstützen.

Eine weitere Wurzel liegt im gesetzlich verankerten Arbeitsschutz, der in Deutschland durch die Gesetzgebungsaktivitäten der Europäischen Union noch unterstützt wurde und mit der Unfallversicherung auch mittlerweile einen Akteur gefunden hat, der sowohl bei Arbeitgeber als Arbeitnehmer akzeptiert wurde.

„Eine vergleichbare Professionalisierung und Institutionalisierung ist in der betrieblichen Gesundheitsförderung bis heute nicht gelungen. Ihr potenziell hoher Nutzen für die Beschäftigten, für die Betriebe und die gesamte Volkswirtschaft wird noch längst nicht überall erkannt." (Badura, 1999, S. 16).

Die betriebliche Gesundheitsförderung beschränke sich, laut Badura, zu sehr auf „Maßnahmen zur Verhaltensmodifikation" oder auf „in zeitlich befristete Interventionen in das Betriebsgeschehen" und halte sich damit, ähnlich wie der Arbeitsschutz, zu sehr mit Einzelmaßnahmen auf (vgl. Badura, 1999, S. 16 ff.).

Im Unterschied dazu verstehen Badura et al. unter „betrieblichem Gesundheitsmanagement die Entwicklung integrierter betrieblicher Strukturen und Prozesse, die die gesundheitsförderliche Gestaltung von Arbeit, Organisation und dem Verhalten am Arbeitsplatz zum Ziel haben und den Beschäftigten wie dem Unternehmen gleichermaßen zugute kommen" (Badura, 1999, S. 17). Demzufolge soll der Arbeitsschutz und die Betriebliche Gesundheitsförderung zu einem Betrieblichen Gesundheitsmanagement weiterentwickelt werden, das professionell und kontinuierlich die Prozesse einer betrieblichen Gesundheitspolitik steuert.

Das Betriebliche Gesundheitsmanagement muss somit die betrieblichen Rahmenbedingungen, die betrieblichen Strukturen und die Prozesse entwickeln, um so die Arbeit und Organisation gesundheitsförderlich zu gestalten und die MitarbeiterInnen dazu zu befähigen, sich gesundheitsförderlich zu verhalten.

Demnach begründet es sich auf der Leitidee der Ottawa-Charta und hilft Konzepte zu schaffen, um die Kriterien und Grundlagen der Verabschiedung der WHO zu erfüllen und praktisch umzusetzen.

### Ansatz von Bernhard Badura

Badura et.al entwerfen die gesundheitsförderliche Gestaltung auf den drei Ebenen *Organisation*, *Person* und *Verhalten* und beziehen sich damit u. a. auf das sozialpsychologische Grundmodell Banduras (1977), das die Wechselwirkungen zwischen Umfeld, Person und Verhalten in den Blick nimmt und das Problemlösen, die Gefühlsregulierung wie auch das Sozial- und Beziehungsverhalten in seine zentrale Betrachtung stellt.

Gesundheitsrelevante Einflüsse einer Organisation sind demnach die Arbeitsorganisation, die Arbeitsbedingungen als auch die Gesundheit.

Salutogene Potenziale sozialer Systeme stellt Badura dabei als bedeutend in den Mittelpunkt, da „vertrauensvolle Bindungen", „Zuwendung, Information, Anerkennung und praktische Unterstützung" als auch „gemeinsame Überzeugungen, Werte und Regeln" die Berechenbarkeit und Steuerbarkeit sozialer Systeme begünstigen und die zwischenmenschlichen Beziehungsstrukturen und Kooperationen erleichtern helfen (vgl. Badura, 2003, S. 15 ff.). Da Wertschöpfung in einem Unternehmen heute vielfach von der Kompetenz, der Motivation als auch dem Verhalten der MitarbeiterInnen abhängig ist und dies wiederum mit dem Wohlbefinden und dem Gesundheitszustand der MitarbeiterInnen essenziell korreliert, muss innerhalb einer Profitorganisation in das *Sachkapital,* in das *Humankapital* wie auch in das *Sozialkapital* investiert werden. Während der Begriff Humankapital sich auf die Investition in Qualifikationen der MitarbeiterInnen bezieht, stellt die Investition in das Sozialkapital dazu eine Erweiterung auf das soziale System dar, das ganzheitlich eine verbesserte Kooperation und Koordination in den Blick nimmt. Dazu investiert es in die soziale Vernetzung der Beschäftigten, in ihre vertrauensvolle Zusammenarbeit wie auch „in die Entwicklung und Pflege unternehmensweit geteilter Überzeugungen, Werte und Regeln", um eine gemeinsame Identifikation mit dem Unternehmen herstellen zu können (vgl. Badura, 2003, 1 ff., 8 ff.). Ergänzend zum Verständnis Pierre Bourdieus (1997) und Heiner Keupps (1996/ 2003) von Sozialkapital (siehe unter Punkt 2.4.2.2), die es synonym zum Begriff sozialer Ressourcen verwenden, kann, bezogen auf den Kontext Organisation, Sozialkapital wie folgt definiert werden:

> „... Regeln und soziale Beziehungen als Elemente einer sozialen Struktur, die Menschen befähigen, ihre Handlungen zu koordinieren und gemeinsame Ziele zu verfolgen ..." (Narayan, 1999, S. 6)
>
> „... Merkmale sozialer Organisationen wie Netzwerke, Regeln und gegenseitiges Vertrauen, die Koordination und Kooperation zum gemeinsamen Nutzen erleichtern ..." (Putnam, 1995, S. 67)

> „Sozialkapital besteht aus aktiven Verbindungen zwischen Menschen: Vertrauen, gegenseitiges Verständnis, gemeinsame Werte und Verhaltensweisen, die Mitglieder sozialer Netzwerke und Gemeinschaften verbinden und kooperatives Handeln ermöglichen." (Cohen u. Prusak, 2001, S. 4) (zit. nach Badura, 2003, S. 8)

Die Investition in das Sozialkapital bedeutet demzufolge Investition in das soziale System einer Organisation.

Die vorangestellten Zitate beschreiben bereits die Bereiche eines Unternehmens, in die dabei investiert werden soll. Dazu gehören die sozialen Beziehungen, die Führung, das Vertrauen, die Werte als auch die Überzeugungen. Das Humankapital bezieht sich dagegen vielmehr auf die Qualifikationen, das Selbstvertrauen, die Motivation, das Befinden als auch die Gesundheit, während das Sachkapital die Technik, die Gebäude und die Ausstattung als Bereiche umfasst.

Ein ganzheitliches betriebliches Gesundheitsmanagement bezieht sich nach der Meinung Baduras demnach auf die Gestaltung dieser Bereiche eines Unternehmens, die durch das Sozialkapital, das Humankapital und das Sachkapital beschrieben werden (vgl. Badura, 2003, S.8 ff.).

Es führt durch ein professionelles und kontinuierliches Handeln zu einem höheren Unternehmenserfolg.

### Ansatz von Alf Trojan

Alf Trojan verwendet den Begriff „Betriebliche Gesundheitsförderung" und unterscheidet unmittelbare und mittelbare gesundheitsförderliche Ziele:

Die „unmittelbar auf Gesundheit bezogenen Ziele" beziehen sich im Sinne der Prävention eher auf die „traditionelle Konzentration auf Ergonomie und die Reduzierung von physikalisch-chemischen Belastungen" und werden durch die Ausrichtung auf Gesundheitsförderung durch den Aspekt der „psychosozialen Beeinträchtigungen und Belastungen" erweitert. Die „mittelbaren gesundheitsrelevanten Ziele" dagegen umfassen verstärkt die Leitidee der Gesundheitsförderung im Sinne von „Stärkung und Aktivierung von Ressourcen zur Gesundheitsförderung" (vgl. Trojan, 2001, S. 187). Die Entwicklung dazu beruhe auf der Grundidee aus den Bewegungen der 70er- und 80er-Jahre für eine Humanisierung der Arbeitswelt.

Die notwendigen Voraussetzungen für eine effektive betriebliche Gesundheitsförderung zitiert Trojan aus der Zusammenstellung der Kriterien des Europäischen Netzwerks für „Betriebliche Gesundheitsförderung": Der Stellenwert der Betrieblichen Gesundheitsförderung hat sowohl im Unternehmen als auch für dessen Personalpolitik und Arbeitsorganisation eine hohe Bedeutung. Die konzipierte und strategische Planung betrieblicher Gesundheitsförderung wie auch die Bereitstellung von Ressourcen für die Betriebliche Gesundheitsförderung sind dabei ebenfalls wichtig. Darüber hinaus nehmen auch die Organisation der Betrieblichen Gesundheitsförderung, ihre Ergebnisse als auch darüber hinaus das umwelt-, sozial- und gesundheitspolitische Engagement des Unternehmens einen wichtigen Stellenwert ein (vgl. Trojan, 2001, S. 188).

### Ansatz von Ivars Udris

Ivars Udris (1998) agiert ebenfalls mit dem Begriff Betrieblicher Gesundheitsförderung und unterteilt die gesundheitsbezogenen Maßnahmen zur Verbesserung der Arbeitssituation in verhaltens- und verhältnisorientierte Gesundheitsförderungsmaßnahmen. Sein Verständnis von Gesundheitsförderung ist zum einen durch die der Prävention typische Orientierung an gesundheitsbezogenen Risikofaktoren geprägt, die mit spezifischen Verhaltensmodifikationen verknüpft werden. Zum anderen stehen hier veränderbare Einstellungen und Verhaltensmuster des Individuums im Sinne eines Gesundheitsförderungsaspekts zur Debatte. Beide Aspekte beziehen sich auf die Verhaltensprävention bzw. verhaltensorientierte Gesundheitsförderung. Verhältnisorientierte Gesundheitsförderung dagegen bezieht sich, nach seinem Verständnis, auf institutionelle Strukturen, die die Organisation oder die Arbeitsprozesse gesundheitsrelevant beeinflussen. An zunehmender Bedeutung gewinnen zukünftig, laut Udris, die Ansätze, die auf den „Ausbau von Ressourcen" abzielen (vgl. Udris, 1998, S. 370).

Eine Unterscheidung hinsichtlich der verschiedenen Ebenen, worauf sich die einzelnen Maßnahmen der verhältnisorientierten Gesundheitsförderungsmaßnahmen beziehen, macht Udris nicht. In vorliegender Studie jedoch wurde die Kategorisierung der Interviewaussagen in verhaltens- und verhältnisorientierte Gesundheitsförderung verwendet. Die verhältnisorientierten Maßnahmen wurden außerdem in Arbeitsstruktur, Organisationsstruktur und Organisationskultur, was synonym mit Unternehmenskultur zu verstehen ist, differenziert.

#### 2.7.5.2 Gesundheitsförderung durch Organisationsentwicklung

Ein Gebiet der Gesundheitsförderung betrifft diejenigen Bereiche unserer Gesellschaft, die sich nicht direkt innerhalb des Gesundheitssystems befinden. So stellt die Organisation, ob Profit- oder Non-Profitorganisation, einen sozialen Raum dar (wie unter 2.6.2 erklärt), innerhalb dessen laut der Empfehlungen der Ottawa-Charta der WHO (wie unter 2.4.2.1 näher erläutert wurde), gesundheitsförderliche Verhältnisse und Rahmenbedingungen geschaffen und gestaltet werden müssen. Das Erwerbsleben stellt damit ein wichtiges Interventionsfeld in der Gesellschaft dar, an dem Gesundheit hergestellt wird.

> „Dabei geht es um Veränderungsprozesse, die ihren Ansatzpunkt im Wissen um epidemiologische Muster nehmen, deren Umsetzung sich aber aus den Erfahrungen der Organisationsentwicklung bestimmen ...". Für die Förderer von Gesundheit bedeutet dies „... ein Wissen um die Struktur von Organisationen und den Ablauf von Veränderungsprozessen. Es bedeutet, einen neuen Wert in ein an sich „geschlossenes System" einzubringen und die Prozesse, die sich daraus ergeben, zu begleiten, nicht zu steuern. Es bedeutet auch, die Logik dieser Systeme zu akzeptieren, auch wenn sie uns zunächst arg fremd erscheinen mögen" (Kickbusch, 1993, S. 9).

Dies deutet bereits daraufhin, inwiefern sich Schwierigkeiten bei der Implementierung von Gesundheitsmanagement ergeben können, da dies eine Implementierung neuer Werte aus der Gesellschaft in ein System bedeutet, dessen ursprüngliche Ziele und Zwecke monetär ausgerichtet sind und damit kontrovers zu den humanisierenden Werten stehen.

Wichtig ist es daher, nicht nur einzelne Interventionen zu starten, die, ähnlich wie der Arbeitssicherheitsschutz, dann partiell im Arbeitsleben greifen, sondern Gesundheit als ein „Organisationsprinzip" einzuführen. Die Nachhaltigkeit solcher Prozesse und ihre Auswirkungen auf die gelebte Kultur und die mentalen Modelle der MitarbeiterInnen in einem Unternehmen werden damit vorrangig bestimmt. Solch eine Implementierung bringt schließlich eine Standardisierung mit sich, die eine ganzheitliche, alle Bereiche der Gesellschaft abdeckende Gesundheitsförderung und -orientierung sicherstellen könnte.

Umgekehrt können Arbeitgeber den ihnen entgegengebrachten Erwartungen, einen attraktiven Arbeitsplatz, der die Vereinbarkeit mit Freizeit im Sinne einer individuellen Lebensgestaltung ermöglicht, nachkommen. Es bietet sich also hier die Chance, mit derartigen Interventionsstrategien am Markt bestehen zu können und damit dem globalen Wertewandel gleichsam nachzuziehen (vgl. Kickbusch, 1993, S. 9–12).

Die Ottawa-Charta zog mit ihrer auf Partizipation und Selbstbestimmung abzielenden Definition ein zunehmendes Interesse an betrieblicher Gesundheitsförderung nach sich. Die Organisation wird als Raum erkannt, an dem Gesundheit hergestellt, gefördert und gefährdet werden kann.

Zudem zeigte die Erklärung der Ottawa-Charta, dass es entgegen bisheriger Priorisierung verhaltensbezogener Präventionsprogramme für einen ganzheitlichen Erfolg wichtig sei, sich nicht nur auf individuenbezogene Maßnahmen zu stützen, sondern vielmehr die, wie Bernhard Badura sagt, „Notwendigkeit einer Verbindung von individueller Veränderung und Strukturveränderung" herzustellen, die er in einem soziopsychosomatischen Ansatz zusammenfasst (Pelikan, Demmer, Hurrelmann, 1993, S. 13–14).

### Mögliche Ansätze der Betrieblichen Gesundheitsförderung durch Organisationsentwicklung

Burkhard Sievers stellt dafür die Organisationsentwicklung als eine wirksame Strategie vor, um die Organisation als ein Subsystem unserer Gesellschaft mit ihren organisationswissenschaftlichen Kenntnissen über die Gestaltung von Veränderungsprozessen aufzuzeigen. Als ein Veränderungsprozesse gestaltendes Instrument zeigt Sievers ihre Überschneidungen zur Gesundheitsförderung auf. Demnach betrachtet er Gesundheitsförderung als eine Möglichkeit, den permanenten Wandel von Organisationen zu gestalten und dabei die Aspekte von Gesundheit bzw. Krankheit zu integrieren (vgl. Pelikan, Demmer, Hurrelmann, 1993, S. 14).

Ralph Grossmann dagegen betont die Erfordernisse, die während eines Organisationsprozesses an die beteiligten Akteure herangetragen würden, da diese einer „Umorientierung ihres professionellen Selbstverständnisses unter dem Druck der Alltagsroutinen unterworfen" seien. Daher schlägt er Projektorganisationen im Sinne von Projektmanagement als eine geeignete Methode vor, um Entwicklungsprozesse dieser Art erfolgreich zu integrieren. Als wichtige Erfolgsfaktoren nennt er u. a. die „Abgrenzung eines Projektes von den alltäglichen Routinen, die Ausarbeitung von spezifischen Strukturen für die Projektarbeit, das rechtzeitige Treffen nachvollziehbarer Entscheidungen und die regelmäßige Auswertung der Erfahrung" (Pelikan, Demmer, Hurrelmann, 1993, S. 13–14).

Kritisch kann hier angemerkt werden, dass Projektorganisationen in die gesamte Prozesslandschaft des Managements integriert sein müssen als eine eigene Kultur. Andernfalls werden Themen, die als

Projekte behandelt werden, meist auf Nebenschauplätze verlagert, deren Ergebnisse oft vorrangig einem verbesserten Standing des verantwortlichen Mitarbeiters dienen, anstatt inhaltlich von oberster Führung, der Geschäftsleitung, intendiert und priorisiert zu sein.

Hildegard Demmer stellt dagegen die konzeptionellen Grundlagen der Betrieblichen Gesundheitsförderung zusammen. Wie bereits erwähnt, ist eine Standardisierung von gesundheitsförderlichen Maßnahmen sinnvoll, um flächendeckend über diverse Bereiche hinaus Gesundheitsorientierung zu protegieren, und so eine gesündere Gesellschaft zu erhalten und Krankheiten weitestgehend zu verringern. Auch Demmer macht deutlich, dass es einer innerbetrieblichen Kooperation bedarf, Gesundheitsförderungspotenziale in einem Prozess der Organisationsentwicklung zu entfalten. Dabei hält sie es für wichtig, dass diese Maßnahmen in die Wertevorstellungen, in die Planungsprozesse und die Entscheidungen der Organisation integriert werden (vgl. Pelikan, Demmer, Hurrelmann, 1993, S. 15).

#### 2.7.5.3 Gesundheitsförderung durch Arbeits- und Organisationsgestaltung aus Sicht der Gesundheitswissenschaftler: Ansätze, Entwicklungsperspektiven, Chancen und Risiken

Badura geht ebenfalls davon aus, dass Gesundheitsförderung durch Strukturgestaltung, insbesondere durch Arbeits- und Organisationsgestaltung, sinnvoll sei. Als Beispiel bezieht er sich auf die gesellschaftliche Regelung für Trinkwasser oder Abfallbeseitigung, die seiner Meinung nach, wäre sie vom Einzelnen abhängig, kläglich aussehen würde (vgl. Badura, 1993, S. 20, 21).

Gefolgt von der Erklärung der Ottawa-Charta, setzt Badura eine salutogenetisch ausgerichtete Gesundheitsförderung ins Zentrum. Dabei orientiert er sich an systemischen Ansätzen, die den „Menschen in seiner soziopsychosomatischen Ganzheit sehen, ..." und als jemanden, der auf „...seine Umwelt aktiv Einfluss" nimmt.

„Bemühungen um Förderung und Bewahrung guter Gesundheit sind zentrale Voraussetzungen produktiver Tätigkeit und deshalb eine wichtige Zukunftsinvestition" (Badura, 1993, S. 22).

Da Heilung, wie im herkömmlichen Sinn als eine vollständige Wiederherstellung verstanden, aufgrund der zunehmenden chronischen Erkrankungen nicht mehr den Regelfall darstellt, muss sich der Umgang mit Gesundheit und Krankheit verändern. Badura geht von der historischen Entwicklung der Arbeitsorganisation und ihren Konsequenzen auf die Berufsstruktur aus, wie zuvor beschrieben, wobei er jedoch einen besonderen Fokus auf die gesundheitsfördernde Wirkung sozialer Netzwerke legt.

„Gesellschaft stellt auch Gesundheitspotenziale bereit, die es ermöglichen, Herausforderungen zu bewältigen, Risiken abzuwenden oder zu begrenzen und positive Einflüsse auf das Wohlbefinden zu fördern" (Badura, 1993, S. 23).

Untersuchungen über die Zusammenhänge zwischen sozialen, psychischen und somatischen Prozessen zufolge, „spricht heute sehr viel dafür, dass dem menschlichen Gefühlsleben hierbei eine zentrale Bedeutung zukommt, wegen seiner Brückenfunktion zwischen Gesellschaft und Organismus" (Badura, 1993, S. 23). Gefühle bezeichnet Badura hier einerseits als Spiegel unserer Alltagserfahrungen, andererseits als Einflussträger auf das zentrale Nervensystem, das sowohl das Hormon- als auch das Immunsystem positiv begünstigt. Übertragen auf die Arbeitssituation, sei der Erwerbstätige „strukturierten Realitäten" ausgesetzt, die er bewältigen müsse. Die durch die Arbeitsorganisation vorgegebenen Abläufe, wie schon unter 2.6.2 beschrieben, wirken wechselseitig auf seine Wahrnehmung, sein Denken, Handeln und Fühlen ein. „Arbeits- und Organisationsgestaltung ist gleichbedeutend mit Strukturierung sozialer, technischer und personaler Realität eines Betriebs, ... mit ihrer Strukturierung ihrer potenziellen Auswirkungen auf die Leistungsfähigkeit und längerfristig auch auf die Persönlichkeit und Gesundheit der Beschäftigten" (Badura, 1993, S. 24).

Wie bereits das Modell Karaseks als auch die Studien von Kohn zeigen, spielen „... soziale Beziehungen am Arbeitsplatz eine erhebliche Gesundheitsrelevanz. Soziale Integration bei der Arbeit gilt als Risikofaktor, positiv bewertete soziale Kontakte und Interaktionen gelten als Gesundheitspotenziale. ... soziale Unterstützung durch Arbeitskollegen, Untergebene und Vorgesetzte, ein allgemeines Klima der Offenheit, des Vertrauens und der Gegenseitigkeit haben insbesondere in einer teamartigen Arbeitsorganisation ... großes Gewicht wegen der hier bestehenden Interaktionsdichte und dem Zwang zu Selbstorganisation" (Badura, 1993, S. 25, 26). Badura weist in diesem Zusammenhang auch auf die Bedeutung eines entstehenden Wir-Gefühls hin.

Salutogenetisch betrachtet, stellt die heutige Arbeitsorganisation, auch Toyotismus genannt, durch ihre Teamstruktur hinsichtlich der Zusammenarbeit und der autonomen Entscheidungskompetenzen gesundheitsförderliche Potenziale dar. Da es jedoch einer höheren sozialen Kompetenz bedarf und eine Kultur von top-down her gelebt und gewollt sein muss, kommt es in der Umstrukturierungsphase der „Lernenden Organisation" zu erhöhten Schwierigkeiten während der Umsetzung. Werte eines Empowermentansatzes in ein System zu integrieren, das vorwiegend auf einem Kosten-Nutzen-Denken basiert, bedarf noch längerer prozesshafter Bemühungen.

Diese Umstrukturierungsphasen bergen sogar ihrerseits gesundheitsgefährdende Risiken. Verunsicherung und Demoralisierung auf der Arbeitnehmerseite, die aus dem Erwecken von Hoffnung auf Veränderungen der Arbeitsbedingungen resultieren, breiten sich dann zunehmend aus und verhindern vonseiten der Arbeitnehmer, langfristig Vertrauen in Führungsentscheidungen zu setzen und Motivation für innovative Ideenumsetzungen einzubringen. Aus einer qualitativen Studie der Autorin zum Thema „Personalentwicklung für Meister innerhalb eines Implementierungsprozesses von Teamarbeit" sind die zuvor geschilderten Entwicklungen ebenfalls zu entnehmen (siehe Fröschle-Mess, 2002).

Bei einem Blick in die Modelle der konfliktreichen Handlungs- und Rollenerwartungen stellt man zudem fest, dass „klare soziale Normen das Alltagsverhalten steuern". Soziale Erwartungen an Inhaber von gesellschaftlichen Positionen oder Rollen bezüglich ihres Anforderungsgrades sind hier ebenso „hinzuzuintegrieren" (Joas, 1991, zit. nach Hurrelmann, 2000, S. 71). Betrachtet man hierzu noch die Spannungen, die sich ergeben, wenn diese Rollenerwartungen kontrovers zu den individuellen Bedürfnissen stehen, sind, wie auch der Philosoph und Soziologe Jürgen Habermas erwähnt, Folgen eines erhöhten Risikos psychischer und physischer Störungen zu erwarten. „Terror des Rollenhandelns in einer anonymen, arbeitsteiligen und hoch komplexen Gesellschaft ..." führt dazu, „... dass immer mehr Menschen psychosomatisch krank werden. Die Vielzahl, Unvereinbarkeit und persönliche Unbeeinflussbarkeit der verschiedenen Rollenerwartungen überfordert demnach die Anpassungsfähigkeit vieler Menschen" (Hurrelmann, 2000, S. 71, 72).

Habermas systematisiert diese „Krisenerscheinungen in den Lebenswelten von Kultur, Gesellschaft und Person" und bringt damit zum Ausdruck, wo er in unserer hoch entwickelten Gesellschaft die sozial strukturell verankerten Gefahren für die Gesundheitsbalance begründet sieht: Sinnverlust auf kultureller Ebene, Legitimationsentzug auf gesellschaftlicher Ebene, Orientierungs- und Erziehungskrisen auf personaler Ebene und Verunsicherungen der kollektiven Identität sowie Wertverlust und Entfremdung auf der Ebene der sozialen Integration (vgl. Hurrelmann, 2000, S. 72). Um diesen die Gesundheit bedrohenden Folgen unserer Sozialstruktur zu entkommen, müssten laut Habermas, „sowohl auf gesellschaftlicher wie auch auf individueller Ebene alle Potenziale erschlossen werden, um Menschen nicht nur rational, sondern auch emotional und expressiv kommunikations-

und handlungsfähig zu machen" (Hurrelmann, 2000, S. 72). Bewusste Reflexion und aktive Steuerung beschreiben nach Habermas eine kompetente Persönlichkeit, die sich auch gegen gesellschaftliche Widerstände wehren könne.

Berücksichtigt man diese komplexen Rollenkonflikte auch bei der Konzeption von gesundheitsfördernden Maßnahmen, wie beispielsweise einem Gesundheitszirkel, so könnten Erfolge solcher Maßnahmen vielleicht eher im Sinne einer nachhaltigen Intervention verzeichnet werden. An einem Beispiel der vorliegenden Untersuchung der Autorin wird jedoch der Verdacht geweckt, dass Maßnahmen dieser Art manchmal nur so lange gefördert werden, so lange sie sich als Steuerungsinstrument für Führungsinteressen eignen. Kommt es jedoch zu einer Umkehrung dessen, indem daran teilnehmende MitarbeiterInnen solch ein Instrument, wie ursprünglich auch intendiert, für sich zur Förderung und Forderung eigengeleiteter Interessen nutzen lernen, wendet sich die Führung ab und bricht gegebenenfalls, wie in vorliegender Untersuchung, die Maßnahme sogar ab. Hier kommt es dann zu einem weiteren Akt der Demoralisierung aufseiten der Mitarbeiter, dem Frustration und Desinteresse am Betriebsgeschehen folgen, wie bereits beschrieben.

Rolf Rosenbrock nennt in diesem Zusammenhang die Untersuchung von Mittler/Ochs/Peter, die 1977 zu dem Schluss kamen, dass Unternehmen aus dem „wohlverstandenen Eigeninteresse" oftmals Themen zur Gesundheitsförderung abblocken (vgl. Rosenbrock, 1993, S. 123). Inzwischen, so Rosenbrock, gäbe es vorsichtige Bewegungen dahingehend, dass beispielsweise der Arbeitsschutz sein professionelles Verständnis und Know-how erweitere und wie auch Sievers bereits erwähnte, vom „Management induzierte Projekte der Organisationsentwicklung" angesetzt würden. Oftmals werden auch durch die Krankenkassen Projekte angestoßen und in Kooperation mit den Firmen durchgeführt (vgl. Rosenbrock, 1993, S. 124).

# 3. Das Unternehmen NOVA und sein Konzept von Gesundheitsförderung Beschreibung des Forschungsfelds

Um die Anonymisierung der interviewten MitarbeiterInnen aus der vorliegenden Studie zu gewährleisten, entschied sich die Autorin ebenfalls zu einer Anonymisierung des Unternehmens, in dem diese Untersuchung stattfand. Daher wird das Forschungsfeld in seiner Historie, dem genauen Standort, in seiner Produktion, seiner Organisationsstruktur und Unternehmenskultur nur soweit beschrieben, als es dem besseren Verständnis der MitarbeiterInnen und ihrem Kontext dient und nicht auf das reale Unternehmen Rückschlüsse ziehen lässt, die es letztlich erkennbar machen würden.

## 3.1 Unternehmensbeschreibung

Das Forschungsfeld der vorliegenden Studie ist ein Unternehmen im südlichen Teil Deutschlands, das ein hochtechnologisches Produkt aus dem Bereich der Metallindustrie herstellt. Als Geschäftsbereiche umfasst es die Entwicklung, Herstellung und Instandhaltung dieses spezifischen Produktes und arbeitet mit innovativen Technologien und modernen Verfahren. Daher ist die Ausbildung eines Teils der MitarbeiterInnen sehr spezialisiert, was zur Folge hat, dass diese MitarbeiterInnen auf ihren Arbeitgeber als weitgehend einzig möglichen in Deutschland angewiesen sind.

Da die Sicherheit und Zuverlässigkeit für diesen Produktionszweig eine besondere Rolle spielt, zumal kleinste Fehler katastrophale Folgen haben könnten, stellt das Unternehmen höchste Qualitätsanforderungen an seine Produkte und Dienstleistungen. Qualität bedeutet Sicherheit.

Um die hohen Qualitätsstandards einhalten zu können, werden sie „jederzeit, auf jeder Produktionsstufe und von jedem Mitarbeiter" einer strengen Überwachung unterzogen. Dies wird durch ein Managementsystem gewährleistet, das die gesetzlichen und behördlichen Vorgaben wie auch die Zuständigkeiten im Unternehmen klar festlegt. Die Einhaltung der Qualitätsstandards wird durch interne und externe Audits überprüft.

Das Unternehmen NOVA ist eine Tochtergesellschaft eines Unternehmens XX und somit auf die Erstellung und Pflege von bewährten Kooperationen mit anderen Herstellern angewiesen, um seine Position auf dem globalen Weltmarkt zu sichern. Überdies verfügt es über eine lange Tradition auf dem Wirtschaftsmarkt. Entlang eines kurzen historischen Abrisses soll die Kultur des Unternehmens näher gebracht werden.

## 3.2 Historie

Die Ursprünge des heutigen Unternehmens NOVA gehen auf das Jahr 1913 zurück. Innerhalb eines ebenfalls heute noch bestehenden Unternehmens im südlichen Raum der Bundesrepublik ist die Keimzelle der Firma damals gegründet worden.

1934 wurde dieser Geschäftsbereich ausgegliedert und stand zunächst als eigenständiger Betrieb mit seinem Produktionszweig unter dem Einfluss des Nationalsozialismus. Mit der Neugründung versuchte man sich dieser geschichtlichen Belastung zu entziehen. Laut der Firmengeschichte wurde das Unternehmen NOVA größtenteils von Demontagen verschont. Bis 1955 wurde jedoch die ursprüngliche Produktion nicht fortgesetzt. Seit 1957 fanden wieder erste Entwicklungen statt, sodass zunächst Reparaturen des ursprünglichen Produkts durchgeführt werden konnten. Seit 1959 begann die Wiederaufnahme der ursprünglichen Produktherstellung. 1969 schließlich wurde das heutige Unternehmen unter der Firma XXL-AG gegründet. 1985 wurde es dann auch dessen hundertprozentige Tochter. Seit 1991 fand die internationale Erweiterung des Unternehmens auf dem globalen Markt statt. Seit 1998 gründete die NOVA Tochtergesellschaften in den „Schlüsselmärkten Nordamerika, Südamerika und Asien". Damit versuchte sie, die Globalisierung des Unternehmens voranzutreiben. Mit einem „kontinuierlichen Ausbau der Dienstleistungsportfolios und dem permanenten Technologie- und Know-How-Transfer zwischen den Standorten" versuchte sich das Unternehmen als „Global Player" zu etablieren.

2004 wurde die NOVA von XXL-AG an eine amerikanische Private-Equity-Firma als hundertprozentige Tochter verkauft, dessen Firmenbezeichnung hier nicht genannt wird, um die Anonymisierung des Unternehmens NOVA zu sichern.

Die Wurzeln der NOVA gehen also hinsichtlich der geschichtlichen Entwicklung seines Produkts bis zum Beginn des letzten Jahrhunderts zurück. (Quelle: Unternehmensbeschreibung im Internet, 2004).

Als Ziele hat sich das Unternehmen bis 2010 gesetzt, ein „unverzichtbarer Subsystemanbieter" zu werden und seine Position als weltweit größter unabhängiger Maintenance-Betrieb auszubauen.

## 3.3 Zur Unternehmenskultur

Im Rahmen einer Vision-und-Leitbild-Veranstaltung wurde 1998 das Zukunftskonzept in fünf Leitsätzen und 31 Leitgedanken festgehalten. Ziel war, das Unternehmen in seiner Positionierung neu zu verorten und ihm hinsichtlich der Zielgestaltung eine einheitliche Ausrichtung zu geben. Darunter fanden sich neben den Bereichen Kundenorientierung und Gestaltung von Beziehungen zu Geschäftspartnern, Schwerpunkte im Bereich Umwelt, technologische Kompetenz und Stellenwert der MitarbeiterInnen. Das Thema Betriebliche Gesundheitsförderung im Rahmen eines Gesundheitsmanagements oder der Stellenwert der Gesundheit der MitarbeiterInnen tauchte jedoch zu diesem Zeitpunkt noch nicht explizit auf.

Aus den formulierten Thesen zu Vision-und-Leitbild 2010 wurden dann weitgehend Ziele entwickelt und beschrieben, die eine konkrete Zukunftsplanung unterstützten sollten. Erst hier entwickelte die Personalabteilung u. a. die Idee eines firmeninternen Gesundheitsmanagements, das auf die Erhöhung von „Leistungsfähigkeit, Leistungswille und Motivation", Reduktion von „ krankheitsbedingten und durch innere Kündigung bedingte Kosten" sowie die Stärkung der „individuellen Gesundheit" ausgerichtet werden sollte. (Quelle: firmeninternes Portfolio, 2000). Zielsetzung war laut des Portfolios, bis 2000 die „Grundsätze für eine Gesundheitsförderung" zu entwickeln, wie auch ein „spezielles Angebot für die Gesundheit" bereitzustellen. Zudem sollte ein Programm für einsatzeingeschränkte MitarbeiterInnen konzipiert worden sein sowie eine „Beratung für Führungskräfte als auch MitarbeiterInnen in schwierigen Situationen" durchgeführt werden. Bis zum Jahr 2003 sollte dann „die Integration von MitarbeiterInnen mit Einsatzeinschränkungen in den Arbeitsalltag" vollzogen werden wie auch ein „ganzheitliches Gesundheitsmanagement als Bestandteil der Führungsphilosophie". Für das Jahr 2010 sollte schließlich „ein Gesundheitszentrum eingerichtet" sein, „die Gesundheitsquote in der Gruppe der besten vergleichbaren Unternehmen" liegen und „als gesundheitsfördernde stressreduzierende Maßnahme auf dem Werksgelände als Außenstelle eines Tierparks XX ein Streichelzoo eingerichtet" sein. (Quelle, firmeninternes Portfolio, 2000).

## 3.4 Zur Organisationsstruktur des Unternehmens

Der Standort im Süden Deutschlands ist Hauptsitz und zugleich größter Standort des Unternehmens. Dort haben die Geschäftsführung, die Verwaltung und die gesamte Entwicklung ihren Sitz. An diesem Standort arbeiten derzeit rund 5.500 MitarbeiterInnen. Sie entwickeln, fertigen, montieren, testen und vermarkten ihr spezifisches Produkt. Außerdem findet hier auch die Instandhaltung dieses Produkts statt.

Darüber hinaus werden neue Fertigungs- und Reparatur-Verfahren für alle Bereiche der NOVA entwickelt.

Die Unternehmensstruktur ist organisatorisch in eine Centerstruktur aufgeteilt.

> „Ein Center ist ein eigenverantwortliches Subunternehmen innerhalb des Unternehmens. Es umfasst diejenigen Bereiche, die für einen bestimmten Geschäfts- oder Produktionsbereich nötig sind. Die Verantwortung für ihren Profit tragen die Center als Subunternehmer im Unternehmen selbst. In diesem Sinne werden Dienstleistungen untereinander von Center zu Center innerhalb des Unternehmens gegenseitig eingekauft. So werden die Mitarbeiter eines anderen Centers als interne Kunden bezeichnet, Kunden außerhalb der Firma als externe Kunden gesehen. Diese Arbeitsorganisation entspricht vom Prinzip her dem der Gruppenarbeit auf höherer Ebene, nämlich Delegation der Geschäftsleitung von Verantwortung und Kompetenz an die einzelnen Dienstleistungs- und Produktionsbereiche für mehr Entscheidungs- und Handlungsspielräume der Mitarbeiter. Dieses System besteht in der NOVA seit 1997." (Fröschle-Mess, 2002, S. 20).

Demnach zeichnet sich laut der offiziellen Unternehmensbeschreibung seine Organisation durch flache Hierarchien, dezentrales Arbeiten und eine Orientierung an der Prozesskette aus. Tatsächlich ähnelt das Unternehmen teilweise, aufgrund seiner Aufteilung in Profitcenter und Orientierung an der Prozesskette, einer modernen Netzwerkorganisation. Der strukturelle Aufbau der Center ist weitgehend nach dem Prinzip einer Teamorganisation konstruiert. Aufgrund der Bildung von Aufgabenbereichen im Unternehmen in Abteilungen aber, die in eine dreistufige vertikale Struktur der Aufgabenteilung organisiert und mit einer bestimmten, festgelegten Verteilung von Weisungsrechten ausgestattet sind, ähnelt die Organisation diesbezüglich einer hierarchisch arbeitsteiligen Organisationsstruktur. Diese Organisationsstruktur dient, um die Abstimmung der arbeitsteiligen Aufgabenerfüllung insgesamt gewährleisten zu können, auch der sachzielorientierten Eingrenzung von Handlungsspielräumen und damit auch der Verhaltensbeeinflussung ihrer Organisationsmitglieder, den

Beschäftigten. So muss die formal gesetzte Ordnung eines Unternehmens auch von seinen MitarbeiterInnen anerkannt werden, was durch den Glauben an die Legitimität der bestehenden organisatorischen Regeln und ihres Zustandekommens geschieht. Häufig wird dies auch durch den Einsatz von Wertschätzungssymbolen wie einer exklusiven Büroausstattung oder den Gebrauch eines Dienstwagens unterstützt, wobei dann die Hierarchie formaler Machtpositionen durch eine Statushierarchie ergänzt wird. Diese hierarchischen Merkmale einer Organisation sind in der NOVA ebenfalls vorhanden.

Abb. 1

Das Unternehmen ist nach seinen Ressorts Technik, Management, Markt und Finanzen in vier Bereiche aufgeteilt. Die Bezeichnungen der jeweiligen Abteilungen bzw. Center sind mit einem Buchstaben, in diesem Fall mit T, P, M und F versehen.

Die Geschäftsführung an der Unternehmensspitze dieses Tochterunternehmens ist jeweils mit einem Vertreter der vier Ressorts besetzt, darunter Dr. Kurz, Geschäftsführer Technik, und bis 2003 noch Dr. Menne, Geschäftsführer Personal, die beide stellvertretend für die Sichtweise der Geschäftsführung in vorliegender Untersuchung interviewt wurden. Der Geschäftsführung wiederum ist ein Vorgesetzter vorangestellt, der wiederum dem Management der amerikanischen Private-Equity-Firma unterstellt ist, die mittlerweile die Konzernmutter des Unternehmens ist.

Unterhalb der Ressorts sind die diversen Center angeordnet. Aus Gründen des zugesagten vertraulichen Datenumgangs sollen die Bezeichnungen der diversen Abteilungen nicht näher beschrieben werden. Zur Wahrung der Anonymität wird die Bezeichnung des Centers mit dem Pseudonym XX, XY, etc. versehen werden.

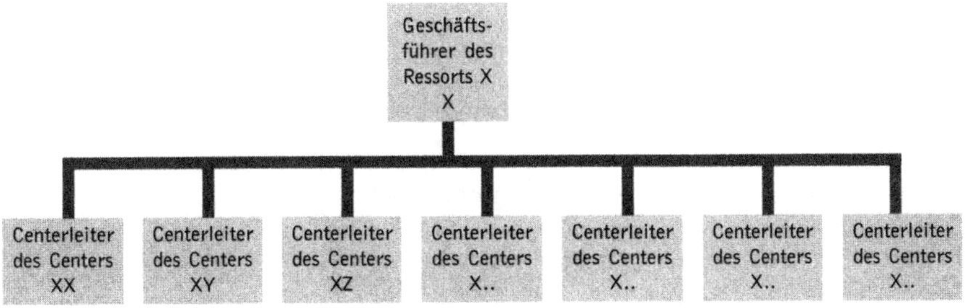


Abb. 2

### 3.4.1 Zur Organisationsstruktur des Centers

Ein Center XX ist in vier Ebenen unterteilt. An oberster Stelle befindet sich in der ersten Ebene der Centerleiter, der dem oberen Führungskreis (OFK) angehört und direkt unterhalb der Geschäftsbereichsleitung (GBL) sitzt.

Er leitet das Center und führt in der zweiten Ebene unter sich diverse Segmentleiter (SL) bzw. im Personalwesen Führungskräfte (FK) genannt, die wiederum die verschiedenen Segmente des Centers betreuen. Segmente sind innerhalb des Personalbereichs mit einer Abteilung gleichzusetzen. Ihnen wiederum sind die Meister unterstellt, die in diesem Industriebetrieb dem erweiterten Führungskreis (EFK) angehören. Parallel dazu im Personalwesen gibt es an Stelle der Meister den erweiterten Führungskreis (EFK).

Die Meister leiten die verschiedenen Produktionsteams. Jedem Team ist ein vom Team gewählter Teamsprecher zugeteilt.

Parallel zur Teamstruktur besteht in der NOVA gelegentlich noch die klassische hierarchische Struktur, wie in Abbildung 3 zu sehen ist. Im Unterschied zur Teamstruktur ist dem Meister ein Vorarbeiter unterstellt, der im Gegensatz zum Teamsprecher Weisungsbefugnis hat. Dem wiederum ist ein von der Arbeitsgruppe gewählter Gruppensprecher unterstellt. Darunter in der vierten Ebene befinden sich die Mitarbeiter (vgl. Fröschle-Mess, 2002, S. 21).

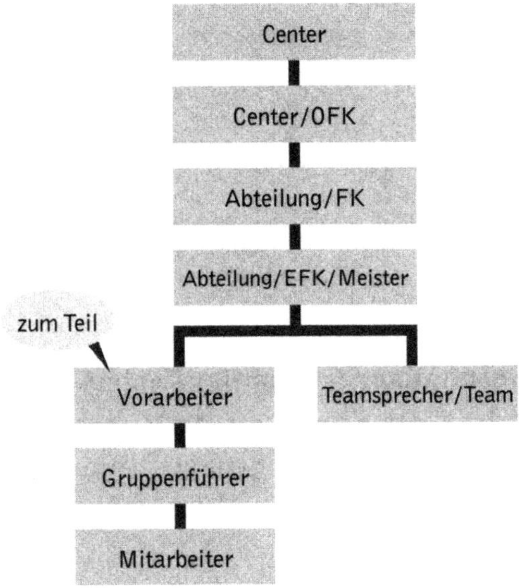


Abb. 3: Ist-Organisationsstruktur der NOVA

## Zur organisatorischen Aufhängung der Abteilungen Werksärztlicher Dienst, Arbeitssicherheit, Betriebliche Sozialberatung und Betriebsrat

Wie den Centern des Ressorts Technik entsprechende diverse Abteilungen für Entwicklung, Produktion und Wartung zugeordnet sind, sind dem Personalbereich, neben Abteilungen wie Personalbetreuung, Lohnkostenstelle und Bildungswesen, die Abteilungen Werksärztlicher Dienst und Sozialberatung unterstellt. Der Betriebsarzt als Führungskraft des Werksärztlichen Dienstes ist auf der mittleren Führungsebene angesiedelt, während die Sozialberatung auf der Ebene der Mitarbeiter verortet ist und direkt dem Personalleiter (Geschäftsführer des Ressorts Personal / Management) unterstellt ist. Die Abteilung Arbeitssicherheit, ebenfalls hierarchisch der mittleren Führungsebene zugeordnet, ist bis 2003 noch dem Ressort Technik zugeteilt, seit 2004 jedoch wurden im Rahmen einer organisatorischen Umstrukturierung die Abteilungen Arbeitssicherheit und Sozialberatung dem Werksärztlichen Dienst unterstellt. Der Betriebsrat gehört organisatorisch dem Ressort Management an und steht eigenverantwortlich dem Personalwesen positioniert gegenüber. Zur Geschäftsführung gehört er jedoch nicht.

An den Bezeichnungen ist die unterschiedliche hierarchische Position abzulesen. So hat der jeweilige Geschäftsführer eines Ressorts eine einbuchstabige Bezeichnung, wie z. B. T, ein Centerleiter, der das fachspezifische Center leitet, führt ein Kürzel mit zwei Buchstaben, wie z. B. TT, ein Segmentleiter, der dem mittleren Führungsmanagement angehört, die Bezeichnung TTS und ein Meister, der dem erweiterten Führungskreis angehört, beispielsweise die Bezeichnung TTSA. Darunter befindet sich die Ebene der „Mitarbeiter".

Demnach ist an den Bezeichnungen der für die vorliegende Studie relevanten Abteilungen die unterschiedliche betriebsinterne Anbindung an diverse Fachabteilungen wie auch Zuweisung zu den hierarchischen Ebenen erkennbar. Hier fällt auf, dass sich der Werksärztliche Dienst und die Arbeitssicherheit jeweils auf der Führungsebene des mittleren Führungsmanagements befinden, während die Sozialberatung keiner Führungsbezeichnung zugeteilt ist. Der Betriebsrat(svorsitzende) befindet sich auf gleichem Rang wie der Geschäftsführer für Personal, was dessen Leitungsposition für ein Center auf der Ebene (OFK) betrifft. Er gehört somit im Unterschied zum Personalleiter nicht zusätzlich der Geschäftsführung an.

Die unterschiedliche betriebsinterne Anbindung der diversen Dienstleistungsabteilungen wie der Werksärztliche Dienst oder der Betrieblichen Sozialberatung spielt in Bezug auf die Verteilung von Entscheidungsrechten und Zugang zu Kommunikationsstrukturen eine wesentliche Rolle für die Verfügbarkeit von Wahlmöglichkeiten und Ressourcen, die zur Gestaltung von unternehmenskulturbeeinflussenden Projekten wichtig sein können. So kann beispielsweise die strukturelle Machtlosigkeit einer Betrieblichen Sozialberatung auch Auswirkungen auf ihre sozialarbeiterische Handlungsautonomie haben. Hierauf wird in den folgenden Kapiteln noch eingegangen.

## 3.5 Die Implementierung von Gesundheitsmanagement

### 3.5.1 Auftrag

Bei einer Führungskräftekonferenz des Personalwesens im Juli 1999 wurde die Betriebliche Sozialberatung damit beauftragt, ein Konzept zur Gesundheitsförderung zu erstellen.

Ziele des Auftrags waren zum einen die *Entwicklung eines NOVA-standortübergreifenden Konzeptes Gesundheitsförderung* und zum anderen die *Installation des Themas Gesundheit als Unternehmenswert.*

Aufgrund dieses Auftrags wurde eine Arbeitsgruppe, bestehend aus einem Kernteam und flexibel mitarbeitenden TeilnehmerInnen aus verschiedenen Abteilungen gegründet, die sich der Erarbeitung relevanter Handlungsfelder zum Thema Gesundheitsförderung annahm und im Rahmen einer Präsentation zu deren Auswahl und Entscheidung dem Führungskreis vorstellte. Letztlich sollte von der Betrieblichen Sozialberatung eine Geschäftsvorlage zu einem Gesundheitsförderungskonzept erstellt werden, die von der Geschäftsführung durch Zustimmung autorisiert werden sollte.

### 3.5.2 Die Ziele von Gesundheitsförderung

Der Sinn und Zweck von Gesundheitsförderung wurde auf die künftigen Herausforderungen des Unternehmens bezogen, die bereits unter 3.3 aus dem Portfolio von 2000 über die Ziele von Gesundheitsförderung zitiert wurden. Damit stand die „Erhöhung von Leistungsfähigkeit, Leistungswille und Motivation", die Reduktion von „krankheitsbedingten und durch innere Kündigung bedingte Kosten" sowie die Stärkung der „individuellen Gesundheit" im zentralen Interesse.

Begründet wurde das Thema Gesundheitsförderung mit der Anwendung eines Leitsatzes aus der Vision-und-Leitbild-Kultur. „In einer zukunftssicheren Industrie bietet die NOVA anspruchsvolle Arbeitsplätze. Ihr unternehmerisches Handeln wird von Verantwortung gegenüber den Mitarbeitern geleitet."

Somit unterstütze Gesundheitsförderung die strategische Ausrichtung des Personalwesens und soll „für die identifizierten Stellhebel der wertorientierten Führung" Maßnahmen bereitstellen, nämlich „Mitarbeitermotivation und Reduktion des Krankenstandes". „Das Thema Gesundheitsförderung richtet sich an präventiven Maßnahmen aus und steuert bedarfsgerecht Anbieter und Angebote."

Damit konnten folgende Ziele für Gesundheitsförderung formuliert werden. „Die Erhöhung der Produktivität durch den Erhalt der Leistungsfähigkeit, die Steigerung der Mitarbeiterzufriedenheit und die Reduktion von Fehlzeiten." (Quelle: firmeninternes Portfolio, 1999).

### 3.5.3 Handlungsfelder bzw. Instrumente von Gesundheitsförderung

Als empfohlene Handlungsfelder wurden nicht Handlungsfelder im eigentlichen Sinn, wie Verbesserung der Sozialkompetenz von Führungskräften, genannt, sondern verschiedene Instrumente der Gesundheitsförderung, wie beispielsweise der Gesundheitszirkel oder das Rückkehrgespräch, in einer Leistungspalette zusammengestellt, die wiederum den Arbeitsgebieten „Mitarbeiterorientierte Führungskultur", „Medizinischer Gesundheitsschutz", „Technischer Gesundheitsschutz" und „Arbeitsorganisation" jeweils thematisch zugeordnet wurden. Die Palette setzte sich aus bereits vorhandenen und noch zu implementierenden Instrumenten zusammen und diente nun als Basis für die Implementierungsabsichten des Gesundheitsmanagements.

So entstand folgende Zusammenstellung der Instrumente zur Gesundheitsförderung: Mitarbeiter-Feedback, Rückkehrgespräch, Teamentwicklung, Gesundheitszirkel, Seitenwechsel, Präventive Ergonomie, Vorsorgeuntersuchungen und Kuren, Rückenschule, Risikofaktoren-Check up, Fit for travel, Fit am PC, Gesundheits-Events und schließlich Gesundheitsmanagement.

Aus diesem ersten Portfolio geht hervor, dass das Verständnis von Gesundheitsförderung zunächst pathogenetisch ausgerichtet war und damit als Pool von Präventionsmaßnahmen zur Vermeidung von Missständen und Krankheit definiert wurde. Auch die Zielausrichtung weist darauf hin. Überdies ist interessant, dass die Vorstellung von Gesundheitsmanagement, entgegen professioneller Auffassungen, der eines Projektes im Rahmen von Gesundheitsförderungsmaßnahmen gleichkommt. Gesundheitswissenschaftler verstehen, wie bereits unter 2.7.5.1 nach Bernhard Badura zitiert, unter Gesundheitsmanagement ein ganzheitliches professionelles und kontinuierliches Bemühen um die „Entwicklung von Rahmenbedingungen, betrieblicher Strukturen und Prozesse, die die gesundheitsförderliche Gestaltung von Arbeit und Organisation und die Befähigung zum gesundheitsfördernden Verhalten der Mitarbeiterinnen und Mitarbeiter zum Ziel haben." (Badura, 2003, S. 19)

Auf der zuvor vorgestellten Grundlage wurde im Anschluss daran eine Geschäftsvorlage zum Projekt Gesundheitsmanagement für die Geschäftsführung vorbereitet. Dieses wurde dann als weitere prozesshafte Fortführung von Gesundheitsförderungsmaßnahmen im Unternehmen verstanden.

### 3.5.4 Die Organisation des Prozesses Gesundheitsmanagement

Als Entscheidungsgremium wurde zusätzlich zum bereits bestehenden Kernteam Gesundheit ein Steuerkreis erstellt, dem der Personalleiter als Steuerer von Gesundheitsmanagement vorangestellt wurde. In diesem Steuerkreis wurden Umfang und Rahmen(bedingungen) der Maßnahmen des Gesundheitsmanagements festgelegt, Aufträge zur Entwicklung neuer Maßnahmen erteilt wie auch das Budget dafür bestimmt.

Personell waren hier neben dem Personalleiter der Betriebsrat, Personalleiter anderer Standorte, der Werksarzt, der Arbeitssicherheitsbeauftragte als auch jeweils ein Centerleiter der Ressorts Technik und Finanzen vertreten.

Dem Betrieblichen Sozialberater wurde die Rolle des Moderators und des Steuerbeauftragten zugeteilt. Diese umfasste folgende Aufgaben:

Alle Prozesse auf der strategischen und operativen Ebene sollten in Abstimmung mit dem Personalleiter koordiniert, gesteuert und moderiert werden, wie auch deren Ergebnisse an alle Ansprechpartner der verschiedenen Standorte und MitarbeiterInnen kommuniziert und dokumentiert werden. Schließlich lag auch das Controlling der Maßnahmen in Bezug auf deren praktische Umsetzung in seiner Verantwortung.

Das Kernteam Gesundheit, bestehend aus Werksarzt, Sozialberatung, Betriebsrat, Arbeitssicherheit und flexiblen TeilnehmerInnen aus diversen Personalabteilungen, wie Kantine, Personalentwicklung und -betreuung, oder auch Betriebssport und Betriebskrankenkasse, sollte den Steuerkreis hinsichtlich der operativen Bearbeitung und Umsetzung unterstützen. Das bedeutete, selbst Einzelmaßnahmen bearbeiten, Facharbeitskreise im Unternehmen dazu initiieren, an diese Aufträge delegieren und den Steuerkreis mit fachlicher Beratung unterstützen.

Auch in dieser Organisationsstruktur zeigt sich wieder die im Unternehmen kulturell verankerte hierarchisch arbeitsteilige Organisationsstruktur. Alternativ könnte man ein solches Projekt auch als Netzwerkstruktur organisieren, was eventuell zu höherer Partizipation, Motivation und Kooperation unter den fachspezifischen Abteilungen führen würde und damit eine Implementierung von Gesundheitsmanagement optimieren und letztlich in seiner Akzeptanz bei den MitarbeiterInnen erhöhen könnte.

Trotz oder gerade aufgrund der vermeintlich klaren Strukturen aber, die durch die Aufteilung der Organisation in eine strategische und operative Bearbeitungsebene gegeben war, war die interdiszplinär zusammengestellte Arbeitsgruppe „Kernteam" nicht in der Lage, effektiv miteinander zu kooperieren. Ihre unterschiedlichen Zielinteressen und Wertevorstellungen konnten aufgrund der schlechten formellen und informellen Kommunikations- und Informationsstrukturen nicht überwunden werden, um zu einem systemisch ganzheitlichen Konzept zu führen. Anscheinend verhinderten die ausgeprägten Konkurrenzkonstellationen und Bereichsegoismen, hierarchischen Machtansprüche und Reputationsansprüche im Unternehmen eine kollegiale Vernetzung innerhalb der Fachabteilungen. Dies wirkte sich somit erheblich beeinträchtigend auf die Implementierungsprozesse aus. Zudem spiegelt sich der mangelhafte sozialkompetente Umgang untereinander und die durchgängig fehlende gegenseitige Anerkennung als eine Kultur im Unternehmen wider, die ebenfalls innovative Veränderungsprozesse aufhält.

Mitunter durch die Anregungen der Forscherin im Feld (seit 2001), als teilnehmende Beobachterin und fachliche Beraterin, entwickelte sich zunehmend ein Konzept von Gesundheitsmanagement nach salutogenetischem Ansatz. So wurde das Verständnis von Gesundheitsmanagement z. B. durch die notwendige Erkenntnis erweitert, dass MitarbeiterInnen an der kontinuierlichen Verbesserung ihrer Arbeitsbedingungen und -organisation beteiligt werden müssen oder die Verantwortung für gesunde Arbeitsverhältnisse mitunter bei den Führungskräften liegt. Gesundheitsmanagement sollte von nun an als ständiger Verbesserungsprozess in Form eines Managementinstrumentes angewendet werden und durch eine netzwerkartige Strukturierung Synergieeffekte aller vorhandenen Funktionen und Bereiche, wie Arbeitsmedizin, Arbeitsschutz, Sozialberatung und Betriebsrat, entstehen und stärken helfen. Die gesundheitsförderliche Bedeutung von Organisationsentwicklung für ein Unternehmen wurde langsam auch zu einer allgemeingültigen Überzeugung.

Gesundheitsmanagement bedeutete nun:

- Maßnahmen zum Erhalt von Gesundheit, Leistungsfähigkeit und Arbeitszufriedenheit
- Qualitativ hochwertiger Gesundheits- und Arbeitsschutz
- Beteiligung der MitarbeiterInnen an der kontinuierlichen Verbesserung ihrer Arbeitsbedingungen und Arbeitsorganisation
- Verantwortung der Führungskräfte für gesunde Verhältnisse in ihrem Bereich

und

- Verantwortung jedes Einzelnen für sein persönliches gesundes Verhalten

Das Ziel von Gesundheitsmanagement wurde nun formuliert wie folgt:

- Motivation, Arbeitszufriedenheit und Gesundheitsquote sind auf lange Sicht auf einem hohen Niveau.
- Die NOVA liegt damit in der Gruppe der besten vergleichbaren Unternehmen.

Bezüglich der Leitidee wurde Gesundheitsmanagement nun auf die Definition von Gesundheit der WHO gestützt, die Gesundheit „als einen Zustand vollkommen körperlich, seelisch, geistigen und sozialen

Wohlbefindens und nicht bloß das Fehlen von Krankheit und Gebrechen" beschreibt. (Quelle: firmeninternes Portfolio, 2002)

Als Anlass für Gesundheitsmanagement wurden im Portfolio des Juli 2002 drei Faktoren aufgelistet:

- Die soziale Verantwortung des Unternehmens, die individuelle Gesundheit zu stärken und langfristig die Leistungsfähigkeit zu erhalten
- Gesundheit als Produktivitäts- und Innovationsfaktor hinsichtlich der Veränderungen der Arbeitswelt die Organisationsstrukturen zu humanisieren und Lernende Organisationen einzuführen sowie die Kosten durch eine hohe Gesundheitsquote zu reduzieren

als auch

- Pflege und Weiterentwicklung der Human Ressource Strategien und damit sich als attraktiver Arbeitgeber am Markt platzieren zu können und Know-How-Träger im Unternehmen zu halten

Im Frühjahr 2002 wurden dann zum ersten Mal Gesundheitszirkel in einer Pilotreihe durchgeführt, wovon einer abgebrochen wurde. Die Durchführung der Gesundheitszirkel wurde von der Autorin begleitet und protokolliert. Nähere Angaben sollen jedoch in dieser Arbeit hierzu nicht ausgeführt werden, da sie nicht unmittelbar Thema des vorliegenden Untersuchungsteils sind.

An dem so erstellten Konzept von Gesundheit ist eine salutogenetische Ausrichtung bereits deutlich erkennbar, wenn auch die Einsicht in das Verantwortungsbewusstein der Führungsverantwortlichen für die Gestaltung der Organisation vorerst nur auf dem Papier steht und in der praktischen Umsetzung weitgehend noch nicht spürbar ist. Die der Untersuchung zugrunde liegende Befragung gibt hierzu mehr Aufschluss, wie aus den Ergebnisbeschreibungen des fünften Kapitels ersichtlich werden wird.

Hinsichtlich der Kultur im Unternehmen ist zudem festzustellen, dass Gesundheit laut Portfolio von 1999 erst zu einem Unternehmenswert gemacht werden sollte. Dies sagt über die Werte- und Zielinteressen innerhalb dieser Kultur und das ihr zugrunde liegende Menschenbild in bezeichnender Weise etwas aus. Auch die Tatsache, dass 1998 in den Leitsätzen und -gedanken der Vision-und-Leitbild-Erarbeitung Gesundheit nicht explizit benannt wird und die Bedeutung des Humankapitals lediglich im Zusammenhang mit den steigenden Anforderungen an den Mitarbeiter, wie auch auf dem attraktiven Arbeitsplatzangebot des Unternehmens auf dem Arbeitsmarkt auftritt, verrät ein bestimmtes Menschenbild, das kulturell in der NOVA verankert ist. Um sich neueren Erkenntnissen über den Wert des Sozialkapitals für ein Unternehmen, z. B. hinsichtlich der größeren Erfolgserträge oder der noch nicht ausgeschöpften Potenziale, die in zufriedenen MitarbeiterInnen stecken, nicht weiter zu verschließen, muss in Bezug auf die Unternehmenskultur sich noch einiges an Überzeugungen, Werten und Artefakten entwickeln.

# 4. Methodisches Design und Durchführung

## 4.1 Der Methodische Ansatz: qualitative, interpretative und subjektwissenschaftliche Gesundheitsforschung

Wie in den Kapiteln 1 und 2 bereits entlang der Herleitung der Forschungsfragen und der theoretischen Bezüge bisheriger wissenschaftlicher Erkenntnisse dargelegt wurde, untersucht die vorliegende Studie die subjektiven Gesundheitskonzepte und gesundheitsbezogenen Handlungsstrategien von Berufstätigen eines Unternehmens aus der Metallindustrie. Sie vergleicht diese mit deren Vorstellungen über die Relevanz von Gesundheit im Unternehmen und mögliche effektive verhaltens- und verhältnisorientierte Maßnahmen einer Betrieblichen Gesundheitsförderung. Um der Darstellung der subjektiven Sichtweisen und jeweiligen Relevanzen einen möglichst großen Raum zu bieten, wählte die Forscherin ein offenes Erhebungsverfahren wie auch ein interpretatives Auswertungsschema. Dabei sollte die Einbeziehung der persönlichen Lebenskonzepte, der sozialen und lebensweltlichen Situation hinsichtlich der beruflichen Position als auch der biografische Verlauf als Kontext berücksichtigt werden. Aus diesem Grund stützte sich die vorliegende empirische Untersuchung auf die Theorie qualitativen Denkens und deren methodische Verfahrensweisen. Sie ist damit in den Kontext einer Qualitativen Sozialforschung (Flick et al., 1991/2003) einzuordnen und orientiert sich allgemein am Ansatz der Grounded Theory nach Glaser & Strauss, von 1967 (Glaser, Strauss, 1998). Da die vorliegende Studie aufgrund ihres spezifischen Forschungsgegenstands noch weitere methodische Anhaltspunkte erforderte, richtete sich die Forscherin auch nach methodischen Auswertungsverfahren Lamneks, Oevermanns und Mayrings, die zudem mit der im Rahmen theoretischer gesundheits-, arbeits- und organisationspsychologischer wie auch -soziologischer Erkenntnisse kontrollierten Interpretation der Interviewtranskripte ergänzt wurden. Außerdem wurde in Anlehnung an die Metaphernanalyse von Rudolph Schmitt und Michael Buchholz die Sprache wie auch die Verwendung von Metaphern in den Interviews untersucht. Ziel war durch die Bildung von Kategorien und Typen eine induktive Generalisierung. Da die Forschungsfrage des ersten Teils denjenigen Faltermaiers in dessen Untersuchung über die subjektiven Gesundheitskonzepte von Laien ähnlich waren und auch vergleichbare Ergebnisse hervorbrachten, konnte sich zusätzlich auf die Studie Faltermaiers bezogen und seine eruierten Kategorien und Typen für den in vorliegender Studie ersten Teil der Auswertung teilweise adaptiert und bestätigt werden.

## 4.2 Das Vorverständnis

Mein Vorverständnis für die vorliegende Untersuchung setzte sich aus mehreren Faktoren zusammen.

### 4.2.1 Meine Vorgeschichte

Während eines zehnmonatigen Praktikums im Rahmen meines Studiums in der Personalentwicklung der NOVA beschäftigte ich mich mit Prozessabläufen, die unter den Change Management Prozessen im Unternehmen liefen. Dabei moderierte ich Feedbackrunden und begleitete interne ModeratorInnen in einer Art Supervision. Über diese Tätigkeiten vertiefte ich mein Vorverständnis für das Forschungsfeld meiner Diplomarbeit, die die Personalentwicklung von Meistern als ein neues soziales Arbeitsfeld zum Thema hatte. Nach meinem Studiumsabschluss war ich zunächst als externe Moderatorin und Seminarleiterin u. a. für die NOVA tätig und beschäftigte mich mit Zeit- und Selbstmanagement. In dieser Zeit entwarf ich auch das Konzept der Sozialkompetenz für Auszubildende, nach dem ich sowohl Auszubildende als auch deren Lehrmeister hinsichtlich ihrer Handlungs- und Sozialkompetenz in der NOVA trainierte.

Aus dem Interesse an meiner Diplomarbeit heraus, die von der Möglichkeit der Verhaltensänderung durch kurze Seminareinheiten handelt und langfristige Erfolge durch die Begleitung der internen Betrieblichen Sozialberatung in Erwägung zieht, kristallisierte sich das Interesse für das Thema Gesundheitsmanagement nach einem salutogenetischen Ansatz heraus. Mit dem Vorhaben der Implementierung von Gesundheitsmanagement in der NOVA ergab sich für mich eine neue Stelle innerhalb der NOVA. Als interne Angestellte im Zeitraum von Januar 2001 bis Dezember 2003 im Personalwesen begleitete ich die Implementierung von Gesundheitsmanagement als Aktionsforscherin im Feld.

### 4.2.2 Meine Forscherrolle

Während des bereits genannten Zeitraums von drei Jahren nahm ich als Aktionsforscherin die neutrale Begleitung aller Besprechungen, Präsentationen und Steuerkreissitzungen als Tätigkeit auf. Die Teilnahme an Steuer- und Arbeitskreisen, Besprechungen, Vorgesprächen, Präsentationen und Gesundheitszirkeln protokollierte ich in Memos, einer Art Tagebuch. Die Aufzeichnungen enthalten inhaltliche Abläufe, Einstellungen von MitarbeiterInnen zum Thema Gesundheit, dessen Implementierung im Unternehmen, Ergebnisse aus Besprechungen oder Gesundheitszirkeln wie auch meine subjektiven Beobachtungen und Wahrnehmungen dazu und ebenso zu allen Ereignissen und Personen, die ich während meiner Tätigkeit dort miterlebte. Immer wieder musste ich in der Mitarbeit der Arbeitskreise „Gesundheit" meine neutrale Position rechtfertigen, die ich z. B. bei der Übernahme von Verantwortung für erreichte Ziele einzelner Projekte nicht hätte wahren können.

Die beschriebene Dokumentation diente mir nun für die vorliegende Forschungsarbeit als persönliche Datenbank meiner Beobachtungen und Wahrnehmungen, die ich, wie aus dem 5. Kapitel beispielsweise ersichtlich wird, als Grundlage für die Vorstellung der einzelnen Interviewpartner verwendete.

### 4.2.3 Konkrete Auswirkungen meiner Forscherrolle auf die Datenerhebung

#### 4.2.3.1 Vorteile

Über die Ausführungen unter Punkt 4.2.2 hinaus zeigten sich auch gewisse Vorteile meiner Position für den empirischen Forschungsprozess.

Zum einen sind mir selbst bereits seit Jahren bestimmte Entwicklungen und Umstrukturierungsphasen im Unternehmen bekannt, sodass ich mich sehr schnell in der Materie zurechtfand und auch wenig Schwierigkeiten hatte, Zugänge zu wichtigen Personen und Informationen zu erhalten. Zum anderen kannten mich einige der damals noch potenziellen Interviewpartner bereits, was die vertrauliche Atmosphäre in den Interviews unterstützte und ich so, auf den Kontext Betrieb bezogen, sehr offene und kritische Stellungnahmen erhielt, die mein Thema hinsichtlich einer kritischen Auseinandersetzung mit teilweise sehr diffizilen und sonst oftmals nicht ausgesprochenen Aspekten bereicherten. Auf diese Weise lieferten meine Interviewpartner mir ein wertvolles Datenmaterial, woraus ich auch wichtige Schlüsse für eine zukünftig mögliche Implementierung von Gesundheitsmanagement nach salutogenetischem Ansatz ziehen konnte. An dieser Stelle möchte ich mich auch nochmals für das Vertrauen, das mir entgegengebracht wurde, bedanken.

#### 4.2.3.2 Nachteile

Meine Rolle bedurfte jedoch der ständigen Hinterfragung der eigenen Wahrnehmung, um Voreingenommenheiten und nicht ausschaltbare Eindrücke zu reflektieren und einen ganzheitlichen, der Situation angemessenen und gerecht werdenden Blick zu bekommen. Daher beschloss ich, mich diesbezüglich durch eine externe, firmenunabhängige Supervision unterstützen zu lassen. Bezogen auf die Datenerhebung musste ich zudem in meiner Reflexion berücksichtigen, inwieweit mir als Kollegin und fachliche „Expertin" für das Thema Gesundheit und Salutogenese entsprechende Stellungnahmen im Sinne einer Political Correctness in den Interviews dargelegt wurden, worauf noch mal unter 4.4.5.2 eingegangen wird.

### 4.2.4 Meine Reflexion

Da die Doppelrolle als Kollegin zum einen und als neutrale Aktionsforscherin im Feld zum anderen nicht immer leicht zu trennen war und dies meine Wahrnehmung als Forscherin zuweilen ungünstig beeinflusste, ließ ich mich dazu auf private Kosten von einem externen Supervisor supervidieren. Diese Supervisionen dokumentierte ich teilweise mit Tonbandaufzeichnungen, die mir später während der Auswertung der Interviews zur nochmaligen Reflexion und Kontrolle meiner Interpretationen dienten. Außerdem nutzte ich das Doktorandenkolloquium meines Doktorvaters dazu, einige Interviews mit den DoktorandInnen zu reflektieren, und konnte dadurch meine eigene Wahrnehmung kontrollieren und schärfen.

Als vorteilhaft stellte sich darüber hinaus heraus, dass ich während der Auswertungsphase der Interviews nur noch selten im Unternehmen vor Ort war und dadurch die nötige Distanz herstellen konnte. Zudem verbrachte ich die letzte Phase meiner Forschung, in der ich die Arbeit niederschrieb, nicht mehr als Angestellte im Unternehmen, sondern als unabhängige freie Person.

Im Rückblick erachte ich diese Tatsache für sehr vorteilhaft und förderlich für die entstandene Forschungsarbeit, da nun in einer entscheidenden Phase der Blick frei und unabhängig wurde und die Neutralität sichergestellt werden konnte.

## 4.3 Die Untersuchungsgruppe

Eine qualitative Evaluation ist von der Intention getragen, in einem induktiven Verfahren typische Erkenntnisse aus der Einzelfallanalyse in Verallgemeinerungsprozessen generalisieren zu können. Um typische Sichtweisen als Datenmaterial erheben zu können, müssen unter Einbeziehung des Vorverständnisses des Forschers auch typische Interviewpartner ausgewählt werden.

Die vorliegende Untersuchung war thematisch in den Implementierungsprozess von Gesundheitsmanagement eingebettet und sollte zur Evaluation der Ressourcen und Widerstände während eines solchen Prozesses beitragen. In einer ersten Versuchsphase wurde geplant, drei Gesundheitszirkel durchzuführen, um die Effektivität dieses Instruments einerseits zu testen, und andererseits anhand der resultierenden Erfolgsbausteine vor der Geschäftsleitung zu belegen.

Entlang dieser Gesundheitszirkel bot es sich an, die empirische Befragung anzusetzen. So vollzog die Forscherin zwei Interviewphasen, und zwar die erste Phase vor dem Gesundheitszirkel und die zweite unmittelbar einige Wochen nach Abschluss des Gesundheitszirkels.

In der ersten Interviewphase wurden die subjektiven dynamischen Gesundheitskonzepte, nämlich die subjektiven Vorstellungen von Gesundheit als auch das daraus resultierende Gesundheitshandeln erfragt, außerdem welche Relevanz das Thema Gesundheit im Unternehmen habe und woran denn erkennbar sei, dass Gesundheit gefördert werde. Zusätzlich wurde nach dem Verständnis und den Erwartungen hinsichtlich der bevorstehenden Gesundheitszirkel gefragt.

In der zweiten Interviewphase wurden die Erfolgsbausteine des Gesundheitszirkels erfragt und der weitere Interventionsbedarf, der für die Beantwortung der Forschungsfragen vorliegender Arbeit nicht relevant ist.

Daraus ergab sich eine Gruppe von potenziellen Interviewpartnern. Da, wie aus der Forschungsfrage hervorgeht, MitarbeiterInnen des vorliegenden Unternehmens aus verschiedenen hierarchischen Ebenen Zielgruppe der Befragungen sein sollten, bot es sich an, den Centerleiter der jeweiligen Abteilung, den Segmentleiter (Führungskraft des mittleren Managements), den Meister sowie mehrere Werker aus der jeweils betroffenen Abteilung zu interviewen. Im Weiteren wurden als Mitgestalter der Gesundheitsförderung und Teilnehmer der Expertengruppe am Gesundheitszirkel der Werksarzt, der Arbeitssicherheitsbeauftragte, der Sozialpädagoge der Betrieblichen Sozialberatung und der Betriebsratsvorsitzende zum Interviewpartner ausgewählt. Letzterer nahm nicht persönlich am Gesundheitszirkel teil, sondern ließ sich durch einen Stellvertreter des Gesundheitsausschusses im Betriebsrat vertreten. Da er aber einer der Initiatoren des Themas Gesundheit im Unternehmen als Zukunftsthema ist und er daher über höhere Wissens- und Entscheidungskompetenzen verfügt, erwies er sich als ein geeigneter Interviewpartner und stellte sich überdies gerne für ein Interview zur Verfügung. Um hinsichtlich der hierarchischen Ebenen auch jemanden aus der Geschäftsführung mit der höchsten Entscheidungskompetenz im Unternehmen zu interviewen und zusätzlich den Steuerer des Themas Gesundheitsmanagement, der ebenfalls ein Mitglied der Geschäftsleitung ist, wurden in den Interviewtenpool einer der beiden Geschäftsführer sowie der Personaldirektor aufgenommen. Zur Abrundung wurde darüber hinaus auch der externe Moderator hinsichtlich seines Verständnisses von Gesundheit, seiner Intentionen und seines pädagogischen Repertoires befragt.

Die Untersuchungsgruppe umfasste 18 Personen. Aufgrund der Tatsache, dass die beiden Manager aus der Geschäftsleitung und der Betriebsratsvorsitzende bei den Gesundheitszirkeln nicht persönlich teilnahmen, wurden diese drei Personen nur einmal zu den Themenblöcken der ersten Interviewphase interviewt, wobei hier der Fragenteil über die Erwartungshaltung an den Gesundheitszirkel teilweise wegfiel. Dieser war auch für die Beantwortung der Forschungsfragen nicht von Bedeutung. Die übrigen 15 Interviewpartner wurden bis auf drei WerkerInnen zweimal befragt, nämlich vor und nach der Durchführung der Gesundheitszirkel.

Somit lagen insgesamt nach der Befragung 30 Interviews als Datenmaterial vor. Als weiteres Datenmaterial standen noch die Memos zu den Sitzungen des Steuer- und Kernteams und anderen Besprechungen wie auch die Protokolle aus den Gesundheitszirkeln zur Verfügung.

Um eine qualitative Auswertung der Interviews vornehmen zu können, wurde nach einer Gesamtauswertung in Bezug auf die inhaltlichen Themenschwerpunkte eine Auswahl von Interviews getroffen.

### 4.3.1 Auswahl der Interviewpartner

Während der inhaltsbezogenen Gesamtauswertung kristallisierten sich zehn Interviews hinsichtlich ihrer Themenschwerpunkte als besonders umfangreich heraus. Diese erwiesen sich in einem weiteren Auswertungsvorgang aufgrund ihrer typisierenden Aussagen als geeignete Ankerfälle, denen die übrigen themen- wie auch typenbezogen angehängt werden konnten.

In Bezug auf die Auswahl wurde darauf geachtet, dass die ausgesuchten Interviews auch äußerliche Kriterien der Typisierung erfüllten, also z. B. jede Hierarchieebene mindestens einmal vertreten oder jeder Fachbereich der firmeninternen Gesundheitsexperten im Pool der Befragten mit inbegriffen ist.

Die nachstehende Tabelle ermöglicht eine Übersicht über die gesamte und ausgewählte Untersuchungsgruppe. Die ausgewählten zehn Ankerfälle sind Gegenstand der vorliegenden Untersuchung und werden im 5. Kapitel der Ergebnisbeschreibung vorgestellt.

*Aufstellung der transkribierten Interviews: Stand 02.12.02*

| **Wer / Wann** | | | **Interview vor GZ 1** | **Interview nach GZ 2** |
|---|---|---|---|---|
| Experten | | | | |
| | OFK | Betriebsratvorsitzender Hr. Weno | ✓ | Nicht bei GZ anwesend |
| | FK | Werksarzt Hr. Dr. Landgraf | ✓ | ✓ |
| | FK | Arbeitssicherheitbeauft. Hr. Prinz | ✓ | ✓ |
| | MA | Betr. Sozialberater Hr. Krüger | ✓ | ✓ |
| Moderator | extern | Firma WWW | ✓ | ✓ |
| Team YYY1 | | | | |
| | OFK | Centerleiter Hr. Saumweber | ✓ | ✓ |
| | FK/SL | Segmentleiter Hr. Dr. Gattner | ✓ | ✓ |
| | EFK | Meister Hr. Mikfelder | ✓ | ✓ |
| | MA | Werker Hr. Straub | (✓) | ✓ |
| Team ZZZ2<br>Vorz. Abbruch GZ | | | | |
| | OFK | Centerleiter Hr. Dr. Löffler | ✓ | ✓ |
| | FK | Segmentleiter Hr. Lang | ✓ | ✓ |
| | EFK | Meister Hr. Breitner | ✓ | ✓ |
| | MA | Werker: | | |
| | | Hr. Reinhold | ✓ | ✓ |
| | | Hr. Birkner | ✓ | |
| | | Hr. Pointner | ✓ | |
| | | Fr. Isanovsky | ✓ | |
| Geschäftsführung | | | | |
| | GBL | Hr. Dr. Menne | ✓ | **Nicht bei GZ anwesend** |
| | | Hr. Dr. Kurz | ✓ | |

Tabelle Nr. 1

*Auswahl der Interviews/Anker:*

| Hierarchischer Rang / Spezifische fachliche Sichtweise | Anker | Interview 1/2 | Zum Anker angehängt |
|---|---|---|---|
| Werker | Hr. Reinhold | 1 | Hr. Straub, Hr. Birkner, Hr. Pointner, Fr. Isanovsky |
| Meister | Hr. Mikfelder | 1 | Hr. Breitner |
| Segmentleiter | Hr. Dr. Gattner | 1 | Hr. Lang |
| Centerleiter | Hr. Saumweber | 1 | Hr. Dr. Löffler |
| Geschäftsbereichsleitung | Hr. Dr. Kurz<br>Hr. Dr. Menne | 1<br>1 | |
| Betriebsrat | Hr. Weno | 1 | |
| Werksärztlicher Dienst | Hr. Dr. Landgraf | 1 | |
| Arbeitssicherheit | Hr. Prinz | 1 | |
| Betriebliche Sozialarbeit | Hr. Krüger | 1 | |
| Externe Moderation | Hr. Kleber | – | – |

Tabelle Nr. 2

## 4.3.2 Zugang zum Feld

Aufgrund dessen, dass die Forscherin selbst als Angestellte des Personalbereichs im Unternehmen immer vor Ort war und selbst auf MitarbeiterInnen ihrer Wahl als potenzielle Interviewpartner zugehen konnte, war die Herstellung der Kontakttaufnahme weitgehend einfach. Zum großen Teil sprach die Forscherin selbst potenzielle Interviewpartner an, in einigen Fällen wurde der Kontakt über die Meister zu den Werkern hergestellt und in wieder anderen Fällen, wie beispielsweise der Geschäftsleitung, schrieb die Autorin per E-Mail die jeweiligen Personen an und vereinbarte dann einen Termin. In einem einzigen Fall wurde von einem Meister, dessen Interview in vorliegender Arbeit nicht aufgeführt ist, mehrfach versucht, ein Interview mit einem daran interessierten Werker zu verhindern. Wie aus vorliegender Studie im 5. Kapitel der Ergebnisbeschreibung ersichtlich wird, ist dies nicht gelungen.

Alle Interviews fanden auf freiwilliger Basis statt. Mit einer schriftlichen Erklärung wurde die Einwilligung zum Interview und die Erlaubnis zur Tonbandaufzeichnung eingeholt. Diese diente auch zur Vorlage für den Betriebsrat, der im Vorfeld um Genehmigung für eine Feldforschung gebeten wurde.

Alle Interviewpartner waren im Vorfeld schriftlich wie mündlich über die Dauer und den Ablauf der Interviews und mittels inhaltlicher Angaben und exemplarischer Fragen über die Themen informiert worden. Zugleich wurde auch schon die Bitte um Einverständnis für die Tonbandaufzeichnung an sie herangetragen. Die Anonymisierung durch den Ersatz der Namen durch Pseudonyme wurde zugesichert und die Verwertung der Daten erläutert.

### 4.3.3 Beschreibung der Untersuchungsgruppe

Leider konnten aufgrund der geringen Anzahl von weiblichen Beschäftigten nur Männer befragt werden. Es wurde zwar eine Werkerin interviewt, doch dieses Interview konnte aufgrund der geringen Aussagekraft nicht als Ankerfall verwendet werden. Die weibliche Sichtweise bleibt daher unberücksichtigt.

Im Weiteren werden nur die zehn Ankerfälle als die der vorliegenden Arbeit zugrunde liegenden Untersuchungsgruppe beschrieben.

Außer dem Werksarzt, dem zweiten Geschäftsführer und dem Betrieblichen Sozialberater (und natürlich dem externen Moderator) sind alle Interviewpartner seit vielen Jahren im Unternehmen beschäftigt. Der Werksarzt wechselte erst zum Zeitpunkt des ersten Interviews in das Unternehmen und war von daher am wenigsten über vorhandene Strukturen informiert. Dies führte dazu, dass er die Interviewerin noch nach dem Interviewgespräch auf informellem Weg um Informationen bat. Der zweite Geschäftsführer ist vor einigen Jahren direkt an diese Stelle im Unternehmen gekommen und hat trotz seines noch jungen Alters bereits mehrere verschiedene Unternehmen kennen gelernt. Sein Erfahrungsschatz ist diesbezüglich am ausgeprägtesten von allen. Der Betriebliche Sozialberater ist seit 1998 in der NOVA tätig. Zuvor arbeitete er in einer sozialen Non-Profitorganisation, sodass die NOVA seine erste Erfahrung im wirtschaftlichen Sektor ist. Die anderen sieben Interviewpartner sind zum Teil seit Beginn ihrer beruflichen Laufbahn in der NOVA beschäftigt und haben diesbezüglich auch keine persönlichen Erfahrungen mit anderen Unternehmen. Die Vergleichbarkeit kennen sie lediglich vom Hörensagen. In Bezug auf die Altersstruktur ist nur ein Befragter unter 40 Jahre, zwei knapp über 40 Jahre und sieben zwischen 45 und 60 Jahren, wovon drei um die 60 und die übrigen drei um die 45 sind.

Kulturelle Unterschiede hinsichtlich der Herkunft sind weitgehend nicht vorhanden. Bis auf einen der Interviewpartner, der aus dem Raum Südtirol stammt, sind alle aus dem deutschen Sprachraum.

Eine weitere Analyse der unterschiedlichen Charaktere, wie sie sich in den Interviews darstellten, ist den Ergebnisbeschreibungen im 5. Kapitel unter dem Punkt *Vorstellungen* jeweils zu entnehmen.

### 4.3.5 Beobachtungen der Interviewpartner aus den Interviews

Wie auch noch unter 4.4.5.4 genauer erklärt, werden die Beobachtungen aus den Interviews im 5. Kapitel der Ergebnisbeschreibungen im ersten Abschnitt unter den Vorstellungen der zehn Ankerfälle konkretisiert dargestellt und detaillierter beschrieben.

## 4.4 Die Datenerhebung

### 4.4.1 Das narrative leitfadengestützte Interview

Der vorliegenden empirischen Untersuchung stand die Grundeinstellung, die ausgewählten Interviewpartner als Experten ihrer eigenen Gesundheit und beruflichen Situation zu befragen, als zentrales Interesse im Vordergrund. Um die individuellen Vorstellungen, subjektiven Konzepte und daraus resultierenden Handlungsstrategien zum Thema Gesundheit einerseits, die persönliche Haltung zur Relevanz des Themas Gesundheit im Unternehmen und den subjektiven Vorstellungen über effektive Maßnahmen und Interventionen zur Betrieblichen Gesundheitsförderung andererseits zu erfassen, wurde eine offene Interviewführung gewählt. Da die Erfragung eines subjektiven Gesundheitskonzepts, wie aus der Studie Faltermaiers ersichtlich wurde, biografische Teile mitberücksichtigen muss, wurde mit einer erzählgenerierenden Eingangsfrage dazu das Interview eingeleitet, um somit einer biografischen Erzählung freien Raum geben zu können. In Anbetracht dessen wurde für die vorliegende Untersuchung das narrative leitfadengestützte Interview als besondere Form des qualitativen Interviews ausgewählt. Diese Form der Einzelbefragung soll laut Lamnek „... zu lebensnäheren Antworten führen ..." und ist daher sehr gut für die Darstellungen subjektiver Erfahrungen, Vorstellungen und Wünsche geeignet (Lamnek, 1995, Bd. 2, S. 56). Auf diese Weise kann eine umfangreiche Beantwortung der Forschungsfragen ermöglicht werden. Die nicht standardisierte mündliche und persönliche Befragung, die mittels eines weichen bis neutralen Kommunikations- und Befragungsstils und einer offenen Fragestellung eine vertraute Atmosphäre ermöglicht, bot damit einen Rahmen, der den Befragten im Kontext ihrer Arbeitsstelle am ehesten die Möglichkeit eröffnete, offene und persönliche Stellungnahmen darzulegen. Durch die Nachfragen, die mithilfe eines Leitfadens themenbezogen strukturiert waren, sollten die Interviewpartner hinsichtlich ihrer Erzählungen und Ausführungen unterstützt werden. Überdies konnte das Interview auch hinsichtlich der verschiedenen Themenblöcke, wie dem des subjektiven Gesundheitskonzepts und dem der Relevanz von Gesundheit im Unternehmen, strukturiert werden und so aus den Befragungen die Beantwortung der Forschungsfrage gezielter ermittelt werden. Dabei stand im zentralen Interesse, die individuellen Darlegungen über subjektive Erfahrungen, Vorstellungen und Handlungsstrategien und deren Realisierung im beruflichen Umfeld der Interviewpartner durch die Art der Befragung zu ermöglichen.

### 4.4.2 Zur Haltung der Interviewerin

Der eingesetzte Leitfaden diente einer offenen Gesprächsführung und Thematisierung von Arbeitssituation, Betriebsbedingungen und Erwerbsmöglichkeiten von Handlungsstrategien hinsichtlich des Gesundheitshandelns innerhalb eines Unternehmens.

Um dieses auch zu erfüllen, achtete die Forscherin in Bezug auf ihre Grundhaltung zur Interviewdurchführung darauf, dass der Interviewpartner zu einer möglichst freien Erzählung angeregt wurde. Individuelle Begründungszusammenhänge, Gewichtungen und Bewertungen sollten ebenso wie Motivationen und Emotionen im Interview zum Ausdruck kommen. Als „Experten ihrer eigenen Lebensführung" und Experten in der Beurteilung ihrer eigenen beruflichen Konstellation, wurden die Befragten in vorliegender Studie betrachtet und angesprochen. Mit der Nachfrage und wiederholten Bitte um konkrete Beispiele aus dem Alltag konnten die Bedeutungsstrukturen und Widersprüche weitgehend geklärt und herausgearbeitet werden.

Zudem wurde versucht, die persönliche Beziehung oder auch Kenntnisse voneinander, die aufgrund der besonderen Rolle der Interviewerin im Forschungsfeld teilweise gegeben waren, worauf unter 4.2 näher eingegangen wurde, zu nutzen, um das Gespräch auf einer vertrauten Basis zu führen. So ergaben sich trotz der besonderen Interviewsituation am Arbeitsplatz offene Stellungnahmen, kritische Äußerungen und Bewertungen. Ängsten innerhalb dieses Rahmens, zu viel preiszugeben, konnte teilweise entgegengewirkt werden, teilweise spielten sie jedoch (besonders in einem Fall) auch eine Rolle und legten eine ambivalente Haltung des Interviewpartners dar. Unter 4.2 *Vorverständnis der Interviewerin* wurde darauf nochmals konkreter eingegangen.

### 4.4.3 Der Interviewleitfaden

Wie bereits dargelegt, wurde zur Orientierung des Gesprächsverlaufs und Unterstützung für die Interviewerin ein Leitfaden entworfen, der in drei thematische Blöcke aufgeteilt war.

Der erste Themenbereich umfasste die Fragen nach *subjektiven Vorstellungen von Gesundheit* und *persönlichen gesundheitsbezogenen Handlungsstrategien* der Interviewpartner. Dabei standen die Lebensbereiche Privatleben, Familie, Freizeit und Beruf im Mittelpunkt. Über eine erzählgenerierende Eingangsfrage konnte eine Erzählung über biografische Verläufe, individuelle Lebenssituationen, Veränderungen und Entwicklungen als auch Bewertungen von eigenen Handlungsmustern stimuliert werden. Die offene Formulierung der Fragen unterstützte hinsichtlich der Fragetechnik eine deskriptive Erzählung von Stimmungen, Erfahrungen, subjektiven Bewertungen und Vorstellungen sowie eventuellen Wünschen. Somit konnte das Thema Gesundheit hinsichtlich des subjektiven Konzepts in einen biografischen, sozialen und persönlichen Lebenskontext gestellt werden.

Im zweiten Themenbereich ging es um die *Relevanz des Themas Gesundheit im Unternehmen*. Hier standen persönliche Einschätzungen, subjektives Erleben und Beurteilen von Konstellationen innerhalb des Unternehmens im Zentrum. Um eine recht breite und offene Bandbreite an Thematisierungen zu ermöglichen, wurde auch hier wieder mit einer offenen Einstiegsfrage der Themenwechsel eingeleitet und nur bei Verständnisfragen nachgefragt sowie um konkrete Beispiele gebeten.

Der dritte Themenschwerpunkt zielte auf die *Vorstellungen von effektiven Maßnahmen der Betrieblichen Gesundheitsförderung* ab. Mit Fragen wie beispielsweise nach der persönlichen Einschätzung, woran Gesundheitsförderung erkannt werde, konnten diverse konkrete Vorstellungen über effektive gesundheitsbezogene Interventionsmaßnahmen im Unternehmen erfragt werden. Anlässlich der bevorstehenden Gesundheitszirkel, die innerhalb einer Pilotphase auf ihre Effektivität und Nutzbarkeit getestet werden sollten, wurde in diesem Rahmen auch nach diesbezüglichen Erwartungshaltungen gefragt, woraus wiederum Einschätzungen und konkrete Vorschläge für eine Betriebliche Gesundheitsförderung ermittelt werden konnten.

Durch die Verwendung eines Leitfadens konnte zudem sichergestellt werden, dass bei allen Interviewpartnern die gleichen Themenkomplexe angesprochen wurden und somit auch die Vergleichbarkeit der Äußerungen unterstützt wurde.

Der Interviewleitfaden wurde vor der Durchführung der Interviews in einem Pretest mit zwei Probanden auf seine Qualität und Eignung hin getestet. Testpersonen waren zwei MitarbeiterInnen aus einer anderen Abteilung im Unternehmen. Nach geringen Umformulierungen zugunsten eines besseren Verständnisses konnte mit der Interviewphase begonnen werden.

### 4.4.4 Zum Aufbau des Interviewleitfadens

Der Einstieg ins Interview enthielt neben der Begrüßung und einiger Hinweise zur Orientierung hinsichtlich Umriss des Gesprächsthemas, Verwendungszweck des Interviews und dessen zeitlichen Umfangs wie auch der Zusicherung eines vertraulichen Umgangs mit den Daten und der Anonymisierung der Namen der Befragten, die Frage nach soziodemografischen Daten sowie nach der subjektiven Einschätzung des eigenen Verantwortungsgrads hinsichtlich der Aufgabenstelle im Unternehmen. In Bezug auf die Frage nach den soziodemografischen Daten wurde lediglich nach Alter und Familienstand gefragt, da diese Angaben hinsichtlich der persönlichen Einstellung zur Gesundheit relevant sein können. Weil das berufliche Umfeld im zweiten Teil der Befragung thematisiert wurde und zudem mit dem Betriebsrat keine weiteren Fragen nach soziodemografischen Daten vereinbart waren, wurde dieses, um die Anonymisierung der Interviewpartner zu wahren, unterlassen. Darüber hinaus wurde in vorliegender Arbeit nicht auf die soziologische Lebenssituation im Besonderen eingegangen, sondern nur, soweit der Interviewpartner sie in Bezug auf seine Gesundheitsvorstellungen hin erwähnte, berücksichtigt.

Wie nochmals unter 4.6.1 erwähnt werden wird, verwies die Beantwortung der Frage nach dem Verantwortungsgrad bereits auf das subjektive Erleben der eigenen Bedeutsamkeit innerhalb der organisatorischen Unternehmensstrukturen und des daraus resultierenden Selbstwertgefühls. Welche Rolle Anerkennung und Reputation im Unternehmen spielen und wie damit hinsichtlich der hierarchischen Rangordnung, der Delegation von Verantwortung und Entscheidungskompetenz oder Wertschätzung im Führungsstil umgegangen wird, konnte aus dieser ersten Einschätzung bereits abgelesen werden.

Als erzählgenerierende Einstiegsfrage (im Leitfaden unter 1.) wurde der Befragte gebeten, sein Leben insgesamt zu betrachten und zu erzählen, welche Rolle da Gesundheit für ihn persönlich spielte oder gespielt hatte.

Um die Gesundheitsvorstellungen und das -bewusstsein zu erfassen, wurde in diesem ersten Teil des Interviews auch nach der Bedeutung, Beschreibung und Definition von Gesundheit gefragt. Darüber hinaus wurde der Interviewpartner zu einer Beschreibung seiner eigenen Person angeregt, wie er denn sei, wenn er sich gesund fühle.

Durch eine weitere Frage sollte seine Theorie von Gesundheit und sein Gesundheitshandeln ermittelt werden. Dabei wurde der Interviewpartner nach den Einflussprozessen und -bereichen auf die Gesundheit (bzw. auf das Wohlbefinden) gefragt und wodurch diese (dieses) erreicht werden könne. (Im Interviewleitfaden ist diese Frage unter 2. nachzulesen).

Der zweite Themenbereich des Interviews (im Leitfaden unter 3.) beinhaltete die Bedeutung von Gesundheit im Unternehmen. In diesem Zusammenhang wurde auch nach Aktionen und Maßnahmen gefragt, durch die sich der Interviewpartner vorstellen könnte, dass seine Gesundheit dadurch gefördert werde.

Diese Frage leitete thematisch bereits zum dritten Auswertungsteil der Interviews über.

Aus den zirkulären Fragen nach den Erwartungshaltungen des bevorstehenden Gesundheitszirkels (im Leitfaden unter 4.) und den möglichen Perspektiven auf Veränderung im unternehmerischen Ablauf konnten noch weitere relevante Vorschläge zur Betrieblichen Gesundheitsförderung gesammelt werden, wie auch eine persönliche Einschätzung nochmals hinsichtlich der gegenwärtigen Missstände und möglichen Veränderungsmöglichkeiten zum Ausdruck kam.

Der Leitfaden ist im Anhang nachzulesen.

### 4.4.5 Die Durchführung der Interviews

#### 4.4.5.1 Die Rahmenbedingungen der Interviews

Die Interviews wurden von der Autorin selbst durchgeführt. Erfahrungen mit der Durchführung von qualitativen Interviews waren bereits aus anderen Forschungsprojekten wie beispielsweise der empirischen Untersuchung der Meisterentwicklung im gleichen Unternehmen 1999 vorhanden.

Ort der Befragung war bei Führungskräften, den Meistern, dem Werksarzt, dem Arbeitssicherheitsbeauftragten, dem Sozialpädagogen der Betrieblichen Sozialberatung und dem Betriebsratvorsitzenden jeweils deren Büro. Bei Werkern wurden die Interviews in Besprechungsräumen oder Aufenthaltsräumen durchgeführt. Der externe Moderator der Gesundheitszirkel wurde seinem Wunsch gemäß in dessen externem Büro interviewt. In allen Fällen wurden die Termine und Intervieworte je nach Wunsch mit den jeweiligen Befragten abgesprochen. Mit Ausnahme einiger weniger Störungssituationen durch eintretende Sekretärinnen, die im Transkript auch mit festgehalten wurden, verliefen die Interviewgespräche störungsfrei. Auch die Tonbandaufzeichnung funktionierte einwandfrei.

#### 4.4.5.2 Inhaltlicher Ablauf der Interviews

Zu Beginn des Interviews wurden, wie bereits erwähnt, einige Erläuterungen zum Ablauf des Gesprächs, wie zeitlicher Umriss, thematische Inhalte, die Aufzeichnung auf Tonband und der vertrauliche Umgang mit den Daten gegeben. Nach Erfragung der soziodemografischen Daten und der subjektiven Einschätzung des eigenen Verantwortungsgrads konnte mit dem Einstieg ins Interview begonnen werden. Da die Interviewpartner bereits vorab bei Anfrage eines möglichen Interviews über alles persönlich und schriftlich informiert wurden, verliefen auch die Gespräche in einer gelösten und vertrauten Weise. Außerdem erwies sich mitunter als förderlich, dass die Interviewerin einigen der Interviewpartner persönlich bekannt war, wie bereits unter 4.2 näher beschrieben. Aufgrund dessen wurden auch diffizile Themen angesprochen und es wurde mit kritischen Anmerkungen über die Organisation oder das Erleben der Führungskultur nicht gespart.

Den Antworten wurde während des Interviews auch bei vermeintlicher Abweichung vom Thema genügend Raum gegeben. Auf das Verständnis der Fragen wurde dabei geachtet. Die Befragungen wurden trotz des Interviewleitfadens flexibel auf die Gesprächsthemen der Befragten abgestimmt, um den Gesetzmäßigkeiten des narrativen Interviews zu entsprechen. Insgesamt ergaben sich sehr offene, vertrauensvolle Gespräche. Hinsichtlich der Situation, dass die Interviews lokal im beruflichen Kontext stattfanden und das Berufsleben und die Konstellationen im Unternehmen zum Inhalt hatten, musste von der Forscherin auch reflektiert werden, inwiefern kritische Aspekte angesprochen oder verschwiegen wurden. Bei der Gruppe der Gesundheitsexperten im Unternehmen kam als Überlegung überdies noch hinzu, dass eventuell der Versuch, sich in politisch korrekter Weise gegenüber einer professionellen Fachkollegin darzustellen, mitunter eine Rolle in der Beantwortung der Fragen spielte. In Reflexionsphasen dazu wurde die Möglichkeit einer Verzerrung in Erwägung gezogen. Die Beantwortung der Forschungsfragen wurde jedoch nicht ausschlaggebend dadurch beeinträchtigt. Die Gegebenheiten solch beschriebener Konstellationen in hierarchisch organisierten Unternehmen sind durchwegs realistisch und vergleichbar, auch wenn die jeweils individuelle Note durch die Personen, die die jeweiligen Positionen und Aufgaben im konkreten Fall vertreten, zum Tragen kommt und eventuell (von der Norm) abweichen kann. Diesbezüglich stellen die Ergebnisse der vorliegenden qualitativen Untersuchung keinen Anspruch auf Allgemeingültigkeit, sondern beziehen sich auf den Ausschnitt eines spezifischen Unternehmens und gewähren hier einen tieferen Einblick in mögliche Konstellationen und Konditionen von Arbeitssituationen, die eventuell auf andere übertragen werden können.

#### 4.4.5.3 Die Dauer der Interviews

Die Dauer der Interviews betrug zwischen 60 und 190 Minuten. Bei einigen Interviewpartnern war die vorab besprochene zeitliche Einhaltung der Termine von Bedeutung, weil sie als Führungskräfte dem Termindruck ihres Arbeitsalltags standhalten mussten. Da deren Wünschen hinsichtlich der Interviewstruktur entsprochen werden konnte, gab es keine Verstimmungen. Allerdings war die Möglichkeit für Nachfragen in solchen Fällen geringer als bei Interviews ohne zeitliches Limit.

#### 4.4.5.4 Beobachtungen während des Interviews

Auf die Beobachtungen, die die Forscherin während der Interviews in Bezug auf verschiedene Wahrnehmungspositionen und Funktionen der Befragten im Forschungsfeld machte und, wie bereits beschrieben, in Postskripten festhielt, wurde unter 4.3 *Untersuchungsgruppe* kurz eingegangen. Wie auch dort wird hinsichtlich einer konkreteren Beschreibung dieser Eindrücke der Interviewerin auf die im Kapitel 5 beschriebenen Vorstellungen der einzelnen Interviewpartner verwiesen.

## 4.5 Die Auswertung

### 4.5.1 Datenerfassung und Aufbereitung der ermittelten Daten aus den Interviews

#### 4.5.1.1 Tonbandaufzeichnung

Wie Lamnek empfiehlt, die Datenerfassung auf Tonband aufzuzeichnen, da ohne die Datenerfassung gerade das qualitative Interview methodisch umstritten (vgl. Lamnek, 1995, Bd. 2; S.99) und erst mit dieser der „... Ablauf des Interviews und die Interpretation des Gesagten ..." zu kontrollieren sei (Lamnek, 1995, Bd. 2; S. 99), wurden auch in vorliegender Untersuchung die Interviews mit dem schriftlichen Einverständnis der Interviewpartner auf Tonband aufgezeichnet. Da sich keinerlei technische Komplikationen während der Aufnahme einstellten, konnte die zu Beginn eventuell kurz auftretende Anspannung schnell abgebaut werden, sodass die Gespräche ungestört ihren Verlauf nahmen. Die dem Interviewten vertraute Umgebung in seinem Büro oder Aufenthaltsraum diente einer natürlichen und förderlichen Atmosphäre. Eine zusätzliche Information waren die im Postskriptum erfassten Beobachtungen der Forscherin während des Interviews. Die Anfertigung von Kopien der aufgezeichneten Tonbänder sicherte vor der Gefahr des Datenverlusts (vgl. Lamnek, 1995, Bd. 2; S.99, 100, bzw. S. 94–199).

#### 4.5.1.2 Transkription

Zur Aufbereitung der in den Interviews ermittelten Daten wurde in vorliegender empirischer Untersuchung die Methode der wörtlichen Transkription gewählt. Um die Lesbarkeit zu erhöhen, wurde beim Transkribieren folgendermaßen verfahren. Die Namen der Interviewten wie auch des Unternehmens wurden durch Pseudonyme ersetzt. Dialektwörter oder -ausdruckweisen wurden weitgehend ins Hochdeutsch übersetzt, da sie weder zur inhaltlichen Auswertung noch zur Typologisierung etwas beifügten. Die Lesbarkeit der Transkripte wurde so erhöht. Die umgangssprachlichen Redewendungen wie auch die Füllwörter wie „äh, ja und dann, ..." wurden im Transkript erhalten, da sie die Haltung und Stimmung der Interviewpartner mit vermitteln halfen. Unsicherheiten, Ängste oder selbstbewusstes Auftreten kamen mit der Erhaltung dieser Füllwörter für den Leser der Transkripte oder später der Zitatausschnitte in vorliegender Arbeit besser zum Ausdruck. Auch wiederholt angebrochene Sätze oder Wiederholungen nach Unterbrechungen im Interview wurden im Transkript mitverschriftet. Konnten einzelne Worte aufgrund der Aufzeichnungsqualität des Tonbands nicht mehr verstanden werden, wurden diese im Transkript mit einem in Klammern gesetzten Fragezeichen (?) versehen.

### 4.5.2 Das Auswertungsverfahren

Ziel der Untersuchung war die Entwicklung und Rekonstruktion von zentralen Kategorien und Dimensionen aus dem Material zur Generierung von gegenstandsverankerten Theorien (Glaser & Strauss 1998). Die Forschungsmethode sollte daher in der Zusammenstellung von Thematik, Erhebungs- und Auswertungsverfahren so aufeinander abgestimmt sein, dass es möglich wurde, neben den herausgearbeiteten Themenschwerpunkten, Aussagen und Fakten auch die Begründungszusammenhänge zu erstellen, um subjektive Haltungen darstellen und daraus resultierende Typisierungen entwickeln zu können.

#### 4.5.2.1 Ziel und Zweck der empirischen Studie

Die vorliegende Untersuchung setzte sich zum Ziel, die *subjektiven Vorstellungen von Gesundheit* und die *gesundheitsbezogenen Handlungsstrategien* von MitarbeiterInnen eines Industrieunternehmens aus verschiedenen hierarchischen Ebenen wie auch deren subjektive Einschätzungen zur *Relevanz von Gesundheit im Unternehmen* und *mögliche effektive Gesundheitsförderungsmaßnahmen* zu erforschen. Ein weiterer Fokus lag darauf, aus den gewonnenen Ergebnissen Rückschlüsse auf die Widerstände und Ressourcen für eine effektive Betriebliche Gesundheitsförderung zu ziehen. Damit sollte schließlich die Frage beantwortet werden können, inwiefern die Implementierung eines salutogenetischen Gesundheitsmanagements in einem von der Organisation her hierarchisch aufgebauten Industrieunternehmen möglich ist. Mit einer solchen Möglichkeit hätten die Mitarbeiterinnen und Mitarbeiter die Chance, langfristig sowohl intrapersonal als auch interpersonal gesundheitserhaltend und -förderlich ihre optimale Motivation und Leistungsfähigkeit zu entfalten, um einerseits das Unternehmensziel des wirtschaftlichen Geschäftserfolgs zu unterstützen und andererseits das persönliche Ziel zu erreichen, das da heißt: mehr Handlungsautonomie, Wohlbefinden und die Verfügung der dafür erforderlichen Ressourcen wie auch die Aufrechterhaltung der eigenen Identität.

Dazu unterteilt sich die Auswertung in drei Teile. Der erste Teil umfasst die *Erforschung der subjektiven Gesundheitskonzepte*, der zweite Teil die *Haltung der Relevanz von Gesundheit im Unternehmen* und schließlich der dritte Teil die *konkreten gesundheitsförderlichen Maßnahmen für eine effektive Betriebliche Gesundheitsförderung.*

Aufgrund der Untersuchung Faltermaiers, die dem ersten Teil der Auswertung der vorliegenden Forschungsarbeit zugrunde liegt, konnte auf dessen Forschungsergebnisse Bezug genommen werden. Faltermaier eruierte in seiner empirischen Untersuchung über „das Gesundheitsverständnis von Laien aus Handwerker- und Angestelltenberufen" das subjektive Gesundheitskonzept im Kontext einer dynamischen Konstruktion von Gesundheit.

Entlang der typischen Kombinationen von Dynamik und Inhalt bildete er vier Typen, deren zeitliche, biografische Dynamik in Metaphern der Energie beschrieben ist. Überdies ergab sich aus seiner Studie, dass Laien ihre Gesundheit in einen sozialen Kontext stellen, wie beispielsweise den Beruf oder die Familie. Aus diesen Erkenntnissen schloss er auf ein spezifisches Gesundheitshandeln wie auch auf bestimmte Auswirkungen, die sich hinsichtlich einer zukünftigen Gesundheitsprävention aus seiner Untersuchung ergeben würden. Sein konkreter theoretischer Ansatz wird entlang der Kategorienbeschreibung unter 5.1.1 ausführlich dargestellt.

Wie bereits erwähnt, konnte auf Faltermaiers Forschungsergebnisse im Rahmen der vorliegenden empirischen Studie Bezug genommen werden, insofern die ähnliche Fragestellung im ersten Teil des Interviews zu entsprechend ähnlichen inhaltlichen Aussagen führte.

Demnach ging es in dieser Studie darum, die subjektiven Gesundheitskonzepte der MitarbeiterInnen zu analysieren und sie dann in Bezug zu den jeweiligen Haltungen hinsichtlich der Relevanz von Gesundheit im Unternehmen zu setzen. Im dritten Teil sollte schließlich mittels konkreter inhaltlicher Aspekte der betrieblichen Gesundheitsförderung, wie sie sich Betroffene aus dem Kontext Industrieunternehmen vorstellen, die Bedeutung von Gesundheit im Unternehmen noch untermauert werden.

#### 4.5.2.2 Methodisches Vorgehen in 7 Phasen

**1. Phase: Erste Sortierung des Datenmaterials aufgrund einer ersten Analyse von inhaltlichen Themenschwerpunkten**

Um die Beantwortung der Forschungsfragen aus dem aufbereiteten Datenmaterial zu bewerkstelligen, wurden in einem ersten Schritt alle 30 Interviews nach inhaltlichen Themenschwerpunkten analysiert und sortiert.

**2. Phase: Selektierung von zehn Ankerfällen**

In einem weiteren Schritt wurde durch wiederholtes themen- und inhaltsbezogenes Lesen eine Auswahl von Ankerfällen getroffen. Hierbei wurde nach dem Prinzip der maximalen Kontrastierung vorgegangen. So wurde von einem spannenden Fall ausgegangen und wurden nach unterschiedlichen Kriterien weitere kontrastierende Fälle ausgesucht, bis ein theoretischer Sättigungseffekt eintrat. Die übrigen Interviews erbrachten dann keine neuen Informationen mehr, sondern erwiesen sich als weitere Varianten der idealtypischen Aussagen zum Gesundheitskonzept des jeweiligen Typus bzw. zur Relevanz von Gesundheit im Unternehmen. Indem zusätzlich Themenverläufe entlang der Interviews skizziert wurden und daraus ein erster Themenkatalog erarbeitet wurde, kristallisierten sich diejenigen Interviews heraus, die inhaltlich- und themenbezogen am umfassendsten waren und sich hinsichtlich ihrer Kernaussagen als typisierend für die übrigen Interviews aus dem Gesamtpool darstellten. Bei dieser Auswahl spielten bestimmte Kriterien eine Rolle, z. B. ob alle Perspektiven hinsichtlich der unterschiedlichen Hierarchieebenen in der Auswahl der Ankerfälle vertreten oder auch alle Perspektiventypen der firmeninternen Gesundheitsexperten berücksichtigt worden sind.

### 3. Phase: Paraphrasierung und Kodierung; Entwicklung thematischer Verläufe

Die zehn Interviews, die nun als Ankerfälle aus dem gesamten Interviewpool gewählt wurden, liegen den weiteren Auswertungsschritten der vorliegenden empirischen Studie zugrunde.

Um ein tieferes Verständnis für die Interviewaussagen entwickeln zu können, wurden die einzelnen Antwortabschnitte zu den jeweiligen Fragen paraphrasiert und codiert.

Aufgrund dieser Paraphrasen konnten, unter Einbeziehung des Vorverständnisses der Interpretin, das, wie unter 4.2 näher beschrieben, in Memos festgehalten wurde, erste Deutungen der subjektiven Perspektive der Interviewpartner in Form von möglichen Hypothesen entworfen werden. Diese bildeten die Grundlage für das spätere interpretative Auswertungsverfahren. Durch das Heranziehen der Memos aus der teilnehmenden Beobachterperspektive konnte die Hypothesenbildung hinsichtlich des Kontexts auf ihre Stimmigkeit hin überprüft werden.

In einem weiteren Schritt wurde ein thematischer Verlauf festgestellt und beschrieben. Dieser diente in einer weiteren Auswertungsphase wiederum der Erstellung eines differenzierten Themenkatalogs.

Anhand der ersten thematischen Strukturierung konnten die verschiedenen Interviews wiederholt miteinander verglichen werden.

### 4. Phase: Erstellung eines differenzierten Themenkatalogs

Die aus dem Datenmaterial gewonnenen Themen wurden zunächst in einem differenzierteren Themenkatalog aufgelistet und dann zu Themenblöcken zusammengefasst und sortiert. Aufgrund dessen wurden dann die Interviews verdichtet.

### 5. Phase: Erste Verdichtung der Transkripte unter Beibehaltung aller Fragenkomplexe

In dieser Auswertungsphase wurden die Interviews nach den eruierten Themenblöcken inhaltlich verdichtet, um das transkribierte Datenmaterial in eine neue übersichtlichere Form zu bringen. In dieser Verdichtungsphase wurden die Interviews auf ihre essenziellen Kernaussagen hin reduziert, ohne die Komplexität in ihrem Gesamtzusammenhang verändert zu haben.

Diese verdichtete Form unterstützte auch wieder eine komparative Analyse aller zehn Ankerfälle und verschaffte einen Überblick über Wahrnehmungen, Thesen, Meinungen und Bewertungen der Befragten.

### 5. Phase: Weitere Verdichtung bezogen auf die Forschungsfragen 1.: Subjektive Gesundheitskonzepte, 2.: Relevanz von Gesundheit im Unternehmen, 3.: Konkrete verhaltens- oder verhältnisorientierte Maßnahmen innerhalb der Betrieblichen Gesundheitsförderung

In dieser Auswertungsphase wurden die unter die Themenblöcke sortierten Interviewausschnitte hinsichtlich der auf die Beantwortung der Forschungsfragen bezogenen Themen sortiert und gegebenenfalls erneut Themenblöcken zugeordnet.

### 6. Phase: Induktive Kategorien- und Typologieendefinierung; Subsumption oder neue Kategorienformulierung

In einer weiteren Analyse dieser thematisch zugeordneten Interviewausschnitte ergaben sich die Kategorien bzw. Typologien. Im ständigen Vergleich der Transkripte miteinander konnten differenzierte Nuancen hinsichtlich der Inhalte der Kernaussagen herausgearbeitet werden, die dann entweder unter die bereits bestehende Kategorie subsumiert werden konnten oder auch dazu führten, dass neue Kategorien formuliert werden mussten. In diesem Ablauf wurden die emergenten Kategorien induktiv gebildet.

### 7. Phase: Erstellen einer Themenmatrix bzw. einer Tabelle zur Typisierung

Aus der „Kategorienzuordnung" wurde zunächst in Form einer Gliederung der einzelnen Themen eine Themenmatrix erstellt. Aus dieser Übersicht der Zuordnungen ist zunächst eine quantitative Verteilung zu entnehmen, welche Person sich zu welchen Aussagen äußerte. Die Tabellen zur Typologisierung dienen unterstützend der Darstellung der einzelnen Gesundheitstypen nach Faltermaiers Theorie.

Zur Gesamtübersicht aller Interviewtypen wurde jeweils zu den drei Auswertungsteilen 1. *Subjektives Gesundheitskonzept*, 2. *Relevanz von Gesundheit im Unternehmen* und 3. *Maßnahmen zur Betrieblichen Gesundheitsförderung* eine Themenmatrix erstellt. Zur Übersicht des Subjektiven Gesundheitskonzepts jedes einzelnen Befragten wurde zusätzlich eine Tabelle angefertigt.

### 4.5.2.3 Das interpretative Auswertungsschema

Um nicht nur explizite Meinungen, Vorstellungen und Bewertungen darzulegen, wurde auch versucht, die impliziten Deutungszusammenhänge zu rekonstruieren. Mittels der Paraphrasierung der einzelnen Erzählabschnitte und in Anlehnung an Oevermanns (1993) hermeneutische Hypothesenbildung wurden ähnlich einer sequenziellen Feininterpretation in Zusammenschau auf den Kontext im Interview als auch unter Einbeziehung der von der Autorin erstellten Memos, entlang der Ergebnisbeschreibung Thesen gebildet und diese dann interpretiert. Die Interpretation stützt sich zudem auf die im Rahmen theoretischer gesundheits-, arbeits- und organisationspsychologischer wie auch -soziologischer Erkenntnisse kontrollierten Interpretationen.

#### 4.5.2.4 Methodisches Vorgehen in Bezug auf die Sprach- und Metaphernanalyse

In einem weiteren Durchgang aller zehn Interviews wurde die Sprache sowie die Verwendung der Metaphern der Interviewpartner untersucht. Die Analyse der Sprache bzw. der Metaphern erfolgte in Anlehnung an Rudolph Schmitt und Michael Buchholz, deren hermeneutische Metaphernanalyse jedoch nur als Anregung für die vorliegende Studie angewendet werden konnte. Eine entsprechend exakte Durchführung hätte eine eigene empirische Auswertung erfordert und den Rahmen dieser Dissertation gesprengt.

Die Untersuchung der Sprache unterstützt die qualitative Sozialforschung hinsichtlich ihrer methodischen Auswertungsverfahren in zweierlei Hinsicht.

Da die qualitativen Forschungsmethoden hinsichtlich ihrer Datenerhebung eine „größere Nähe von Forscher und beforschtem Subjekt" aufweisen, soll laut Bergold und Breuer 1987 die „Bewusstseinslenkung" reflektiert werden (Schmitt, 1995, S. 26). In diesem Zusammenhang sprechen sie von einem „sozial interaktiven Charakter der Datenerhebungssituation" (ebd./37 f.), die sie auf zwei Ebenen beziehen, nämlich der „gesellschaftlich-soziokulturellen", auf der Menschen nach „standardisierten Mustern" kommunizieren und der „interaktionsgruppenspezifisch-historischen Ebene", deren Regeln bestimmte Gruppen sich selbst verpflichten (Schmitt, 1995, S. 27).

Durch erzählgenerierende Fragen (Witzel, 1989) und der mittels eines weichen, neutralen Interviewstils erfragten Konkretisierung der Erzählungen will die qualitative Forschung sicherstellen, dass die

Darstellung der Lebenswelt des Interviewpartners möglichst unverfremdet und subjektiv erhalten bleibt. Zusätzlich soll über die Reflexionsfähigkeit des Interviewers hinsichtlich der eigenen Interaktionsweise garantiert werden, dass der Vorgang, wie individuelle Bedeutungsstrukturen und -zusammenhänge verstehbar gemacht werden, sich auch entlang der „Eigen- und Gemeinwelt" des Forschers und nicht nur entlang dessen Theorie vollziehen. Unter diesem Gesichtspunkt spielt gerade eine teilnehmende Beobachterrolle als Forscherrolle, wie in vorliegender Arbeit, eine gewichtige Rolle im Untersuchungsprozess. Die Klärung und Reflexion des eigenen Vorverständnisses musste daher mit in Betracht gezogen und dokumentiert werden.

Zum anderen spielt aber auch der Kontext des Forschungsfelds eine Rolle, in dem sich Interviewte befinden. So wirken sich firmeninterne Rahmenbedingungen wie organisatorisch bedingte hierarchische Unterschiede, besondere zeitaktuelle Konstellationen am Arbeitsplatz oder auch kulturhistorische Begebenheiten einer Firma auf die Sprachkonstrukte und Verwendung von spezifischen Metaphern von MitarbeiterInnen aus. In einer diesbezüglichen Analyse spiegeln sich Weltbilder, Meinungen und Haltungen wie auch Bewertungsstrukturen wider. Sie beschreiben mitunter den Kontext, in dem sich ein Individuum befindet. Aus diesem Grund wurde für die vorliegende Arbeit eine Analyse der sprachlichen Darstellung wie die Art der Verwendung von spezifischen Metaphern durchgeführt, um das Verständnis für die Befragten und ihre Lebenswelt nachvollziehbarer und konkreter zu machen. Diese Analyse dient somit der Klärung eines besseren Verständnisses für die Situation der MitarbeiterInnen eines konkreten Arbeitsumfelds und soll helfen, Ressourcen wie auch Widerstände aufzudecken, die eine Optimierung ihrer innerbetrieblichen Gesunderhaltung und Gesundheitsförderung unterstützen bzw. behindern.

In vorliegender Studie wurde zum einen die Sprache nach den Kriterien untersucht, inwiefern unterschiedliche Herkunft, Bildung oder

Ausbildung, Art und Dauer der Berufstätigkeit oder auch der Kontext Unternehmen, Business und Management sich auf die sprachlichen Formulierungen und Redewendungen oder auch die Verwendung von Fachtermini auswirken. Zum anderen wurde in einem weiteren analytischen Schritt erkundet, ob und wenn welche Art von Metaphern verwendet wurden. Die Kriterien waren hier ähnliche wie bei der Untersuchung der sprachlichen Formulierungen. Insbesondere zeigten sich Weltbild, Haltung und Denkkonstrukte einer Person in der Verwendung spezifischer Metaphern.

#### 4.5.2.5 Methodisches Vorgehen bezüglich der Vorstellung der Interviewpartner basierend auf dem Datenmaterial der Memos

Bevor die Interviewpartner in der Ergebnisbeschreibung des 5. Kapitels typologisiert wurden, hielt es die Autorin für sinnvoll, die Befragten hinsichtlich ihres Lebensumfelds, des Arbeitsplatzes und der Organisation näher vorzustellen. Als Datenmaterial dienten dazu, wie bereits unter 4.2.2 beschrieben, die erstellten Memos als auch die Protokolle aus den Gesundheitszirkeln und aus den Interviews. Dabei ist wichtig zu erwähnen, dass die Beschreibung und Darstellung der situativen Konstellation dieser Interviewpartner im Unternehmen nicht der Beurteilung und Abwertung konkreter Handlungsmuster und Denkkonstrukte dieser Personen dienen, sondern im Gegenteil dazu verhelfen sollte, deren spezifische Situation, in der sie sich befinden und die sie so erleben, besser versteh- und nachvollziehbar zu machen, um auch daraus konkrete Interventionen zur Abhilfe von Missständen und Optimierung ihrer momentanen Arbeitssituation erstellen zu können.

#### 4.5.2.6 Differenzierte Auswertungsverfahren in Bezug auf die drei Auswertungsteile

Für die drei Auswertungsteile 1. *Subjektive Gesundheitskonzepte*, 2. *Relevanz von Gesundheit im Unternehmen* und 3. *Maßnahmen für eine effektive Betriebliche Gesundheitsförderung* musste jeweils aufgrund der unterschiedlichen Fragestellung ein voneinander geringfügig abweichendes differenziertes Auswertungsverfahren angewandt werden, um die jeweiligen Kernaussagen ermitteln zu können.

## Erster Auswertungsteil: *Subjektive Gesundheitskonzepte*

Die vorliegende Untersuchung geht zunächst von den Forschungsergebnissen Faltermaiers aus und legt daher die mögliche Existenz von subjektiven Gesundheitskonzepten als theoretische Ausgangswissensbasis zugrunde.

Mit der Fragestellung nach subjektiven Vorstellungen von Gesundheit und gesundheitsbezogenen Handlungsmustern und -strategien ergaben sich ähnliche Ergebnisse wie in der Studie Faltermaiers. In Bezug auf die erzählgenerierende Eingangsfrage nach der Rolle, die Gesundheit im Leben des Befragten heute und in der Vergangenheit spielt oder spielte, konnten zunächst die verschiedenen Zugangsarten zum Thema Gesundheit kategorisiert werden. Zu dieser Frage wie auch zu den Fragen nach den Vorstellungen von Gesundheit, was sie bedeute und wodurch sie beeinflusst werde, ergaben sich umfangreiche Erzählungen, die sich über die verschiedenen sozialen Lebenskontexte und Handlungszusammenhänge erstreckten. Um die expliziten und impliziten Gesundheitsvorstellungen eruieren zu können, wurden zur Überprüfung diese Erzählpassagen paraphrasiert und dazu, in Anlehnung an Oevermanns „strukturale Hermeneutik", mögliche Hypothesen formuliert. In Anlehnung an die theoretische Herleitung von Faltermaiers Kategorien und Typenbildung konnten die inhaltlichen Themenschwerpunkte, Handlungsbeschreibungen und Begründungsstrukturen zugeordnet und somit Faltermaiers Typologie von subjektiven Gesundheitskonzepten für die vorliegende Typenbestimmung adaptiert werden. Es zeigte sich jedoch, dass eine exakte Zuordnung in eine Typologie nicht möglich ist, weil Menschen aufgrund ihrer Komplexität nicht eindeutig in ein Schema einzuordnen sind. Die Zuordnung ist demnach nur eine Annäherung an einen bestimmten Typus, wie man es in der Psychologie auch schon von anderen Typisierungen her kennt. Gewisse abweichende Tendenzen zu anderen Typen wurden auch in der Ergebnisbeschreibung erläutert.

Es entstand eine Typisierung der verschiedenen Interviewpartner hinsichtlich ihres subjektiven Gesundheitskonzepts, ihrer expliziten und impliziten Vorstellungen von Gesundheit und ihrer jeweiligen Handlungsstrategien, die in der Zusammenschau miteinander verglichen wurden, um daraus Thesen für mögliche Ressourcen und Widerstände im Implementierungsprozess von Betrieblicher Gesundheitsförderung generieren zu können. In der jeweiligen Themenmatrix ist entlang der inhaltlichen Kategorien die Zuordnung der Interviewpartner abzulesen. Aus den zehn Tabellen für die jeweiligen Ankerfälle wurde schließlich eine nochmals auf die einzelne Person bezogene Übersicht der Kategorien erstellt.

**Zweiter Auswertungsteil:**
***Relevanz von Gesundheit im Unternehmen***

Für den zweiten Teil der Auswertung sollten induktiv emergente Kategorien aus dem transkribierten Datenmaterial gebildet werden, die die individuelle subjektive Haltung, die die Interviewpartner zum Thema Relevanz von Gesundheit im Unternehmen darlegen, nachvollziehbar machen. Ausgehend von einem interessanten Fall wurden nach unterschiedlichen Kriterien weitere kontrastierende Fälle ausgesucht, bis ein theoretischer Sättigungseffekt eintrat. Um die hermeneutischen Bedeutungsstrukturen identifizieren und interpretieren zu können, wurden auch hier wiederum die aus den verdichteten Transkripten entstandenen Erzählpassagen paraphrasiert und kodiert. Aufgrund dieser Paraphrasen wurden verschiedene Varianten von Hypothesen in Bezug auf den Verständniszusammenhang der Befragten erstellt, die zur Überprüfung auf ihre Stimmigkeit immer wieder in den Gesamtkontext des Interviews wie auch der in den Memos erfassten Daten gestellt wurden. Entlang der Themenverläufe konnten dann induktiv die Kategorien gebildet werden, die die subjektive und individuelle Darstellung der Haltung der Interviewpartner dokumentieren. Die Kategorien wurden induktiv nach generellen Zusammenhängen analysiert und in einer Themenmatrix abgebildet. In der Ergebnisbeschreibung des 5. Kapitels wurden die subjektiven Darstellungen der jeweiligen zehn Ankerfälle über ihre Haltung zur Relevanz von Gesundheit im Unternehmen beschrieben, um die den Kategorien zugeordneten Kernaussagen nicht aus ihrem Kontext zu reißen und damit inhaltlich zu verzerren.

Auch hier wurden zunächst drei Typen gebildet, die den jeweils idealtypischen Fall darstellen. Von der Zuordnung zu diesen Typologien wurde jedoch wieder Abstand genommen, da sie die Interviewpartner wiederum, wie schon in die Typologie des Subjektiven Gesundheitskonzepts, in festgeschriebene Kategorien zuordnen würde. Eine feste Zuordnung, wie bereits unter *Erster Auswertungsteil* beschrieben, ist aufgrund der individuellen Komplexität von Personen nicht möglich und bedeutet demnach auch immer einen Kompromiss, der eine individuelle Haltung oder ein Meinungsbild wieder unnötig verzerrt. Da sich in vorliegender Untersuchung darum methodisch bemüht wurde, die differenzierten individuellen Haltungen und Meinungen zur Relevanz von Gesundheit herauszuarbeiten und auch in ihrer Originalität nicht verzerrt darzustellen, wurde auf die entwickelten Typen verzichtet.

Wie zum ersten Auswertungsteil über die Subjektiven Gesundheitskonzepte wurde auch hier eine Themenmatrix erstellt, in der die Kategorien, gegliedert in ihre Unterpunkte, enthalten sind. Die quantitative Verteilung der Interviewpartner wie auch ihre jeweilige Zusammenstellung sind in der Matrix (im Anhang) ablesbar.

Die einzelnen Haltungen der Interviewpartner wurden im 5. Kapitel zunächst entlang ihrer Kategorien beschrieben, mit Zitaten belegt und schließlich miteinander verglichen. Aus der Zusammenfassung und dem direkten Vergleich untereinander konnten jeweils Gruppierungen hinsichtlich ihrer Meinungen und Bewertungen festgestellt werden, die sich oftmals auf ihre hierarchische Position, ihr konkretes Aufgabenfeld oder auf den Aufgabenbereich bezogen. In den jeweiligen Zusammenfassungen werden diese ersichtlich und lassen eine Interpretation wie auch mögliche zukünftige Interventionen zur Optimierung der Implementierung zu.

**Dritter Auswertungsteil:**
***Verhaltens- und verhältnisorientierte Maßnahmen für eine effektive Betriebliche Gesundheitsförderung***

Der dritte Teil der Auswertung wurde in Anlehnung an die inhaltlich reduktive Auswertung Lamneks durchgeführt.

Entlang der bereits unter 4.5.2.2 beschriebenen Verdichtungsphasen des transkribierten Datenmaterials konnten die einzelnen Maßnahmen thematisch strukturiert und entsprechend nach verhältnis- und verhaltensorientierten Kategorisierungen zugeordnet werden. Diese Kategorien erwiesen sich als Oberpunkte, die dann noch in diejenigen die Arbeitsstruktur, Organisationsstruktur und Organisationskultur betreffenden Kategorien differenziert wurden.

Aus dieser Struktur der Kategorien wurde wiederum eine Themenmatrix erstellt, die zur Übersicht einer quantitativen Verteilung dient. Anhand der Beschreibung der einzelnen Kategorien aus der Sicht der jeweiligen Interviewpartner kommen auch die qualitativen Aussagen der Interviewpartner zum Ausdruck, die von der Autorin im Anschluss daran zusammengefasst beschrieben und einander gegenübergestellt wurden. Aus dieser Zusammenstellung wurden dann Thesen gebildet und diese interpretiert. Die Interpretation erfolgte aufgrund des Verständnisses der im zweiten Teil der Auswertung gewonnenen Erkenntnisse sowie theoretischer Erkenntnisse aus der Gesundheits- und Arbeitspsychologie wie auch der Organisationssoziologie. Auf eine Belegung mit Zitaten wurde aufgrund des Umfangs und der besseren Lesbarkeit in diesem Teil verzichtet.

Aus der Zusammenstellung der unterschiedlichen Orientierungen hinsichtlich der konkreten Vorschläge zu einer effektiven Betrieblichen Gesundheitsförderung lassen sich, wie auch schon aus dem zweiten Auswertungsteil zur Relevanz von Gesundheit im Unternehmen, Erkenntnisse für eine effektivere Betriebliche Gesundheitsförderung gewinnen.

## 4.6 Der Zugang zum Gesprächsthema Gesundheit

Bevor die interviewten Personen im nachfolgenden 5. Kapitel vorgestellt und anhand derer die Kategorien erläutert werden, wird zunächst auf den Zugang zum Thema Gesundheit der einzelnen Interviewpartner eingegangen. Der Einstieg ins Interview fand über die Eingangsfrage statt, deren Beantwortung den Zugang zum Thema beinhaltete und ebenfalls aufgrund ihrer diversen Varianten kategorisiert werden konnte.

### a. Verknüpfung mit dem Thema Krankheit

So wurde zum einen Gesundheit mit der Erzählung der persönlichen Krankheitsgeschichte verknüpft.

### b. Verweis auf gesundheitsbezogene Aktivitäten

Ein weiterer Zugang zum Thema Gesundheit geschah im Verweisen auf allgemeine oder persönliche gesundheitsbezogene Aktivitäten im Lebensalltag.

### c. Einstieg über biografischen Blickwinkel

Wiederum eine Variante des Einstiegs in das Thema verlief über den biografischen Blickwinkel, indem Veränderungen im persönlichen Verlauf des Lebens oder auch konkrete spezifische Wendepunkte mit einschlagender Veränderung innerhalb der persönlichen Entwicklungsgeschichte geschildert wurden.

### d. Bedeutsamkeit des Interviewthemas und die normative Bewertung

Als vierte Variante schließlich wurde das Thema Gesundheit über dessen Bedeutsamkeit und normative Bewertung betrachtet.

### 4.6.1 Der Einstieg ins Interview

Vor der erzählgenerierenden Eingangsfrage nach der *Rolle von Gesundheit im persönlichen Leben* wurde nach den demografischen Daten und der persönlichen Einschätzung des Verantwortungsgrads gefragt. Die Konfrontation mit der Frage nach dem Verantwortungsgrad verriet schon erste Angaben über das eigene Selbstbewusstsein, insofern sich das Erleben eines hohen oder niedrigen Selbstwertgefühls oder/und auch einer hohen oder geringen Bedeutsamkeit und Wichtigkeit der eigenen Person innerhalb der Organisation widerspiegelte. Aus der Art, wie und worauf bezogen der eigene Verantwortungsgrad thematisiert wurde, konnte bereits ein erster Eindruck gewonnen werden, welchen Stellenwert Anerkennung und Reputation im Unternehmen hat und wie diesbezüglich mit hierarchischer Rangordnung, Delegation von Verantwortung oder auch Wertschätzung im Führungsstil innerhalb des Unternehmens umgegangen wird.

## 4.7 Erläuterungen zur Darstellung der Ergebnisbeschreibung im 5. Kapitel

Der erste Teil enthält die Typologisierung verschiedener Varianten von Gesundheitskonzepten und deren Theorien. Der zweite Teil umfasst die inhaltliche Positionierung und Haltung zum Thema Gesundheit in Bezug auf dessen Relevanz in der unternehmerischen Organisation. Im dritten Teil kristallisieren sich verschiedene konkrete Vorschläge für eine effektive Gesundheitsförderung aus der Sicht der Befragten heraus, die wiederum nach ihrer Bezüglichkeit auf die Organisation oder auf das Individuum differenziert werden und entsprechend in verhältnis- bzw. verhaltensorientiert kategorisiert wurden.

### 4.7.1 Darstellung der Typologisierungen und inhaltlich thematischen Kategorien

Im ersten Auswertungsteil über das subjektive Gesundheitskonzept werden die zehn Ankerfälle jeweils entlang ihres dynamischen Modells typologisiert. Dazu werden die Interviewpartner zunächst in Bezug auf ihren Kontext im Unternehmen vorgestellt. Die zugrunde liegenden informellen Informationen sind teilweise aus Memos und Sitzungsprotokollen der Forscherin entnommen oder beziehen sich auch auf persönliche Beobachtungen innerhalb der beruflichen Rolle als Forscherin im Unternehmen wie auch auf die Beobachtungsnotizen während der Interviews. Näheres zur Rolle der Forscherin wurde unter dem Punkt Vorverständnis dieses Kapitels dargelegt. Die Angaben zu den demografischen Daten wurden im Interview von den Befragten persönlich mitgeteilt.

Nach der Vorstellung der Interviewpartner und einem kurzen Exkurs über deren Verwendung der Sprache und Metaphern im Interview beginnt die Darstellung des eigentlichen Auswertungsteils zum subjektiven Gesundheitskonzept. Das zugrunde liegende Datenmaterial beruht auf den Interviews. Wie auch aus den jeweiligen Tabellen 6–15 ersichtlich wird, handelt es sich zunächst um das Lebenskonzept, das sich aus der Gesamtschau auf das Interview ergab wie auch dann um die thematischen Zuordnungen zu den Kategorien des Zugangs zum Thema Gesundheit, den Gesundheitsvorstellungen und dem Gesundheitshandeln. Die Kategorisierung wird mit Zitaten aus den Interviews belegt.

Nach der Typologisierung der zehn Ankerfälle werden die Ergebnisse zusammengefasst und in Bezug auf die Beantwortung der Forschungsfragen hin interpretiert.

Im zweiten Auswertungsteil über die *Relevanz von Gesundheit im Unternehmen* werden wiederum die zehn Interviewpartner entlang ihrer Haltung und inhaltlichen Positionierung zum Thema Gesundheit dargestellt und jeweils mit Zitaten aus ihren Interviews belegt. Hier werden die Erkenntnisse immer wieder zusammengefasst, zueinander in Bezug gestellt und miteinander verglichen. Auch hier erfolgt nach der Darstellung der zehn Ankerfälle eine Zusammenfassung und Interpretation der Ergebnisse.

Im dritten Auswertungsteil über die *Maßnahmen einer effektiven Gesundheitsförderung* werden zunächst die Kategorien inhaltlich erläutert, in einem zweiten Schritt deren quantitative Verteilung dargelegt und schließlich die zugeordneten inhaltlichen Aussagen der Interviewpartner entlang der jeweiligen Kategorie hintereinander aufgeführt. Um mögliche Wiederholungen zu vermeiden und den Lesefluss nicht zu beeinträchtigen, wurde in diesem Teil der Ergebnisbeschreibung auf die Belegung durch Zitate aus den Interviews verzichtet. Wie auch bei den zuvor beschriebenen Ergebnissteilen erfolgt in deren Anschluss eine Zusammenfassung und Interpretation der Ergebnisse.

Die zitierten Kernaussagen aus den Interviews belegen die vorgenommene Kategorisierung nachweislich und helfen, die Stimmigkeit der Aussagen im Interview nachvollziehbar zu machen.

Die Zitate sind meist den Beschreibungen und Interpretationen nachgestellt. In einigen Fällen aber gehen einzelne Zitatinhalte der Beschreibung voraus, da die inhaltlichen Zusammenhänge es erforderten.

Im anschließenden Kapitel 6 zu den Schlussfolgerungen wird dann darauf Bezug genommen.

### 4.7.2 Tabellen und Themenmatrizen

Wie bereits unter *Zweiter Auswertungsteil* näher erklärt, sind in den Themenmatrizen 1 bis 3.3 (siehe Anhang) alle zehn Interviewpartner und die Zuordnung deren Aussagen zu den Kategorien dargestellt. Diese Themenmatrizen dienen zur Übersicht der Kategorien und deren quantitativen Verteilung.

Darüber hinaus wurde zu jedem der zehn Interviewpartner jeweils eine Tabelle erstellt, die ein Profil bzw. eine Typologisierung bezüglich der inhaltlichen Kategorien zu den Gesundheitsvorstellungen und dem Gesundheitshandeln als auch den Zugang zum Thema Gesundheit und dem Lebenskonzept abbildet.

Der theoretische Bezug der Kategorien zum ersten Auswertungsteil über die Gesundheitsvorstellungen und das Gesundheitshandeln werden zu Beginn des 5. Kapitels unter 5.2 ff. *Typologisierung nach Faltermaier* erläutert. Zu den theoretischen Hintergründen der beiden Auswertungsteile *Relevanz von Gesundheit im Unternehmen* und *Maßnahmen einer Betrieblichen Gesundheitsförderung* wird im jeweiligen Kapitelunterpunkt jeweils zu Beginn eingegangen.

Auf die Bezüge zu den entsprechenden Themenmatrizen oder Tabellen wird jeweils verwiesen. Zur besseren Orientierung sind die Themenmatrizen und Tabellen nummeriert.

# 5. Ergebnisse der empirischen Untersuchung

## 5.1 Subjektive Gesundheitskonzepte

### 5.1.1 Beschreibung der Kategorien

**Vorgehen**

Im folgenden Kapitel sollen nun die Ergebnisse der empirischen Untersuchung beschrieben werden. Wie bereits in Kapitel 4 dargelegt, wurden in der vorliegenden Auswertung die Forschungsergebnisse von Faltermaier genutzt, um mit deren Hilfe die Typisierung der Interviewpartner aus dieser Studie vorzunehmen. Damit konnten seine Forschungsergebnisse zum subjektiven Gesundheitskonzept einerseits übernommen und erneut in einem anderen Kontext bestätigt werden. Andererseits kristallisierten sich auch Abweichungen dazu heraus, die in den Zusammenfassungen der Ergebnisse wie auch in den Schlussfolgerungen dargelegt werden.

**Die Typologisierung nach Faltermaier**

Faltermaier stellt vier Dimensionen von Gesundheit fest. In der ersten Dimension wird Gesundheit negativ als Abwesenheit einer Krankheit definiert, in drei weiteren Dimensionen positiv als Leistungsfähigkeit, physische Robustheit und energievolle Widerstandsfähigkeit wie auch als psychisches Wohlbefinden und erlebte Balanciertheit bzw. Gleichgewicht (vgl. Faltermaier, 1998, S. 39).

Toni Faltermaier, wie bereits in Kapitel zwei unter Punkt 2.3.3.1 beschrieben, entwickelte in einer gesundheitswissenschaftlichen Studie über die Gesundheitsvorstellungen von berufstätigen Erwachsenen aus Handwerks- und Verwaltungsberufen u. a. das dynamische Gesundheitskonzept als ein Modell, das das subjektive Verständnis von der eigenen Gesundheit beschreibt. Hier geht er der Frage nach, inwiefern Menschen sich in Bezug auf ihre Gesundheit förderlich oder riskant verhalten und stellt damit auch die Frage nach möglichen Interventionen, die eine Verhaltensänderung begünstigen würden (vgl. Faltermaier, 1998, S. 34 ff.). Seine Studie ordnet er einer Forschungsstrategie zu, die die gesundheitsbezogenen Lebensweisen von Laien in den Blick nimmt und versucht, deren „... subjektive Logik und ihre komplexen, in das Alltagshandeln eingebettete(n) Formen zu untersuchen ...“, (vgl. Faltermaier, 1998, S. 34 ff. und Faltermaier, 1994). Somit basiert seine Forschungsarbeit auf einer „... explizit salutogenetischen Perspektive, in der die Suche nach protektiven und gesundheitsförderlichen Faktoren (Antonovsky, 1979, 1987; Faltermaier, 1994; Strittmatter, 1995) im Mittelpunkt steht.“ (Faltermaier, 1998, S. 35)

Er konzentriert sich auf die Gesundheitsvorstellungen sowie das Gesundheitshandeln von Laien, die als Begrifflichkeiten zunächst geklärt werden sollen.

### Gesundheitsvorstellungen und Gesundheitshandeln

#### Gesundheitsvorstellungen

Unter Gesundheitsvorstellungen versteht Faltermaier, wie auch aus der Tabelle 1 ersichtlich, die kognitiven Repräsentationen einer Person, nämlich ihre „... Überzeugungen, Überlegungen und Ideen ...“, die sie bezogen auf die Gesundheit entwickelt und modifiziert (vgl. Faltermaier, 1998, S. 37).

Diese unterteilt er in zwei Aspekte: zum einen in das dynamische Gesundheitskonzept, was das Verständnis von der eigenen Gesundheit umfasst und zum anderen in die Theorie von Gesundheit, mit der er die Beeinflussung von Gesundheit beschreibt.

## Das dynamische Gesundheitskonzept

**Subjektive Gesundheitskonzepte: Inhalt / Dynamik**

| | **Inhalt:** negative Bestimmung | | | **(körperliche,** positive Bestimmung | **psychische,** | | **soziale** | **Dimension)** |
|---|---|---|---|---|---|---|---|---|
| **Dynamik** | 1 Abwesenheit von Krankheit | 2 keine spezifischen Beschwerden | 3 keine gesundheitlichen Probleme | 4 Handlungsfähigkeit | 5 Leistungsfähigkeit | 6 Stärke/ Kraft | 7 Wohlbefinden | 8 Harmonie |
| A: „On-Off" Schalter | | | | | | | | |
| B: „Reduktion" Batterie | | | | | | | | |
| C: „Regeneration" Akkumulator | | | | | | | | |
| D: „Expansion" Generator | | | | | | | | |

Tabelle 3

Das dynamische Gesundheitskonzept beinhaltet also das Verständnis von Gesundheit und ist nicht als statischer Zustand zu verstehen, sondern als ein sich im Laufe des Lebens veränderndes Phänomen (vgl. Faltermaier, 2000, S. 145). Faltermaier hat hier vier idealtypische Modelle aus seiner Forschungsstudie entwickelt, die „... je nach ihrer Dynamik vier Vorstellungstypen über den Verlauf von Gesundheit ..." unterscheiden. Dazu lieh er sich Metaphern aus der elektrischen Energie.

Den vier Modellen werden acht Kategorien zugeordnet, die die inhaltliche Bestimmung von Gesundheit, ob positiv oder negativ, in differenzierterer Weise beschreiben.

Inhaltliche Bestimmung bedeutet, dass hinter jeder Haltung und Definition zu Gesundheit eine inhaltliche Beschreibung steht, die die Bedeutungsmuster erklärt.

### Die vier idealtypischen Modelle von Gesundheit

A: Das Schalter-Modell von Gesundheit: „On-Off"

Gesundheit kann als Wechsel von Gesundheit und Krankheit, also dichotomen Zuständen gesehen werden. Die hier zugrunde gelegte Dynamik schließt Gesundheit bei Eintritt einer Krankheit aus. In der Energie-Metapher entspricht dieser Typus dem Schalter, bei dessen Betätigung Strom zur Verfügung steht oder nicht.

B: Das Batterie-Modell von Gesundheit: „Reduktion"
Ausgehend von einem endlichen Reservoir, reduziert sich Gesundheit im Laufe des Lebens und wird verbraucht. Personen dieses Typus gehen von einem maximalen Idealzustand von Gesundheit aus, der sich dann in Bezug auf die Leistungsfähigkeit und Belastbarkeit abbaut und nicht wieder herstellbar ist.

Es gibt im Gegensatz zum Schalter-Modell fließende Übergänge zwischen Gesundheit und Krankheit. In der Energiemetapher entspricht diese Gesundheitsvorstellung einer Batterie, die sich kontinuierlich entleert.

C: Das Akkumulator-Modell: „Regeneration"
Das Akkumulator-Modell geht von der Regenerierung von Gesundheit aus. Diese Dynamik impliziert eine kontinuierliche Veränderung von Gesundheit, jedoch im Gegensatz zum Batteriemodell, kann sich Gesundheit nicht nur abbauen, sondern durch entsprechende Ausgleichprozesse immer wieder regenerieren.

D: Das Generator-Modell: „Expansion"
In diesem Typus wird Gesundheit als ein Potenzial verstanden, das durch entsprechende Einflüsse und Bemühungen noch erweitert werden kann. Das vorhandene Energiereservoir wird noch erweitert. Demzufolge ist die Bezeichnung des Generators, der Strom erzeugen und damit das Potenzial erhöhen kann, im Bild der elektrischen Energie anschaulich nachvollziehbar. Wie auch bei den drei vorangegangenen Modellen, verändert sich Gesundheit hier kontinuierlich als Prozess und wechselt nicht die diskreten Zustände wie im Batterie-Modell.

## Inhalt und Dynamik

### Die Inhalte von subjektiven Gesundheitskonzepten

Eine zentrale Unterscheidung in Bezug auf die inhaltliche Bestimmung der Gesundheitstypen stellt die Differenzierung von negativen und positiven Zuschreibungen dar. Dabei können sowohl physische als auch psychische Gesichtspunkte enthalten sein.

Gesundheit kann demzufolge positiv bestimmt sein als auch über ihr Gegenteil negativ definiert werden. (Siehe Tabelle 3)

1 „Gesundheit als Abwesenheit von Krankheit"
Gesundheit ist nicht wahrnehmbar. Sie ist erst feststellbar, sobald sie durch die Diagnose eines Krankheitsbildes verschwindet.

2 „Gesundheit als das Fehlen spezifischer körperlicher oder psychischer Beschwerden"
Hier handelt es sich im Unterschied zum vorherigen Aspekt um das „... Fehlen von subjektiv wichtigen Beschwerden ...", die in unterschiedlicher Art der Einschränkung, wie beispielsweise das verminderte Wohlbefinden durch Schmerzempfindung, thematisiert werden.

3 „Gesundheit als das Fehlen von gesundheitlichen Problemen"
Unter dem Aspekt der nicht vorhandenen gesundheitlichen Probleme wird das Fehlen von spezifischen Störungen, Einschränkungen oder Behinderungen gesundheitlicher Art subsumiert.

Die weiteren fünf Kategorien entsprechen einer positiven inhaltlichen Bestimmung von dynamischen subjektiven Gesundheitskonzepten:

Hier lassen sich aktionale, handlungsbezogene Aspekte, wie Handlungsfähigkeit oder Leistungsfähigkeit, von Beschreibungen des subjektiven Befindens oder von Zuständen, wie Gesundheit als persönliche Stärke oder Kraft oder Gesundheit als Zustand des Wohlbefindens oder der Harmonie, unterscheiden.

4 „Gesundheit als generelle Handlungsfähigkeit"
Gesundheit als Handlungsfähigkeit beruht entweder auf basalen Hand-

lungen der Alltagsbewältigung, wie ohne Probleme schlafen, essen oder sich bewegen zu können oder aber auf der Option, bestimmte gezielte Handlungen im Berufsalltag erreichen zu können. Sie gehört, wie auch der fünfte Aspekt, daher der Kategorie der aktionalen Handlungsaspekte an.

5 „Gesundheit als Leistungsfähigkeit"
Gesundheit als Leistungsfähigkeit bezieht sich dagegen mehr auf die Arbeitsfähigkeit und kann sowohl das psychische als auch physische Leistungspotenzial umfassen.

6 „Gesundheit als Stärke oder Kraft"
Das Bild „Bäume ausreißen zu können" vor Kraft und Energie, beschreibt in den Auswertungsergebnissen diesen sechsten Aspekt der Kategorien inhaltlicher Bestimmungen von Gesundheit. Das subjektive Empfinden und Einschätzen des persönlichen Energiepotenzials psychischer und/oder physischer Art lässt sich sowohl der Kategorie des Befindens als auch dem Aktionspotenzial zum Handeln zuschreiben.

Als Beschreibungen der eigenen Befindlichkeiten bzw. Zustände werden die beiden letzten Kategorien festgelegt:

7 „ Gesundheit als Wohlbefinden"
Gesundheit als Wohlbefinden betrifft sowohl die körperliche als auch die psychische Ebene. Das Wohlbefinden in und mit dem eigenen Körper wie auch das persönlich balancierte Empfinden, mit der Welt im Einklang zu sein, kann hierunter subsumiert werden.

8 „Gesundheit als Harmonie"
Gesundheit als Harmonie ergänzt die soziale Ebene. Denn hier werden das Gleichgewicht und die Entspanntheit der Person im Bezugsystem ihrer Umwelt sowohl im Arbeitsumfeld als auch im privaten familiären oder freundschaftlichen Umfeld geschildert.

## Die Theorie von Gesundheit

## Die inhaltlichen Einflussprozesse

Unter der Kategorie „subjektive Gesundheitstheorien" werden diejenigen Aspekte zusammengefasst, die eine Person als positive oder negative Einflüsse auf ihre Gesundheit betrachtet.

Als Teilaspekte werden darunter Risikowahrnehmung, Ressourcenwahrnehmung, Kontrollüberzeugungen und Kausalattribution subsumiert, die eine konkretere Differenzierung der gesundheitsbezogenen Einflussmechanismen erlauben.

Auch hier lassen sich, ähnlich wie bei den subjektiven Konzepten, zwei Dimensionen unterscheiden, und zwar eine dynamische und eine inhaltliche Dimension.

Die dynamische Ebene umfasst diejenigen Prozesse, durch die nach Vorstellung einer Person ihre eigene Gesundheit beeinflusst wird. Die vertikale Achse im Schaubild bildet diese Einflussprozesse ab, während die horizontale Achse die inhaltliche Ebene nach dem Einflussbereich darstellt und anzeigt, welcher Bereich auf die Gesundheit einer Person verändernd einwirkt.

**Subjektive Gesundheitstheorien:**

**Einflussbereiche (pos./neg.)**

| **Einflussprozesse (pos./neg.)** | **1**<br>**Konstitution / Disposition**<br>**Physisch:** Stärken / Schwächen<br>**Psychisch:** Persönlichkeit, Stärke, SOC<br>Erfahrungswelt, Anerkennung intern | **2**<br>**Lebensweise / Verhalten**<br>**Handeln und Erleben:**<br>Ernährung, Bewegung, Genussmittel, Entspannen<br>Erfolgserlebnisse, Herausforderung / Stress, Ärger, Druck | **3**<br>**Umwelt**<br>**Sozial:** Arbeit, Familie, Experten, Anerkennung extern<br>**Ökologisch:** Industrie, Natur, Umweltnoxen | **4**<br>**Alter / Schicksal**<br>**Alter:** biologischer Altersabbau<br>**Schicksal:** Zufall, Vorbestimmung |
|---|---|---|---|---|
| A: Belastungen, Risiken oder Noxen gefährden Gesundheit<br>A1: Externe Risiken<br>A2: Risikofaktoren / -verhalten | | | | |
| B: Schwächung / Stärkung externer oder interner Ressourcen | | | | |
| C: Ausgleich von Risiken oder Herstellung von Gleichgewicht<br>C1: Ausgleich von Risiken<br>C2: Harmonie (physisch, psychisch, sozial) | | | | |
| D: altersbedingtes / schicksalhaftes Eintreten von Krankheit | | | | |

*Tabelle 4*

A: Belastungen, Risiken oder Noxen gefährden die Gesundheit

Bei diesem Typus beeinflussen primär ungünstige Faktoren, wie verschiedene Risiken, Risikofaktoren oder auch Noxen, die Gesundheit und stellen dabei Belastungen auf körperlicher und psychosozialer

Ebene dar. Über Vermeidungsstrategien, die diese Einflüsse möglichst gering oder reduziert halten, lässt sich die Gesundheit erhalten.

*A1: Externe Risiken und Noxen gefährden die Gesundheit*
Unter A1 stehen die externen physischen oder psychischen Belastungen, Risiken oder Noxen im Vordergrund. Dabei handelt es sich um spezifische Risiken am Arbeitsplatz oder chemische, physikalische oder biologische Schadstoffe aus der Umwelt, die Beschwerden verursachen oder Erkrankungen auslösen können.

*A2: Persönliche Risikofaktoren und Risikoverhalten gefährden die Gesundheit*
Auch hier stehen die negativen Einflussmechanismen auf die Gesundheit im Vordergrund, werden aber eher als das Individuum direkt schädigend beschrieben und, im Unterschied zu A1, anstatt in der Umwelt mehr in der eigenen Person und deren Verhaltenskompetenzen verortet. Hierunter werden meist gesundheitsgefährdende Verhaltensgewohnheiten, wie Konsum von Alkohol oder Nikotin, subsumiert, die aus den Beschreibungen der Risikofaktorenkataloge der Präventionsmedizin allgemein bekannt sind.

B: Schwächung, Erhaltung oder Stärkung von Ressourcen
Dominant bei diesem Typus von Gesundheitstheorie ist die Vorstellung, dass durch eine ressourcenorientierte Verhaltensweise die eigenen Potenziale erhalten und sogar neu aufgebaut werden können. Diese Annahme entspricht im Modell der Salutogenese der Funktion der Widerstandsressourcen, die eine Person in ihrer Widerstandskraft und ihrem Copingverhalten bzw. in ihren Bewältigungskompetenzen unterstützen. Zum einen können hier interne Ressourcen angenommen werden, wie beispielsweise die körperliche Konstitution oder psychische Disposition. Zum anderen sind auch externe Ressourcen, wie soziale Unterstützung aus Familie oder sozialen Netzwerken oder auch ein ausfüllendes und zufrieden stellendes Berufsleben optional als Ressourcen genannt.

C: Ausgleich von Risiken oder Herstellung eines Gleichgewichts

Im Vordergrund steht hier die Kompensation von direkt negativ einwirkenden Gesundheitsschädigungen durch aktives Gegensteuern oder ein an anderen Stellen gesundheitsförderndes Gesundheitsverhalten zum Ausgleich im Vordergrund. Auch bei diesem Typus werden zwei Varianten unterschieden:

*C1: Ausgleich und Kompensation von Risiken*

Zum einen kann gesundheitsschädigenden Einflüssen durch positive Einflüsse in anderen Lebensbereichen entgegengewirkt werden, indem man beispielsweise regenerierenden Freizeitaktivitäten nachgeht oder soziale Unterstützung durch Familie und Freundesnetzwerke genießt. Zum anderen kann eine besonders bewusste gesundheitsorientierte Lebensführung der Kompensation von schädlichen Risken entgegenwirken, wie z. B. gesunde Ernährung oder sportliche Betätigung.

*C2: Herstellen eines Gleichgewichts zwischen körperlichen, sozialen und psychischen Kräften*

Das Herstellen einer Balance zwischen körperlichen, psychischen und sozialen Kräften als einer systemischen Regulation kann nach dieser Sichtweise verschiedene gesundheitsschädigende Einflüsse ausgleichen helfen.

D: Schicksalhafter Verlust von Gesundheit durch Eintreten von Krankheit

Unkontrollierbare Einflussfaktoren wirken in negativer Form auf die Gesundheit des Individuums ein. „Durch biologische Alterungsprozesse und durch zufällige, schicksalhafte und magische Einflüsse geht die Gesundheit verloren, indem eine Krankheit eintritt" (Faltermaier, 1998, S. 103).

## Die inhaltlichen Einflussbereiche auf Gesundheit

Wie aus der Tabelle hervorgeht, lassen sich die inhaltlichen Einflussbereiche in vier unterschiedliche Kategorien aufteilen.

1 Disposition und Konstitution
Dieser Kategorie werden relativ stabile internale Merkmale einer Person zugeordnet, die nach Aussagen der Befragten eine signifikante Rolle für die Erhaltung ihrer Gesundheit spielen.

2 Lebensweise und Verhalten
Die Kategorie Lebensweise und Verhalten umfasst das allgemeine Verständnis und Wissen über das aktuelle Gesundheitswissen, was einerseits Risikoverhaltensweisen und andererseits gesundheitsförderliche Verhaltensregeln betrifft. Das alltägliche Handeln und Erleben steht dabei im Zentrum der eigenen Möglichkeiten, seine Gesundheit beeinflussen zu können. Themen wie Ernährung, sportliche Betätigung, ausgiebige Zufuhr von Sauerstoff in der Natur und auch der Konsum von Genussmitteln, wie Rauchen und fettreiche Nahrung, werden hierunter zugeordnet.

3 Soziale und ökologische Umwelt
Auch die sozialen oder ökologischen Verhältnisse in der direkten Umgebung einer Person können sich auf das persönliche Wohlbefinden negativ auswirken und somit die Gesundheit beeinflussen.

4 Alter und Schicksal
Ebenso wird der physische, manchmal auch geistige Abbau im Altersverlauf als Einfluss auf die Gesundheit beschrieben. Erkrankungen oder deren Wahrnehmung werden biologisch und natürlich begründet oder als schicksalhaft und zufällig empfunden.

## Gesundheitshandeln

Wie aus der Tabelle ersichtlich, werden drei typische Formen des Gesundheitshandelns unterschieden:

Der jeweiligen Gesundheitsvorstellung entsprechend, handelt es sich hierbei entweder um mehr präventive, also krankheitsvermeidende, oder mehr proaktive, also gesundheitsfördernde Handlungsstrategien. Der Umgang mit wahrgenommenen Risiken und Ressourcen als auch alltäglichen Beschwerden spielt jedoch ebenso eine Rolle für das Gesundheitshandeln. Die generelle Ausrichtung einer gesundheitsbezogenen Lebensweise und ihre Motive stehen bei der Erfassung der Handlungsstrategien im Mittelpunkt.

**Formen des Gesundheitshandelns als Lebensweise**

| **A**<br>**Lebensweise ohne ausgeprägtes Gesundheitshandeln** | **B**<br>**Gesundheitshandeln mit spezifischem Handlungsschwerpunkt** | **C**<br>**Gesundheitshandeln integriert in Lebensweise** |
|---|---|---|
| A1 kein bewusstes Gesundheitshandeln | B1 primär ernährungsbezogenes Gesundheitshandeln | C1 sozial motiviertes Gesundheitshandeln |
| A2 beschwerdebezogenes Gesundheitshandeln | B2 primär bewegungsbezogenes Gesundheitshandeln | C2 psychisches und soziales Gesundheitshandeln |
| A3 riskanter Lebensstil | B3 primär naturbezogenes Gesundheitshandeln | C3 mehrdimensionales Gesundheitshandeln |
| A4 Ansätze eines bewussten Gesundheitshandelns | B4 primär noxenbezogenes Gesundheitshandeln | C4 Gesundheitshandeln dominiert in Lebensweise |
| | B5 Gesundheitshandeln als Abbau eines Risikoverhaltens | |

Tabelle 5

Typ A: Lebensweise ohne ausgeprägtes Gesundheitshandeln

Unter diesem Typus wird ein Personenkreis subsumiert, der der Gesundheit hinsichtlich der Bemühungen um Erhalt oder Förderung keinen hoch priorisierten Stellenwert einräumt.

Differenziert werden können vier Typen: A1 kein bewusstes Gesundheitshandeln, A2 beschwerdebezogenes Gesundheitshandeln, A3 riskanter Lebensstil und A4 Ansätze eines bewussten Gesundheitshandelns.

Typ B: Gesundheitshandeln mit einem spezifischen Handlungsschwerpunkt

Dieser Typus orientiert sich vorwiegend an Gesundheitsprävention, wobei er sein Handeln vor allem auf einen bestimmten Bereich konzentriert. Die verschiedenen Handlungsschwerpunkte sind hier B1 primär ernährungsbezogenes, B2 primär bewegungsbezogenes, B3 primär naturbezogenes, B4 primär noxenbezogenes Gesundheitshandeln und B5 Gesundheitshandeln als Abbau eines Risikoverhaltens.

Typ C: Gesundheitshandeln integriert in Lebensweise

Die folgenden Formen des Gesundheitshandelns, nämlich C1 sozial motiviertes, C2 psychisches und soziales, C3 mehrdimensionales Gesundheitshandeln und schließlich C4 Gesundheitshandeln dominiert in Lebensweise sind dadurch gekennzeichnet, dass dieser Personentypus an der Erhaltung und Förderung von Gesundheit orientiert ist und sich in seinen Handlungsstrategien über mehrere Dimensionen, unterschiedlich intensiv sozial verankert, in die Lebensweise integriert.

### 5.1.2 Beschreibung der Ergebnisse

Im Folgenden ersten Teil der Ergebnisdarstellung werden nun die zehn Interviewpartner vorgestellt und dann der Reihe nach zu den Kategorien über die Gesundheitsvorstellungen und das Gesundheitshandeln typologisiert.

Die Themenmatrix 1 im Anhang bietet dazu eine erste Übersicht über alle zehn Interviewpartner, während die im Fließtext abgebildeten Tabellen eine Übersicht zum jeweiligen Typus darstellen.

#### 5.1.2.1 Dr. Kurz

#### Zu den demografischen Daten

Dr. Kurz ist zum Zeitpunkt des Interviews 38 Jahre alt, verheiratet und hat vier Kinder.

#### Vorstellen der Person

Dr. Kurz ist einer der fünf Führungskräfte aus der Geschäftsleitung des vorliegenden Unternehmens. Für die technische Leitung verantwortlich, kommt er aus dem technischen Ressort, nämlich dem Ingenieurwesen. Er stellt sich im Interview als selbstbewusster, Karriere aufstrebender und resoluter Erfolgstypus dar, der sehr prägnant und zielstrebig seine Intentionen verfolgt und „weiß, was er im Leben will".

> „Man muss aber rausfinden, was man selber meint, gut zu können, und das muss man dann machen! Und nicht weil man die Gelegenheit kriegt auf einem Gebiet, das man ... das machen, nur weil es von außen beeinflusst wird". S. 9

Im Unternehmen wird er von MitarbeiterInnen allgemein als toughe Führungskraft erlebt, die, ihrer hierarchischen Machtposition entsprechend, einen tendenziell autoritären Führungsstil vollzieht und sich im Unternehmen klar zu behaupten versteht.

## Metaphern und Sprache

Dr. Kurz gebraucht in seinem sprachlichen Ausdruck meist Metaphern aus den Bereichen Technik und Sport. Die Identifikation mit seiner beruflichen Rolle als Manager wie auch als Techniker kommt darin sehr stark zum Ausdruck. In Aussagen über das Privatleben herrschen Metaphern aus der sportlichen Freizeitbetätigung vor. Das gesamte Interview durchzieht eine vom Unternehmen geprägte Businesssprache, die auf Funktionalität und Kosten-Nutzen-Denken ausgerichtet ist. In Schilderungen seines Privatlebens schwenkt Dr. Kurz in einen eher umgangssprachlichen, lockeren Sprachjargon um.

## Lebenskonzept und Gesundheitsvorstellungen

| | |
|---|---|
| **Lebenskonzept** | „Ich bin eher ein barocker Lebensmensch"<br>Spaßprinzip für eigenen Lustgewinn / Autonomie<br>„Was ich nicht weiß, macht mich nicht heiß" |
| **Zugang zum Thema Gesundheit** | a. Zugang über die Verknüpfung mit Krankheit |
| **Gesundheitsvorstellungen:** | |
| **Gesundheitskonzept**<br>**a. dynamisches Modell** | A: Das Schalter-Modell „On-Off":<br>Tendenz zu Akkumulator |
| **b. Inhalte** | Neg.: 1 Abwesenheit von Krankheit, 2 keine spezifischen Beschwerden<br>Pos.: 7 Wohlbefinden |
| **Gesundheitstheorie** | A2: Persönliche Risikofaktoren und Risikoverhalten gefährden die Gesundheit<br>C2: Herstellen eines Gleichgewichts zwischen körperlichen, sozialen und psychischen Kräften |
| **a. positive Einflüsse** | 1 Konstitution<br>2 Lebensweise |
| **Gesundheitshandeln** | A3 eher riskanter Lebensstil<br>A4 Ansätze eines bewussten Gesundheitshandelns sind vorhanden<br>A2 bei Entscheidung für ein gesundheitsbewusstes Handeln dann beschwerdebezogen |

Tabelle Nr. 6, Dr. Kurz

### Das Lebenskonzept

Sein Lebenskonzept kommt in Kernaussagen, wie „Ich bin eher ein barocker Lebensmensch!" oder „Was ich nicht weiß, macht mich nicht heiß!", zum Ausdruck. Ausgerichtet an persönlicher Befriedigung, folgt er autonom seinen Vorstellungen von einem erfüllten Leben. Dabei ignoriert er belastende Faktoren, wenn sie ihn in der momentanen Zielerreichung im Wege stehen. Langfristige Folgen scheinen ihn nicht weiter zu interessieren, wenn sie der momentanen Effektivität nicht von Nutzen sind und zudem nur zusätzliche Kosten oder im übertragenen Sinn Energieaufwand bedeuten.

Seinen Erzählungen zufolge führt er sowohl im Berufs- als auch Privatleben einen autonomen Lebensstil und tendiert in seinen Anschauungen eher zu einem neoliberalistischen Weltbild. Wichtig ist für ihn, hinter den eigenen Entscheidungen stehen und aus eigener Überzeugungskraft sowie dem Effekt des persönlichen Nutznießens und Spaßgewinns handeln zu können. Daraus leitet er für sich Ressourcen ab, um dem Stress im Berufsalltag gewachsen zu sein. Bezogen auf das Kohärenzgefühl bei Antonovsky, ist für ihn das Vertrauen in die eigene Person auch in nicht planbaren Situationen als Widerstandsressource von hoher Bedeutung. Autonomes Steuern in einem für ihn noch überschaubaren, kontrollierbaren Chaos, wie er es beschreibt, unter Beibehaltung des eigenen Spaßes, ist maßgeblich für sein Lebenskonzept. Dabei zeigt er auch die Fähigkeit, ressourcenorientiert mit belastenden Bedingungen umzugehen, und betrachtet sich als Akteur, der eigenverantwortlich Einfluss auf sein Handeln und seine Umwelt nehmen kann.

> „... ich hab eigentlich – wahrscheinlich sehr viel Stress, aber er belastet mich nicht, weil es mir Spaß macht. Und wenn es mir keinen Spaß macht, würde ich es ändern. Dann würde ich halt was tun, was mir Spaß macht." S. 8

Sein Grundvertrauen zeigt sich auch in der Einschätzung und dem Umgang mit seinem Verantwortungsgrad. Seine Vorliebe für „Geschwindigkeit und Speed“, was er locker gesprochen als etwas „fahrlässig“ bezeichnet, lebt er im schnellen Auto-, Motorrad- und Skifahren aus, wobei er sich von seiner Meinung nach besonderen Risikosportarten, wie Fallschirmspringen oder Paragleiten als nicht mehr kalkulierbar, distanziert. Verantwortung trägt er seiner Meinung nach eine sehr hohe, sowohl in der Firma als auch in der Familie. Hier wird auch wieder seine als Führungskraft und Manager gefühlte und gelebte Rolle deutlich. Als „Macher“ fühlt er sich dafür verantwortlich, Innovationen anzustoßen, Prozesse voranzubringen und vor allem zu steuern. Dabei fällt ihm das Zutrauen und Vertrauen in eigenverantwortliche Entscheidungs- und Handlungskompetenzen von MitarbeiterInnen eher schwer. Sein Steuerungsanspruch, chaotische unüberschaubare Situationen zu managen, stellt sich gegenüber seinem optimistisch und dabei etwas fahrlässigen Umgang mit seiner eigenen Gesundheit als widersprüchlich dar. Das Vermeiden von eventuell unangenehmen Angstgefühlen, die durch den bewussten Umgang mit Krankheit und Leid ausgelöst werden könnten, stehen zunächst einem Wissenserwerb über real einschätzbare gesundheitsgefährdende Risiken entgegen. An dieser Stelle werden wiederum seine auf Kurzfristigkeit und vorwiegend auf Nutzendenken ausgelegten Werte und Handlungsstrategien deutlich.

> „Wenn ich jetzt, das ist vielleicht der Grund, warum viele Leute nicht zur Vorsorgeuntersuchung gehen, weil sie sich sagen: Was ich nicht weiß, macht mich auch nicht heiß, und wenn ich dann schon Krebs hab und in einem Jahr ohnehin sterben muss, dann leb ich lieber das Jahr im Bewusstsein „ich hab keinen“, und hab es dann schlagartig.“ S. 6

Zugang zum Thema Gesundheit

*a. Zugang über die Verknüpfung mit Krankheit*

Der Zugang zum Thema Gesundheit wird durch „die Verknüpfung mit Krankheit“ bzw. „der Abwesenheit von Krankheit“ hergestellt. Dabei steigt er in das Thema Gesundheit mit der Suche nach einer Definition von Gesundheit ein, die er über die Begriffsdefinition von

Qualität in einem bildhaften Beispiel zu veranschaulichen versucht.

> „Deswegen auch dieses Wahrnehmen: Was ist gesund? Ist wie mit Qualität. Qualität nehme ich wahr. Mir wird niemand definieren können, was wirklich Qualität ist. Ein S-Klasse-Käufer wird bei einem kleinen Defekt an seinem Auto das als Nicht-Qualität wahrnehmen, und ein, was weiß ich, Nissan-Almera-Käufer oder Toyota-Starlet-Käufer wird irgendein Knarzen im Auto als vollkommen normal abtun, was soll das? Für den ist Qualität, das Auto fährt. Also die Wahrnehmung ist – ..." S. 11

Gesundheitsvorstellungen Gesundheitshandeln

Gesundheitsvorstellungen

Subjektives Gesundheitskonzept

a. Dynamisches Modell

*A: Das Schalter-Modell „On-Off"*

Auf die Eingangsfrage der Interviewerin nach der Rolle von Gesundheit in seinem Leben, antwortet Dr. Kurz:

> „Eigentlich keine. Das klingt jetzt vielleicht ein bissl merkwürdig, Gesundheit nehme ich wahr, wie Sie Qualität wahrnehmen. Das ist selbstverständlich, dass es da ist und wird eigentlich nur durch Mangel wahrgenommen. Also Gesundheit nimmt man immer dann wahr, wenn sie nicht da ist." S. 2

So beschreibt er Gesundheit als einen festen Zustand ohne fließende Übergänge, der entweder vorhanden ist oder nicht. Er konzipiert Gesundheit demzufolge nach dem energetischen Modell des Schalters.

b. Inhalte

*1 Abwesenheit von Krankheit, 2 keine spezifischen Beschwerden, 7 Wohlbefinden*

Inhaltlich bestimmt er Gesundheit zunächst negativ mit der „Abwesenheit von Krankheit" bzw. macht er den Zustand Gesundheit am „Fehlen von spezifischen Beschwerden" fest. Gesundheit beschreibt er inhaltlich auch positiv als Wohlfühlen.

> „Indem ich mich wohl fühle.
> Wenn mir nix weh tut. Also ich kann krank sein, aber mir tut nix weh, dann bin ich vielleicht krank, aber ich nehme es nicht wahr." S. 6

„Ich sag immer, wenn man lädiert ist, wenn man feststellt, jetzt hat man eine Erkältung oder man hat eine Zerrung oder man hat sich den Fuß gebrochen, dann nimmt man sehr schnell wahr, wie schlimm es eigentlich wär, wenn dieses dauerhaft wäre. Also, wenn man ein Bein verliert, versucht man sich dann vorzustellen, Mensch, wenn ich jetzt immer so einen Gipsfuß hätte, welche Einschränkungen es hat. Oder man macht sich schon manches Mal vielleicht bewusst, was wäre, wenn ich das Augenlicht verlier oder wenn ich nimmer sprechen kann? Aber man lässt es nicht richtig an sich ran." S. 2

Seine Vorstellung von Gesundheit gleicht dem Modell von Gesundheit als Dichotomie. Gesundheit wird als solche erst wahrgenommen, wenn in Form von Beschwerden eine Störung dieses Zustands eintritt. Die daraus resultierenden Folgeschäden werden als Einschränkung im Wohlbefinden sowie in der Leistungs- und Funktionsfähigkeit erlebt. Dabei wird auch erst die Bedeutung von Gesundheit realistisch wertgeschätzt. Um sich der Auseinandersetzung mit diesen, ihn im Fortkommen hindernden und wahrscheinlich unangenehmen Gefühlen nicht aussetzen zu müssen, ignoriert er an dieser Stelle vernunftgesteuerte Einsichten und verdrängt seine eventuell vorhandenen Angstgefühle mit der Verschiebung auf Glaubenssätze, wie – es träfe immer nur die anderen. Die Möglichkeit, selbst erkranken zu können, bezieht er dabei nicht auf sich. Allerdings erwähnt er in folgendem Zitat dies lachend, was bedeuten kann, dass dies nicht fortwährend seiner Überzeugung entspricht.

„Für mich ist Gesundheit von der Einstellung her etwas, das hat man. Und andere werden krank [lacht]. Also man geht immer davon, so wie andere einen Unfall haben: Das passiert mir nicht." S. 3

Gesundheit hat für ihn keine Handlungspriorität, wenn es sich um seiner Meinung nach übertriebene präventive Verhaltensweisen in Form von gesunder Ernährung oder übermäßigen Sportaktivitäten handelt. Da er diese als Einschränkung, verbunden mit Unlustgefühlen erlebt, assoziiert er sie mit dem Verlust des eigenen Wohlbefindens. Hingegen schätzt er die Bedeutung von mentaler positiver Lebenseinstellung als eine wichtige Ressource ein, um den Berufsalltag gut zu bewältigen.

Die Auseinandersetzung mit Krankheit verlagert er auf einen unbestimmten biografischen Zeitpunkt in der Zukunft und konzentriert sich auf die momentane Alltagsbewältigung.

> „Gesundheit fängt auch im Kopf an. Was hilft mir das, wenn ich den ganzen Tag Salat esse und dann irgendwelche Stresserkrankungen krieg, weil ich dieses Futter nicht mehr sehen kann? Ja, einfach, weil ich unglücklich bin! Und Freddie Mercury ist 42 Jahre alt geworden, aber hat mit 42 Jahren wahrscheinlich mehr erlebt und besser gelebt wie viele Leute, die heute 85 werden. Und 100 Prozent gesund und alles durchdacht und durchplant und ausgestylt. Das ist ein grausiges Leben!" S. 3

Gesundheitstheorie

Einflussprozesse

*A2: Persönliche Risikofaktoren und Risikoverhalten, C2: Harmonie (physisch, psychisch, sozial)*

Einflussbereiche

*1 Konstitution, 2 Lebensweise*

Gesundheitstheoretisch betrachtet er sowohl persönliche Risikofaktoren und -verhaltensweisen als auch das Herstellen eines Gleichgewichts zwischen körperlichen, sozialen und psychischen Kräften als wichtige Einflussprozesse auf die Gesundheit.

Als positive Einflussbereiche legt er die Konstitution als auch die Lebensweise dar:

> „... durch innere Einstellung. Weil Gesundheit ist etwas, was von innen kommt. Ich kann es unterstützen mit vielen Dingen. Also jeden Tag fettes Fleisch zu essen ist sicherlich ungesund. Jeden Tag Salat zu essen halte ich auch für ungesund. Also Ernährung kann unterstützen. Sport kann unterstützen. Aber letztendlich ist es eine innere Einstellung, ob ich – ..." S. 11

Dabei erscheint jedoch der Ausgleich durch Sport und gesunde Ernährung nur, so lange es Spaß macht, als sinnvoll, was am eigenen Wohlbefinden wiederum gemessen wird. Dr. Kurz bezeichnet das

Herstellen eines Gleichgewichts zwischen den psychosozialen und physischen Faktoren als einen wichtigen Einflussprozess auf die Gesundheit. Die subjektive Wahrnehmung und Lebenseinstellung müssen dabei angenehm bleiben. So ist er auf der Suche nach einer subjektiv abgestimmten Balance, die ihm erlaubt, seinen beruflichen Anforderungen gerecht zu werden und dabei das persönliche Wohlergehen nicht zu vernachlässigen.

> „Aber ich werde genau soviel verändern, damit meine subjektive Wahrnehmung angenehm bleibt und möglichst wenig Defekt in meine grundsätzliche Lebenseinstellung hineinspielt. Also ich muss das System austarieren." S. 12

An dieser Stelle des Interviews relativiert er ein wenig seine vorangegangene Auffassung über die Möglichkeit des Eintretens von Krankheit, was unter dem anschließenden Punkt Gesundheitshandeln noch thematisiert wird.

Gesundheitshandeln

*A2 beschwerdebezogenes Gesundheitshandeln, A3 riskanter Lebensstil, A4 Ansätze eines bewussten Gesundheitshandelns*

Das gesundheitsbezogene Handeln steht bei Dr. Kurz eng im Zusammenhang mit seiner Gesundheitsvorstellung.

Dabei ist das Gesundheitshandeln von übergeordneten Lebenszielen beeinflusst. Oberste Priorität hat der berufliche Erfolg, dem eine gesundheitsbewusste Lebensgestaltung untergeordnet wird.

> „Ich hab es x-mal probiert, verschiedene Themen zu tun, aber alles, was mir Spaß macht, lässt sich mit dem Beruf nicht vereinbaren, das sind Ballsportarten, wo sie eine Mannschaft brauchen und 10 oder halb 11 abends steht halt keiner dafür zur Verfügung, und Fitnessstudio ist ätzend langweilig." S. 2

Dr. Kurz tendiert eher zu einem riskanten Lebensstil, was sich nicht nur in seiner Leidenschaft für „schnelle Geschwindigkeiten und Speed" ausdrückt. Schnelles Auto-, Motorrad- oder auch schnelles Skifahren bezeichnet er zwar selbst als „fahrlässig", jedoch immer noch als kalkulierbar. Auch in seiner bereits geschilderten Haltung zur Gesundheit kommt die untergeordnete Bedeutung von Gesundheit in seiner Lebensführung zum Ausdruck. Lust, Wohlbefinden und Spaß stehen bei ihm an erster Stelle. So schildert er im folgenden Zitat nochmals seine Einstellung:

> „Und dann nimmt man sich auch alle möglichen Vorsätze, dieses zu stützen. Aber ich hab Sport nie gemacht, weil es Herz und Lunge gut tut, sondern weil es mir Spaß gemacht hat. Und mach auch keinen Sport und denk auch nicht drüber nach, wenn ich keinen mach, dass das jetzt vielleicht dem Körper schlecht täte. Die Ratio sagt dir zwar, es tut dir schlecht, aber die Emotion steht dagegen." S. 2

Hier kristallisiert sich die Diskrepanz zwischen dem vorhandenen kognitiven Wissensrepertoire und risikobewussten Einsichtsvermögen einerseits und dem emotional gesteuerten Alltagshandeln andererseits heraus, die ihm zwar durchaus bewusst ist und zuweilen auch reflektiert wird, aber nicht zu einem präventiven, risikobewussten Gesundheitshandeln ausreicht. Doch in seiner Suche nach Balance, physisch fit und mental glücklich zu sein, überwiegt aus seiner Lebensüberzeugung die Ausrichtung nach dem Genuss und Wohlbefinden.

> „Und in meiner persönlichen Einstellung bin ich eher ein barocker Lebensmensch. Also ich, ich weiß, dass ich zu schwer bin, deswegen esse ich trotzdem gerne. Ich weiß, dass ich mehr Sport machen müsste, ich hab früher viel Sport gemacht, ich hab zwölf Jahre Taekwon-Do gemacht, ich mach seit fünf Jahren quasi gar keinen Sport. Außer im Sommer bissl im Wasser rumzuplantschen und im Winter Ski zu fahren." S. 2

> „Ich rauch auch Zigarre, ich trink gern einen Rotwein, also ich mach so ziemlich alles, was schön ist im Leben, aber nicht unbedingt in erster Linie mit Gesundheit in Verbindung gebracht wird, auf der anderen Seite, es gibt genug Beispiele, angefangen von Sir Winston Churchill bis hin zu meinen Großeltern, meine eine Oma ist mit 97 gestorben und meine andere jetzt mit 87, die mit 97 hat zehn Kinder gehabt, hat Zeit ihres Lebens hart gearbeitet, hat eine Landwirtschaft zu Hause gehabt und ist trotzdem 97 geworden." S. 3

> „Und ich behaupte heute, das ist aber eine Behauptung, durch nichts abgesichert, dass in einer Größenordnung drei Viertel derjenigen, die regelmä-

ßig Sport betreiben, um sich gesund zu halten, einen ungesunden Sport betreiben. Die dann vom Büro heimfahren, sich ihre Jogging-Schuhe anziehen und dann wie die, wie die Verquirlten durch den Wald hecheln, ihren Kreislauf nach oben pushen, dann heimkommen, sich an den Schreibtisch setzen, ihre E-Mails bearbeiten, aus der einen Stresssituation in die andere Stresssituation fallen. Ich komm heim, schenk mir ein Glas Rotwein ein, les ein Buch, – ich leb gesünder [lacht]!" S. 7

Gewisse Ansätze eines bewussten Gesundheitshandelns sind hier jedoch schon vorhanden. So versucht er, wie in nachstehender Metapher nachzuvollziehen, das Managen von Chaos im Berufsalltag positiv zu bewältigen, und bewertet seine intrinsische Motivation für seine beruflichen Aufgaben als positive Ressource im Umgang mit Stress. Seine autonome Handlungskompetenz sowie seine Orientierung an persönlicher Befriedigung und Selbsterfüllung durch das Berufsleben stellen sich hier als wertvolle Ressourcen zur erfolgreichen Lebensbewältigung dar.

Seine authentische und kongruente Lebensführung lassen einen gelungenen Passungsprozess von inneren Bedürfnissen mit äußeren Gegebenheiten vermuten. Die Fähigkeit, sich auf Prozesse einlassen zu können und positiv zu denken, stellt sein Grundvertrauen dar. Die Eigenständigkeit, die sich darin zeigt, dass er sich wenig von gesellschaftlichen Trends und Modeerscheinungen irritieren lässt und sich stattdessen auf die eigenen Vorstellungen konzentriert, wie auch seine Selbstüberzeugung und das Grundvertrauen, in seine persönliche Handlungs- und Bewältigungsfähigkeit und ebenso der optimistisch zuversichtliche Blick auf den Ausgang von kompliziert erscheinenden Lebenssituationen begünstigen bei Dr. Kurz ein gewisses Repertoire an gesundheitsbewusster Handlungskompetenz. Gestützt fühlt er sich zudem noch durch sein festes Weltbild.

„Also ich bin Christsozialer in meiner Einstellung. Katholisch erzogen, konservative Wertewelt. Bin aber auch Liberaler. Das ist bei jedem Bayern so. Sind extrem liberal, das wird bloß nicht immer so wahrgenommen." S. 10

„Indem ich mit Stress positiv umgehen kann, indem ich Chaos auf mich einlasse, aber Chaos will, Chaos managen kann. Wenn das Chaos unkontrollierbar wird, Sie werden sagen, das ist ein Paradox, Chaos ist nie kontrollierbar, aber wenn Sie das Gefühl haben, Sie bringen die Enden noch zusammen. Sie können also beispielsweise, nehmen wir Bilder aus dem Skifahren. Sie stehen oben am Steilhang, hüpfen rein, der erste Sprung hält. Und dann fahren Sie da runter. Dann haben Sie eigentlich eine chaotische Situation, weil Sie nie sicher sein können, hält der Ski? Aber Sie haben ein hohes Grundvertrauen, gut unten anzukommen und normalerweise klappt es auch. Sie können es aber nicht vorplanen. Wenn Sie da reinfahren und der letzte Sprung hält nicht, dann kommen Sie unter Umständen in eine fürchterlich chaotische Situation, dass Sie irgendwie da umeinander taumeln und wenn Sie Glück haben zum Stehen kommen oder aber auch stürzen. Das ist eine Situation, wo sich dann Panik im Kopf frei macht, und wenn Chaos zu Panik führt, oder wenn Leute genau wissen: „Mann, Gott, der will von mir morgen eine Vorlage, ich hab sie nicht, ich krieg das nicht hin! Ich krieg die Infos nicht!" Dann kriegen die einen Stress. Und wenn Sie das tagtäglich dann erleben, dass Sie eigentlich die Aufgaben, die Sie machen sollen, nicht stemmen können." S. 7

Seine Entscheidung für ein gesundheitsbewusstes Handeln geschieht, wie aus seinen Kernaussagen ersichtlich, meist nur aus beschwerdebezogenen Motiven.

Anscheinend wird an dieser Stelle des Interviews ihm trotz der gelungenen Abwehrmechanismen das persönliche Risikopotenzial durch seine Lebensweise stärker bewusst. So schildert er seine hohen Cholesterinwerte, Gefahr von Gicht als Folge seiner Ernährung, wodurch er sich zwar momentan noch nicht als krank wahrnimmt, da die Symptome noch nicht spürbar seien. Dass sich dieser Zustand irgendwann in einer absehbaren Zeit ändern könnte, gibt er an dieser Stelle zu, er werde sich aber erst zu einer gesünderen Lebensweise überreden lassen, wenn die Symptome bemerkbar würden und auch dann nur soweit, als sein eigener Lebensgenuss nicht eingeschränkt würde.

„Ich kann mich gesund fühlen, hab aber leider Gottes schon hohe Cholesterinspiegel, hab vielleicht eine leichte Herzverfettung, der Arzt stellt bei mir fest einen zusehenden Aufbau von Gichtsymptomen, die ich aber noch nicht spüre, dann ist meine subjektive Wahrnehmung gut, aber mittelfristig wird sich diese subjektive Wahrnehmung ändern, nämlich dann, wenn die Symptome aufkommen". S. 11

„Deswegen brauch ich sicherlich den Spiegel der objektiven Wahrnehmung. Die Frage ist nur dann, wenn ich dieses (?) kenne, ich kenn also mein Bedrohungspotenzial, was davon muss ich verändern, und dazu brauch ich die Risikoeinschätzung des Arztes, sag ich, pass mal auf, wenn ich leicht erhöhte Cholesterinspiegel hab, dann kann ich damit noch leben. Reduziere ich ein bisschen, aber ich stelle nicht generell um. Wenn Gicht in hohem Maße im Anflug ist, dann wird das irgendwann so bedrohlich werden und so schmerzhaft werden, dass sich doch wahrscheinlich *drastisch etwas tut.* Und Blutzucker. Da werde ich nicht anders auskommen". S. 11

Dabei ist auch interessant, dass er, sobald er Symptome wahrnimmt, den medizinischen Rat für sein Gesundheitshandeln einholt, da er sich selbst für das richtige Einschätzen der Beschwerden nicht kompetent fühlt, den Rat aber nur soweit befolgt, als er sein Leben nicht auf Kosten von Genuss verändern muss.

Sicherlich zeigt sich hier zum einen auch wieder seine Fähigkeit, autonom zu entscheiden, zum anderen muss auch kritisch hinterfragt werden, welche Werteorientierung ihn zu seinen Entschlüssen schließlich leitet. Die Gesundheit steht jedenfalls nicht an erster Stelle in seinem Leben.

An den Ausführungen von Dr. Kurz wird ersichtlich, dass der Gesundheits-Krankheits-Diskurs über Präventivmaßnahmen innerhalb der Aufklärungskampagnen durch die Medizin in der Gesellschaft allgemein bekannt und eingeübt ist. Ein oft sehr differenziertes Wissen über Präventionsmaßnahmen ist zwar explizit vorhanden, jedoch resultiert daraus noch nicht zwangsmäßig ein aktives Handlungsmuster. Inwieweit sich Handlungspotenzial aus kognitiven Überzeugungen ableiten lässt, bedingen verschiedene Faktoren, wie beispielsweise soziale Ressourcen aus dem Lebensumfeld. Wie auch von anderen Interviewpartnern, wird von Dr. Kurz die Vereinbarkeit von

Beruf und einer gesundheitsbewussten Lebensgestaltung als sehr schwierig bis nicht lösbar geschildert.

Nachstehendes Zitat lässt erkennen, dass das berufliche Umfeld die Umsetzung gesundheitsbewusster Handlungsstrategien ermöglichen, aber auch erschweren kann.

> „Was man nicht machen sollte, ist so das, was man dann auch gerne macht, so zwischenrein irgendwas in sich reinzustopfen. Diese Besprechungskekse, die man mehr oder weniger gedankenlos isst. Oder in der früheren Firma, da hatte die Sekretärin immer so Süßigkeitenschüsseln überall rumstehen, da langt man automatisch den ganzen Tag in diese Schüsseln. Heut mach ich es halt so, dass ich mir den Sommer über eine Obstplatte hinstelle und die muss aber schon geschnitten sein, sonst esse ich es nicht [lacht], und dann greift man halt statt zur Süßigkeit mal zur Erdbeere oder zum Kiwi oder zur Ananas." S. 3

#### 5.1.2.2 Dr. Menne

**Zu den demografischen Daten**

Dr. Menne ist zum Zeitpunkt der Befragung fast 60 Jahre alt und verheiratet. Nähere Angaben über seine Familie, zum Beispiel, ob er Kinder hat, macht er nicht.

**Vorstellen der Person**

Dr. Menne ist zum Zeitpunkt des Interviews ebenfalls eine Führungskraft aus dem fünfköpfigen Geschäftsleitungsteam. Seiner Ausbildung nach Diplom-Psychologe, leitet er als Arbeitsdirektor die Personalabteilung. Im Unternehmen ist er im Gegensatz zu seinen direkten Kollegen auf der Managementebene bereits seit etwa 25 Jahren tätig. Trotzdem nimmt er die schwächste Position im Führungsteam ein. Zurückzuführen ist dies zum einen auf die in einer Profitorganisation oftmals vorherrschende Gewichtigkeit von betriebswirtschaftlichem und technischem Denken gegenüber einer psychosozial ausgerichteten Denkweise im Ressort Personal, zum anderen aber auch auf seine Persönlichkeit als Führungskraft hinsichtlich seines Führungsstils und seiner Rolle als Manager. Dr. Menne wird als Führungskraft vielfach als jemand erlebt, der sich, zugunsten der Erhaltung seiner hierarchischen Position, kompromissbereit in das vorgegebene System einfügt und Personalentscheidungen vornehmlich auf dem Fokus der Wirtschaftlichkeit trifft. Seine professionelle Herkunft aus der Psychologie vertritt er dabei weniger selbstbewusst. Dies zeichnet sich in seinen kompromissbereiten Verhandlungen innerhalb der Geschäftsleitung ab, wenn es um humane Ziele geht.

Ein nichttransparenter Führungsstil in seiner Informationspolitik erschweren MitarbeiterInnen die Orientierung an seinen Zielvorgaben. Im Gegensatz zu Dr. Kurz stellt er sich weniger als klar bestimmende Führungskraft dar. Entscheidungen seinerseits kommen daher oft unvermittelt und nicht erwartungsgemäß. Die Brücke zwischen wirtschaftlichem Kosten-Nutzen-Denken und Umsetzung sozial humaner Werte zu schlagen, scheint ihm schwer zu fallen.

Im Interview wirkt Dr. Menne sehr ruhig, diszipliniert und kontrolliert, zuweilen auch zynisch. Emotionale Regungen zeigen sich weder im zwischenmenschlichen Kontakt noch in der Art, wie er seine berufliche Rolle darstellt.

Es hat den Anschein, als ob sein Leben sowohl im beruflichen als auch im privaten Bereich sehr gleichförmig kontrolliert und ohne große Schwankungen abläuft. Seine gepflegte äußere Erscheinung unterstreicht dieses Konzept.

### Metaphern und Sprache

Dr. Menne folgt trotz einer offenen erzählgenerierenden Eingangsfrage im ersten biografischen Teil des Interviews stets so eng dem Thema Gesundheit, dass sich aus seiner Erzählung keine zusätzlichen konkreten Informationen über sein persönliches Leben ableiten lassen.

Diese Erzählweise hält er konsequent, diszipliniert bis zum Ende durch. Verdeckt tauchen immer wieder Zynismen auf, die aber nicht in plastischen Metaphern oder stilistischen Schilderungen zum Ausdruck kommen. Vielmehr sind sie aus dem inhaltlichen Zusammenhang herauszukristallisieren.

Es ist auffällig, dass er nie beschreibt, wie er etwas macht, sondern nur was er macht. So erwähnt er, dass er auf Sport und Ernährung achtet, und liefert als Begründung den zielführenden Effekt, dadurch gesund zu bleiben. (In seinen Erzählungen tauchen jedoch keine Schilderungen über Hindernisse, Widerstände oder auch Ressourcen und Erfolgsrezepte auf, wie seine Aktivitäten ins Leben integrierbar sein könnten oder ob sie Spaß bereiten.)

In Erzählpassagen, die die normierten Wissens- und Informationsstandards, aus denen seine Begründungen für gesundheitserhaltende Maßnahmen resultieren, enthalten, spricht er in der Man-Form, Passagen, in denen er von seinen Aktivitäten berichtet und seine individuelle Denkweise erläutert, sind in der Ich-Form erzählt. Dies unterstützt den Eindruck, dass Dr. Menne sich im Interview als fachlich perfekt und politisch korrekt bleibender Gesprächspartner darstellen möchte. Die Interviewsituation spielt dazu insofern eine Rolle, als Interviewerin und Interviewter studienmäßig von den psychosozialen Wissenschaften her kommen, beide in der Firma tätig sind und Dr. Menne aufgrund seiner hierarchischen und fachlichen Stellung innerhalb der Organisation nicht wirklich zu anonymisieren ist.

## Lebenskonzept und Gesundheitsvorstellungen

| | |
|---|---|
| **Lebenskonzept** | Soweit rational kognitiv steuerbar, wird über Selbstdisziplin Gesundheit gesteuert |
| **Zugang zum Thema Gesundheit** | b. Zugang über gesundheitsbezogene Verhaltensweisen |
| **Gesundheitsvorstellungen:** | |
| **Gesundheitskonzept** | |
| **a. dynamisches Modell** | A: Das Schaltermodell „On-Off": Tendenz zu Akkumulator |
| **b. Inhalte** | Neg.: 1 Abwesenheit von Krankheit, 3 keine gesundheitlichen Probleme<br>Pos.: 7 Wohlbefinden |
| **Gesundheitstheorie** | D4: Schicksalhaftes Eintreten von Krankheiten; mit „doppelter Buchführung": einerseits Beeinflussbarkeit von Gesundheit andererseits Krankheit als schicksalhafte Angelegenheit betrachten<br>C1: Ausgleich und Kompensation von Risiken |
| **a. positive Einflüsse** | 2 Lebensweise |
| **b. negative Einflüsse** | 4 Alter und Schicksal |
| **Gesundheitshandeln** | B1: primär ernährungsbezogenes Gesundheitshandeln<br>B2: primär bewegungsbezogenes Gesundheitshandeln<br>Tendenz zu C |

Tabelle Nr. 7, Dr. Menne

Das Lebenskonzept

Dr. Mennes Lebenskonzept drückt sich in einer rational kognitiv gesteuerten Lebensweise aus. Er beschreibt sich als jemand, der stets den wissenschaftlichen als auch gesellschaftlichen Wissensstandards und Trends folgend, die eigene Lebensweise nach deren gesundheitserhaltenden Empfehlungen ausrichtet. Emotionale Aspekte, wie Spaß am Leben, Zufriedenheit im Beruf oder Freude an einer bestimmten Freizeitgestaltung erwähnt er im Interview nicht oder nur sehr beiläufig.

Das Ziel Gesundheit ordnet er der Gestaltung aller Lebensbereiche unter. Es erhält somit eine umfassende Bedeutung für die Lebensgestaltung als zentrale und abstrakte Größe. Die Erhaltung seiner Gesundheit erscheint als eine kognitiv steuerbare als auch kontrollierbare Lebensaufgabe. Da er von der Beeinflussbarkeit der Erreichung dieses Ziels fest überzeugt ist, räumt er andere Einflussgrößen, wie die genetische Disposition oder das Schicksal, als beeinflussbare Faktoren nicht ein.

> „Zum Beispiel Sport, ich hab mein Leben lang Sport getrieben, alle möglichen Sportarten, weil mir das auch unter gesundheitlichen Aspekten notwendig war, nicht nur, weil es Spaß gemacht hat, sondern weil ich der festen Überzeugung war, für den gesundheitlichen Status und die gesundheitliche Entwicklung etwas zu tun. Und, ja und äh, ich mein, das Interesse, ich hab auch immer die, die wissenschaftlichen Erkenntnisse dafür, soweit sie zugänglich waren, glaub ich, verfolgt." S. 16

Zugang zum Thema Gesundheit:
*b. Verweis auf allgemein oder persönlich gesundheitsbezogene Aktivitäten*

Sein Zugang zur Gesundheit geschieht über den Verweis auf konkrete persönliche gesundheitsbezogene Verhaltensmuster. Dr. Menne steigt sofort in das Thema ein, indem er den sehr hohen Stellenwert von Gesundheit seine gesamte Lebenszeit hindurch betont. Anstatt Beschreibungen seiner Aktivitäten zu geben, stellt er seine Haltung zu Gesundheit und deren Priorisierung dar.

Er argumentiert rational kognitiv seine gesundheitsbezogene Lebensweise und begründet all seine Lebensaktivitäten hin auf die Zielerreichung, gesund zu sein und zu bleiben.

Der Gesundheitsdiskurs aus Medizin und Gesellschaft ist ihm geläufig und verinnerlicht. Allerdings sieht er in seinen Handlungsmustern reine Zweckorientierung und weniger den Sinn subjektiver Befriedigung.

> „Also für mich hat das immer einen sehr großen Stellenwert gehabt, und nicht nur, wie man das gemeinhin so sagt, also Gesundheit ist wichtiges Gut oder so Plattitüden, sondern ich glaube, ich hab individuell eigentlich auch immer eine Menge dafür getan. Sowohl was Ernährung betrifft, was äh – immer, eigentlich schon immer etwas der gesellschaftlichen Entwicklung und der gesellschaftlichen Bewusstmachung dieser Thematik folgend, denn früher hatte man schlicht keine Ahnung." S. 16

Gesundheitsvorstellungen Gesundheitshandeln

Gesundheitsvorstellungen

Subjektives Gesundheitskonzept

a. Dynamisches Modell

*A: Das Schalter-Modell „On-Off"*

In seinen Schilderungen über den Stellenwert von Gesundheit in seinem Leben kristallisiert sich ein dichotomes Gesundheitsmodell heraus. Da er keine fließenden Übergänge zwischen gesunden und kranken Zuständen in seiner Selbstbeschreibung schildert und stattdessen seine gesundheitsbezogenen Verhaltensweisen erfolgreich in seinem „Nicht-Kranksein" und „Nie krank gewesen zu sein", bestätigt sieht, konzipiert er Gesundheit nach dem energetischen Schalter-Modell „On-Off".

> „Kann mich auch nicht erinnern, äh, mal ernsthaft krank gewesen bin ich, bin ich in meinen 60 Lebensjahren nie, wobei das natürlich immer auch schicksalhaft und zufällig ist, aber ich glaub, was man dafür tun konnte, gesundheitsbewusst, das hab ich auch dafür getan". S. 16

b Inhalte

*1 Abwesenheit von Krankheit, 3 keine gesundheitlichen Probleme,*
*7 Wohlbefinden*

Inhaltlich ist sein Gesundheitskonzept zunächst negativ bestimmt. „Abwesenheit von Krankheit" und „keinerlei gesundheitliche Probleme" nennt Dr. Menne dabei als inhaltliche Beschreibungen für Gesundheit. Diese Aspekte ordnet er als objektive und damit als nachweisbare ein.

> „Also für mich nehmen wir mal, Gesundheit hat zwei Aspekte: Einmal die objektive physische und physiologische Absenz von Krankheiten und Störungen, also die nachweisbare Störung, aber natürlich genauso das psychische subjektive Wohlbefinden. Nicht? Es können ja Leute durchaus Krankheiten haben, die aber subjektiv damit leben können, zufrieden sind und damit umgehen können, und es gibt welche, die haben nachweislich überhaupt nix, fühlen sich psychisch aber ständig krank, ohne Hypochonder zu sein.

> Also das, sagen wir mal, das physischpsychische Wohlbefinden durch Abwesenheit oder Fehlen ernsthafter Störungen". S.17

Sein Gesundheitskonzept umfasst aber auch, wie aus vorangegangenem Zitat ersichtlich, psychische Momente, die er als subjektive Aspekte einstuft. Dies gesteht Dr. Menne nicht nur „den anderen" zu, sondern erkennt auch für seine eigene Person die sich einander bedingenden Zustände von physischer und psychischer Konstitution an, die zu einer besseren Leistungsfähigkeit und Wohlbefinden führen. An dieser Stelle weist er Tendenzen zum Typ des Akkumulators auf, da dieser Typus impliziert, dass durch aktive Bemühungen ein Potenzial an Gesundheit aufgebaut wird und der Zustand Gesundheit demnach regenerierbar sei.

> „Wenn ich gesund bin, fühle ich mich wohl und, ja auch physisch und psychisch leistungsfähig. Also ein guter Gesundheitsstatus fördert sicher die physischpsychische Leistungsfähigkeit in jeder Beziehung. Also Umgehen mit Stress, mit Belastung, mit Druck, aber auch mit körperlicher Leistungsfähigkeit." S. 17

Dr. Menne begründet alles mit der aktiven Einflussmöglichkeit in der Gestaltung seiner eigenen Lebensweise. Vertrauen kommt als Emotion nicht vor. Er handelt aus rational begründeten Überzeugungen heraus, die immer auf der erwiesenen Erkenntnis von Wissenschaft oder Gesellschaft beruhen, was ihm als unterstützendes Steuerungsinstrument von außen in seinen Entscheidungsprozessen dient. Er konsumiert überprüftes Wissen aus dem öffentlichen Diskurs und verlässt sich auf dessen Gewähr. Eigene Abhandlungen über tiefe innere Überzeugungen und Gedankenkonstrukte oder ein Grundvertrauen in sich und das Leben, wie es Antonovsky mit dem SOC beschreibt, lässt sich aus seinem Interview nicht ableiten.

Gesundheitstheorie

Einflussprozesse

*C1: Ausgleich und Kompensation von Risiken, D: Schicksalhaftes Eintreten von Krankheiten*

Einflussbereiche

*2 Lebensweise, 4 Alter und Schicksal*

Als Einflussprozesse sieht er das schicksalhafte Eintreten von Krankheit, wobei er hier, laut Faltermaiers Theorie, eine doppelte Buchführung aufweist. Einerseits bezieht er sich auf die Beeinflussbarkeit von Gesundheit, indem sein Gesundheitshandeln allen anderen Lebensbereichen übergeordnet ist. Andererseits betrachtet er Krankheit als eine schicksalhafte Angelegenheit.

> „Weil das in der Familie auch war nicht nur ich, sondern das war auch bei meiner Frau, immer so vernünftig ernähren, vernünftig und bewusst einkaufen, und äh möglichst unter allen Aspekten der Gesundheit auch lebend. Ich glaub, das hab ich intensiv verfolgt, weil mir das eigentlich immer auch sehr wertvoll war, und weil ich auch meine, dass das ein persönliches Wohlbefinden geschafft hat." S. 16

> „Kann mich auch nicht erinnern, äh, mal ernsthaft krank gewesen bin ich, bin ich in meinen 60 Lebensjahren nie, wobei das natürlich immer auch schicksalhaft und zufällig ist, aber ich glaub, was man dafür tun konnte, gesundheitsbewusst, das hab ich auch dafür getan." S. 16

Als weiteren Einflussprozess sieht er den Ausgleich und die Kompensation von Risiken. Positiv beeinflusst wird Gesundheit seiner Meinung nach durch die Lebensweise, wobei er hier vorwiegend körperlich ausgerichtet ist. Als negativen Einflussprozess sieht er die Vorbestimmung oder den Zufall, durch den Krankheit schicksalsartig eintreten könnte.

Für einen Psychologen ist diese Einschätzung insofern erstaunlich, da soziale Dimensionen scheinbar völlig ausgeblendet werden und psychische Aspekte eine untergeordnete Rolle spielen.

> „Mhm, also sicher um das Kümmern und Ernstnehmen objektiv unstrittiger Sachverhalte, also wirklich durch Maßnahmen, durch aktive Maßnahmen der Lebensgestaltung eigentlich in den Bereichen Krankheitsvermeidung, Ernährung und alles was dazugehört. Aber ich glaub schon, dass das gewisse Selbstdisziplin oder gewisse individuelle Steuerung und Kümmern um diese Thematik durchaus erfordert. Also rein passiv oder das nicht auch

zielgerichtet verfolgen wird wahrscheinlich keine großen Effekte haben." S. 17

Gesundheitshandeln

*B1 primär ernährungsbezogenes Gesundheitshandeln, B2 primär bewegungsbezogenes Gesundheitshandeln*

Seinen Gesundheitsvorstellungen zufolge verfügt Dr. Menne über ein Gesundheitshandeln, das primär ernährungs- und bewegungsbezogen ist. Sein Gesundheitshandeln ist in diesen Bereichen sehr stark ausgeprägt, kognitiv gesteuert und zeigt sich als eine seine Lebensgestaltung beherrschende Größe. Aufgrund seiner kognitiven Wissenskenntnisse, der dominierenden Bedeutung von Gesundheit in seinem Leben und der konsequenten, permanenten aktiven gesundheitserhaltenden Maßnahmen, tendiert er zu einem in die Lebensweise integrierten Gesundheitshandeln (siehe Themenmatrix 1, C).

### 5.1.2.3 Herr Weno

**Zu den demografischen Daten**

Herr Weno ist etwa 55 Jahre alt und geschieden. Aus erster Ehe hat er einen Sohn. Er lebt in einer festen Beziehung mit einer jüngeren Frau.

**Vorstellen der Person**

Herr Weno ist, wie er selbst betont, aus Überzeugung Betriebsratsvorsitzender im Unternehmen, was für ihn seine persönliche Selbstverwirklichung im Leben bedeutet.

> „Weil, ohne überheblich zu sein, ich bin der einzige, der erste Betriebsratsvorsitzende, der aus Überzeugung hier sitzt. Die anderen haben so ein Stück berufliche Weiterentwicklung, die ihnen nicht gegeben war, kompensiert damit." S. 23

Mit großem Engagement setzt er sich, neben den baulichen Renovierungsmaßnahmen und der personalen Umstrukturierung des Betriebsrates, für innovative Ideen ein, wie u. a. das Thema *Gleichstellung der Frauen in einem technischen Betrieb, Bildung von Führungskräften,*

*Einhaltung der Zehnstundenarbeitsregel* oder eben das Thema *Gesundheitsmanagement im Unternehmen.*

Im Vergleich zu früheren Betriebsräten im vorliegenden Unternehmen gibt er kein typisches Bild eines solchen ab. Trotz oder gerade aufgrund der neuen Rolle des Betriebsrates, wie er sie lebt, entstehen innerhalb der Organisation neue Nahtstellen zwischen Betriebsrat und anderen Abteilungen des Personalbereichs. Auf diese Weise entwickeln sich einerseits neue Möglichkeiten für eine ressourcenvolle und ganzheitliche Personalarbeit, andererseits ergeben sich daraus neue Konflikte, was den Kampf um Ansehen und Protektion einzelner Fachabteilungen angeht. Zum Beispiel stellt sich nun erneut die Frage, wer für die Gestaltung innovativer Projekte, wie etwa die Implementierung von Gesundheitsmanagement, im Unternehmen verantwortlich ist. Solche Bereichsegoismen können einen Implementierungsprozess stark beeinträchtigen, da eine notwendige und zielführende Kooperation unter den Fachabteilungen durch zu starke Konkurrenzkämpfe behindert wird.

Bezeichnend für Herrn Weno sind seine offene und vertrauenswürdige Art im Umgang mit den MitarbeiterInnen und sein persönliches Engagement, wie er sich für einzelne Beschäftigte, bei Auseinandersetzungen mit der Personalabteilung oder oberen Führungskräften, einsetzt.

Auch im Interview verhält er sich äußerst offen und vertrauensvoll. Durch seine erzählfreudige Haltung entstehen recht offenherzige, detaillierte Selbstbeschreibungen aus seiner Biografie, die manchmal auch sehr persönlich und intim sind. Außerdem ergibt sich aus dem Interviewgespräch ein reiches Repertoire an kritischen Informationen über das Unternehmen.

## Metaphern und Sprache

Herr Weno, der ursprünglich aus eher einfachen Verhältnissen stammt, verfügt mitunter über eine anspruchsvolle Sprache, die auf seine Aktivitäten, sich stets weiterzubilden und -entwickeln, zurückzuführen ist.

So bedient er sich des Öfteren auch philosophischer und wissenschaftlicher Fachtermini oder Zitate.

Eine ökonomisch ausgeprägte Unternehmenssprache ist bei ihm nicht zu erkennen. Vielmehr wendet er Begriffe aus dem Bildungsbereich an, die man von der Managementliteratur der beruflichen Weiterbildung her kennt.

Seine Erzählungen sind sehr detailliert und mit Metaphern ausgeschmückt. Exemplarisch schildert er ausführlich verschiedene Passagen seines Lebens, aus denen er dann jeweils in einem kurzen Resümee seine Erfahrungen und Konsequenzen für sein weiteres Handeln darstellt.

Was die Erzählstruktur betrifft, verliert er sich oftmals assoziativ in vielerlei Nebenthemen. Das Bewusstsein, für komplexe, systemische Zusammenhänge wird jedoch daran ersichtlich.

Er bleibt das gesamte Interview hindurch sprachlich in der Ich- oder Wir-Form. Daraus wird seine starke Identifikation mit dem Unternehmen als einem sozialen System erkennbar. Bei Aufrufen, in denen er akuten Handlungsbedarf formuliert, bezieht er sich selbst als Person mit ein und verlagert nicht die Verantwortung für die Umsetzung von Innovationen auf andere in der Organisation oder in der Gesellschaft. Des Weiteren bezieht er alle angesprochenen Themen auf sich und bleibt somit immer auf seiner subjektiven Erlebensebene.

## Lebenskonzept und Gesundheitsvorstellungen

| | |
|---|---|
| **Lebenskonzept** | Glück, Harmonie und Anerkennung durch soziale Kontakte und soziale Unterstützung – Persönlichkeitsentwicklung durch Weiterbildung |
| **Zugang zum Thema Gesundheit** | c. Einstieg über einen biografischen Blickwinkel |
| **Gesundheitsvorstellungen** | |
| **Gesundheitskonzept** | |
| **a. dynamisches Modell** | D: Das Generator-Modell „Expansion" |
| **b. Inhalte** | Pos.: 7 Wohlbefinden, 8 Harmonie |
| **Gesundheitstheorie** | A2: Persönliche Risikofaktoren und Risikoverhalten gefährden die Gesundheit<br>B: Schwächung, Erhalt und Stärkung von Ressourcen<br>C1: Ausgleich und Kompensation von Risiken |
| **a. positive Einflüsse** | 2 Lebensweise<br>3 Umwelt<br>1 Konstitution |
| **b. negative Einflüsse** | 3 Umwelt<br>1 Konstitution |
| **Gesundheitshandeln** | A3 Tendenzen zu einem riskanten Lebensstil<br>C2 psychisches und soziales Gesundheitshandeln |

Tabelle Nr. 8, Hr. Weno

Das Lebenskonzept

Herr Wenos Lebenskonzept drückt sich in seinem Bedürfnis nach sozialer Anerkennung und Harmonie in sozialen Kontakten aus. Für ihn stehen psychische und psychosomatische Aspekte für ein gesundes Wohlbefinden im Vordergrund. Wohlbefinden und Glück empfindet er durch das Erleben von sozialer Unterstützung einerseits und der Erkenntnissgewinnung durch Selbstreflexion zur persönlichen Weiterentwicklung andererseits. Coaching, Therapie und soziale Kontakte in Gruppen jeglicher Art (ArbeitskollegInnen, Therapie- oder Selbsthilfegruppen, in der Partnerschaft oder Familie) stellen für ihn wichtige Ressourcen dar, um das Leben und seine Anforderungen in Beruf und Privatleben erfolgreich bewältigen und die eigene Selbstachtung gewinnen und bewahren zu können. Seine Arbeit betrachtet er nicht nur als existenznotwendige Pflicht zum Lohnerwerb, sondern vielmehr als einen Ort, der ihm Möglichkeiten zur Selbstverwirklichung bietet. Außerdem findet er hier soziale Anerkennung und Wertschätzung.

„Und das begleitet mich eigentlich, diese Therapie begleitet mich eigentlich sehr lange, seit 12 Jahren, liegt schon 12 Jahre zurück. Und das waren auch da so Dinge, dass ich mein berufliches Umfeld verändert habe.
Auch diesen Ehrgeiz hatte, hier sehr mich zu engagieren, und einfach auch noch mal den Mut gefasst hab und gesagt hab: Jetzt kandidiere ich einfach gegen den anderen.“ S. 25

Die Anerkennung seiner Person und die Wertschätzung seiner Handlungen spielen eine große Rolle. In seinem Bedürfnis, andere zu unterstützen, spiegelt sich die Forderung danach wider. Dies reflektiert er auch in nachfolgendem Zitat. Dabei reflektiert er sein zum Helfersyndrom tendierendes Verhalten wie auch seine Nähe-Distanz-Problematik und hinterfragt kritisch den „Aspekt des Helfens als effektive Hilfe zur Selbsthilfe“.

„Ja und dann, alles, was mit Menschen zusammenhängt, fasziniert mich. Ja. Da muss ich auch mich sehr stark abgrenzen, zu versuchen, dass ich nicht zu sehr zum selbstlosen Helfer werde da, ja, dass ich alle (?) die Probleme reinziehe. Das übe ich jetzt gerade so im Moment, so ein Stück zu sagen: Geht mich nichts an. Ja. Und auch mal „nein“ sagen zu können, und dass es so, dass es nicht in jedem Fall ne Hilfe (?sein), dass ich nicht immer helfen muss.“ S.23

Die Bewältigung seiner Sucht mithilfe therapeutischer Maßnahmen, die permanente Suche nach der eigenen Identität wie auch die Reflexion von Beziehungen in der Herkunfts- und Gegenwartsfamilie prägen seine Persönlichkeit. Seiner persönlichen Einschätzung zufolge beeinflussen die persönliche Lebenserfahrung wie auch der daraus resultierende Erwerb von Sozialkompetenz seine Rolle und Funktion als Betriebsrat.

Seine Selbstverwirklichung in der beruflichen Rolle bedeuten für ihn überdies Sinngebung und Lebenserfüllung. Sein subjektives Empfinden von Gesundheit erlebt er in der beruflichen Position.

„Ja. Also äh, diesen Job zu machen, der macht mich gesund im Prinzip. Weil ich das gerne mache. Bei allen Schwierigkeiten, bei allen Sorgen und auch – ... Und da müsste ich ich mich eigentlich, da müsste ich mich schon

> ein Stück davon trennen. Weil ich mach die Augen früh auf und denk an meinen Job. Ja ..." S. 23

Das Interesse am „Menschen als komplexes Wesen in seinen sozialen Beziehungen" stellt für ihn Inspiration und Motivation dar, sich beruflich für andere zu engagieren.

Um die eigene Identität und Orientierung im Leben zu finden, ist er in der Lage, sich bei Bedarf,Unterstützung einzufordern, vorausgesetzt, er schätzt die Lage als solche bewusst ein. Im salutogenetischen Konzept von Antonovsky wird diese Fähigkeit, wie Unterstützungsbedarf aus sozialen Ressourcen zu nutzen, einem ausgeprägten Kohärenzsinn zugeschrieben. Eine Person verfügt dann über ein hohes salutogenetisch orientiertes Handlungspotenzial.

> „Oder auch Gleichgeschlechtliche. Und äh ich hatte ja auch mal so ne Phase, die lag so nach meiner Scheidung, da hab ich nicht gewusst, bin ich jetzt homosexuell oder bin ich heterosexuell – da hab ich enorme Selbstzweifel gekriegt. Ja. Das hatte was, da war mein Ego und mein, das war ja auch der Grund, warum ich ne lange Therapie gemacht habe. Ich hab die Schnauze einfach voll gehabt, nicht, ich hab gedacht, jetzt kannst du dir nimmer helfen und jetzt musst du dich einfach mal anschauen lassen, irgendwas stimmt mit dir nicht. Und da hab ich festgestellt, es stimmt eigentlich alles mit mir, ich hab bloß nicht richtig eingesetzt meine Fähigkeiten und Talente und meine Gefühle nicht richtig angeschaut." S. 24

Zugang zum Thema Gesundheit

*c. Zugang über einen biografischen Blickwinkel*

Zum Thema Gesundheit findet er zum einen den Zugang über seine psychosomatische Krankengeschichte und zum anderen über den biografischen Blickwinkel, indem er aus seiner Lebensgeschichte und den Veränderungen im Verlauf seiner persönlichen Entwicklungsgeschichte erzählt.

Schwierige Erfahrungen aus der Kindheit, komplizierte Beziehungen zur Mutter und später auch zum Vater, seine Suchtprobleme und daraus resultierenden Probleme mit seiner damaligen Beziehung und die danach erneute Identitätssuche auch in der Frage nach der sexuellen Orientierung stellen einige seiner lebenseinschneidenden Erlebnisse dar. Als Wendepunkt in seinem Leben nennt er seine Erfahrungen in der Therapie, aus denen er personale Ressourcen, wie Sozial- und Handlungskompetenz erworben hat. Seine berufliche Karriere führt er auch auf diese Kompetenzerweiterung zurück.

In seiner Krankengeschichte schildert er psychosomatische Beschwerden, Umgang mit Sucht und Ängsten, die ihn daran hindern, gesund zu leben.

Gesundheitsvorstellungen und Gesundheitshandeln:
Gesundheitsvorstellungen
Subjektives Gesundheitskonzept
a. Dynamisches Modell
*D: Das Generator-Modell „Expansion"*
Herr Weno beschreibt Gesundheit nicht als Wechsel von diskreten Zuständen, sondern als kontinuierlichen Prozess. Aufgrund seiner persönlichen Lebenserfahrungen, die im vorangegangen Punkt bereits angedeutet wurden, erweist sich für ihn Gesundheit als ein Ergebnis von aktiven Bemühungen für eine bessere Lebensform.

Seine Erfahrungen mit psychosomatischen Erkrankungen und den therapeutischen Erfolgen nach der Bewältigung dieser, bringen ihn zu der Überzeugung, immer wieder körperliche und psychische Herausforderungen annehmen zu können. Mit Hilfe von sozialer oder therapeutischer Unterstützung glaubt er, seine Persönlichkeit stabilisieren, Bewältigungskompetenzen erwerben und damit das eigene Handlungsrepertoire erweitern zu können. Wie bereits beschrieben, ergaben sich gerade nach schwierigen Lebensphasen entscheidende Wendepunkte in seinem Leben, deren Bewältigung ihn heute zu dem Leistungsträger machen, der er geworden ist. Herr Weno glaubt infolge seiner subjektiven Geschichte an eine Expansion des Gesundheitspotenzials. Die Möglichkeit, über eigene Grenzen hinauswachsen zu können, bedeutet für ihn eine Weiterentwicklung der eigenen Fertigkeiten und Fähigkeiten.

Daher ist er dem dynamischen Modell eines Generators zuzuordnen.

b. Inhalte

*7 Wohlbefinden, 8 Harmonie*

Inhaltlich bestimmt er Gesundheit mit Glück und Wohlbefinden. Seinen Erfahrungen zufolge gleicht ein psychisches Wohlbefinden physische und somatische Beschwerden aus, so wie auch ein Suchtverhalten, seiner Meinung nach, Stressbelastungen ausgleichen hilft.

Außerdem sind für ihn harmonische Beziehungen, sozialer Kontakt in Gruppen wie auch die Zugehörigkeit und Identifikation mit diesen wichtige inhaltliche Aspekte von Gesundheit. Durch das Gruppengefühl werden seiner Meinung nach Belastungen ausgeglichen, psychisches Wohlbefinden hergestellt wie auch soziale Anerkennung erlebt. Dies führt aus seiner Sicht zum Glück.

> „Gesundheit würde ich ganz spontan mit „Glück" beschreiben, nicht, ein Glücksgefühl. Gesundheit kann Glück bedeuten, ne?" S. 26

> „Und siehe da, es war auch so, dass ich mit Konflikten sehr gut umgehen kann. Obwohl ich gar nicht so konfliktfähig mich empfinde. Also, wenn ich so das erzähle, dann ist das so, sind das so die Aspekte für den Gesundheitsbereich, dass das Verhalten in der Gruppe, der Umgang mit Menschen das, glaub ich, insgesamt Ausschlaggebende ist für die Gesundheit wie alles andere." S. 25

> „Und ich suche eher im Dialog die Gruppenzugehörigkeit, und ich denk auch, in Gruppen können sie gesünder werden. Ja. Während der Therapie zum Beispiel hab ich kaum geraucht. Ja. Und die Zigaretten, die ich geraucht hab, die haben in der Tat mir gut getan, aber es waren – drei, vier am Tag. Das war mir sehr wichtig, also da auch miteinander zu reden: „Wie geht's dir eigentlich jetzt so, nicht, und warum" – ... Und das denk ich, könnte auch für dieses Gesundheitsmanagement ne wesentliche Rolle spielen, die psychische, die Einstellung zur Psyche zu fördern. Nicht im amerikanischen Sinn, dass jeder seinen eigenen Therapeuten hat ..." S. 25

Diese Haltung impliziert ein optimistisches Vertrauen in die Wahrscheinlichkeit, Krankheiten bewältigen zu können. Tendenziell verdrängt er die Option, durch physische Risikofaktoren erkranken zu können, da „Krankheiten ...\" seiner Meinung nach, „... in erster Linie psychosomatisch anzusehen sind.\" S. 25

> „Also für mich hat die Gesundheit, also aus der Sicht des Psychosomatischen ne Rolle gespielt. Also für mich hat die Psyche im Vordergrund gestanden. Wenn ich die klassische somatische Gesundheit anschaue, da hab ich sie eher mit Füßen getreten. Ja. Da hab ich sehr ambivalent gelebt.\" S. 22 Gesundheit hab ich eigentlich immer so als Erleben empfunden. Bewegungserlebnis. Ich hab so einen Kick nach Erleben. Ja. Dadurch ist ein bisschen die Ruhe auf der Strecke geblieben. Ich hatte auch schon so Lebensphasen, wo ich sehr viele ruhige Intervalle drin hatte, Kloster, Urlaube und so, ne? Das ist im Moment ein bisschen auf der Strecke geblieben. Also psychisch liegt bei mir viel, behandle ich vieles mehr. Wie geht es mir psychisch, warum mach ich das eigentlich? Somatisch müsste ich das Rauchen aufhören. Ja. Abnehmen oder sonst irgendwas. Ja. Und ich müsste öfters zum Zahnarzt gehen zum Beispiel. Vor dem nicht Angst haben.\" S. 22

So tendiert er in Bezug auf die körperliche Gesundheit zu riskanten Verhaltensweisen. Er vergleicht die positive Wirkung sozialer Netzwerkkontakte auf das psychische Wohlbefinden mit dem Effekt, den der Genuss von Suchtmitteln in Stresssituationen bewirkt.

Da bei Herrn Weno die Vorstellung dominiert, dass das eigene Potenzial beliebig erweitert werden könne, besteht hier die Gefahr, dass die personale Kontrollierbarkeit von Gesundheit überschätzt wird und reale Grenzen oder Gefährdungen ignoriert werden.

Gesundheitstheorie

Einflussprozesse

*A2: Persönliche Risikofaktoren und Risikoverhalten, B: Schwächung/ Stärkung von Ressourcen, C1: Ausgleich und Kompensation von Risiken*

Einflussbereiche

*1 Konstitution, 2 Lebensweise, 3 Umwelt*

Als wichtige Einflussprozesse auf die Gesundheit nennt er persönliche Risikofaktoren oder ein persönliches riskantes Verhalten, wie beispielsweise das Rauchen, frühere Alkoholsucht oder das Vermeiden von Zahnarztbesuchen. Selbstkritisch verortet er hier die Risiken in der eigenen Person. Wie bereits aus vorgehendem Punkt hervorging, nennt er Faktoren wie Rauchen, Stress, wenig Schlaf oder ungesunde Ernährung als gesundheitliche Risiken, gibt diesen aber eine individuell spezifische Gewichtung.

Als weiteren wichtigen Einflussprozess sieht er den Erhalt und die Stärkung von Ressourcen, und zwar im Besonderen bezogen auf den psychosomatischen Bereich. Im salutogenetischen Modell entspricht dies „den allgemeinen Widerstandsressourcen", wobei Herr Weno primär die sozial-interpersonalen Ressourcen wie z. B. die Unterstützung durch soziale Kontakte, die Harmonie in zwischenmenschlichen Beziehungen von Gruppen oder Partnerschaften als auch die personalpsychischen Ressourcen, wie eine erfüllende Berufstätigkeit, sieht.

Die psychischen Faktoren nehmen bei ihm eine übergeordnete Bedeutung ein, dem zufolge dann die körperlichen Risiken auch in ihrer Risikoeinschätzung eher ignoriert und negiert werden.

Aufgrund dieser Annahmen bewertet er auch den Ausgleich und die Kompensation von Risiken als bedeutenden Einflussprozess auf die Gesundheit.

Als positive Einflussbereiche auf die Gesundheit bezeichnet er die Lebensweise, wie z. B. der ressourcevolle Umgang mit Stress und Druck. Dazu gehört für ihn das Annehmen von Herausforderungen und deren Bewältigung sowie auch Erfolgserlebnisse. Die soziale Umwelt bezeichnet er als einen der wichtigsten Einflussbereiche, da er die Unterstützung durch soziale Netzwerke persönlich wertschätzen gelernt hat und er diese für den Erfolg seiner Persönlichkeitsentwicklung hauptsächlich verantwortlich macht.

Er sieht aber in den Bereichen Umwelt und Konstitution auch negative Komponenten des Einflusses auf die Gesundheit.

So kann das soziale Umfeld dem Wohlbefinden, seiner Meinung nach, schaden, wenn Anerkennung und Wertschätzung vorenthalten werden. Herr Weno glaubt, dass dies bis zu Versagensängsten in der Gesellschaft führen kann. Die Konstitution könne, wenn es an Selbstachtung fehle, das gesundheitliche Wohlbefinden beeinträchtigen, was Herr Weno mit „Versagensängste eines zu gering selbsterfüllenden Berufsbildes" beschreibt. In der Auswertung hat die Autorin hierfür die Bezeichnung *Anerkennung extern* verwendet, um den in der Kategorie Konstitution auftretenden Begriff der *Anerkennung intern* davon differenzieren zu können.

„Also jetzt somatisch tu ich zu wenig, müsste ich jetzt mehr tun. Deswegen werde ich dieses Jahr meinen Urlaub hernehmen und eine Kur machen. Ja. Und nicht den Urlaub im klassischen Sinne verbringen irgendwie, sondern werde es als Kururlaub machen. In Cuxhaven. Meine Nebenhöhlen ein bissl auskurieren, einfach da zur Ruhe zu kommen. Also da muss ich sagen, hab ich bissl wenig auf mich geachtet. Wenn ich auch so die letzten Wochen seh ... Sagt meine Freundin: „Du spinnst eigentlich! Ich würde das gar nicht packen mit meinen 36 Jahren, was du da an Pensum abreißt!" Ja. Und das wundert mich manchmal auch. Aber möglicherweise ist das, ähm, hängt das mit meiner psychischen Einstellung zusammen, dass ich das so hinkriege. Ja. Zu wenig Schlaf, bin viel unterwegs, mit viel Action, und und – ich quatsch ja auch leidenschaftlich gerne, ich lasse ja keine Gelegenheit aus, mit jemand zu reden über – ja. Also da sehr, sehr ambivalent. Äh da würde mir manchmal so eine Hilfe von außen sehr wichtig sein, nicht? Da würde ich gerne gecoacht werden so in dieser Richtung erst mal so. Ich brauch das Erleben in der Gruppe sehr stark." S. 22

„Das ist einmal so diese Art von Urlaub, wie ich Ihnen grad geschildert hab, dass ich da sehr wohl mich in einem ruhigen Hotel befinden könnte, aber es muss schon ein Hotel sein, wo das Leben pulsiert. Ja? Und da fühl ich mich wohl. Wenn ich abends ins Bett geh, äh, dann überleg ich mir schon, ob ich um 11 jetzt einschlafe oder ob ich nicht lieber ne Stunde anhänge. Also ich bin da vielleicht ein bisschen süchtig, ja. Mein Suchtverhalten ist glaub ich ein bissl ausgeprägt. Ja." S. 23

Gesundheitshandeln

*A3 Tendenzen zu einem riskanten Lebensstil*

*C2 Gesundheitshandeln im psychischen und sozialen Bereich*

Herr Weno tendiert aufgrund seiner ambivalenten Haltung in Bezug auf die hohe Einschätzung des Einflusses von psychosomatischen Anteilen in der Krankheitsentstehung und der daraus resultierenden psychosozialen Maßnahmen zum einen und der tendenziell negierenden Bedeutung von körperlichen Risiken für die Gesundheit zum anderen zu einem Gesundheitshandeln, das von einer Lebensweise ohne ausgeprägtes Gesundheitshandeln bis hin zu einem in die Lebensweise integrierten Gesundheitshandeln reicht.

So führt er einerseits einen ansatzweise riskanten Lebensstil, was seinen gegenwärtigen Konsum von Zigaretten oder die Vermeidung von Zahnarztbesuchen betrifft. Andererseits ist sein psychisches und soziales Gesundheitshandeln in seine Lebensweise völlig integriert. Seine ressourcenorientierte Lebensweise, die sich in der Inanspruchnahme von unterstützenden Netzwerken wie Familie, Freundeskreis oder Therapiesitzungen zeigt, weisen eine ressourcenorientierte und salutogenetisch ausgerichtete Lebensweise auf. Herr Weno integriert seine psychosomatische Gesundheitstheorie nicht nur aktiv in seinen persönlichen Lebensalltag, sondern gestaltet aufgrund seiner kognitiven Überzeugung von der Bedeutsamkeit psychosozialer Faktoren das berufliche Umfeld aktiv mit und stößt damit innovative Prozesse innerhalb einer Organisation an.

Die salutogenetischen Komponenten Sinnhaftigkeit und Bedeutsamkeit des Salutogenesekonzepts Antonovskys sind bei ihm stark ausgeprägt. Sein Fokus liegt sowohl im privaten als auch beruflichen Handlungsfeld auf den psychischen und sozialen Unterstützungsnetzwerken.

#### 5.1.2.4 Dr. Landgraf

**Zu den demografischen Daten**

Dr. Landgraf ist, laut der Angaben im Interview, 45 Jahre alt, ist geschieden und hat zwei Kinder, eine etwa 16-jährige Tochter und einen jüngeren Sohn.

**Vorstellen der Person**

Dr. Landgraf hat zum Zeitpunkt des Interviews die Stelle des Werksarztes im Unternehmen gerade neu angenommen und gerät als Nachfolger Dr. Kochs, der Werksarzt in der NOVA bis zum jetzigen Zeitpunkt war, in eine, bereits durch dessen Vorgeschichte geprägte, angespannte Konkurrenzsituation mit dem Sozialpädagogen der Betrieblichen Sozialarbeit. Dr. Landgraf kommt ursprünglich, wie auch sein Vorgänger Dr. Koch, von der Bundeswehr, wo er Medizin studiert hat. Dr. Koch hinterlässt ihm nun einen umgebauten und personal umstrukturierten werksärztlichen Dienst. Die Implementierung von Gesundheitsmanagement ist ebenfalls bereits vorbereitet und steht in der Pilotphase kurz vor der praktischen Umsetzung eines Gesundheitszirkels, als eine erste Maßnahme des Gesundheitsmanagementprojekts.

Dr. Landgraf hat seine Fachqualifikation in Allgemein- und Arbeitsmedizin und war, wie schon erwähnt, zuvor in einem anderen Unternehmen leitender Werksarzt. Seinen Erzählungen zufolge hat er bereits dort Erfahrungen mit Gesundheitsmanagement gemacht und Gesundheitszirkel als Maßnahmen durchgeführt, wobei diese ihrem methodischen Ansatz zufolge etwas anders aufgebaut waren. Dr. Landgraf muss sich in der momentanen Phase erst in seiner bevorstehenden Situation zurechtfinden, da er sein kollegiales Umfeld, die weisungsbefugten Führungskräfte sowie seine Klientel, die die gesamte Mitarbeiterschaft umfasst, noch nicht kennt. Zudem sind ihm auch besondere Merkmale der Organisation und ihrer spezifischen Kultur noch fremd.

Dr. Landgraf ist im Interview sehr freundlich und aufgeschlossen, wirkt jedoch zuweilen etwas unsicher. Seine Kompetenz und sein fachliches Wissen versucht er mit umfangreichen Schilderungen seiner bisherigen Erfahrungen darzustellen, möglicherweise auch, um Unsicherheiten hinsichtlich seines Neuanfangs in diesem Unternehmen überspielen und als fachkompetenter Arzt im Interview bestehen zu können. Über seinen ersten Eindruck vom Unternehmen NOVA äußert er sich nicht, stellt aber im Gegenzug dazu im Vertrauen einige Fragen zur Organisation und „wichtigen Schlüsselpersonen" darin.

### Metaphern und Sprache

Dr. Landgraf erzählt in langen monologartigen Passagen und streift dabei diverse Themen über seine bisherigen Erfahrungen mit Organisationen und ihren Projekten wie beispielsweise Gesundheitszirkeln. Dabei gewährt er auch Einblicke in seine Auffassungen über die Klientel, die von der obersten Führungskraft bis zum Lagerarbeiter reichen.

Seine Sprache ist zuweilen von einem lockereren, fast flapsigen Jargon durchwachsen. Um seine Vorstellungen über autonomes berufliches Handeln und seine Gestaltungsfreiheiten verdeutlichen zu können, verwendet er immer wieder Metaphern aus dem Segelsport.

> „Das wäre für mich ein strahl-, blauer Himmel, strahlende Sonne und ein Segelboot [lacht]." S. 41

> „Dass man so die Freiheit hat – Sie haben sie ja letztlich auf dem Wasser, wenn Sie nicht gerade auf einem See sind, ne? Das ist wirklich die Unendlichkeit des Wassers, wenn man so will. Gewisse Freiheit und und – ja, Ungebundenheit, ne?" S. 41

In seinen fachspezifischen Erzählpassagen finden sich Fachbegriffe aus der Arbeitsmedizin wie auch dem Managementbereich.

## Lebenskonzept und Gesundheitsvorstellungen

| | |
|---|---|
| **Lebenskonzept** | Autonomie, Freiheit, will frei sein |
| **Zugang zum Thema Gesundheit** | b. Verweis auf allgemeine gesundheitsbezogene Aktivitäten,<br>c. Zugang über biografischen Blickwinkel |
| **Gesundheitsvorstellungen** | |
| **Gesundheitskonzept**<br>**a. dynamisches Modell** | C: Das Akkumulator-Modell „Regeneration" |
| **b. Inhalte** | Neg.: 2 keine spezifischen Beschwerden;<br>Pos.: 7 Wohlbefinden |
| **Gesundheitstheorie** | B: Stärkung von Ressourcen<br>C1: Ausgleich und Kompensation von Risiken<br>C2: Herstellen eines Gleichgewichts zwischen körperlichen, sozialen und psychischen Kräften |
| **a. positive Einflüsse** | 1 Konstitution, 2 Lebensweise und Verhalten |
| **b. negative Einflüsse** | 3 Umwelt<br>4 tendenziell auch Schicksal |
| **Gesundheitshandeln** | B2 primär bewegungsbezogenes Gesundheitshandeln<br>Tendenziell auch B1 ernährungsbezogen<br>A2: beschwerdebezogenes Gesundheitshandeln |

Tabelle Nr. 9, Dr. Landgraf

Das Lebenskonzept

Sein Lebenskonzept beschreibt er in Metaphern über das Segeln und naturbezogenen Erlebnissen. Freiheit in Form von autonomen Gestaltungsmöglichkeiten im Beruf einerseits und der Sehnsucht nach Ungebundenheit im Privaten andererseits sind für ihn wichtige Aspekte, um zu persönlichem Wohlbefinden und Zufriedenheit gelangen zu können. Was seine Haltung betrifft, wirkt er eher wenig reflektiert und auf pragmatische Art lösungsorientiert. Überdies ist er mit einem optimistischen Grundvertrauen und einer positiven Ausrichtung in die Zukunft ausgestattet. In seinem beruflichen Leben schwankt er zwischen Angepasstheit und Autonomiebestrebungen. Seine Gesinnung ist „human-sozial", wobei er sich auch der Anforderungen und Bedürfnissen eines monetär ausgerichteten Profit-Unternehmens bewusst ist und diese Kenntnisse in seine Denkweise zu integrieren versucht. Seine Grundhaltung spiegelt eine professionsspezifische Medizinerdenkweise wider, die auch seine fachliche und werteorientierte Positionierung im Unternehmen beeinflusst. So beobachtet er aus einer Meta-Perspektive Prozesse, Strukturen, Interaktionen und Zielausrichtungen im Unternehmen. Da er aufgrund seiner inhaltlichen Aufgabe als Werksarzt nicht am „Kerngeschäft", der Produktion, direkt beteiligt, sondern im Aufgabenbereich Dienstleistung am Menschen und der Gestaltung dessen tätig ist, priorisiert er auch dementsprechend human-sozial orientierte Werte. Daher unterscheiden sich auch seine Zielintentionen von denen der Geschäftsleitung. Die berufsspezifische Aufgabenrolle innerhalb des Unternehmens sowie die berufsbedingte professionelle Grundausbildung sind dafür verantwortlich.

Zugang zum Thema Gesundheit

*b. Verweis auf allgemeine gesundheitsbezogene Aktivitäten innerhalb der Lebensgestaltung, c. Zugang über biografischen Blickwinkel*

Den Zugang zum Thema Gesundheit findet er über den biografischen Blickwinkel, nämlich die Erzählung seiner „Nicht-krank-sein-Geschichte", als auch über den Verweis auf allgemeine gesundheitsbezogene Aktivitäten innerhalb seiner Lebensgestaltung.

> „[lacht] Ich hab das Glück gehabt, nie richtig krank zu sein, und äh manchmal ist es so, man predigt immer von gesundem Verhalten und hält sich aber doch nicht immer selbst auch praktisch an die vorgegebene Linie. Wobei ich denke, dass ich also bei der Ernährung sicher drauf achte, mich vernünftig zu ernähren, und dass für mich Sport letztlich der Ausgleich ist für die berufliche Tätigkeit. Weil man beim Sport sicher den Kopf frei bekommt. Und dass man, ich sag mal, bevor ich über eine Sache zwei Stunden brüte, weil ich denke, ich muss das machen, mach ich lieber eine Stunde irgendeine sportliche Betätigung und dann kriegt man die Sache tatsächlich in einer Stunde geregelt auch!" S. 40
>
> „Von daher denke ich, also, für mich also Sport – ist Jogging, Segeln und Skaten, ne, das sind so die Dinge, wobei ich beim Segeln sicher am besten abschalten kann [lacht]". S. 40

Gesundheitsvorstellungen und Gesundheitshandeln

Gesundheitsvorstellungen

Subjektives Gesundheitskonzept

a. Dynamisches Modell

*C: Das Akkumulator-Modell „Regeneration"*

Aufgrund der Erzählung über diverse ernährungs- und bewegungsbezogene Maßnahmen, die der Erhaltung der Gesundheit dienen, als auch der Bedeutung mentaler Beeinflussbarkeit von Gesundheit und einem Potenzial an Bewältigungskompetenzen geht er implizit von einem vorhandenen Potenzial an Gesundheit aus. Mit dieser Dynamik verweist er einerseits auf den Erhalt dieses bestehenden Niveaus, schließt aber andererseits auch deren Ausgleich von Beeinträchtigungen mit ein. Aufgrund der medizinischen Kenntnisse dienen seine gesundheitsbezogenen Aktivitäten nicht nur der Wiederherstellung einer gesundheitlichen Einschränkung, sondern kommen auch wiederum der Aufrechterhaltung der Gesundheit zugute. Dr. Landgraf ist demzufolge dem energetischen Modell des Akkumulators zuzuordnen, da er von einer Regenerierung des Gesundheitspotenzials ausgeht und eine kontinuierliche Veränderung von Gesundheit impliziert. Bestimmte Einflüsse unterstützen das Aufladen von verbrauchter Energie. Sein Gesundheitskonzept ist multidimensional differenziert, was die körperliche, seelische und soziale Ebene betrifft. Er verfügt über vielfältige subjektive Kontrollmöglichkeiten, die sich in seiner Theorie über Gesundheit und seinem Gesundheitshandlungsrepertoire ausdrücken.

> „... auf jeden Fall natürlich die Definitionen, die ich jetzt im Kopf hab, da nicht unbelastet bin [lacht] von irgendwelchen Vorgaben, ne? Gesundheit ist letztlich das Wohlbefinden auf allen Ebenen, wenn Sie so wollen (?), keine körperlichen Beschwerden, nicht, ein seelisches Gleichgewicht und eben in seinem sozialen Gefüge eingebunden sein, wo man das Gefühl hat, man hat eine Position in der Gesellschaft, nicht, und äh fühlt sich da auch aufgehoben". S. 40

b. Inhalte

*2 keine spezifischen Beschwerden, 7 Wohlbefinden*

Inhaltlich bestimmt Dr. Landgraf zum einen Gesundheit negativ als ein Nichtvorhandensein spezifischer Beschwerden. Zum anderen stellt für ihn die positive inhaltliche Bestimmung von Gesundheit das Wohlbefinden dar, das subjektiv wahrnehmbar sei. Emotionale positive Stimmungen, die sich u. a. in der Motivation zur Arbeit niederschlagen oder auch die Möglichkeit einer freien und autonomen Gestaltung des Berufsalltags, sind für ihn wichtige Kriterien eines Wohlbefindens und Gesundfühlens.

> „Das kann ich dann beim Aufwachen definieren, dass man sagt: Okay, ich fühl mich gut, ich hab Lust, zur Arbeit zu gehen, und die Arbeit macht mir Spaß. Dass man so dann das Gefühl hat, also man hat keine körperlichen Einschränkungen, und letztlich das, was man tut, tagsüber, ist so, dass man also auch mit Freude da hingeht und es auch macht, ne? Was natürlich auch voraussetzt, dass für mich zum Beispiel auch Sie freie Entfaltungsmöglichkeiten haben, ne? Dass man eigene Ideen (?) auch umsetzen kann. Dass sich das ein oder andere Hindernis ergibt, keine Frage, ne, aber Sie können letztlich da frei agieren." S. 41

Sein Wohlbefinden legt er zunächst mithilfe einer Skalierung von eins bis sechs fest, und beschreibt es dann mit naturbezogenen Metaphern.

> „Also auf einer Skala von 1 bis 6 würde ich mich derzeit so bei [lacht] 2 einordnen.
>
> Das wäre für mich ein strahl-, blauer Himmel, strahlende Sonne und ein Segelboot [lacht].
>
> Dass man so die Freiheit hat – Sie haben sie ja letztlich auf dem Wasser, wenn Sie nicht gerade auf einem See sind, ne? Das ist wirklich die Unendlichkeit des Wassers, wenn man so will. Gewisse Freiheit und und – ja, Ungebundenheit, ne?" S. 41

Die Sehnsucht nach Ungebundenheit und autonomen Handlungsmöglichkeiten kommt in vorangegangenem Zitat wiederum zum Ausdruck. Innerhalb der Organisation muss er sich allerdings diesbezüglich an vielerlei Stellen stark einschränken, was seine Fähigkeit zur Kompromissbereitschaft zeigt. Um unnötige Konfrontationen vermeiden zu können, versucht er sich bestimmten Entscheidungen und Weisungen von oben reaktiv zu fügen. Auf diese Weise will er seine eigenen Widerstandsressourcen gegen Stress und psychischen Druck nicht überstrapazieren.

Gesundheitstheorie:
Einflussprozesse:
*B: Stärkung von Ressourcen, C1: Ausgleich und Kompensation von Risiken, C2: Herstellen eines Gleichgewichts zwischen körperlichen, sozialen und psychischen Kräften*
Einflussbereiche:
*1 Konstitution/SOC, 2 Lebensweise und Verhalten, 3 Umwelt, tendenziell auch 4 Schicksal*
Das Stärken von Ressourcen ist für ihn einer der wichtigen Einflussprozesse auf die Gesundheit. Zudem ist er von einem Ausgleich und der Kompensation gesundheitsgefährdender Risiken überzeugt und sieht demnach das Herstellen eines Gleichgewichts zwischen körperlichen, sozialen und psychischen Kräften sowohl im Arbeitsbereich wie auch in der persönlichen Lebensgestaltung als bedeutsame Prozesse, die auf die Gesundheit positiv Einfluss nehmen.

Die mentale Einstellung und Konstitution spielen seiner Meinung nach ebenfalls eine große Rolle. So hält er die Empfindung von Stress bei der Ausübung beruflicher Tätigkeiten für ursächlich ausschlaggebend, über welches Potenzial an Bewältigungskompetenzen jemand verfügt.

Das subjektive Stressempfinden von Schichtarbeitern, Büroangestellten und Führungskräften stellt er in folgenden Zitaten einander gegenüber.

> „In der Funktion, wie ich sie bisher als Werksarzt hatte – Sie haben nie den Stress, den die Führungskraft hat, Sie müssen keine Ergebnisse zeigen (?). Ich denke schon, man sollte zwischen Stress und Stress unterscheiden. Was

der eine als Stress empfindet, ist für den anderen – „Ach, worüber regst du dich auf?" Das empfindet der gar nicht so [lacht], ne? Und ich denke, also, wenn ich es ehrlich formuliere, als Werksarzt, auch als leitender Werksarzt, haben Sie vielleicht viel zu tun, aber richtig Stress – [Unterbrechung] ...
Ja, ich unterscheide für mich schon ähm – ob es jetzt mich irgendwie in eine Richtung kaputt macht, dass ich nicht mehr leistungsfähig bin oder ob es eigentlich mich interessiert. Also klar ist es irgendwo, es gibt Zeiten, wo es einfach sehr gedrängt ist, aber wenn mir die Sachen Spaß machen, sehe ich das auch nicht als Stress.
Eustress und Disstress, ne, (?) Eustress rein. Ne?" S. 42

„Sogar, denk ich gerade, die Schichtarbeiter, dass die nicht unbedingt Stress haben, weil die wissen, die haben ihre Arbeitszeiten. Die kommen um sechs und gehen um zwei. Angestellte, denk ich, haben da eher Probleme. Wenn die die Gleitarbeitszeit haben und gewisse Dinge schaffen müssen. Der andere kann sagen: Wieso, da kommen die – die haben ja immer ne Ablösung! Der Angestellte, der seinen festen Aufgabenbereich hat, wenn der mal eher geht, hat er am nächsten Tag so viel. Wenn er dann wieder eher geht, hat er so viel. Der Haufen wird für ihn nicht weniger! Der Gewerbliche, die Arbeit, die er nicht geschafft hat, macht die nächste Schicht". S. 44

„Mhm. Die haben zwar auch ihre Überstunden, die haben Überstunden auch, keine Frage, die machen auch Überstunden, oder Sonntagsarbeit und so was. Das kann auch belastend sein. Keine Frage, ne? Aber ich denk, das ist ein anderer Stress, als wenn Sie wirklich den Berg auf Ihrem Schreibtisch wachsen sehen und wissen, es macht kein anderer das, ne?" S. 44

Mentale Stärke, wie die Steuerung der eigenen Wahrnehmung oder emotionaler Empfindungen stellen maßgebliche Einflussgrößen von Gesundheit dar, da sie, seiner Meinung nach, Ressourcen für eine optimale Leistungsfähigkeit und gesundheitliche Widerstandskraft sind.

„Das heißt, man braucht einen Freundeskreis, ist wichtig, ja. Das heißt, es muss wirklich Ausgeglichenheit auf allen Dingen sein, nicht? Körperlich, seelisch und geistig dann eigentlich." S. 41

Aktive gesundheitsbezogene Bemühungen, integriert in die eigene Verhaltens- und Lebensweise, bezeichnet er ebenfalls als zielführende Einflussbereiche von Gesundheit.

Als mögliche Bedrohung der Gesundheit nennt er „fehlende Anerkennung durch die soziale Umwelt", was er am Beispiel der Führungskräfte, die nicht loben, exemplarisch erklärt.

Ein weiteres Risiko sieht er in der fehlenden Unterstützung durch die soziale Umwelt. So stellt er beispielsweise aus seiner Erfahrung heraus fest, dass Führungskräfte oftmals ihren Fuhrpark mehr pflegten als ihre MitarbeiterInnen. An dieser Stelle kritisiert er auch das in der Industrie oft vorherrschende „funktionale Maschinendenken".

Gesundheitshandeln

*A2 beschwerdebezogenes Gesundheitshandeln, tendenziell auch B1 ernährungsbezogen, B2 primär bewegungsbezogenes Gesundheitshandeln*

Dr. Landgrafs Gesundheitshandeln ist in erster Linie bewegungsbezogen, mit Tendenzen zum ernährungsbezogenen Handeln. Stress, psychischer Belastung und Druck versucht er entgegenzusteuern und mit sportlichen Aktivitäten wieder auszugleichen. Die Wahl seiner Sportart unterstützt aber auch zudem seine „mentale Fitness", im Sinne eines seelischen Balanceakts. So sind das Gefühl von Abenteuer und Freiheit für ihn wichtige Erlebnisebenen, um einerseits Stress zu vergessen und andererseits wieder neue Energien auftanken zu können.

Infolge seiner eher pathogenetisch ausgerichteten defizitären Haltung zu Krankheit ist sein Gesundheitshandeln in seiner persönlichen Lebensgestaltung auch tendenziell beschwerdebezogen. Hier verlässt er sich, wie aus erstem Zitat ersichtlich wird, ein wenig auf das Glück oder Schicksal, nicht zu erkranken, und handelt erst bei erkennbaren Anzeichen von Beschwerden. Soweit man jedoch, seinem Wissen nach, diesen Prozess beeinflussen kann, unternimmt er aus fachlicher Sicht auch alles, um dagegen vorzubeugen. Daher verfügt er in diesem Punkt über ein Gesundheitshandeln mit spezifischen Handlungsschwerpunkten, nämlich der bewussten Ernährungsweise und körperlichen Betätigung.

### 5.1.2.5 Herr Krüger

#### Zu den demografischen Daten

Herr Krüger ist zum Zeitpunkt des Interviews fast 45 Jahre alt, was er scherzhaft mit „bereits der Risikogruppe angehörend" kommentiert. Er ist verheiratet und hat zwei Kinder, eine Tochter im Alter von etwa 15 und einen Sohn im Alter von etwa 12 Jahren.

#### Vorstellen der Person

*Anmerkung der Autorin:* Da Herr Krüger als Impulsgeber und offiziell ernannter Moderator der Steuer- und Arbeitskreise des Themas Gesundheitsmanagement zentral im Mittelpunkt steht und sich daraus für das vorliegende Thema relevante Aspekte ergeben, fiel die Vorstellung der Person Krüger und seiner organisationsbedingten Eingebundenheit in kollegiale Beziehungsstrukturen ausführlicher aus als bei den übrigen Interviewpartnern. Diese Informationen tragen zu einem besseren Verständnis des Kontextes bei und helfen damit die Forschungsfragen zu beantworten.

Herr Krüger ist von Beruf Sozialpädagoge und im vorliegenden Unternehmen in der Betrieblichen Sozialberatung tätig. Diese Abteilung ist dem Ressort Personal zugeteilt und zum Zeitpunkt des Interviews direkt dem Personal- und Arbeitsdirektor Dr. Menne unterstellt. Im Gegensatz zum Werksärztlichen Dienst, in dem der leitende Werksarzt Dr. Landgraf in der hierarchischen Organisationsform auf mittlerer Führungsebene eingestuft ist, wird Herrn Krüger keine Führungsposition zugewiesen. Aufgrund dieser Situation fühlt sich Herr Krüger in einer benachteiligten Lage, da ihm ohne jeglichen hierarchischen Rang diverse Einflussmöglichkeiten versagt bleiben. Dies wirkt sich in der Praxis insofern negativ aus, als er von Strategiesitzungen des Führungskreises ausgeschlossen ist und stets auf die Informationen durch seinen Vorgesetzten angewiesen ist. Die Kommunikation mit seinem Chef Dr. Menne gestaltet sich entsprechend schwierig, da dieser wenig Zeit hat und die räumliche Entfernung der Büros ungünstig ist. Zudem fühlt sich Herr Krüger durch den bereits erwähnten gering transparenten Führungsstil Dr. Mennes in seiner Aufgabenerfüllung behindert.

Die organisatorische Aufhängung der Betrieblichen Sozialarbeit bedarf aufgrund ihrer kulturgestalterischen Intentionen und der vertrauensvollen Beratungstätigkeit unter Schweigepflicht bestimmter Rahmenbedingungen und sollte möglichst unabhängig von Segmenten innerhalb des Personalwesens sein, die mit Personalbetreuung, Arbeitsrecht oder disziplinarischen Verfahren, wie Abmahnungen oder Kündigungen betraut sind. So kommt ihr insofern eine etwas isolierte Verortung im Unternehmen zugute. Überdies ist sie auf klare und unbürokratische Kommunikationsstrukturen angewiesen, um stets über Veränderungen, Innovationen und Missstände im Unternehmen informiert zu sein, da sie ohne diese Informationen nur geringe Handlungsmöglichkeiten hat.

Aus dieser Sicht heraus erlebt Herr Krüger keine optimalen Arbeitsbedingungen für sich. Zudem sieht er sich fortwährend in Konkurrenz zu anderen Bereichen, die ähnliche oder gleiche Innovationen und Prozesse anstoßen möchten wie er. Dies betrifft beispielsweise den Betriebsrat, Herrn Weno, den werksärztlichen Dienst, Dr. Landgraf, und die Arbeitssicherheit, Herrn Prinz.

Zudem erlebt Herr Krüger es als behindernd, dass diese oben genannten Kollegen in der Hierarchie auf (höheren) Führungsebenen stehen und somit bei gemeinsam gesteuerten Prozessen wie beispielsweise der Implementierung und Steuerung von Gesundheitsmanagement über mehr Einfluss und bessere Informationsstrukturen verfügen als er. Herr Krüger fühlt sich in solchen Steuer- und Arbeitskreisen, wie bereits im Kapitel 3 erläutert, isoliert und benachteiligt.

Dies hinterfragt er auch kritisch im Interview als einen Tatbestand, der „schon an und für sich für eine geringere Gewichtung sozial humaner Themen im Unternehmen spreche, da die betriebsinterne Sozialberatung, hierarchisch betrachtet, nichts wert sei". Inwiefern dies mitunter auf ein unbefriedigtes Befinden hinsichtlich der eigenen Karriereplanung zurückzuführen ist, kann in Betracht gezogen werden.

Herr Krüger wird hinsichtlich seiner Persönlichkeit von diesen oben schon genannten Bereichen wiederum als ein Kollege erlebt, der sich thematischer Aufgabenbereiche annimmt, deren Gestaltung und Management sie aber selbst in ihrer Abteilung in eigener Regie durchführen möchten, und schätzen eine mögliche Kooperation mit ihm als verbesserungswürdig ein. Obwohl er sich oftmals ohnmächtig dieser organisatorisch und personal diffusen Situation ausgesetzt fühlt, kämpft er kontinuierlich für seine Ideen und erlebt demzufolge einen isolierten, allein auf sich gestützten und von Machtspielen umkämpften Berufsalltag.

Da die Betriebliche Sozialberatung im Arbeitsgesetz im Gegensatz zum Werksarzt nicht gesetzlich verankert ist, muss sie über ein attraktives Angebot und einen permanenten Nachweis ihres ökonomischen Nutzens ihre Daseinsberechtigung immer wieder unter Beweis stellen, um sich als einen wertschöpfenden Faktor im Unternehmen behaupten zu können. Auch diese Konditionen bewirken bei Herrn Krüger ein anstrengendes Dasein, zumal er die Evaluierung der Projekte und Interventionen mittels verschiedener Kosten-Nutzen-Analyseinstrumente dazu nachweisen müsste. Aufgrund der personalen Unterbesetzung dieser Abteilung im vorliegenden Fall ist dies für Herrn Krüger jedoch nicht durchführbar.

Herr Krüger zeigt sich im Interview als offener Gesprächspartner und stellt seine Kritikpunkte dementsprechend in den Raum. Die fachliche Zusammenarbeit mit der Interviewerin in der Vergangenheit tragen dazu bei, dass das Gespräch in einem offenen und vertrauten Kontext verläuft. Inwiefern er sich infolge seiner professionellen Vorkenntnisse nicht ganz unbelastet auf das Thema Gesundheit einlässt und er demzufolge in politisch korrekter Weise antwortet, wurde von der Autorin reflektiert. In Bezug auf die sehr kritischen, jedoch natürlich subjektiven Aussagen über das Unternehmen und seine Organisation, diente das Interview einer aufschlussreichen Klärung und war daher der Beantwortung der Forschungsfrage dienlich. Hinsichtlich einer im Sinne von politischer Korrektheit geschönten Darstellung der eigenen Person, musste eine eventuelle fachliche Vorbelastung mit in Betracht gezogen werden, stand aber der Bearbeitung der Forschungsergebnisse nicht erheblich im Weg.

### Sprache und Metaphern

Herr Krüger verfügt über einen offenen Erzählstil. Er verliert des Öfteren die Struktur in seiner Argumentation, um dann in assoziative Exkurse abzuweichen. Er verwendet in seiner Erzählweise viele Metaphern und veranschaulicht seine Inhalte mit zahlreichen Beispielen aus der allgemeinen Lebens- und Berufspraxis. In seiner Sprache bedient er sich teilweise eines umgangssprachlichen Jargons und fügt immer wieder humorvoll gemeinte flapsige Redewendungen ein, die gelegentlich auch Zynismen enthalten. In Erzählpassagen über seine biografische Entwicklung bleibt er in der Ich-Form, genauso auch in denjenigen Passagen, die seine Erfahrungen im Berufsleben darlegen. Er wechselt die Erzählperspektive lediglich in die Man-Form, wenn es um seiner Meinung nach allgemein gültige Erkenntnisse geht, die jedermann in dieser Weise habe. Wie aus nachstehendem Zitat ersichtlich wird, verwendet er Metaphern oftmals aus dem Bereich Essen, Genuss und Lebensfreude.

> „[lacht] Ja! Aber äh – ja, das stellt für mich Gesundheit dar: Ich hab einen Riesen-Tisch, ja, und an dem Tisch hocken alle Leute, die ich mag, äh und der ist aufgeschlagen mit Wein und Weib und Gesang [lacht], und wir lassen's uns gut gehen, ohne über die Stränge zu hauen. In allen Ebenen. Also sozusagen mitten im Grünen ein voll gedeckter Tisch. Und ich brauch auf nichts verzichten." S. 53

## Lebenskonzept und Gesundheitsvorstellungen

| | |
|---|---|
| **Lebenskonzept** | Bestreben von Harmonie durch emotionales u. kognitives Steuern – Persönlichkeitsentwicklung |
| **Zugang zum Thema Gesundheit** | a. Verknüpfung mit Krankheit, c. Einstieg über biografischen Blickwinkel |
| **Gesundheitsvorstellungen** | |
| **Gesundheitskonzept** | |
| **a. dynamisches Modell** | D: Das Generator-Modell „Expansion" |
| **b. Inhalte** | Neg.: 2 keine spezifischen Beschwerden;<br>Pos.: 4 Handlungsfähigkeit, 7 Wohlbefinden |
| **Gesundheitstheorie** | A2: Risikofaktoren/-verhalten<br>B2: Erhalt bzw. Stärkung von Ressourcen |
| **a. positive Einflüsse** | 1 Konstitution<br>1 Disposition<br>2 Lebensweise und Verhalten<br>3 Umwelt |
| **Gesundheitshandeln** | A2 beschwerdebezogenes Gesundheitshandeln<br>C1 sozial motiviertes Gesundheitshandeln<br>C2 psychisches und soziales Gesundheitshandeln |

Tabelle 10, Hr. Krüger

### Lebenskonzept

Für Herrn Krüger steht die soziale Harmonie mit seiner Umwelt im zentralen Interesse seiner Bestrebungen und Handlungen. Es gilt für ihn, im Laufe der persönlichen Entwicklung über emotional und kognitiv gesteuerte Handlungsprozesse das eigene Leben im Kontext seiner sozialen Umwelt zu bewältigen. Herr Krüger weist somit eine zu seiner Ausbildung als Diplom-Sozialpädagoge kongruente Persönlichkeitsstruktur und Lebensweise auf. Die kontinuierliche Arbeit an der eigenen Person, also die Persönlichkeitsentwicklung, sieht er als wichtigen Prozess im Leben an. Dabei geht er sowohl problembewusst und analytisch als auch lösungs- und ressourcenorientiert vor. Sein systemisches Denken als auch seine Fähigkeit zur Reflexion stellen zudem unterstützende Ressourcen für ihn dar. Eine weitere Fähigkeit liegt in seiner salutogenetisch orientierten Betrachtungsweise und der Inanspruchnahme sozialer Ressourcen sowie das kognitive Wissen um deren Nutzen. Um mit Antonovskys Ansatz des SOC („sense of coherence") zu sprechen, liegen bei ihm die Komponenten der Verstehbarkeit, der Handhabbarkeit und der Bedeutsamkeit im Vergleich zu einigen seiner KollegInnen im unternehmerischen Umfeld in einem hohen Bereich. Seine allgemeinen Widerstandsressourcen sind dementsprechend gut ausgeprägt. Da ihn andererseits auch depressive Elemente aus der Betrachtung vergangener Lebensphasen, u. a. mit der Herkunftsfamilie, belasten und ihn zum jetzigen Zeitpunkt im Unternehmen hinsichtlich seiner beruflichen Konstellation in ähnlicher Weise frustrierende Erfahrungen beeinträchtigen, beispielsweise Niederlagen durch Konkurrenzkämpfe etc., reduziert sich sein Blick oftmals in einer negativen bis fast pessimistischen Sicht auf die Dinge.

Aus der Erfahrung seines Bruders mit der Psychiatrie bilanziert er seine eigenen Erfahrungen und entwickelt daraus eine skeptische Haltung gegenüber den Aussichten auf Erfolg psychiatrischer Intervention. So gibt ihm u. a. diese Erfahrung Anlass, balanciert mit dem Einsatz von therapeutischen Interventionen und der Akzeptanz und Anerkennung eigener Unzulänglichkeiten zu jonglieren, um daraus ein gestärktes Selbstwertgefühl und Wohlbefinden zu entwickeln.

„Und beim Thema psychische Gesundheit ist es so, dass auf Grund der Ereignisse – mein Bruder war ein Dreivierteljahr alt, als meine Mutter gestorben ist – ja, da streiten sich jetzt die Geister, warum und wieso, ich sag dir meine Version: Er hat mit circa 24 Jahren eine Therapie begonnen, weil er bezogen auf dieses Ereignis im Leben Schwierigkeiten hatte. Sowohl was Kontakt anbelangt als wie Vertrauen zu sich, – also es gibt verschiedene Themen, ja? Auf Grund dieser Therapie, meines Erachtens auf Grund von Therapiefehlern, sag ich, ist bei ihm ein psychiatrisches Bild ausgebrochen, das bis heute nie in den Griff gekriegt worden ist. Er hat jetzt die Diagnose „endogene Schizophrenie". (?) auch völlig wurscht ist, warum und wieso und weshalb, und ob man nicht was auslösen kann, was nicht sowieso schon angelegt wäre oder da gibt es ja verschiedene Modelle dazu, äh aber daher kommt auch dieser, diese totale Ablehnung gegen dieses Expertentum." S. 52

Der Mensch und seine Anliegen stehen bei Herrn Krüger im Mittelpunkt seines primären Interesses und beruflichen Handelns. Seine Werte sind dementsprechend psychosozial ausgerichtet. Die unternehmenstypische monetäre Werteausrichtung stellt für ihn persönlich einen scheinbar recht unwichtigen Wert dar, den er rein des Rapports wegen mit der Geschäftsumwelt in seinen Denkweisen berücksichtigt. Daraus ergibt sich eine eher unternehmenskritische Haltung, die sich auch in seinem gesellschaftskritischen Weltbild widerspiegelt. Neoliberale Anschauungen sind ihm eher fremd und geben anstatt dessen Anlass, für eine sozialere Welt zu kämpfen. Er tendiert diesbezüglich eher zu einer kommunitaristischen Weltanschauung, die eine gesellschaftlich sozial engagierte Haltung impliziert.

Das Berufsleben in einem hinsichtlich der Werteorientierung ambivalenten System bedarf einer permanenten Bemühung um Reflexion und Reframing (Umdeutung), um die teilweise unüberwindbaren Differenzen und sich daraus tagtäglich neu ergebenden Herausforderungen aushalten und ihnen entgegenwirken zu können.

Seinem Lebenskonzept zufolge bemüht er sich um eine Balance zwischen der sozialen, psychischen und psychosomatischen Dimension mit dem Ziel, ein höchstmögliches Potenzial an Handlungs- und Sozialkompetenz aufzuweisen und darüber die Folgen konditionaler kontextspezifischer Widerstände als auch persönlich belastender Dispositionen und Konstitutionen überwinden zu können.

In der Frage nach dem selbst empfundenen Verantwortungsgrad in der Firma zeigt er eine autonome, eigenverantwortungsbewusste Haltung. An dieser Stelle reflektiert er auch kritisch die Relevanz und aufrichtige Zielintention seiner Aufträge für die Firma. Hierin spiegelt sich gleich zu Beginn des Interviews seine kritische Sichtweise dem Unternehmen gegenüber.

> „Äh die Aufgaben, die ich zu übertragen bekomme, muss ich alle in Eigenverantwortung übernehmen, ja, hab Selbstverantwortung, die zu steuern und zu tun. Wo für mich nicht immer klar ist, ist, welche Relevanz haben diese Aufträge, welche Bedeutung für die Firma. Also arbeite ich Dinge aus mit einer hohen Eigenverantwortung, mit einem hohen Engagement, die letztendlich ausgearbeitet sind, aber nicht gelebt werden, und wo oft die Frage

da ist, ist es denn überhaupt gewünscht, dass sie gelebt werden oder ist es nicht einfach nur wichtig, dass es jemand gibt, der es ausarbeitet und überhaupt darstellt?" S. 51

Im letzten Absatz des vorangegangenen Zitates kommt zudem auch sein Zweifel an der ihm und seiner Tätigkeit entgegengebrachten Anerkennung bzw. der vorenthaltenen Anerkennung vonseiten seiner Auftragsgeber zum Ausdruck.

Zugang zum Thema Gesundheit

*a. Verknüpfung mit Krankheit, c. Einstieg über biografischen Blickwinkel*

Den Zugang zum Thema Gesundheit findet er direkt über den Einstieg in die Erzählung seiner Krankheitsgeschichte entlang ihres biografischen Verlaufs. Dabei spielen zunächst belastende Umstände aus der Herkunftsfamilie und daraus resultierende Krankheiten eine Rolle. Dem folgen dann Krankheitsberichte aus der Entwicklungsphase der Pubertät und schließlich Krankheitserzählungen über die Familienmitglieder der heutigen Gegenwartsfamilie. Parallel berichtet er in einzelnen Erzählpassagen über Krankheitsgeschichten seiner Geschwister im heutigen Erwachsenenalter und deren belastenden Auswirkungen auf sein Leben heute. Seine Gegenwartsfamilie, vor allem die Beziehung zu seiner Frau, erlebt er aber als einen positiven Wendepunkt in seinem Leben, was seine Befindlichkeiten angehen. Er „macht sie", wie aus nachfolgendem Zitat auch ersichtlich, für sein Wohlbefinden und „Gesundsein" verantwortlich.

„Nächster Step ist eigentlich so, dass ich sag, die gesundheitlichen Auswirkungen so für mich haben sich eigentlich erst im Alter ab 24, 25 verbessert. Ich würde sagen, seit ich in der Familienphase mich befinde. Na, seit ich meine Frau kennen gelernt hab. Vielleicht ist die mein Gesundheitsfaktor, überleg ich mir grad, sag ich ihr aber nicht [lacht]." S. 52

Gesundheitsvorstellungen und Gesundheitshandeln

Gesundheitsvorstellungen

Subjektives Gesundheitskonzept

a. Dynamisches Modell

*D: Generator-Modell „Expansion"*

Das Thema Gesundheit ist für Herrn Krüger hoch priorisiert. Er begründet dies mit seinen in früher Kindheit erlebten harten Lebensumständen und seiner daraus resultierenden permanenten Konfrontation mit Erkrankungs- und Gesundungsprozessen. Seine persönliche genetische Disposition liefert dafür u. a. die ursächlichen Gründe.

> „Es spielt für mich eine wahnsinnig hohe Rolle, äh bedingt durch, jetzt sag ich mal, unsere Familie hat einen Vollschlag. Wir sind alle psychisch völlig daneben, einschließlich mir. Also ich darf das jetzt ja so salopp formulieren, wie ich es formuliere, ne? ..." S. 51
>
> „Äh, was Gesundheit zu tun hat und was für die Familie, was die psychische Gesundheit anbelangt, auch im Sinne von Aufwachsen, eine völlig desolate Situation hinterlassen hat, die mein Vater damals überhaupt nicht steuern konnte." S. 51
>
> „Äh das zweite ist, ich hab, soweit ich mich erinnern kann, wenn ich mich jetzt an meine Kindheit erinnere, ständig, ich hab alle Kinderkrankheiten gehabt, ich hab ständig Mandelentzündungen gehabt, was weiß ich was. Also das Thema Krankheit und Gesundheit, drin zu hocken, während andere spielen, war für mich spürbar. ..." S. 51
>
> „Also das hat auf psychische, seelische und tatsächliche Frage von Gesundheit eine enorme Auswirkung gehabt. Auch im Sinne dessen, welche Erfahrungen für mich daraus entstanden sind." S. 51

Er verfügt über einen ganzheitlichen Gesundheitsbegriff, der sich über die soziopsychosomatische Ebene erstreckt. Aus seiner persönlichen Krankengeschichte ergibt sich zunächst aufgrund dieser Erfahrungen eine defizitäre Orientierung, die er dann aufgrund von Reflexion zu einer Ressourcenorientierung entwickelt.

Aus seinen Schilderungen lässt sich eine kontinuierliche Verortung von Krankheit und Gesundheit feststellen und nicht als Wechsel diskreter Zustände. Seiner Dynamik zufolge ist er der Energiemetapher des Generators zuzuordnen. Gesundheit deutet er infolge seiner persönlichen Entwicklungsgeschichte als Expansion eines Potenzials. Die Vergrößerung und Ausweitung dieses Potenzials dominiert in seiner Vorstellung. Dieses vorhandene Energiereservoir versucht er, durch bestimmte Einflüsse oder aktiv gesundheitsbezogene Bemühungen zu vergrößern. Im Besonderen glaubt er, den Zuwachs an psychischem Wohlbefinden und Selbstvertrauen dadurch erhöhen zu können. Dabei ignoriert er partiell die Auswirkungen seiner riskanten Lebensweise, was die körperlichen Komponenten des Gesundheitsverhaltens betrifft. Bewegungsarmut und falsche Ernährung sind ihm zwar bewusst. Er realisiert es aber gegenwärtig noch nicht als Beeinträchtigung des gesundheitlichen Wohlbefindens. Seine personalen, subjektiven Kontrollmöglichkeiten sind multidimensional und vielfältig ausgeprägt. Die psychosoziale Einflussebene dominiert jedoch in seiner Vorstellung.

b. Inhalt

*2 keine spezifischen Beschwerden, 4 Handlungsfähigkeit,*
*7 Wohlbefinden*

Inhaltlich beschreibt er Gesundheit demzufolge negativ als Zustand, in dem keine spezifischen Beschwerden wahrnehmbar sind. Überwiegend bestimmt er aber Gesundheit positiv als Handlungsfähigkeit und Wohlbefinden.

Seine Bestrebungen, durch ein hohes Kontingent an sozialen Bewältigungskompetenzen handlungsfähig zu sein, kristallisieren sich in seiner Gesundheitsdynamik wie auch in seinem Lebenskonzept wieder heraus.

Ziel ist die Balance zwischen physischen, psychischen und sozialen Aspekten.

„Es bedeutet für mich Spaß am Leben, Freude, ein Mehr an Möglichkeiten, also Wegfall von Einschränkung, wenn ich es negativ formuliere, Wegfall von Einschränkung, Stabilisierung von Selbstwert, äh Selbstgefühl, also das Gefühl für eigene Stärken – kann ich besser wahrnehmen, es macht mehr

Spaß, in sich hineinzuspüren oder sich, sein Körpergefühl oder sein Lebensgefühl, das man hat, ist ein völlig anderes, wenn man, ob man jetzt sagt: „Oh Gott, was hab ich denn jetzt schon wieder?", ... Ich weiß, dass Gesundheit Voraussetzung ist, dass all das, was ich gern machen will und was mir Spaß macht, was mir Freude bringt, und dass ich ohne Gesundheit das nicht machen könnte ... Also das ist das, welchen Stellenwert hat das Thema. Ich werde ständig damit konfrontiert und merke, dass ne Veränderung, erstens mal merke ich, ja, da hat es ne Veränderung gegeben, ist was stabiler geworden, äh, aber wenn ich an Zukunft denke, dann habe ich zwei ausgemachte Fragen, mit denen ich mich sehr stark auseinander setzen muss: das eine ist Gefäßerkrankung, was tust du dagegen, erbliche Vorbelastung, und das zweite ist äh orthopädische Einschränkung im Gehbereich. Und das dritte ist halt einfach Erhalt psychischer Gesundheit." S. 53

Gesundheitstheorie

Einflussprozesse

*A2: Risikofaktoren, -verhalten, B2: Schwächung / Stärkung externer oder interner Ressourcen*

Einflussbereiche

*1 Konstitution/Disposition, 2 Lebensweise / Verhalten, 3 Umwelt*

Wie auch in den Gesundheitsvorstellungen spiegeln sich in seiner subjektiven Theorie von beeinflussenden Prozessen und Bereichen seine Balance auf den drei Ebenen wider.

Persönliche Risikofaktoren und Risikoverhalten betrachtet er als die Gesundheit beeinflussende Prozesse.

Der Erhalt bzw. auch die Stärkung von Ressourcen stellen für Herrn Krüger ebenso einen Einflussprozess dar, insofern er diesen Prozess im Besonderen aus seinen persönlichen Erfahrungen, deren Reflexion und daraus resultierenden Handlungskompetenzen zur besseren Alltagsbewältigung kontinuierlich erfährt und durchlebt. Die persönliche Gestaltungsmöglichkeit gibt aus seiner Sicht einen der ausschlaggebenden, gesundheitserhaltenden Aspekte wieder, die er als prozesshafte kontinuierliche Veränderungsarbeit auffasst.

„Und das bedeutet, das bedeutet, ich habe viel aktiver, ich hab viel aktiver angefangen, für mich auszuwählen, welche Situationen muss ich aufsuchen, damit ich das, was ich brauch, krieg. Und ich bin weggegangen davon, dass ich gesagt hab: Was muss ich denn alles ändern, erdulden oder auf mich nehmen, damit ich das ertrag, was da ist?

Also Gesundheit beeinflussen hat was damit zu tun, welche Bilder hab ich von Situationen, die mir gut tun. Ja? Wenn ich ein Bild davon habe, ich fühle mich wohl mit Weißbier, Schweinshaxe, dann tu ich wahrscheinlich nicht so viel für meine Gesundheit, als wenn ich dasselbe Bild mit derselben Qualität produzieren kann, mit Langlauf und was weiß ich was. Also ich denke mir, dieses innere Bild „wo hab ich die Befriedigung für mich" – wenn das stimmig ist und das dann zufällig auch noch korreliert mit gesundheitsförderlichem Verhalten, dann bin ich auch gesünder.

[lacht] Ja! Aber äh – ja, das stellt für mich Gesundheit dar: Ich hab einen Riesen-Tisch, ja, und an dem Tisch hocken alle Leute, die ich mag, äh und der ist aufgeschlagen mit Wein und Weib und Gesang [lacht], und wir lassen's uns gut gehen, ohne über die Stränge zu hauen. In allen Ebenen. Also sozusagen mitten im Grünen ein voll gedeckter Tisch. Und ich brauch auf nichts verzichten." S. 54

Positive Einflüsse sind seiner Meinung nach in der persönlichen Konstitution, einem hohen Kohärenzgefühl als auch in einer altersspezifischen Weisheit aufgrund persönlicher Erfahrungen, Einsicht und Akzeptanz anzusiedeln.

Weiterhin betrachtet er die genetische Disposition als auch die Lebensweise und das Verhalten als wichtigen Einflussbereich für die Gesundheit.

Auch erlebt er die soziale Umwelt als eine der maßgeblich unterstützenden Faktoren. So hat für ihn zunächst die Familie einen hohen Stellenwert, was sich vor allem auf seine Frau bezieht. Aber auch Freunde, die ihm über Feedback und andere Impulse zur Reflexion verhelfen, stellen für ihn einen wichtigen Bereich dar.

„Da gibt es für mich drei Dinge, die mir so einfallen: Das Erste ist, wir haben natürlich ein genetisches Programm in uns. Das genetische Programm bewirkt, äh dass ich mein Verhalten im Sinne von Umgehen mit Situationen, die mir gegeben sind, dass ich mein Verhalten halt dementsprechend noch drauf einstellen muss. Ich denke aber, wenn ich aus unserer Zivilisationssituation aus das betrachte, dass 70 Prozent dessen, ob wir krank oder gesund sind, ein Verhaltensstil, eine Lebenseinstellung und eine Lebensart beinhaltet." S. 53

„Das Zweite ist sicherlich die Feedback-Schleifen mir wohlgesonnener Menschen. (?) ist Selbstreflexion auf Grund von Supervision, Selbsterfahrungselementen und meiner täglichen Arbeit. Das Dritte ist altersspezifische Weisheit. Keine Ahnung. Einfach äh (?) mehr zu wissen oder auch mehr die Akzeptanz dessen, was ist. Ich bin 45 [lacht], ich werde 45, (?) mehr Gelassenheit, frag mich nicht warum, mehr Gelassenheit, eher zu akzeptieren, wo ich früher wahnsinnig viel ändern wollte. Eher den Schritt zu gehen zu sagen: (?Nicht) ich als Gesamtperson bin nicht okay, es war ja eher so der Ansatz auch im gesamten Denken von Sozialarbeit, was ich gelebt hab, ja? So defizitorientiert sich selber gegenüber auch. „Und das musst du noch lernen und das kannst du nicht und da hast du noch ne frühkindliche Störung, und die Traumatisierung hat das bewirkt, also, wenn du auftreten willst, musst du das noch verbessern" – also es war immer so ne Selbstreflexion: Wo tickst du noch nicht okay?" S. 55

„... aber ich hab äh – ich hab jetzt mehr das umgedreht, zu der Situation zu sagen, ich akzeptiere mehr meine Rahmen. Weil ich sie schon siebzehnmal versucht hab zu ändern und immer wieder ändere ich sie nicht, und dann denk ich mir: Ja okay, das ist ein Teil von dir, dann guck, wo sind die Situationen, wo dieser Teil okay ist." S. 53

Familie kann aber auch seiner Erfahrung nach einen negativen Einfluss auf das Wohlbefinden haben. So bezieht er die positiven Einflüsse der Familie lediglich auf seine Gegenwartsfamilie, stellt aber sehr negativ einwirkende Einflüsse der Herkunftsfamilie auf sein Leben fest. Hier differenziert er die unterschiedlichen Wirkungen von sozialer Vernetzung und kommt zu dem Ergebnis, dass diejenigen Beziehungen, die er selbst mitautorisiert und gestaltet hat, eine positive Einflussnahme auf sein Wohlbefinden haben, während im Gegensatz dazu die bereits seit seiner Kindheit durch die Familienkonstellation gefügten Beziehungen durch eine gemeinsame schwere Vergangenheit belastend sind und ihn auch heute noch in einen depressiven Zustand bringen.

„Ansonsten ist in meiner jetzigen Familie, also nicht in meiner Ursprungsfamilie, sondern in der, wo ich jetzt lebe, äh ein erfrischendes Maß an Gesundheit da. Wir haben bis auf die normalen Schnupfen-Aktionen, keine, Gott sei Dank keine, bei keinem, weder Unfälle noch Erkrankungen noch ich weiß nicht was, ne? Also das heißt, die letzten 15 Jahre ist mein Umfeld in einem relativ stabilen Umstand, weil wir auch diese Neurodermitis-Situation im Griff haben." S. 53

„Aber es war, ich war mehr so in dem Zuschreibungs- und Behandlungsbereich, von meinem Gefühl her, und ich bin jetzt mehr äh, mehr in der Situation, dass ich mehr gestalte und mehr Einfluss nehme auf das, was ich will und nicht will. Aktiver Einfluss darauf nehme in dem Rahmen, den ich hab, den Rahmen viel aktiver nutze, viel aktiver gestalte. Viel rigoroser mir traue auch zu sagen, was ich nicht will. Was sich auch darin niederschlägt, dass ich zum Beispiel vom inneren Bild her mir zugestehe, dass ich sag, (?) es liegt in der familiären Situation:
Wenn wir uns alle treffen, geht's mir sauschlecht. Ich hab vier Tage vorher schon Beschwerden, Beengungsgefühle oder sonst was. Äh ich geh nicht mehr hin, Punkt. Ich habe den Preis des schwarzen Schafes und habe dafür eine wahnsinnige innere Freiheit gekriegt. Und es ist mir psychologisch scheißegal, wie das einzuordnen ist, vom Ergebnis her ist ne Qualität gekommen, wo ich sage, das Ergebnis für mich ist mir wichtiger als äh einer Erwartung zu entsprechen." S. 54

### Gesundheitshandeln

*A2 beschwerdebezogenes Gesundheitshandeln, C1 sozial motiviertes Gesundheitshandeln, C2 psychisches und soziales Gesundheitshandeln*

Herr Krüger verfügt über ein multidimensionales Gesundheitshandeln. Nach einer Bilanzierung seiner Krankengeschichten und deren Gesundungsprozesse erreicht er einerseits ein hohes Potenzial an Bewältigungskompetenzen und Selbstvertrauen, andererseits sieht er sich mit erneutem Handlungsbedarf hinsichtlich seiner genetisch disponierten Erkrankungschancen konfrontiert.

Seinem Gesundheitskonzept zufolge tendiert Herr Krüger, die körperlichbezogenen Aktivitäten betreffend, eher zu einem beschwerdebezogenen Gesundheitshandeln, da er trotz seiner kognitiv rational bewussten Überzeugungen von Risiken durch genetische Disposition noch nicht die Einsicht zu einem stärker präventiv ausgeprägten Gesundheitshandeln gewonnen hat. Im aktuellen Stadium sind für ihn noch keine spezifischen Beschwerden wahrnehmbar, sodass er konkrete Maßnahmen zu einer gesundheitsbezogenen Verhaltensänderung zunächst an einen vagen Zeitpunkt in die Zukunft verschiebt.

Dagegen ist aus seiner persönlichen und familiären Krankengeschichte und dem Wunsch nach einer besseren Lebensqualität eine zunehmend ressourcenorientierte, die soziale Unterstützung durch Familie und Freunde in Anspruch nehmende Lebensgestaltung entstanden. Aus diesem Erkenntnisprozess heraus bildete sich bei Herrn Krüger ein in die Lebensweise integriertes Gesundheitshandeln aus, das in den Kategorien von einem sozial motivierten bis psychisch sozial ausgerichteten Gesundheitshandeln reicht.

Legt er tendenziell noch den Fokus auf krankheitsvermeidende Handlungsmuster, verfügt er aufgrund seiner biografischen Entwicklung und professionellen Verarbeitungsstrategien mehrheitlich über ein psychisch sozial motiviertes Gesundheitshandeln, das in die gesamte Lebensweise integriert ist.

### 5.1.2.6 Herr Prinz

#### Zu den demografischen Daten

Herr Prinz ist 46 Jahre alt, verheiratet und hat zwei Kinder.

#### Vorstellen der Person

Herr Prinz ist ein Mitarbeiter der Abteilung Arbeitssicherheit und in der Organisationshierarchie auf der mittleren Führungsebene. Er engagiert sich sehr für innovative Ideen und fördert dementsprechend Prozesse, die das Arbeitsleben gestalterisch positiv beeinflussen. Um sein

Repertoire an Handlungskompetenzen kontinuierlich erweitern zu können, nutzt er regelmäßig das aktuelle Weiterbildungsangebot im Unternehmen. Sein explizites, aktives Wissen über Projektmanagement, Strategieentwicklung, Managementinstrumente, Prozesssteuerung oder auch Führungskompetenz trägt aus seiner Sicht maßgeblich zu einer sinngebenden und befriedigenden Aufgabenbewältigung bei.

## Metaphern und Sprache

Sprachlich verfügt er über einen lebhaften Erzählstil. Seine Schilderungen über subjektive Erfahrungswerte aus dem Berufsalltag enthalten zahlreiche Beispiele seiner Praxiserlebnisse, die detailliert beschrieben, manchmal humorvoll kommentiert und durchsetzt mit wörtlicher Rede sind. Überdies veranschaulicht er seinen Bericht immer wieder durch Metaphern.

## Lebenskonzept und Gesundheitsvorstellungen

| | |
|---|---|
| **Lebenskonzept** | Permanenter Verbesserungsprozess durch ständige Veränderung von Missständen |
| **Zugang zum Thema Gesundheit** | a. Verknüpfung über Krankheit<br>c. Zugang über biografischen Blickwinkel |
| **Gesundheitsvorstellungen** | |
| **Gesundheitskonzept**<br>**a. dynamisches Modell** | C: Das Akkumulator-Modell „Regeneration" |
| **b. Inhalte** | Pos.: 5 Leistungsfähigkeit, 7 Wohlbefinden |
| **Gesundheitstheorie** | B: Erhalt und Stärkung von Ressourcen |
| **a. positive Einflüsse / b. negative Einflüsse** | 1 Konstitution<br>1 Disposition<br>2 Lebensweise und Verhalten<br>3 Umwelt |
| **Gesundheitshandeln** | C1 sozial motiviertes Gesundheitshandeln<br>C3 Mehrdimensionales Gesundheitshandeln |

Tabelle Nr. 11, Hr. Prinz

### Das Lebenskonzept

Sein zentrales Bestreben ist ein kontinuierlicher Lernprozess. Das Erkennen von Missständen und deren Reduzierung durch Veränderungsmaßnahmen bilden für ihn ein ausgefülltes, interessantes und befriedigendes Berufsleben. Die Einsicht in die Sinnhaftigkeit und den Nutzen diverser Präventionsmaßnahmen prägt nicht nur seine professionelle Haltung, sondern wird auch in das Management seines Familienlebens übertragen. Demnach folgt er einem Lebenskonzept, dessen Ziel es ist, im kontinuierlichen Prozess von aktiven gesundheitsbezogenen Bemühungen zum höchstmöglich erreichbaren Potenzial an Gesundheit zu gelangen. Emotionale Elemente, wie persönlicher Spaß und Befriedigung, stehen dabei genauso zentral im Mittelpunkt. Aus diesen Aktivitäten gewinnt er seine Motivation und Agilität im Leben. Würde ihm dies fehlen, ließe aus seiner Sicht auch die Lebensqualität nach. Überdies verfügt er über eine problembewusste Haltung und zugleich die Fähigkeit, ressourcen- und lösungsorientiert als auch zuversichtlich erkannte Problemstellungen zu bewältigen. Unterstützend wirkt hierbei nicht zuletzt seine Fähigkeit, systemisch zu denken. Sein Repertoire an gesundheitsbewussten Bewältigungskompetenzen ist aufgrund dessen multidimensional und vielfältig ausgestattet.

Der Mensch steht in seinem zentralen Interesse. Dies zeigt sich gleich zu Beginn des Interviews bei der Frage nach dem subjektiv empfundenen Verantwortungsgrad. Obwohl er einschränkend feststellt, keine disziplinarische Verantwortung für Interventionen an den MitarbeiterInnen zu haben, empfindet er seinen Verantwortungsgrad als sehr hoch, da er persönlich mit den MitarbeiterInnen aktiv beraterisch arbeitet.

> „Also ich denk, ich würde ihn als sehr hoch einstufen, einfach weil wir unmittelbar, wie der Werksarzt, am Menschen selbst arbeiten oder mit dem Menschen selbst arbeiten. Und Auswirkungen passieren immer unmittelbar gleich am Menschen. Deshalb im Verantwortungsgrad ja, wenn wir auch die Verantwortung nicht als solche disziplinarisch haben, sondern die der Vorgesetzte hat. Aber wir den selbstverständlich dort hinführen müssen, dass er seine Verantwortung wahrnehmen kann." S. 64

Seine verantwortungsbewusste Haltung durchzieht sowohl das Berufs- als auch das Privatleben, wenn es darum geht, Zustände zu analysieren und daraus die Lebensumstände zu verbessern. Eine bewusste kognitiv rational gesteuerte Problemlösungsstrategie ist für ihn ein maßgeblicher Aspekt seines Lebenskonzepts. Mit diesen Fähigkeiten scheint er auch mit den hierarchisch begründeten Machtkämpfen bei fachlichen Entscheidungen gut zurechtzukommen.

Zugang zum Thema Gesundheit

*a. Verknüpfung mit Krankheit, c. Einstieg über biografischen Blickwinkel*

Herr Prinz entwickelt den Zugang zum Thema Gesundheit über den biografischen Blickwinkel, indem er entlang seiner Lebensgeschichte mit der Gegenwartsfamilie die gemeinsame Krankengeschichte schildert. Aufgrund der persönlichen Erfahrung, seine Allergien an die eigenen Kinder weitervererbt zu haben, hat er keinen Zweifel an der genetischen Disposition, die zunächst gegeben sei, glaubt aber, dass dann mit entsprechenden Gegenmaßnahmen das Potenzial an vorhandener Gesundheit erhalten und regeneriert werden kann.

Nach diesen Ausführungen verliert er sich in einem monologen Exkurs in sein Arbeitsleben. Es folgen zunächst zahlreiche Schilderungen seiner beruflichen Praxiserfahrung.

> „Also Gesundheit spielt für mich ne große Rolle, äh letztlich auch und mit den Kindern. Natürlich sind wir bemüht, die Kinder so gesund wie möglich zu erhalten, aber natürlich sind sie vorbelastet – ich bin selber Allergiker, und die Kinder sind leider auch Allergiker. Ähm wir tun alles, um das zu minimieren. Gesundheit ist, der oder ist, ja doch, ist der wesentliche Faktor, der erfüllt oder gegeben sein muss, damit wir – gut arbeiten können, aber auch, damit wir gut leben können. Es geht Wesentliches verloren äh an der Lebensqualität, wenn Gesundheit nur noch in Maßen oder eingeschränkt einfach vorhanden ist. Deshalb Gesundheit ist mit eines der wichtigsten Güter. Die Frage ist nur, was tun wir dafür und wie erhalten wir sie?" S. 64

Gesundheitsvorstellungen und Gesundheitshandeln

Gesundheitsvorstellungen

Subjektives Gesundheitskonzept

a. Dynamisches Modell

*C: Das Akkumulator-Modell „Regeneration"*

Seine Krankheitserzählung lässt erkennen, dass Herr Prinz in seinem Gesundheitskonzept Gesundheit auf einem multidimensionalen Kontinuum verortet. Er geht dabei von einem Potenzial an Gesundheit aus, dessen Niveau durch aktive gesundheitsbezogene Bemühungen erhalten werden kann bzw. bei dessen Beeinträchtigung es durch diese auch wieder regenerierbar ist. Er verfügt über ein differenziertes, multidimensionales inhaltliches Gesundheitskonzept, das die körperliche, psychische und soziale Ebene miteinbezieht.

Sein dynamisches Modell von Gesundheit entspricht demzufolge der Energiemetapher des Akkumulators.

Seine subjektiven Kontrollmöglichkeiten stellen sich als sehr vielfältig dar und dienen nicht nur dem Schutz vor schnellem Abbau oder neuer Erkrankung, sondern zielen auch auf die Wiederherstellung des ursprünglich vorhandenen Potenzials ab.

b. Inhalte

*5 Leistungsfähigkeit, 7 Wohlbefinden*

Wie bereits erwähnt, beschreibt er inhaltlich Gesundheit als positiven Ausdruck der Leistungsfähigkeit und des Wohlbefindens.

> „... [seufzt] Gesundheit – das findet sich alles in einem Wohlbefinden wieder. In dem Moment, wo ich mich wohl fühle, äh ist immer die Gesundheit mit als wesentlicher Bestandteil enthalten. Äh, wenn ich krank bin, dann kann ich mich nicht wohl fühlen. Also äh – im Wohlfühlen ist eigentlich alles enthalten." S. 64

> „Ja es geht mir gut, ich bin äh leistungsbereit, ich geh gerne in die Firma, ähm ich bin dabei, Dinge zu verändern permanent, also einer der Sprüche, die ich mal gesagt hab, ist: Solange ich glaub, solange ich noch etwas verändern kann, in der NOVA auch, solange bin ich immer noch am richtigen Platz an der Stelle. Aber wenn das mal nicht mehr gelingt, dann muss ich was tun, denn dann bin ich am falschen Platz [lacht]. Also die, die Veränderung voranzutreiben sozusagen, das ist eigentlich einer der wesentlichen Punkte, die als Oberbegriff über der Arbeit drüberstehen" S. 67

Um Leistungsfähigkeit und Wohlbefinden als solche wahrnehmen zu können, stellt für ihn die Option zur Veränderbarkeit eine vorrangige Bedingung.

Gesundheitstheorie

Einflussprozesse

*B: Erhalt und Stärkung von Ressourcen*

Einflussbereiche

*1 Konstitution, Disposition, 2 Lebensweise, Verhalten, 3 soziale Umwelt, ökologische Umwelt*

Seine komplexe Gesundheitstheorie umfasst ein Netz verschiedener Einflussbereiche und -prozesse. Der Erhalt und die Stärkung von Ressourcen dominieren seiner Vorstellung nach als einflussnehmender Prozess. Unter den korrespondierenden Einflussbereichen steht für ihn zunächst die genetische Disposition an erster Stelle. Gleichermaßen folgt dann aber die psychische Konstitution, zurückzuführen auf subjektiv erlebte Erfahrungswelten und individueller Lebenserfahrung. Im Weiteren hält er eine riskante Lebensweise bzw. risikovermindernde Verhaltensstrategie für einen wesentlichen Einflussfaktor auf den Erhalt der Gesundheit.

Die soziale Dimension aus der direkten Umwelt, wie Familie, ArbeitskollegInnen oder freundschaftliche Beziehungen, ist seiner Theorie zufolge ein erheblich einflussreicher Bereich. Zudem betrachtet er die ökologische Umwelt ebenfalls als relevant für den Erhalt der eigenen Gesundheit.

Wiederum wird in diesem Zusammenhang ersichtlich, dass ein kontinuierlicher Verbesserungsprozess eine entscheidende Rolle für das Wohlbefinden und Empfinden von Gesundheit spielt.

> „Der Background ist immer das Familienleben, ganz klar, ähm, ausreichend Schlaf und gutes Essen [lacht], aber auch ein Büro, in dem man sich wohl fühlen kann, also das Umfeld muss stimmen, und äh das Umfeld auch mit den Kollegen und im Zusammenspiel mit den Kollegen muss auch stimmen.

Also wo auch immer es dort eine Störung gibt, wäre ein Teil des Wohlbefindens rausgenommen. Und äh so ist damit auch schon gesagt, dass an jeder Stelle, wo ein Teil rausgenommen wird, sofort dran gearbeitet werden muss, weil dann, dann geht's mir nicht gut. Dann fehlt mir einfach was." S. 67

Die Erfahrungswerte als unterstützendes Moment haben aufgrund seiner beruflichen Erfahrungen eine vorrangige Bedeutung. So glaubt er, dass sich die Motivation für die Veränderung eines Risikoverhaltens erst aus allmählich entstehenden Einsichten oder auch erkennbaren Beschwerden entwickelt. Die Veränderung eines riskanten Lebensstils erfolgt nur aufgrund der Umgewichtung von Werten. Dies bedarf starker Anstöße in der Lebensgeschichte einer Person, sodass eine bloße kognitive Überzeugung oder ein Wissen um Gefahren dabei meist nicht ausreichen.

„Im Wesentlichen durch Erfahrung. Leider. Also ich bin fest davon überzeugt, dass man – ... Das ist die Geschichte wie beim Raucher, auch wenn er ein Süchtiger ist – im Hirn weiß er alles! Aber sich zu ändern, seine Verhaltensweise zu verändern, das ist der schwierigste Punkt. Ich denk mir, das ist auch das Gleiche im Arbeitsschutz: ..." S. 67

Gesundheitshandeln:
*C1 sozial motiviertes Gesundheitshandeln, C3 mehrdimensionales Gesundheitshandeln*

Herr Prinz integriert sein Gesundheitshandeln in seine Lebensweise. So reicht sein Handlungsrepertoire von einem sozial motivierten bis mehrdimensionalem Gesundheitshandeln. Zunächst nämlich liegt der Schwerpunkt seines Handelns auf der Gesunderhaltung der Familie, im Besonderen der Kinder. Dieses Handlungsmuster erstreckt sich jedoch über die theoretisch vorgegebenen Berufsinhalte der Arbeitssicherheit bis zum aktiven Intervenieren am spezifischen Arbeitsplatz seiner Klientel wie auch auf seine persönlich gestaltete Arbeitsweise. Überdies stehen für ihn auch gesellschaftsbedingte Aspekte im Betrachtungsfeld. Seine verantwortungsbewusste Haltung verpflichtet ihn moralisch auch zu einem gesellschaftlich engagierten Denken und Handeln.

### 5.1.2.7 Herr Saumweber

#### Zu den demografischen Daten

Herr Saumweber ist 56 Jahre alt, verheiratet und hat eine Tochter.

#### Vorstellen der Person

Herr Saumweber ist Centerleiter einer Abteilung im Unternehmen, die für die Instandsetzung als auch die chemische Überarbeitung des Produkts zuständig ist. In der Organisationshierarchie gehört er dem OFK, oberen Führungskreis an, der in der Organisationshierarchie direkt unter der Geschäftsleitung GBL angeordnet ist. Herr Saumweber ist bereits seit 31 Jahren im Unternehmen und hat somit verschiedene Zeitepochen in der Firmenhistorie während seines Arbeitslebens miterlebt. So berichtet er, dass es in der Vergangenheit wesentlich weniger Zeitdruck im Unternehmen gab und auch weniger Eigenverantwortung an die unteren Führungsebenen und MitarbeiterInnen delegiert wurde. Heute dagegen haben die Arbeitsstunden quantitativ in dem Maße zugenommen, dass er im Gegensatz zu früher, als er um 16.00 Uhr den Arbeitstag beenden konnte, oftmals erst um 20.00 Uhr die Firma verlassen kann. Zudem hat die Eigenverantwortung, vor allem durch die Umstrukturierung der Abteilungen in selbstständige Profitcenter, zugenommen, was sich auch in der Ausrichtung zum Kunden hin und dem eigenverantwortlichen Umgang mit dem Kunden gewandelt hat. Herr Saumweber beteuert während des Interviews die Bedeutung von sozialer Unterstützung durch KollegInnen und deutet unmissverständlich an, dass infolge der Konkurrenzsituation diese kollegiale Unterstützung auf gleicher Führungsebene wenig bis gar nicht gegeben ist. Aufgrund seiner Haltung und Positionierung im Interview ist nachzuvollziehen, dass er, im Gegensatz zu den Führungskräften der Geschäftsleitung, wesentlich mehr am Prozess der Produktionsabläufe und der dahinter stehenden Mitarbeiterprobleme interessiert ist. Infolge seiner Verantwortung für die Führung eines Fertigungscenters ist er mit dem Kerngeschäft, nämlich der Produktion und den Beziehungen zum Kunden in direkterer Form konfrontiert als die managende Geschäftsleitung, die ihr Interesse mehr auf die Prozesse der Firmenleitung und die letztlich resultierenden Ertragsergebnisse fokussiert. Herr Saumweber hat dagegen zur Aufgabe, den Produktionsprozess zu steuern. Daraus ergibt sich auch hinsichtlich seiner Denkweise und Haltung eine größere Nähe zu den MitarbeiterInnen. Gehört es doch zu seiner Aufgabe, mittels einer guten Mitarbeiterführung die Produktionsprozesse zu optimieren. Auf seine Leistung führt die Firmenleitung die Qualität des Produktes zurück, gemessen an der möglichst kostengünstigen Herstellung als auch der erfolgreichen Kundenbeziehungen.

Zentral in seinem Interesse sind für ihn ein humaner, zielführender Führungsstil, effektive Managementinstrumente wie auch funktionierende Indikatorensysteme. Letztere könnten, in Form eines Frühwarnsystems, Missstände und daraus resultierenden Handlungsbedarf möglichst früh ablesbar machen und damit eine rechtzeitige Handlungsinitiative für erneute Interventionen ermöglichen. Er zieht damit eine präventive Vorgehensweise reaktivem Handeln vor. Deshalb hat er sich auch aufgrund hoher Fehlzeiten in einer seiner Fachabteilungen für den Gesundheitszirkel als Pilotveranstaltung zur Verfügung gestellt. Infolge der ökonomischen Kosten-Nutzen-Rechnung und der besonderen Vorbildstellung des Pilotprojekts bringt Herr Saumweber im Interview seine zielorientierte Erwartungshaltung an den Gesundheitszirkel präzise zum Ausdruck. Sein Interesse an einem Erfolg des Instrumentes ist demnach sehr hoch. Dies erklärt auch seine Einstellung zum Interview.

Herr Saumweber vermittelt im Gespräch mit der Interviewerin einen interessierten Eindruck am Thema und versucht dabei seine Erwartungshaltung an das Instrument Gesundheitszirkel im Hinblick auf geplante Lern- und Erfolgsziele in präzisen Fragen mit ihr abzuklären. Die Interviewerin musste daher immer wieder ihre neutrale

Position als Forscherin in diesem Projekt klarstellen und erläutern, dass sie selbst für den Erfolg oder Misserfolg des Piloten keine Verantwortung trägt.

## Metaphern und Sprache

Herr Saumweber erzählt anhaltend entlang der Fragestellung unter Verwendung von Beispielen aus dem Privatleben. Er veranschaulicht oftmals durch Metaphern seine Haltung und Einstellung. Aus diesen Erzählungen stellt er dann den Transfer zu berufsrelevanten Aspekten, die ihm hinsichtlich des Themas Gesundheit wichtig erscheinen. Seine Sprache ist leicht dialektisch gefärbt. Erzählpassagen, in denen er seine eigene Frustration zum Ausdruck bringt, sind meist sprachlich sehr vorsichtig formuliert und vieles nur indirekt angedeutet.

Oft verwendet er Metaphern aus den Bereichen der körperlichen Bewegungsabläufe oder dem Sport.

## Lebenskonzept und Gesundheitsvorstellungen

| | |
|---|---|
| **Lebenskonzept** | Leistungskraft durch soziale Harmonie und Balance der Seele und der Physis |
| **Zugang zum Thema Gesundheit** | b. Verweis auf gesundheitsbezogene Aktivitäten, c. Einstieg über biografischen Blickwinkel |
| **Gesundheitsvorstellungen** | |
| **Gesundheitskonzept**<br>**a. dynamisches Modell** | C: Das Akkumulator-Modell „Regeneration" |
| **b. Inhalte** | Neg.: 1 Abwesenheit von Krankheit<br>2 Fehlen spezifischer Beschwerden<br>Pos.: 5 Leistungsfähigkeit<br>8 Harmonie |
| **Gesundheitstheorie** | D4: Altersbedingtes Eintreten von Krankheiten durch körperlichen Abbau<br>C1: Ausgleich und Kompensation von Risiken<br>C2: Herstellen eines Gleichgewichts zwischen körperlichen, sozialen und psychischen Kräften |
| **a. positive Einflüsse** | 1 Konstitution<br>2 Lebensweise |
| **b. negative Einflüsse** | 3 Umwelt |
| **Gesundheitshandeln** | C1 sozial motiviertes Gesundheitshandeln<br>C3 Tendenz zum mehrdimensionalen Gesundheitshandeln |

Tabelle Nr. 12, Hr. Saumweber

Das Lebenskonzept

Für Herrn Saumweber stellt seine durch das Alter gewonnene Lebenserfahrung sowohl in beruflicher als auch in privater Hinsicht eine maßgebliche Größe für Erfolg und Leistungsvermögen dar. So betrachtet er die Lernprozesse des Lebens als wichtige Wege zur Erkenntnisgewinnung und zu höherem Kompetenzerwerb bei der Bewältigung von Problemstellungen und Misserfolgen. Er ist sehr stark auf Erfolg ausgerichtet, was ihm in seiner beruflichen Stellung auch ständig abverlangt wird. Dabei sieht er es als seine Aufgabe, sich den zeitgemäßen Anforderungen anzupassen und die entsprechenden Aufgaben gut zu bewältigen. Für Herrn Saumweber ist dazu die kollegiale Unterstützung sehr wichtig, die er aber in seinem direkten Umfeld aufgrund von harten Konkurrenzkämpfen vermisst. Anstatt dessen holt er sich diese von ihm ebenbürtigen betroffenen Personen, die in anderen Unternehmen tätig sind. Soziale Harmonie wie auch soziale Anerkennung im Arbeitsumfeld sind weitere Faktoren, die eine dominante Rolle für ihn und sein Erfolgsrezept spielen. Diese Faktoren räumt er auch für seine MitarbeiterInnen als wichtig ein. Hierzu spricht er im Interview des Öfteren von Gefahr der Verletzung, dem Aushalten von Machtkämpfen und der persönlichen Herausforderung durch das eigenverantwortliche Prozesssteuern. Sein Ansehen als starke und leistungsfähige Führungskraft scheint ihn dabei so zu beherrschen, dass er diese Argumente oft nur indirekt oder sehr vorsichtig anbringt, um nicht in irgendeiner Form für schwach oder unfähig gehalten zu werden. Dies zeigt sich auch in der Beantwortung nach dem selbst empfundenen Verantwortungsgrad. Er bezeichnet nämlich diesen als „natürlich relativ groß" und fokussiert seine Argumentation auf das hohe Maß an Eigenverantwortung, die man in dieser Position heute zu tragen habe.

Das Bedürfnis nach sozialer Harmonie, sozialer Anerkennung und Wertschätzung als auch sozialer Unterstützung deckt Herr Saumweber im Übrigen innerhalb seines Privatlebens über die Kontakte in seiner Familie und im Tennisklub ab. Auch hier spielt die Erfahrung wieder eine große Rolle, da er ihretwegen heute einen gesundheitsbezogenen Lebensstil führt, und ressourcenorientierter, als auch vernunftgesteuerter seine Kräfte dosiert.

Herr Saumweber verfolgt ein Lebenskonzept, aus dem die Balance zwischen seelischem und physischem Wohlbefinden den Maßstab für ein gelungenes Leben ergibt. Zudem stellt Motivation, resultierend u. a. auch aus Erfolgserlebnissen aufgrund der eigenen Leistung, einen wesentlichen Erfolgsfaktor dar. Um dieses Wohlbefinden und Leistungsprofil erreichen zu können, benötigt er ein Indikatorensystem, an dem er frühzeitig erneuten Handlungsbedarf ablesen kann. Das Ausgleichen von körperlichen und seelischen Belastungen ist für ihn das Kriterium einer erfolgreichen Lebensbewältigung.

> „Aber das ist eigentlich so die Herausforderung, mit der ich mich beschäftige. Beschäftigen mein ich im positiven Sinne. Ich schau halt an der Stelle und merke, dass ich ähm immer mehr ähm, ja, sagen wir, ich kenn die Stellhebel". S. 80

> „... dass, wenn man jung ist, dass man bestimmte Dinge überspielen kann, ja, und das können Sie halt im Alter nicht mehr. Wobei dazu kommt auch ein Punkt: Ich hab noch nie soviel gearbeitet wie jetzt. Also das ist auch ein Punkt. Also, wenn ich meine Arbeitszeit anschaue, als ich hier begonnen hab – ich bin jetzt 31 Jahre in dem Unternehmen – und na ja gut, da bin ich halt auch um vier Uhr nach Hause, oder, aber, und damit war's das. Und das hat sich heute eben natürlich ausgedehnt. Und (?) heißt natürlich auch, Verantwortung bekommen, Verantwortung übernehmen, und das heißt im Klartext, mit dem Druck auszukommen. Und dieses müssen Sie auch im positiven Sinne überlegen: Das kann Sie ja kaputtmachen. Also müssen Sie ja versuchen, wie Sie mit dem Ding umgehen, und ich bin nun lange Führungskraft hier im Hause, und äh, meine wohl, dass ich so das manchmal zwischen Druck und Gegendruck so das richtige Maß gefunden hab. Ja, also, natürlich geht's einem manchmal an die Nieren, aber es darf nicht zu oft an die Nieren gehen, sagen wir mal. Für die Fragestellungen vorzubereiten und

die (?Fragestellungen) (?), das muss halt einigermaßen passen. Wenn Sie diese Dinge, also persönlich (?) mit Ihrem Gefühl nur noch über diese Dinge nachdenken, dann wird es schlecht." S. 80

Zugang zum Thema Gesundheit

*b. Verweis auf persönliche gesundheitsbezogene Aktivitäten,*

*c. Einstieg über biografischen Blickwinkel*

Den Zugang zum Thema Gesundheit findet Herr Saumweber über die Erzählung seiner persönlichen Krankengeschichte, in dem er im biografischen Rückblick feststellt, dass er nie ernsthaft erkrankt sei. Im Verweis auf seine gesundheitsbezogenen Aktivitäten berichtet er u. a. ausführlich über seine mit zunehmendem Alter gewonnenen Erfahrungen, die ihm dazu verholfen haben, bis heute die eigene Fitness zu erhalten. In seiner Erzählung kommt immer wieder zum Ausdruck, dass erst mit dem Eintreten altersbedingter Beschwerden sein Gesundheitshandeln sich parallel dazu zunehmend ausgeprägt hat.

Gesundheitsvorstellungen und Gesundheitshandeln

Gesundheitsvorstellungen

Subjektives Gesundheitskonzept

a. Dynamisches Modell

*C: Das Akkumulator-Modell „Regeneration"*

Herr Saumweber ist aufgrund seiner inhaltlichen Dynamik dem energetischen Modell des Akkumulators zuzurechnen. Was seine Vorstellung von Gesundheit und den Bemühungen um deren Erhalt betrifft, beschreibt er Gesundheit auf einem Kontinuum und geht implizit von einem Potenzial an Gesundheit aus, dessen Niveau es im Laufe des Lebens zu erhalten gilt. Über den Einblick in seine biografische Entwicklung zeigt Herr Saumweber auf, dass er aufgrund von altersbezogenen Beschwerden zunehmend mehr Einsichten zu einer gesundheitsbezogenen Lebensweise gewonnen hat und sich heute um eine Balance zwischen seelischer und physischer Anstrengung bemüht.

„Ich glaube, äh, dass äh dieses alles, was wir im Moment so steuern und was wir hier tun, ohne eine (?) (?nicht machbar) wäre. Also mit anderen Worten, es ist so bisschen das, das äh, ich hab gelernt in den letzten Jahren, dass da ein Großteil auch von Selbstverantwortung dabei ist, Eigenverantwortung. Das lernt man offensichtlich, wenn man etwas älter wird. Dass man also einen großen Anteil an Eigenverantwortung hat, zweifelsohne, Eigenverantwortung, auch in bestimmten (?) selbst mitsteuern kann. Das ist, ich glaub, da – ... Ich hatte bis, ich war, glaub ich, 41 oder 42, geraucht, und ich hab dann festgestellt, also gut, eigentlich will ich mehr Tennis spielen, das ist so ein bisschen gegangen, es ging ganz gut, mir ist immer die Luft weggeblieben, und dann hab ich gesagt, das ist eigentlich blöd, mit 41 Jahren und keine Luft. Ich hab dann das Rauchen aufgehört, also spontan aufgehört, ich hab seitdem nie mehr geraucht, und ich hab gemerkt, dass ich dann so einen richtigen, ja, einen richtigen Quantensprung hingekriegt hab, im Sinne von Fähigkeit." S. 79

„Wie soll ich Gesundheit beschreiben ... Sagen wir mal so, es ist ein Zustand, dass ich das, was ich zu tun habe, äh ich will nicht sagen locker, locker ist vielleicht nicht der richtige Ausdruck, aber so tue, ohne dass bei mir eine Verletzung zurückbleibt. Verletzung mein ich jetzt im Sinne, dass ich sag, okay, (?jetzt krieg ich) (?), hab ich plötzlich das Problem, dass ich mit einem Problem kämpfe, das ich nicht bearbeiten kann. Das mein ich, da gibt es, wenn ich es mal so sagen darf, ich bin da, ich sag einmal, eins ist die seelische Gesundheit, und das andere ist die körperliche Fitness – beides muss im Gleichklang (?pulsieren). Und wenn ich merke, dass an einer Stelle ich innerlich verletzt bin, dann muss ich mir die Frage stellen: Wie gehe ich mit dem Prozess um? Wenn das öfters passiert, dass ich innerlich verletzt bin, dann muss ich mir die Frage stellen: Wie kann ich das verändern? Und wenn ich es nicht verändern kann, dann muss ich wirklich aussteigen aus diesem Prozess." S. 81

Seinem Zitat zufolge stellt er Gesundheit in einen ganzheitlichen Zusammenhang. Der Gleichklang von seelischer Gesundheit und körperlicher Fitness bedeutet ihm dabei die Basis seiner beruflichen Erfolgsstrategie. Die mit zunehmender Erfahrung bedingte Einsicht in den Nutzen gesundheitsbezogener Aktivitäten zeigt, dass Herr Saumweber Gesundheit für eine Größe hält, die durch kognitiv gesteuerte Aktionen beeinflussbar ist. Dementsprechend sieht er eine hohe personale Kontrolle. Zum anderen spricht er von den sozialen Bedingungen, die er für sein seelisches Wohlbefinden als auch zur Alltagsbewältigung benötigt. Da ihm in seinem beruflichen Kontext diese Konditionen nicht gegeben sind, versucht er diese Ressourcen durch ein privates soziales Netzwerk zu kompensieren.

b. Inhalte

*1 Abwesenheit von Krankheit, 2 keine spezifischen Beschwerden, 5 Leistungsfähigkeit, 8 Harmonie*

Inhaltlich beschreibt Herr Saumweber Gesundheit einerseits negativ als „Abwesenheit von Krankheit" und dem „Fehlen spezifischer Beschwerden". Andererseits bestimmt er Gesundheit positiv mit den Attributen der „Leistungsfähigkeit" und der „Harmonie".

Gesundheitstheorie

Einflussprozesse

*C1: Ausgleich und Kompensation von Risiken, C2: Herstellen eines Gleichgewichts zwischen körperlichen, sozialen und psychischen Kräften, D4: Altersbedingtes Eintreten von Krankheiten durch körperlichen Abbau*

Einflussbereiche

*1 Konstitution, 2 Lebensweise, 3 Umwelt (soziale Unterstützung durch Familie und Freunde), 3 Umwelt (fehlende Anerkennung extern durch Kollegen/Vorgesetzte bei Erfolg)*

Als Einflussprozesse auf die Gesundheit ist für ihn zunächst das altersbedingte Eintreten von Krankheiten durch den körperlichen Abbau präsent. Allerdings sieht er auch, wie bereits aus dem bisherigen Zusammenhang schon ersichtlich, den Ausgleich und die Kompensation von Risiken zum einen, als auch das Herstellen eines Gleichgewichts zwischen körperlichen, sozialen und psychischen Kräften zum anderen, als relevante Einflussprozesse an.

Die Konstitution, wie z. B. die subjektive Erfahrungswelt, oder auch die intrinsische und extrinsische Motivation stellen für ihn maßgebliche Einflussbereiche dar. So empfindet er auch die Anerkennung „bei Erfolg als Polster", das zur Kompensation als auch zu weiterer Motivation führt.

„Nein, Motivation auch, aber natürlich – gar keine Frage – aber Erfolg ist auch ein Polster. Für schlechte Ergebnisse. Sie können, wenn Sie auf einer positiven Welle schwimmen, auch einmal einen Misserfolg ertragen. Wenn Sie aber, wenn Ihnen das Wasser bis zum Hals steht, dann Misserfolg, dann geht's an." S. 80

Als bedeutenden Einflussbereich auf die Gesundheit betrachtet er auch die Lebensweise. So hat er im Laufe seines Lebens über regelmäßigen Sport als auch mittlerweile über eine bewusste Ernährungsweise einen Lebensrhythmus entwickelt, der ihn in seiner Leistungsfähigkeit unterstützt.

„Mich füllt das sehr aus und das macht mir Freude. Und das Gleiche können Sie jetzt auf die Gesundheit auch beziehen. Also ich meine, wenn Sie die Treppe hochgehen und jedes Mal pfeifen, dann müssen Sie sich überlegen, was da falsch ist. Also entweder Sie gehen die Treppe zu schnell hoch oder es fehlt an Ihrer Fitness." S. 81

„Und diese (?) aufzunehmen und nicht, wie sagt man so, als Schwächling, sondern aufzunehmen und dann zu überlegen, wie man sie verändern kann, das ist wohl das Problem (?). Und das gilt einmal für die äußerlichen Dinge, wenn ich jetzt mal Luft hole und so (?), aber natürlich auch für die inneren. (?) spielt eine Rolle. Und da machen Sie mir nix vor, wenn einer, der kann noch so fit sein, wenn der seelisch an der Stelle (?) persönlichen Berührtheit ständig in den Laden (?) auf Grund von Angst oder sonst was oder sich blamiert fühlt oder wie auch immer, da kann der noch so fit sein, der wird krank." S. 81

„... ja und das Gleiche ist, wenn Sie es umdrehen, er seinen Job gut macht, aber körperlich vor die Hunde geht, weil er eben vor lauter (?) seinen eigenen Körper nicht mehr abhört. Beides ist wohl so der (?) Konflikt, das darf nicht passieren. Also die zwei, das muss man in Einklang bringen. Oder oder (?) (?der hat gesagt): „Um Gottes willen, ich hab überhaupt keine Ahnung gehabt!", wenn man da frägt, dann weiß man genau, dass er viele Signale (?). Das ist der eine Teil, und der andere, das ist auch so ne Führungsaufgabe, wenn Sie Mitarbeiter haben, die dieses Problem haben, wo man sieht, der ist an der Stelle, sag ich mal, überfordert, dann muss man überlegen – das ist auch ne Führungsfunktion – zu überlegen mit dem Mitarbeiter: Ist er vielleicht der Falsche an der Stelle? Oder ist das, was passiert ist, ein einmaliger Vorgang, wo er persönlich verletzt wurde? Also all diesen Prozess, der muss gesteuert werden. Das ist einmal ne Führungsaufgabe, natürlich von uns Vorgesetzten, aber auch des Menschen selbst, ja? Es gibt wieder welche, die können sich nicht wehren. (?) das klar ist, deswegen kann der noch so fit ausschauen." S. 81

Eine ebenso hohe Bedeutung hat für ihn das soziale Umfeld als unterstützende Wirkung auf die seelische Gesundheit und die eigenen Bewältigungskompetenzen. Der Austausch mit Freunden sowie die Harmonie in den familiären Beziehungen helfen ihm, seinen Horizont hinsichtlich der Fähigkeit, Probleme zu bewältigen, zu erweitern und tragen zudem implizit zu einer emotionalen und mentalen Unterstützung bei.

„Also das eine ist natürlich die Familie an sich, und (?) Freundeskreis. Wir sind (?) in einer ähnlichen Situation und haben miteinander darüber zu reden. Aber auch miteinander was Positives zu unternehmen, also fahren wir miteinander, machen sehr viel Tennis, (?wo wir) Freizeit haben. So ein bisschen. Aber wichtig ist vielleicht auch so bisschen drüber reden, dass man auch so bissl die Einstellung des anderen kennt. Man ist vielleicht ein bissl verrannt, und wenn man einem anderen spricht, der sieht das ganz anders. (?) dass man sagt, Mensch, also eigentlich hab ich da jetzt eine Priorität gesehen, die ein anderer gar nicht sieht. (?) Der andere Punkt ist natürlich – das ist überhaupt unstrittig – das ist Erfolg. Wenn Sie Erfolg haben, ist das Leben wesentlich einfacher auszuhalten als wie mit Misserfolg." S. 80

Das soziale Umfeld kann seiner Meinung nach auch einen negativen Einfluss auf die Gesundheit haben, wenn beispielsweise fehlende Anerkennung und Wertschätzung durch Kollegen oder Vorgesetzte, wie er es aus seiner persönlichen Erfahrung her kennt, dazu beitragen, dass Unwohlsein und Misserfolge sich potenzieren zu noch größeren Misserfolgen und so das negative Gesamtbefinden die Leistungsfähigkeit stark beeinträchtigt. Dabei ist er davon überzeugt, mit höherer Motivation größere Belastungszustände kompensieren und aufgrund dessen dann auch eine höhere Leistungsfähigkeit erbringen zu können.

„Also zweifelsohne aus den zwei Faktoren, also einmal das Zusammenspiel durch die Führung an sich, also, wenn man jetzt von Betrieb oder im Betrieb redet, ist es eindeutig auch die Führung. Also es ist keine Frage, wenn man den Teil einmal betrachtet, das Zusammenspiel, Sie merken, es kann eine Mannschaft relativ hoch belastet werden, also sie wird ja belastet, aber sie kann hoch belastet werden, wenn sie motiviert ist." S. 84

Gesundheitshandeln

*C1 sozial motiviertes Gesundheitshandeln, tendenziell auch C3 mehrdimensionales Gesundheitshandeln*

Herr Saumweber verfügt über ein in die Lebensweise integriertes Gesundheitshandeln. Dies reicht von einem sozial motivierten bis zu einem tendenziell mehrdimensionalen Handlungsmuster. Zentrale Basismaßnahmen stellen sowohl die sportlichen als auch ernährungsbezogenen Aktivitäten dar. Aufgrund des zunehmenden Drucks im Berufsalltag und der Folgen des Älterwerdens kristallisiert sich bei ihm zunehmend mehr ein präventives Gesundheitsbewusstsein und -handeln heraus. Die soziale Unterstützung als Widerstandsressource fordert er zudem vermehrt für sich ein.

„Äh ich, wie gesagt, ich fühl mich wohl, ich äh kann alles das noch tun, was ich mir zumute. (?) mal so sagen, ja? Ich merke, wann ich es nicht mehr kann, und ich weiß auch, wo dann Ursachen sind." S. 82

„... aber dazu gehört natürlich, dass Sie bestimmte Regeln einhalten. Das ist halt anders wie früher. Es ist vernünftig, selbst früh ins Bett zu gehen, wann es geht, bestimmte Essensgewohnheiten und, und, und. Da muss man dann schon, man muss da mehr selektieren. Das ist so. Wenn ich mit Franzosen immer zusammen bin, das ist für mich immer, also, wenn wir da Mittag zum Mittagessen gehen, da schau ich mir die immer an, wenn die da also ihren Rotwein runterkippen, das kann ich halt nicht mehr. Nicht dass ich da traurig bin, aber ich kann's nicht.“ S. 82

„Aber das sind so Dinge, die sind einfach so als Indikator. Da muss man halt aufpassen. Aber es ist steuerbar. Das wollte ich damit sagen. Also Sie können eine ganze Menge machen.“ S. 83

### 5.1.2.8 Dr. Gattner

### Zu den demografischen Daten

Dr. Gattner ist 43 Jahre alt, lebt von seiner Frau getrennt und hat drei Söhne im Alter von 17, 15 und 11 Jahren. Er versorgt finanziell seine Familie und verbringt die Wochenenden mit seinen Söhnen. Er hat Chemie und Physik in R. studiert und ist seit 1988 in der NOVA tätig. Fotos in seinem Büro und Erzählungen zufolge übte Dr. Gattner in der Vergangenheit extrem sportliche Aktivitäten aus wie beispielsweise Exkursionen in die Antarktis.

### Vorstellen der Person

Dr. Gattner ist im von Herrn Saumweber geleiteten Center tätig und nimmt dort eine Position auf mittlerer Führungsebene FK ein. In der Organisationshierarchie bedeutet dies, dass er direkt dem Centerleiter Herrn Saumweber unterstellt ist und selbst eine Abteilung führt, der ein Meister (EFK) und dessen Team zugeteilt sind. Dr. Gattner leitet ein Segment, das als Prüfstelle Bauteile des Produkts rissprüft, ätzt und wiederum auf die Qualität hin prüft. Infolge dessen trägt er für die Einhaltung der hundertprozentigen Qualität der Produkte eine hohe Verantwortung, da im Falle eines minimalen Fehlers ein hohes Risiko mit schwerwiegenden Konsequenzen für die Sicherheit bestehen könnte. Darauf bezieht er auch die Einschätzung seines Verantwortungsgrades. Im Gegensatz zu seinem Chef oder dem Management sieht er seinen Verantwortungsgrad nicht so sehr auf den Profit, das monetäre Ertragsergebnis für das Unternehmen, bezogen, sondern vielmehr auf die Qualität des Produktes. Zu erklären ist dies mit zwei Aspekten.

Zum einen ist er aufgrund seiner Aufgabe und hierarchischen Position näher am Kerngeschäft, indem er die konkreten Arbeitsabläufe der Produktion steuern muss und lediglich als Kommunikationsbrücke zwischen Meister und Centerleiter dient, wenn es beispielsweise um die Kosten-Nutzen-Analyse geht. Zum anderen füllt er seine Führungsrolle ambivalent aus, sofern sein Interesse tendenziell weniger, wie im Arbeitsgesetz vorgeschrieben, auf der Fürsorgepflicht der Führungskraft für die MitarbeiterInnen fokussiert, sondern anstatt dessen seine Aufmerksamkeit vorwiegend auf den Funktionsablauf der Fertigung gerichtet ist. Korrespondierend dazu kristallisiert sich in seinem Sprachstil, seiner Metaphorik, als auch in seinen Erzählinhalten ein funktionales Maschinenmodell als sein Menschenbild heraus. Dies erklärt auch sein geringes Interesse an der Befindlichkeit des Menschen, als er sich vielmehr an dessen Leistungsfähigkeit und der damit zu erfüllenden Funktion eines Mitarbeiters / einer Mitarbeiterin orientiert. Dieses Konzept überträgt er auch auf sein eigenes Lebenskonzept, worauf noch eingegangen wird.

Dr. Gattner befindet sich schon aufgrund der hierarchischen Position in einer ambivalenten Position, die oftmals in der Managementliteratur mit Sandwichposition umschrieben wird. Er wird einerseits mit den Problemen der Teams und des Meisters konfrontiert, für die er Lösungen im Steuerungsprozess der Fertigung anbieten muss. Andererseits hat er ebenfalls zur Aufgabe, Auflagen der Geschäftsleitung und Intentionen des Managements zu koordinieren. Die dabei entstehenden Ziel- und Wertekonflikte eines Industrieunternehmens zeichnen sich im Besonderen an der Aufgabenstellung des mittleren Managements ab. So muss eine Führungskraft in dieser Position diese gestaltend vereinbaren und auch deren Austragung als Person aushalten. Der dabei belastende Druck auf die Führungskraft stellt sich oftmals als schwer bewältigbar dar, was Dr. Gattner aber nur sehr vorsichtig im Interview zugibt.

Im gesamten Interview wirkt Dr. Gattner einerseits sehr kontrolliert und andererseits ängstlich, in der Sorge, unbedacht Kritik dem Unternehmen gegenüber auszusprechen oder eigene erreichte Grenzen der Leistungsfähigkeit zuzugeben. Auch hierzu stellt er sich in einer ambivalenten Haltung dar, korrespondierend zu seiner beruflichen Aufgabe und Position. Bereits zu Beginn berichtet er der Interviewerin von schlechten Erfahrungen, die ihn dazu anhalten, zukünftig sehr vorsichtig sein zu müssen. So kopiert er sich beispielsweise zu Beginn des Gesprächs eine von ihm unterschriebene Einverständniserklärung mit dem hier vorliegenden Interview, die lediglich zur Absicherung dem Betriebsrat gegenüber gelten soll.

Seine Haltung im Interview ist eher zurückhaltend und vorsichtig. Auch in der Verhaltensweise im Umgang mit der Interviewerin zeigt sich seine ambivalente Haltung zwischen versuchter Vertrautheit und Offenheit und reservierter Selbstkontrolle. In einigen Erzählpassagen gibt er seine Probleme preis, zieht sich aber in anderen Passagen wieder zurück.

Seine Nähe-Distanz-Problematik zeigt sich vor allem im zweiten Interview, das partiell zu einer Art Coachinggespräch zwischen Interviewerin und Interviewtem tendiert, doch dann immer wieder schnell auf die Fachebene wechselt. Er kann sich anscheinend schwer öffnen oder anderen Mitmenschen vertrauen.

Seine Erzählungen aus dem Berufs- wie auch Privatleben lassen vermuten, dass Dr. Gattner übermäßig schlechte Erfahrungen gemacht hat und sich aus diesen Frustrationserlebnissen heraus eine übermäßig pessimistische Haltung angeeignet hat. An dieser Stelle zeigt er wenige Ressourcen sozialer Art. Weder kollegiale noch familiäre soziale Unterstützung scheinen eine große Rolle zu spielen bzw. ihm in geeigneter Form zur Verfügung zu stehen. Sein perfektionistisches Bestreben in Anbetracht seines fachlichen Know-hows wie auch sein ausgeprägter Ehrgeiz, bezogen auf extreme Ausdauersportexkursionen, weisen jedoch auf ein hohes personales Kontrollvermögen hin, das ihn in seiner Zielerreichung mental und motivational unterstützt.

Insgesamt gibt er sich im Interview sehr linientreu. Da er bisher nie in einem anderen Unternehmen gearbeitet hat, kann er nicht auf Vergleichsmöglichkeiten oder andere persönliche Erfahrungen mit Organisationskulturen zurückgreifen.

## Metaphern und Sprache

In seinem Sprachstil drückt sich sein funktionalistisches Menschenbild aus, indem er den Menschen als Instrument betrachtet, der einer Maschine gleich zu funktionieren hat mit dem Ziel, die formalen Kriterien des Arbeitsplatzes mithilfe seiner Leistungskraft zu erfüllen.

Sprachlich bedient er sich einer Maschinenmetaphorik, die aus früheren Industriezeitaltern als auch dem fordistisch-tayloristischen Arbeitsmodell her bekannt ist. Oftmals verwendet er übersteigerte Powerphrasen, um seiner Vorstellung von Expansionsmöglichkeiten und Grenzenlosigkeit im Leistungskampf Ausdruck zu verleihen.

## Lebenskonzept und Gesundheitsvorstellungen

| **Lebenskonzept** | Rational kognitiv, Leistungsprinzip, funktionierendes Maschinenmodell |
|---|---|
| **Zugang zum Thema Gesundheit** | a. Verknüpfung mit Krankheit c. Einstieg über biografischen Blickwinkel |
| **Gesundheitsvorstellungen** | |
| **Gesundheitskonzept** | |
| **a. dynamisches Modell** | D: Das Generator-Modell „Expansion" |
| **b. Inhalte** | Neg.: 1 Abwesenheit von Krankheit, 3 keine gesundheitlichen Probleme; Pos.: 4 Handlungsfähigkeit, 5 Leistungsfähigkeit, 7 Wohlbefinden |
| **Gesundheitstheorie** | A1:Belastungen, Risiken oder Noxen gefährden die Gesundheit: C1: Ausgleich und Kompensation von Risiken |
| **a. positive Einflüsse** | 2 Lebensweise und Verhalten<br>3 Umwelt |
| **b. negative Einflüsse** | 2 Lebensweise |
| **Gesundheitshandeln** | B2 primär bewegungsbezogenes Gesundheitshandeln |

Tabelle Nr. 13, Dr. Gattner

Das Lebenskonzept

In Dr. Gattners Argumentationsstrukturen kommt implizit eine überwiegend kognitiv rational gesteuerte Grundhaltung zum Ausdruck. Zentral folgt er in seinen Handlungen einem perfektionistischen, funktionalen und zielorientierten Leistungsprinzip. Sein Menschenbild als funktionales Maschinenmodell vertritt er nicht nur auf MitarbeiterInnen in der Arbeitswelt bezogen, sondern transferiert es auch auf seine eigene Person. So dominieren Funktionstüchtigkeit und Leistungserbringung als Werte in seinem Selbstbild, um den beruflichen Alltag mit seinen diversen Belastungen meistern zu können. Dabei schöpft er Energie aus seinem mentalen Willen und Ehrgeiz heraus, um sein Leistungspotenzial zu Höchstleistungen zu expandieren und ignoriert Kräfte ausgleichende Ressourcen zur Entspannung, die ihm zur Wiederauffüllung des Energiereservoirs dienen könnten. Der Umgang mit seiner Person ähnelt der Foucault'schen Selbstsorge. Er achtet wenig auf sich und seine Befindlichkeit. Überdies verfügt er über einen übersteigerten Gesundheitsbegriff und nutzt seine Fitness und aktiven Bemühungen darum, um den Passungsprozess mit den hohen beruflichen Anforderungen im Unternehmen zu vollziehen. Seine schon mehrmals angemerkte ambivalente Haltung kommt auch in diesem Zusammenhang wieder zum Ausdruck. So versucht er einerseits, den Druck auszuhalten und stellt Überlegungen an, wie er dies durch eigenständiges Engagement und entsprechende Aktivitäten erreichen könnte, wird aber andererseits, anstatt diesen zu bewältigen, von ihm überwältigt, insofern der hohe, vom Unternehmen ausgehende Druck zu einem allmählichen Verfall seiner Arbeitskraft führt. In Interviewpassagen, in denen er dies mit gewissen Andeutungen einräumt, kann man als Ursache für seine Passung Zukunftsängste vermuten, die möglicherweise seine Befürchtungen vor einem „Rausfall" aus dem System und den daraus resultierenden Konsequenzen im Hinblick auf seine familiären Versorgungsverpflichtungen enthalten könnten, sollte seine Leistungsfähigkeit den unternehmerischen Anforderungen nicht mehr genügen. Auch hier zeigt sich seine Bewusstseinsdifferenz, insofern er um die Widersprüchlichkeiten weiß, sie aber nicht formuliert.

Die möglichen gesundheitsschädigenden Konsequenzen sind ihm zwar bewusst, doch versucht er diese Einsichten über diverse Erklärungsmodelle weitgehend zu ignorieren. So übernimmt er jegliche Verantwortung für ein gesundheitsbezogenes Verhalten, das seinem Konzept entsprechend mit einer leistungsstarken Fitness korrespondiert und spricht implizit weitgehend das Unternehmen als Arbeitsplatzgestalter von seiner Verpflichtung frei.

> „Ja, ich würde zumindest die Grundvoraussetzung ins Private tun. Also Grundvoraussetzung ist, dass ich, äh ja, Druck abfedern kann. Und da bin ich einfach so gestrickt, dass ich sag, wenn ich körperlich einigermaßen fit bin, dann macht mir dieses auch nix aus. Ich glaub, da gibt es sogar irgendwelche medizinischen Untersuchungen, also die sogar in die Richtung gehen, wenn man (?) die Cholesterin-Hormone, glaub ich, werden mehr gebildet, wenn man sich weniger bewegt, und das verursacht dann letztendlich auch wieder einen Einbruch in der Leistungsfähigkeit. Also so Sachen, da müsste ich selber noch mal nachlesen ..." S. 93

> „Mhm. Das ist eine Grundvoraussetzung. Aber eine Grundvoraussetzung ist ja nicht immer die Garantie, dass es dann trotzdem funktioniert, also, dass ich mich trotzdem wohl fühle, und da gehört eben das Berufliche mit dazu. Momentan, wenn ich sage, der Druck und der Stress, der macht mir schon zu schaffen. Also egal was ich dann noch privat tu oder körperlich mich noch betätige, das reicht manchmal schon gar nimmer aus." S. 93

### Zugang zum Thema Gesundheit

*a. Verknüpfung mit Krankheit, c. Einstieg über biografischen Blickwinkel*

Dr. Gattner steigt über die Erzählung seiner biografischen Entwicklung, was den Umgang mit Gesundheit betrifft, in das Thema ein. So berichtet er, dass er in seiner Jugend die Bedeutung des Themas Gesundheit weitgehend ignorierte. Erst durch den Umgang mit Gefahrenstoffen während seines Studiums, durch zunehmende Sportverletzungen sowie später altersbedingte Abbauerscheinungen weist er Gesundheit explizit und pauschal einem hohen Stellenwert zu. Seitdem priorisiert er Gesundheit sogar als oberstes Ziel.

> „Schwierige Frage. Weil ich sag einmal, rein vom Menschlichen gesehen her denkt also ein Jugendlicher sicherlich nicht an Gesundheit, der Begriff wird erst dann oder wurde für mich erst dann bedeutend, denk ich, so ab einem Alter, vielleicht so um die 25, 30 Jahre. Ganz grob. Vorher glaub ich, hab ich nicht so intensiv an Gesundheit gedacht, außer es war wahrscheinlich eher mein Studium, wenn man dann mit bestimmten Stoffen in Berührung kommt, die Gefährdungspotenzial haben, dann denkt man natürlich drüber nach, was hat das für Auswirkungen auf meine Gesundheit? Jetzt rein vom Studiengang her. Ähm, ja und dann, sag ich mal, so ab einem Alter, ja, 35 aufwärts kriegt der Begriff Gesundheit wiederum einen anderen oder für mich einen anderen Touch oder eine andere Bedeutung. Nicht so sehr das, ich sag einmal, was nehm ich zu mir, womit komm ich in Berührung, sondern was tu ich persönlich, um meine Gesundheit, um mein Wohlbefinden, sag ich mal so, in Schuss zu halten? Also da gibt es schon die ersten Zipperl, die ersten Wehwehchen, die ersten Rückenschmerzen, dann denkt man irgendwann: Das kann ja nicht sein! Da muss man was tun. Also es ist ein bisschen ein anderer Touch, wenn ich vorher sag, war ich vielleicht ein bissl extrem eingestellt, was ich auf mich zulasse oder was ich auf mich ranlasse, und so ab 35 eher mehr: Was tu ich von mir aus aktiv? Also mehr so sportlich.
> Gesundheit für mich bedeutet, das ist eigentlich, ja, heute würde ich sagen, das oberste Ziel. Für mich persönlich. Ich werde diesem Anspruch zwar nicht immer gerecht, aber es hat für mich die oberste Bedeutung." S. 91

Seine Vorstellung eines ideellen Wertes differiert jedoch weit von dem tatsächlich gelebten Wert, wie sich im Verlauf des Interviews aus den Schilderungen seines Berufsalltags entnehmen lässt.

Gesundheitsvorstellungen und Gesundheitshandeln

Gesundheitsvorstellungen

Subjektives Gesundheitskonzept

a. Dynamisches Modell

*D: Generator-Modell „Expansion"*

Dr. Gattner ist aufgrund seiner inhaltlichen Dynamik dem energetischen Modell des Generators zuzuschreiben. Sein funktionalistischer und überhöhter Gesundheitsbegriff führt zu einer überdimensionalen Einschätzung des eigenen Gesundheitspotenzials. So glaubt er mit eigenen entsprechenden Verhaltensweisen über das normale Leistungsniveau hinauswachsen zu können. Dabei negiert er weitgehend gesundheitliche Grenzen oder daraus resultierende gesundheitsbeeinträchtigende Konsequenzen. Das Potenzial an Gesundheit setzt er mit seinem Leistungsvermögen gleich und glaubt, es bis ins Unermessliche expandieren zu können. Mit dem Einsatz mentaler und körperlicher Aktivitäten ist er von einem verfügbaren Repertoire an hohen personalen Kontrollmöglichkeiten überzeugt.

Zeitweilige Einsichten in seine reale, in Bezug auf die Ambivalenzen schwierige Berufssituation stellen keine ausreichende motivationale Voraussetzung für eine entsprechende Verhaltensänderung dar. Vielmehr bedeutet ihm die Expansion seiner Handlungs- und Leistungsfähigkeit Ausdruck seiner Gesundheit und Fitness, die ihm die Leistungskapazität zur Bewältigung der beruflichen Belastungszustände erst liefert.

So rekonstruiert sich implizit daraus die Schlussfolgerung: je leistungsfähiger und belastbarer, desto gesünder. Aus dieser Erweiterung seiner Leistungsfähigkeit schafft er für sich Selbstzufriedenheit und erhofft auch, soziale Anerkennung im Unternehmen zu gewinnen. Dennoch räumt er oftmals ein, dem Druck nicht mehr gewachsen zu sein und auch keinerlei weitere Ressourcen zur Bewältigung dieser Belastungen in Sicht zu haben. Nach dem Interview kommt es dann zu einer Reflexionsphase, in der er über Coaching als mögliche Unterstützung nachdenkt.

„Ja, da gibt's eigentlich nichts, was nicht bewältigbar ist. Also weder eine berufliche noch so schwere Aufgabe wie auch eine sportliche oder private Anforderung. Da ist also nichts, was irgendwie nicht überwindbar wäre. Wenn ich mich nicht gut fühle, dann, ich sag einmal, hat dieser Berg oder diese Aufgabe eine ganz andere Dimension.
Also für mich selber ähm hab ich meine Indikatoren, gibt es eigentlich nur relativ wenig. Also, wenn ich mich in Summe wohl fühle, also wenn ich wirklich, wie man so schön sagt, Bäume mit den Wurzeln ausreißen könnte, dann weiß ich, dann fühl ich mich fit." S. 92

b. Inhalte

*1 Abwesenheit von Krankheit, 3 keine gesundheitlichen Probleme, 4 Handlungsfähigkeit, 5 Leistungsfähigkeit, 7 Wohlbefinden*

Gesundheit beschreibt er zum einen negativ als Abwesenheit von Krankheit und nicht vorhandenen gesundheitlichen Problemen und zum anderen bestimmt er sie positiv als Handlungsfähigkeit, Leistungsfähigkeit und Wohlbefinden.

„Gesundheit für mich ist also nicht, dass ich eine Grippe nicht bekomme, sondern dass ich mich körperlich und geistig fit fühle. Also es ist schwer zu beschreiben. Ich würde jetzt nicht sagen, ein Haxenbrecher ist für mich ein Thema von Gesundheit oder eine Grippe ist für mich ein Thema von Gesundheit, sondern da gehört ein bissl eine dauerhafte Bewegung dazu. Etwas Dauerhaftes."
„Äh da bin ich lebensfroh! Ja. Das umschreibt's." S. 92

Augenscheinlich gewichtet er die Art der Erkrankung in eine Skala, nach der Krankheit implizit eine bestimmte Form der Schwere und Bedrohlichkeit annehmen muss, um als Krankheit ernsthaft definiert werden zu können.

Knochenbrüche oder grippale Infekte schwächt er als nicht ernsthafte Beschwerden ab und ignoriert damit auch deren möglichen psychosomatischen Anteil.

Er fokussiert seine mentale und körperliche Stärke als Ressourcenrepertoire und nutzt dieses als Motor für die Erfüllung seiner Leistungspflicht.

Seine Beschreibung, Gesundheit sei, wenn er lebensfroh sei, steht seiner vorherigen Definition ambivalent gegenüber. Inwiefern er intrapersonal diese Differenz überwinden und einer subjektiven Logik unterziehen kann, lässt sich wiederum nur implizit als mögliche Variante annehmen, als dass er seine Leistungskraft und den daraus resultierenden Erfolg als beglückend empfindet. Sein Eindruck von zeitweiser Erschöpfung während des Interviews erweist sich jedoch entgegen voriger These als nicht kongruent dazu.

Gesundheitstheorie

Einflussprozesse

*A1: Belastungen, Risiken oder Noxen gefährden die Gesundheit,*

*C1: Ausgleich und Kompensation von Risiken*

Einflussbereiche

*2 Lebensweise, Verhalten, 3 Umwelt (sozial)*

In Bezug auf seine Theorie von Gesundheit kristallisieren sich auch hier wiederum Antagonismen heraus. So stellen für ihn zum einen Belastungen, Risiken oder Noxen gesundheitsgefährdende Einflussprozesse dar. Der Stress und Druck von außen sei dabei so stark, dass sie kaum zu bewältigen seien. Zum anderen ist er seiner inhaltlichen Dynamik treu und glaubt, über personale Kontrollmöglichkeiten jegliche Risiken ausgleichen und kompensieren zu können.

Hierin betrachtet er zunächst einmal das eigene Verhalten und die Lebensweise insgesamt als dominanten Einflussbereich auf die Gesundheit. Sportliche Aktivitäten erhalten und steigern die eigene Fitness, die er als eine Grundvoraussetzung für Leistungsfähigkeit erachtet.

Im Weiteren bedeutet auch die soziale Umwelt einen beeinflussenden Faktor. Den Austausch mit Kollegen z. B. empfindet er in schwierigen beruflichen Bewältigungsprozessen als unterstützend. Inwieweit dies der realen Situation in seiner Abteilung entspricht, ist aus dem Interview nicht nachzuweisen.

> „Also was ich für mich tu, das ist, dass ich mit meinen Kollegen mich austausche, einfach über bestimmte Themen und Probleme red und bestimmte Probleme mit denen gemeinsam löse, wenn ich sag, das ist mir echt, da komm ich nicht weiter, also wirklich um Hilfe bitte in dem Fall." S. 93

Überdies sieht er in der Lebensweise auch eine mögliche negative Einflusskomponente. Wenn nämlich das Berufsleben ein übermäßiges Zeitkontingent gegenüber dem Privatleben in Anspruch nimmt, geht er davon aus, dass es zu gesundheitsbeeinträchtigenden Konsequenzen kommen kann.

> „Für mich selber gibt es da zwei oder vielleicht drei große, ja, Facetten. Eine Facette ist, was kann ich selber tun, also ich sag jetzt einmal, mach ich ein bisschen Sport, mach ich gar nix oder mach ich extrem viel Sport? Das kann ich tun. Das Zweite ist das private Umfeld; gibt es da irgendwelche persönlichen negativen Erfahrungen oder Konstellationen, die auf mich so wirken, dass ich mich nicht wohl fühle. Und das Dritte ist das berufliche Umfeld. Und wenn man jetzt einfach hergeht und eine Rechnung aufmacht: Wie lange bin ich im Beruf am Tag, wie lange bin ich privat am Tag und wie lang bin ich sportlich am Tag, dann müsste ich eigentlich sagen, das berufliche Umfeld hat hier den größten Einfluss. Auf das Thema Wohlbefinden, Gesundheit. Von der Zeit her." S. 92

Hier zeigt sich auch nochmals, dass er jegliche Verantwortung für den gesundheitlichen Zustand in die eigenen Bemühungen und Aktivitäten delegiert und damit die Firma als Gestalter seines Arbeitsplatzes implizit von jeglicher Verantwortung dafür freispricht.

So begründet er einen Leistungseinbruch immer mit dem eigenen Versagen. Obwohl er in vorangehendem Zitatabschnitt darauf verweist, dass die Arbeitsstelle der größte Einflussbereich auf die Gesundheit sei, führt er dies lediglich auf das hohe Zeitkontingent zurück, das am Arbeitsplatz anteilig im Leben verbracht wird.

Gesundheitshandeln

*A3 riskanter Lebensstil, B2 primär bewegungsbezogenes Gesundheitshandeln*

Dr. Gattner tendiert aufgrund seiner gesundheitstheoretischen Begründungsstruktur wie auch seiner Gesundheitsdynamik zu einem Gesundheitshandeln mit spezifischem Handlungsschwerpunkt. So verfügt er primär über ein bewegungsbezogenes Handlungsmuster. Stress, psychische Belastung und Druck werden mit massivem Nachdruck versucht zu steuern, indem er sich bemüht, über sportliche Aktivitäten die eigene Vitalität wiederherzustellen. Umgekehrt wird aber gleichzeitig die eigene Fitness zur Prämisse für Leistungsfähigkeit, solange der Druck im Berufsleben überhaupt noch auszugleichen ist.

Körperliche Kondition und mentale Fitness spielen für Dr. Gattner eine große Rolle, um dem Berufsleben gewachsen zu sein. Stress nimmt aber zuweilen sowohl im Privatleben als auch im Berufsleben überhand.

Im Hinblick auf den Raubbau am eigenen Körper durch ständige Überlastung könnte man ihn sogar unter A3 riskanter Lebensstil subsumieren oder alternativ als „Ignorieren des kognitiven Wissens um Gesundheitsverhaltensweisen" beschreiben.

### 5.1.2.9 Herr Mikfelder

#### Zu den demografischen Daten

Herr Mikfelder ist zum Zeitpunkt des ersten Interviews fast 42 Jahre alt, ist ledig und hat keine Kinder. Wie er der Interviewerin versichert, ist er „zuweilen auch in festen Händen". In der NOVA ist er bereits seit vielen Jahren beschäftigt, deutet jedoch an, bei gleich bleibenden Umständen sich eventuell beruflich umzuorientieren und das Unternehmen dann zu verlassen.

#### Vorstellen der Person

Herr Mikfelder ist Meister im vorliegenden Unternehmen und den Führungskräften Dr. Gattner und Herrn Saumweber unterstellt. Seine hierarchische Position im Organigramm ist auf der Ebene unterhalb Dr. Gattners verortet und gehört dem *Erweiterten Führungskreis EFK* an. Disziplinarisch ist ihm ein Team, bestehend aus einem Teamleiter und etwa 30 bis 40 Werkern, zugeteilt. Seinem Empfinden nach trägt er eine hohe Verantwortung, die er zunächst auf den funktionalen Ablauf der Produktion bezieht, aber auch auf die Risiken einer möglichen Unfallgefahr. Inwiefern letzter Hinweis auf einen tödlichen Unfall in der benachbarten Abteilung wenige Monate vor dem Interview zurückzuführen ist, kann insoweit angenommen werden, als dadurch das Bewusstsein solcher Risiken wieder präsenter geworden ist. Insgesamt ist sein Blick mehr auf die MitarbeiterInnen und deren Arbeitsverhältnisse gerichtet als der seiner Vorgesetzten, da er unmittelbar mit den Prozessen der Fertigung konfrontiert ist.

> „Also ich hab mit Sicherheit sehr viel Verantwortung in meinem Job, weil ich hab ja doch relativ viel Leute. Wir haben auch sehr, ich sag mal, komplexe Anlagen, es kann also unter Umständen auch was passieren ab und zu oder könnte, Gott sei Dank, also toi, toi, toi, könnte auch was passieren. Und wir arbeiten natürlich in mehreren Schichten, also Dreischichtbetrieb, in verschiedenen Hallen, wir haben verschiedene Teile, von ganz kleinen, von TZ die Schäufelchen, sag ich mal, bis riesige Scheiben. Also es ist ein sehr hoher Verantwortungsgrad, also mit Sicherheit." S. 100

Die wiederholte, eindringliche Betonung seiner Verantwortung deutet auf das Profilierungsbedürfnis eines Mitarbeiters / einer Mitarbeiterin seiner organisatorischen Ebene in diesem System hin und macht den täglichen Kampf um Anerkennung und Reputation transparent. Implizit wird hier zum Ausdruck gebracht, dass man, je weiter unten im Organigramm angesiedelt, umso weniger wertgeschätzt werde. Das Gefühl, jederzeit ersetzbar zu sein, trage zudem verstärkt zu einem Gefühl der Degradierung und Unbedeutsamkeit bei.

Herr Mikfelder macht einen deprimierten, frustrierten und tendenziell phlegmatischen Eindruck und vermittelt im Interview offen seine Skepsis und pessimistische Einschätzung gegenüber der Umsetzung des bevorstehenden Piloten „Gesundheitszirkel". Dieser wurde ihm auch von seinen Führungskräften Dr. Gattner und Herrn Saumweber ungefragt als ein durchzuführendes Instrument vorgesetzt, da aufgrund der auffällig hohen Fehlzeiten in der Abteilung Herr Saumweber sich zur Teilnahme am Pilotprojekt bereit erklärt hat. Weder Dr. Gattner noch Herr Mikfelder wurden in diese Entscheidung miteinbezogen. Deshalb ergibt sich zwangsläufig eine passive und reaktive Haltung zur Durchführung des Gesundheitszirkels, die im Interview auch zur Sprache kommt. Eine überzeugte Erfolgserwartung unterbleibt daher.

Herr Mikfelder ist im Interview in Bezug auf kritische Anmerkungen überraschend offen, was sich beispielsweise an ironischen Bemerkungen über seinen Chef feststellen lässt.

„Da fällt mir spontan also nix ein." S. 103

„Also ich glaub, bei mir (?) ist der Stress. Stress. Stress, Stress, Stress. Wobei ich muss sagen, ich bin toi, toi, toi [lacht], ich war noch gar nicht krank! Außer halt letztes Jahr, aber –"

„Ja das schon, aber jetzt einmal so, dass ich einmal so Grippe oder so was, also da muss ich sagen, also den Winter oder so was, der Dr. G. sagt immer zu mir: „Der Stress tut dir gut! Der fördert deine Gesundheit! [lacht]" S. 103

Auf die Frage nach der Erwartungshaltung an das bevorstehende Instrument reagiert er mit Skepsis, was die methodische Durchführung zum einen als auch der Evaluationsmöglichkeit zum anderen betrifft. Zudem zeigt sich hier wiederum die Diskrepanz in seiner Art der Bewertung von erfolgreichen Interventionen gegenüber der seines Vorgesetzten. So distanziert er sich von der monetär ausgerichteten Ergebnismessung seines Chefs und betont die im Gegensatz dazu primär sozial human ausgerichtete Evaluation einer solchen Maßnahme, indem er diese an der Zufriedenheit seiner MitarbeiterInnen abliest.

„... dass die Gesundheitsrate steigt [lacht], aber äh – weiß ich nicht, vielleicht wird es besser, vielleicht nicht. Ich kann mir auch nicht vorstellen, muss ich ehrlich mal offen sagen, ich kann mir nicht vorstellen, wenn ich jetzt da mit vier oder fünf Mann da arbeite, dass ich das allzu stark beeinflussen kann, wenn ich 40 Leute hab, sag ich jetzt mal. Das kann ich mir ehrlich gesagt nicht vorstellen." S. 106

„Ja. Also wenn es jetzt was, sagen wir, wenn es, also, wenn, ich weiß nicht, wie der GZ abläuft, wenn jetzt der GZ wirklich was bringt, dann bringt's dann vielleicht für die fünf Leute was. Aber dass man das jetzt auf die anderen 40 oder möglichst vielleicht noch auf die Abteilung, das glaub ich einmal persönlich nicht." S. 106

„Also [lacht] wenn man das meinen Chef fragen würde, dann würde er sagen, an der Zahl, nächstes Jahr. Ich würde es jetzt mal nicht so sagen, ich würde, wenn die Leute zufriedener sind oder so. Gerner in die Arbeit gehen. Da eher. Aber ob man das jetzt dann wieder so messen kann oder oder ..." S. 107

„Ich weiß nicht, ich hab da überhaupt keine Vorstellung nicht, ich kann mir auch gar nicht – ... Ja oder sagen wir, ich hab schon eine kleine Vorstellung. Äh ich könnte mir ungefähr vorstellen, dass, weil wir haben (?jetzt einmal das) gesammelt, wo fehlt's und so, und sagen wir mal, in gewissen Punkten hakt man dann ein, und dann versucht man die abzustellen. Das ist, ich weiß nicht, weil wenn wir den Begriff Kaizen gehabt haben, ich weiß nicht, ist das bekannt –." S. 106

Aus diesen Zitaten wird auch deutlich, dass der Meister sehr schlecht informiert ist über den Ablauf der geplanten Intervention. Wie auch die Interviewerin bereits in Vorbesprechungen zwischen Sozialpädagogen, Führungskraft, Moderator und Meister (und der Interviewerin als neutrale Beobachterin) zum Gesundheitszirkel miterleben konnte und dies in Memos schriftlich festhielt, wurde allein sprachlich in geringer Weise auf das Niveau des Meisters eingegangen. Die Kommunikation erfolgte in einem Fachjargon, der für Unternehmensberater bzw. Trainer üblich ist, meist aber dem Verständnis von technisch ausgebildeten Industriemeistern nicht geläufig ist. Auch verliefen diese Vorgespräche nicht in Form von Beratungsgesprächen, in denen zunächst eine Anamnese der lokalen, aktuellen Zustände sowie der Bedarfssituation erstellt wird, bevor man dann mit der Klientel gemeinsam eine sinnvolle Intervention vereinbart, sondern sie wurden als reine Überzeugungs- und Verkaufsgespräche durchgeführt. Mit Ursache dafür war, dass das Ziel, einen Piloten durchzuführen, bereits definiert war und mit dem Centerleiter dieser Abteilung, Herrn Saumweber, vereinbart war und schließlich dessen Umsetzung dann an die jeweilige Abteilung kommuniziert wurde. Die Durchführung eines Gesundheitszirkels lag im Interesse der Sozialberatung, des Werksarztes und des bereits dafür gekauften externen Moderators, die die Impulsgeber und Treiber des Themas Gesundheit im Unternehmen waren, und diente als Nachweis für den Nutzen von Gesundheitsmanagement zur Überzeugung der Geschäftsleitung. Der Gesundheitszirkel stand demzufolge von vornherein unter Erfolgsdruck, was implizit auch im Vorbesprechungsgespräch mit dem Meister und seinem Chef Dr. Gattner zum Ausdruck kam.

Daran zeigt sich zudem auch, dass ein Intervenieren nach dem Empowermentansatz in der vorliegenden Organisation nicht zum üblichen Verfahren gehört.

### Metaphern und Sprache

Herr Mikfelder gebraucht einen umgangssprachlichen Erzählstil. Während seine Formulierungen in der Ich-Form vorherrschen, weicht er gelegentlich davon ab und verwendet Man-Formulierungen, sobald er über für ihn allgemein gültige und selbstverständliche Werte berichtet. Aufgrund seiner Lernprozesse über Ich-Botschaften während diverser Personalentwicklungsmaßnahmen für Meister und in Feedbackrunden mit den Teams, verbessert er sich dann sogleich immer wieder, um seine Erzählung, wie er es gelernt hat, in der Ich-Form fortzufahren. Ein ironisches Lächeln kann er dabei nicht verbergen, was darauf hindeutet, dass er seine Lernerfahrungen etwas spöttisch hinterfragt und weniger als Kompetenzerwerb sieht. Seine Metaphorik beschränkt sich auf Beschreibungen von allgemeinen Idealbildern der Freizeitgestaltung.

## Lebenskonzept und Gesundheitsvorstellungen

| | |
|---|---|
| **Lebenskonzept** | Sozial normierte Lebensweise |
| **Zugang zum Thema Gesundheit** | a. Verknüpfung mit Krankheit, c. Einstieg über biografischen Blickwinkel |
| **Gesundheitsvorstellungen** | |
| **Gesundheitskonzept** | |
| **a. dynamisches Modell** | B: Das Batterie-Modell „Reduktion" |
| **b. Inhalte** | Neg.: 1 Abwesenheit von Krankheit, 2 keine spezifischen Beschwerden, Tendenz zu 3 keine gesundheitlichen Probleme; Pos.: 4 Handlungsfähigkeit, 6 Stärke, Kraft, 7 Wohlbefinden |
| **Gesundheitstheorie** | A1: Belastungen, Risiken oder Noxen gefährden die Gesundheit: D4: Schicksalhaftes Eintreten von Krankheiten; mit „doppelter Buchführung": einerseits Beeinflussbarkeit von Gesund heit, andererseits Krankheit als schicksalhafte Angelegenheit betrachten |
| **a. positive Einflüsse / b. negative Einflüsse** | 1 Disposition<br>3 Umwelt |
| **Gesundheitshandeln** | A4 Ansätze eines bewussten Gesundheitshandelns |

Tabelle 14, Herr Mikfelder

Das Lebenskonzept

Herr Mikfelder erzählt in normativen Kategorien von seinem Leben. Bestimmte feststehende Idealvorstellungen der Lebensgestaltung scheinen gegeben zu sein. Seine Lebensgestaltung zielt auf Ruhe, Harmonie und Gleichförmigkeit ab. Veränderung oder persönliche Weiterentwicklung stehen dabei nicht im Zentrum.

> „Urlaub, Sonne, Strand, Meer, gutes Essen, gute Luft [lacht]. So was." S. 101

Vielmehr erlebt er subjektiv sehr viel Stress und Druck in seinem Arbeitsumfeld und wird aufgrund zahlreicher Innovationen, inszeniert durch das Management, immer wieder unfreiwillig mit Veränderungen innerhalb der „Lernenden Organisation" konfrontiert. Gelegentlich sehnt er sich daher nach einem weniger aufregenden Berufsalltag.

> „Ja irgendeiner drückt immer. Und das wär zum Beispiel also (?) manchmal wünsche ich mir zum Beispiel ein ganz normaler Werker, der kommt in der Früh, fängt das Arbeiten an. Der weiß genau, um halb drei oder was ist Schluss. Um halb drei geht er dann, und ich sag einmal, der hat jetzt eine schlechte Arbeit, die zweite Schicht macht dann da weiter, dann kommt er nächsten Morgen wieder, ist wieder ganz was anderes da wieder da. Also

> der hat, der hat seinen geregelten, seinen geregelten Ablauf, sag ich mal. Der kommt um sechs, geht um halb drei. Der weiß das genau. Und ich komm halt und weiß nie, wann ich geh. Oder der weiß genau, er arbeitet Montag bis Freitag. Eventuell mal Samstag. Und bei mir ist halt, eventuell mal Samstag nicht. (?Das ist einer)." S. 103

Im Vergleich zum Werksarzt erfährt man hier Aussagen über Stress aus anderer Perspektive, aber nach ähnlichem Begründungsschema eine Beurteilung und Bewertung dessen, was Stress bedeutet und wer diesen an welcher Position im Unternehmen wie erlebt. Gemeinsam ist hier die Auffassung, dass, je weiter unten in der Hierarchie man sich befinde, wie der Werker beispielsweise, desto leichter und stressfreier sei der Arbeitsalltag. Inwiefern die Werker dieser Einstellung zustimmen, wird aus der anschließenden Typologie von Herrn Reinhold transparent und deutlich.

Zugang zum Thema Gesundheit

*a. Verknüpfung mit Krankheit, c. Einstieg über biografischen Blickwinkel*

In das Thema Gesundheit steigt er mit einer Erzählung über seine Krankengeschichte während der biografischen Entwicklung seines Lebens ein. So berichtet er, in der Jugend das Thema Gesundheit nicht zur Kenntnis genommen zu haben, was aus seiner Sicht scheinbar allgemein so sei, da er es in der Man-Form zunächst formuliert. Entlang seiner alters- und stressbedingten Krankengeschichte, verursacht vorwiegend durch das belastende Berufsleben, weist er dem Phänomen Gesundheit einen zunehmend höheren Stellenwert zu.

> „Ja gut, sagen wir, wo ich jünger war, da war es vielleicht nicht so, so wichtig, sag ich mal, da war man halt einfach gesund. Oder war, was heißt „war man", war ich einfach gesund. Aber mittlerweile merk ich es doch schon, es zwickt doch überall, bei mir auch schon. Und zwar, ich hab zum Beispiel auch letztes Jahr, letztes Jahr hab ich also einen Gehörsturz gehabt, Gehörsturz kommt ja auch wahrscheinlich vom Stress her, auch von dem Job wahrscheinlich, und da hab ich doch äh, äh bleibende Schäden ein

bissl mitgezogen. Also ich hab dieses äh, wie heißt es, Tinnitus da, dieses Pfeifen im Ohr, geht wahrscheinlich auch nimmer weg, ich hab einen Gehörschaden, ist nicht auch durch den Hörsturz jetzt, aber über die Jahre halt wahrscheinlich in der Arbeit und was weiß ich –." S.101

„Sagen wir, es ist halt schon wichtig, das ist einfach so, meine Gesundheit, dass das Leben einfach lebenswert ist. Weil ich, ich hab auch schon viel also miterlebt, auch sagen wir auch beruflich da, die, wo krank waren, die wo sehr krank waren, die, wo dann teilweise auch gestorben sind, auch so in, ich sag mal, wie sagt man's, diese, die Bombeneinschläge oder was, die kommen immer näher, sag ich jetzt mal. Also das ist für mich jetzt eigentlich schon – wichtig. Sehr wichtig. Vielleicht sogar das Wichtigste. Ich hab mir auch, sagen wir mal, auch schon überlegt, ob ich den Job jetzt äh, ob ich mir nicht noch was anderes auch suchen soll. Weil es ist einfach, der Stress, das ist, du bist dauernd unter, unter Anspannung auf dem Job." S. 101

Gesundheitsvorstellung und Gesundheitshandeln

Gesundheitsvorstellung

Subjektives Gesundheitskonzept

a. Dynamisches Modell

*B: Batterie-Modell „Reduktion"*

Seiner Dynamik zufolge ist Herr Mikfelder der Energiemetapher der Batterie zuzuordnen. In seinem Gesundheitsmodell geht er implizit von einem begrenzten Reservoir an persönlicher Energie und Kraft aus, das insbesondere durch die belastenden Anforderungen seines Berufsalltags sukzessive verbraucht wird. Um diesen Erschöpfungen entgegenzuwirken, versucht er sich möglichst viele Schonräume in seine Lebensgestaltung einzubauen. Notfalls würde er sich, wie bereits zu Beginn angemerkt, auch zu einer Veränderungsmaßnahme in seinem Leben durchringen und das Berufsfeld, die berufliche Aufgabe oder den Arbeitgeber wechseln. Gesundheit und Krankheit versteht er als fließende Übergänge, deren kontinuierliche Veränderung jedoch nur in einer Richtung verläuft, nämlich der kontinuierlichen Reduktion eines maximalen Potenzialreservoirs an Gesundheit bis zu seiner endgültigen Entleerung. Infolge seines altersbedingten und durch externe Belastungen zunehmenden Abbaus von Gesundheit versucht er sich mehr und mehr, weiteren Stressfaktoren zu entziehen.

Folglich sieht er wenig Kontrollmöglichkeiten, seine Gesundheit aus eigener Kraft zu beeinflussen.

b. Inhalte

*1 Abwesenheit von Krankheit, 2 keine spezifischen Beschwerden, tendenziell 3 keine gesundheitlichen Probleme, 4 Handlungsfähigkeit, 6 Stärke, Kraft, 7 Wohlbefinden*

Inhaltlich bestimmt er Gesundheit demnach negativ mit der Abwesenheit von Krankheit, keinen spezifischen Beschwerden wie auch keinerlei gesundheitlichen Problemen. Handlungsfähigkeit, persönliche Stärke und Kraft als auch sein subjektives Wohlbefinden beschreiben für ihn als positive Inhalte Gesundheit. Die uneingeschränkte Wahl der Möglichkeiten seiner Lebensgestaltung spielt dabei eine gewichtige Rolle.

> „Wie kann man Gesundheit überhaupt beschreiben? Also Gesundheit ist, ich sag einmal, wenn's mir gut geht, wenn ich zufrieden bin, glücklich, äh, ich sag mal, wenn ich fit bin, wenn ich nicht irgendwie eingeschränkt bin, also, wenn ich tun kann, was ich möchte gern. Nicht dass ich sag, okay jetzt, das darf ich nicht machen oder das kann ich nimmer machen. Ganz einfach, dass ich, oder es ist auch, Gesundheit ist ja, sag ich mal, auch eine Freiheit wahrscheinlich. Eine Lebensfreiheit. (?) ich fühl mich gut, das Feeling." S. 101

Gesundheitstheorie

Einflussprozesse

*A1: Belastungen, Risiken oder Noxen gefährden die Gesundheit,*

*D4: Schicksalhaftes Eintreten von Krankheiten*

Einflussbereiche

*1 Disposition, 3 Umwelt*

Hier nennt Herr Mikfelder vorwiegend externe Belastungen, die die Gesundheit beeinträchtigen. Spezifische Belastungen und Risiken, vorwiegend in seinem Berufsleben, stellen für ihn Einflussprozesse dar, über die er selbst wenig bis gar keine Kontrollmöglichkeiten hat, außer der Vermeidung bestimmter Risiken oder partiell dem Treffen von präventiven Vorsorgemaßnahmen. Im Weiteren basiert seine Vorstellung auf einem wesentlichen unkontrollierbaren Einwirkungsprozess auf Gesundheit. Durch biologische Alterungsprozesse und schicksalhafte Einflüsse reduziert sich das Gesundheitsreservoir und Krankheiten entstehen oder treten ein. So betrachtet er das Eintreten von Krankheit zum einen als schicksalhaft, zum anderen glaubt er, durch entsprechende Vermeidungstechniken den Verlust von Gesundheit aufzuschieben und den Krankheitsbeginn damit beeinflussen zu können.

Dabei spielt bei ihm sowohl die genetische Disposition eine große Rolle als auch das Arbeitsmilieu, insbesondere das durch Belastungen stressbedingte Eintreten von Krankheit.

Eine positive Beeinflussung durch beispielsweise gesundheitsbezogene Aktivitäten schließt er beinahe aus.

Gesundheitshandeln

*A4 Ansätze eines bewussten Gesundheitshandelns*

Daher sind bei ihm in Bezug auf sein Gesundheitshandeln nur Ansätze einer bewussten Handlungsstrategie festzustellen.

Herr Mikfelder ist der Überzeugung, dass Stress und Druck zu gesundheitlichen Schädigungen führen. Am eigenen Leib hat er dies entlang seiner Krankengeschichte, wie dem Tinnitus und Hörsturz, erfahren und fühlt sich seiner desolaten Situation am Arbeitsplatz ohnmächtig ausgesetzt. Seine subjektiven negativen Erfahrungen motivieren ihn trotzdem nicht zur Eigeninitiative, Ressourcen aufzubauen oder zu nutzen und aktiv das Leben neu zu gestalten. Anstatt dessen verfällt er resigniert in eine demoralisierte Einstellung und ergreift höchstens in einem bedrohlichen Ernstfall die Initiative, etwas zu ändern. Er betrachtet sich als passives Opfer externer Kräfte und Machenschaften.

„Hm. Mei, vielleicht, dass gewisse Dinge sind, ja vielleicht angeboren oder vorbestimmt oder gentechnisch bestimmt, sag ich mal. Dann gibt es, also vielleicht ein gewisser Teil bei dem einen oder anderen, bei dem einen ist vielleicht mehr, beim anderen ist es nicht so. Dann gibt es einmal die, oder Sport – kann man mit Sicherheit beeinflussen. Wobei ich jetzt nicht der Sporttyp bin. Muss ich auch (?) dazusagen. Ich mach zwar so bissl was, Radl fahren und so, aber jetzt nicht, dass ich mir jetzt da einen abtu. Äh solider Lebenswandel wahrscheinlich auch. Äh –." S. 101

„Ja [lacht], viel Schlaf, kein Alkohol, wenig Alkohol, und so weiter. In die Richtung halt. Ich sag auch mal die Arbeit oder der Beruf; ich glaub, wenn es einem, wie sagt man, wenn es einem in der Arbeit taugt oder so, dann ist man mit Sicherheit gesünder oder – ist es beeinflussbar." S. 101

### 5.1.2.10 Herr Reinhold

#### Zu den demografischen Daten

Herr Reinhold ist 42 Jahre alt, ledig und kinderlos. Er lebt alleine (als Single) in einer eigenen Wohnung und führt laut seiner Aussage trotz seiner Spastizität ein normales Leben. Er ist seit Beginn seiner Ausbildung in der NOVA tätig. Seine Kindheit verbrachte er größtenteils in einem Heim in Südtirol, in dem er seine Schulausbildung genossen hat. Herr Reinhold arbeitet zusätzlich ehrenamtlich jeden Samstag in einer sozialen Einrichtung und hat dort Erfahrungen mit anderen Behinderten und mit Alkoholikern gemacht. Bei der hauptamtlichen Tätigkeit in der NOVA verrichtet er trotz der privilegierten Stellung als Behinderter Schichtarbeit.

#### Vorstellen der Person

Herr Reinhold arbeitet als Werker in der NOVA. Im Organigramm befindet er sich hierarchisch auf der untersten 4. Ebene der MitarbeiterInnen. Herr Reinhold ist behindert und arbeitet demnach unter besonderen privilegierten Bedingungen, da er einen Behindertenarbeitsplatz besetzt und bestimmte Privilegien genießt, wie beispielsweise mit einem Elektrowagen auf das Werkgelände fahren zu dürfen oder geringere Leistungskapazitäten zu erbringen. Trotzdem erlebt Herr Reinhold im Gegensatz zu früher sein Arbeitsumfeld als unsozial und befindet sich in einer ambivalenten Situation, insofern er einerseits einen für ihn zu hohen Leistungseinsatz erbringen muss, der ihn zeitweilig an seine körperlichen Grenzen führt, und er andererseits von Schuldgefühlen geplagt ist, nicht genug Leistung als Behinderter erbringen zu können und demzufolge den Gruppenablauf störe.

Die Tatsache, dass er nicht genauso viel leisten kann wie seine nicht behinderten KollegInnen, führt er auf die ungenügend überlegte Zuweisung eines geeigneten Arbeitsplatzes zurück, der seiner Behinderung entspräche wie auch seinen Fähigkeiten angemessen sei. Wären seiner Meinung nach die Rahmenbedingung an seiner Arbeitsstelle seiner Leistungsfähigkeit angemessen, könnte er zwar nicht quantitativ, jedoch qualitativ sehr gute, seinen KollegInnen in nichts nachstehende Leistungen erbringen. Doch zu seinem Unglück wird er lediglich an der Quantität gemessen, bei der er hinsichtlich des Pensums nicht mithalten kann. Dafür macht er u. a. den Zeitgeist dieser konsumorientierten Ellenbogengesellschaft verantwortlich wie auch den immer mehr auf Profit fokussierten Wettbewerb unter den Firmen.

„Man muss aber eines sagen, was immer wieder auch falsch gemacht wird: Leistung bedeutet nicht, dass ich kurzfristig viel machen kann, sondern Leistung bedeutet für mich – und das ist eben der Trugschluss, der aber fast überall herrscht – Leistung ist für die meisten Menschen, wenn sie in kurzer Zeit viel schaffen. Mir kommt es vielmehr darauf an, dass man auf lange Sicht gesehen viel schafft. Und wenn ich mich heute mit einem Nichtbehinderten oder mit einem Arbeitnehmer, der nicht behindert ist, und ich mich vergleiche, dann muss ich sagen, dann ist sicher der, der äh Nichtbehinderte kurzfristig schneller. Ja? Viel schneller wie ich. Aber langfristig kann ich ihm durchaus das Wasser reichen." S. 114

„Dazu muss ich auch sagen, dass ich den Eindruck habe, dass die NOVA, was das jetzt betrifft speziell, wesentlich besser war, als sie heute ist. Also früher war die NOVA sehr sozial eingestellt, hat sich auch sehr den Behinderten speziell angenommen, es waren auch mehr Behinderte beschäftigt als es jetzt sind, und dann hat man also unbedingt, wollte man unbedingt diesen, diesen äh – ja, man wollte einfach mehr produzieren, man wollte da ganz groß rauskommen. Und dann haben Behinderte gestört." S. 112

Herr Reinhold ist davon überzeugt, dass das Management mit einer sinnvollen Zusammenstellung der Teams bessere Ergebnisse im Hinblick auf Leistung und motivierte MitarbeiterInnen erzielen würde.

Dabei reflektiert er auch die Schwierigkeiten, die Behinderte oftmals aufgrund ihrer privilegierten Situation in einem Unternehmen schaffen können und letztlich sich selbst damit schaden.

„Und das find ich überhaupt sehr schade, weil man einfach versäumt hat, wirklich die Behinderten so zusammenzusetzen zu den allgemeinen Gruppen, dass die wirklich gut reinpassen, ja? Dann hätten die wahrscheinlich auch mehr Leistung gebracht." S. 112

„Und zum Teil lief es natürlich auch so, das muss man auch sagen fairerweise, dass es auch viele behinderte Menschen gibt, die glauben, weil sie behindert sind, können sie nur fordern. Das ist natürlich irgendwo nicht richtig.

Aber dadurch dass die Mentalität, so wie sie ist, ist sie, also die Ellbogen-Mentalität, sag ich mal, haben Behinderte heute auch irgendwo, zumindest viele davon, ja, die fordern einfach nur und sagen: „Das will ich" oder „das steht mir zu" oder – äh und so weiter, ja?" S. 112

„Und das ist sicher, das ist sicher eine große Vorschubskraft für die Leute, die eigentlich immer schon gesagt haben: „Ja, Behinderte, die sind den Anforderungen nicht gewachsen oder die stören den Gruppenablauf", oder so weiter oder so fort, ja?" S. 113

Er selbst steht für eine Solidargemeinschaft und plädiert für die Integration und Verortung aller Ausgegrenzten und Schwächeren, um als Gemeinschaft die Belastungen und Probleme des Alltags zu bewältigen. Er distanziert sich von einem in Industrieunternehmen oftmals vorherrschenden neoliberalen Weltbild und tendiert dagegen zu einer liberalen kommunitaristischen Grundhaltung.

In seiner Schilderung der Unternehmenskultur spiegelt sich seiner Meinung nach die konsumorientierte Gesellschaft im Globalisierungszeitalter wider.

Aufgrund seiner persönlichen Situation und seiner Überzeugung von der Wichtigkeit und Bedeutsamkeit des sozialen Engagements als Ressource für jeden Einzelnen innerhalb der Gesellschaft als auch reziprok für die Gesellschaft als Gemeinschaft, bestehend aus jedem Einzelnen, fordert er mehr soziale Vernetzung, Delegierung von Eigenverantwortung als auch Gleichberechtigung durch Gleichstellung aller MitarbeiterInnen über die Hierarchien hinweg. Die Abschaffung von Privilegien für das Management sieht er ebenso als notwendig an, um innerhalb eines Unternehmens durch die kollektive Identifikation als eine solidarische Gemeinschaft die gemeinschaftlichen Interessen und Ziele zu verfolgen. Motivation und Leistungsbereitschaft würden dadurch optimiert werden. Für die Schaffung solcher Rahmenbedingungen müsste das Management die Verantwortung dafür tragen und seinen Fokus nicht nur auf eine verhaltensorientierte, sondern auch auf eine verhältnisorientierte Gesundheitsförderung richten. Damit würde nicht nur der Einzelne Verantwortung tragen, sondern es müssten auch entsprechende Rahmenbedingungen gestaltet werden, in denen der Einzelne sich gesund verhalten kann. Das Ziel, motivierte und leistungsstarke MitarbeiterInnen zu gewinnen, würde dadurch erreicht werden.

„Ja selbstverständlich, ich denke, wir sind alle für unser Sozialwesen verantwortlich, ob das hier nun bei der NOVA ist oder ob wir in unserer Freizeit irgendwo so was machen oder sehen, ja, das ist uninteressant. Die Tatsache, dass wir nun mal Menschen haben, die schwächer oder stärker sind, das liegt in unserer Natur, und wenn ich heute einen Schwächeren habe, dann muss ich ihn eben so fördern, dass er annähernd die Stärke erreicht, dass er also in der Gruppe mitkommt. Ja, und da sind wir alle aufgerufen, alle auch gefordert irgendwo." S. 113

„Ob das jetzt ein Arbeitgeber ist oder oder oder äh – ein Manager oder wie auch immer, das spielt gar keine Rolle. Wir müssen damit – wir haben die Leute – wir müssen damit leben. Ich mein, wir müssen die Hitlermentalität, sag ich mal, einfach wirklich vergessen." S. 113

Überdies ist Herr Reinhold in seiner Haltung ein sehr verantwortungsbewusster und gewissenhafter Mensch, der sich vor allem aus einem moralischethischen Bewusstsein für das seelische, psychische und soziale Wohlbefinden der Menschen interessiert.

Auf die Frage nach dem empfundenen Verantwortungsgrad bezieht er diesen auf die verantwortungsvolle Tätigkeit bei der Herstellung sicherer Bauteile. Das Bewusstsein, dass minimalste Fehler schwerwiegende, lebensbedrohliche Folgen für eine Vielzahl von Menschenleben haben können, verursacht bei ihm eine gewisse Anspannung und Anstrengung in der Arbeitsverrichtung. Herr Reinhold begründet auf philosophischer Ebene seine Verantwortungspflicht in seiner Tätigkeit, indem er auf universell gültige moralische Werte verweist.

> „Also bei uns ist es so, oder ich seh das zumindest so, dass wir ein Produkt herstellen, das sehr, sehr viel Genauigkeit und sehr viel Verantwortungsbewusstsein haben muss, weil es, weil es zum Einsatz kommt dort, wo Menschen sterben können und auch leider immer wieder sterben, äh weil ich mein, die x, die bestehen nun mal aus den einzelnen x, und da ist jede x wahrscheinlich sehr wichtig, und deswegen ist der Verantwortungsgrad vom Produkt her sehr hoch." S. 108
>
> „... ich persönlich seh das eigentlich so, dass die Menschen, die mit dem x ..., eben ein Recht haben auf Leben, und deswegen muss man alles tun, auch selber und man muss sich vor allen Dingen der Verantwortung bewusst sein, die man da eingeht, soweit man eben aus menschlichem Ermessen das kann, und – ja, und immer wieder eben sich auch vor Augen führen, dass eben Menschen, sehr viele Menschen betroffen sind." S. 108

Um mit dieser Verantwortung und der daraus resultierenden Anspannung während seiner Arbeitsausführungen umgehen zu können, sucht er nach einer balancierten Haltung und greift dabei auf ausgleichende Ressourcen zurück.

> „Allerdings ist es auch so, dass man das sicher irgendwo mit sich selber auch abmachen muss, weil man kann natürlich nicht arbeiten, wenn man ständig äh, eine übertriebene Angst dann hat, einen Fehler zu machen. Weil dann wird die Arbeit zur Tortur. Also man muss da schon irgendwo auch äh,

auch, ich will nicht sagen Gleichgültigkeit, aber eben auch einen gewissen Eigenschutz aufbauen, um nicht da jetzt in Panik zu verfallen oder sonst irgendwas. Sondern das auch irgendwo als normal muss sich das irgendwo einpendeln, ja. Und ich glaub, das ist bei mir und auch bei meinen Arbeitskollegen, zumindest bei den meisten, äh recht ordentlich eigentlich." S. 108

Herr Reinhold macht sich zudem Gedanken über die zukünftige geschäftspolitische Lage des Unternehmens, wie aus folgendem Zitat ersichtlich wird. Hierin zeigt sich die durchaus verantwortungsbewusste und oftmals auch weitsichtige Arbeitshaltung von MitarbeiterInnen aus dem Fertigungsbereich. Wie auch in anderen Interviews mit Werkern kristallisierte sich eine solche Haltung heraus und widerspricht der grundsätzlichen Annahme von Führungskräften, dass MitarbeiterInnen sich nur um ihre persönlichen Anliegen sorgen würden. Die nicht vermutete Identifikation mit dem Unternehmen sollte zu mehr Transparenz in der Kommunikation von Informationen im Unternehmen genutzt werden, um darüber eine wertschätzendere Haltung der Geschäftsleitung den MitarbeiterInnen gegenüber zu demonstrieren und zu leben.

„Wir haben früher also, es hat ja auch eine Zeit gegeben, da war man sehr auf Produktion bedacht und sehr auf Geldverdienen, das ist man heute zwar auch noch, aber heute sieht man auch, dass man eben nur über die Qualität überleben kann, weil eben andere Länder auch produzieren, und die produzieren wesentlich günstiger. Insofern werden wir wahrscheinlich die Marktnische haben, sag ich einmal, Forschung, Qualitätssicherung, ja, eben qualitativ uns zu versuchen da hervorzuheben." S. 108

„Es wird auch unsere einzige Überlebenschance sein, wenn überhaupt. Ich glaub sowieso, früher oder später werden wir hier nur noch – also das ist meine persönliche Meinung – aber es wird so sein, dass nur noch die Forschung hier verbleiben wird und produziert, wirklich produziert wird dann wahrscheinlich ganz woanders." S. 108

Mit eigenverantwortlichem Handeln und Tragen von Verantwortung geht Herr Reinhold sehr pflichtbewusst um. Seine langjährige Erfahrung und sein intrinsisch motiviertes Interesse an einem guten Arbeitsergebnis lassen ihn als selbstbewussten und verantwortungsvollen Mitarbeiter erscheinen.

> „Es ist also so, dass ich sage, aufgrund dessen, dass ich schon relativ lang dabei bin, hab ich gewisse Erfahrung, „gewisse Erfahrung" in Anführungsstrichen, und mit dieser Erfahrung gehe ich auch irgendwo um. Und wenn ich äh, wenn ich sehe, dass es gröbere Fehler oder Schwierigkeiten sind, dann bin ich verpflichtet – und das tu ich auch – meinen Vorgesetzten, in welcher Stufe auch immer, zu informieren und mit ihm das auszudiskutieren, soweit es eben ausdiskutiert werden muss oder sollte. Jetzt ist es auch so, dass durch das Team, das wir haben, eigentlich jeder eingebunden ist, und dass man dann eben auch mit dem Team ein Stück weit Verantwortung mit übernehmen kann, dass man nicht alles alleine entscheiden muss." S. 109

Herr Reinhold sieht sich selbst als Teamplayer. Dieser Gedanke, als Team gemeinsam etwas zu leisten und Verantwortung zu tragen, entspricht genau seinen sozialen Vorstellungen von Zusammenleben und gemeinsamer Koordination. An seiner Arbeitsstelle erlebt er jedoch diese Fähigkeiten noch nicht als allgemein gängige Konditionen. Trotz seiner oftmals bereits demoralisierten Äußerungen über das vorliegende Unternehmen gibt er an dieser Stelle seine optimistische, zuversichtliche Hoffnung nicht auf, dass es sich im Laufe eines alle betreffenden Lernprozesses doch noch verbessern wird.

> „Es können zwar alle oder die wenigsten noch damit umgehen, weil der Teamgedanke noch fehlt, aber ansonsten denk ich mal, wird das mit Sicherheit irgendwie wachsen und damit auch sicher die Verantwortung irgendwo wächst, ja, ganz klar. Und man kann sicher damit irgendwann auch besser umgehen." S. 109

Herr Reinhold findet trotz seiner privilegierten Situation als behinderter Arbeitnehmer keine Zufriedenheit mit seinem Arbeitsplatz, da er seiner Meinung nach hinsichtlich seiner Fähigkeiten wegen der Behinderung keine ihm angemessenen Aufgaben erhält. Dies erlebt er als fehlende Wertschätzung seiner Person gegenüber, zumal er sich schon oft bei seinen Führungskräften um alternative Aufgabenbereiche vergebens bemüht hatte. Aus dieser desolaten Situation heraus wirkt er sehr frustriert bis hin zu demoralisiert durch das System und sieht aufgrund seines Alters und der schwierigen Arbeitsmarktlage kaum Perspektiven für sich. Demnach muss er in seiner jetzigen Situation ausharren und versuchen seine Kräfte soweit zu schonen, um einer geringen Lebenserwartung nach seinem Arbeitsleben entgegenzuwirken.

Diese Perspektivlosigkeit kristallisierte sich auch in anderen Interviews mit MitarbeiterInnen der Fertigung heraus als eine die entmutigte Haltung noch verstärkende Dimension.

> „... aber man ließ mich nicht und man ist mir in keinster Weise entgegengekommen. Man hat mir auch keinen Arbeitsplatz, obwohl man es mir schon hunderttausendmal versprochen hat, angeboten bis jetzt, und – nicht einmal der leiseste Hauch von irgendeinem Angebot. Die Wertschätzung ist für mich, also so, wie ich das momentan empfinde, [lacht] schon bald nicht mehr messbar. Es ist eigentlich so, dass ich, dass mir die Hände gebunden sind, ich von meiner Seite hab alles getan, um das in Gang zu bringen und zu setzen, irgendwo auch kundzutun, ich hab mich auch schon für die Arbeitskollegen eingesetzt und deswegen bin ich auch ein bisschen unlieb Kind [lacht]." S. 122

Herr Reinhold verhielt sich im Interview sehr zugänglich, interessiert und offen. Er sparte nicht mit Kritik und nutzte die Gelegenheit, endlich einen Rahmen gefunden zu haben, in dem er seine Anliegen und Bedenken anbringen kann.

### Metaphern und Sprache

Herr Reinhold verfügt trotz seines einfachen Sprachniveaus über einen sehr differenziert beschreibenden Erzählstil. Er ist zwar weniger in der Lage, normative Überbegriffe anzuwenden und über diese eine logische Struktur in seiner Erzählung aufzubauen, stellt aber mit seinen inhaltlich assoziativ aneinander gereihten Textpassagen ein themenvielfältiges breites Repertoire an Informationen zusammen, das ganzheitlich interessante Facetten bietet und insgesamt ein komplexes zusammenhängendes Konstrukt ergibt, dessen logischer Zusammenhang durchaus nachvollziehbar und inhaltlich anspruchsvoll ist.

## Lebenskonzept und Gesundheitsvorstellungen

| | |
|---|---|
| **Lebenskonzept** | Soziale Harmonie durch soziales Engagement |
| **Zugang zum Thema Gesundheit** | c. Einstieg über biografischen Blickwinkel |
| **Gesundheitsvorstellungen** | |
| **Gesundheitskonzept** | |
| **a. dynamisches Modell** | C: Das Akkumulatormodell „Regeneration" mit Tendenz zum Batterie-Modell „Reduktion" |
| **b. Inhalte** | Neg.: 2 keine spezifischen Beschwerden, Pos.: 7 Wohlbefinden, 8 Harmonie |
| **Gesundheitstheorie** | A1:Belastungen, Risiken oder Noxen gefährden die Gesundheit; B2: Erhalt bzw. Stärkung von Ressourcen; C1: Ausgleich und Kompensation von Risiken C2: Herstellen eines Gleichgewichts zwischen körperlichen, sozialen und psychischen Kräften |
| **a. positive Einflüsse** | 1 Konstitution 2 Lebensweise 3 Umwelt |
| **b. negative Einflüsse** | |
| **Gesundheitshandeln** | C2 psychisches und soziales Gesundheitshandeln |

Tabelle Nr. 15, Herr Reinhold

Das Lebenskonzept

In seinem sozialen Engagement erfährt Herr Reinhold soziale Anerkennung und soziale Harmonie. Sein Lebenskonzept ist geprägt von einer moralischen Verantwortung der Gesellschaft gegenüber, die er zum einen als Ressource zur eigenen Lebensbewältigung nutzt. Ohne diese soziale Unterstützung wäre er nicht lebensfähig, weder psychisch, noch physisch, noch sozial. Zum anderen erlebt er selbst durch sein soziales Engagement soziale Anerkennung und empfindet dadurch Zufriedenheit, Selbstachtung und autonome Selbstbestimmung in seiner Lebensweise.

„... mir ist es sehr wichtig, mich zu engagieren. Weil ich denke, das ist irgendwo meine Lebensaufgabe. Äh, weil ich, ich hab mir eigentlich immer schon Gedanken darüber gemacht, wie äh, wie ich (?mein Leben) selbst verantworten möchte. Und daraus resultiert einfach, dass ich sozial engagiert bin, weil ich mich damit eigentlich recht gut fühle. Äh, wenn ich nichts tun würde und eigentlich nur auf die Gesellschaft hoffen würde oder warten würde oder, oder oder so, dann, dann würde ich mich eigentlich nutzlos

> fühlen. Und das ist eigentlich ein Zustand, den ich, den ich äh nicht möchte, weil ich dann nicht so sein könnte, wie ich bin." S. 115
>
> „Ich gewinne dabei einfach zunächst einmal bei mir selber ein sehr starkes Wohlbefinden in gewisser Weise, dass man sagt, okay, ich hab was getan für meine Mitmenschen. Es macht mir, macht mich irgendwo, ich will nicht sagen glücklich, aber ich bin etwas zufriedener damit einfach. Und äh, ja, und vielleicht auch eine gewisse Sicherheit, weil ich denke, wenn ich mal Hilfe brauch, dann krieg ich die auch. Und wenn ich nichts (?) für die Gesellschaft tu oder tun will, dann kann ich es auch nicht erwarten – das ist dasselbe, wie wenn Sie heute sagen: „Ich will Geld haben, aber arbeiten will ich nicht" – geht nicht." S. 115

Sein Engagement zeigt sich auch in der Zivilcourage, mit der er sich für KollegInnen u. a. auch über den Betriebsrat, bei seinen direkten Führungskräften als auch im Personalmanagement einsetzt. Er ist ressourcenorientiert und salutogenetisch ausgerichtet. Aufgrund der Behinderung nimmt er sein Dasein in besonderer Form bewusst wahr. Er strebt eine eigenverantwortliche, emanzipierte und selbstbestimmte Lebensweise an, indem er sich selbst beweist, wozu er leistungsbezogen fähig ist. Seine ganzheitliche Sicht und seine multidimensionalen Kontrollüberzeugungen bieten ihm ein reiches Repertoire an Bewältigungs- und Handlungskompetenzen.

Zugang zum Thema Gesundheit

*c. Einstieg über biografischen Blickwinkel*

Herr Reinhold findet über die Verknüpfung mit der eigenen Krankengeschichte, die durch seine Behinderung geprägt ist, den Zugang zum Thema Gesundheit. Dabei erlebt er seine spezifische Situation insofern als positiv, als er dadurch sein Leben intensiver und bewusster lebt. Trotz vieler Benachteiligungen durch seine Behinderung erfährt er diese als sinnstiftend.

Gesundheit weist er daher auch einen hohen Stellenwert zu, da für ihn das Achten darauf und sorgsames Umgehen mit seinen Ressourcen lebensnotwenig ist.

„Äh Gesundheit spielt für mich eine sehr große Rolle, weil ich bin durch meine Behinderung etwas vorbelastet, sag ich mal, und äh es ist einfach so, ich bin auch sozial sehr engagiert und sehe also sehr viele Dinge, hab also mit Behinderten schon gearbeitet, ich hab auch mit Alkoholikern gearbeitet, ich hab auch äh, ich war sehr lang im Heim, hab dort meine Schule gemacht und so weiter, mit Behinderten und so weiter, also ich hab, ich hab gesehen, was Gesundheit bedeutet.

Weil man, weil es eben, wenn man vorbelastet ist, ... man geht auch mit Gesundheit, mit dem Thema Gesundheit ganz anders um. Weil einem das viel mehr bewusst ist und weil man vielleicht auch auf Grund der Behinderung – also mir geht es jedenfalls so – nicht so unbedingt materiell eingestellt ist, sondern man nimmt es vielleicht eine Spur, ich will jetzt nicht übertreiben, aber man will, eine Spur mehr Leben nimmt man mit. Weil einem das viel mehr bewusst wird. Man kann, man wird nicht so aufgesogen von der Materialismus – äh ..." S. 109

„Ähm – ja nee, ich seh meine Behinderung nicht als Krankheit oder als, als störend, sondern ich sehe meine Behinderung eigentlich als, ja, ich würde sagen: als Bereicherung meines Lebens. Weil wenn ich nicht behindert wär, dann würde ich wahrscheinlich anders denken, dann würde ich auch ganz anders handeln, und durch meine Behinderung, da handle ich anders und lebe auch irgendwo intensiver." S. 114

„Und so gesehen ist es für mich eigentlich ein Gewinn. Das können die wenigsten verstehen. Äh natürlich hat das auch seine Nachteile, das heißt, man hat mehr Schmerzen, man ist schneller müde, man ist sicher irgendwo äh leistungsbezogen etwas schwächer. Weil man nicht so viel und nicht so schnell schaffen kann." S. 114

Gesundheitsvorstellungen und Gesundheitshandeln

Gesundheitsvorstellungen

Subjektives Gesundheitskonzept

a. Dynamisches Modell

*C: Akkumulator-Modell „Regeneration" mit Tendenz zum Batterie-Modell „Reduktion"*

Herr Reinhold verfügt über ein differenziertes Gesundheitskonzept, das die soziale, psychische, seelische und körperliche Ebene miteinbezieht. Seiner inhaltlichen Dynamik zufolge ist er dem Modell des Akkumulators zuzuordnen. Er geht von einem Potenzial an Gesundheit aus und bemüht sich durch gesundheitsbezogene Aktivitäten dessen Niveau immer wieder herzustellen, um den Verbrauch an Kraft zu regenerieren. Aufgrund seiner körperlichen Einschränkung und der daraus resultierenden Überbelastung in seinem Berufsalltag erfährt er zunehmend einen körperlichen Abbau, den er nicht mehr zu regenerieren können glaubt. Der Verbrauch seines Reservoirs an Energie und Kraft verschleißt wie bei einer Batterie, die sich zunehmend altersbedingt entleert. Daher ist er tendenziell auch dieser Energiemetapher zu subsumieren.

Infolge seiner Spastizität nimmt er differenziert seine gesundheitlichen Schwankungen wahr. Das Verhältnis von Gesundheit und Krankheit versteht er nicht als dichotomen Zustand, sondern als fließende Übergänge auf einem Kontinuum, die sich in beide Richtungen hin bewegen können.

Seine Gesundheitstheorie umfasst ein Netz komplexer und diverser Einflussprozesse und -bereiche. Er verfügt über ein vielfältiges Kontingent an subjektiven Kontrollmöglichkeiten, die zum einen auf den Schutz vor weiteren Abbau zielen und zum anderen auch auf aktive Bemühungen zur Regenerierung seines Gesundheitspotenzials. Aufgrund seiner multidimensionalen personalen Kontrollüberzeugungen und seiner ressourcenorientierten Handlungsstrategien besteht bei Herrn Reinhold eine salutogenetische Handlungsorientierung, zu der er auch präventive Aktivitäten als effektiv für den Erhalt der Gesundheit erachtet.

> „Gesundheit bedeutet für mich äh einfach – (?wie soll ich sagen), ein annehmbares Leben. Ich mein, ich muss arbeiten, um leben zu können, damit wird meine Gesundheit sicher geschmälert, aber wenn ich damit irgendwo sorgsam umgehe, dann hab ich die Hoffnung wenigstens, dass ich auch später im Alter, sag ich mal, von dem, was ich mir erarbeitet habe, noch ein bisschen genießen kann. Genießen kann ich nur, wenn ich gesund bin. Wenn

ich irgendwo mir noch einen Puffer geschaffen habe, Gesundheit, die ich habe, eben noch irgendwo zu leben. Wenn ich sie schon verbraten habe, dann werde ich wahrscheinlich im Alter krank sein und dann ist das Leben oder dann ist, dann war die Mühe, die ich mir gegeben habe, umsonst [lacht], und das wollte ich eigentlich nicht, insofern versuch ich schon auch irgendwo, ja, schon in gewisser Weise gewissenhaft damit umzugehen, damit ich, damit ich noch was hab später davon [lacht]." S. 110

„Ja sehr, sehr! Sehr, ich meine, man muss das, man muss das ganz klar sagen, dass man, durch meine Vorbelastung ist es so, dass ich natürlich wesentlich mich mehr engagieren beziehungsweise anstrengen muss wie andere Menschen. Dadurch wird man natürlich auch schneller verbraucht und dadurch sind irgendwie die Ressourcen der Gesundheit dann aufgebraucht. Und – ja, und –." S. 110

## b. Inhalte

### *2 keine spezifischen Beschwerden, 7 Wohlbefinden, 8 Harmonie*

Inhaltlich beschreibt er Gesundheit zum einen negativ mit dem Fehlen von spezifischen Beschwerden als auch positiv mit dem eigenen Wohlbefinden und der sozialen Harmonie in der Gemeinschaft.

„Hm, ja dass ich ausgeglichen, fröhlich, schmerzfrei [lacht], einfach rundherum zufrieden bin, ja. Das ist für mich gesund." S. 113

„... – es ist auch wichtig, dass die Seele gesund ist, das heißt, es hat wenig Sinn, wenn nur der Körper schmerzfrei ist und die Seele ist krank. Das ist mindestens genauso schlimm. Wenn nicht noch schlimmer. Also gesund bedeutet für mich wirklich seelisch und körperlich." S. 114

„Tja Gesundheit ist schlicht und einfach Wohlbefinden in verschiedenen, in allen Richtungen, das heißt Wohlbefinden seelischer Natur, Wohlbefinden körperlicher Natur, das heißt, dass man schmerzfrei ist, das bedeutet auch, dass man fröhlich ist, dass das Leben ausgeglichen ist, dass man nicht zu sehr mit Sorgen und Problemen belastet ist. Gesundheit bedeutet für mich auch Ausstrahlung, und Gesundheit bedeutet für mich auch in gewisser Weise auch Menschen Hoffnung zu geben. Das heißt, es sind ja viele Menschen da, die äh – ja, wirklich krank sind und die, denen muss man zumindest von der Ausstrahlung her versuchen, Hoffnung zu geben, und dass es doch nicht so sinnlos ist!" S. 111

„Ich hab also festgestellt, es sind wahnsinnig viele Menschen heute verzweifelt und wissen nimmer weiter, sogar junge Menschen teilweise, Menschen, die sind erst 15, 16, und da müssen wir, die älter sind und mehr Erfahrung haben, versuchen, in jeglicher Form eben – ja, äh der Sinnlosigkeit, denen die Leute ausgesetzt sind, irgendwo ein Gegengewicht zu geben. Und da gehört für mich auch Gesundheit dazu, weil es, wenn ich eine Ausstrahlung hab, kann ich anderen Menschen, ohne dass ich mit ihm jetzt groß diskutiere oder rede, vielleicht ihn wieder zumindest zum Nachdenken bringen, und das – ..." S. 111

„Ausstrahlung bedeutet für mich, wie man einfach auf Menschen zugeht, dass man, also dass man ihnen nicht so ein Gesicht präsentiert, das so auf den Boden (?) [lacht], sondern ein bisschen Fröhlichkeit und bisschen Schwung und so, ich glaub, das, das geht, es sind viele Menschen da, die – ..." S. 111

Gesundheitstheorie

Einflussprozesse

*A1: Belastungen, Risiken oder Noxen gefährden die Gesundheit, B2: Erhalt bzw. Stärkung von Ressourcen, C1: Ausgleich und Kompensation von Risiken, C2: Herstellen eines Gleichgewichts zwischen körperlichen, sozialen und psychischen Kräften*

Einflussbereiche

*1 Konstitution, 2 Lebensweise, 3 Umwelt: ökologische, berufliche und soziale Umwelt (sozial)*

Wie bereits erwähnt, verfügt Herr Reinhold über ein Netz komplexer und diverser Einflussprozesse und -bereiche. So stellen für ihn einerseits externe Belastungen, Risiken und Umweltnoxen dominante Einflussprozesse auf die Gesundheit dar, wie beispielsweise Stress durch Schichtarbeit eine solche Belastung bedeutet. Hier sieht er auch aufgrund der unflexiblen Arbeitszeitregelungen hinsichtlich der zum Einsatz kommenden Schichtmodelle im Unternehmen nur geringe personale Einflussmöglichkeiten. Andererseits ist er vom Erhalt und dem Stärken von Ressourcen als dominanten Einflussprozess überzeugt. Die eigene Erfahrungswelt und Reflexion dieser haben einflussnehmende Auswirkungen auf das Verhalten und die Lebensweise. Im Weiteren erachtet er den Ausgleich als auch die Kompensation von Risiken als möglichen und nicht unbedeutenden Prozess, der die Gesundheit beeinflussen kann. Schließlich ist für ihn das Herstellen eines Gleichgewichts zwischen körperlichen, sozialen und psychischen Kräften einer der bedeutendsten Einflussprozesse auf die Gesundheit.

Positive Einflussbereiche sind beispielsweise die persönliche Konstitution, wie es auch das Kohärenzgefühl bei Antonovsky beschreibt. Die eigene Lebensbewältigung, die soziale Anerkennung, das Autonomiebestreben und die Selbstbestimmung als auch die Selbstachtung und die eigenständige Existenz, das psychische Wohlbefinden und zuletzt auch die moralischen Werte als Zuschreibung der eigenen Identität beschreiben Aspekte der Konstitution, über die ein Mensch seine Gesundheit aus seiner Sicht erhalten kann.

Neben einer gesundheitsbezogenen Lebensweise als Einflussbereich der Gesundheit, vermutet er sowohl die ökologische als auch soziale Umwelt als wichtige Einflussbereiche auf die Gesundheit. Neben einer sauberen und schadstofffreien Umwelt subsumiert er auch die Solidargemeinschaft und das soziale Engagement als auch soziale Unterstützung durch andere im Feedback oder in der Reflexion in Situationen der Überbelastung sowie auch persönliche Grenzerfahrungen durch körperliche und psychische Überforderung unter den Aspekt der Umwelt als gesundheitsbeeinflussenden Bereich. Die Arbeitsbedingungen stellen in diesem Zusammenhang einen der bedeutendsten Einflussbereiche dar, da sie durch ihre dauerhafte Beanspruchung und ihre die Gesundheit belastenden Arbeitsmodelle, wie die Schichtarbeit sie darstellt, einen massiven Einfluss auf das Leben und den Erhalt der Gesundheit haben.

> „Na das wird einmal sicher aus der Lebensart, wie man lebt, äh, und einmal auch aus dem seelischen Aspekt, das setzt sich da aus diesen zwei Komponenten sehr stark zusammen. Ja, wie man eben, wie man lebt, und wie man auch mit dem Leben umgeht et cetera ..." S. 114

„Und – ja, und dann muss man eben auch irgendwo seinen, seinen Mittelpunkt finden. Und sagen: So kann ich leben, so fühl ich mich noch recht gut. Ich mein, die Grenze zu dem, was dann, was dann nur noch Kampf beinhaltet, ist ist – bei mir relativ hoch, weil ich, ich sag einmal, irgendwo auch sehr, ja, sehr engagiert bin in jeder Richtung. Ich bin sozial engagiert, ich mach sehr viel –." S. 114

„Weil ich mein, die Psyche eines Menschen ist ungeheuer, ist, ist, also ich würde es mal, wenn man es jetzt mal als Maßeinheit sehen will, dann würde ich sagen, das psychische Wohlbefinden eines Menschen ist in meinen Augen mindestens 65 Prozent, wenn nicht mehr, macht das einfach aus im Gesamt." S. 115

„Man merkt dann erst, wenn es dann wirklich einen Crash gibt. Das gibt's nämlich auch, dass man dann einfach nicht mehr kann, und dann streckt's einen nieder." S. 116

„Ja, das sind zum Beispiel unsere, äh unsere Umweltbedingungen, die sicher ganz stark zuschlagen. Das ist letztendlich auch unser Müll, den wir ständig selber produzieren und eigentlich die Umwelt vergiften und uns mit. Das sind wie gesagt eben auch die Arbeitsbedingungen, die wir heute haben, und die wir aber haben müssen, um Geld zu verdienen. Letztendlich, weil ich mein, zum Beispiel die Schichtarbeit ist mit Sicherheit, das sag ich immer und das werde ich immer wieder sagen, das ist das Gesundheitstödlichste, was es gibt. Denn äh es ist heute durch Statistiken erwiesen worden, dass bei Schichtarbeitern starke Schlafstörungen auftreten, die familiäre Situation ist katastrophal bei mindestens 90 Prozent, weil die Familie von dem Betroffenen nichts hat, und so weiter." S. 116

Neben seinen vielseitigen Aktivitäten im sozialen Engagement reflektiert er auch die dadurch entstehenden Anforderungen und Belastungen für die eigene Gesundheit und Befindlichkeit und sucht nach einer balancierten Haltung.

„Körperlich, auch mal seelisch, ich mein, (?wissen Sie, wenn man) soziale Arbeit leistet, das ist halt auch immer irgendwo ein sehr starkes psychisches Problem. Weil die Schicksale, die da einem widerfahren, die sind manchmal schon ganz Nerven aufreibend auch, ja. Man sieht dann auch zum Teil oft oder man hat das Gefühl, dass man, dass man äh zwar helfen möchte, aber gar nicht helfen kann, und dann letztendlich zuschauen muss, wie der

Mensch dahinvegetiert oder seinen Geist verliert oder wie auch immer, ja? Und ähm, na ja, da muss man dann schon auch irgendwo eine gewisse Stärke haben, um das wieder zu verarbeiten. Und das nimmt einen schon her dann." S. 116

## Gesundheitshandeln

*C2 psychisches und soziales Gesundheitshandeln*

Herr Reinhold weist ein in die Lebensweise integriertes Gesundheitshandeln auf. Bezogen auf sein differenziertes Gesundheitskonzept und sein ausgeprägtes soziales Engagement, ist er in die Kategorie des psychischen und sozialen Gesundheitshandelns einzustufen.

Aufgrund der Behinderung steht zum einen der Erhalt von Gesundheit im Vordergrund, zum anderen fordert die Berufstätigkeit und die mit sich bringende Leistungsforderung, die ein autonomes selbstbestimmtes Leben zwar gewährleitstet, dauerhaft jedoch eine Überbelastung der körperlichen Konstitution. Herr Reinhold verfügt über ein hohes salutogenetisch orientiertes Handlungspotenzial und Ressourcenrepertoire und sucht in sozialen Netzwerken wie auch in der Solidargemeinschaft Unterstützung, Bestätigung und Anerkennung durch eigenes Engagement.

„... mir ist es sehr wichtig, mich zu engagieren. Weil ich denke, das ist irgendwo meine Lebensaufgabe. Äh, weil ich, ich hab mir eigentlich immer schon Gedanken darüber gemacht, wie äh, wie ich (?mein Leben) selbst verantworten möchte. Und daraus resultiert einfach, dass ich sozial engagiert bin, weil ich mich damit eigentlich recht gut fühle. Äh, wenn ich nichts tun würde und eigentlich nur auf die Gesellschaft hoffen würde oder warten würde oder, oder oder so, dann, dann würde ich mich eigentlich nutzlos fühlen. Und das ist eigentlich ein Zustand, den ich, den ich äh nicht möchte, weil ich dann nicht so sein könnte, wie ich bin." S. 115

„Ich gewinne dabei einfach zunächst einmal bei mir selber ein sehr starkes Wohlbefinden in gewisser Weise, dass man sagt, okay, ich hab was getan für meine Mitmenschen. Es macht mir, macht mich irgendwo, ich will nicht sagen glücklich, aber ich bin etwas zufriedener damit einfach. Und äh, ja, und vielleicht auch eine gewisse Sicherheit, weil ich denke, wenn ich mal

Hilfe brauch, dann krieg ich die auch. Und wenn ich nichts (?) für die Gesellschaft tu oder tun will, dann kann ich es auch nicht erwarten – das ist dasselbe, wie wenn Sie heute sagen: „Ich will Geld haben, aber arbeiten will ich nicht" – geht nicht." S. 115

An Herrn Reinhold kann aufgezeigt werden, über welches Repertoire und Wissen explizit sowie implizit Werker infolge ihrer oftmals mehr emotional, kinästhetisch gesteuerten Wahrnehmung verfügen. Daraus wird ersichtlich, welche Ressourcen hier nutzbar sein könnten und ein Intervenieren aufgrund eines Empowermentansatzes oder Delegieren von Verantwortung mehr Selbstbestimmung durch größere Gestaltungsfreiräume, Entscheidungs-, Handlungs- und Sozialkompetenzen freimachen würde, woraus sich dann leistungsstärkere Arbeitskräfte mit höherem Engagement und größerer Gesundheit entwickeln könnten. Hierin läge eine Chance, salutogenetisch ausgerichtete Gesundheitsförderung in Organisationen zu betreiben, die neue Perspektiven für die Zusammenarbeit in Unternehmen eröffnen würden.

### 5.1.3 Zusammenfassung

#### Thesen und Unterschiede zu Faltermaiers Ergebnissen

Aus der Typisierung der zehn Interviewpartner hat sich gezeigt, dass Mitarbeiter mit unterschiedlichen Aufgaben und Funktionen aus verschiedenen Positionen innerhalb einer hierarchisch arbeitsteilig strukturierten Organisation über eine Vielfalt von Vorstellungen und Theorien von Gesundheit verfügen und ihr gesundheitsbezogenes Verhalten nach unterschiedlichen Handlungsstrategien bestimmen.

#### Zuordnung und Verteilung

Entlang dieser Vorstellungen von Gesundheit konnten vier Typen von Gesundheit gebildet werden, die jeweils ein unterschiedliches Modell von Gesundheit repräsentieren: das *Schalter-Modell*, das *Batterie-Modell*, das *Akkumulator-Modell* und das *Generator-Modell*. Diese Typologisierung stammt aus einer Untersuchung von Faltermaier.

Dabei ergab sich in vorliegender Untersuchung folgende Verteilung: Dem *Schalter-Modell* ließen sich die beiden Geschäftsführer zuordnen, dem *Batterie-Modell* der Meister, dem *Akkumulator-Modell* der Werksarzt, der Arbeitssicherheitsbeauftragte, der Centerleiter und der Werker und dem *Generator-Modell* der Betriebsratsvorsitzende, der betriebliche Sozialarbeiter und der Segmentleiter.

Das Generator-Modell

Im Gegensatz zu Faltermaiers Untersuchung stellte sich in der vorliegenden eine andere quantitative Verteilung heraus. So fällt z. B. auf, dass unter dieser Auswahl der Interviewpartner relativ häufig das Generator-Modell vorkommt, das Faltermaier als höchst selten vorkommend deklariert.

*These und Interpretation*

Dies ist zum einen damit zu erklären, dass die Interviewpartner in vorliegender Untersuchungsgruppe zu einem großen Teil eine höher qualifizierte Berufsausbildung haben und bzw. oder in einem Berufsfeld tätig sind, in dem sie über einen relativ großen Handlungsspielraum verfügen. (Faltermaier hat nur Handwerker interviewt.) Zum anderen ist darüber hinaus ihr Tätigkeitsfeld von gestalterischen Aufgaben gekennzeichnet und ihre Kreativität zudem durch ein ausgeprägt leistungsbezogenes Denken motiviert. Diese beiden Aspekte implizieren eine zur Expansion tendierende Denk- und Handlungsweise, die im Generator-Modell zum Ausdruck kommt.

Wie die Ergebnisbeschreibung zeigt, sind dem Generator-Modell der Betriebratsvorsitzende, der betriebliche Sozialberater und der Segmentleiter aus dem Fertigungscenter subsumiert worden.

So lässt sich die vorangestellte These damit belegen, dass Herr Weno als Betriebsrat sich in seinen beruflichen Aufgaben mit kreativen Verbesserungsprozessen auseinander setzt, um damit das Arbeitsumfeld der MitarbeiterInnen wie auch insgesamt die Kultur in einem Unternehmen mitzugestalten und zu verbessern. Ebenso ist Herr

Krüger als betrieblicher Sozialberater in Bezug auf seine inhaltliche Aufgabe mit der Gestaltung und Verbesserung von Kommunikationsstrukturen auf der Beziehungsebene der MitarbeiterInnen vertraut, um deren Arbeitsbedingungen zu optimieren. Beide werden in der Bewältigung dieser Aufgaben durch ideelle Werte und Überzeugungen wie auch den Glauben an eine bessere Welt unterstützt. So sind sie vermehrt in der Lage, verbesserte Zukunftsszenarien kreativ zu entwerfen. Diese Aufgabe fordert von ihnen u. a. Kreativität, vorausschauende Einschätzung und auch die Fähigkeit, zielorientierte Lösungswege zu finden, die dazu beitragen können, innovative Ideen in einer sich ständig flexiblen und wandelnden Geschäftswelt in die praktische Umsetzung zu führen. Mentale Fähigkeiten betrachten beide dabei als wichtige Ressource für mehr kreative Leistungsfähigkeit. Ihre konstanten Bemühungen um Persönlichkeitsentwicklung lassen ihre zur Expansion tendierende Haltung im Sinne, alles sei machbar, nachvollziehen. Dr. Gattner, der ebenfalls dem Generator-Modell zugeteilt wurde, ist fachlich im Gegensatz zu den beiden vorher genannten mit einem technischen Aufgabenfeld betraut. Aber auch bei ihm ist die Neigung zum Expandieren auf seine leistungsbezogene Zielgerichtetheit zurückzuführen, die gestalterischen Arbeits- und Produktionsprozesse in der ihm unterstellten Fertigungsabteilung so zu managen, dass sie über zunehmend optimiertere Arbeitsvorgänge zu einer verbesserten Produktion führen. Letztlich können sich aus diesen Bestrebungen für ihn auch neue Aufstiegschancen im Unternehmen ermöglichen. Sein Karrierestreben motiviert ihn so zu Höchstleistungen. Um diese auch erbringen zu können, arbeitet er an sich und fordert seine körperlichen wie mentalen Fähigkeiten heraus. Hierin liegt eventuell auch der Glaubenssatz, über eigene Anstrengung immer Besseres leisten zu können, zugrunde und fördert ein expandierendes Denken. Überdies zeigt Dr. Gattner diese Neigung auch in seinen extrem sportlichen Betätigungen in der Vergangenheit.

Allen dreien ist gemeinsam, dass sie höchst intrinsisch als auch extrinsisch motiviert sind, ihre Fähigkeiten aus eigener Anstrengung zu steigern und sich demnach auf einem konstanten Weg der Verbesserung befinden.

Das Akkumulator-Modell

Das dem Generator-Modell verwandte Akkumulator-Modell wurde viermal zugeordnet.

*These und Interpretation*

Wie an der Verteilung auf die Interviewpartner zu erkennen ist, spielt hier wohl zum einen eine hoch qualifizierte Ausbildung und ein Arbeitsfeld mit großem Handlungs- und Entscheidungsspielraum eine Rolle, durch das der Zugang zu Ressourcen erleichtert wird und damit eine salutogenetisch ausgerichtete Denk- und Handlungsweise begünstigt werden kann. Zum anderen zeigt sich jedoch, dass allein die Fähigkeit, ressourcenorientiert zu denken und zu handeln, auf verschiedene Bedingungen im Lebensumfeld zurückzuführen ist.

So sind in vorliegender Untersuchung der Werksarzt, Dr. Landgraf, der Arbeitssicherheitsbeauftragte, Herr Prinz, der Centerleiter eines Fertigungscenters, Herr Saumweber, und der Werker, Herr Reinhold, dem Akkumulator-Modell zugeordnet worden. Die energetische Metapher Akkumulator steht für ein salutogenetisch orientiertes Gesundheitsmodell, dessen Vertreter vorwiegend die Vorstellung haben, Belastungen wieder durch die Nutzung eines vorhandenen Ressourcenpotenzials ausgleichen zu können. Diese Personen zeichnen sich demnach durch die Fähigkeit aus, sich und ihre beruflichen Anforderungen besonders balanciert managen zu können. So überrascht es nicht, dass dieser Typus von Erwerbstätigen vertreten wird, die in einem Arbeitsfeld mit relativ großem Handlungsspielraum und eigenverantwortlichem Entscheidungsspielraum tätig sind. Sowohl Dr. Landgraf, der als Betriebsarzt sich unter anderem mit der Verbesserung der Arbeitssituation von MitarbeiterInnen beschäftigt, wie auch sein Kollege Herr Prinz, der sich im Auftrag der Arbeitssicherheit um die Verbesserungen der ergonomischen Arbeitsbedingungen kümmert, sind beide im Blick auf ihre Funktion hin im Unternehmen mit Aufgaben betraut, die inhaltlich zur Beschäftigung mit gesundheitsbezogenen Verhaltensweisen und Bewältigungskompetenzen auffordern. Zudem bietet ihre Position genügend Gestaltungsfreiräume, um sich selbst innerhalb der Berufsausübung ausgewogen verhalten und danach handeln zu können. Auch für Herrn Saumweber treffen diese Aspekte zu, selbst wenn er sich inhaltlich mit dem Managen der Fertigung eines technischen Produkts beschäftigt und die inhaltliche Aufgabe nicht unbedingt Anregung für eigene gesundheitsbezogene Handlungsstrategien bietet. So wie bei diesen dreien Position und Gestaltung der Arbeit einen förderlichen Rahmen für eine salutogenetische Lebensweise bieten, sind die Umfeldbedingungen hinsichtlich der beruflichen Lebenswelt bei Herrn Reinhold nicht gegeben. Herr Reinhold bezieht die ressourcenorientierte Sicht aus seiner persönlichen Lebenssituation, die ihn als Behinderten geprägt hat, wie auch aus der subjektiven Lebenserfahrung innerhalb seines sozialen Engagements. Die berufliche Situation, der er als Werker in einem hierarchisch arbeitsteiligen System ausgesetzt ist, kommt ihm in seinem möglichen Handlungsspielraum nicht zugute.

Das Batterie-Modell

Das Batterie-Modell konnte nur einmal zugewiesen werden.

*These und Interpretation*

Herr Mikfelder, Meister und damit Führungskraft einer Abteilung im Fertigungscenter, verfügt zwar über ein gewisses Maß an Verantwortung und Entscheidungsspielraum, empfindet dies aber eher als ein Paket an Anforderungen, das er mit seiner Leistungskraft nur schwer bewältigen kann. So fühlt er sich in seiner beruflichen Situation mehr gegängelt und überfordert, als er darin Chancen zur autonomen Gestaltung erkennt. Diese empfundene Ohnmacht, wenig Einfluss auf Prozessabläufe und Geschehnisse nehmen zu können, bestätigt sich in seiner Haltung und Vorstellung von Gesundheit wieder. So beobachtet er bei sich mit zunehmendem Alter und beruflicher Belastung einen Abbau seines Reservoirs an Gesundheit, dessen Wiedererlangung er nicht für möglich hält. Eine Erklärung dafür, dass dieses Modell nur einmal vorkam, könnte der Tatbestand sein, dass in modernen Unternehmen heute Flexibilität, Innovation, eigenverantwortliche Handlungskompetenz wie auch autonome Entscheidungskompetenz zentrale Größen eines Anforderungsprofils darstellen, das fast jeder erfüllen möchte, um ein attraktiver Arbeitnehmer zu sein. Das Eingeständnis, diesem Anforderungsprofil nicht zu entsprechen und darüber hinaus für das eigene reaktive Verhalten das unternehmensbedingte Umfeld verantwortlich zu machen, setzt Mut voraus. Betroffene sind tendenziell mehr Arbeitnehmer, denen sich weniger Aufstiegsperspektiven auftun.

Das Schalter-Modell

Das Schalter-Modell wurde in vorliegender Untersuchung zweimal zugeordnet, und zwar den beiden Geschäftsführern.

*These und Interpretation*

Obwohl deren berufliche Position und Aufgabe mit einem hohen Maß an Handlungs- und Entscheidungsspielraum ausgestattet ist und zudem beide aufgrund ihrer sozialen Herkunft über gute Zugangschancen zu einer Vielfalt unterschiedlicher Ressourcen verfügen, vertreten sie eine dichotome Vorstellung von Gesundheit. Kennzeichnend ist dabei auch die psychologische Ausbildung des einen Geschäftsführers, der über seine Studienkenntnisse und inhaltliche Aufgabe als Personaldirektor gute Kenntnisse im Bereich Gesundheitsförderung haben müsste. Es zeigt sich, dass kognitives Wissen und die reine

Verfügbarkeit über Ressourcen alleine nicht ausreichen, um eine salutogenetische Haltung zu gewinnen. Da ein Schalter-Modell auf der Unterscheidung „entweder – oder" beruht und Geschäftsführer aufgrund ihres Tätigkeitsfeldes und ihrer Position einem ständigen Entscheidungsdruck ausgeliefert sind, stellt dies möglicherweise eine begünstigte Voraussetzung für ein dichotomes Modelldenken dar.

Zusammenfassend kann festgehalten werden, dass vier verschiedene Modelle von subjektiven Gesundheitsvorstellungen existieren. Die quantitative Verteilung der Typen auf eine Auswahl von Mitarbeitern mit unterschiedlichen Aufgabenbereichen, Funktionen und Positionen kann diesen Untersuchungsergebnissen zufolge im Gegensatz zu Faltermaiers Erkenntnissen zum einen auf deren beruflichen Kontext zurückgeführt werden, zum anderen auf deren spezifische Lebenssituation und subjektive Lebenserfahrungen, aus denen sich jeweils ein individuelles Lebenskonzept entwickelt hat.

**Kein Typ entspricht dem Idealtypus und kein Typ entspricht dem gleichen Typ desselben Typenmodells**

Als weiteres Ergebnis der vorliegenden Untersuchung stellte sich heraus, dass zwar aufgrund gemeinsamer Vorstellungen von Gesundheit ein Typ zugewiesen werden konnte, jedoch keiner der zehn Fälle der idealtypischen Beschreibung entsprach. So erwiesen sich die einzelnen kategorisierten Aspekte in der Beschreibung einer Person als stimmig und kongruent zu deren Lebenskonzept, wiesen jedoch hinsichtlich ihrer inhaltlichen Zusammenhänge vielfache Varianten und Widersprüche auf, die in der Beschreibung des Idealtypus nicht vorgesehen sind. So konnte den Schilderungen der Interviewpartner entnommen werden, dass sich zwischen deren kognitiven Vorstellungen und gesundheitsbezogenen Handlungsstrategien und Verhaltensweisen oftmals Widersprüchlichkeiten beobachten lassen. Weiterhin waren in den Erzählungen hinsichtlich des Gesundheitshandelns auch Tendenzen zu anderen Typen-Modellen zu erkennen, da der berufliche Kontext ein striktes Verhalten nach Konzept aufgrund einschränkender Bedingungen wohl nicht zuließ. Zum Teil sind den betreffenden Personen diese Widersprüchlichkeiten oder tendenziellen Typ-Verschiebungen zwischen ihrem Denken und Handeln bewusst, zum größten Teil jedoch geschieht dies unbewusst. Da Typisierungen meist auf kognitive Einstellungen oder Verhaltensweisen hin bestimmt werden, diese aber von spezifischen Situationen und Kontexten abhängig sind, lassen Typisierungen über ihre festen Zuschreibungen entsprechende Varianten nicht zu und bilden damit eine möglicherweise negative Klassifikation einer Person ab. Außerdem wird in diesen Klassifikationen meist nicht berücksichtigt, dass in einer veränderten Situation eventuell die Zuschreibung eines bestimmten Typus weitgehend nicht mehr zutrifft.

In den Beschreibungen der subjektiven Gesundheitskonzepte konnte, im Gegensatz zu Faltermaiers eruierten Idealtypen, in keinem der zehn Fälle eine reine Typenklassifikation festgestellt werden. Anstatt dessen wiesen alle Typenzuordnungen Tendenzen zu einer jeweils anderen Typusbeschreibung auf und konnten lediglich aufgrund der Übereinstimmung ihrer Vorstellungsmodelle von Gesundheit zugewiesen werden.

Zudem stellte sich heraus, dass sich die gleichen Typen untereinander in wesentlichen Punkten der kategorisierten Zuschreibungen unterschieden. So entsprach kein Schalter-Modell dem anderen Schalter-Modell, kein Akkumulator-Modell einem der anderen Akkumulator-Modelle wie auch kein Generator-Modell einem der anderen Generator-Modelle. Zum Batterie-Modell bot sich diesbezüglich aufgrund der einmaligen Zuordnung keine Vergleichsmöglichkeit.

An folgender kurzen Gegenüberstellung der vier verschiedenen Typengruppen soll zum einen die These bestätigt werden, dass keine idealtypische Typenzuordnung festzustellen war, wie auch die These, dass es eine Vielfalt von Varianten innerhalb der gleich zugeordneten

Typisierungen gab. In der Zusammenfassung von Übereinstimmungen und Unterschieden soll dies deutlich gemacht werden.

Das Schalter-Modell

Das Schalter-Modell nach Faltermaier ist idealtypisch mit folgenden Zuschreibungen bestimmt:

Faltermaier setzt eine sozial normierte Lebensweise als typisch für eine Zuordnung zum Schalter-Modell voraus, das neben der dichotomen Gesundheitsvorstellung lediglich durch negative inhaltliche Beschreibungen bestimmt ist. Für die Gesundheitstheorie eines solchen Typus erkennt er in seiner Untersuchung das schicksalhafte Eintreten von Krankheiten. In Bezug auf das Gesundheitshandeln schätzt er die Kontrollüberzeugungen als niedrig und das Handlungsbedürfnis als gering ein, sodass das Gesundheitshandeln eines solchen Typus mit Dominanz einer „Lust-Unlust-Orientierung" beschrieben wird. Demzufolge hält Faltermaier eine salutogenetische Handlungsorientierung für nicht vorgesehen und erkennt bei diesem Typus auch keine präventiven Aktivitäten, da diese wegen mangelnder Effektivität abgelehnt würden. (vgl. Faltermaier, 1998, S. 186 ff.)

*Das Schalter-Modell in vorliegender Untersuchung*

Die Zuordnung der beiden Geschäftsführer zum Schalter-Modell beruht vornehmlich auf deren dichotomen Vorstellung von Gesundheit. Obwohl sie zunächst Gesundheit inhaltlich negativ bestimmen, ist für beide aber auch das Wohlbefinden ein wichtiger Aspekt, der Gesundheit kennzeichnet. Dies wirkt sich auch auf ihre Theorie von Gesundheit aus. Beide gehen u. a. von der Möglichkeit aus, entweder Risiken ausgleichen oder ein Gleichgewicht durch Harmonie auf physischer, psychischer oder sozialer Ebene herstellen zu können. Diese Überzeugung bringt sie zur Annahme, dass Gesundheit durch eine gesundheitsbezogene Lebensweise oder ein gesundheitsbezogenes Verhalten beeinflusst werden kann. So liegt die Verantwortung im subjektiven

Verhalten. Demzufolge folgen sie hinsichtlich ihres Gesundheitshandelns, wenn zum Teil auch nur ansatzweise, einer bewussten präventiven Handlungsstrategie, die allerdings nicht salutogenetisch, sondern defizitär an der Vermeidung von Krankheit ausgerichtet ist.

Das spezifische Gesundheitshandeln unterscheidet sich bei beiden folgendermaßen, dass Dr. Menne ein ernährungs- und bewegungsbezogenes Gesundheitshandeln diszipliniert lebt, während sich bei Dr. Kurz lediglich ansatzweise ein beschwerdebezogenes Gesundheitshandeln herauskristallisierte, das auch am Lustgewinn orientiert ist. Dr. Kurz entspricht in diesem Punkt am ehesten noch der idealtypischen Zuschreibung.

Jedoch ist bei beiden trotz ihrer dichotomen Vorstellung von Gesundheit eine tendenzielle Orientierung am Wohlbefinden festzustellen, die sie als positive inhaltliche Bestimmung von Gesundheit erklären. Daran orientieren sie schließlich auch ihre Handlungsstrategien und Verhaltensweisen. Während Dr. Menne über eine disziplinierte Lebensweise versucht, Krankheiten zu vermeiden und durch seine Bemühungen ein Wohlbefinden zu erlangen, sucht Dr. Kurz durch eine autonom bestimmte, am persönlichen Spaß und Genuss orientierte Lebensweise seine mentale Grundstimmung so positiv zu beeinflussen, dass er daraus sein Ressourcen-Potenzial für eine höhere Motivation, Leistung und dabei persönliches Wohlbefinden schöpft. Aufgrund dieser Bewältigungskompetenzen zeigt insbesondere Dr. Kurz eine tendenzielle salutogenetische Handlungsorientierung auf.

Somit tendieren beide, jeder auf seine individuelle Art, teilweise zum Akkumulator-Modell und verfügen demnach auch über eine Kenntnis und Fähigkeit in der Nutzung von Ressourcen, die sich mit der entsprechenden Einsicht und Erfahrung auch in eine salutogenetische Orientierung entwickeln könnte.

Eine weitere Abweichung vom Idealtypus und zugleich unterscheidendes Kriterium zwischen den beiden Modelltypen liegt in ihrem

Lebenskonzept. Faltermaier schreibt dem Typus „On-Off"-Schalter-Modell eine sozial normierte Lebensweise zu. Dies trifft für keinen der beiden vorliegenden Fälle zu. Das Lebenskonzept von Dr. Kurz drückt sich in seinem Zitat „ich bin eher ein barocker Lebensmensch" aus und betont demnach ein an Lust und Spaßgewinn orientiertes Lebensprinzip, was ihm zu einer selbstbestimmten Lebensführung verhilft. Die Orientierung am Spaßgewinn ist dabei in zweierlei Sicht zu betrachten: Einerseits behindert diese ihn an einer protektiven gesundheitsbezogenen Lebensweise, andererseits verhilft ihm die Orientierung am Wohlbefinden, Grenzen für seine Belastbarkeit zu erkennen und demzufolge nicht nur ein persönliches Maß zu finden, sondern aus der mentalen Stärke den Antrieb für seine Leistungszielerreichung zu schöpfen. Diese Aspekte spielen für ihn hinsichtlich seiner beruflichen Aufgabe eine wesentliche Rolle.

Dr. Mennes Lebenskonzept lässt sich dagegen mit einer rationalen Lebensgestaltung beschreiben, die sich auch in Form eines disziplinierten spezifischen Gesundheitshandelns bemerkbar macht. Auch für seine berufliche Rolle bietet ihm dies eine Ressource, um balanciert seine beruflichen Belastungen zu bewältigen.

Die Beschreibungen der beiden Schalter-Modelle unterscheiden sich nicht nur untereinander, sondern weichen beide auch im Blick auf die subjektive Zuschreibung vom Idealtypus ab. Als hervorzuhebendes Ergebnis stellt sich dabei die Divergenz des Gesundheitshandelns vom Idealtypus heraus, das zudem in differenzierter Form vorliegt. Überdies lässt sich aus den unterschiedlichen Varianten des Lebenskonzepts eine Korrelation zwischen Gesundheitsvorstellung, Gesundheitshandeln und spezifischen Umständen der beruflichen Situation schließen.

Die Art, wie sich der Zusammenhang zwischen Gesundheitsvorstellung, Theorie und Gesundheitshandeln gestaltet, bleibt demzufolge neu zu überdenken bzw. durch weitere Aspekte zu erweitern. Die Autorin vermutet hier, dass die beruflichen Rahmenbedingungen wie auch die Zugangschancen zu Ressourcen aufgrund der sozialen Herkunft als Einflussfaktoren stärker in den Blick genommen werden müssen. Daraus kann weiter angenommen werden, dass die Einflussprozesse multifaktorieller Art sind und eine schematische Vereinfachung durch eine Typisierung aufgrund der individuellen Variantenvielfalt einer Person einer Bestimmung dieser letztlich nicht gerecht wird.

Das Batterie-Modell

Für das Batterie-Modell setzt Faltermaier eine rationale Lebensgestaltung als typisch voraus. Hier dominiert die Gesundheitsvorstellung der „Reduktion" eines vorhandenen Reservoirs. Neben den negativen inhaltlichen Beschreibungen von Gesundheit sind hier der Erhalt eines körperlichen oder/und seelischen Wohlbefindens wie auch die Erhaltung von Kraft und Energie als zentrale Bestimmungsgrößen vorgesehen. Für die Gesundheitstheorie eines solchen Typus bestimmt Faltermaier in seiner Untersuchung den sukzessiven Abbau im Lebensverlauf. In Bezug auf das Gesundheitshandeln schätzt er die Kontrollüberzeugungen ebenfalls als niedrig, das Handlungsbedürfnis jedoch als hoch ein, sodass das Gesundheitshandeln eines solchen Typus mit Dominanz einer „rational gesteuerten Lebensgestaltung" beschrieben wird. Demzufolge bewertet Faltermaier die Schonung von Ressourcen als eine Form von salutogenetischer Handlungsorientierung und beschreibt bei diesem Typus präventive Aktivitäten, die auf einem Expertenwissen basieren würden (vgl. Faltermaier, 1998, S. 186 ff.).

*Das Batterie-Modell in vorliegender Untersuchung*

Am Batterie-Modell kann in diesem Zusammenhang lediglich die abweichende Beschreibung zum Idealtypus bei Faltermaier dargelegt werden, da aufgrund der einmaligen Zuordnung keine Vergleichsmöglichkeiten zu einer Variante dieses Typus vorliegt.

Der Meister Herr Mikfelder ist aufgrund seiner Vorstellung eines Reservoirs an Energie, das im Laufe des Lebens nicht regenerierbar reduziert wird, dem dynamischen Modell der Batterie zuzuschreiben. Inhaltlich beschreibt er Gesundheit zunächst negativ mit Abwesenheit von Krankheit, keinen spezifischen Beschwerden und keinen gesundheitlichen Problemen. Doch bestimmt er Gesundheit auch positiv mit dem Aspekt von Handlungsfähigkeit, Stärke und Kraft wie auch Wohlbefinden. In Bezug auf die Einflussprozesse und -bereiche auf Gesundheit stellt Herr Mikfelder die Belastung durch externe Risiken in den Vordergrund, nämlich die Belastung aus dem beruflichen Umfeld. Außerdem hält er die persönliche Konstitution und Disposition als schicksalhaft gegeben und erkennt demzufolge auch nur ansatzweise eine gesundheitsbezogene Lebensweise für sinnvoll an. Vielmehr vermutet er, dass im Laufe des Lebens mit zunehmendem Alter der körperliche Verfall seinen Lauf nimmt und dagegen nur geringe Chancen zur Beeinflussung bestehen. Sein Handlungsbedürfnis ist im Gegensatz zu Faltermaiers idealtypischer Beschreibung sehr gering. Eine Schonung der vorhandenen Ressourcen hält aber Herr Mikfelder für sinnvoll. Jedoch verfügt er über kein ausgeprägtes Gesundheitshandeln.

Als Lebenskonzept lässt sich für Herrn Mikfelder eine sozial normierte Lebensweise feststellen. Seine Lebensgestaltung zielt auf Ruhe, Harmonie und Gleichförmigkeit ab. Sein Lebensentwurf basiert auf feststehenden Idealvorstellungen vom Leben. Deswegen stellen für ihn aktive Veränderungsaktivitäten auch kein Handlungsbedürfnis dar.

Herrn Mikfelders Einstellung und Handlungsstrategie passt zum einen sehr gut in das Konzept eines Schalters, doch zum anderen weist es auch viele gravierende Abweichungen auf. So liegt auch hier in der persönlichen Entwicklungsgeschichte, sozialen Herkunft und Ausbildung eine eingeschränkte Kenntnis von möglichem Unterstützungspotenzial zur Lebensbewältigung. Aber auch seine berufliche Position und die Erfahrungen darin fördern eine begrenzte bewusste Nutzungsfähigkeit unterstützender Ressourcen. Die relativ gering vorhandenen Möglichkeiten, sich beruflich noch entwickeln zu können, führen zu einer Art Perspektivlosigkeit. Zudem gestaltet sich sein Aufgabenbereich für ihn als stressbelastend, da er nur in geringer Weise eigenkontrollierbare Handlungsspielräume sieht. Die hierarchische Weisungsbefugnis seiner Führungskräfte erlebt er als einschränkend.

So zeigt sich auch an Herrn Mikfelder, dass sowohl das Lebenskonzept als auch das Gesundheitshandeln zwar in Zusammenhang mit den Gesundheitsvorstellungen steht, sich dieser Zusammenhang aber aufgrund des spezifischen beruflichen Kontexts und der Zugangschancen zu Ressourcen, die auf die berufliche wie auch die herkunftsbezogene Situation zurückzuführen sind, unterschiedlich vom Idealtypus Batterie gestaltet. Die mulitfaktorielle Betrachtung eines Lebensentwurfs und seiner kausalen Zusammenhänge kristallisiert sich auch hier für eine Typisierung als notwendig heraus.

Das Akkumulator-Modell

Für das Akkumulator-Modell stellt Faltermaier soziale Harmonie als ein typisches Lebenskonzept fest. Als Gesundheitsvorstellung liegt hier die „Regeneration" durch die Nutzung von Ressourcen zum Ausgleich von Belastungssituationen zugrunde. Die inhaltliche Bestimmung von Gesundheit beruht auf seelischem, körperlichem und sozialem Wohlbefinden und in der Harmonie. Für die Gesundheitstheorie eines solchen Typus bestimmt Faltermaier in seiner Untersuchung das Herstellen eines mehrdimensionalen Gleichgewichts. In Bezug auf das Gesundheitshandeln schätzt er die Kontrollüberzeugungen wie auch das Handlungsbedürfnis als hoch ein. Das Gesundheitshandeln eines solchen Typus wird mit einer kontinuierlichen Balance beschrieben. Demzufolge bewertet Faltermaier den Erhalt von Ressourcen als eine Form von salutogenetischer Handlungsorientierung und beschreibt bei diesem Typus präventive Aktivitäten, die auf Erfahrungswissen basieren würden (vgl. Faltermaier, 1998, S. 186 ff.).

*Das Akkumulator-Modell in der vorliegenden Untersuchung*

Das Akkumulator-Modell wurde viermal zugeordnet, und zwar dem Werksarzt Dr. Landgraf, dem Arbeitssicherheitsbeauftragten Herrn Prinz, dem Centerleiter eines Fertigungscenters Herrn Saumweber und dem Werker Herrn Reinhold.

Allen gemeinsam ist die Vorstellung von Gesundheit eines Kontinuums. Aufgrund dessen verstehen sie Gesundheit nach dem salutogenetischen Modell und glauben durch die Nutzung von Ressourcen Belastungszustände immer wieder regenerieren zu können. Inhaltlich geben der Werksarzt, der Centerleiter und der Werker auch negative Beschreibungen für Gesundheit ab. Der Arbeitssicherheitsbeauftragte aber bestimmt als einziger Gesundheit nur positiv mit Leistungsfähigkeit und Wohlbefinden. Letzteres spielt auch für den Arzt und den Werker eine Rolle in der Bestimmung von Gesundheit. Für den Centerleiter und den Werker ist zudem auch Harmonie ein wichtiger Aspekt. Demnach stellt sich jeder Typus individuell anders dar und weicht gerade auch durch die negative Bestimmung von Gesundheit vom Idealtypus ab. Gesundheitstheoretisch sind alle Arten von Einflussprozessen vertreten. Sogar der für den Typ Akkumulator untypische Aspekt des altersbedingten Eintretens von Krankheit durch körperlichen Abbau wird vonseiten des Centerleiters angenommen. Dies ist eventuell auch auf dessen Alter und damit persönliche Erfahrung zurückzuführen. Hinsichtlich der Einflussbereiche stehen in gleicher Verteilung die Konstitution und Disposition psychischer und physischer Art, die Beeinflussbarkeit durch die eigene Lebensweise, das Verhalten und Handeln als auch durch umweltbedingte Faktoren sozialer und ökologischer Art im Zentrum. Letzteres beschreibt der Werksarzt wie auch der Centerleiter negativ als fehlende Anerkennung, die demnach einen negativen Einfluss darstellt. Typisch für dieses Modell ist hier, dass das schicksalhafte Eintreten nicht genannt wird. So sehen alle eigene Einflussmöglichkeiten auf die Gesundheit und verfügen daher über hohe Kontrollüberzeugungen. Auch das Handlungsbedürfnis wird typischerweise als hoch eingeschätzt. Das Herstellen eines mehrdimensionalen Gleichgewichts stellt für alle ein wichtiges Ziel dar, jedoch in unterschiedlicher Ausprägung.

In Bezug auf das Gesundheitshandeln allerdings tauchen hier wie auch im Lebenskonzept Widersprüche bzw. Unterschiede zum idealtypischen Modell auf.

So hat für den Werksarzt Autonomie und Freiheit als Lebenskonzept oberste Priorität. Diese erlebt er teilweise in seiner Freizeitgestaltung, teilweise aber auch in seiner beruflichen Rolle als Betriebsarzt. Sein Kollege aus der Arbeitssicherheit beschreibt ganz aus der beruflichen Perspektive den permanenten Verbesserungsprozess durch ständige Veränderungsbemühungen, Missstände zu beseitigen, als sein Lebenskonzept. Im Gegensatz dazu steht für den Centerleiter die eigene Leistungskraft im Vordergrund, die er durch soziale Harmonie und Balance der Seele und der Physis erreicht. Der Werker beschreibt auch soziale Harmonie als sein Lebenskonzept. Er gewinnt diese aber durch sein soziales Engagement. Die unterschiedlichen Auffassungen von Lebensentwürfen lassen sich entlang der beruflichen Rolle, Aufgabe und Position im Unternehmen sehr gut nachvollziehen. Auch hier erweist sich der berufliche Kontext als bedeutend für die Lebenseinstellung, aus der auch wieder das Gesundheitshandeln hervorgeht. Die berufliche Konstellation kann, wie am Beispiel des Werkers Herrn Reinhold, relativ einschränkend und perspektivlos sein, aber durch ein bürgerschaftliches Engagement im Freizeitbereich wieder ausgeglichen werden. Natürlich spielt ein großer beruflicher Handlungsspielraum demzufolge auch eine gewichtige Rolle, um sein salutogenetisch motiviertes Handlungskonzept umsetzen zu können. So zeigt sich, dass berufliche Verwirklichung in der Aufgabengestaltung, wie beim Arbeitssicherheitsbeauftragten oder auch in der Ausfüllung einer Managerposition, wie beim Centerleiter, eine ideale Basis für ein ausgeglichenes und salutogenetisch orientiertes Handeln bieten kann.

Hinsichtlich des konkreten Gesundheitshandelns aber lassen sich teilweise Widersprüchlichkeiten und Differenzen zur kognitiven Haltung beobachten.

Der Werksarzt Dr. Landgraf z. B. weist, gemäß der für einen Arzt typischen Orientierung an der Pathogenese, ein beschwerdebezogenes Gesundheitshandeln auf, das sich auf die bewegungsbezogenen Handlungsschwerpunkte mit Tendenz zur Ernährungsbezogenheit beschränkt. Das Gesundheitshandeln der anderen drei Akkumulator-Typen lässt sich als eines beschreiben, das in die Lebensweise integriert ist und sich auf der Skala von sozial, psychisch bis mehrdimensional motiviert beschreiben lässt. Einschränkungen, dieses Konzept auch in der Alltagspraxis immer in der Weise leben zu können, betonen alle drei. Als Grund dafür werden teils explizit, teils implizit die beruflichen Rahmenbedingungen genannt, die entsprechend förderlich oder behindernd für eine soziale Lebensgestaltung empfunden werden.

Eine salutogenetische Handlungsorientierung ist bei allen vieren vorhanden, wenn auch in Bezug auf die reale Umsetzungsfähigkeit die kognitive Haltung von der praktischen Umsetzung abweicht.

Aus dem Überblick der zusammengefassten Ergebnisse lässt sich feststellen, dass der berufliche Kontext einen entscheidenden Faktor darstellen kann, um eine salutogenetisch orientierte Lebensweise in ihrer praktischen Umsetzbarkeit begünstigen oder behindern zu können.

Im Weiteren hat sich an den Erzählungen der verschiedenen Varianten von Akkumulator-Modellen herausgestellt, dass die Zugangsmöglichkeit zu Ressourcen nicht nur von Bedeutung für eine sozial motivierte Lebensführung ist, sondern auch im Rahmen der beruflichen Situation ermöglicht werden können muss. Hierauf wird unter einem anderen Punkt noch eingegangen.

Überdies hat sich gezeigt, dass kognitive Haltung und praktische Handlungsstrategie oftmals auseinander klaffen kann, wie z. B. am Arzt nachzuvollziehen ist. Zum einen geprägt durch seine pathogenetisch ausgerichtete Ausbildung, vertritt er zumindest in diesem Kontext offiziell eine salutogenetisch orientierte Haltung. An seinem Gesundheitshandeln kommt dann wieder einerseits vermehrt seine defizitäre Ausrichtung zum Ausdruck, andererseits aber auch hinsichtlich seiner Freizeitbeschäftigung wiederum das Bestreben nach Ausgleich und Regeneration.

Zusammenfassend lässt sich festhalten, dass im Blick auf die Bestimmung einer subjektiven Handlungslogik differenziert und systemisch vorgegangen werden muss, um diese hinsichtlich ihrer möglichen kausalen Zusammenhänge erklären zu können.

### Das Generator-Modell

Faltermaier setzt Autonomie als typisches Lebenskonzept für eine Zuordnung zum Generator-Modell voraus, das wiederum von einem multidimensionalem Kontinuum in seiner Gesundheitsvorstellung ausgeht. Mit positiven inhaltlichen Beschreibungen bestimmt der idealtypische Generator-Typ seine Gesundheit. Maximale Handlungs- und Gestaltungsfähigkeit, psychisches Wohlbefinden und Abwesenheit von Einschränkung stehen dabei im Vordergrund. Für die Gesundheitstheorie eines solchen Typus bezeichnet Faltermaier die Stärkung und Erweiterung von Potenzialen. In Bezug auf das Gesundheitshandeln schätzt er die Kontrollüberzeugungen als hoch und das Handlungsbedürfnis als gering ein, sodass das Gesundheitshandeln eines solchen Typus mit der Maximierung der Gestaltungsmöglichkeiten beschrieben wird. Demzufolge hält Faltermaier eine salutogenetische Handlungsorientierung in Form einer Erweiterung von Ressourcen für gegeben und erkennt bei diesem Typus auch keine präventiven Aktivitäten, da diese abgelehnt würden, weil sie nicht nötig seien (vgl. Faltermaier, 1998, S. 186 ff.).

*Das Generator-Modell in der vorliegenden Untersuchung*

Dem Generator-Modell sind der Betriebsratsvorsitzende Herr Weno, der betriebliche Sozialarbeiter Herr Krüger und der Segmentleiter Dr. Gattner zugeordnet worden.

Die Zuteilung konnte zum einen bezogen auf deren salutogenetische Sichtweise erfolgen, zum anderen stand als Hauptgesichtspunkt dafür die ihnen allen gemeinsame, wenn auch in individueller Ausprägung vorhandene Neigung zu expansivem Denken und Handeln. Wie bereits erwähnt, wurde dies u. a. auf ihre gestalterische Tätigkeit und die motivierte, leistungsbezogene Verrichtung ihrer Aufgabeninhalte zurückgeführt.

Inhaltlich bestimmte der Betriebsratsvorsitzende Gesundheit nur mit dem positiven Aspekt Wohlbefinden. Damit verbanden auch der betriebliche Sozialberater und der Segmentleiter Gesundheit, fügten diesem Aspekt aber auch Handlungsfähigkeit und, insbesondere der Segmentleiter, auch Leistungsfähigkeit hinzu. Diese beiden ergänzen jedoch mit einer jeweils unterschiedlichen negativen inhaltlichen Bestimmung ihren Gesundheitsbegriff.

Ihre Gesundheitstheorie bezieht sich auf alle Kategorien, die zu diesem Punkt in der Themenmatrix aufgeführt sind, mit Ausnahme des Aspekts der alters- und schicksalsbedingten Einflussprozesse und -bereiche. Demnach stimmen sie größtenteils darin überein, dass Gesundheit durch die Lebensweise, das Verhalten und das Handeln, aber auch durch soziale und ökologische Umweltfaktoren positiv wie auch negativ beeinflusst wird.

Für den Betriebsratsvorsitzenden und den betrieblichen Sozialberater spielen zusätzlich genetische Dispositionen sowie die psychische und auch physische Konstitution eine beeinflussende Rolle.

Hieraus könnte nun nach Faltermaier ein eindeutiges Handlungsmuster abgeleitet werden. In der vorliegenden Ergebnisbeschreibung ergab sich aber lediglich eine zuweilen starke Tendenz zu einem riskanten bzw. gesundheitsgefährdenden Gesundheitshandeln als Gemeinsamkeit, was vor allem beim Betriebsratsvorsitzenden und dem betrieblichen Sozialberater die körperliche Überforderung oder auch Missachtung körperlicher Schädigung durch den Konsum von Genussmitteln und fettem Essen bedeutet, während beim Segmentleiter es sich hierbei um Überarbeitung handelt. Im Weiteren tauchen auch ein beschwerdebezogenes Gesundheitshandeln beim betrieblichen Sozialberater auf und ein bewegungsbezogenes beim Segmentleiter. Der Betriebsrat und der Sozialberater lassen sich nach ihren Schilderungen darüber hinaus in ein in die Lebensweise integriertes Gesundheitshandlungsmuster einstufen, das sowohl sozial als auch psychisch motiviert ist.

Entlang ihrer Lebenskonzepte unterscheiden sich die beiden zuletzt genannten vom Segmentleiter. So stehen soziale Harmonie, soziale Anerkennung durch soziale Kontakte wie auch ein psychosomatisch ausgerichtetes Wohlbefinden für den Betriebsrat und den Sozialberater an erster Stelle. Darüber hinaus hat die persönliche Weiterentwicklung einen hohen Stellenwert und nimmt demzufolge auch einen zentralen Handlungsbedarf ein. Der Segmentleiter verfolgt im Gegensatz dazu ein rational kognitives Lebenskonzept, das auf dem Leistungsprinzip beruht und mitunter auch stark vom funktionierenden Maschinenmodell geprägt ist.

Ein salutogenetisches Handlungspotenzial ist auch hier trotz der mitunter gesundheitsgefährdenden Handlungsmuster vorhanden.

An diesen Ausführungen ist zu erkennen, dass das expandierende Denken und Handeln durch vielerlei Aspekte im Lebenskonzept und Berufskontext motiviert wird. Die berufliche Aufgabe muss für diesen Typus einen möglichst großen Handlungsspielraum bieten, da andernfalls die Frustrationsgrenze schnell erreicht werden kann.

## Divergenz im Denken und Handeln: Entwicklung einer Handlungslogik

Faltermaier kommt in seiner Untersuchung zu dem Ergebnis, dass das Gesundheitshandeln sich aus Gesundheitsvorstellungen und -theorien einer Person entwickelt. Dem kann nach den Ergebnissen der vorliegenden Studie nur bedingt zugestimmt werden. Am Vergleich der hier entstandenen Gesundheitstypen mit den idealtypischen Modellen von Faltermaier konnte in diesem Zusammenhang festgestellt werden, dass das Gesundheitshandeln oftmals von der kognitiven Haltung einer Person abweicht. Dagegen stellte sich in den Interviews teils explizit, teils implizit heraus, dass die berufliche Konstellation, in der sich eine Person befindet, eine wesentliche Rolle spielt, für welches Verhalten sich eine Person bewusst oder unbewusst entscheidet und wie (nach welchen Entscheidungskriterien) sie dann handelt.

Um Handlungslogiken auf ihre kausalen Zusammenhänge hin zu klassifizieren, muss bei Erwerbstätigen ihr spezifischer Kontext am Arbeitsplatz differenzierter und intensiver in den Blick genommen werden. Im Lebenskonzept der interviewten Personen bildete sich dieser individuelle Zusammenhang ab. Dabei zeigte sich, dass die berufliche Aufgabe, hinsichtlich ihrer fachlichen Inhalte und Gestaltung, Funktion und Position einer Person innerhalb einer Organisation bestimmte Rahmenbedingungen setzt, in denen eine Person auch spezifisch handelt und sich verhalten kann.

Damit ergibt sich, dass die Gestaltung des beruflichen Kontexts Zugangschancen zu Ressourcen eröffnen kann, die ein gesundheitsbezogenes Handeln fördern, aber auch Risiken in sich bergen kann, die Erwerbstätige stärker in ihren eigenen Kompetenzen herausfordert, um gesund leben zu können.

An der Abweichung des Gesundheitshandelns und des Lebenskonzepts vom Gesundheitskonzept konnte dies erkennbar werden.

## Salutogenetisches Handlungspotenzial

Allen hier beschriebenen Typen ist ihrer individuellen Ausprägung gemäß ein bestimmtes Maß an ressourcenorientiertem Handlungsvermögen gegeben. Bei den Schalter-Modellen zeigte sich in vorliegender Untersuchung ein eher defizitär und präventiv ausgerichtetes Gesundheitshandeln. Dagegen ist das Gesundheitshandeln bei den Akkumulator- und Generator-Modellen vorwiegend protektiv ausgerichtet. Am wenigsten ausgeprägt zeigte sich beim Batterie-Modell ein gesundheitsbezogenes Handeln. Im Gegensatz zu Faltermaier differenziert die Autorin zwischen präventivem und protektivem Handeln. Wie bereits im zweiten Kapitel unter 2.4.1 ausgeführt, bezieht sich präventives Handeln auf die Krankheitsvermeidung und ist demzufolge nicht salutogenetisch, sondern defizitär orientiert. Protektives Handeln dagegen drückt den Gedanken der Gesundheitsförderung aus und entspricht somit der salutogenetischen Orientierung.

Aus der Zuschreibung zu einem Modell und seiner damit zugrunde liegenden Gesundheitsvorstellungen, die sich zunächst als folgerichtig begründen, schließt Faltermaier demzufolge auch auf ein vorhandenes salutogenetisches Potenzial. Dies konnte in dieser Studie so nicht nachgewiesen werden.

Aufgrund der tendenziellen Verschiebungen unter den Typenzuordnungen wie auch wegen der vom Idealtypus abweichenden Zuschreibungen, ließ sich in der Untersuchung der Autorin ein unterschiedliches Potenzial an salutogenetischer Handlungsorientierung feststellen.

Bereits an der Häufigkeit der Typen Akkumulator und Generator kann ein vielfach vorhandenes Vorkommen an salutogenetischer Handlungsorienterung angenommen werden. Zudem ließ sich auch bei den eher präventiv, defizitär ausgerichteten Typen (z. B. Schalter) ansatzweise eine salutogenetische Orientierung entdecken. Es bleibt weiter zu erforschen, inwiefern bei anderer Rahmengestaltung dieses Ressourcenpotenzial weiter aufgedeckt und genutzt werden kann.

Was Erwerbstätige benötigen, um ihre salutogenetischen Handlungsstrategien bzw. gesundheitsbezogenen Verhaltensweisen leben zu können, ist aus der Frage „was hält Sie gesund?" bzw. in den Kategorien unter der Theorie von Gesundheit zu entnehmen. Im Folgenden wird kurz zusammengefasst, welche Aspekte die Interviewpartner nannten, von denen sie glauben, sie erhalten die Gesundheit, und auf welche Ressourcen greifen sie zurück.

**Was hält gesund?**

Aus den Ergebnisbeschreibungen geht hervor, dass, bis auf das Batterie-Modell, alle die Möglichkeit sehen, Gesundheit positiv durch den Ausgleich von Risiken oder das Herstellen eines Gleichgewichts beeinflussen zu können. Das Akkumulator-Modell und das Generator-Modell ziehen dabei vor allem die Möglichkeit der Stärkung oder auch Schwächung von externen oder internen Ressourcen in Betracht. Das Batterie-Modell dagegen erkennt lediglich die negative Einflussnahme externer Risiken auf die Gesundheit wie auch das schicksalhafte Eintreten von Krankheit für gegeben.

Aus der Beantwortung der Frage nach den subjektiven Bewältigungskompetenzen zum Erhalt der Gesundheit gehen die vielfältigen Zugangsmöglichkeiten zu Ressourcen hervor:

Die Schalter

So erlebt Dr. Menne (Schalter) vorwiegend durch sportliche Betätigung und bewusste Ernährung eine ausgleichende und vorbeugende Wirkung, um seine Gesundheit zu erhalten. Danach richtet er die Gestaltung seiner Freizeit aus. So bezieht er sich in erster Linie auf personalpsychische Ressourcen, nämlich zum einen auf sein kognitives Wissen über präventives Gesundheitshandeln und andererseits auf körperlichkonstitutionelle Ressourcen, indem er seine körperliche Gesundheit durch Gesundheitschecks kontrolliert und durch sportliche Aktivitäten zu erhalten versucht.

Dem schließt sich Dr. Landgraf (Akkumulator) an, der darüber hinaus auch seine Handlungskompetenzen zu erweitern glaubt, insofern er den Nutzen seiner sportlichen Freizeitaktivität, dem Segeln, auch als mentale Bereicherung sieht, da er dabei Entspannung gewinnt. Dies stellt einen Teil seines Copingstils dar.

Beide benötigen zudem materielle Ressourcen, um ihre Freizeitsportart auch finanzieren zu können, wie auch eine Form von ideeller Ressource, nämlich Zeit. Zum einen müssen sie tatsächlich Verfügbarkeit von Zeit haben und zum anderen dann diese auch dafür verwenden.

Dr. Kurz greift vornehmlich auf seine emotionale Stabilität, auf sein Selbstwertgefühl wie auch auf seine stabilen kulturellen Überzeugungen zurück. Demzufolge orientiert er sich an personalpsychischen wie auch soziokulturellen Ressourcen. Eine durch sportliche Betätigung und vernünftige Ernährung gesundheitsbewusste Lebensweise schätzt er kognitiv zwar als bedeutend ein, sieht aber in seiner beruflichen Eingebundenheit zu wenige Möglichkeiten, diese umsetzen zu können. So fehlt es ihm zwar nicht an materiellen Ressourcen wie Geld, aber seine Verfügbarkeit über den Faktor Zeit gestaltet sich derart einschränkend, dass er die Betätigungen, zu denen er Lust hätte, nicht ausführen kann.

Die Batterie

Herr Mikfelder findet kaum Zugang zu verfügbaren Ressourcen. Zwar kann er ein gewisses Kontingent an Freizeit nutzen, um sich dort beispielsweise sportlich zu betätigen, setzt dies aber nur in einem geringen Maße um, da es, wie er sagt, nicht sehr viel Freude bereitet. Seine berufliche Konstellation eröffnet ihm nur wenig Zugang zu Ressourcen, weil er sich durch Bevormundung seiner Führungskräfte zu eingeschränkt erlebt, als dass er neue Möglichkeiten erkennen könnte.

Die Akkumulatoren

Dr. Landgraf wurde bereits als jemand genannt, der sich seiner personalen Ressourcen zu bedienen weiß. Zudem aber erkennt er auch im großen Gestaltungsfreiraum seiner beruflichen Aufgabe Ressourcen, seine Persönlichkeit zu entfalten und stärkt damit sein Selbstwertgefühl. So auch Herr Prinz, der in der interessanten beruflichen Aufgabe seine Selbstverwirklichung erlebt und hier Antrieb und Motivation gewinnt. Darüber hinaus bezieht Herr Prinz aus seiner Familie soziale Unterstützung und Entspannung. Er greift demnach nicht nur auf personalpsychische, sondern auch auf sozial interpersonale Ressourcen zurück, um seine Befindlichkeit in Balance zu halten und ein Wohlbefinden zu erreichen.

Herr Saumweber gewinnt genauso wie Herr Prinz sozialen Rückhalt aus der Familie und Selbstbestätigung in seiner beruflichen Aufgabe. Zudem bedeutet ihm soziale Anerkennung viel, die er im beruflichen Alltag vermisst, dafür aber in seiner Freizeitbetätigung am Tennisplatz gewinnt. Ihm gelingt es, wie auch Dr. Menne und Dr. Landgraf, seine Freizeit nach seinen gesundheitsbezogenen Ressourcen auszurichten, im Gegensatz zu Dr. Kurz. Herr Reinhold verfügt wohl am wenigsten von allen über materielle Ressourcen und hat auch in seinem Berufsalltag die geringsten Chancen zur Selbstverwirklichung. Er bezieht aber aus seinem sozialen Engagement in der Freizeit soziale Anerkennung, soziale Unterstützung wie auch soziale Harmonie. Über diese Faktoren kann er seine Gesundheit aufrechterhalten und zu einem Wohlbefinden im Leben gelangen. Hieraus schöpft er auch die Kraft, Missstände auszugleichen. So stehen sozial interpersonale Ressourcen in seinem Leben im Vordergrund.

Die Generatoren

Herr Weno, Herr Krüger und Herr Dr. Gattner erleben über die Inhalte ihrer beruflichen Aufgabe als auch den Handlungsspielraum, den diese mit sich bringt, in unterschiedlicher Ausprägung Selbstverwirklichung. Dabei greifen Herr Weno und Herr Krüger zur Unterstützung auch auf außerberufliche Aktivitäten zurück, indem sie sich um therapeutische Unterstützung und Persönlichkeitsentwicklungsmaßnahmen in ihrer Freizeit bemühen. Hinsichtlich des beruflichen Handlungsspielraums erleben sie jedoch mitunter Einschränkungen, die sie teilweise, insbesondere Herrn Krüger und Dr. Gattner, bis zur Frustrationsgrenze treiben. Soziale Unterstützung, soziale Anerkennung und soziale Harmonie gewinnen Herr Weno und Herr Krüger primär aus ihren familiären Beziehungen, während Dr. Gattner darauf wenig zurückgreifen kann. Er dagegen versucht zeitlich seine sportlichen Aktivitäten zur Erhaltung seiner Fitness zu organisieren, was ihm aber mit zunehmender beruflicher Belastung weniger gelingt. Auf diesem Bereich erlebt er, wie auch Dr. Kurz, maßgebliche Einschränkungen, um seine körperliche Konstitution zu erhalten. So spielen in dieser Typen-Gruppe einerseits die personalpsychischen Ressourcen eine Rolle, andererseits aber die sozial interpersonalen Ressourcen und weniger tragfähig auch die körperlichkonstitutionellen Ressourcen. Materielle Ressourcen spielen scheinbar eine geringere Rolle, dafür aber der Aspekt der ideellen, wie die Ressource Zeit, und die Möglichkeit zur freien Gestaltung.

### Was hält nicht gesund?

Bereits in den Ausführungen über die Erhaltung der eigenen Gesundheit im Unternehmen stellen die Interviewpartner einige Aspekte als wichtig heraus, von denen sie glauben, dass sie die Gesundheit beeinträchtigen. Zusammengefasst sind das u. a. fehlende soziale Anerkennung, die sich in zu wenig Lob durch Führungskräfte ausdrückt oder generell im unkollegialen, nicht von Respekt getragenen Umgang untereinander sowie in fehlender sozialer Unterstützung, was sich in verschiedenster Form äußert, so zum Beispiel in der schlechten Vernetzungsarbeit der einzelnen Fachabteilungen. Näheres dazu kommt im zweiten Teil der Auswertungsergebnisse zur Sprache.

Alle Interviewpartner, in der Gesamtschau, sehen wichtige Einflussbereiche in der psychischen wie physischen Konstitution und Disposition. Sie erachten die eigene Lebens- und Verhaltensweise wie auch das Erleben im Sinne von Wahrnehmung und das Handeln zur Erhaltung der Gesundheit für übermäßig bedeutend. Dabei glauben sie sowohl beeinträchtigende als auch förderliche Ursachen in der sozialen und ökologischen Umwelt begründet, deren Veränderung auch einer effektiven Gesundheitsförderung dienlich sein könnte.

Demzufolge liegt die Veränderung von Rahmenbedingungen zunächst an oberster Priorität, um überhaupt eine gesundheitsförderliche Atmosphäre zu schaffen, in der Menschen auch vermehrt in der Lage sind, gesund zu leben.

Aus den Ergebnissen hat sich bisher gezeigt, dass die Aufgabe, Position und Funktion einer erwerbstätigen Person im Kontext Organisation einen wesentlichen Einfluss auf deren gesundheitsbezogene Lebensweise hat. Die Gestaltung dieser Faktoren führt als Grundvoraussetzung erst einmal zu Rahmenbedingungen, die dann ein persönliches Verhalten und Handeln ermöglichen. Auch die subjektive Haltung bezüglich seiner Werte und Überzeugungen kann dadurch beeinflusst werden. So entwickeln sich durch bestimmte Organisationsstrukturen auch dementsprechende Kulturen des Umgangs und der Handlungslogik, die z. B. in bestimmten Rollenerwartungen einer Person durch eine spezifische Position oder Funktion zum Ausdruck kommt. Diese wiederum wirkt sich auf die Haltung einer Person aus, wie natürlich auch umgekehrt, eine Person durch ihre Haltung eine Rolle erfüllt und ausschmückt, was sich auch wieder auf eine Kultur auswirkt. Genauso ergeben sich aus bestimmten beruflichen Kontexten auch unterschiedliche Zugangsmöglichkeiten zu Ressourcen, die, wie gezeigt werden konnte, spezifische Handlungsorientierungen fördern oder behindern können.

Es eröffnet sich die Frage nach der optimalen Organisation als Grundvoraussetzung, wie auch nach einer idealen Gestaltung der Arbeitsstruktur, damit eine dem Menschen würdige Unternehmenskultur entstehen kann. Das Spannungsverhältnis der unterschiedlichen Zielinteressen in einem Wirtschaftsunternehmen zwischen Profitgewinn und humanen Arbeitsplätzen oder anders ausgedrückt zwischen Verwertungsinteresse und Human- bzw. Sozialkapital gilt es, zu überwinden. Das Ziel sollte die Berücksichtigung aller Interessen sein.

## 5.2 Relevanz von Gesundheit im Unternehmen

### 5.2.1 Beschreibung der Kategorien

**Vorgehen**

Im Folgenden soll nun der zweite Teil der Ergebnisse aus der Auswertung beschrieben werden.

Bisher wurden alle zehn Ankerfälle anhand ihres subjektiven Gesundheitskonzepts typologisiert, in ihrer hierarchischen Position innerhalb der Organisation vorgestellt und entlang ihres Beziehungsnetzwerks untereinander dargestellt. Wie aus den Erläuterungen des Auswertungsverfahrens im vierten Kapitel unter 4.5.2.6 und 4.7.1 ersichtlich, werden nun die unterschiedlichen Positionen der Interviewpartner entlang ihrer inhaltlichen Kernaussagen zur Relevanz von Gesundheit im Unternehmen einander gegenübergestellt.

**Relevanz von Gesundheit im Unternehmen**

Auf die Frage, welche Relevanz denn das Thema Gesundheit im Unternehmen habe, kristallisierten sich drei Oberpunkte (Kategorien) heraus, die jeweils noch hinsichtlich ihrer Vielschichtigkeit in Unterpunkte differenziert wurden.

Erste Kategorie, in der Themenmatrix 2 unter **A** angegeben, ist die Kategorie **Stellenwert,** unterteilt in zwei Unterkategorien, **A1 die Wichtigkeit** und **A2 die Wertigkeit.**

Unter dem Aspekt Relevanz oder Bedeutsamkeit konnten, den Stellenwert betreffend, die Begrifflichkeiten Wichtigkeit und Wertigkeit subsumiert werden. Wichtigkeit beschreibt dabei einen Wert im Sinne eines Zahlenwerts, gleich einem Punkt, abgebildet als Zahlenwert in einem Koordinatensystem, während Wertigkeit das Koordinatensystem selbst hinsichtlich seines Kontexts beschreibt.

Den Aussagen der Interviewpartner entsprechend, differenzierte die Autorin zusätzlich noch in ideelle und gelebte Werte.

Unter der Kategorie **A Stellenwert, A1 Wichtigkeit** wurden vier Subkategorien subsumiert, wie das *1.1 Ranking, Priorisierung,* als eine rein formale Angabe des Stellenwerts, *1.2 die Dringlichkeit/Notwendigkeit für* den zu erwartenden *wirtschaftlichen Erfolg, 1.3* den Grad, in dem es *die eigene Aufgabenstellung* hinsichtlich des Nutzens betrifft und schließlich *1.4 die Vorbildfunktion als top-down versus bottom-up* gelebte Haltung. Führte man diese Punkte auf einer Skala auf, so könnte man eine Steigerung gemäß eines Grades der Einsichtigkeit und Überzeugung in die Bedeutsamkeit von Gesundheit für die eigene Aufgabenstellung von rein formal bis zunehmend einsichtiger bzw. überzeugter verdeutlichen.

Unter der Kategorie **A2. Wertigkeit** konnten, wie aus der Themenmatrix 2 ersichtlich sieben Unterpunkte subsumiert werden, und zwar *2.1* der *Zeitfaktor* bzw. die Zeitaufwendung *für Softskills* neben den so genannten Kernthemen, *2.2* das *Kosten-Nutzen-Denken* als nur auf die Leistungsfähigkeit der MitarbeiterInnen ausgerichtet, *2.3* die *Bewertung des Humankapitals* im Unternehmen, *2.4* die *Langfristigkeit und Nachhaltigkeit versus kurzfristigem Profitdenken, 2.5* das *Wertesystem* in Bezug auf das ethische Menschenbild im Umgang mit *Anerkennung und Wertschätzung versus* dem rein wirtschaftlich, *monetär ausgerichteten Denken, 2.6* das *Menschenbild* in Korrelation mit der *Arbeitsorganisation* sowie *2.7* der *Integration* von Gesundheit *in den* eigenen Arbeitsalltag.

Unter der Kategorie **B. Messkriterien** unterschied die Autorin, aufgrund der Kernaussagen zum einen, in das reine Denken in Zahlen, das sich beispielsweise in statistischen *Gesundheitsquoten* oder defizitär ausgerichteten *Fehlzeitenquoten* niederschlägt, in der Themenmatrix 2 unter *B1.* und zum andern unter *B2.* in *alternative Messinstrumente,* die in den Interviews genannt wurden.

Die Kategorie der **Verantwortung,** bzw. Verantwortlichkeit für die Gesundheitsförderung, in der Themenmatrix 2 unter **C.** nachzulesen, enthält fünf verschiedene Aspekte, wonach die Verantwortung für die Gesundheitsförderung an verschiedenen Faktoren im Unternehmen verankert und verortet wird.

So gab es einerseits unter *C1.* die Kategorie der Alleinverantwortlichkeit beim *Gesetzgeber,* aufgrund der *Regelung im Arbeitsrecht,* unter *C2.* die *Führungskultur,* durch die infolge der *sozialen Führungskompetenz* und besonderen Rolle von Führungskräften im Unternehmen die Gestaltung des Arbeitsmilieus, der Arbeitssituation und -beziehung erfolgt und die Führungskraft in der Rolle des Motivators als verantwortlicher Gestalter für die Leistungskraft, Motivation und Einsatzbereitschaft der MitarbeiterInnen fungiert und unter *C3.* die *Organisationskultur als* eigenverantwortlicher *Gestalter* von Arbeitsplatz und -aufgaben als auch Koordination und Kommunikation derer.

Weiterhin wurden, in der Matrix unter *C4.* sowohl das *Individuum,* als Subjekt innerhalb der Organisation gemeinsam mit der Organisation als *System* selbst, als über die gesetzliche Regelung hinaus, beide gleichermaßen *verantwortliche Faktoren* genannt, gesundheitsförderliche Maßnahmen zu initiieren und zu veranlassen. Als letzte Kategorie, wie aus der Themenmatrix unter *C5* ersichtlich, wurde der *Mitarbeiter* als allein *Verantwortlicher* für seinen Gesundheitszustand und -erhalt betrachtet.

Anhand der nun folgenden Dokumentation durch die Kernzitate aus den Interviews und einer konkreteren Beschreibung der Kategorien werden die Auswertungsergebnisse noch verdeutlicht und daraus Thesen für mögliche Schlussfolgerungen gebildet.

## 5.2.2 Beschreibung der Ergebnisse

### 5.2.2.1 Dr. Kurz

#### A Stellenwert

Aus der Sicht des stellvertretenden Geschäftsführers Dr. Kurz liegt die Priorität auf der Kernkompetenz des Unternehmens.

Die Facetten, wie Gesundheitsmanagement eine sein kann, sind für ein Unternehmen von großer Bedeutung, da die Wettbewerbsfähigkeit auf dem Markt dadurch erhöht werden kann. Mit dieser Auffassung fokussiert Dr. Kurz die Relevanz von Gesundheit, was ihre Effektivität anlangt, vorrangig auf die Außenwirkung eines Industrieunternehmens.

A1 Wichtigkeit

*1.1 Ranking, 1.2 Dringlichkeit für wirtschaftlichen Erfolg*

Seiner hierarchischen Position und damit verbundenen inhaltlichen Aufgabenstellung zufolge sieht Dr. Kurz nur sehr gering die Möglichkeit, sich mit organisations- oder personenbezogenen Projekten auseinander zu setzen. Die Notwendigkeit solcher Projekte erachtet er für den wirtschaftlichen Erfolg insofern als wichtig, als die Wettbewerbsfähigkeit im Hinblick auf die Außenwirkung verbessert wird.

Die Diskrepanz zwischen seinen kognitiven Überzeugungen hinsichtlich der Relevanz sozial humaner Themen und den tatsächlich gelebten Prioritäten im Berufsalltag, zu denen er sich durch die Anforderungen seiner Aufgabenstellung gezwungen sieht, ist ihm dabei bewusst.

> „Wie heißt denn das, da gibt es so einen Ausdruck mit den zwei Gesichtern. Fällt mir jetzt, fällt mir jetzt nicht ein. Letztendlich verhalten wir uns alle extrem zweigleisig. Alles, was ich Ihnen gesagt hab, halte ich für (?hoch) und wichtig, ich nehme mir auch auf der Ratio-Seite das vor, das zu unterstützen, auf der emotionalen Seite, wenn ich mir überlege, wie viel Arbeitszeit widme ich mich diesen Themen und mit wie viel Arbeitszeit widme ich eine Sourcing-Strategie, einer Produktauslegung, einer Programmentschei-

dung, dann geht das in einen (?Past-per-million-) Bereich. Also das ist wirklich, das ist nicht mal Prozent, das ist wahrscheinlich schon Promille. Und das heißt, je mehr man – und da hängt es einfach auch davon ab wahrscheinlich, in welcher Funktion man arbeitet – je abgehobener Sie arbeiten, also je mehr Sie irgendwo in Richtung Geschäftsleitung laufen, oder auch je mehr Sie irgendwo in Richtung einer Fachfunktion laufen, desto eher brauchen Sie optimal aufbereitete Informationen und Unterlagen, damit Sie wirklich nur noch entscheiden können. Dann können Sie Gesundheit im Unternehmen nach vorne treiben. Aber Sie werden sich nicht inhaltlich extrem damit auseinander setzen. Es muss selbstsprechend sein.“ S. 12

Als Lösung für dieses Dilemma sieht er die gute Aufbereitung solcher Themen, die ihm von dafür zuständigen MitarbeiterInnen geliefert wird, und wozu er dann bei genügender Überzeugungskraft zustimmen und entsprechendes Projekt voranbringen und fördern kann, sofern die finanziellen Mittel leistbar sind.

„Es muss halt einer kommen und sagen: „Pass mal auf, lass uns das machen, das find ich toll, das sind ja Alternativen“, und dann sag ich: „Jawoll, das überzeugt mich, aufbereitet, ist es auch gut, was kostet es mich? Okay, das kann ich mir noch leisten, mach ich.“ S. 12

„Wenn aber jemand von mir erwartet, mich jetzt da in eine große Diskussion zu begeben und so und so viele Workshops im Jahr zu machen, wo ich mich zeitlich einbringe, dann würde ich mir das wahrscheinlich sogar noch vornehmen, aber ich krieg es nicht hin. Weil Sie dann in Ihrer Prioritätsliste, wenn Sie da eine (?Pareto-) Analyse fahren, fällt das Thema immer raus.“ S. 12

„So wie Sie viele Freunde schon mal wieder anrufen wollten, und es Ihnen wichtig ist und Sie auch ein schlechtes Gewissen haben, es aber nicht tun. So wie Sie alle möglichen Treffen immer wieder verschieben, die Ihnen wichtig sind, Sie aber nicht auf die Reihe kriegen.“ S. 12

An diesem Zitat wird deutlich, dass das Projekt „Gesundheitsförderung“, sofern es einplanbar ist, als effektiv bewertet wird, im realen Alltagshandeln jedoch keiner besonderen Bedeutung zukommt. Es stellt demnach einen ideellen Wert dar, dem aber in der praktischen Umsetzung kaum Beachtung geschenkt wird. Vielmehr wird es als eine zusätzliche Veranstaltung betrachtet, die nur eine geringe Dringlichkeit für den Geschäftserfolg aufweist. Demnach wird auch Gesundheitsförderung als Wertschöpfungsfaktor noch nicht erkannt.

A2 Wertigkeit

*2.1 Zeitfaktor*

Hierin zeigt Dr. Kurz auch die Schwierigkeit der Wertigkeit eines Softskill-Themas in Bezug auf den Zeitfaktor auf. Die Wertigkeit eines Themas drückt sich seiner Meinung nach nicht nur in der Höhe der monetären Investition aus, sondern auch in der Bereitstellung von Zeit dafür. Um seinen Berufsalltag meistern zu können, wendet er das Pareto-Prinzip an.

> „Also man verstößt sehr häufig gegen diese Vorsatzstruktur, sagt: Jawoll, es ist wichtig." Es ist richtig, wenn man die Zeit hat, sich damit auseinander zu setzen. Sie gehen auf ein Seminar und kommen zurück und sagen: „Jetzt mit den Vorsätzen, das, was ich da gehört hab, das setze ich jetzt ins Unternehmen, egal in welcher Richtung." So und dann: „Welcome to the real world", dann werden Sie wieder empfangen, dann erschlägt Sie das Tagesgeschäft, dann erschlägt Sie das taktische Geschäft, so die operativen Seiten, „was muss ich die nächsten zwei, drei Jahre", und dann ist alles außer Vorsatz gewesen. Und wenn Sie es dann schaffen, zehn Prozent der Vorsätze umzusetzen, sind Sie schon gut. Drum glaub ich auch, dass man die Erwartungshaltung ein Stück weit korrigieren muss und es langfristig angehen muss." S. 12

Sein Verständnis von Langfristigkeit scheint sich von dem anderer Interviewpartner zu unterscheiden. Dr. Kurz versteht es so, dass im Rahmen zeitlichen Drucks die zeitnahen Themen Vorrang haben und anderen vorzuziehen sind. Dies steht im Gegensatz zu der Auffassung von Langfristigkeit, die im Sinne von Nachhaltigkeit und langfristiger Zielsetzung effektive Resultate und Erfolge erst in einem langfristig angelegten Prozess erwartet und dann diese als sichtbar und messbar erfährt.

> „Die man selbst hat die aber auch andere an einen haben, indem sie sagen: „Mensch, warum macht er das nicht? Warum macht die NOVA dann nicht

eine Hausaufgabenbetreuung und einen Hort und – was weiß ich alles? Warum macht die das nicht morgen?" Weil es nicht ausdiskutiert ist, weil es Facetten gibt, weil es unterschiedliche Meinungen gibt, weil dieser Meinungsbildungsprozess dauert, und du dir in deinem Managementkalender leider Gottes zu wenig Zeit dafür gibst." S. 12

## *2.2 Kosten-Nutzen-Denken*

Was den Nutzen-, Zeit- und Investitionsfaktor anbelangt, herrscht bei Dr. Kurz das betriebswirtschaftliche Denken vor.

„Und weil es nicht Kernkompetenz eines Industrieunternehmens ist. Es ist eine der Facetten, wie ich Wettbewerbsfähigkeit erhöhe. Ich sag mal, das Brutale daran ist, dass ich es ja nicht um den Selbstzweck mach. Ich will ja nicht unbedingt, dass Sie jetzt gesünder sind! Wenn ich das erreich, ist es schon schön, aber ich mach es nicht, um Sie zu beglücken, sondern um Ihren Produktivfaktor zu steigern.

Um es mal ganz brutal zu sagen. Ein Industrieunternehmen hat den Auftrag, die Ressource nachhaltig zu nutzen. Optimal zu nutzen. Das Umfeld zu gestalten, Verschwendung zu eliminieren. Das mach ich logischerweise am besten, wenn Sie sich wohl fühlen, wenn Sie gerne in die Arbeit gehen, wenn Sie Spaß haben an Ihrer Arbeit, wenn Sie Ihre Arbeit effizient machen können.

Wenn der günstigere Weg – und das ist dieser Frühkapitalismus, da bin ich jetzt kein Verfechter davon, aber wenn der billigere Weg der wäre, dass Sie ungern in die Arbeit kommen, keinen Spaß dran haben, aber Sie extrem produktiv werden, da gibt es eine ganze Reihe Unternehmen, die würden es wahrscheinlich dann so machen." S. 13

Dr. Kurz folgt in seiner beruflichen Rolle einem Menschenbild nach dem Maschinenmodell, das dem klassischen tayloristisch-fordistischen Modell von Arbeitsorganisation und seinen MitarbeiterInnen ähnlich ist.

So ignoriert er beispielsweise das Recht eines jeden Bürgers auf freie Arztwahl und fordert innerhalb der Gesundheitsförderung Maßnahmen, wie z. B. die Durchführung von Zahnbehandlungen im Betrieb durch den werksinternen Arzt, wobei die dafür aufgewandte Zeit von der Arbeitszeit abgezogen werden soll. Im Gegenzug steht nach Ansicht Dr. Kurz' das Lohnentgelt.

## *2.6 Menschenbild und Organisation*

Die wirtschaftliche Profitabilität ist und bleibt oberste Priorität.

> „... wir haben ein Spannungsfeld, wir ringen um Ressourcen, wir wollen Geld verdienen, deswegen sind wir da. Wir wollen möglichst viel von dem Geld auch in die eigene Tasche bekommen, also müssen wir sehr profitabel sein. Eine Gesundheitsaufwendung ist zunächst einmal im Kurzfristbereich nicht profitabel. Sondern sie ist bestenfalls im Mittel- oder Langfristbereich profitabel. Wirtschaftsunternehmen haben aber nun mal eine Profitorientierung zu machen. Ich bin kein Volksbeglücker, ich bin auch, ich hab eine gewisse volkswirtschaftliche Verantwortung, aber ich hab zunächst einmal eine betriebswirtschaftliche Verantwortung. „Gewisse" sag ich, weil man sich nicht auf die reine betriebswirtschaftliche Verantwortung zurückziehen kann und sagen: Na gut, ich beut die Leute jetzt mal aus und nach zehn Jahren schmeiß ich sie auf den Arbeitsmarkt und hol mir die neuen. Und dann soll die Volkswirtschaft doch mal sehen, wo sie bleibt. Ist sehr kurzfristig gedacht. Auf der anderen Seite werde ich kein sozialistisches Modell fahren können, wo ich sag: Jetzt schauen wir mal, fühlst du dich wohl, fühlst du dich in Watte gepackt, ist alles schön, Produktivität interessiert uns nicht und (?Anspannungen) interessiert uns auch nicht." S. 5

> „Was ich aber für Verschwendung erachte, ist, wenn Leute unter Arbeitsverhältnissen arbeiten müssen, wo sie wesentlich mehr Produktivität bringen könnten bei gleichzeitig geringerer Belastung. Weil wenn sie geringer belastet sind, physisch oder psychisch, werden sie genauer arbeiten, werde ich weniger Qualitätsprobleme haben, weil es mir nicht nur darum geht, irgendwelche Mengen durchzuschleusen durch eine Produktionseinheit, sondern auch ein verkaufbares, gutes Produkt. Genauso in Entwicklungsprozessen, wenn – ..." S. 5

Aus vorangegangenem Zitat geht wiederum die widersprüchliche Haltung von Dr. Kurz zwischen universell gültigen Wertvorstellungen und betriebswirtschaftlichem Profitdenken deutlich hervor. So befindet er sich im Zwiespalt, was die Zielerreichung wirtschaftlicher Ertragsergebnisse anlangt und die menschenwürdige Fürsorgepflicht des Arbeitgebers.

Hieran ist zu erkennen, dass Führungskräfte innerhalb einer Profitorganisation sich persönlich dieser in der Werteorientierung widersprüchlichen Welt, nämlich der Spannung zwischen der profitorientierten Werteausrichtung und der moralisch ethischen Verantwortung für MitarbeiterInnen, die ihrer Menschenwürde entsprechend behandelt werden müssen, nur schwer entziehen können und dabei selbst eine in sich widersprüchliche Haltung einnehmen. Dabei wird es zur täglichen Herausforderung, Entscheidungen teils firmengerecht, teils auch im Interesse des Mitarbeiters oder der Mitarbeiterin zu treffen. Die dabei oftmals unüberwindbaren Differenzen in der Bewertung müssen lösungsorientiert bewältigt werden.

So stellt sich im Zuge der Humanisierung der Arbeitswelt seit den 70er-Jahren ein Unternehmen heute auch diesen Herausforderungen, indem es sich über die Human Resources Strategien um eine zunehmende Verbesserung und Humanisierung des Arbeitslebens bemüht und dies auch in seinen Vision-und-Leitbild-Strategien dokumentiert. Deren praktische Umsetzung im Berufsalltag jedoch scheint nur eingeschränkt zu funktionieren.

### *2.7 Integration in den Arbeitsalltag*

So stellt auch Dr. Kurz fest, dass die Integration human sozial ausgerichteter Themen, wie Gesundheit, in den Alltag nicht gegeben ist. Zwar sind in der Vision-und-Leitbild-Strategie entsprechende Leitsätze und Zielausrichtungen formuliert, doch werden diese in der Praxis weitgehend nicht gelebt.

Daher verlegt er auch die Hauptverantwortung für den Erhalt der Gesundheit in den Mitarbeiter/die Mitarbeiterin selbst. Seiner Meinung zufolge verhält sich jemand nur gesundheitsbewusst, sofern er selbst Konsequenzen eines nicht gesundheitsbezogenen Handelns und Verhaltens spürbar zu ziehen hat. Hier geht Dr. Kurz einerseits von seinem eigenen Gesundheitskonzept und -handeln aus, vertraut aber auch andererseits auf die Motivation zur Verhaltensänderung aus

Angst und Ohnmacht heraus. Entscheidungsfreiheit, Selbstbestimmung und Gestaltungswille traut er MitarbeiterInnen auf unteren Hierarchieebenen weniger zu. So sind für ihn auch die Partizipation und Mitbestimmung im Sinne eines Empowermentansatzes im Durchführen human ausgerichteter Projekte wie Gesundheitsmanagement nicht vorstellbar.

Allerdings gesteht er wiederum ein, dass das reine Profitdenken moralisch nicht verantwortbar ist und daher durch den Gesetzgeber über entsprechende Verordnungen eingeschränkt werden muss. Mit der Unterstützung vom Gesetzgeber als soziales Gewissen soll die Fürsorgepflicht des Arbeitgebers überwacht werden. Demnach sieht er die Verhältnisprävention als Verpflichtung des Arbeitgebers, die durch das Arbeitsrecht bereits geregelt ist. Auch hier zeigt sich wiederum sein eher autoritärer, von Kontrolle bestimmter Führungsstil. Von der Möglichkeit, dass jemand aus seiner eigenen ethischen Überzeugung heraus entsprechend konsequent handelt, scheint er nicht überzeugt zu sein. Sein Vertrauen in andere und deren ethisch moralische Werteorientierung ist demnach nicht sehr ausgeprägt. Wie im betriebswirtschaftlichen Denken handelt seinem Überzeugungsmuster nach jeder nur aus eigenem Interesse an einem persönlichen Nutzen, der sich meist in monetären Werten ausrichtet.

## C Verantwortung

C 1 Gesetzgeber regelt es im Arbeitsrecht, C 4 Individuum und System übernehmen Verantwortung

> „Also da muss man dann auch Unternehmen vor sich selbst schützen, und da greift dann eben auch der Gesetzgeber, da greift dann auch das soziale Gewissen einer Gesellschaft, die dann auch Unternehmen outet, die eben, sagen wir mal, Kinderarbeit zum Teppichknüpfen machen in Indien. Nur weil sie damit den günstigsten Teppich kriegen.
>
> Wie viel Geld geben die Leute aus, wenn sie irgendwo für die Gesundheit was tun können, und wie viel Geld geben die Leute aus für Kosmetika, für

> Klamotten oder sonst irgendwas? Wer ist bereit, tatsächlich sich an seinen Gesundheitskosten zu beteiligen? Nee, das muss schon kommen!"
> „Dann muss ich sagen, dann muss ich halt in schweren Fällen das tatsächlich aus der Solidarkasse machen, aber ein normaler, was weiß ich, Angestellter hier in der Company, der kann sich auch mal entscheiden: „Ich lass mal den Urlaub ausfallen, aber ich geb meiner Frau ihr Augenlicht wieder!" Also bin ich bereit, auch wirklich Wertigkeiten einzugehen, und bin ich nicht in dieser Cafeteria-Welt und sag: „Das will ich aber alles! Will ich alles haben." Ich mein, die letzte Generation hat auch alles gekriegt, da waren halt die Zeiten noch besser: „Ich will es auch alles haben!"""

Widersprüchlich ist hierin wiederum einerseits seine Forderung nach mehr Eigenverantwortung des Einzelnen, sich gesellschaftlich zu engagieren und die Kritik am Zeitgeist hinsichtlich der allgemeinen Konsumhaltung. Andererseits traut er MitarbeiterInnen eine sozial engagierte Haltung innerhalb der Arbeitsorganisation nicht zu und versagt auch entsprechende Gestaltungsfreiräume. In diesem Zusammenhang erkennt er nicht, dass durch autoritäre Machtausübung und Steuerung wie auch durch fürsorgliches Handeln im Gegensatz von Hilfe zur Selbsthilfe das Eigenengagement von MitarbeiterInnen im Keim erstickt wird und diese zu reaktiven passiven Menschen erzogen werden. Um Eigenengagement und Motivation zu erhalten, muss der Rahmen entsprechende Gestaltungsfreiräume und Perspektiven eröffnen. Inwiefern dann der Arbeitsverpflichtung noch nachgegangen wird, steht für Dr. Kurz offen.

Dr. Kurz ist in einem machtorientierten System positioniert und handelt auch nach deren Gesetzmäßigkeiten. Als karriereorientierte, aufstrebende und erfolgreiche Führungskraft in einem solchen System bedient er sich, trotz seiner partiellen Zweifel daran, mitunter dessen Handlungsstrategien und verfügt über ein Repertoire an teilweise autoritärem Führungspotenzial.

#### 5.2.2.2 Dr. Menne

**A Stellenwert**

A1 Wichtigkeit

*1.1 Ranking, 1.2 Dringlichkeit für wirtschaftlichen Erfolg*

Wie auch im persönlichen Bereich, stuft Dr. Menne Gesundheit im Unternehmen mit einem hohen Wichtigkeitsgrad ein. Dabei steht für ihn nicht nur die rein formale Priorisierung des Themas, sondern auch dessen Nutzen für den wirtschaftlichen Erfolg als Wertschöpfungsfaktor im Mittelpunkt.

A2 Wertigkeit

*2.2 Kosten-Nutzen-Denken*

Was die Wertigkeit des Themas Gesundheit betrifft, legt er den Fokus nicht auf den individuellen Gesundheitsstatus. Vielmehr sieht er dieses als einen Wertschöpfungsfaktor zur Profitsteigerung des Unternehmens. Demnach folgt er einem Kosten-Nutzen-Denken, dessen moralische Verpflichtung aus dem Eigeninteresse, den Profit zu steigern, geleitet ist.

Gesundheitsprävention auf der physischen Ebene steht für ihn im Vordergrund. Er ist davon überzeugt, dass schon sehr vieles auf diesem Gebiet gemacht wird und dass, sofern es in der Relation zu den Kosten möglich ist, auch noch mehr angeboten werden könnte, wie z. B. Gesundheitsaufklärung oder ein firmeninternes Fitnesscenter.

> „Also genau wie ich es, wie ich persönlich es individuell sehr hoch einschätze, so schätze ich die Bedeutung für ein Unternehmen auch hoch ein. Diese ganzen Gründe, wie gesagt, die individuell eine Rolle spielen, die muss das Unternehmen beachten, denn wenn das heute eine große Rolle spielt, Arbeitszufriedenheit, Motivation der Mitarbeiter, sich in einem Unternehmen, soweit es in der Arbeit geht, wohl zu fühlen, ist, meine ich, ein rationaler, wesentlicher Erfolgsfaktor für ein Unternehmen heute."

> „Es geht nicht nur darum oder weniger darum, dem Einzelnen jetzt individuell Befriedigung zu verschaffen, sondern das Unternehmen profitiert nachweislich davon, wenn es eine geringere Krankheitsquote hat und geringeren

Absentismus. Und dafür spielt das gesundheitliche Wohlbefinden auch in der Arbeit eine große Rolle.“ S. 17

„Ach, es gibt eine ganze Menge, was man noch machen könnte. Die müssen natürlich immer in Relation zu Kosten und zu anderen Maßnahmen stehen. Zum Beispiel haben wir lange überlegt, machen wir eine Art Gesundheitszentrum in der Firma, mit einem Teil Fitness-Center, aber auch zu einem Teil echte gesundheitsbezogene Maßnahmen. Rückenschule, Bewegungstraining, Herz-Kreislauf-Training, und so was. Das ist auch noch nicht vom Tisch, das ist unter Kostengesichtspunkten ein bisschen zurückgestellt worden.“ S. 18

„Wir könnten sicher noch mehr Aufklärung oder Sachen mit Ernährung machen, und das ein oder andere auf sportlichem Gebiet sicher auch noch. Und dann, sagen wir mal, vielleicht paar neue Maßnahmen auf dem werksärztlichen Gebiet, Großaktionen. Sonst außer äh, ich glaub, das Wichtige ist vielleicht so ein Fitness-Center, wenn wir so was einrichten. Sonst massive Maßnahmen sehe ich eigentlich momentan zusätzlich nicht. Wenn wir die Maßnahmen centerbezogen, zum Beispiel Gesundheitszirkel oder so was, ein bisschen mehr zum Laufen bekommen, wär das sicher auch ein Ansatz.“ S. 19

### *2.4 Langfristigkeit/Nachhaltigkeit versus kurzfristigem Profitdenken*

Hinsichtlich der Nachhaltigkeit von Projekten aus dem Human Resources Bereich vertritt Dr. Menne die Ansicht, dass die Firma NOVA die Durchführung solcher Themen sehr ernst nehme und sich dies in der Durchführung gesundheitsförderlicher Maßnahmen einerseits, als auch in der Annehmbarkeit beim Mitarbeiter andererseits, ablesbar sei. Der Ansatz sei schon einmal gut und die Erreichbarkeit der MitarbeiterInnen für Präventionsmaßnahmen müsse man überprüfen. Im Vergleich zu anderen Unternehmen schätzt er die gesundheitsbezogenen Aktivitäten der NOVA als sehr hoch ein. Er begründet mit der Aufzählung der zahlreichen Interventionsangebote Gesundheitsförderung als ein Projekt mit hohem Stellenwert und begründet damit auch seine Entscheidung, es als ein Strategiethema der Geschäftsleitung zu managen.

„Also wir machen ja eine ganze Menge, einmal auf dem rein objektiven physischen Gebiet – Ernährungswochen beispielsweise, gesunde Ernährung in der Kantine, wir regen an zu sportlichen Aktivitäten, wir haben ja in der NOVA breit gefächerte Sportveranstaltungen und -gemeinschaften, in denen der Mitarbeiter teilnehmen kann, wir machen Wintersportfest und Sporttrips ..." S. 17

„Dann alles, was auf dem Gebiet des werksärztlichen Dienstes läuft, zum Beispiel Arbeitsplatzgestaltung ... „Fit am PC", Bewegungstraining und Unterstützung von oder Vermeidung von Sehfehlern. Dann die ganzen Maßnahmen auf dem Gebiet der Arbeitsgestaltung, also Arbeitsplatzbegehung, richtige Sitzhaltung, wir haben Maßnahmen im Bildungswesen, Rückenschule, und – also es läuft auf den verschiedensten Gebieten, glaub ich, eine ganze Menge, und deshalb hat ja auch die GBL bei uns das Thema Gesundheitsmanagement zu einem Strategiethema, einem ganzheitlichen Strategiethema gemacht. Also es läuft viel, und ich glaub auch in Verbindung auch mit dem Herrn Krüger, und da mehr auf dem Gebiet der psychischen Gesundheit, eine ganze Menge Maßnahmen." S. 18

Seine Ausrichtung ist jedoch meist auf das bewegungs- und ernährungsbezogene Gesundheitshandeln konzentriert und vernachlässigt etwas den Einsatz psychosozialer Interventionen. Tendenziell ist Dr. Menne in seiner Denkweise im Vergleich zu Dr. Kurz eher defizitär ausgerichtet statt salutogenetisch orientiert.

Entgegen der vielfachen Äußerungen über die Unbekanntheit von gesundheitsfördernden Maßnahmen im Unternehmen in den meisten Interviews, ist Dr. Menne über diese Angebote als Steuerer des Gesundheitsmanagements gut informiert. Leider ist ihm jedoch der geringe Bekanntheitsgrad dieser Aktionen bei den MitarbeiterInnen im Unternehmen nicht bewusst.

Inwiefern Gesundheitsförderung erkennbar wird, versucht er an folgenden Aspekten darzustellen.

„... dass gefördert wird einmal an dem Bekanntheits-, ich glaube an dem Bekanntheitsgrad der Maßnahmen.

Wir haben relativ viel im Intranet, glaub ich, zu den Themen.

Wir haben zwar leider keinen konkreten Fragenkomplex in der SITA (Situationsanalyse), haben aber vor, das in der nächsten SITA möglichst zu thematisieren.
Und deutlich werden müsste es eigentlich auch durch eine höhere Gesundheitsquote, wobei wir da gerade momentan eigentlich überhaupt keinen Effekt feststellen. Das ist eine Frage, ist wirklich eine Frage, ob dauerhaft die Gesundheitsquote diese Maßnahmen widerspiegelt – das wär mal wahrscheinlich ein eigenes Thema – oder ob man es daran gar nicht ablesen kann ..." S. 18

Konkrete Messinstrumente, die sich zur Evaluierung von Präventiv- bzw. Gesundheitsförderungsmaßnahmen eignen, thematisiert Dr. Menne nicht. Als Messkriterium für erfolgreiche gesundheitsbezogene Aktivitäten genügt ihm, dass angebotene Aktionen seiner Beobachtung nach gut angenommen werden und die MitarbeiterInnen erreichen. Fraglich ist, wie er ohne konkrete Messwerte den Kosten-Nutzen-Faktor von Gesundheitsförderung im Unternehmen innerhalb der Geschäftsleitung argumentieren und rechtfertigen möchte.

Einen messbaren positiven Effekt der Gesundheitszirkel erwartet er sich nicht. Er zweifelt, wie aus nachstehendem Zitat deutlich wird, überhaupt eine Messbarkeit bzw. offensichtliche Wirkung solcher Interventionen an, zumal er keine sichtbare Veränderung erkennen kann.

Im Unterschied zu anderen Interviewpartnern setzt er sich anscheinend weniger mit alternativen Messinstrumenten auseinander. Wie er den Konflikt löst, einerseits im Sinne einer Kosten-Nutzen-Analyse den Wert personalentwicklerischer Maßnahmen nachzuweisen und andererseits dafür erst angemessene Instrumente, wie es die Balanced Scorecard sein könnte, zu eruieren, bleibt im Interview offen.

Entgegen der Meinung von Dr. Kurz sieht er die praktische Umsetzung von Leitsätzen aus der Vision-und-Leitbild-Strategie als gegeben an.

„Momentan ist sie (die Gesundheitsquote, Anm. der Autorin) ziemlich hoch sogar bei uns, das ist sicher auch ein Ausdruck der Belastung, und wenn wir da zum Beispiel Gesundheitszirkel oder Ähnliches machen, hab ich Zweifel, ob sich das in der generellen Gesundheitsquote überhaupt ausdrückt. Aber eine Beteiligung an diesen ganzen Maßnahmen ist natürlich auch ein Hinweis, wie wird das wahrgenommen, ... und ich hab den Eindruck, diese Maßnahmen, auch wenn wir so Ernährungswochen machen oder so was, werden recht gut angenommen. Und die Möglichkeit, zum Beispiel wenn der werksärztliche Dienst so Screening-Maßnahmen macht, nicht, mit Herz-Kreislauf, Cholesterin oder auch, haben wir ja schon gemacht, Haut-Screening, so was, das wird recht gut angenommen. Nur ist, es ist wahrscheinlich mehr eine Frage der allgemeinen Kultur, dass wir sagen, das gehört zu „Vision und Leitbild", wir setzen so was auch um, es macht, mittelbar hat es Einfluss auf das Wohlbefinden in der Firma, aber manchmal zweifle ich, ob man es echt messen kann. Ob man es wirklich feststellen kann, einen messbaren Effekt. Wahrscheinlich wirklich weniger. Also eine echte Kausalität oder Korrelation zwischen den Maßnahmen und Runtergehen unseres Krankenstandes, der ist so nicht feststellbar. Oder zumindest nicht sichtbar ..." S. 18

Dr. Menne fühlt sich als Steuerer der Human Resources für die positive erfolgreiche Implementierung verantwortlich und rechtfertigt daher auch deren Einsatz. Wie in seinem persönlichen Bereich steht er aus Überzeugung hinter vorwiegend physisch ausgerichteten Präventivmaßnahmen. Zentral ist für ihn ebenso der wirtschaftliche Erfolg, der durch diese Art Projekt als ein Wertschöpfungsfaktor gesteigert werden kann. Da er sich jedoch mit der Messbarkeit oder möglichen Messkriterien weniger auseinander setzt, ist fraglich, inwiefern er dann bei seinen Kollegen der Geschäftsführung die Notwendigkeit und Sinnhaftigkeit davon tatsächlich nachweisen möchte.

Aus seiner hierarchischen Position heraus wird wieder der Fokus auf Gesundheit als Steuerungsinstrument deutlich, während die aktive Auseinandersetzung mit den Belangen und Bedürfnissen der MitarbeiterInnen im Unternehmen im Hinblick auf gesundheitsbezogene Interventionen außerhalb seines Blickwinkels bleibt. Für die Implementierung von Gesundheitsmanagement mit salutogenetischer Ausrichtung stellt er damit eine diffizile Orientierungsfigur dar, zumal er in seinen Begründungs- und Argumentationsstrukturen keine klare Positionierung vertritt.

## Zusammenfassung Gruppierung Geschäftsleitung

Dr. Kurz und Dr. Menne agieren aufgrund ihrer Managementaufgabe aus einer Führungs- und Steuerungsposition heraus und beeinflussen über ihre Entscheidungskompetenz den Einsatz und die Umsetzung innovativer Projekte jeglicher Form. Detaillierte Argumentationsstrukturen für oder wider sozial humane Interventionen berühren dabei ihren Aufgabenbereich nicht. Diese werden von dafür zuständigen MitarbeiterInnen aus dem Personalwesen erwartet und müssen aufgrund der mangelnden Zeit des Managements auch entsprechend gut aufbereitet sein, um eine Chance der Verwirklichung erreichen zu können.

Inwiefern bei der Geschäftsleitung Offenheit und Verständnis für tendenziell psychosozial ausgerichtete Interventionen aufgrund eines salutogenetisch orientierten Ansatzes (oder defizitär orientierte und tendenziell mehr physisch angelegte Projekte) vorherrschen, ist individuell von der personalen und fachspezifischen Besetzung einer Aufgabenstelle und Position abhängig. Die vorliegende Konstellation im Forschungsfeld NOVA zeigt, dass dies aber nicht notwendigerweise so sein muss, da im vorliegenden Fall der Techniker gegenüber dem Psychologen tendenziell stärker salutogenetisch ausgerichtet ist.

Allerdings zeigt sich aus dem vorliegenden Datenmaterial, dass die Bereitschaft für Projekte mit Empowermentansatz bei beiden sehr gering ist. Zum einen fehlt die persönliche positive Erfahrung der Führungskräfte damit, zum anderen das grundsätzliche Vertrauen in das Engagement der MitarbeiterInnen und deren Fähigkeit, verantwortungsvoll mit Gestaltungsfreiräumen umgehen zu können. Die hierarchischen Organisationsstrukturen wie auch die arbeitsrechtlichen Weisungsvorschriften geben zudem auch diesbezüglich keine unterstützenden Rahmenbedingungen. Lebensweltorientiert pädagogische Ansätze, die autonomes, eigenverantwortliches Handeln fördern, sind in Profitorganisationen weniger verbreitet. Da das Ziel in der Profitsteigerung mit höchstmöglicher Effizienz auf schnellstem und effektivstem Weg besteht und das Wohlbefinden des Mitarbeiters/der Mitarbeiterin im Hinblick auf seine/ihre Leistungskraft und Motivation nur Mittel zum Zweck ist, liegen Formen der Arbeitsgestaltung, die auf das komplexe System Mensch ausgerichtet sind und sich nach dessen Bedürfnissen orientieren, nicht im eigentlichen Interesse des Managements oder der Stakeholder. Die Einsicht in den Nutzen solcher Ansätze ist zwar teils gegeben und wird auch seit den Bewegungen in den 70er-Jahren zu einer humanisierteren Arbeitswelt zunehmend versucht zu integrieren, widerspricht aber in ihrer praktischen Durchführung anscheinend gravierend dem betriebswirtschaftlichen Profitdenken, sodass ihre Umsetzung auch meistens nicht realisiert werden kann.

In der Haltung zu Wirtschaft und Ethik, Profit und Moral, Profitorientierung und Kosten-Nutzen-Rechnung versus Nachhaltigkeit und Wertschöpfung dominiert bei beiden gemäß ihrer Führungs- und Managementaufgabe das betriebswirtschaftliche Profitdenken. Inwiefern sich ein Manager sozial- und gesellschaftskritisch mit Zeitgeist, arbeitspolitischen Fragen und der darin aufgeworfenen ambivalenten Wertekonstellation in wirtschaftlichen Organisationen zwischen Profitsteigerung und Fürsorge für den Arbeitnehmer konfrontiert und auseinander setzt, ist ebenfalls individuell von der jeweiligen Persönlichkeit abhängig. Als Resumee kann im vorliegenden Forschungsfeld gezogen werden, dass, je problembewusster und gesellschaftskritischer eine Führungskraft denkt, desto größer ist die Chance, mithilfe angemessener Überzeugungsstatements die Arbeits- und Organisationsstrukturen humaner und menschenwürdiger mitzugestalten. Wenn, langfristig gesehen, im Sinne einer nicht personenabhängigen Entscheidung, sondern unternehmenskulturell verankerten humanen Arbeitsorganisation das Beschäftigungsverhältnis und seine Aufgabengestaltung humanisiert werden soll, bedarf es einer zunehmenden Abflachung von Hierarchien und Gleichstellung der MitarbeiterInnen durch Abschaffung von Privilegien, wie auch der Betriebsrat Herr Weno konstatiert.

Wie der Betriebsrat als Gegenseite des Personalmanagements und der technischen Geschäftsleitung in seinem Interview diese Haltung vertritt, wird im Folgenden beschrieben.

### 5.2.2.3 Herr Weno

#### A Stellenwert

A1 Wichtigkeit

*1.1 Ranking, 1.2 Dringlichkeit für den wirtschaftlichen Erfolg*

Herr Weno, der Betriebsratsvorsitzende, weist dem Thema Gesundheit einen sehr hohen Stellenwert zu, wobei er zunächst nicht die wirtschaftlichen Aspekte ins Auge fasst, sondern die Leistungsfähigkeit, Motivation und Arbeitszufriedenheit der MitarbeiterInnen.

> „Aus der Sicht, das würde ich nie mit den wirtschaftlichen Aspekten verknüpfen. Sondern aus der Sicht, (?wenn ich) ein gutes Unternehmen habe, haben möchte, ist die Gesundheit für mich ein wesentlicher Faktor. Und nicht an Kennzahlen. Wenn ich die Krankheitsquote von 3,5 auf 3 % senke, dann ist das kein, hat das keine Bedeutung, die Gesundheit. (?) wie krank oder wie gesund du bist. (?) ich die Menschen wertschätze." S. 27
>
> „„Gesundheit ist das Zukunftsthema" hab ich da geschrieben, nicht? Und ich sehe es als Kernthema zeitgemäßer Betriebsratsarbeit, die den Mitarbeitern wie dem Unternehmen gleichermaßen zugute kommt. Schließlich geht es hier um Erhalt der Gesundheit- ... [Unterbrechung durch eintretende Person] Schließlich geht es hier um Erhalt der Gesundheit und somit auch der Leistungsfähigkeit. „Ja, das kann ein Betriebsrat nicht sagen!" Sag ich: „Wieso nicht? Wieso darf ich das nicht sagen als Betriebsrat?" „Ja, dich geht doch als Betriebsrat die Leistungsfähigkeit der Mitarbeiter nix an!" Das übt ja Druck aus. Da sind wir auch beim Thema Gesundheit: Die Arbeit muss diskutiert werden, der Wert der Arbeit, und Arbeit muss neu definiert

werden. Der Begriff Arbeit muss definiert werden. Was bedeutet denn Arbeit? (?) (?Deutschen) Arbeit als Belastung, als Strafe, (?man hat damals) den Menschen Arbeit gegeben, damit sie Ruhe geben und bestraft werden mit der Form der Arbeit. Arbeit war für eine gewisse Gesellschaftsschicht tabu." S. 27

„In gewissen Bereichen der Arbeit ist eine Krankheitsquote von 20 Tagen, um eine Zahl zu nennen, im Jahr, einfach durchaus vertretbar und notwendig. Gerne wird immer unterschieden zwischen Krankheitsquote Angestellter – Arbeiter, und die liegt halt immer anders. Und das müsste ich eigentlich respektieren." S. 28

Wie aus vorangegangener Erzählpassage hervorgeht, reflektiert Herr Weno anhand des Leistungsbegriffs den Wert der Arbeit und befürwortet dementsprechend eine Neuorientierung, nach der der Arbeitsbegriff neu definiert werden sollte. Eine eigenverantwortliche und autonome Arbeitsgestaltung setzt er dabei voraus, damit der / die MitarbeiterIn mehr Motivation und Befriedigung in seinem / ihrem Arbeitsleben erfährt. Freude am Arbeitsvorgang und Wohlbefinden durch ein harmonisches soziales Umfeld stellen für ihn grundsätzliche Rahmenbedingungen dar, um Erwerbstätige einerseits zu höherer Leistungsbereitschaft und andererseits nachhaltig auf lange Sicht zu einem gesundheitsbewussten Handeln anhalten zu können.

Um eine Solidargemeinschaft innerhalb des Unternehmens nach seinen Vorstellungen schaffen zu können, müsste mehr Verantwortung an die MitarbeiterInnen delegiert werden. Überdies müssten die Beschäftigten insgesamt mehr partizipieren dürfen. Dazu hält er die Abflachung von Hierarchien wie auch die Abschaffung von Privilegien bevorzugter Managementebenen für notwendig. Nur so kann seiner Meinung nach ein modernes Unternehmen zukünftig seiner sozialen Verantwortung gerecht werden und langfristig wie nachhaltig wettbewerbsfähig auf dem globalisierten Markt bestehen. „Empowerment, soziale Verantwortung und gesellschaftliche Entwicklung" sind für ihn grundlegende Bedingungen eines „bürgerengagierten, kommunitaristischen und solidarischen Miteinanders" und damit die Voraussetzung für eine demokratisch funktionierende Gesellschaft. In diesem Zusammenhang erachtet er jegliche Bereiche in der Gesellschaft, wie z. B. Schul- und Berufsbildung, Arbeitsplatzbeschaffung oder auch eine verantwortungsvolle Führungskultur als wichtig, um innerhalb eines Unternehmens eine Kultur zu schaffen, die ganzheitlich, systemisch, wertorientiert und sozial vernetzt ist. Eine solche Unternehmenskultur würde zukunftsweisend sich, als Spiegelbild der Gesellschaft, sozialen Prozessen (wie Konflikten und sich immer veränderten Kooperationsformen) stellen und diese gemeinschaftlich als Teil der Gesellschaft bewältigen. Eine Organisation, die sich demzufolge engagiert, stelle dann auch gesundheitsförderliche Rahmenbedingungen, in denen sich Erwerbstätige gesundheitserhaltend und -förderlich verhalten bzw. handeln können.

„Da stellt sich die Frage: Gesundheit als Zukunftsthema. Es ist ein Zukunftsthema. Überall wird es transportiert und die wenigsten hinterfragen, warum ist plötzlich Gesundheit ein Zukunftsthema. Warum? Ist es nur ein wirtschaftliches Denken, weil die Krankenkosten zu teuer sind oder ist es was ganz anderes?" S. 28

„Also das sind die gesellschaftlichen Unterschiede. Miteinander was zu machen, zu partizipieren, und, und, und. Gesellschaft zu entwickeln, Schulen, sich um die Bildung zu kümmern. Also was müsste ich dann machen auf die Frage, was könnte ich machen im Gesundheitssektor? Erst mal klarmachen, warum ist (?) ein Gesundheitsthema? Geht es nur um dich oder geht es eigentlich um die Gesellschaft? Wohlbefinden zu empfinden. Und dann kann ich sagen, muss ich hier mehr Leben in diese Firma bringen. Ich muss mehr, äh familiäre, sag ich mal so – es gibt sicher einen besseren Ausdruck in dem Thema – Möglichkeiten schaffen. (?Kindergarten) ist für mich so ein erster Ansatz. Ja? Aber ich könnte mir so ein Dauer-, ja, wir müssten auch uns über Arbeitszeiten unterhalten. Was ich jetzt sage, sag ich jenseits von gewerkschaftlichen Zwängen. Einfach zu sagen: Ich hab heute Morgen keine Lust zu arbeiten, da hinten ist irgendeine schöne erholsame Wellness-Einrichtung, ich leg mich da hinter, lass mich massieren, lass mich verwöhnen. Ja. (?) wäre, wenn Ansätze hier um Unternehmen, mehr Wohlbefinden, Möglichkeit, dass wir Wohlbefinden haben. Und das nicht immer so sehen: Menschen drücken sich vor der Arbeit dann dadurch. Die sollen sich selber darum kümmern. Also das selbst, dieses selbst darum Kümmern, das hat im somatischen Bereich durchaus eine Bedeutung. Ihn befähigen zur Gesundheit. Ja? Das heißt aber auch dann, dass die Krankheitssymptome angenommen werden müssen." S. 29

„Die Unternehmen müssen sich wieder, die Unternehmen müssen mehr an den gesellschaftlichen Veränderungen teilnehmen. Jenseits der Wirtschaftlichkeit, wie (?Rau das sagt). Und da muss die Politik Druck machen und Möglichkeiten schaffen." S. 30

## C Verantwortung

*C1 Gesetzgeber regelt es im Arbeitsrecht, C2 Führungskultur/ soziale Führungskompetenz, C4 Individuum und System übernehmen Verantwortung*

Um gesundheitsbezogene Präventivmaßnahmen konsequent einleiten und implementieren, um Strategien für günstigere Optionen zur Innovation schaffen zu können, vertraut Herr Weno auf die Unterstützung des Staates, der durch gesetzlichen Druck mehr Handlungszwang an die Unternehmer heranzutragen vermag.

Verantwortlich sind die Führungskräfte selbst in Bezug auf ihre mehr oder weniger sozial kompetenten Handlungsstrategien. Da Macht und Steuerung von ihnen ausgehen, muss nach Meinung Herrn Wenos die Führung entsprechend verantwortungsbewusst mit dem Erhalt der Gesundheit von MitarbeiterInnen umgehen. Um diese Kompetenz zu erreichen, müssen Führungskräfte dementsprechend angemessen sozial ausgebildet, immer wieder geschult und begleitet werden. Fähigkeit zur Selbstreflexion, Umgang mit emotionalen Blockaden und persönliche Kompetenzen sind darunter Aspekte, die Führungskräfte mittels eines Coachings erwerben und trainieren sollten. Vor allem betrachtet Herr Weno die Motivation, Führungskraft zu werden, als kritisch und verlangt hier auch hinsichtlich der Auswahl und der Ausbildung derer ein Umdenken.

> „Also, wenn ich heute Führungskraft bin, und ich hab es glaub ich gelernt, und ich hab das nicht gelernt, weil es heißt immer: Man ist Führungskraft oder man ist es nicht. Schlichtweg könnte man das natürlich psychologisch philosophisch mal diskutieren. Das hängt immer mit dem Bezug zum Menschen zusammen, welchen Bezug hab ich eigentlich zu Menschen. Mein Menschenbild. Unabhängig davon, wie die Karriere von mir aussieht. Welches Menschenbild hab ich?" S. 30

> „... die zentrale Frage: Jeder, der Karriere machen will, den würde ich mal befragen: Warum willst du denn unbedingt Führungskraft werden? Ja. Hängt das mit persönlicher Freiheit zusammen, die du hast? Hängt es nur mit dem zusammen oder hängt es mit dem Dienstwagen zusammen oder mit was hängt es denn zusammen? Das kann ich auch anders machen. Dienstwagen für alle. Mal sehen, ob da noch jeder Führungskraft werden will! Fachhierarchie war ja ein Thema, wird viel zu wenig stringent gemacht." S. 30

> „Also die Wertschätzung, das ist ja (?dieser ideelle) Begriff, wenn ich es jetzt an Kennzahlen festmache, dann werde ich keinen Erfolg haben. Werde ich keinen Erfolg haben." S. 31

Wie auch aus seinem subjektiven Gesundheitskonzept ersichtlich wird, stehen für Herrn Weno soziale Anerkennung, Wertschätzung und soziale Harmonie als einflussnehmende Faktoren im Vordergrund. Die Möglichkeit, Gesundheit als Wertschöpfungsfaktor anhand von Messkriterien darzustellen, steht nicht in seinem zentralen Interesse. Vielmehr scheint ihm seine Denkhaltung als so selbstsprechend und überzeugend zu sein, dass er diese rein nach Gebrauch des Menschenverstands als universell gültige Grundhaltung annimmt, um zu verstehen, dass eine humane soziale Welt die Zukunft sein muss.

Herr Weno weist über seine durchgehenden Ich- und Wir-Formulierungen eine weitaus höhere Identifikation mit dem Unternehmen auf als alle anderen Interviewpartner und bezieht sich und seine BetriebsratskollegInnen folglich auch immer als Handlungsverantwortliche mit ein. Schließlich reicht der Erhalt von Gesundheit in sein Ressort hinein. Hinsichtlich seiner Aufgaben als Betriebsrat sieht er, wie aus erstem und zweitem Zitat oben ersichtlich, dies als Kernthema zeitgemäßer Betriebsarbeit an.

#### 5.2.2.4 Dr. Landgraf

**A Stellenwert**

A1 Wichtigkeit

*1.1 Ranking*

Der Werksarzt Dr. Landgraf begibt sich, was den Stellenwert von Gesundheit im Unternehmen anbelangt, auf dreierlei unterschiedliche Perspektiven. Zunächst konstatiert er aus der Perspektive der MitarbeiterInnen, Gesundheit sei ein Faktor, der die Existenz in Bezug auf die Fähigkeit, den Beruf ausüben zu können, sichere und deshalb in der Wertehierarchie hoch zu priorisieren. Da sie die Grundvoraussetzung für ein unabhängiges Leben sei, stelle sie einen existenziell notwendigen Stellenwert dar und ist somit der Kategorie Wichtigkeit zuzuordnen.

A2 Wertigkeit

*2.3 Bewertung des Humankapitals, 2.5 Wertesystem, Anerkennung, Wertschätzung, 2.6 Menschenbild und Arbeitsorganisation*

Was die Wertigkeit von Gesundheit im Unternehmen angeht, betrachtet er Gesundheit aus der Perspektive des Unternehmens ebenfalls als bedeutsam. Die MitarbeiterInnen seien ja das höchste Gut und damit das Wichtigste, was ein Unternehmen habe. Demnach kommt dem Mitarbeiter / der Mitarbeiterin „als Humankapital" eine hohe Wertigkeit zu, da ohne dieses Kapital ein Unternehmen seine Produktion nicht durchführen könne. Aus persönlicher Sicht heraus zweifelt er an der tatsächlichen Wertschätzung des Humankapitals im Unternehmen, da dieses in der Praxis nicht wirklich als Kapital wertgeschätzt werde. Insofern Führungskräfte seiner Meinung nach oftmals ihren Fuhrpark mehr pflegten als ihre MitarbeiterInnen, stellt er andererseits das vielfache Fehlen von Anerkennung und Wertschätzung dem Mitarbeiter gegenüber fest und übt Kritik am gängigen Umgang mit Lob.

„... dass Gesundheit einen relativ hohen Stellenwert in der Bevölkerung wie auch bei den Mitarbeitern unseres Unternehmens hat. Weil ich denke, neben dem Arbeitsplatz ist Gesundheit das, was für die Mitarbeiter sehr, sehr wichtig ist. Denn letztlich ist die Gesundheit ein Faktor dafür, dass ich letztlich weiter in Lohn und Brot stehen kann, denn wenn ich – eben nicht in der Lage bin, meine Arbeit durchzuführen auf Grund gesundheitlicher Einschränkung, kann es eben sein, dass ich meinen Arbeitsplatz verliere, und von daher hat die Gesundheit einen hohen Stellenwert." S. 39

„Und auch für ein Unternehmen – es sind auch Umfragen gewesen – hat es sich gezeigt, dass also der Mitarbeiter eigentlich das Wichtigste ist, was ein Unternehmen hat. (?Denn was nützt mir) eine gute Marktstrategie, eine gute Positionierung auf dem Markt, gute Produkte, wenn ich nicht die Mitarbeiter habe, die praktisch für diese Entwicklung der Produkte verantwortlich sind und die auch hinter dem Produkt stehen. Das heißt also von daher ist, wie es so schön heißt, das „Humankapital", bitte in Anführungszeichen, das Wichtigste für ein Unternehmen, und von daher sollte es auch pfleglich behandelt werden." S. 39

„Wobei bei mir manchmal so der Eindruck entsteht, dass – äh – die Vorgesetzten die Maschinen, ihren Fuhrpark, besser hegen und pflegen als den eigenen Mitarbeiter, nicht? Weil von dem erwartet man halt, dass er läuft und läuft und läuft [lacht], ohne dass er Hege und Pflege braucht, aber ich denke, er braucht, also, wie eine Maschine muss auch der Mitarbeiter gehegt und gepflegt werden, und da müsste sicher ein Umdenken in den Köpfen stattfinden, dass eben der Mitarbeiter das ist, um das man sich zu kümmern hat." S. 39

„Als Beispiel, wenn ein Mitarbeiter zehn Dinge durchführt, von denen zwei daneben gehen und acht sind erfolgreich durchgeführt worden, wird man sich mit Sicherheit nicht um diese acht Dinge kümmern, sondern um die zwei Dinge, die daneben gegangen sind. Die wird man also intensiv beleuchten, und gar nicht praktisch diese 80 Prozent, die ja nun wirklich dann der Erfolg waren. Dem Mitarbeiter sagen: „Hast du gut gemacht, bist ein wertvoller Mitarbeiter." Für die Gesundheitsförderung hier im Unternehmen, denke ich, ist es wichtig, das also auch strukturiert anzugehen, wobei Gesundheitszirkel sicher ein Instrument sind, sich um die betriebliche Gesundheitsförderung zu kümmern." S. 39

Dr. Landgraf hält diesbezüglich einen Paradigmenwechsel für nötig, damit Führungskräfte ihre soziale Verantwortung auch wahrnehmen.

## B Messkriterien

*1 Gesundheits-/Fehlzeitenquote*

Grundsätzlich ist Dr. Landgraf eher defizitär und pathogenetisch ausgerichtet, was auf die Ausbildung zum Arzt zurückzuführen ist. So zeigt sich die Relevanz des Themas Gesundheit auch an Messkriterien, die Dr. Landgraf an Fehltagen (AU Tagen) festmacht. Salutogenetisch betrachtet, sagen Fehlzeiten wenig über den Gesundheitszustand von MitarbeiterInnen aus und vor allem nichts über deren Leistungsbereitschaft bei Anwesenheit oder deren Motivation.

Die Partizipation der MitarbeiterInnen stellt allerdings für ihn einen Erfolgsbaustein von Gesundheitsprävention dar, wie sich aus dem nachstehenden Zitat auch ablesen lässt.

> „... ich denk, ein gutes Instrument, um die Stimmung in einem Unternehmen zu erfragen oder in der Abteilung, ist sicher, über die Gesundheitsberichte oder sagen wir Gesundheitszirkel eben, mit dem Instrumentarium, erfassen AU-Tage im Gesamtwerk, dann runterbrechen auf einzelne Abteilungen, und dann praktisch einen Gesundheitsbericht machen: Wie sieht das aus in dieser Abteilung?" S. 45
>
> „Diese Ergebnisse mit den Mitarbeitern diskutieren, das heißt auch per Fragebogen, und dann wirklich ins Detail gehen. Wobei dann Unteraktionen natürlich auch Einzelaktionen sein können, ne?
> Wenn Sie so diese – Bewegung, Stressmanagement, Ernährung, Bluthochdruck – das ist ja letztlich dann so die Komponente mit, ja, fünf Säulen, denk ich mal. Bluthochdruck, Cholesterin, Bewegung, Stressmanagement, ja, Ernährung. [Unterbrechung] – auch Einzelaktionen fahren kann, ne?" S. 46

## C Verantwortung

*Implizit: 5 MitarbeiterIn trägt allein die Verantwortung*

Wer Verantwortung für den Erhalt der Gesundheit im Unternehmen trägt, teilt Dr. Landgraf implizit mit. Explizit äußert er sich nicht zum Thema Verantwortung, jedoch glaubt er, dass zu einem großen Teil die Verantwortung jeder Einzelne für sich selbst trage. Dabei ist er sich der diffizilen Problematik der Verhaltensprävention und ihrer geringen Effektivität bewusst. Inwiefern Menschen schwerfällig und phlegmatisch hinsichtlich einer etwaigen Verhaltensänderung sind, berichtet er in nachfolgendem Zitat aus seiner alltäglichen Praxiserfahrung. Zudem traut er den MitarbeiterInnen diesbezüglich kein besonderes Engagement zu, sich eigenverantwortlich um den Erhalt der Gesundheit zu kümmern. Auch bei Dr. Landgraf zeigt sich hier Skepsis gegenüber empowermentgeleiteten Projekten, oder einer Organisations- und Führungsform, die mehr Gestaltungsfreiräume zulässt. In seiner eigenen Praxis erlebt er seine Patienten diesbezüglich tendenziell reaktiv und konsumorientiert. Inwiefern dies auf die oftmals bei Ärzten übliche bevormundende Umgangsweise mit Patienten zurückzuführen ist, die den Patienten zum eher reaktiven Konsumenten des ärztlichen Wissens macht, kann in diesem Zusammenhang nicht beurteilt werden. Da aber Dr. Landgraf bezüglich seiner Behandlungsmethoden aufgrund des Datenmaterials aus den Interviews hierzu nicht eingeschätzt werden kann, bleibt es im vorliegenden Fall bei einer nicht verifizierten Hypothese. Überdies könnte auch sein spezielles Tätigkeitsfeld dazu führen, dass seine Behandlungsweise in das hierarchische System und dessen Weisungsvorschriften integriert ist. Aber auch dies sind lediglich hypothetische Annahmen.

> „Die Mitarbeiter bewusst immer so auf Einzelpunkte hin zu fragen. Weil das Problem ist natürlich: Er trägt für sich selbst Verantwortung. Und ich da leider die Erfahrung gemacht habe, solange das unternehmensmäßig angeboten wird während der Arbeitszeit, ist helle Begeisterung da.
>
> Dann haben wir es schichtübergreifend gemacht, jeder musste so also eine Viertelstunde von der Arbeitszeit, eine Viertelstunde eigene Zeit, und die Spätschicht oder die Mittagsschicht kam mal eine Stunde eher und hat eine Viertelstunde lang in die beginnende Arbeitszeit rein, ne? Da ließ das Interesse schon merklich nach." S. 46

> „Und als es dann gänzlich außerhalb der Arbeitszeit war [lacht], war Tendenz null, ne? Weil der Mitarbeiter selber oder überhaupt, es ist ja nur sozusagen ein Spiegelbild der Gesellschaft, ne – selbst dafür was tun ist sehr, sehr wenig." S. 46
>
> „Das ist häufig dann auch so, wenn Sie, was weiß ich, hohe Fettwerte haben, und ich gefragt werde: „Gibt es denn keine Tabletten dagegen?" „Ja, dann geben Sie mir doch die Tabletten." Anstatt [lacht] die Ernährung mal so zu überdenken, was man da ändern kann, ist man eher bereit, dann Tabletten zu nehmen, ne? Auf der anderen Seite hat natürlich, der Zulauf, ich sag mal, bei Heilpraktik und Naturheilverfahren ist natürlich auch groß. Weil viele die Chemie an sich ablehnen. Manchmal hab ich das Gefühl, die das nur soweit ablehnen, äh als es nicht unbedingt dazu führen muss, äh, wie soll ich sagen: Ich lehne sie dann ab, wenn ich mein Leben nicht ändern muss." S. 46
>
> „Wenn ich mein Leben ändern müsste, bin ich auch bereit, Chemie zu nehmen, ne? Denn es gibt ja auch Bluthochdruck-Tabletten. Ich kann aber dagegen was tun, wenn ich Bewegung mach, wenn ich Gewichtsabnahme mach, wenn ich mich bewusst ein bisschen so gesund verhalte. Wollen die wenigsten. „Dann nehm ich lieber Tabletten, um den Bluthochdruck in vernünftigen Grenzen zu halten." S. 46

Andererseits erläutert er auch die Bedeutsamkeit der Organisations- und Führungskultur, insofern das Thema Gesundheit sowohl durch langfristig angelegte und nachhaltige Projekte in die Arbeitsorganisation eingeflochten werden muss, da einzelne Aktionen nur kurzfristige Erfolge erzielen und einer konstanten und konsequenten Gesundheitsprävention nicht dienlich sind. Zudem stellt er auch implizit die Relevanz der Führungskultur hinsichtlich eines sozial kompetenten Führungsstils zur Debatte. Am Beispiel des geringen Lobs, das Führungskräfte oftmals nur ihren MitarbeiterInnen gegenüber äußern, sei erkenntlich, dass angemessenes Lob zu einer besseren Motivation und Leistungsbereitschaft beitragen würde.

> „Oder Ernährung: Sie können natürlich irgendeine Ernährungswoche machen. Sie können ein Stressmanagement-Seminar anbieten. So Seminare hatten wir für Führungskräfte und Mitarbeiter, (?einen Lauftreff) können

Sie machen, ne? Aber das sind alles so Einzelaktionen dann. Was natürlich (?nicht passt in ein) Unternehmen, was das als breite Idee haben (?will)." S. 46

„Das Gesundheitszentrum hier [seufzt], ja, ist auch punktuell letztlich da, ne? Die ändern ja nicht im Kopf. Ne? Das Schwierige ist, in den Kopf der Leute reinzukommen." S. 46

„Bei diesen Einzelaktionen, sicher: „Ach ja, ich müsste mal was tun." Nur diese Kontinuität da reinbringen. Manchmal hab ich das Gefühl, es ist so wie wenn Sie auf der Autobahn im Nebel immer noch ne relativ hohe Geschwindigkeit fahren. Obwohl Sie, um die Gefahr wissen Sie ja schon. Aber Sie hören auch davon, Sie lesen es in der Zeitung, aber manchmal hab ich das Gefühl, man denkt, es trifft immer nur die anderen, nie einen selbst, ne? Und dann so Herzinfarkt: „Ja, ich kenn da auch einen, der ist grad 40, hat seinen ersten Herzinfarkt!" Dass mir selber der drohen kann, (?aufgrund meiner gesamten Verhaltensweise), wird nie einkalkuliert. Ne?" S. 46

„Führungskräfte, die also nicht, sagen wir, sich um das Wohlbefinden der Mitarbeiter kümmern. Denen das völlig egal ist, ne? Die einfach nur ihre Zahlen sehen. Die führen sicher zu einer Steigerung der, der – der Arbeitsunfähigkeitstage." S. 47

„Wenn ich praktisch meinen Mitarbeiter nicht lobe, sondern einfach, was er getan hat, so nach dem Motto, es gibt ja diesen netten, dummen Spruch: „Nicht getadelt ist so gut wie gelobt." Ne? Also, wenn man praktisch all so diese Motivationsinstrumente rausnimmt, dann würden sicher auch die Krankentage also nach oben gehen, nicht?" S. 48

Die defizitär ausgerichtete Positionierung des Werksarztes zum Thema Gesundheit im Unternehmen leistet wenig unterstützende Momente für ein salutogenetisch, ressourcenorientiertes Gesundheitsmanagement, da hier mit defizitär ausgerichteten Messwerten an den tatsächlichen Gesundheitszuständen der MitarbeiterInnen und möglichen Verbesserungen ihrer Leistungskraft und Motivation oftmals vorbei operiert wird. Anstatt diagnostizierte Krankheiten zu behandeln oder im Vorfeld diese über Präventivstrategien zu vermeiden, treten hierbei proaktive Präventionsmaßnahmen und Interventionen im Sinne eines salutogenetischen Vorgehens, wie Gesundheit erhalten werden kann, in den Hintergrund.

Inwieweit dies aus der meist an der Pathogenese ausgerichteten Ausbildung der Ärzte resultiert oder auch mit der hierarchisch anerkannten Stellung des Arztes in einer Profitorganisation korreliert, kann hypothetisch in den Raum gestellt werden.

Eine balancierte Gesundheitsförderung zwischen Verhältnis- und Verhaltensprävention schätzt Dr. Landgraf als am effektivsten ein.

Empowermentansätzen traut er innerhalb der Arbeitsverhältnisse weniger zu. Eventuell fehlen ihm hierzu wie auch den Führungskräften der Geschäftsleitung die positiven Erfahrungen mit solchen Ansätzen oder auch grundsätzlich das Vertrauen in eine mögliche eigenverantwortungsbewusste Haltung der Arbeitnehmer.

Gemeinsam mit dem Betriebsrat steht er für eine sozial kompetente Führungsmannschaft als gesundheitsfördernden Faktor im Unternehmen wie auch deren anerkennende und wertschätzende Haltung gegenüber den MitarbeiterInnen, dem Humankapital. Aufgrund seines Aufgabenfeldes als Arzt betrachtet er Gesundheit aus einer professionellen Haltung.

### 5.2.2.5 Herr Krüger

### A Stellenwert

A1 Wichtigkeit

*1.1 Ranking, 1.3 eigenes Aufgabenfeld betreffend*

A2 Wertigkeit

*2.2 Kosten-Nutzen-Denken, 2.7 Integration in den Arbeitsalltag*

„Gesundheit wär für mich Innenausstattung"

> „Damit ein Auto fährt, brauch ich ne Batterie, ein Gas, ne Bremse, und ich brauch aber auch, damit die Leute, weil noch, mein Auto fährt, auch ohne Radio, äh aber zum Auto gehört ein Radio einfach dazu. Ja? Und ich würde das irgendwie auch so definieren wollen, wer kauft heut schon ein Auto ohne Radio? Fehlt ja was. Obwohl es nicht Prio 1 ist. Ich kann produzieren, ohne dass ich jetzt Sozialberatung oder Arzt hier herinhab. Ich kann trotzdem produzieren aus Sicht des Unternehmens. Aber ich denke mir, ich fahr angenehmer, ich fahr besser und ich fahr effektiver, sparsamer und was weiß ich,

wenn so ein softfact wie Innenausstattung ... Also ich sag mal, Gesundheit wär für mich Innenausstattung. Daran würde ich es erkennen." S. 58

Als Mitgestalter und Initiator von Gesundheitsmanagement räumt Herr Krüger in der Funktion als betrieblicher Sozialberater Gesundheit im Ranking sozial humaner Interventionen im Unternehmensablauf einen sehr bedeutenden und wichtigen Stellenwert ein. Innerhalb der eigenen Aufgabenstellung als auch hinsichtlich seiner persönlichen Anerkennung im Unternehmen erfüllt Gesundheitsförderung einen sinnstiftenden Wert. Ihr Nutzen und ihre Wichtigkeit im unternehmerischen Geschehen kann somit, was seine Funktion anlangt, zugleich sein eigenes Image verbessern.

Die persönliche Meinung darüber, welchen Stellenwert das Thema Gesundheit im Unternehmen haben sollte, formuliert Herr Krüger in Forderungen, die beinhalten, auf welche Weise und unter welchen Bedingungen Gesundheitsmanagement optimal funktionieren könnte. Doch unterscheide sich der geforderte Stellenwert seiner Wahrnehmung noch von demjenigen, den Gesundheit momentan tatsächlich im Unternehmen einnimmt.

So sieht er als Einziger der Interviewpartner aus dem Kreis der Geschäftsleitung, des Betriebsrates, der Arbeitssicherheit und des Werksärztlichen Dienstes Gesundheitsmanagement im Unternehmen von einem nicht ganzheitlichen Ansatz her konzipiert, sondern glaubt, dass es ausschließlich vom medizinischen Sektor her belegt sei. Die Gleichrangigkeit zu anderen Aspekten, wie psychosomatischen oder psychosozialen Momenten im Unternehmen, sei nicht gegeben. Dies zeichne sich schon aus der unterschiedlichen hierarchischen Positionierung der Vertreter des Themas Gesundheit in der Organisationsstruktur ab. An seinen fachlichen Kollegen, dem Werksärztlichen Dienst oder der Arbeitssicherheit veranschaulicht er diese Behauptung, da diese beiden hierarchisch in der Organisation auf mittlerer Führungsebene positioniert, mehr Einfluss haben und aufgrund dessen in eine bessere Informationsstruktur in Bezug auf das Kommunikationsnetzwerk eingegliedert sind als er selbst. Die Betriebliche Sozialberatung dagegen habe nicht einmal den Rang eines EFK, erweiterten Führungskreises, und ist somit in der untersten Hierarchieebene angesiedelt. Jegliche Machteinflüsse und Zugänge zu Kommunikationsstrukturen innerhalb der mittleren Führungsebene und des oberen Managements bleiben ihm daher unzugänglich.

Aus seiner Sicht bewertet die Geschäftsführung Gesundheit folglich lediglich als ein ergonomisches Problem und orientiere sich nur an der Leistungsfähigkeit der MitarbeiterInnen. Aufgrund seiner Auffassung müssten Beziehungsthemen gleichrangig mit den Maschinenproblemen behandelt werden, was aber seiner Einschätzung nach nicht der Fall sei. Gesundheit werde demgemäß nur der hierarchischen Position entsprechend, wer es fachlich vertritt, im Ranking eingestuft und nicht als Wertschöpfungsfaktor erkannt.

> „Was ist die derzeitige Wirklichkeit. Meine Einschätzung ist, dass das Thema Gesundheit, so wie ich es verstehe, zu kurz greift. Weil das Thema Gesundheit belegt ist und ausschließlich den medizinischen Aspekt in den Vordergrund stellt. Gesundheit wird bei mir immer sofort assoziiert mit Zahnarzt, Internist, Krankenhaus, Magengeschwür oder sonst was ...
> Das heißt, wir haben noch nicht die Kultur, dass wir unter Gesundheit den ganzheitlichen Ansatz sehen, der alle anderen Aspekte von Arbeitsplatzumgebung bis sonst wo hin mitberücksichtigt.“ S. 55
>
> „Insofern würde die Bedeutung des Themas Gesundheit, so wie ich's aufmache, nämlich wie geht's mir, wie fühl ich mich, äh in dem, also jetzt sag ich mal, die psychosomatischen Prozesse, wobei die sozialen Umgebungsfaktoren dann mit dazukommen, also die Psyche plus die Somatik plus die soziale ... sozial psychosomatisch“
>
> „Aber wenn du mich danach fragst, welchen Wert Gesundheit hier herin hat, dann sag ich: Die Stellhebel, die ich für die Zukunft als wichtig erachte, die werden vom Unternehmen, in dem Mehrwert für das Unternehmen nicht gesehen, und Gesundheit ist auch (?in der) Bedeutung für die ureigensten Ziele der Produktivität nicht erkannt.“ S. 56

> „Die Gleichrangigkeit der Themen durch die Menschen, die diese Themen vertreten, seh ich im Unternehmen nicht, auch in der Hierarchisierung ist der Mediziner FK und die anderen sind nichts, beziehungsweise es gibt noch mal ne Untergliederung, FK heißt ja Führungskreis, also nicht mal EFK, was ja so Meister wär, nein, es ist FK, also Führungskreis, der Arbeitssicherheitsmensch ist FK, und die Sozialberatung ist gar nix." S. 56
>
> „Das heißt, allein in der Hierarchisierung ist Gesundheit im Unternehmen ein ergonomisches und medizinisches Problem. Wenn ich die Geschäftsleitung mir anschaue, dann versteht die unter Gesundheit ergonomische und medizinische Probleme im Sinne von: Was können wir tun, damit die Mitarbeiter mehr Leistungsfähigkeit haben? Ich denke mir, dass das Thema Gesundheit – und nicht umsonst sind Ärzte dabei, die ganzen psychischen Faktoren sich zu krallen und in eine Sozialmedizin mit reinzubauen – dass das Thema Befindlichkeit, Beziehung der neue Hauptfokus werden muss und werden wird." S. 56

Gesundheitsförderung dürfe zukünftig nicht nur als Kostenverursacher gesehen, sondern müsste in den Arbeitsalltag als ein abrufbares Instrument integriert werden, um mit dessen Hilfe Konflikte wahrnehmen und Bewältigungskompetenzen aufbauen zu können. Doch wie er die reale Situation erlebt, haben funktionale Störungen von Maschinen immer noch Vorrang vor den Belangen der MitarbeiterInnen. Führungskräfte sind ausschließlich nur an der maximalen Leistungskraft der MitarbeiterInnen interessiert, anstatt sich auch deren Wohlbefinden als Prämisse dafür in den Blick zu nehmen.

> „... es gibt nicht nur ne Maschinenstörung, es gibt auch ne Menschenstörung. Oder ne Beziehungsstörung oder ne Befindlichkeitsstörung. Wenn man jetzt schon im Störfaktor (?redet). Oder andersrum gesehen, dass man auch sagen kann: Nicht nur der Maschine und der Produktivität geht's gut, sondern auch dem Mensch geht's gut." S. 58
>
> „Wenn ganz selbstverständlich zu diesem Thema auch die Frage gestellt wird: Welche Auswirkungen hat das auf die Zusammenarbeit, auf die Beziehungsfähigkeit, auf das Wohlbefinden und auf die Gesundheit der Mitarbeiter. Also ich könnte daran merken, dass der Blickwinkel Gesundheit nicht den exotischen Stellenwert hat: „Wir leisten uns etwas", sondern eine nor-

male Integration in die Betriebsabläufe stattgefunden hat. Daran würde ich merken, das Thema hat seinen Platz, ohne dass es immer mit diesem moralischen Zeigefinger versehen ist, ja?" S. 57

A2 Wertigkeit

*2.2 Kosten-Nutzen-Denken, 2.3 Bewertung Humankapital,*

*2.5 Wertesystem*

*Anerkennung / Wertschätzung*

Herrn Krügers Beobachtung zufolge stehen in diesem Unternehmen Kampf um Anerkennung und Reputation im Zentrum, während es gleichzeitig gegenseitige Wertschätzung nicht gebe.

Überdies kritisiert er die Zusammenarbeit unter den diversen Abteilungen, die eigentlich thematische Nahtstellen zur Betrieblichen Sozialberatung sein müssten. Hier beanstandet er Bereichsegoismen und ebenfalls Konkurrenzkämpfe, von denen er sich selbst auch nicht ausnehmen könne. Auch er möchte persönlich der Bedeutung des Themas gemäß Anerkennung und Respekt im Unternehmen genießen. Diese organisationsbedingten Konditionen seien der Implementierung von Gesundheitsmanagement nicht förderlich.

Außerdem zeigt sich an der personalen Unterbesetzung seiner Abteilung die Fehleinschätzung seiner zeitlichen Ressourcen, die das Thema Gesundheit in Anspruch nehmen würde, und damit auch das Fehlen von Anerkennung. Herr Krüger schließt daraus auf die Degradierung von Gesundheit als Wert im Unternehmen.

„Wie es angelegt ist, das Thema Gesundheit, ist Folgendes: Ich bin beauftragt, als Nebenprodukt ein Thema zu stemmen, wo andere einen Ganztagsjob draus machen. Und ich mach es neben fünf anderen Themen. Es wird optimale Wirkung erwartet, aber weder Ressourcen noch Umsetzung noch ne Direktive, „wo wollen wir eigentlich alle gemeinsam hin?", gibt es ne klare Übereinstimmung hier im Unternehmen." S. 56

„Wenn die sagen: So, diese Intervention „Krüger, Kleber, Fröschle" haben uns Erkenntnisse gebracht, die uns was bringen, also der Krüger muss doch klasse sein, weil er uns das ermöglicht hat. Logo, bella figura, klasse, klar [lacht]!" S. 62

Das nachhaltige Interesse, gesundheitsbezogene Prozesse voranzutreiben, fehlt im Unternehmen seiner Berufserfahrung zufolge völlig. Gesundheit stellt in der vorliegenden Profitorganisation höchstens einen ideellen Wert, aber keinen gelebten dar.

„Es gibt immer wieder Lippenbekenntnisse, wenn ich die im Umsetzungsgrad mir dann vorstelle, äh sehr schnell wieder geopfert werden. Woran mach ich das fest? Allein an dem Thema, wie damit umgegangen wird. Ich hab früh genug eingeladen, heute in TZ, alle sollen kommen – wer war dabei? Von sieben möglichen waren vier da, wobei zwei die Hälfte gefehlt haben. Das ist das Thema Gesundheit im Unternehmen." S. 56

Entgegen seinen Vorstellungen jedoch nimmt er wahr, dass die Führung die Verantwortung für soziale Prozesse immer abgebe und das Angebot von Softfacts mit lapidaren Argumentations- und Begründungsstrukturen von sich weise. So sei aus der Sicht der Führungskräfte, aufgrund der Fokussierung auf das Kerngeschäft, die Produktion, die Umsetzung sozialer Prozesse in der Alltagspraxis unrealistisch und nehme überdies zu viel Zeit in Anspruch.

Doch nach der Überzeugung des Sozialpädagogen Herrn Krüger führt dieses Verhalten nicht zum Ziel, gesündere, leistungsstärkere und motiviertere MitarbeiterInnen hervorzubringen.

„Ihr müsst an dem Thema was arbeiten, wenn ihr weiterkommen wollt, und wir bieten euch das und das dazu an. Also: Die Fragestellung, wie komme ich endlich raus, auch aus diesem Ritual, das ich immer wieder erleb, wenn ich in ein Center reingehe, das da heißt: „Na ja ist ja ganz nett, was du anbietest, aber kennst du unsere Realität eigentlich?" Ja?"

„Aus diesen Scheiß-Zuschreibungsläufen rauszukommen und zu sagen: „So Leute, vergesst eure Spiele, das ist hier ein Stück beschreibbare Kultur" – ob es nun eine Wirklichkeit ist, ist was anderes, weil Wirklichkeit ist immer was Schwieriges, was ist denn wirklich, ja? – „Aber das ist so ne beschreibbare Kultur über alle Center, und das ist unsere Erfahrung mit euch. Und das ist das Thema, was anliegt! So, wenn ihr im Thema Gesundheit weiterkommen wollt, dann müsst ihr an dem und dem Punkt was machen. Euer Problem, eure Verantwortung. Aber ihr braucht nicht mehr eure Rituale einsetzen. Weil ich empfinde es mittlerweile als Ritual, was läuft." „Ihr wisst nicht, wie schwierig Produktion ist, die Bedingungen vor Ort sind völlig anders als ihr es euch vorstellt, eure Tools sind ganz nett, aber bringen tun sie nix. Die harte Wirklichkeit ist woanders. Eure Softfacts" – ... Und so weiter. Die Mitarbeiter, also dieser ganze Schotter, der mir seit vier Jahren um die Ohren gehauen wird, das wär für mich das Hauptziel. Dass der danach nicht mehr möglich ist, sodass man dann neu denken muss, egal, über welches Thema man dann redet." S. 61

## C Verantwortung

*2 Führungskultur und soziale Führungskompetenz,*
*3 Organisationskultur als Gestalter, 4 Individuum und System übernehmen Verantwortung*

Entgegen seiner ernüchternden Wahrnehmung der momentanen realistischen Umstände, müsse seiner Meinung nach Gesundheit in das unternehmerische Handeln wie auch in organisatorische Prozesse integriert sein, anstatt, wie er es erlebt, als Nice-to-have-Veranstaltungen oder Alibi-Veranstaltung ablaufen. Weiterhin müssten Strukturen vorgegeben sein, die Handlungsweisungen für die Erfassung von Beziehungsproblemen und deren Bewältigung bieten, anstatt die MitarbeiterInnen als gläserne Menschen transparent und damit manipulierbar zu machen oder zur Entschädigung „soziale Kuschelecken" oder Wellnesscenter aufzubauen.

„Ich kann an dem Punkt nur Wünsche äußern. Ich habe mehr Befürchtungen. Ich habe die Befürchtung, dass es ein weiteres Alibi-Symptom ist, eine „Nice-to-have-Veranstaltung", in der wir uns aus (?toben) können. Das ist meine Befürchtung.
Woher kommt diese Befürchtung? Die kommt daher, weil der Auftrag nicht wirklich aus einem inneren Bedürfnis heraus von den Leuten gesteuert wird. (?) alle, die den GZ machen, haben den Auftrag gekriegt: Wer könnte es denn tun? „Wir müssen jetzt da so einen GZ machen. Schauen wir mal, ob was rauskommt." S. 62
„Diesen moralischen Punkt da, also, dass man einen Wellness-Center da draus macht, ja? Sag ich mal so. Oder so ein, so eine Art Bhagwan-Ding:

„Wir lieben uns alle, und am Anfang stand die Liebe, und dann kam die Liebe und zum Schluss war die Liebe" oder irgend so was [lacht]. So was brauch ich nicht. Ich brauch auch nicht den gläsernen Menschen und ich brauch auch nicht den Seelen-Striptease ..." S. 58

„Das wär für mich okay, weil dann denk ich mir, dann hätte dieses Thema einen Platz, wo es jeder akzeptieren könnte. Weil es ihm erleichtern würde, Arbeit zu verrichten, weil es ihm erleichtern würde, Schwierigkeiten zu platzieren. Also man hätte Strukturen gefasst, wie können wir mit Beziehungsproblemen umgehen, es wär klar, wir hätten erreicht, dass man nicht dumm angeschaut wird als Kostenverursacher, wenn man sagt: „Du, ich hätte ne Verbesserungsidee für das Thema X, das würde das und das machen." Also es wär auch kulturell ganz anders verankert, ja?" S. 58

Eine überzeugende Wertigkeit hätte das Thema Gesundheit dann, wenn Gesundheitsmanagement so installiert wäre, dass es unabhängig von hierarchischen Positionen ihrer menschlichen Vertreter im Unternehmen „auf gleicher Augenhöhe" für Nachhaltigkeit, Langfristigkeit, Wertschätzung und Vertrauen sorgen und mit der Partizipation der MitarbeiterInnen nach dem Empowermentprinzip agieren würde:

Das Thema Gesundheit müsste erstens von oben gewollt und top-down gelebt werden und zudem von der Führung ernst gemeint sein, im Sinne einer nachhaltig und langfristig angelegten Konzeption.

Im Weiteren müsste es verhältnispräventiv angelegt sein, indem Vertrauen in die Eigenverantwortlichkeit, Handlungsfähigkeit und Entscheidungskompetenz der MitarbeiterInnen gesetzt werde und somit nach dem Empowermentprinzip konzipiert wird.

Schließlich müsste der Mitarbeiter und die Mitarbeiterin im Hinblick auf die Verhaltensprävention aktiviert und partizipativ und eigenverantwortlich am Prozess beteiligt werden, um einerseits gesundheitsförderlich zu handeln und sich andererseits auch gesundheitsförderlich zu verhalten.

Das Unternehmen schafft demnach die Rahmenbedingungen, unter denen die MitarbeiterInnen gesundheitsbezogen handeln und agieren können. In diesem Sinne folgt Herr Krüger einem salutogenetisch orientierten Ansatz von Gesundheitsförderung, den in diesem Sinne auch die Ottawa-Charta so beschrieben hat.

> „Das heißt, Gesundheit im Unternehmen kann für mich nur dann wirksam sein, wenn wir jemand haben, der das managt, und zwar als Manager, drüber ist und das Ganze in einer Ausgewogenheit hinbringt, gleiche Augenhöhe, Gleichrangigkeit der einzelnen Disziplinen, der das Ziel fokussiert, der die Nachhaltigkeit feststellt, der die Sinnhaftigkeit steuert, der die Vernetzung hinbringt, der immer wieder die Reflexionsschleifen ins Unternehmen reinbringt, der sozusagen dieses Thema mit dem Unternehmen – und das heißt jetzt nicht: mit Führung, sondern auch mit den Leuten unten – gemeinsam steuert. Management betreiben. Ja? So wie man halt ein Unternehmen auch in Produktivität steuert, kann man es auch im Sinne von Gesundheit steuern, und auch dieselben Methoden hernehmen. Meines Erachtens. Und das wär für mich eigentlich das Ziel zu sagen: Wenn das Thema ernst genommen wird, dann ist es ein Führungsthema und ein Managementthema, das mit Tools unterlegt und unterstützt werden kann, aber wir brauchen jemand, der die Notwendigkeit durchdrückt, ich sag bewusst: durchdrückt." S. 57
>
> „So. Und solange das nicht von oben angesagt wird, werden wir immer noch rumeiern. Und so sehe ich es mit dem Thema auch. Wenn das Thema Arbeit und Gesundheit nicht von XXL-AG, weil irgendjemand draufgekommen ist, das ist notwendig, so formuliert wäre, dann wär ne NOVA da nie draufgekommen." S. 57
>
> „So funktioniert's nicht. Und wirklich mit Zielvereinbarungen hinterlegen und das Ganze managen und äh sagen, nachweisbar machen, erlebbar macht, spürbar macht. So." S. 57

Hieraus geht hervor, dass Herr Krüger, um in einem Unternehmen nachhaltig Gesundheitsförderung erklären, einleiten und implementieren zu können, eine Führung bzw. ein Management benötigt, das die Steuerung übernimmt. Die vorhandene Steuerung seines Chefs Dr. Menne erlebt er bezüglich der ganzheitlichen Sicht auf soziale, psychische und physische Aspekte zu einseitig.

Die Verantwortung läge demnach zum einen bei den Führungskräften und deren Führungskultur als auch in der Organisationskultur als eigenverantwortlicher Gestalter von Arbeit. Überdies betrachtet er sowohl das Individuum in seinen Verhaltensweisen als auch das System, die Organisation, als verantwortlichen Gestalter der Arbeitsbedingungen für die Umsetzung eines gesundheitsbezogenen Gesundheitsmanagements.

### 5.2.2.6 Herr Prinz

> „Ich erwarte oder im Ergebnis hätte ich gern konstruktiven Ungehorsam."
> S. 76

### C Verantwortung

*1 Gesetzgeber regelt es im Arbeitsrecht, 2 Führungskultur und soziale Führungskompetenz*

Herr Prinz äußert sich zur „Relevanz von Gesundheit in einem Industrieunternehmen" zunächst explizit zur Verantwortung, inwiefern wer innerhalb des Unternehmens für das Thema verantwortlich ist. So konstatiert er, dass die Verantwortlichkeit dafür zunächst im Arbeitsrecht über die Fürsorgepflicht des Arbeitgebers bzw. der Führungskraft geregelt sei. Demnach fordert der Vertrag zwischen Arbeitgeber und Arbeitnehmer hinsichtlich des Nehmens und Gebens auf beiden Seiten eben die Fürsorgepflicht der Führungskraft, seine MitarbeiterInnen möglichst gesund zu erhalten.

Die Verantwortung liegt demzufolge in erster Linie bei der Führungskraft, die aus der Sicht von Herrn Prinz überdies auch der aktive Prozesstreiber gesundheitsbezogener Präventivmaßnahmen sein müsste.

> „Aus Sicht der NOVA nur, wenn der Mitarbeiter gesund ist, jetzt kommen wir wieder auf den Begriff, nur, wenn er sich wohl fühlt an der Stelle, wo er ist, dann hat er seine hundertprozentige oder kann er seine hundertprozentige Leistungsbereitschaft überhaupt haben und einbringen und dann können wir auch von ihm hundert Prozent erwarten. Ob wir ihm Wohlbefinden oder Gesundheit rausnehmen, in den Situationen wie ich es beschrieben hat, sei es nur durchs Umfeld, sei es durch Kollegen, sei es durch die Arbeit oder

dass man ihm was wegnimmt, was man ihm nicht in einer Form begründet, dass er es aufnehmen kann, wird ihm Gesundheit, Wohlfühlen und Leistungsbereitschaft (?rausgenommen). Und damit geht verloren, damit geht Leistungsfähigkeit verloren. Ich denk, wir erleben das an einigen Stellen ja, äh mit äh deutlich über dem Schnitt liegenden Krankheitsquoten oder fehlenden Gesundheitsquoten, wie man es auch immer bezeichnen will – ein Teil geht mit Sicherheit auf so etwas zurück." S. 69

„Jeder der, was weiß ich, von Kopfweh angefangen bis Schulter- oder Nackenbeschwerden, das wär das Typische, was der Angestellte eigentlich heute hat, der weiß, dass sie so nicht hundert Prozent leistungsfähig sind. (?) aller Führungskräfte, seine Mitarbeiter so gesund wie nur möglich zu halten, damit er den maximalen Gegenwert eigentlich kriegen kann. Ja. Ich denk, wenn er (?), weil wenn er nichts tut, dann kann er nicht erwarten, dass was rauskommt. Von alleine läuft dieses System nicht. Ich denk mir, dort ist das Geben und Nehmen am schnellsten auch zu sehen. Fängt vom Verständnis an für Dinge, die einfach einen belasten, bis eben echte Krankheiten ja auftreten können." S. 71

### *3 Organisationskultur als Gestalter*

Im Weiteren ist die Personalentwicklung dafür verantwortlich, die richtige Person zur richtigen Zeit am richtigen Ort zu platzieren, denn dann sei eine hohe Leistungsfähigkeit von hundert Prozent möglich. Auch hierin hält Herr Prinz die Führungskraft wie auch die Organisationskultur dafür verantwortlich, weil dadurch die Gestaltung der Arbeitsstrukturen und die Zuweisung des geeigneten Arbeitsplatzes erfolgt.

Herr Prinz ist als Sicherheitsbeauftragter täglich mit der Thematik Gesunderhaltung der MitarbeiterInnen über seine Aufgabe, Arbeitsplätze auf ihre Sicherheit hin zu prüfen, vertraut und ist insofern von einer präventiven Denkhaltung geprägt. Die Relevanz von Gesundheit für ein Unternehmen, im Sinne von Wichtigkeit oder Wertigkeit, ist für ihn anscheinend fundamentale Basis, sodass er sich dazu in Erzählpassagen, in denen er aus seinem eigenen Aufgabenfeld berichtet, dazu implizit äußert.

> „Wir arbeiten, ich hab eingangs gesagt, wir arbeiten am Menschen und mit dem Menschen, äh wir arbeiten aber eigentlich immer an seiner Gesundheit. Also, wenn er richtig arbeitet oder wenn er in einem Umfeld arbeitet, das eben belastungsfrei jetzt auch im Sinne von Gefahrstoffen ist, dann verhindern wir immer, dass sich etwas an seiner Gesundheit negativ verändert. Äh, dass Grenzwerte allgemein eingehalten werden, von Licht, Luft, Sonne oder sonst was, das sind alles Dinge, die irgendwann nach einer bestimmten Einwirkungszeit immer Einfluss auch auf die Gesundheit hätten." S. 71

Demnach hat auch er, wie der Werksarzt, durch seine berufliche Aufgabenstellung in diesem Fall, Arbeitsplätze hinsichtlich der Vermeidung von Unfällen zu erstellen und zu prüfen, eine tendenziell defizitär ausgerichtete Haltung. Überdies fokussiert er aufgrund seiner Aufgabenbereiche die ergonomische Ausrichtung in der Gesundheitsförderung, jedoch sind ihm die für ein gesundheitsförderndes Verhalten bedeutenden Kriterien, wie Eigenverantwortlichkeit, Selbstbestimmung und Partizipation ebenfalls bewusst. Der Mitarbeiter soll diese „nicht am Werkstor abgeben" sondern den „Hut der eigenen Gesundheit" selbst tragen.

> „Wenn wir den Mitarbeiter dorthin führen, richtig im Sinne von Qualität, im Sinne von Arbeitsschutz, im Sinne von Gesundheit zu arbeiten, äh dann hätte die NOVA den maximalen Profit eigentlich. Aber wir schieben ihn hin und sagen: „Jetzt mach mal." Das funktioniert vielleicht noch in Bezug aufs Fachliche, aber selbst das bezweifle ich. Äh es würde besser funktionieren auf alle Fälle, wenn man ihn in die richtige Richtung schieben würden. Oder immer wieder mal auf einen Impuls geben, damit er wieder von alleine weiterlaufen kann. Bei allem, was wir tun, gerade in unseren Dingen, ist immer Gesundheit mittangiert." S. 70

## Implizit A Stellenwert

### A1 Wichtigkeit

### *1.4 Vorbildfunktion durch Top-down*

In seinen kritischen Äußerungen der Firma gegenüber werden noch weitere Aspekte dargelegt. Was die Wertigkeit betrifft, vertritt er die Auffassung, dass das Thema Gesundheit vorrangig durch die Führungskräfte vorgelebt und top-down gelebt werden müsse. Die aktive Prozessbetreibung muss also von jener Stelle selbst ausgehen.

> „Nach dem Motto: „Kümmer du dich mal da drum!" Das kann nicht funktionieren. Da bin ich fest davon überzeugt. Wenn er dort in die Passivität geht, dann kann man auch das Ergebnis vergessen. Es wird nichts rauskommen dabei. Er muss es selber treiben, er ist eigentlich der, der Prozesstreiber, der das vorantreiben muss. Und wenn er es jetzt in eine andere Richtung, oder sagen wir es, falsch betrieben hat, dann können wir das nicht korrigieren. Er muss es korrigieren." S. 66

Implizit A2 Wertigkeit

*2.4 Langfristigkeit, Nachhaltigkeit versus kurzfristigem Profitdenken*

Ebenso ist er von der Nachhaltigkeit und Langzeitwirkung gesundheitsbezogener Maßnahmen überzeugt, da er dieses Vorgehen aus seiner Praxiserfahrung seit Jahren als effektiv und prozessfördernd erlebt.

> „Eben die ganz allgemeinen Regeln: Wenn wir nur trommeln, aber nicht was umsetzen, denk ich mir, ist das der schlimmste Punkt, den wir überhaupt machen können." S. 70

*2.6 Menschenbild und Arbeitsorganisation, 2.5 Wertesystem, Anerkennung und Wertschätzung*

Insbesondere ist ihm auch aufgrund seiner Wahrnehmung und Beurteilung der Führungsstile im Unternehmen die Bedeutung von Anerkennung und Wertschätzung bewusst, die Gesundheit, Leistungsfähigkeit und Motivation der MitarbeiterInnen stark beeinflussen. Demnach müsste ein anspruchvolles ethisches Menschenbild einen hohen Stellenwert haben, das auch in der Ausprägung und Konzeption der Arbeitsorganisation spürbar sein sollte. Die demoralisierte und desolate Situation der MitarbeiterInnen aufgrund fehlender Anerkennung und Wertschätzung im vorliegenden Forschungsfeld ist ihm aufgrund seiner Nähe zu den MitarbeiterInnen, die durch die tägliche Beschäftigung mit dessen Bedürfnissen und Problemen zustande kommt, sehr vertraut. Daher nimmt er auch deren Situation und Lage innerhalb der Organisation mehr wahr als vergleichsweise andere Führungskräfte, die, wie er selbst, auf mittlerer Führungsebene stehen.

> „Ja. Ja. Jemandem das Gefühl geben, dass er möglicherweise über Jahre hinweg etwas getan hat, was man eigentlich gar nicht braucht. Also ich will damit nicht einmal sagen, dass man ihm sagt: „Das ist falsch, was du gemacht hast." Aber man nimmt das und packt das an ne ganz andere Stelle ran, und da passiert möglicherweise jetzt gar nix, weil man auf den neuen Betreiber dessen wartet, was auch immer, äh man zeigt ihm: „Das, was du getan hast, das brauchen wir eigentlich gar nimmer." Wenn man nach 20 oder 30 Berufsjahren zurückschauen muss und ich sag jetzt: „Ob ich jetzt da gewesen wäre oder nicht, das würde keinen Unterschied machen", dann denke ich mir, würde mich das schon frustrieren." S. 68

> „Das kann ich also absolut nachvollziehen. (?) einer der Punkte an verschiedensten Stellen, auch in denen wir jetzt anfangen oder anfangen wollen, Gesundheitszirkel zu machen, haben solche Hintergründe. Äh die ehrlich rauszukriegen oder dass einer sich wirklich bis auf das Niveau begibt und sagt: „Also das ist das, was mir wirklich stinkt", das ist eigentlich der Knackpunkt. Ich glaub nicht, dass es an vielen Stellen (?) gelingen wird. Nicht auf dem Wege. (?), wie bei den beiden, ich kenn die, ich kenn die über lange Jahre, und wenn ich den anschaue, mit was für einem Gesicht der kommt und wie ich ihn sonst erlebe und kenne, dann weiß ich: Da stimmt was nicht. Und den, wenn ich anbohre, dann sprudelt der raus und erzählt mir das. Wenn ich das gegenüber einem Fremden mach, dann sagt der: „Weißt du was? Wer weiß, wie du das verwendest [lacht]! Vielleicht auch wieder gegen mich!" Dann ist der auf Distanz, dann kommen wir an das Eigentliche gar nicht ran. Und dann werden halt Dinge einfach vorgeschoben, die äh – die in der Auswirkung irgendwo da sind. Das werden wir auch erleben. Von Kleinigkeiten am Arbeitsplatz, was ihn stört, was er aber selber abstellen könnte oder sein Chef auch, wenn er es ihm nur einmal vernünftig sagen würde. Wenn wir es abstellen, werden wir zwar den Fakt abgestellt haben, aber wir werden nicht die Situation geändert haben dadurch." S. 68

Seine Auffassung von Partizipation und Empowerment und andererseits sein Vertrauen in die Regelung durch das Arbeitsrecht, das auf Fürsorge statt Hilfe zur Selbsthilfe aufgebaut ist, stehen ambivalent zueinander. Inwiefern er dies reflektiert, geht aus dem Interview nicht hervor. Doch bietet es für zukünftige kritische Überlegungen eine Basis für einen neuen Diskurs. Hierin spiegelt sich u. a. eine widersprüchliche Situation wider. Einerseits werden durch Unternehmensberatungen organisatorische Umstrukturierungen empfohlen, die im Sinne einer flexibleren Anpassung an den Markt, auf mehr Delegation von Verantwortung und dadurch Erhöhung von Entscheidungs- und Handlungskompetenzen der MitarbeiterInnen hin tendieren. Andererseits gibt es gesetzliche Regelungen von Arbeitsverhältnissen, die tendenziell mehr auf hierarchische Weisungsstrukturen hin abzielen und damit die MitarbeiterInnen in ihrer Selbstbestimmung und ihren Kompetenzen vielfach entmündigen.

### *2.7 Integration in den Arbeitsalltag*

Der Bedeutung von Wertschätzung und Anerkennung den MitarbeiterInnen gegenüber weist Herr Prinz einen hohen Stellenwert zu, was sich seiner Meinung nach auch auf die Betreuung und angemessene Führung hin erstreckt. Ein präventiver bzw. proaktiver gesundheitsbezogener Führungsstil könnte hier von vornherein arbeitsbegünstigende Verhältnisse schaffen und dadurch die Leistungsfähigkeit steigern, ein durch Fehlentscheidungen entstandenes Verpuffen von Energien vermeiden und aufkommender Frustration im Arbeitsablauf vorbeugen.

> „... wenn ein Mitarbeiter in die NOVA kommt und wird im übertragenen Sinne an die Hand genommen, es wird ihm gezeigt, was er zu tun hat, aber auch wie er es zu tun hat, wie man gemeinsam auch in bestimmten Steps seine Arbeit immer wieder mal anschaut und reflektiert, und wie man in regelmäßig längeren Abständen dann immer wieder mal auch da mal drüber spricht und zeigt, wo er es gut und richtig macht, aber auch, wo Abweichungen da sind und wo man was verändern muss – wenn wir ihn so einarbeiten und einführen in die NOVA, dann kann er auch seine volle Leistung bringen. An vielen Stellen erleben Sie: Dort ist einer – „Du hast eine gute Ausbildung, du machst jetzt das!" Dann fängt er an, dann hat er drei Zeilen

geschrieben, dann stellt er fest, dann sagt irgendeiner: „Du, damit verstößt du gegen die und die und die Regel.“ Dann fängt er wieder von vorne an. Also: Man lässt ihn immer arbeiten bis zu dem Punkt, wo er eigentlich nimmer weiter kann, bis Sackgasse ist. Das ist schade. Da geht nämlich viel Energie verloren, und wenn er das dritte Mal oder nach dem fünften Mal äh den gleichen Ansatz machen muss und wird wieder zurückgepfiffen, dann ist er auch ziemlich frustriert. Das ist nicht hilfreich. Und deshalb sind Dinge, die – ... Im Punkt Fertigung passiert das auch zum Teil, dass er einen zugeordnet bekommt, einen Mitarbeiter, einen anderen, der ihm eine Partnerschaft steht und ihn wirklich in allen Dingen begleitet auch. Ich denk mir, auch genauso gut im Angestelltenbereich ein wesentlicher Punkt ist, dass er das leisten kann, äh, was er persönlich auch vermögen könnte. Es wird unheimlich viel rausgenommen, wenn man den einfach frustriert. Ich denk mir, Frust ist einer der wesentlichen Hemmnisse, die wir auch in der NOVA hier haben.“ S. 67

„Frust oder äh – jemanden vor den Kopf stoßen [lacht] nimmt mit Sicherheit viel Leistungsfähigkeit in der NOVA raus.“ S. 68

## Implizit B Messkriterien

*1 Gesundheits-/Fehlzeitenquote*

Das reine Messen von Krankheitsquoten stellt für Herrn Prinz keinen besonderen Wert dar, um Gesundheit bzw. deren Förderung im Unternehmen erkennbar und spürbar machen zu können. Vielmehr setzt er bei den Leitsätzen aus der Vision-und-Leitbild-Strategie an, die zwar nicht Gesundheit explizit, aber das Wohl des Mitarbeiters / der Mitarbeiterin hinsichtlich seines Wertes für das Unternehmen und dessen wirtschaftlichen Erfolg zum Ziel mache und implizit die Grundlage seiner Arbeitsinhalte schaffe.

„Auf die Krankheitsquote [lacht] reduzieren, das wär mir zu wenig. Die persönliche Zusammenarbeit mit vielen Leuten, (?) der andere bereit ist, am Thema mitzuarbeiten. Auch Themen, die ihn ja eigentlich nicht, oder die bei ihm nicht die erste Priorität haben. Also wär das ein Gesichtspunkt, wo ich sagen muss, äh das ist eine Voraussetzung, dass wir überhaupt zusammenarbeiten können.“ S.70

Überdies legt er auf eine gut vernetzte Zusammenarbeit unter allen Beteiligten wert, im Unternehmen Gesundheitsförderung auf gemeinsamer Basis der Leitsätze zu protegieren und nachhaltig in das unternehmerische Geschehen zu integrieren. Dabei ist ihm wichtig, dass diese Leitsätze nicht nur Vorsätze bleiben, sondern auch für den / die MitarbeiterIn tatsächlich erlebbar werden. Anderenfalls befürchtet er zunehmende Resignation beim / bei der MitarbeiterIn, der / die dann die Implementierung einerseits als auch die Effektivität andererseits von Gesundheitsförderung verhindert und zudem zu noch größerem Leistungsabbau führt. Für den wirtschaftlichen Erfolg eines Unternehmens stelle dies dann einen weiteren Verlust dar.

„Ich denk mir, das sind ja auch Ergebnisse, die jetzt in vergleichbarer Form wieder rausgekommen sind: (?Durch) „Vision und Leitbild" ist eine ganze Menge angestoßen worden. „Vision und Leitbild" geht, oder wir haben uns immer bemüht, das wirklich auch weiterzutragen, weil wir als, na als Verbreiter sozusagen oder als Multiplikatoren ja überall tätig sind, auch (?) Gedanken einfach anzubringen und zu sagen: Das kann man auch so sehen und das wäre eigentlich auch im Sinne von „Vision und Leitbild", wenn wir das in dieser Form handhaben würden. Also sieh es einfach noch mal aus einer anderen Richtung noch mal, da ist ne ganze Menge drunterzupacken! Auch wenn wir Gesundheit jetzt nicht in „Vision und Leitbild" unmittelbar explizit erwähnt haben." S. 70

„Ich denk mir, die Bandbreite ist einfach da. Und beim Mitarbeiter, wenn der zweimal mitgearbeitet hat und da gilt das Gleiche und hat nicht erlebt, dass sich auch nur irgendetwas verändert, jetzt mal im positiven Sinne verändert, nicht jetzt auch noch negativ, dann hat der kein Interesse mehr an „Vision und Leitbild". Der verbindet das ja bloß noch damit!" S. 70

## Zusammenfassung
## Betriebsratsvorsitzender, Werksarzt, betrieblicher Sozialberater, Arbeitssicherheitsbeauftragter

Die aus vorliegendem Datenmaterial ermittelte Gruppierung von Betriebsrat, Werksarzt, betrieblichem Sozialberater und Arbeitssicherheitsbeauftragtem folgt geschlossen mit tendenziellen Abweichungen untereinander einem ganzheitlichen multifaktoriellen Ansatz von Gesundheitsförderung.

Herr Weno, Dr. Landgraf, Herr Krüger und Herr Prinz gehören somit einer Expertengruppe innerhalb des Unternehmens an, die sich originär in ihrer Aufgabenstellung mit dem Thema Gesundheit beschäftigt. Angesichts dessen stehen für alle vier Akteure weniger der wirtschaftliche Erfolg an sich im Zentrum als vielmehr der Weg, dieses Ziel effektiv und unter Beibehaltung der Gesundheit zu erreichen. Als Mitgestalter der Organisationskultur fokussieren sie die Optimierung von Arbeitsabläufen als auch interpersonalen Beziehungs- und Kommunikationsstrukturen innerhalb der Organisation. Ihr Schwerpunkt liegt demnach auf der Gestaltung der personal- und organisationsbedingten Rahmenbedingungen des Arbeitsplatzes. Im Bereich dieser Aufgabeninhalte haben sie als Fachexperten für Gesundheit auch im Gegenzug zur Geschäftsleitung eine dazu differenzierte Haltung. Demzufolge werden inter- und intrapersonale Missstände stärker wahrgenommen und versucht, diese mittels Aufdeckung innovativer Lösungen und Ressourcen zu bewältigen. Ziel dabei ist, Handlungsautonomie, subjektives Wohlergehen, Verfügbarkeit und Bereitstellung wichtiger gesundheitsbezogener Ressourcen sowie die Aufrechterhaltung der Identität zu sichern als auch die Motivation und Leistungsfähigkeit zu erhöhen.

So beobachten zum Beispiel alle vier Akteure aus ihrer professionellen Perspektive heraus in der Unternehmenskultur weitgehend das Fehlen von Anerkennung und Wertschätzung bei den Führungskräften in ihrem Führungsverhalten gegenüber den MitarbeiterInnen. Dass der Pflege um Maschinen teilweise eine größere Aufmerksamkeit zukomme als vergleichsweise dem Mitarbeiter / der Mitarbeiterin, stellen beispielsweise der Werksarzt, der Arbeitssicherheitsbeauftragte und der Sozialberater fest. Der Betriebsrat konstatiert zudem zweifelhafte Motive bei den Führungskräften, ihre Position zu erreichen, da sie vielfach nur karrieregeleitet sind mit dem Wunsch nach hoher Entlohnung und dem Genuss von oft konsumorientierten Privilegien.

Während der Betriebsrat und die Sozialberatung mehr ressourcenorientiert und salutogenetisch ausgerichtet sind und psychosomatische wie auch psychosoziale Aspekte als dominante Einflussfaktoren sehen, überwiegt bei den Akteuren des werksärztlichen Dienstes und der Arbeitssicherheit eine defizitäre, pathogenetische Haltung, die sich auch entsprechend ihren Arbeitsfeldern in einer Fixierung auf ergonomische und physische Faktoren ausdrückt.

Was die Verantwortlichkeit für das Thema Gesundheit in der Organisation angeht, schätzen alle vier Akteure die Führung sowie auch die Organisationskultur und -struktur als hohe Einflussfaktoren auf die Gesundheit ein und präferieren demzufolge eine sowohl verhältnis- als auch verhaltensorientierte Gesundheitsprävention. Die Integration von Gesundheitsmanagement in den Berufsalltag muss ihrer Vorstellung nach über ein fest implementiertes und für alle konstant zugreifbares Instrument passieren, an dem alle MitarbeiterInnen und fachbezogenen Akteure im Unternehmen daran gleichberechtigt partizipieren und vernetzt miteinander kooperieren.

Wichtig dabei ist, dass sich die MitarbeiterInnen eigenverantwortlich und autonom an der Auswahl und Durchführung gesundheitsbezogener Interventionen beteiligen und mit immer neuen Impulsen durch die Experten zu eigenverantwortlichen gesundheitsbezogenen Verhaltensweisen und Handlungsautonomie angehalten werden. Die dazu notwendigen Verhältnisse müssen dabei von der Führungs- und Organisationskultur, bzw. -struktur geschaffen werden.

Während aus der Sicht der Geschäftsleitung der Erhalt und die Verbesserung der eigenen Wettbewerbsfähigkeit sowie die Steigerung des Gewinns maßgebliche Zielgröße ihres Handelns darstellen, dominiert bei der Gruppe der unternehmensinternen Gesundheitsexperten das Gesundheitsinteresse der Beschäftigten. Hierin repräsentiert sich die unterschiedliche Ziel- und Werteorientierung, die folglich oft nicht-kongruente Handlungslogiken freisetzt.

Die Bewertung des Humankapitals liegt bei diesen Akteuren damit vergleichsweise hoch gegenüber dem Verwertungsinteresse des Kapitals bei der Geschäftsleitung, da diese tendenziell mehr zweckorientiert an den monetären Profit denkt. Im Gegensatz dazu betrachten die Gesundheitsexperten die gesundheitsförderlichen Konstellationen für den Gesundheitsschutz intensiver und haben aufgrund ihrer mitarbeiternahen Tätigkeit deren Bedürfnisse und Probleme mehr im Blick.

Das Problem der Konkurrenz unter den fachlich benachbarten Abteilungen wie der Betrieblichen Sozialarbeit, der Arbeitssicherheit, dem Werksärztlichen Dienst und dem Betriebsrat stellt für Herrn Krüger ein Problem der Kooperation und Vernetzung dar. Er sieht sich durch die unterschiedlich hierarchische Positionierung innerhalb der Organisation in seinen Arbeitsbedingungen massiv eingeschränkt. Schlechtere Kommunikationsstrukturen und dadurch einen geringeren Informationsfluss behindern ihn, am aktuellen Geschehen up to date teilhaben zu können und seine sozial orientierten Ziele zu verfolgen. Zudem fühlt er sich aufgrund des fehlenden hierarchischen Rangs degradiert und in seiner Aufgabe nicht gewürdigt. Daran misst er auch die geringschätzige Bewertung des Themas Gesundheit im Unternehmen vonseiten des Managements.

Der Betriebsratsvorsitzende Herr Weno sieht insgesamt in den hierarchisch aufgebauten Organisationen und den damit verbundenen Privilegien eine ungleiche Verteilung von Ressourcen und personalen Optionen, die seiner Meinung nach für die Identifikation mit dem Unternehmen als solidarische Gemeinschaft mit gleichen Zielen und Interessen nicht förderlich ist. Daher ist er für die Gleichstellung aller MitarbeiterInnen und demzufolge für die Abschaffung der Hierarchien und damit verknüpften Privilegien. Inwieweit hierarchische Vormachtstellungen ungleich verteilte Ressourcen herauskristallisieren und dadurch soziale Ungleichheit im Gesundheitsverhalten mit sich bringen, wird in den Schlussfolgerungen diskutiert.

Über die Messkriterien machen sich die Vertreter dieser Expertengruppe in den Interviews relativ wenig Gedanken.

Zwar ist ihnen die Begründungs- und Überzeugungsnot gegenüber der Geschäftsleitung bewusst, den Nachweis für Gesundheit als Wertschöpfungsfaktor erbringen zu müssen, scheint sich aber nach den Erzählungen in den Interviews nicht in deren zentralem Interesse zu bewegen. Dagegen steht die Orientierung an der Förderung von Gesundheit auf einem langfristigen Zeitfaktor am Grundsatz der Nachhaltigkeit im Vordergrund.

Inwiefern sie sich über die Möglichkeit einer Messbarkeit sozialer Softskills im Einzelnen bewusst sind, diese kritisch reflektieren oder gar aus ethischen Gründen ablehnen, wird nur vereinzelt aus den Interviews indirekt ersichtlich. Lediglich der Werksarzt hält an der Notwendigkeit und Sinnhaftigkeit einer Datenermittlung in Form von Kennzahlen aus Fehlzeitenmodellen fest. Alternative Messinstrumente zur Kosten-Nutzen-Analyse, wie beispielsweise der Balanced Scorecard, wurden nicht genannt. Stattdessen beklagte der Sozialberater Herr Krüger, keine Messdaten sammeln und auswerten zu können, da sein Zeitkontingent dies aufgrund der personalen Unterbesetzung und Themenfülle nicht zuließe.

Überdies fand in den Interviewgesprächen der Diskurs über die Diskrepanzen zwischen modernen Organisationsformen, wie beispielsweise der „Lernenden Organisation" und ihren Anforderungen an die Arbeitsorganisationsstrukturen und den noch konservativen Weisungsrichtlinien aus dem Arbeitsrecht nicht statt. Widersprüche zwischen der einerseits geforderten zunehmenden Abflachung von Hierarchien, Delegation von Verantwortung und Dezentralisierung von Entscheidungen, um lange Entscheidungswege zu verkürzen, zu den andererseits im Sinne von Fürsorge statt Hilfe zur Selbsthilfe geregelten

Weisungs- und Befugnisregelungen im Gesetzestext werden nicht beachtet.

Zusammenfassend kann festgehalten werden, dass die Gruppierung der fachlichen Experten im Unternehmen zum Thema Gesundheit ein höher ausgeprägtes ethisches Bewusstsein zeigten als die Gruppierung der Geschäftsleitung. Betriebswirtschaftliches Kosten-Nutzen-Denken tritt in den Hintergrund, sodass es lediglich als Begründungs- und Überzeugungsstruktur benutzt wird, um den Weg zum gemeinsamen Ziel, maximalen Profit zu erreichen, möglichst menschenfreundlich gestalten zu können. So agieren damit die fachlichen Experten in einem Spannungsfeld unterschiedlicher Interessen, Werteorientierungen und Handlungslogiken.

Als Nächstes wird die „Relevanz von Gesundheit im Unternehmen" aus der Sicht eines Centerleiters, Herrn Saumweber dargestellt, danach der Führungskraft auf mittlerer Führungsebene Dr. Gattner, dann des Meisters Herr Mikfelder und schließlich des Werkers Herr Reinhold. Sie alle sind in einem Fertigungscenter tätig und somit im Unterschied zu den bisherigen Interviewpartnern direkt mit dem Kerngeschäft, der Produktion, befasst.

### 5.2.2.7 Herr Saumweber

#### A Stellenwert

A1 Wichtigkeit

*1.1 Ranking*

A2 Wertigkeit

*2.2 Kosten-Nutzen-Denken, 2.4 Langfristigkeit / Nachhaltigkeit versus kurzfristiges Profitdenken, 2.5 Wertesystem, Anerkennung / Wertschätzung*

Für Herrn Saumweber hat das Thema Gesundheit eine hohe Relevanz im unternehmerischen Ablauf. Auch in seiner Wertigkeit für den Kosten-Nutzen-Faktor betrachtet er es als bedeutenden Aspekt, da über ein gesundheitsrelevantes Indikatorensystem Störfaktoren früh erkannt werden und rechtzeitige Reaktionen erfolgen können. So wird es möglich, Arbeitsabläufe auf ihre Effektivität und Effizienz hin zu optimieren, Fehlzeiten zu reduzieren und die Motivation und Leistungsbereitschaft der MitarbeiterInnen zu steigern.

Der Faktor Motivation nimmt bei Herrn Saumweber einen gewichtigen Platz ein. Wie implizit aus seinen Äußerungen hervorgeht, besteht für ihn eine Korrelation zwischen niedriger Krankheitsrate und hoher Motivation. Er stellt fest, dass die ergonomischen Standards an den Standorten in Deutschland weit besser entwickelt seien als im benachbarten Ausland. Trotzdem sei dort nach seiner Beobachtung die Motivation der Beschäftigten höher. Dass dies eventuell auf gesellschafts- oder firmenpolitische Aspekte, wie Angst um den Verlust des Arbeitsplatzes oder andere ähnliche existenzbedrohende Ängste zurückzuführen sein könnte, hinterfragt er nicht. Er schließt daraus lediglich, dass aufgrund des nach seiner Meinung hohen Sicherheitsstandards auf dem Gebiet der Ergonomie und Arbeitssicherheit in der NOVA nicht mehr viel interveniert werden müsste. Der Arbeitssicherheitsbeauftragte sieht im Gegensatz dazu diesen Punkt jedoch anders. Herr Prinz verfügt über ein noch großes Kontingent an Verbesserungsmöglichkeiten und beklagt, wie aus seinem Kommentar bereits zu erfahren war, dass wir immer noch den Menschen an die Maschine anpassen, anstatt die Maschine an die Bedürfnisse des Menschen.

> „Der klassische Teil, also Gesundheit, so wie wir es früher mal hatten, ..., wenn man dann anschaut, was dort an Standard ist in Fabriken, und was bei uns der Standard in Fabriken ist, ne, da ist ja ein Unterschied, da könnte man sich ja von vornherein schon sagen, hoppala, bei denen in England, da ist ja noch viel zu tun im Sinne von (?) Gesundheitsschutz für die Mitarbeiter, das ist ja noch ganz anders als wie bei uns! Da ist es ja noch nicht so schön hell, da ist es ja noch dunkel! Ich war in Schottland oben, da waren an den Werkbänken, da hat es geschneit gehabt, im Januar war ich kurz mal oben in Schottland, da waren an den Werkbänken Höhen-, nicht Höhen-

sonnen, so, so (?), ja, die von vorn auf die Mitarbeiter gestrahlt haben, damit er eben nicht eingefroren ist. Und, ja gut, und wenn er dann zu heiß war, dann hat er sich umgedreht und hat in die andere Richtung geschaut. Wenn Sie sich das vorstellen, und trotzdem, die waren da hoch motiviert! Ja? Da würde einer bei uns, wenn da einer hingeht, der würde dann sagen, hoppala, das ist sicher ein Grund, dass ich eine hohe Krankheitsrate hab. Die hatten keine hohe Krankheitsrate! Das ist verrückt, ja. Das waren hoch motivierte Leute. Die waren also begeistert, da würde ich, wenn ich einen von, wenn ich jetzt da mit unseren Leuten drüber reden würde und würde sagen: „Schaut einmal her, das ist der Standard" – das ist ja unsere Konkurrenz, bei denen ich war – „das ist der Standard", da würden wir sagen: „Okay, sorry, da bin ich mir sicher, der muss ja schon aus den Arbeitsbedingungen krank werden. Das kann ja gar nicht gut gehen!" Das ist nicht so. Da ist der Faktor Motivation offensichtlich ein sehr bedeutender. Wenn man so will, die Standards im Sinne von Arbeitssicherheit oder Umgebung, Ergonomie, alles was wir heute haben, da sind wir relativ weit. Das dürfte eigentlich nicht mehr das Hauptproblem sein." S. 84

„Also das ist einer der Punkte, da werden wir ja hinterher noch mal draufkommen im Sinne: Was erwarte ich davon? Ich erwarte dort Indikatoren." S. 85

Herr Saumweber lenkt mit dem Verweis auf weit schlechtere Standards in anderen Ländern und den dort nach deutschem Arbeitsrecht nicht mehr zumutbaren Zuständen von den hiesigen Missständen ab. An dieser Stelle eröffnet er nicht den Blick für eine konstante, permanente Prozessoptimierung, sondern mahnt implizit zur Zufriedenheit mit vergleichsweise doch guten Bedingungen.

Möglicherweise, geht aber aus dem Interview nicht hervor, ist dies auf sein betriebswirtschaftliches Kosten-Nutzen-Denken zurückzuführen und den ständigen Druck, dem er ausgesetzt ist, Leistung und Profit zu steigern.

Den Umgang mit Verletzung bzw. ausbleibender Wertschätzung betrachtet Herr Saumweber als Problemfaktor. Fehlende Anerkennung stellt aus seiner persönlichen Erfahrung wie auch aus den Erfahrungen mit seinen Untergebenen einen maßgeblich gesundheitseinschränkenden Faktor dar. Motivation und Leistungskraft gehen dabei verloren sowie die Perspektive, Erfolgserlebnisse und Zufriedenheit zu erfahren.

In diesem Zusammenhang sind ihm auch die Kriterien der Nachhaltigkeit und Langfristigkeit, womit Gesundheitsschutz und Gesundheitsförderung angelegt werden sollte, besonders wichtig.

## B Messkriterien

*2 Alternative Messinstrumente*

Zentral für ihn steht ein Indikatorensystem als eine Art Frühwarnsystem. Der Vorstellung, über ein Messinstrument zu verfügen, das die Steuerungsprozesse und Überwachung der Arbeitsabläufe kontrollieren hilft, sind die meisten Führungskräfte, die zu vorliegender Forschungsarbeit zu diesem Thema interviewt wurden, sehr zugetan. Herr Saumweber steht hierfür als ein Ankerbeispiel. Wie alle anderen interviewten Führungskräfte seines Ranges stützt er sich auf Kennzahlen und liest daran seine Erfolge und Misserfolge ab. Diese Handlungslogik entspricht dem in Wirtschaftssystemen üblichen betriebswirtschaftlichen Kosten-Nutzen-Denken. Die Kennzahlen, meist als Quartalszahlen ausgegeben, sind eine maßgebliche Größe, an der die Profit- und Leistungssteigerungen eines Betriebes gemessen werden. Die Führungskräfte dienen dem Unternehmen über die Hierarchieebenen hinweg als Wirtschaftssubjekte mit ökonomischen Interessen, indem sie die Nutzungsnachweise für all ihre Interventionen in Form von Kennzahlen erbringen. Auch deren persönlicher Erfolg zeichnet sich nach erfolgreichen Kennzahlen an ihrer Karriere ab.

Inwiefern es überzeugende und ethisch vertretbare Wirksamkeitsnachweise für Gesundheitsprävention gibt, müsste noch thematisiert werden. Die Evaluation von Gesundheitsschutz lässt sich jedenfalls meist nicht in ein diskontiertes und saldiertes Einsparpotenzial errechnen und bietet daher im Spannungsfeld der unterschiedlichen Zielinteressen kontroverse Konfrontation.

In ähnlicher Weise vertraut Herr Saumweber auch auf die Krankheitsraten, deren Werten er, wie eingangs schon erwähnt, auch Folgerungen auf die Motivation und Leistungsbereitschaft von MitarbeiterInnen zu entnehmen glaubt.

Die hohe Fehlzeitenrate in einigen Fachabteilungen seines Centers gab ihm Anlass, den Gesundheitszirkel als Pilot durchzuführen.

## C Verantwortung

*1 Gesetzgeber regelt es im Arbeitsrecht, 3 Organisationskultur als Gestalter, 4 Individuum und System übernehmen Verantwortung*

Was die Verantwortlichkeit angeht, haben aus der Sicht Herrn Saumwebers vorwiegend die Führungskräfte die Auflage, die Standards zu erhalten. Dies bezieht er auf die rechtliche Verpflichtung, die er als Führungskraft mit dem Unternehmen und seinen MitarbeiterInnen eingegangen ist.

„Also es ist so, dass äh wenn man mal so will, dass der erste Vorgang oder die erste Aufgabe von mir ist natürlich, dass ich sicherstellen muss, dass die Standards eingehalten werden. Das ist der Teil, das ist der (?rechtliche) Teil. Machen wir mal einfach mal von oben nach unten durch. Also das ist wohl so der Teil, wo man sicher, wo ich, das ist meine ureigenste Aufgabe. Ich glaube, das ist das Beispiel England, dass wir dort auf relativ gutem Niveau sind. (?Es sind) die anderen Felder, die man dort bearbeiten muss. Und da ist einmal meines Erachtens ganz gravierend das Zusammenspiel also innerhalb des Teams, (?) über Probleme zu reden oder Probleme zu lösen, auch mit dem Vorgang „Verletzen oder nicht Verletzen des einzelnen Mitarbeiters", und dann das Zusammenspiel Team mit Teamsprecher oder Teamleiter oder Meister an der Stelle, ja? Wie ist dort das Zusammenspiel, also jetzt im weitesten Sinne mit der Führung? (?) die Frage, Dinge zu steuern, und ich sag jetzt nicht nur über Probleme." S. 85

„Wir müssen wohl das jetzt uns auf ein anderes Gebiet begeben und müssen uns überlegen, wie ist unser (?Arbeitsplatz), wie ist der Mitarbeiter an der Stelle motiviert, wie wird er unterstützt in (?) Feldern, wie geht man mit Problemen um, (?) man ihn, macht man ihn tot zuerst und dann anschließend richtet man ihn wieder auf – was ist das Ergebnis daraus? Und (?wird er) gestützt im Team, wenn er ein Problem hat? Also bis rauf zu mir. Gar keine Frage. Das passiert an der Stelle." S. 85

„Also ich glaub sogar, das ist so ne, einfach ne (?Erfahrung) die ich gemacht hab, wir haben eine Zeit gehabt in der NOVA, da ging es uns nicht gut. Da haben wir wechselnde Führungen gehabt. (?) der Annäherung zwischen den betroffenen Führungskräften. Das war ne sehr schwere Zeit, auch für mich ne schwere Zeit. Muss ich ganz offen sagen, und da war wohl auch der Zeitpunkt, wo man gesagt hat, okay, wo ich, wo ich auch dann, wo man dann sagt, Mensch Meier, das ist keine Frage. Also insofern glaub ich, dass das eine sehr hohe Bedeutung hat." S. 85

Weiterhin stellt für Herrn Saumweber auch die Sozialkompetenz einen wichtigen Aspekt dar, um im Unternehmen Beziehungsprobleme thematisieren und Konflikte bewältigen zu können. Das Team und die dafür verantwortlichen Teamleiter, Meister und Führungskräfte bilden seiner Ansicht nach, als ein soziales Gefüge und Netzwerk, einen der wichtigsten Erfolgsfaktoren. Die Unterstützung und Betreuung der MitarbeiterInnen durch die Führungsmannschaft ist daher entlang der Sorge um die Beschaffenheit der Arbeitsplätze von hoher Bedeutung.

Die Verantwortung schreibt er demnach einerseits dem Mitarbeiter zu, der für sein Gesundheitshandeln selbst verantwortlich ist, und andererseits der Führungskraft, die im Kontext der organisatorischen Konstellationen und durch ihren eigenen wertschätzenden Umgang die MitarbeiterInnen in der Erhaltung ihrer Gesundheit unterstützt und damit deren Motivation und Leistungsfähigkeit erhöht.

### 5.2.2.8 Dr. Gattner

### A Stellenwert

A2 Wertigkeit

*2 Kosten-Nutzen-Denken, 4 Langfristigkeit, Nachhaltigkeit versus kurzfristiges Profitdenken*

Dr. Gattner weist (rein formal) dem Thema Gesundheit einen hohen Stellenwert zu und setzt dabei auf die Leistungsforderung an die Mitarbeiter. Jeder Mitarbeiter ist über den Arbeitsvertrag gesetzlich verpflichtet, sich gesund und fit zu halten, um seine optimale Leistung einbringen zu können.

Ein Unternehmen sei „keine Caritas-Einrichtung", sondern fordere von seinen Mitarbeitern eben optimale Leistung. Da es nicht kurzfristig planen, und MitarbeiterInnen nach deren Verschleiß wieder entlassen kann, muss ein Unternehmen auf die Gesundheit seiner Mitarbeiter achten. Andernfalls müsste es seiner sozialen Verpflichtung nachkommen und leistungsschwache Mitarbeiter mittragen. Eine solche Vorgangsweise, ohne auf Gesundheit zu achten, könne sich Dr. Gattner in der NOVA nicht vorstellen.

> „Also ich würde es, ich formuliere die Frage anders: Was würde ich tun, wenn die Firma keinen Wert auf Gesundheit legen würde? Vor zehn Jahren hätte ich gesagt, das ist mir wurscht, ich bin so fit, das macht mir nix aus. Heute würde ich mir sagen: Mit der Firma will ich eigentlich nimmer weiterarbeiten. Das würde ich so sehen. [Unterbrechung durch eintretende Person] Dann würde ich sagen, ich müsste mich wohl dann wirklich anders orientieren. Aber ich könnte mir eigentlich keine Firma vorstellen, die so was tut. Weil jeder, der in einer bestimmten Verantwortung ist und bis drei zählen kann, salopp formuliert, der weiß, dass ähm ein Unternehmen keine Caritas-Einrichtung ist und eigentlich von seinen Mitarbeitern optimale Leistung fordert, weil einfach dann, ich sag einmal, das Unternehmen profitabler arbeiten kann. Das ist so. Und Leistung kann ich ja nur bringen, wenn die Gesundheit in Ordnung ist. Also ist eigentlich ein relativ einfacher, geschlossener Kreis. Wenn ich gesundheitlich fit bin, kann ich Leistung bringen und dann hat das Unternehmen was davon. Wenn ich gesundheitlich nicht in Schuss bin, dann kann ich auch die Leistung nicht bringen, und das Unternehmen hat das Problem, dass es einen leistungsschwachen Menschen hat, hat aber auch eine soziale Verpflichtung, kann man ja nicht auf die Straße stellen, also aus dem Grund glaub ich ja nicht einmal dran, dass ein Unternehmen so kurzfristig oder so denken kann. Also die NOVA tut das sicher nicht, das weiß ich." S. 93

### C Verantwortung

*2 Führungskultur und soziale Führungskompetenz, 5 Mitarbeiter trägt allein Verantwortung*

Demnach appelliert er an die Eigenverantwortung der MitarbeiterInnen, die selbst dafür Sorge zu tragen hätten, ihre Gesundheit zu erhalten und dem Unternehmen möglichst lange mit voller Leistungskraft zur Verfügung zu stehen. Er folgt hier einem neoliberalen Weltbild. Wie auch er für seine eigene Person, sei jeder für sich selbst verantwortlich, was er erreicht und wie er diese Ziele erreichen kann. Obwohl er selbst das Unternehmen, in dem er arbeitet, als einen Arbeitgeber erlebt, der ihm Rahmenbedingungen stellt, unter denen er nur schwer seine Gesundheit weiterhin auf Dauer erhalten oder aufgrund des hohen zeitlichen Arbeitspensums nichts mehr dafür in seiner geringen Freizeit tun kann, betrachtet Herr Dr. Gattner es als eine unabdingbare Verpflichtung, selbst einen Ausgleich zu schaffen. Dem Unternehmen weist er die Verantwortung zu, einen sicheren und gesundheitserhaltenden Arbeitsplatz bereitzustellen.

Dr. Gattner zeigt sich, wie schon im ersten biografischen Teil des Interviews, wiederum ambivalent. Seine Führungsposition auf mittlerer Ebene und der Druck, den diese auf ihn auswirkt, wie auch seine bedachte Vorsichtigkeit, mit der er sich im Interview äußert, spielen dabei eine Rolle.

> „Ja, also meine Vision ist immer noch der Neunstundentag. Weil ich dann genug Zeit hab, mich körperlich fit zu halten. Und wenn ich den eine gewisse Zeit lang nicht hab, dann fühl ich mich unwohl. Also ich sag einmal, auch meine Vorgesetzten und deren Vorgesetzten könnten lernen, dass, oder erkennen, dass es eigentlich gar keine Schande ist, wenn man um halb sechs aus der Firma geht, weil der Laden läuft. Also es ist irgendwo auch bei den oberen Führungskräften und vielleicht auch in der Geschäftsführung ein bissl ein Umdenkprozess da. Ich hab gestern auch gehört, dass die deutschen Manager – oder vorgestern war's – am längsten arbeiten. Die Holländer sind da das andere Ende in Europa. Ich weiß gar nicht, welche Länder da jetzt angeschaut worden sind." S. 98

„Ja ja. In dem Sinn macht es ja, also in dem Fall ist es ja auch nicht falsch, wenn man, ich sag mal, beide Eckpunkte angeht. Also, wenn man sagt, von der Mannschaft, von den Meistern, von den Führungskräften, (?) wie man das sagt, bottom-up (?bauen) lässt oder etwas Aktives gestaltet, aber das Gleiche müsste dann auch in der anderen Ebene top-down gehen, von der Geschäftsführung bis zu den Ressortleitern, Geschäftsführern OFKs. Dann wäre es sicherlich ein guter Link." S. 98

## B Messkriterien

*2 Alternative Messinstrumente*

In Bezug auf die Messkriterien ist auch Herr Dr. Gattner, wie sein Chef Herr Saumweber, damit vertraut, Kennzahlen einerseits zu liefern als auch diese andererseits als Kontrollinstrument für seine Handlungslogik zu instruieren. Indirekt nennt er auch Messkriterien, an denen er Gesundheitsförderung erkennen könne. So sei das Indikatorensystem als Frühwarninstrument von Bedeutung. Aber auch sein persönliches Wohlfühlgefühl bzw. seine Leistungskraft stelle einen Indikator für effektive Gesundheitsförderung dar. Die steigende Aktivität und Beteiligung von MitarbeiterInnen, die ihm zudem auch seine Weisungsaufgabe erleichtern oder gar abnehmen würde, da er nicht mehr selbst alles kontrollieren und anordnen müsste, wäre für ihn ebenfalls ein Kriterium, an dem er die Effizienz gesundheitsförderlicher Maßnahmen erkennen könne. Inwieweit er sich hier des Widerspruchs bewusst ist zwischen seinen Vorstellungen von einer Arbeitsorganisation mit entscheidungskompetenten, handlungsautonomen MitarbeiterInnen und seinem tatsächlichen Arbeitsumfeld in einer hierarchischen Organisation, die nur geringe Gestaltungsfreiräume zulässt, ist im Interview nicht thematisiert worden. Entlang seiner Argumentierung kann nur festgestellt werden, dass sich ArbeitnehmerInnen eines Wirtschaftssystems aufgrund der unterschiedlichen Zielinteressen und -orientierungen in besonderen Spannungsfeldern befinden und deren gegensätzlicher Werteausrichtung nicht gewachsen sind bzw. nicht in der Bewältigung derer unterstützt werden. Inwieweit sie sich dessen bewusst sind und sich auch um Bewältigungsstrategien und -kompetenzen kümmern, bleibt in diesem Kontext offen. An den Aussagen der Gesundheitsexpertengruppe, die in Bezug auf ihre Aufgabeninhalte sich mit der Thematisierung solcher Spannungsfelder beschäftigen sollte und entsprechende Bewältigungschancen aufdecken könnte, ist eine lösungsorientierte Auseinandersetzung mit dieser Problematik nicht zu erkennen.

> „Also für mich selber ähm hab ich meine Indikatoren, gibt es eigentlich nur relativ wenig. Also, wenn ich mich in Summe wohl fühle, also wenn ich wirklich, wie man so schön sagt, Bäume mit den Wurzeln ausreißen könnte, dann weiß ich, dann fühl ich mich fit. Und ich hab für mich Instrumente, wo ich hinkomme. Also da weiß ich genau, da muss ich wieder regelmäßig Sport betreiben, da muss ich dieses und jenes auch noch machen, und dann bin ich in diesem Zustand. Ob das jetzt beim Kollegen Maier oder Huber genau das Gleiche ist, weiß ich nicht. Das wär für mich der Indikator." S. 94
> „Ich würde, auch wenn man das nicht so gern sagt, ich würde rein von meinem Eindruck, Eindruck gemessen an, ja, aktiverem Mitarbeiten, nicht mehr arbeiten, sondern mitarbeiten, in der Richtung, mitdenken, würde ich ein Messkriterium sehen. Das auch bei mir dann aufschlägt. Das kann ich dann auch sehen. Ein Abfallprodukt davon könnte sein, dass die Gesundheitsrate sich verändert. Was aber nicht unbedingt einhergehen muss mit diesem GZ. Ich glaub nicht, dass das so hundertprozentig korreliert, also GZ abgeschlossen ist gleich hohe Gesundheitsrate. Ich glaub es nicht. Ich glaub eher, dass es zu Diskussionen kommen wird und erst zu Ablehnungshaltung und dann zum Hinterfragen: „Was soll der – Müll", sag ich jetzt einmal ein bissl provokant, „wir haben eh genug zu tun ..." Bis zu dem Zeitpunkt dann, wo dann der eine oder andere auf die Idee kommt nachzudenken und zu sagen: „Es bringt uns eigentlich was, Leut!" Wenn von meiner Truppe, jetzt sag ich mal, von dem Team, bestehend aus 30 Leuten, drei Leute rauskommen würden, die so denken, dann wär das für mich ein gutes Ziel. Gutes Ziel erreicht. Die drei können nämlich wiederum drei weitere, ich sag jetzt einmal, überzeugen, und dann wäre das so eine Art, ja, Schneeballeffekt." S. 97

„Also ich hätte davon, dass ich nicht Druck auf die Mannschaft ausüben muss, in der Richtung: „Schaut's da hin, das kann doch nicht sein, dass ihr (?so blind seid)", sondern dass, ich sag jetzt einmal, eher der Druck von der anderen Seite kommt und gesagt wird: „Gattner, das kannst doch du nicht verantworten!" Also die Mannschaft kommt, die Meister kommen und sagen: „Also das will ich abstellen." Jetzt ist es eher umgekehrt, jetzt geht mein Chef oder jetzt geh ich oder gehen auch Kollegen in der Werkstatt, an bestimmten Arbeitsstätten vorbei und sagen: „Das kann doch nicht so sein! Das könnt ihr doch nicht so lassen! Da müsst ihr, da könnt ihr euch doch gar nicht wohl fühlen! Da würde ich hier krank werden" – „Gesundheit – da würde ich verrückt werden, wenn ich an dem Platz ein Jahr nach dem anderen arbeiten müsste." Also ich glaub, dass das aktive Element eine ganz andere Bedeutung gewinnen würde. Oder gewinnen könnte."

### 5.2.2.9 Herr Mikfelder

#### A Stellenwert

A2 Wertigkeit

*2.4 Langfristigkeit, Nachhaltigkeit versus kurzfristigem Profitdenken, 2.6 Menschenbild und Arbeitsorganisation*

Für Herrn Mikfelder nimmt das Thema Gesundheit im Unternehmen aufgrund seiner kognitiven Überzeugung einen hohen Stellenwert ein, wirkt sich aber auf einer für ihn erlebbaren Ebene nicht spürbar aus. Was die Wertigkeit von Gesundheit betrifft, hat eine nachhaltige langfristig angelegte Durchführung von Gesundheitsschutz und Gesundheitsförderung eine große Bedeutung für ihn. Überlastet durch das große Angebot an Softskillmaßnahmen, an denen er als Meister zunehmend verstärkt teilnehmen muss und er dies als ständige Unterbrechung seiner eigentlichen Kernaufgaben betrachtet, kritisiert er deren kurzfristige Effizienz und legt folglich auf ein nachhaltig konzipiertes Betreiben von gesundheitsbezogenen Interventionen wert. Seine eigene berufliche Situation beschreibt er auch in diesem Kontext wieder als eine mit Stress überfrachtete desolate Angelegenheit, da er sich permanent dem Druck durch seine Chefs, Dr. Gattner und

Herrn Saumweber, ausgesetzt fühlt. Der Umstand, auf der einen Seite der Macht seiner hierarchisch über ihn gestellten Vorgesetzten ohne mögliches Mitsprache- oder Vetorecht ausgeliefert zu sein, auf der anderen Seite aufgrund permanenter neuer Herausforderungen und Anweisungen stets flexibel seinen Tagesablauf neu organisieren zu müssen, stellt für ihn eine stressreiche, fast nicht bewältigbare Situation dar, unter der er seine Gesundheit und Leistungsfähigkeit nicht optimal erhalten könne. Wie aus seinem subjektiven Gesundheitskonzept hervorging, trägt er bereits typische Stresssymptome aus dieser Belastung davon.

Ein kontinuierliches Arbeiten, das er sich ohne viele Unterbrechungen in einem für ihn absehbaren Tagesablauf organisieren könnte, wäre für ihn ein Arbeitsleben, in dem er sich wohlfühlen und das er demzufolge auch seiner Gesundheit entsprechend als aushaltbar bezeichnen würde. Seine Vorstellungen über eine gewichtige Relevanz von Gesundheit im Unternehmen blieben demnach auf einer nicht erfüllten Wunschebene.

Deshalb stünde auch die Korrelation von Menschenbild und Arbeitsorganisation für die Umsetzung von Gesundheitsmanagement als bedeutend im Vordergrund.

„Ich sag einmal einfach, wenn ich, sagen wir, wenn ich in die Arbeit gehen kann und fühl mich gut, sag ich mal. Ich will jetzt nicht sagen, ich fühl mich gesund, weil dann haben wir das gleiche Wort wieder, aber sagen wir, ich komm in der Früh, ich steh in der Früh auf, es ist schöner Tag, ich geh in die Arbeit und fühl mich gut. Und der ganze Tag geht so gut dahin, sag ich mal, und am Abend, wenn ich heimkomme oder heimgehe, fühl ich mich auch noch gut. Also „gut" heißt also, ich hab keine Kopfschmerzen, mir tut das nicht weh oder – ich hab keinen Stress oder – in die Richtung." S. 101

„Hm, äh, wie soll ich denn sagen, kontinuierliches Arbeiten, also das, was bei uns also weniger geht. Also, wenn ich jetzt weiß, ich komm in der Früh, setz ich mich hin, mach den Computer an und dann mach ich das und dann mach ich das, und da kommt vielleicht mal auch was dazwischen und dann mach ich das dazwischen, aber bei uns ist halt teilweise, du kommst nicht einmal ins Büro rein, dann sind schon zehn Dinge. Also – du kommst eigentlich, sagen wir, wenn du, du kommst vielleicht, zu deiner eigentlichen Arbeit komm ich teilweise gar nicht." S. 102

„Äh, na gut, sagen wir mal, die nach unten kann ja ich beeinflussen. Also, die sind eher weniger, weil ich relativ wenig Zeit hab. Also es kommt alles immer alles on top, sag ich mal. Also Centerleiter, der meint ja, wenn er einlädt und du bist nicht da, dann äh geht die Welt unter. Dann gibt es ja noch einen Segmentleiter und dann gibt es ja noch andere, und also wirklich, also bei uns ist, oder bei mir ist zurzeit die Terminflut. Das ist typisch XX." S. 102

„(?Schwierige) Frage. Ja ich möchte halt irgendwie, dass ich, dass äh, der Stress weggeht, sag ich mal. Dass ich entlasteter werde. Oder der Druck, das Unternehmen baut ja oder das Unternehmen, die bauen ja Druck auf. Die sind ja, sagen wir mal, vor – bloß ein Beispiel – vor, was weiß ich, vor zehn Jahren oder was haben wir vielleicht doppelt so viele Leute im Unternehmen und die haben halb so viel gearbeitet, sag ich mal, wie jetzt. Und die geben immer, dem Einzelnen äh wird dann noch mehr reingedrückt. Und irgendwann möchte ich mal sagen: „So, stop! Leute, das geht nicht." Dass ich kann oder sagen, ich kann das jetzt einfach nimmer machen oder so." S. 102

„Ja irgendeiner drückt immer. Und das wär zum Beispiel also (?) manchmal wünsche ich mir zum Beispiel ein ganz normaler Werker, der kommt in der Früh, fängt das Arbeiten an. Der weiß genau, um halb drei oder was ist Schluss. Um halb drei geht er dann, und ich sag einmal, der hat jetzt eine schlechte Arbeit, die zweite Schicht macht dann da weiter, dann kommt er nächsten Morgen wieder, ist wieder ganz was anderes da wieder da. Also der hat, der hat seinen geregelten, seinen geregelten Ablauf, sag ich mal. Der kommt um sechs, geht um halb drei. Der weiß das genau. Und ich komm halt und weiß nie, wann ich geh. Oder der weiß genau, er arbeitet Montag bis Freitag. Eventuell mal Samstag. Und bei mir ist halt, eventuell mal Samstag nicht. (?Das ist einer)." S. 103

Zur Bewertung, was nun Stress sei und was nicht, bzw. wer im Unternehmen Stress habe oder nicht, zeigt er eine ähnliche Auffassung wie der Werksarzt Dr. Landgraf. Inwieweit Werker diese Sichtweise auch vertreten, wird an nachstehendem Interviewpartner, Herrn Reinhold, deutlich werden. Interessant ist, dass Dr. Landgraf gewisse Gestaltungsfreiräume für einen positiv erlebten Stress für wichtig gehalten hat, den Herr Mikfelder in seinem Berufsleben aber als zusätzliche Belastung erlebt. Wie auch Dr. Landgraf bereits feststellte, bedeuten gewisse Freiheiten und mehr Übernahme von Verantwortung oftmals zusätzliche Belastung, der die Meister dann nicht immer gewachsen seien. Inwieweit allerdings deren Freiräume überhaupt vorhanden sind oder eher in Form von mehr zu erfüllenden Aufgaben vorgeschrieben werden, die zwar zeitlich in eigener Verantwortung, jedoch in ein mit Aufgaben bereits überfülltes Pflichtprogramm auf Kosten von Überstunden eingeplant werden müssen, wird weder von den Führungskräften noch vom Werksarzt thematisiert. Insofern könnte man auch vermuten, dass mehr Arbeitszeit bei gleich bleibendem Lohn eingefordert und dies als eine angeblich innovative autonome Rolle des Meisters verkauft werde, wodurch dem Arbeitnehmer angeblich mehr Entscheidungs- und Handlungskompetenz eingebracht würde.

## B Messkriterien

### *1 Gesundheits-/Fehlzeitenquote*

Über die Messkriterien, an denen man Gesundheit als relevantes Thema im Unternehmen kenntlich machen könnte, äußert sich Herr Mikfelder in zynischer Form, mit der er seine persönliche Überzeugung von deren unwirksamer Nachweisbarkeit zum Ausdruck bringt. Allerdings sei ihm die Bedeutung solcher Kennzahlen für seine Chefs bewusst. Auch diesbezüglich sieht er sich stark unter Leistungsdruck gesetzt.

> „... dass die Gesundheitsrate steigt [lacht], aber äh – weiß ich nicht, vielleicht wird es besser, vielleicht nicht. Ich kann mir auch nicht vorstellen, muss ich ehrlich mal offen sagen, ich kann mir nicht vorstellen, wenn ich jetzt da mit vier oder fünf Mann da arbeite, dass ich das allzu stark beeinflussen kann, wenn ich 40 Leute hab, sag ich jetzt mal. Das kann ich mir ehrlich gesagt nicht vorstellen.“ S. 106

„Also [lacht] wenn man das meinen Chef fragen würde, dann würde er sagen, an der Zahl, nächstes Jahr. Ich würde es jetzt mal nicht so sagen, ich würde, wenn die Leute zufriedener sind oder so. Gerner in die Arbeit gehen. Da eher. Aber ob man das jetzt dann wieder so messen kann ..." S. 107

**Implizit C Verantwortung**

*2 Führungskultur und soziale Führungskompetenz, 5 Mitarbeiter trägt allein Verantwortung*

Aus seinen kritischen und tendenziell frustrierten und demoralisierten Äußerungen im Interview lässt sich implizit entnehmen, dass Herr Mikfelder zum einen die Führungskultur in ihrer mangelnden sozialen Kompetenz und mit den zu hoch gestellten Anforderungen für die Gesundheit der MitarbeiterInnen verantwortlich macht. Zum anderen aber glaubt er, vielleicht aus einer demoralisierten Sicht eines persönlichen Ohnmachtgefühls heraus, die MitarbeiterInnen alleine für den Erhalt ihrer Gesundheit verantwortlich zu sehen.

Im Vergleich zu den vorherigen Interviewpartnern ist bei Herrn Mikfelder eine assoziierte Position zu den konkreten Arbeits- und Produktionsabläufen zu beobachten, während seine Vorgesetzten und auch die Expertengruppe tendenziell mehr aus einer dissoziierten Metaposition auf die Zustände und Abläufe blicken und daher auch über mehr alternative Lösungsmuster verfügen, die die Organisationskultur verändern könnten.

### 5.2.2.10 Herr Reinhold

Hier sind einige Vorbemerkungen angebracht. Herr Reinhold geht jeweils spezifisch auf die konkrete Situation ein, jedoch, im Gegensatz zu Herrn Mikfelder, der durchgängig von einer persönlich assoziierten subjektiven Sicht aus berichtet, spricht Herr Reinhold auch von einer aus Metasicht betrachtenden objektiven Ebene über das Unternehmen. An seinen klaren Formulierungen kann man die authentische Haltung erkennen, die im Gegensatz zu den anderen Interviewpartnern insofern absticht, als diese viel unsicherer und vorsichtiger nach geeigneten Formulierungen suchen, um eventuell das Richtige zu sagen oder auch zu riskante Äußerungen zu verschweigen. Mehrfach versuchten Führungskräfte, die im Rahmen dieser Forschungsarbeit zwar interviewt, aber in vorliegender Arbeit nicht als Ankerfälle ausgewählt wurden, das Interview mit Herrn Reinhold zu verhindern, was dann aber letztlich nicht gelang. Anscheinend war man sich der Offenheit und kritischen Sichtweise Herrn Reinholds bewusst und wollte nicht riskieren, dass diese in irgendeiner Form veröffentlicht wird.

## A Stellenwert

A1 Wichtigkeit

*1.1 Ranking*

A2 Wertigkeit

*2.2 Kosten-Nutzen-Denken, 2.3 Bewertung des Humankapitals, 2.4 Langfristigkeit, Nachhaltigkeit versus kurzfristigem Profitdenken, 2.5 Wertesystem, Anerkennung, Wertschätzung, Ethik*

Nach Herrn Reinholds Meinung sollte Gesundheit einen hohen Stellenwert haben, da ein gesunder motivierter Mitarbeiter für die Firma ein Leistungsträger ist.

> „Die Bedeutung Gesundheit sollte sehr stark berücksichtigt werden in jedem Unternehmen, weil man kann sagen, was man will, wenn ich einen gesunden Mitarbeiter habe, dann hab ich auch ein gutes Unternehmen. Weil ein äh, ja, ein kranker Mitarbeiter beziehungsweise ein schlecht motivierter Mitarbeiter wird keine gute Leistung bringen, insofern wird auch die Firma nicht davon profitieren." S. 119
>
> „Irgendwann ist die Ausbeute der Menschen einfach vorbei, und dann muss ich zu anderen Mitteln greifen, um die Produktivität noch zu steigern. Da gibt es eine Reihe, und da ist eben auch die Gesundheit ein ganz ein wichtiger Aspekt. Ein Mensch, der sich wohl fühlt, der wird mit Sicherheit freiwillig wesentlich mehr Leistung bringen als wie der, der sich nicht verstanden fühlt, nicht wohl fühlt, der wird sagen: „Leck mich am Arsch, um zwölfe hab ich Feierabend."" S. 130

Herr Reinhold steht auf dem Standpunkt, dass offen gestaltete Rahmenbedingungen, die mehr Gestaltungsfreiheiten und Autonomie zulassen, auch zufriedenere, motiviertere und leistungsstärkere MitarbeiterInnen hervorbringen.

In der Realität nimmt er dagegen, wie auch tendenziell teilweise die Expertengruppe, dies anders wahr. Persönliche Belange der MitarbeiterInnen, wie auch konfliktäre Beziehungsprobleme, werden von den Führungskräften beinahe völlig ausgeblendet. Deren einziges Interesse seien aus seiner Sicht die Erreichung der wirtschaftlichen Ziele in Form von Kennzahlen, anhand derer sie ihren eigenen Vorteil in der Karrieregestaltung weiterverfolgen und planen können. Das Wohlbefinden des Mitarbeiters/der Mitarbeiterin fällt der Beobachtung Herrn Reinholds zufolge völlig aus dem Blickfeld des Managements. Er persönlich betrachtet die Wertschätzung des Human- bzw. Sozialkapitals als unumstritten bedeutendes Kapital, da bei sorgsamem und wertschätzendem Umgang mit dem arbeitenden Menschen im Unternehmen die Leistungskraft erhalten wird, erlebt jedoch diesbezüglich vonseiten der Führung mehr ein Verwertungsinteresse.

> „... viele Arbeitgeber immer noch nicht begriffen haben. Äh die sagen sich: „Mir ist das wurscht, was der Mitarbeiter macht oder was er nicht macht, Hauptsache in der Arbeit, da läuft's.“ Und da spielt aber vieles, vieles mehr eine Rolle.“ S. 119

Mit diesem Führungsverhalten geht sowohl Motivation als auch das Gefühl, anerkannt und wertgeschätzt zu werden, verloren. Herr Reinhold fühlt sich weder in seinen Vorschlägen als professioneller Mitarbeiter ernst genommen, noch glaubt er, an Entscheidungen in ihn betreffenden Veränderungsprozessen im Unternehmen partizipieren zu dürfen.

> „Das soziale Umfeld von einem Mitarbeiter, die Zufriedenheit eines Mitarbeiters im Betrieb: „Bin ich mit dem allem einverstanden, was da über meinen Kopf hinweg entschieden wird?“ Oder so. „Wird auf mich eingegangen oder nicht? Bin ich wer in der Firma oder bin ich nur eine Nummer?“ Das ist

ein ganz großer Aspekt. Und so weiter. „Und die Dinge, die ich gerne möchte oder angeregt habe, werden die ernst genommen oder nicht?"" (S. 119)

Dass sich ein Management, aus volkswirtschaftlichem Verantwortungsbewusstsein heraus, der Bedeutung von nachhaltiger langfristiger Wirksamkeit sozialer Projekte klar sein könnte, wie es Dr. Kurz und Dr. Gattner z. B. argumentieren, schließt Herr Reinhold aufgrund seiner persönlichen Wahrnehmung aus. Er erlebt in diesem Bereich lediglich, dass aus eigengeleitetem Interesse moralische Handlungslogiken durchgeführt werden, um darüber, seiner Meinung nach, die Mitarbeiter still halten und sie schließlich noch gefügiger und abhängiger machen zu können. Er versteht diese Aktionen, wie auch beispielsweise den jetzt bevorstehenden Gesundheitszirkel, als eine Art Ablenkungsmanöver oder Alibiveranstaltung, um den bevorstehenden Sozialabbau in der Firma vorzubereiten und mithilfe der Ergebnisse aus den Gesundheitszirkeln Motive und Argumentationsstrukturen zu finden, bestimmte MitarbeiterInnen auf leichterem Weg loszuwerden. Diese Annahme teilt gewissermaßen auch der Sozialpädagoge, der aus seiner alltäglichen Berufserfahrung solche Intentionen vom Management her kennt und befürchtet, dass sich dies auf die von Vertrauen geprägte Arbeit mit den MitarbeiterInnen auswirken könnte.

An dieser Stelle muss zum besseren Verständnis angemerkt werden, dass aufgrund der sehr spezifischen technischen Ausbildung der MitarbeiterInnen (im Bereich der Herstellung des spezifischen Produkts der NOVA) Beschäftigte wenig bis keine Chance auf dem freien Arbeitsmarkt haben, da es nur sehr wenige alternative Arbeitsplätze in Deutschland gibt, für die sie ausgebildet sind. Arbeiternehmer dieser Branche sind daher in besonderer Weise von ihrem Arbeitgeber abhängig, was zur Folge hat, dass die Einschüchterung durch Androhen des Verlusts des Arbeitsplatzes eine dementsprechend große Wirkung hinterlässt und bei den Beschäftigten existenzielle Ängste und

Perspektivlosigkeit auslöst. Die allgemein demoralisierte Stimmung unter den Werkern ist durchgängig in den Interviews zu spüren. Sie existiert seit den immer wieder durch Umstrukturierungen veranlassten Entlassungsphasen, die leider auch in der Vergangenheit schon durch Interventionen aus dem Softskillbereich missbräuchlicherweise unterstützt wurden und dann nachhaltig ihre eigentliche angekündigte Wirkung verfehlten. Herr Reinhold steht als Sprachrohr für die Ängste, Befindlichkeiten und die Perspektivlosigkeit der übrigen interviewten Werker als Anker mit seinem hier vorliegenden Interview zur Verfügung.

> „... dann kriegst du Angst. Kannst du deinen Arbeitsplatz halten auf die Dauer oder nicht? Weil die lassen oben auch nur nicht alle Informationen raus, die sie rauslassen, sollten vielleicht, um das Klima in den Abteilungen verbessern zu können. Weil sie es vielleicht nicht wissen und weil sie es vielleicht auch nicht wollen, um die Spannung ja nicht zu unterbrechen. (?Das ist wichtig.) Wenn die Leute selber anfangen würden zu denken und zu machen, dann äh, dann wär die Gefahr, dass sie nicht mehr steuerbar sind. Das muss man mal ganz klar sagen. Hier ist alles darauf abgestimmt, dass die Leute möglichst steuerbar sind, in gewisser Weise auch „erpressbar" sind, aber bitte unter Anführungsstrichen, und nur so funktioniert die Feder." S. 131

Herr Reinhold fühlt sich der Machtausübung der hierarchisch privilegierten Weisungsbefugten vielfach ohnmächtig ausgesetzt. Die angeblich im Rahmen der „Lernenden Organisation" erwünschte Partizipation und Handlungskompetenz von MitarbeiterInnen, die sich im Mitdenken, in der Mitsprache und in Lösungsvorschlägen ausdrückt, erlebt Herr Reinhold als eine Farce, da seine direkten Führungskräfte kein Interesse für derartige Bemühungen zeigen würden. Für ihn spiegelt sich hierin der „Klassenkampf zwischen oben und unten" wider, aus dem der Werker letztlich niemals „als Sieger" hervorgehen dürfe. Am Beispiel alternativer Möglichkeiten zu den Schichtmodellen macht er dies deutlich.

„Dem hab ich zum Beispiel auch gesagt, dass äh, dass es ne Möglichkeit gäbe vielleicht, dass man bei Schichtarbeitern bei vollem Lohnausgleich – das kann sich die Firma leisten, denk ich mal – nur vier Tage arbeitet. Wissen Sie, was ein Tag ausmacht? Wenn ich heute jetzt so schaue, wenn ich heute sehe, Freitag, da haben wir sowieso bloß fünf Stunden oder sechse, wenn der Freitag rausfällt, das wär für den Betroffenen ein Ausgleich. Weil es glaubt kein Mensch wie es ist, wenn man Schicht arbeitet, wie man fertig ist!" S. 117

Da gibt es also, da gibt es wirklich Möglichkeiten, nur man will es halt nicht, weil eben das Alte ist bewährt, und äh, ja, man lässt sich nicht gerne auf was Neues ein, und dann, ja, dann könnte es ja mal sein, dass der Arbeiter mal als Sieger hervorgeht, und äh, ja und der Arbeitgeber zu kurz kommt [lacht]. Und das äh, das kann man sich natürlich nicht, das kann man natürlich nicht machen." S. 117

„... man muss das mal ganz klar sagen, dass Führungskräfte, die haben sich im Laufe der Jahre ein ein – ein schleichendes Lohnsystem entwickelt, das angeknüpft ist an Leistung, die die Leute unten bringen. Das heißt, wenn ich viel arbeite oder wenn wir viel arbeiten oder viel arbeiten können in Anführungsstrichen, weil wenn keine Arbeit da ist, dann sind wir alle angeschmiert, aber ich mein, äh, wenn viel Arbeit da ist, dann sind die Führungskräfte – und das weiß ich sicher – nach, ja, nach Leistung bezogen, die andere bringen. Das heißt, mein Meister kriegt mehr Geld, wenn natürlich viel Arbeit läuft, ja, die er nicht macht, aber die von uns gemacht wird." S. 118

„Man wollte nach außen hin den Schein geben, um den Mitarbeitern wieder, sag ich mal, Auftrieb zu geben, aber glücklich machen oder etwas entstehen zu lassen, das wollte man nicht. Und das bestätigt halt dann eben auch wieder diese Vermutung, dass man eben oben diese Struktur nicht aufreißen will, weil die ja in sich funktioniert." S. 119

„Ja, also das ist auch so eine Sache, dass ich, der GZ ist in meinen Augen konzipiert worden oder angegriffen worden, weil a) wenig Arbeit da ist und b) weil, weil äh man die Krankheitsrate, also die senken will. Und das heißt, man hat sonst keine Maßnahmen, Möglichkeiten, um die Leute eben so irgendwie zu motivieren, dass sie weniger daheim bleiben, ganz einfach. Und so find ich das persönlich, wenn man den Hintergrund kennt, nicht so gut, auf der anderen Seite ist es natürlich so, dass äh als Medium und als Möglichkeit, mal auf verschiedene Missstände aufmerksam zu machen, ohne jetzt gleich angegriffen zu werden, ja –." S. 125

Wie auch der Betriebsratvorsitzende Herr Weno tendiert Herr Reinhold zu einem kommunitaristischen Weltbild. Seinen Vorstellungen nach müsste eine Firmenbelegschaft solidarisch und sozial vernetzt als Gemeinschaft sich identifizieren können und mit gleichgestellten Rechten und Privilegien die gemeinsamen Ziele zu erreichen versuchen. So wie aber er seine Umgebung wirklich erlebt, seien Führungskräfte erst gar nicht an unbedeutenden Personen wie ihm interessiert. Er empfindet diese geringe Achtung ihm gegenüber als kränkend. Erwarten würde er sich jedoch eine sozial kompetente Führung, zu der er auf zwischenmenschlicher Ebene eine positive Beziehung aufbauen könnte. Dies würde zu seinem Wohlfühlgefühl am Arbeitsplatz entscheidend beitragen.

„... das ist das Allerwichtigste überhaupt, bevor sich die Führungskraft, egal, ob das jetzt Meister ist, oder sonst irgendwas, nicht zu der Gruppe stellt und sagt: „Ja ihr seid meine Freunde, meine besten Arbeitskollegen", oder wie auch immer, ja, wenn da nicht die Wohlfühlbasis vorhanden ist, von Haus aus, und äh, und die Führungskraft hat nur gewisse Leute, mit denen sie sich auseinander setzen will, ja weil die gewisse Interessantigkeit dabei ist, äh Interesse dabei, und die anderen bleiben außen vor, weil sie vielleicht nicht immer der Meinung sind oder weil sie vielleicht äh, mal ein scharfes Gegenargument haben, oder weil man sich vielleicht auch nicht Argumenten aussetzen will, weil man ja dann agieren müsste, ja, ähm – solange das, solange man, das will man einfach nicht, und solange das so ist, äh wird ein Meister sich nie (?in) der Gruppe wirklich wohl fühlen. Ja?" S. 132

Im Gegensatz dazu erfährt er, wie bereits erwähnt, durchwegs das Fehlen von Anerkennung und Wertschätzung. An seiner direkten Führungskraft, einem Meister, versucht er dies zu veranschaulichen!

„... aber man ließ mich nicht und man ist mir in keinster Weise entgegengekommen. Man hat mir auch keinen Arbeitsplatz, obwohl man es mir schon hunderttausendmal versprochen hat, angeboten bis jetzt, und – nicht einmal der leiseste Hauch von irgendeinem Angebot. Die Wertschätzung ist für mich, also so, wie ich das momentan empfinde, [lacht] schon bald nicht mehr messbar. Es ist eigentlich so, dass ich, dass mir die Hände gebunden sind, ich von meiner Seite hab alles getan, um das in Gang zu bringen und zu setzen, irgendwo auch kundzutun, ich hab mich auch schon für die Arbeitskollegen eingesetzt und deswegen bin ich auch ein bisschen unlieb Kind [lacht]." S. 122

„Und da hat mir auch mein Meister mitgeteilt, ich wäre ihm in den Rücken gefallen und so weiter, warum ich nicht mit ihm darüber gesprochen hab; ganz einfach, weil man mit ihm nicht darüber reden kann. Weil er sagt immer: „Das geht nicht und aus." Damit hat er's dann und dann ist es fertig. Ich hab dann irgendwo auch keine Lust mehr, da ständig zu sagen, komm und mach und tu ..." S. 122

## Implizit C Verantwortung

*2 Führungskultur und soziale Führungskompetenz*

Implizit geht aus diesen kritischen Äußerungen hervor, dass Herr Reinhold die Führungskultur als einen verantwortlichen Part im Unternehmen betrachtet, durch den die Gesundheit der MitarbeiterInnen maßgeblich beeinflusst wird. Die Verantwortlichkeit, wie motiviert, leistungsfähig und gesund MitarbeiterInnen sind, liegt demzufolge zum großen Teil bei der Führung. Anschließende Zitate beschreiben nochmals die Eindrücke der Stimmung, die Herr Reinhold im Unternehmen erlebt und beobachtet.

„... das ist genauso wie mit dem Aufenthaltsraum unten, das ist total unpersönlich, total, ja, da kommt nie eine Gemütlichkeit auf. Schauen Sie, wenn ich, wenn ich äh – 90 Prozent, sag ich, ich bin mehr als 90 Prozent in der Firma. Wenn ich in der Firma keinen Platz habe mich wohl zu fühlen, da muss zwangsläufig irgendwann – Frust aufkommen! Und das ist schon wieder so ein Thema, das ist auch schon wieder Gesundheit letztendlich." S. 122

„Die Leute die fühlen sich nicht wohl und die Leute sind ungern hier und das ist ein ganz schlechtes Zeichen, und da braucht man sich nicht wundern, wenn eben dann solche Sachen passieren wie: Ja jetzt bin ich halt krank, ich kann nimmer, ich bin am Ende, oder ihr könnt's mich mal gern haben. Es gibt ja auch Situationen, wo man dann einfach sagt: „Nein, du kannst jetzt keinen Urlaub kriegen", (?) okay, dann sagt er halt nix dazu und ist nicht mehr da! Weil ich mein, er hat Familie unter Umständen und die will auch mal irgendwas von ihm haben. Ganz klar." S. 129

„Ich find es halt ganz schlimm, dass man auf die Leute nicht eingeht, und solange das nicht passiert und solange man das nicht wirklich intensiv betreibt, wird sich nie was ändern. Und vor allen Dingen, wenn es dann wirklich wieder heiß hergeht, dass viel Arbeit da ist, dann, dann wird auf alles geachtet: „Wann kommst du, wann gehst du?" Zum Beispiel auch, da gehst du in Brotzeit, wenn du zwei Minuten später reinkommst: „Ja, was ist los, warum bist du nicht" – und so weiter und so fort. Das, das kann, das kann nicht gesundheitsfördernd, das kann auch nicht klimatisch fördernd sein, sondern das ist der totale Killer. Also da muss, da darf man nicht so kleinlich sein. Allerdings ist es sicher irgendwo, es gibt auch Leute, die würden das dann enorm wieder übertreiben, aber in einem gewissen Rahmen muss man das schon (?). Ich bin doch kein Arbeitssklave! Und dann bist zu gezwungen, dir einfach das zu nehmen, was du denkst, jetzt muss ich mal." S. 129

An letztem Zitat wird auch wiederum das Spannungsfeld unterschiedlicher Zielinteressen und -orientierungen deutlich, aus dem oftmals inkongruente Handlungslogiken entstehen.

Was die erst langfristig sichtbare und spürbare Wirkungsweise von Gesundheitsschutz und Gesundheitsförderung betrifft, würde Herr Reinhold auf Langfristigkeit gegenüber kurzfristigem Profitdenken ein großes Gewicht legen. Genauso hält er den Grundsatz der Nachhaltigkeit, nach dem soziale Projekte der Human Resources konzipiert und angelegt sein müssten, für einen wesentlichen Erfolgsfaktor im Gesundheitsschutz. Im Zuge seiner Beobachtungen aber stellt er immer wieder fest, dass Einleitung und Implementierung von Projekten sehr undurchschaubar erfolgen, was er auf die schlechten Kommunikationsstrukturen zwischen Führung und Belegschaft zurückführt als auch auf das Ziel der Führungskräfte, wie eingangs schon erwähnt, ungewollte MitarbeiterInnen auszugliedern. Damit schließt sich auch die Intention einer tatsächlich gewollten nachhaltigen Betreuung und Unterstützung der MitarbeiterInnen aus. Erkennbar ist dies seiner Meinung nach z. B. an den nicht konsequent verfolgten Bedürfnissen der MitarbeiterInnen, wenn praktische Maßnahmen zur Verbesserung angekündigt werden, an dem Ausfiltern bestimmter unliebsamer Verbesserungsvorschläge von MitarbeiterInnen im Vorfeld oder auch an dem vorzeitigen Abbruch solcher Interventionen aus angeblich plötzlichen Kostengründen. Aus seinen jahrelangen Erfahrungen ist eine völlig demoralisierte und resignierte Einstellung gegenüber Führung, Management und arbeitsplatzoptimierenden Interventionen entstanden. Das Vertrauen in Vorgaben von Führungskräften oder auch in innovative gesundheitsfördernde Projekte ist scheinbar völlig verloren gegangen. Allem zum Trotz hat Herr Reinhold aber eine präzise Vorstellung davon, wie es optimal oder besser laufen könnte, was sich in seinen Vorschlägen zu möglichen Gesundheitsförderungsmaßnahmen herauskristallisiert. Aufgrund seiner persönlichen salutogenetisch und ressourcenorientierten Ausrichtung und seiner Erfahrungen aus dem sozialen Engagement verfügt er über ein vielseitiges und multifaktorielles Repertoire an arbeitsstruktur- und organisationskulturverbessernden sozialen Lösungsperspektiven.

„Wissen Sie, was der größte Fehler ist überhaupt von solchen Sachen? Dass die angefangen, die müssten, die müssten angefangen werden, so wie sie es jetzt hier machen, aber es müssten gleichzeitig, in diesem Rahmen müssten Menschen ausgebildet sein ... Die das dann unbefristet begleiten. Und zwar auf einer Ebene, wo ich sag, ja, der ist wirklich jetzt für das abgestellt die nächsten zwei Jahre. Der macht das. Oder die machen das. Drei Leute zum Beispiel würden vollkommen ausreichen. In jeder großen Abteilung ein, zwei Leute, die regelmäßige Veranstaltungen machen, weil die sind sowohl mit dem Geschehen vertraut als auch mit der Problematik, ja, der gesamten Situation. Man müsste da gleichzeitig die Leute ausbilden. Dann würde sich auch das Geld rechnen." S. 135

„... Ja, nein, es ist ganz klar, ich mein, die Leute haben schon Interesse, aber man muss sie halt auch ausbilden. Und wenn ich heute sage: „Okay du, pass auf, du wirst als, was weiß ich, als Gesundheitsbevollmächtigter ausgebildet, kriegst vielleicht, was weiß ich, 10 Euro oder 5 Euro mehr im Monat", ja, zum Beispiel, man muss ja irgendwelche Anreize bieten." S. 136

Sein Fokus liegt dabei auf sozialer Vernetzung und der Beziehungsfähigkeit in einer Gemeinschaft. Aus dem Geben und Nehmen schöpft er Bewältigungskompetenzen für seinen Berufsalltag. So sieht er auch den Mitarbeiter / die Mitarbeiterin in seiner Eigenverantwortlichkeit, für den Erhalt seiner Gesundheit als auch für seine Leistungsfähigkeit Sorge zu tragen.

„Das ist, die Gesundheit hat letztendlich jeder in Eigenverantwortung, klar, dass das jetzt nicht unbedingt toll ist, aber wenn er grad Haus baut, na ja gut. Ja und dann hat er gesagt: „Okay, und ich arbeite jetzt, was das Zeug hält. Und dann irgendwann nehm ich mir dann frei." Ja? Das ist auch gegangen, aber das wär viel sozialfreundlicher! Weil dann kann ich das auch mit der Familie irgendwo abstimmen ..." S. 124

Herr Reinhold spricht sich für Partizipation, Eigenverantwortung, Mitspracherecht und Gleichstellung aus wie auch für soziale Vernetzung und soziale Verantwortung, sich in einer Gemeinschaft zu engagieren, um im Gegenzug soziale Harmonie, Wohlbefinden und soziale Unterstützung zu erhalten.

Messinstrumente, die z. B. der Erfassung der Krankheitsrate dienen, lehnt Herr Reinhold ab. Im Fragenbereich zur Messbarkeit kommt dies implizit zum Ausdruck. Die Abhängigkeit und Fokussierung seiner Führungskräfte auf Messwerte dieser Art, wie schon aus vorangegangenen Zitaten ersichtlich wurde, schätzt Herr Reinhold sehr abwertend ein. Der Blick für langfristige Wirksamkeitsweisen bleibt seiner Meinung nach demzufolge auf der Strecke. Wie er es aus der Vergangenheit her kennt, werden zwar oftmals Projekte initiiert, aber nach kurzer Zeit auch wieder abgebrochen oder einfach nicht weiter verfolgt. In dieser Weise angelegte Projekte sieht er, im Sinne einer nachhaltigen Effizienz, als wertlos an.

„Da sehe ich schon eine Möglichkeit. Aber ich sehe eigentlich so, wie es prinzipiell geplant ist, dass das langfristig etwas bringen soll, ja, seh ich, da eigentlich, so wie jetzt die NOVA konzipiert ist und so wie, wie sie, wie immer noch gedacht wird, das Denken muss sich erst mal ändern, ja? Und zwar von oben nach unten komplett. Ja? Find ich, ist rausgeschmissenes Geld. Schlicht und ergreifend." S. 125

„Die Krankheitsrate kann ich senken, indem ich Maßnahmen ergreife wie zum Beispiel, die ich gesagt hab hier; ich kann die auch senken, indem ich miteinander lerne besser umzugehen, das heißt, auch mal Freizeitgestaltung und so machen, die unter Umständen auch mal bezahlt wird. Ja, nicht immer nur: „Ja, wir können es schon machen, aber dann müssen wir das alles in deiner Freizeit machen, weil das kann die NOVA nicht leisten!" S. 125

„Das sind alles so Fragen, die immer wieder da sind, und die werden also bis jetzt, jetzt fängt die NOVA allmählich langsam an, da etwas zu tun, aber es ist immer noch sehr schleppend. Ich muss einfach sagen, dass es wirklich so ist, dass vieles gemacht worden ist und dann wieder in den Untergrund marschiert ist, weil man eigentlich, weil man es nicht wirklich wollte. Ja?" S. 119

Als kleiner Exkurs soll kurz auf Herrn Reinholds Auffassung von Stress und Stressempfindung eingegangen werden, da zu diesem Thema sich bereits andere Interviewpartner geäußert haben.

Zum Thema Stress äußert sich Herr Reinhold aus der Perspektive der Werker folgendermaßen:

Schichtarbeit sei absoluter Stress und schädige die Gesundheit. Überdies fühlt er sich von seinen Führungskräften stark bevormundet, was die Einteilung von Arbeitszeiten, Aufgaben und Möglichkeiten einer partizipativen Entscheidungskompetenz in Veränderungsprozessen angehe. Er wünscht sich mehr Gestaltungsfreiheiten und Selbstbestimmung am Arbeitsplatz sowie einen wertschätzenden Umgang mit seiner Person, auch was seine Bedürfnisse und Verbesserungsvorschläge betrifft. Dieses Gefühl des Ausgeliefertseins gegenüber allen Entscheidungen des Führungsmanagements erlebt Herr Reinhold als massive Stressbelastung. Inwiefern das Tragen autonomer Entscheidungsverantwortung ebenso belastend sein kann und er und seine KollegInnen dem auch gewachsen sind, wie es der Werksarzt bezweifelt, thematisiert er im Interview nicht.

„Vor allen Dingen in der NOVA dauert alles furchtbar lang. Bis irgendetwas in Gang kommt, äh ist es wirklich, das ist ungeheuer, ich hab, ich hab es nie gedacht, dass es mal so sein wird, aber es ist so. Das sind Prozesse, die dauern bei der NOVA, was bei anderen, das geht ruckzuck, und bei der NOVA, mei, da schleppt sich das alles.“ S. 118

„Mein Gott, wenn ich mir überlege, äh, wie andere Firmen, wenn ich da FIRMA X, wenn ich da FIRMA Y und so weiter anschaue, die haben sich schon lang mit dem Thema beschäftigt, äh Arbeitsumstrukturierung, Arbeitserleichterung, soziale Einstellung, soziale Denkweise und so weiter. All diese Dinge, ja? Andere Arbeitsmodelle und so weiter vor allen Dingen, ja? Ähm die NOVA, die will in ihrer starren Haltung bleiben und das find ich – da wird's Zeit, dass man ganz scharf von oben nach unten geht. Weil die oben haben ihre Struktur und in der wollen sie bleiben, weil, das ist ja auch klar: Wir haben heute eine gefährliche Zeit. Wenn solche Strukturen aufgerissen werden, dann verändert sich was. Und wenn sich was verändert, dann kann man sich gegenseitig nicht mehr schützen. Das heißt, die oben haben eine gewisse Struktur, auch heute noch. Auch wenn sie es jetzt immer anders propagieren, aber es ist nicht so. Die Struktur schützt sich in sich selbst, das heißt, die Leute sind alle zusammengeschweißt, ja?“ S. 118

## Zusammenfassung
## Herr Reinhold innerhalb der Gruppierung Fertigung gegenübergestellt den anderen Gruppierungen

Herr Reinhold zeigt sich als sehr problembewusster, kritischer und dabei auch lösungsorientierter Mitarbeiter, der aber infolge vielfacher negativer Erfahrungen im Laufe seines Berufslebens mittlerweile auch frustriert und teilweise demoralisiert ist. So erzeugen bei ihm die scheinbar expliziten Motive und Zielvorstellungen seiner Führungskräfte und deren implizit beabsichtigte Interessen mit der Durchführung von verhaltensändernden Personalentwicklungsmaßnahmen große Skepsis.

Intendiert werde meist nicht, dass der Mitarbeiter/die Mitarbeiterin glücklicher oder zufriedener wird, sondern dass man mit einem

Projekt nach außen hin etwas dem Zeittrend gemäß Aktuelles und eigentlich nur dem eigenen Ziel Förderliches durchführt. Auch der Meister Herr Mikfelder, der Betriebsrat Herr Weno und der Sozialberater Herr Krüger unterstellen den Führungskräften diese Intentionen. Dr. Kurz und Dr. Menne bestätigen dies ebenfalls in ihren Interviews, wenn sie über die Ziele und Motive von sozial human ausgerichteten Interventionen sprechen und betonen, dass es weniger um das Wohl des Mitarbeiters/der Mitarbeiterin gehe, als vielmehr um die Profitsteigerung für das Unternehmen. Auch Dr. Gattner äußert sich in Bezug auf die Intentionen eines Wirtschaftsunternehmens dazu, dass es in einem profitorientierten Wirtschaftssystem nicht um karitative Zwecke gehe, als vielmehr darum, die maximale Leistungskraft von Beschäftigten einzufordern. In diesem Sinne entsprechen Herrn Reinholds Eindrücke wohl den realen Gegebenheiten.

Das primäre Interesse am Gesundheitsmanagement, befürchtet Herr Reinhold, sei das Senken der Krankheitsrate. Die Führungskräfte erwarten schon nach kurzfristigen Zeitintervallen an Zahlen erkennbare höhere Gesundheitsquoten, was seiner Einschätzung zufolge nicht möglich sein wird. Aus seiner Sicht können sich verhaltensbezogene Veränderungen erst nach einigen Jahren bei kontinuierlichem Prozessmonitoring einstellen.

> „Team heißt Menschen, und Menschen müssen oder sollten gesund sein, ja, wenn sie arbeiten sollen. Und insofern gehört es schon irgendwo dazu und trotzdem ist es was Eigenes. Und trotzdem glaub ich aber nicht, das jetzt zusammenhängend sehen zu dürfen, weil es eigentlich wirklich nur damit beabsichtigt ist, die Krankheitsrate zu senken. ..." S. 134

Mit diesem rein auf Profitsteigerung ausgerichteten Denken des Managements und dessen Orientierung an Quartalszahlen als Erfolgsindikator erklärt Herr Reinhold sich auch die Demoralisierung und Demotivation der Beschäftigten im Unternehmen. Da mitarbeiterbezogene Interventionen nicht auf Nachhaltigkeit und Langfristigkeit angelegt seien, lasse korrelativ die Motivation der MitarbeiterInnen nach. Auch die dominante Bevormundung der Beschäftigten durch die Führungsmannschaft trage nicht zu mehr Leistungsfähigkeit bei.

> „Die Struktur der Lustlosigkeit, der Frustration, die zieht sich ja schon Jahre hin! Es ist ja nicht so, dass das von heut auf morgen passiert ist. Ja? Und so ist es ganz klar, und jetzt wird man allmählich wach und sagt: „Na okay, da ist der Krankheitsstand so hoch, da muss man was tun!" Also man kann jetzt mit Maßnahmen nichts tun, weil wenn jemand krank ist, ist er krank, aber ähm man versucht jetzt halt eben, auf andere Weise Einfluss zu nehmen. Aber wenn das nur wirklich nur den kurzen Einfluss hat, wird das absolut nichts bringen. Ganz klar." S. 129

> „Weil man die Dinge nicht wirklich ernst nimmt. Egal, was man macht, man hat wahnsinnig viele Ideen, und, auch jetzt das hier da mit dem Gesundheitszirkel, ich find das ein gutes Medium, aber es ist, es wird auf kurz oder lang äh wird es wieder im Sande verlaufen. Und man kehrt dann gerne wieder zu den alten Strukturen zurück. Das ist, es ist, da kann sich noch jemand so anstrengen, ich persönlich halte es eigentlich für – ja, sagen wir mal ruhig, für Geldverschwendung [lacht]. Wenn man, wenn man da was für die Mitarbeiter machen wollte, sag ich mal, in dem Vorfeld, dann müsste man das anders machen."S. 119

> „Bei uns ist das nicht so gewesen, dass wir selber entscheiden konnten oder entschieden haben, wer zu dieser Veranstaltung geht. Das ist eigentlich vom Meister entschieden worden. Wohl auch deswegen, weil es kurzfristig gelaufen ist. Das heißt, die Vorlaufzeit, dass ein GZ zu uns kommt und was das ist, das war so gut wie keine, das war vielleicht auch der Grund, warum das kurzfristig vom Meister dann entschieden worden ist. (?)" S. 128

Entgegen der Ansicht von Dr. Landgraf und Herrn Mikfelder, dass nämlich Beschäftigte des Fertigungsbereiches aufgrund ihrer klar abgegrenzten Aufgaben und Arbeitszeiten weniger Stress hätten als deren Führungskräfte, erlebt dies Herr Reinhold umgekehrt. Aufgrund der geringeren Beeinflussbarkeit ihrer Handlungen und der zu wenig autonomen Gestaltung ihres Arbeitslebens sei die Arbeitssituation als von außen bestimmt und kontrolliert und daher stressbelastender als diejenige der Führungskräfte. Hinzu käme erschwerend die körperliche und soziale Belastung der Schichtarbeit. Die Vorstellung davon, wie es wäre, autonomer und selbstständiger entscheiden zu können, erscheint aus seiner Sicht den Werkern als erstrebenswert. Hingegen erlebt der Meister Herr Mikfelder, mehr Entscheidungsfreiheit und Verantwortung für eigene Aufgabenbereiche als Überforderung und Stress, da viele Aufgaben dann nicht mehr zum originären Kerngeschäft, sondern als zusätzliche Aufgaben empfunden werden. Inwiefern die Aussage Herrn Reinholds darauf beruht, dass Werker von sich aus aufgrund ihrer Tätigkeiten, der machtlosen Positionierung und der arbeitsmoralischen Einstellungen weniger intrinsisch motiviert sein könnten, und die Aussage Herrn Mikfelders an der Art und Weise liegen könnte, wie Aufgabenstellungen verordnet werden, kristallisiert sich nicht heraus. Dass aber Art der Aufgabe, hierarchische Positionierung und Machtausübung und damit eine größere Verfügbarkeit von Ressourcen wie auch Möglichkeiten der Beeinflussbarkeit durchaus zueinander in einer Wechselwirkung stehen, lässt sich aus den Ergebnissen der hier vorliegenden Interviews feststellen.

Überdies beobachtet Herr Reinhold bei anderen Firmen bessere, sozial- und familienfreundlichere Arbeitsmodelle. In der NOVA dagegen ignoriere man deren Notwendigkeit wie auch die Tatsache, dass die MitarbeiterInnen auf diese Weise langfristig kaputt gemacht würden. Man könnte beispielsweise andere Schichtmodelle einführen, tue es aber nicht, da man sich damit auf etwas Neues einlassen müsste, und das sei es dem Unternehmen nicht wert, da der Mitarbeiter daraus zu große Vorteile herausziehen würde und man ihn eher machtlos und steuerbar halten müsse. Unterstützung, Wertschätzung und Anerkennung fehlen seiner Wahrnehmung nach weitgehend in dieser Führungskultur. Dieser Beobachtung schließen sich der Betriebsrat, der Sozialberater, der Werksarzt als auch der Arbeitssicherheitsbeauftragte an. Eine Abflachung oder Abschaffung der Hierarchien und ihrer spezifischen Machtstellung und Privilegien würde nach der

Meinung Herrn Wenos und Herrn Reinholds zu einer gleichgestellteren und untereinander solidarischen Gemeinschaft führen, die die Unternehmensziele effektiver und effizienter erreichen könnte und dabei auch langfristig eine positive Auswirkung auf die Gesundheit und Leistungsstärke der MitarbeiterInnen hätte.

### 5.2.3 Zusammenfassung

### *Wer* denkt *wie* über Gesundheit im Unternehmen

Aus der Ergebnisbeschreibung zur Relevanz von Gesundheit im Unternehmen kristallisierten sich drei Gruppierungen heraus, die aufgrund ihrer inhaltlichen Aufgabe und Funktion im Unternehmen zusammengefasst wurden. So konnten die beiden Geschäftsführer Dr. Kurz und Dr. Menne, unter der Bezeichnung „Geschäftsleitung“ als eine Gruppierung erfasst werden. Der Betriebsratsvorsitzende Herr Weno, der Werksarzt Dr. Landgraf, der betriebliche Sozialberater Herr Krüger sowie der Arbeitssicherheitsbeauftragte Herr Prinz konnten aufgrund ihrer inhaltlichen Aufgabe, Gesundheitsförderung im Unternehmen zu gestalten, als Gruppierung der „Gesundheitsexperten“ subsumiert werden. Schließlich ergab sich eine weitere Gruppierung unter der Bezeichnung „Fertigung“: der Centerleiter Herr Saumweber, der Segmentleiter Herr Dr. Gattner, der Meister Herr Mikfelder und der Werker Herr Reinhold. Sie sind aufgrund ihres hierarchischen Rangs in der Organisation unterschiedlich positioniert, aufgrund ihrer Tätigkeit in der Fertigung jedoch alle fachlich mit dem Herstellungsprozess des Produkts befasst.

Im Folgenden wird auf die Zusammenfassungen Bezug genommen, die deren für die Gruppierung typischen Stellungnahmen zum Ausdruck bringen.

Aus der Befragung nach der Relevanz von Gesundheit ergaben sich vielfältige Varianten von Haltungen zum Thema Gesundheit im Unternehmen. Diese ließen sich in drei Hauptthemen differenziert darstellen, dem *Stellenwert*, den *Messkriterien* und der *Verantwortung.*

## Stellenwert: Wichtigkeit und Wertigkeit

Aus der Zuordnung zur ersten Kategorie *Stellenwert* zeigte sich das unterschiedlich ausgeprägte Interesse am Unternehmenserfolg.

Der Unternehmenserfolg kann zum einen vorwiegend am wirtschaftlichen Profitgewinn gemessen, zum anderen aber auch an der Qualität des Produkts und seiner Wettbewerbsfähigkeit am Markt beurteilt werden. Eine weitere Möglichkeit, den Unternehmenserfolg einzuschätzen, liegt an der Leistungsfähigkeit und Kompetenz der MitarbeiterInnen. Dieser Wert wird meist als Humankapital, Human Resources oder auch Sozialkapital eines Unternehmens bezeichnet.

Aus den Stellungnahmen der Interviewpartner zeigte sich, dass die Gruppierung „Geschäftsleitung" hauptsächlich an der Steigerung des Profitgewinns orientiert ist und danach auch all ihre Bestrebungen innerhalb ihres Arbeitsfelds ausrichtet. Letztlich ist dies auch damit zu erklären, dass ihre Leistung an den Gewinnzahlen gemessen wird. Ihre inhaltliche Aufgabe besteht darin, alle Faktoren zu berücksichtigen und zu forcieren, die die Wettbewerbsfähigkeit des Unternehmens am Markt erhöhen und den wirtschaftlichen Erfolg entlang der Gewinnzahlen steigern helfen. Dazu nimmt die Geschäftsleitung eine Position in der Organisation ein, an der sie die dazu notwendigen Managementprozesse mit Nutzung bestimmter Instrumente zu steuern versucht. Ihr Interesse liegt demzufolge erstrangig an den globalen betriebswirtschaftlichen Managementprozessen. Demnach wird von dieser Gruppe dem Thema Gesundheit vielmehr ein ideeller Stellenwert zugewiesen, als dass sie sich mit dessen Wertigkeit und konkret gestaltbaren Umsetzungsmöglichkeiten auseinander setzt.

Die Gruppierung der „Gesundheitsexperten" dagegen stellt aufgrund ihrer fachlichen Auseinandersetzung mit dem Thema Gesundheit dessen Gestaltung und Umsetzbarkeit ins Zentrum ihrer Aufgaben. Unternehmenserfolg misst sie vorwiegend an der Zufriedenheit, Leistungsfähigkeit und Kompetenz der MitarbeiterInnen. Die Wettbewerbsfähigkeit eines Unternehmens versucht sie daher auch mehr mit dem Ziel, ein attraktiver Arbeitgeber am Markt zu sein, zu erhöhen. So hat das Humankapital bzw. Sozialkapital für sie einen wesentlich höheren Stellenwert als für die Geschäftsleitung. Die Interessen des Arbeitnehmers stehen dabei im Mittelpunkt. So kommt dem Thema Gesundheit eine zentrale Bedeutung zu.

Die Gruppierung „Fertigung“ fokussiert ihr Interesse an der Qualität und Wettbewerbsfähigkeit des Produkts. Die Herstellungsprozesse stehen dabei im Mittelpunkt und demzufolge auch die Gestaltung der Arbeitsprozesse. Aufgrund der unterschiedlichen hierarchischen Positionierung und dadurch unterschiedlichen Aufgabenschwerpunkte zeichnet sich hier eine ungleiche Themenfokussierung ab. Während die Fähigkeiten des Centerleiters an der Qualität und Verkaufsfähigkeit des Produkts gemessen werden, stehen für den Segmentleiter zudem die Steuerung der Arbeitsprozesse, die zu Qualität führen, im Zentrum seiner Aufgaben. Fachliches Know-how und Kenntnis von Messinstrumenten, die die Qualität kontrollieren und nachweisen helfen, unterstützen sein Aufgabengebiet. Der Meister führt die Abteilung der Werker und steht damit direkt im Kontakt mit der Umsetzung menschlicher Arbeitskraft. Arbeitsabläufe von Mensch und Maschinen müssen koordiniert und kontrolliert werden. Für die Werker übernimmt er u. a. die Aufgaben des Motivators, des Antreibers, Moderators, Koordinators und Vermittlers. Demnach ist er am nächsten mit den Problemen der MitarbeiterInnen im Fertigungscenter konfrontiert und muss diese an die höheren Führungsebenen transportieren. Er übernimmt damit eine Brückenfunktion zwischen Werkstatt und Büro.

Auf der Ebene des Werkers geht es um die Ausführung der Arbeitsanweisungen. Ihr Handlungsspielraum ist dementsprechend am wenigsten ausgeprägt. Ihr Interesse gilt vorwiegend der Verbesserung ihrer Arbeitsbedingungen, um die qualitative Herstellung des Produkts gewähren zu können.

Gemeinsam ist allen in der Fertigung das Ziel, ein qualitativ hochwertiges Produkt herzustellen. Dazu stehen die Gestaltung der Arbeitsprozesse und Optimierung von Maschinen im Mittelpunkt. Um dies zu erreichen, kommt der Leistungskraft, Kompetenz und Zufriedenheit der MitarbeiterInnen auch eine hohe Bedeutung zu. Der Stellenwert von Gesundheit ist daher den unterschiedlichen Aufgabenschwerpunkten gemäß und den damit verbundenen Rollenerwartungen an die Positionen verschieden hoch gewichtet.

An den drei Gruppierungen „Geschäftsleitung", „Gesundheitsexperten" und „Fertigung" wie auch innerhalb der Gruppierung „Fertigung" wird das Spannungsverhältnis der Zielinteressen zwischen Profitsteigerung und Bedeutung des Human- bzw. Sozialkapitals deutlich. Das Bewusstsein dafür ist über alle Ebenen hinweg vorhanden, jedoch unterschiedlich in seiner Gewichtung und Ausprägung.

Demnach weisen alle Interviewpartner Gesundheit zunächst einen hohen Stellenwert zu, die Einsicht in den wirtschaftlichen Nutzen von Gesundheitsmanagement ist davon nur bei der Geschäftsleitung und dem Betriebsratsvorsitzenden vorhanden. Für den Erfolg in der eigenen Aufgabenstellung als wichtig, beurteilt es nur der betriebliche Sozialberater, was eventuell darauf zurückzuführen ist, dass er über die Gestaltung von Gesundheitsmanagement seine eigene Position im Unternehmen zu verbessern versucht.

## Die „Geschäftsleitung"

Wie aus der Zusammenfassung zur Gruppierung „Geschäftsleitung" deutlich wird, betont die Geschäftsführung ihre originäre Aufgabenstellung, worin rein zeitlich die Beschäftigung mit Softskillthemen nicht vorgesehen sei. Vorrangig steht hier das Kosten-Nutzen-Denken im Vordergrund, wobei die Sicht auf Langfristigkeit und Nachhaltigkeit eine relativ geringe Bedeutung einnimmt. Jedoch ist die Einsicht vorhanden, dass eine Integration des Themas Gesundheit in den Alltag wichtig ist.

### Die „Gesundheitsexperten“

Für die Gruppierung der „Gesundheitsexperten“ steht demgegenüber das Human- bzw. Sozialkapital im zentralen Interesse. Die Aufwertung des Menschenbildes innerhalb der Unternehmenskultur bedeutet für sie eine Grundvoraussetzung, um die Gesundheit der MitarbeiterInnen auch nach salutogenetischer Orientierung effektiv fördern zu können. Langfristigkeit und Nachhaltigkeit solcher Projekte spielen dabei ebenso eine Rolle wie auch die Integration des Themas Gesundheit in den Arbeitsalltag. Das Kosten-Nutzen-Denken wird diesem dagegen untergeordnet.

### Die „Fertigung“

In der Gruppe der „Fertigung“ gibt man dem Kosten-Nutzen-Denken einen hohen Wert. Dabei ist man sich einstimmig darüber im Klaren, dass nur langfristig und nachhaltig angelegte Projekte innerhalb des Themas Gesundheit sinnvoll sein können. Wie in der Expertengruppe schätzen hier vor allem der Centerleiter als auch der Werker Anerkennung und respektvollen Umgang als bedeutsame Werte ein, die für eine Betriebliche Gesundheitsförderung unumgänglich sind. Einer hohen Wertigkeit des Human- bzw. Sozialkapitals stimmt jedoch lediglich der Werker zu. Den Zusammenhang von Menschenbild und Arbeitsorganisation nimmt der Meister in den Blick, wobei er diesbezüglich eher enttäuscht ist.

### Messkriterien

Aus den Angaben zur Relevanz von Gesundheit anhand von Messkriterien zeigte sich zum einen, inwieweit die Kenntnis und das Wissen über die Messbarkeit von Softskilltools, denen das Thema Gesundheit in Profitorganisationen zugerechnet wird, vorhanden ist. Zum anderen konnte man hier erkennen, inwiefern der Glaube an die Messbarkeit solcher weicher Faktoren ausgeprägt ist, und wie man sich diesbezüglich dazu verhält bzw. damit umgeht. Dabei unterschieden sich die Gruppierungen wie folgt:

Die Kenntnis darüber, dass es Instrumente wie die Balance Scorecard gibt, mit denen weiche Faktoren gemessen werden können, war bei keiner der Gruppierungen vorhanden oder wurde nicht in Betracht gezogen. Die ethische Auseinandersetzung damit, inwiefern es vertretbar sei, weiche Faktoren überhaupt zu messen, wurde nicht diskutiert. Es kann aber angenommen werden, dass implizit diese Überlegungen vorhanden sind, da die Expertengruppe, bis auf den Werksarzt, keinen besonderen Wert auf Messbarkeit legt bzw. sich davon keinen großen Gewinn verspricht. Der Werksarzt hält aber, im Gegensatz zu seinen „Fachkollegen", an der Sinnhaftigkeit von Fehlzeitenmessungen fest.

In der Gruppierung der „Fertigung" wurde vom Centerleiter der Wunsch nach einem Messinstrument geäußert, das in der Funktion eines Frühwarnsystems eine rechtzeitige Intervention unterstützen helfen soll, um Missstände möglichst frühzeitig zu beseitigen. Dieser Auffassung schloss sich auch der Segmentleiter an. Auf das Messen von Fehlzeiten legte jedoch keiner besonderen Wert. Der Meister drückt sich hierzu nur zynisch aus und ließ dabei seine Kenntnis darüber, wie wichtig seinen Chefs solche Kennzahlen seien, deutlich werden. Insbesondere der Werker kritisierte auch sehr stark die Ausrichtung seiner Führungskräfte an Messinstrumenten und Kennzahlen.

**Verantwortung**

An der Kategorie *Verantwortung* kam sehr klar zum Ausdruck, welche der Gruppierungen *wen* dafür verantwortlich hält, dass Gesundheit ein relevantes Thema im Unternehmen ist. Daraus ließ sich aus den einzelnen Positionierungen entnehmen, welcher Ansatz einer Betrieblichen Gesundheitsförderung bzw. eines Gesundheitsmanagements von wem verfolgt wird. Aus den Haltungen der hierarchisch unterschiedlich positionierten Machtträger dazu lässt sich wiederum ablesen, welche Chance die Implementierung eines salutogenetisch orientierten Gesundheitsmanagements im Unternehmen hat.

An einer kurzen Gegenüberstellung dieser Stellungnahmen, die bereits in den Zusammenfassungen ausgeführt wurden, sollen die individuellen Haltungen in Erinnerung gerufen werden, um danach Chancen und Nachteile, Ressourcen und Widerstände für die Implementierung eines salutogenetisch orientierten Gesundheitsmanagements aufstellen zu können.

Die „Geschäftsleitung“ sieht die Verantwortung für das Thema Gesundheit beim Gesetzgeber, da im Arbeitsrecht sowohl die Fürsorgepflichten als auch die Pflichten des Arbeitnehmers geregelt sind (im Kapitel 2 nachzulesen). Damit hält sie sowohl das Individuum, den Mitarbeiter, als auch das System, die Organisation, dafür verantwortlich, sich um den Erhalt der Gesundheit zu kümmern. Letzteres geht über die gesetzliche Regelung hinaus und schließt eigene Gestaltungsmöglichkeiten des Unternehmens ein. Dem stimmen weitgehend die Experten für Gesundheit, mit Ausnahme des Werksarztes, zu. Der Betriebsrat, der betriebliche Sozialberater und der Arbeitssicherheitsbeauftragte ergänzen dies noch mit der Einbeziehung der Führungskräfte und ihrer Verantwortung für die Gesundheit der MitarbeiterInnen. So vertreten sie die Auffassung, dass ein sozial kompetenter Führungsstil, der von Anerkennung und Respekt getragen ist, wesentlich zur Gesunderhaltung der Erwerbstätigen beiträgt. Von den Führungskräften aus muss eine gesundheitsförderliche Arbeitsweise ermöglicht werden, indem sie entsprechend die Arbeit strukturieren, geeignete Aufgaben den dafür richtigen Personen zuweisen, mit Lob motivieren und innovative Ideen von MitarbeiterInnen zur Verbesserung der Arbeitsbedingungen und -prozesse wertschätzend und partizipativ (in den Arbeitsprozess) integrieren. Allerdings stellt der Betriebsratsvorsitzende die Motivation der Führungskräfte, Führungskraft zu werden, in Frage. Rein fachlich und an der Karriere orientiert, könnten diese Personen nicht soziale Verantwortung für andere Menschen übernehmen. Überdies hält er die Merkmale einer Statushierarchie, wie Dienstwagen, noble Büroausstattung oder besseres Essen etc., für einen Ausdruck von sozialer Ungleichheit, die den solidarischen Gedanken im Unternehmen derart behindert, dass auch die Identifikation der MitarbeiterInnen mit dem Unternehmen darunter leidet. Deshalb spricht er sich für eine gleiche Chancenverteilung und gleichberechtigte Zugangsmöglichkeiten zu Ressourcen aus, um universelle Werte, wie Solidarität, Partizipation und Anerkennung, innerhalb dieser Gemeinschaft Unternehmen leben zu können und damit die Gesundheit aller zu fördern.

Diesem Gedanken schließt sich der Werker sowohl implizit als auch explizit an. Auch er beklagt die soziale Ungleichheit und die sich daraus ergebende Situation von geringer Wertschätzung der Führungskräfte gegenüber den MitarbeiterInnen. Dies drückt sich, seiner Meinung nach, im Mangel an Gelegenheiten aus, an Projekten oder die MitarbeiterInnen betreffenden Entscheidungen partizipieren zu dürfen. Überdies empfindet er das geringe Entgegenkommen und Verständnis von Führungskräften gegenüber MitarbeiterInnen als Klassenkampf, in dem die Werker immer als Verlierer hervorgehen würden.

Aus der Gruppierung der „Fertigung" hält auch der Centerleiter die Führungskompetenz für eine bedeutende Einflussgröße auf die Gesundheit. Darüber hinaus sieht er auch in der Gestaltung der Organisationskultur eine wirkungsvolle Möglichkeit, Anerkennung und Respekt oder auch soziale Unterstützung als Werte in einer Kultur des Umgangs miteinander zu verankern. Darin stimmt der Arbeitssicherheitsbeauftragte mit ihm überein. Während der Segmentleiter einerseits die Verantwortung auch in der Führungskultur sieht, bestätigt er hier wieder andererseits seine in diesem Punkt ambivalente Haltung, die sich bereits seinem subjektiven Gesundheitskonzept entnehmen ließ. So macht er schließlich in seinen Ausführungen den Mitarbeiter/die Mitarbeiterin alleine für den Erhalt und die Förderung seiner Gesundheit verantwortlich.

Betrachtet man die einzelnen Positionierungen zum Thema Gesundheit im Zusammenhang mit der Machtposition der Person, die diese vertritt, lässt sich schnell voraussagen, welche Umsetzungschancen sich für ein ganzheitliches Gesundheitsförderungsprogramm in diesem Kontext bieten.

Aus den Erzählungen der Interviewpartner werden vielerlei Varianten subjektiver Wahrnehmungen vom Unternehmen NOVA deutlich. In den Schilderungen ihrer spezifischen Situationen kommen empfundene Missstände zum Ausdruck, die die Implementierung eines salutogenetisch orientierten Gesundheitsmanagements behindern, aber auch Chancen, die diese ermöglichen. Im Folgenden soll in einer knappen Aufstellung der Vor- und Nachteile, die sich aus den dargelegten Konstellationen ergaben, herausgearbeitet werden, welche Chancen und Widerstände sich für einen effektiven Implementierungsprozess herausstellen.

### Die „Geschäftsleitung"

Als nachteilig für ein salutogenetisch orientiertes Gesundheitsmanagement kristallisierte sich bei der Geschäftsleitung ein nur gering vorhandenes detailliertes Interesse an der Gestaltung des Themas Gesundheit heraus. Stattdessen denkt die „Geschäftsleitung" in globaleren betriebswirtschaftlichen Managementprozessen mit dem Ziel, den monetären Profit des Unternehmens zu erhöhen. Zudem bewertet die „Geschäftsleitung" das Human- bzw. Sozialkapital als nicht sehr hoch und erkennt deswegen im Gesundheitsmanagement auch nicht einen Wertschöpfungsfaktor für den wirtschaftlichen Erfolg.

Allerdings sind, sofern die Einstellung dafür offen und die Einsicht in den wirtschaftlichen Nutzen erkannt ist, auch positive Ansätze vorhanden. So würde im vorliegenden Fall bei guter überzeugender Aufbereitung des Themas ein entsprechendes Konzept von der „Geschäftsleitung" gefördert werden.

## Die „Gesundheitsexperten"

Die „Gesundheitsexperten" in vorliegender Studie verfügen aufgrund der ungleich verteilten Handlungsspielräume und Entscheidungsmacht, die sich aus der unterschiedlich zugewiesenen hierarchischen Position ergeben, ungleiche Zugangsmöglichkeiten zu Informationen. Dies erschwert eine gleichberechtigte Zusammenarbeit im Implementierungsprozess von Gesundheitsmanagement. Zudem ist in einer Kultur, die von gegenseitigem Konkurrenzkampf und Bereichsegoismus getragen ist, eine effektive Kooperation nur schwer möglich. Die Kommunikationsstrukturen funktionieren innerhalb der Vernetzung unter den Fachabteilungen scheinbar nur mittelmäßig. Anstatt Nahtstellen herzustellen und zu pflegen, sind die Beziehungen untereinander von wenig gegenseitiger Anerkennung und Wertschätzung gekennzeichnet. Überdies stimmen die Fachabteilungen in ihren Haltungen und Zielinteressen nicht überein.

Aus dieser zunächst pessimistischen Konstellation ergeben sich auch chancenreiche Ressourcen. Trotz der Unterschiedlichkeiten lässt sich auch ein einheitlicher Mainstream erkennen, der sie als Experten für Gesundheit vereint. Die individuellen fachlichen Differenzen könnten im Rahmen einer interdisziplinären Zusammenarbeit die einzelnen Auffassungen und Kenntnisse ergänzen und somit zu einer ganzheitlichen Gesundheitsförderung führen. Dazu müssten die Beteiligten an ihrer Vernetzung, ihrer Kommunikation und ihrem Informationsaustausch arbeiten. Ihre verschiedenen Funktionen im Unternehmen als Betriebsratsvorsitzender, betrieblicher Sozialberater, Werksarzt und Arbeitssicherheitsbeauftragter bieten vielseitige Möglichkeiten, politisch das Thema Gesundheit im Unternehmen zu fördern und zu gestalten. Die politisch vielseitigen Ausrichtungen eröffnen auch zur Außenwelt variantenreiche Vernetzungsmöglichkeiten. Außerdem haben die Beteiligten dieser Gruppierung über ihre individuellen Funktionen im Unternehmen auch unterschiedliche Zugänge zu den MitarbeiterInnen über alle Ebenen hinweg.

### Die „Fertigung“

Wenn auch die hierarchisch ungleiche Zuweisung von Handlungsspielraum und Entscheidungsmacht wie auch die unterschiedlichen Aufgabenschwerpunkte die Spannung zwischen den profitorientierten und sozial-human-orientierten Zielinteressen konfliktär erhöhen, kann über das gemeinsame Interesse, die Arbeitsprozesse zu optimieren, der Versuch zu einer für beide Seiten ausgewogenen Lösung angestrebt werden. Die Einsicht in die Notwendigkeit von gesunden und zufriedenen MitarbeiterInnen als Kapital für den wirtschaftlichen Erfolg ist vonseiten des Centerleiters vorhanden. Hinsichtlich der ungünstigen Position des Segmentleiters und des Meisters als Funktionsträger, die innerhalb ihrer Rollenausführung die Spannungen der beiden aufeinander treffenden Werteausrichtungen zu ertragen haben, müssen, entweder bezogen auf die Organisationsstruktur oder die Organisationskultur, am besten jedoch auf beide, Interventionen umgesetzt werden, die eine Erleichterung für diese Positionen bringen. Außerdem würde eine partizipative Integration aller MitarbeiterInnen zu mehr gegenseitiger Wertschätzung und Anerkennung im Unternehmen führen. An den Aussagen des Werkers ist ein hohes Potenzial an salutogenetischer Handlungsorientierung abzulesen. Seine Einsicht in die betriebswirtschaftlichen Zusammenhänge unternehmerischer Abläufe und das zugleich tiefe Bewusstsein für die Notwendigkeit einer human sozialen Gestaltung der Arbeitsplätze stellen bereits eine gute Basis dar, um die widersprüchlichen Zielinteressen zu vereinbaren zu versuchen.

### Zur Kultur im Unternehmen

Über alle drei Gruppierungen hinweg ist überdies festzustellen, dass die Vorstellung vom Empowermentansatz oder Erfahrungen damit recht gering vorhanden sind. Nur vereinzelt haben der Betriebsratsvorsitzende, der betriebliche Sozialberater, der Arbeitssicherheitsbeauftragte oder auch der Werker unter ihnen Kenntnis davon oder positive Erfahrungen damit gemacht. Diese Erfahrungswerte beruhen auf deren außerbetrieblichen Aktivitäten. Andere MitarbeiterInnen oder Führungskräfte von der positiven Wirkungsweise eines Empowermentansatzes zu überzeugen, fällt in einem Kontext, der von hierarchisch strukturierten Denkmustern geprägt ist, nicht leicht, da eine subjektive Erfahrbarkeit hier nicht oder nur sehr gering ermöglicht wird. Allenfalls spricht man in „Lernenden Organisationen" von Partizipation, was jedoch nicht zwangsläufig in seiner Auswirkung das Gleiche bedeutet. Doch stellt sie in einem solchen System schon eine Basis für bessere Mitarbeiterbeteiligung und deren Wertschätzung dar.

Auch an den einzelnen Kommentaren zum Thema Stress lässt sich eine Kultur erkennen, die wenig von gegenseitiger Anerkennung, Wertschätzung und Respekt getragen ist. Einerseits erkennen die Geschäftsleitung und Führungskräfte des mittleren Managements nicht an, dass Werker zwar weniger unter Termindruck leiden, aber dafür aufgrund ihrer Perspektivlosigkeit und des geringen Handlungsspielraums sich den Anweisungen der Führung ohnmächtig ausgeliefert fühlen und dass sie neben den Arbeitsaufgaben auch die Schichtarbeit als immensen Druck und Stress erleben, wie es der Werker in vorliegender Studie ausführlich schildert. Andererseits erkennen im Gegenzug die Werker nicht den hohen Termin- und Verantwortungsdruck, dem Führungskräfte täglich in ihrem Arbeitsgeschäft ausgesetzt sind, als stressauslösenden Aspekt an. Dass Entscheidungsfreiräume und zunehmender Handlungsspielraum auch vermehrt Handlungs- und Entscheidungskompetenzen fordern und sich dies belastend auswirken kann, wird ebenso vonseiten der Werker oftmals nicht berücksichtigt. An den Ausführungen des Meisters über seine

Aufgaben und damit verbundenen Rollenerwartungen wird dies z. B. deutlich. Entweder aufgrund von geringer Kenntnis über die Tätigkeiten des anderen oder auch aus geringem Interesse daran, werden die subjektiven Wahrnehmungen der spezifischen Situationen gegenseitig wenig respektiert.

An diesen beiden Beobachtungen über Empowerment und Stress zeigt sich eine spezifische Kultur des Unternehmens, wie Werte und Überzeugungen aufgrund eines bestimmten Menschenbilds existieren und gelebt werden.

Aus den Berichten der Interviewpartner stellt sich heraus, dass eine hierarchisch aufgebaute Organisation eine Kultur der Ungleichheit erzeugt, die sich auf den Handlungsspielraum, die Kooperation und das Rollenverhalten auswirkt. Dadurch entstehen ungleiche Verteilungen von Chancen, ungleiche Zugangsmöglichkeiten von Ressourcen und ungleiche Möglichkeiten der Mitsprache. Dies wirkt sich auf die Kommunikation, die Kooperation, die Solidarität, die motivationale Partizipation bzw. das innovative Engagement und den gegenseitigen Respekt in einer Organisation aus. Dadurch wird die Förderung von Handlungs-, Entscheidungs-, und Sozialkompetenz von MitarbeiterInnen eingeschränkt. Es entsteht eine Kultur, dessen Menschenbild, Werte und Überzeugungen keinen geeigneten Rahmen für ein salutogenetisch orientiertes Gesundheitsmanagement bietet.

## 5.3 Betriebliche Gesundheitsförderungsmaßnahmen

### 5.3.1 Beschreibung der Kategorien

#### Vorgehen

Im dritten Teil der Ergebnisbeschreibung soll nun der Frage nachgegangen werden, welche Merkmale der Arbeitstätigkeiten für eine gesundheitsförderliche Funktion relevant und effektiv sein könnten. Wie im vierten Kapitel unter 4.5.2.6 und 4.7.1 dargelegt, werden im Folgenden die Ergebnisse zu den Vorschlägen einer effizienten Gesundheitsförderung beschrieben.

Aus vorliegender Befragung ergab sich eine Anzahl von unterschiedlichen Kategorien, die in ihrer thematischen Zuordnung in **verhältnis-** und **verhaltensorientierte Maßnahmen** unterteilt wurden. Die **verhältnisorientierten Maßnahmen** wurden in sich nochmals in drei Untergruppen differenziert, und zwar die **Arbeitsstruktur,** die **Organisationsstruktur** und die **Organisationskultur** betreffend.

Die Differenzierung in verhältnis- und verhaltensorientierte Maßnahmen liegt dem Verständnis zugrunde, „... dass die gesundheitsbeeinträchtigende Wirkung von Stressoren und Belastungen durch die Verfügbarkeit und das Nutzen von personalen und situativen „Schutzfaktoren" gemildert wird ..." (vgl. z. B. Antonovsky, 1987; Becker, 1992; Ducki & Greiner, 1992; Semmer & Udris, 1993; Udris et al., 1992; Udris, Rimann & Thalmann, 1994. Zit. nach Mohr, Udris, 1997, S. 560).

In Anlehnung an Udris & Frese (1988) kann hier von institutionellen, also die Situation oder den Betrieb betreffenden *verhältnisorientierten* Maßnahmen und individuellen, die Person betreffenden *verhaltensorientierten* Maßnahmen gesprochen werden. Es werden dabei zwei Aspekte / Ausrichtungen unterschieden: zum einen die Belastungsreduktion, als korrektiver Abbau von Belastungen und Beanspruchungen, zum anderen die Gesundheitsförderung als präventiver bzw. prospektiver Aufbau von Ressourcen (vgl. Schwager, Udris, 1998, 369 ff.).

Unter *verhaltensorientierten* Maßnahmen bzw. unter Verhaltensprävention ist demnach ein spezifisch veränderbares Verhalten zu verstehen, das sich laut Schwager und Udris in gesundheitsfördernden Einstellungen, Verhaltensmustern und Gewohnheiten des einzelnen Individuums ausdrückt oder auch, nach Faltermaier, im subjektiven Gesundheitskonzept und Gesundheitshandeln eines Menschen widerspiegelt.

Unter Verhältnisprävention dagegen sind über das individuelle Verhalten hinaus „institutionelle Strukturen, die Organisation der Arbeitsprozesse und Produktionsabläufe" als die Gesundheit beeinträchtigende Aspekte zu verstehen, die mithilfe einer prospektiven Gestaltung der Rahmenbedingungen gesundheitsfördernde Verhältnisse, wie sie die Ottawa-Charta (WHO 1993) (siehe auch 2.7.5) beschrieben hat, innerhalb einer Organisation schaffen kann (vgl. Schwager, Udris, 1998, 369 ff.).

Entlang der geäußerten Kritik des betrieblichen Sozialberaters Herrn Krüger an der Implementierung von Gesundheitsmanagement, wurden dessen Vorstellungen von einer effektiven und effizienten Gesundheitsförderung unter der Kategorie **Erfolgsbausteine von Gesundheitsförderung** extra aufgeführt. Daraus ergeben sich detaillierte Empfehlungen zu einem salutogenetisch angelegten Gesundheitsmanagement.

### 5.3.2 Beschreibung der Ergebnisse

Bevor nun die von der Betrieblichen Sozialberatung genannten Erfolgsbausteine dargestellt werden, soll kurz erwähnt werden, dass von insgesamt 18 InterviewpartnerInnen lediglich drei Interviewpartner konkrete Gesundheitsförderungsmaßnahmen, die sie bereits als im Unternehmen vorhandene kennen, nennen konnten. Darunter waren der Personalleiter Dr. Menne, der das Projekt Gesundheitsmanagement steuert, der betriebliche Sozialberater Herr Krüger, der ebenfalls in der Gestaltung des Gesundheitsschutzprojektes integriert ist, und ein Meister eines Fertigungscenters, Herr Mikfelder. Alle übrigen waren der Meinung, dass es Maßnahmen dieser Art noch nicht gebe oder, wenn sie davon wussten, fielen ihnen keine ein, wie beispielsweise dem Betriebsratsvorsitzenden Herrn Weno.

**These:**

Auch wenn es vonseiten des Werksarztes, der Arbeitssicherheit und der Betrieblichen Sozialberatung bereits seit einigen Jahren, also schon vor der expliziten Thematisierung des Gesundheitsmanagements, gesundheitsbezogene Präventionsmaßnahmen im Unternehmen gibt, werden diese von vielen MitarbeiterInnen nicht als solche wahrgenommen.

Gesundheitsbezogene Präventionsmaßnahmen werden erst als effektiv und effizient wahrgenommen und empfunden, wenn sich aus deren Intervention, auch beispielsweise am sozialen Organisationsklima, sichtbare, an Kennzahlen der Gesundheitsquote messbare oder in Bezug auf das eigene, subjektive Wohlbefinden spürbare Wirkungsweisen erkennbar zeigen. Als Maßnahmen, die lediglich zur Schadensbegrenzung durchgeführt und dabei auch nicht in ihrer Effizienz und Effektivität visualisiert oder kommuniziert werden, werden nur bei einem geringen Teil der MitarbeiterInnen als förderliche Intervention registriert.

**Interpretation:**

Da Präventionsmaßnahmen oftmals einer Störung oder Erkrankung, die sich noch nicht eingestellt hat, vorbeugend oder vermeidend eingesetzt werden, wird deren Wirkungsweise auch nicht als effektiv erkannt, da nicht mit Sicherheit der Nicht-Eintritt der Störung bzw. der Krankheit auf die Präventionsmaßnahme eindeutig zurückgeführt werden kann. Zudem greifen gesundheitsbezogene Handlungen vielfach erst nach langer Zeitspanne, sodass Erfolge oder Effekte erst langfristig erkennbar sind. Dabei bedürfen sie meist einer nachhaltigen und konsequenten Verhaltensweise oder Durchführung, die aus der momentanen Sicht heraus tendenziell eher als anstrengend, zeitaufwendig oder sogar belastend empfunden werden. Da also ein positiver Effekt oder ein Wohlempfinden meist nicht direkt erlebt wird, werden die präventiven Gesundheitsförderungsmaßnahmen meist auch nicht als der eigenen Person wohltuende Aktionen erlebt. Wie sich in vorliegender empirischer Untersuchung herausstellte, sind vorwiegend somatopsychosoziale Aspekte der Gesundheitsförderung als gesundheitsförderliche Maßnahmen oder Bereiche genannt worden. Soziale Unterstützung durch soziale Netzwerke, soziale Harmonie im Umfeld oder auch soziale Anerkennung wurden hierunter meist als die Gesundheit positiv beeinflussende oder auch, bei Fehlen dieser Faktoren, als die Gesundheit beeinträchtigende Aspekte erlebt. Wie aus der vorliegenden Untersuchung hervorgeht, werden seelische, soziale und psychische Momente als maßgebliche Größen der Bewältigungskompetenz betrachtet. Insbesondere Personen, deren Vorstellung nach Gesundheit nicht dichotom, sondern auf einem Kontinuum verläuft, beurteilen eine mentale und psychische Unterstützung als auch soziale Handlungs- und Bewältigungskompetenzen für wichtig, da sie zu einem balancierenden Ausgleich führen und damit den Erhalt ihrer Gesundheit und Leistungskraft bewirken. Dieses Wohlbefinden, das sich dann einstellt, erleben sie oftmals sofort, wenn sie es benötigen, als auch langfristig als dauerhaft abrufbare Ressourcen. Im Gegensatz dazu werden ernährungs- und bewegungsbezogene Präventionshandlungen meist nicht als direkter Erfolg oder eine Verbesserung erlebt, sondern anstatt dessen als eine den Normalzustand erhaltende oder gleich bleibende Größe.

An einem Beispiel veranschaulicht, bedeutet eine gesunde Ernährung für die meisten Menschen zunächst einmal Verzicht auf Genussmittel, die ihr momentanes Wohlbefinden beeinträchtigen. Ein diszipliniertes Ernährungsverhalten wird demnach meist als Verlust des subjektiven Wohlgefühls oder als zusätzliche Belastung empfunden. Erst nach einer längerfristigen Zeitspanne werden eventuell eine bessere körperliche Konstitution oder ein gesundheitsförderliches Körpergewicht wahrgenommen. Inwiefern das gesundheitsbezogene Essverhalten dann eine Erkrankung wie beispielsweise des Herz-Kreislaufsystems oder des Magen-Darm-Systems verhindern helfen konnte, kann nicht eindeutig auf das disziplinierte Ernährungsverhalten zurückgeführt werden.

Oder an einem anderen Beispiel für präventives Gesundheitshandeln erklärt: Die Verwendung von Sonnenschutzmitteln wirkt zunächst dem meist angestrebten Ziel, braun zu werden, entgegen. Den positiven Nutzen (der mittlerweile wissenschaftlich umstritten ist) bzw. Effekt, viele Jahre später nach dem Sonnenbad nicht an Hautkrebs erkrankt zu sein, ist zwar kognitiv explizit bewusst, kann aber nicht mit letzter Bestimmtheit auf das Präventivverhalten zurückgeführt oder damit in Zusammenhang gebracht werden. Der zunächst emotional erwünschte Effekt braun, attraktiv und damit „gesund" auszusehen, dominiert vielfach in den Entscheidungsprozessen zu einem Gesundheitshandeln.

#### 5.3.2.1 Erfolgsbausteine

Wie aus der tabellarischen Darstellung in der Themenmatrix 3.1 hervorgeht, kristallisierten sich sieben Kategorien von Erfolgsbausteinen heraus, die aus Sicht des Sozialberaters Herrn Krüger eine optimale Gesundheitsförderung gewährleisten würden.

*1. Salutogenetischer Ansatz, 1.1 Partizipation und Empowerment, 1.2 Entscheidungs- und Handlungsspielräume*

Eine positive Fragestellung nach den gesundheitserhaltenden Förderungsmaßnahmen stellt nach Herrn Krügers Ansicht eine prospektive, ressourcen- und lösungsorientierte Ausrichtung dar, Gesundheitsförderung effizient zu erreichen. Damit verbunden betrachtet er einen *Empowermentansatz* als nutzbringend und notwendig, der unter *Partizipation* aller MitarbeiterInnen diesen die entsprechende *Handlungs- und Entscheidungsspielräume* eröffnet und sie als eigenverantwortliche und autonome Akteure im Gesundheitsschutz aktiviert. Das Thema Gesundheit wäre auf diese Weise für den Mitarbeiter / die Mitarbeiterin spürbar und erlebbar. Nur so, glaubt Herr Krüger, könnten sich dann eine erhöhte Motivation und Leistungsfähigkeit einstellen und letztlich als wertschöpfender Faktor den wirtschaftlichen Erfolg steigern helfen.

*2. Anerkennung als Wertschöpfungsfaktor*

In der Anerkennung von Gesundheitsmanagement als Wertschöpfungsfaktor durch die Führungskräfte bzw. das Management sieht Herr Krüger einen zielführenden Aspekt für eine erfolgreiche Gesundheitsförderung. Solange die Geschäftsleitung und auch die diversen Führungsverantwortlichen den nutzbringenden Faktor nicht anerkannt haben und im Gegensatz dazu sich auf monetär orientierte Werte und in Kennzahlen messbar ausgerichtete Kosten-Nutzen-Rechnungen verlassen, werden sie die Gesundheitsförderung lediglich als eine Nice-to-have-Veranstaltung betrachten, die dem / der MitarbeiterIn momentan zu einer zufriedeneren Stimmung verhilft. Nachhaltig und langfristig würden dann gesundheitsbezogene Interventionen nicht durchgeführt werden und könnten folglich auch keine Erfolge erzielen.

*3. Anerkennung von psychosozialen Aspekten*

Die Anerkennung von psychosozialen Aspekten hält Herr Krüger für zentral wichtig, da man anderenfalls weiterhin über physisch bezogene Gesundheitshandlungsmuster an den psychosomatischen Ursachen vorbei operieren würde. Die Anerkennung sozialer und psychosomatischer Faktoren verhilft den Führungskräften dazu, die Sozialkompetenz in ihrem Führungsverhalten zu verbessern und zu qualifizieren, um dadurch ihrer Fürsorgepflicht gerechter nachzukommen.

*4. Verortung*
Der vierten Kategorie von Erfolgsbausteinen, der *Verortung* von Gesundheitsmanagement im Unternehmen wurden drei Gesichtspunkte zugeordnet: *4.1 Top-down* vorgelebt und *bottom-up* partizipiert, stellt sich als notwendig heraus, damit Gesundheitsförderung von der Führungsspitze aus vorbildhaft gelebt wird und darüber hinaus die Beschäftigten als eigenverantwortliche Akteure partizipativ das Projekt Gesundheitsmanagement mitgestalten können. *4.2* Eine *gemeinsame Zielausrichtung* hebt Herr Krüger als besonders wichtig hervor. Denn um eine effiziente Gesundheitsförderung zu betreiben, müssen alle daran beteiligten Gestalter ihre Ziele und Interessen untereinander abstimmen, um dann auch zielgerichtet geeignete Interventionen beschließen zu können. *4.3* Die *Vernetzung der Fachbereiche* erklärt Herr Krüger als unabdingbaren Erfolgsbaustein, da andernfalls zum einen eine gemeinsame Zielausrichtung gar nicht möglich ist, und zum anderen parallel laufende Aktionen als Doppelläufer vermieden werden können. Außerdem können bei einer Vernetzung die unterschiedlichen Professionen und deren Kompetenzen als Ressourcenrepertoire genutzt und damit ein attraktives multifaktorielles Angebot an gesundheitsbezogenen Interventionen erstellt werden.

*5. Integration ins unternehmerische Handeln*
Die Integration von Gesundheitsförderung ins unternehmerische Handeln als auch in die Unternehmenskultur muss in einem ständigen Prozess erfolgen. Nur über konstante und permanente Verbesserungsprozesse kann nach Meinung Herrn Krügers der Gesundheitsschutz für die MitarbeiterInnen als auch für die wirtschaftliche Ertragssteigerung einen effektiven und wertschöpfenden Beitrag leisten.

*6. Gleichrangigkeit der Wertigkeiten*
Die Gleichrangigkeit der Wertigkeit von Kerngeschäft und Thema Gesundheit stellt ebenfalls einen bedeutenden zum Erfolg führenden Faktor dar. Sie ist notwendig, um im Spannungsfeld der unterschiedlichen, teils antagonistischen Zielinteressen in einem Wirtschaftsunternehmen, nämlich denjenigen nach einer monetären ausgerichteten und denjenigen nach einer sozial humanen Werteorientierung ausgerichteten, den daraus bestmöglichen Kompromiss zu verhandeln.

Nur so kann dann auch das Ziel erreicht werden, mit einer optimal leistenden Belegschaft und maximalen wirtschaftlichen Erfolgen auf dem Markt bestehen zu können.

*7. Annehmbarkeit bei MitarbeiterInnen*
Schließlich hält Herr Krüger die Annehmbarkeit der gesundheitsfördernden Tools bei den MitarbeiterInnen im Sinne einer kundenorientierten Nutzbarkeit für einen wesentlichen Aspekt, der die Gesundheitsförderung zu einem erfolgreichen Prozess macht. Andernfalls sind gesundheitsbezogene Angebote, die von den MitarbeiterInnen nicht genutzt werden, nicht produktiv und führen auch nicht zum Ziel.

### 5.3.2.2 Verhältnisorientierte Maßnahmen

Der Kategorie der verhältnisorientierten Maßnahmen wurden, wie bereits erwähnt, drei Kategorien untergeordnet, nämlich die **Arbeitsstruktur,** die **Organisationsstruktur** und die **Organisationskultur.**

Aus vorliegendem Datenmaterial haben insgesamt neun Interviewpartner sich für die Einrichtung von verhältnisorientierten Gesundheitsförderungsmaßnahmen entschieden. Als einziger der zehn Befragten hat sich Herr Dr. Menne, der Personaldirektor in der Geschäftsleitung, der auch das Projekt Gesundheitsmanagement steuert, nicht für verhältnisorientierte, sondern lediglich für verhaltensorientierte Maßnahmen ausgesprochen.

## 1. Arbeitsstruktur

Zur Kategorie der verhältnisorientierten Maßnahmen, die die Arbeitsstruktur betreffen, gehören in der Matrix unter *1.1* die *Arbeitsergonomie*, unter *1.2* die *Arbeitsgestaltung* und unter *1.3* die *Arbeitsentlastung.*

Unter dem Begriff Arbeitsergonomie sind Maßnahmen zusammengefasst, wie beispielsweise die Ausstattung der Büro- oder Maschinenarbeitsplätze oder das Einstellen von Stühlen, Schreibtischen und Bildschirmen. Mit Arbeitsgestaltung sind personalentwicklerische Maßnahmen gemeint, wie Jobenrichment, Jobenlargement und Job-Rotation oder aufgabenorientierte und die berufliche Rollenerfüllung betreffende Maßnahmen. Unter Arbeitsentlastung werden in diesem Kontext Maßnahmen verstanden, die eine spezifische Tätigkeit für den Menschen erleichtern und verbessern, und zwar durch den zusätzlichen Einsatz von Maschinen oder durch deren völligen Ersatz.

Quantitative Verteilung

Zu den verhältnisorientierten Maßnahmen innerhalb der Kategorie Arbeitsstruktur äußerten sich insgesamt sieben Befragte. Darunter sprachen sich vier Befragte für Maßnahmen die Arbeitsergonomie, drei für Maßnahmen die Arbeitsgestaltung und einer für die Maßnahmen die Arbeitsentlastung betreffend aus.

### 1.1 Arbeitsergonomie

Zur Arbeitsergonomie machten Herr Krüger, der Sozialberater, Herr Prinz, der Arbeitssicherheitsbeauftragte, Herr Saumweber, der Centerleiter und Herr Dr. Gattner, die Führungskraft auf mittlerer Führungsebene, folgende Vorschläge:

Herr Krüger bezieht sich allgemein auf die Tätigkeitsbereiche der Arbeitssicherheit und schildert die Arbeitssicherheitsausschusssitzungen einerseits und die Individualberatungen bei Neueinrichtungen von Linienarbeiten andererseits als präventive Maßnahmen, die aus dem

Blickwinkel der ergonomischen Sicht im Unternehmen auf die Sicherheit der Arbeitsplätze hinsichtlich der Unfallvermeidung gerichtet seien.

Herr Prinz erblickt hierin, als seinem originären Aufgabenfeld, die direkte Behandlung von konkreten Beschwerden am Arbeitsplatz, die rein physisch und tendenziell defizitär ausgerichtet ist, und sieht hiermit die Nähe zum Arbeitsalltag dokumentiert.

Herr Saumweber bestätigt die zuvor beschriebenen Standpunkte, indem er die ergonomische Sicherheit am Arbeitsplatz als Grundvoraussetzung für den Erhalt der Gesundheit erachtet und als Führungskraft nicht für deren Gefährdung verantwortlich gemacht werden möchte.

In ähnlicher Weise schließt sich dieser Meinung Herr Dr. Gattner seinem Chef an, insofern er die Gestaltung des Arbeitsumfeldes durch entsprechende Aktivitätsprogramme, die für die Bewegung am Arbeitsplatz sorgen sollen, befürwortet.

### 1.2 Arbeitsgestaltung

Herr Dr. Kurz, einer der Geschäftsführer, besteht im Bereich Gestaltung der Arbeit auf abwechslungsreichen Tätigkeiten, die der Physis und Psyche gesundheitsförderlich seien und dadurch die Produktivität anrege und schließlich zu einer höheren Produktqualität führen würden.

Der Arbeitssicherheitsbeauftragte Herr Prinz betrachtet eine konstante Begleitung und Reflexion der Arbeitsabläufe als notwendig, um immer wieder auftretende Desorientierung und Zielverfehlungen während der Arbeitsprozesse zu verhindern und somit einer Demoralisierung durch permanente Frustration vorzubeugen.

Der Meister Herr Mikfelder sieht in einer kontinuierlich und eigenständig gestalteten Arbeitsweise entlang der produktspezifischen Kernaufgaben einen sehr ausschlaggebenden Faktor für gesundes Arbeiten. In diesem Zusammenhang spielt aus seiner Sicht auch die Einhaltung der Arbeitszeiten eine Rolle, da sich heute aufgrund der

Rationalisierungsprozesse der Druck und die Belastung bei der Bewältigung des zu erledigenden Pensums zunehmend erhöht haben. Speziell seine Tätigkeit hat sich im Zuge der Rollenveränderung des Meisters insofern verändert, als dass zunehmend mehr Managementaufgaben zu seiner früheren Kerntätigkeit hinzugekommen sind. Für die Vollendung dieser Aufgaben ist er allein zuständig und verantwortlich und kann nicht wie ein Werker nach abgearbeiteter Arbeitszeit seine Tätigkeit abbrechen und diese erst wieder zur nächsten Schicht an der Stelle aufnehmen, an der sein Kollege in der Zwischenzeit zuvor aufgehört hat. Die Produktion läuft dabei durchgehend weiter, während seine Aufgabe nur durch ihn weitergeführt wird. So empfände er die Gestaltung der Arbeitsaufgaben korrespondierend zu den Arbeitszeiten als gesundheitsförderliche Maßnahme.

Auch der Werker Herr Reinhold erachtet die den menschlichen Fähigkeiten und Bedürfnissen angepasste Gestaltung der Arbeit als gesundheitsförderlich. So empfindet er sich, u. a. auch aufgrund seiner bewegungseinschränkenden Behinderung, mit einer für ihn nicht geeigneten Arbeitsform konfrontiert und würde eine Rotation am Arbeitsplatz bzw. einen Wechsel zu einer anderen Aufgabe als notwenig betrachten, um seine Aufgabenpflicht besser bewältigen zu können.

### 1.3 Arbeitsentlastung

Die Zunahme von immer mehr automatisierten Verfahren oder alternativen Prüfmethoden bewertet Herr Dr. Kurz, der Geschäftsführer, als eine Entlastung der MitarbeiterInnen und gleichzeitige Erhöhung der Arbeitsqualität hinsichtlich des Arbeitsprodukts. Daraus resultiert seiner Ansicht nach eine höhere Qualitätssicherung der Produkte, was für das Unternehmen von Vorteil sei. Wenn bei gesundheitsschädigenden Tätigkeiten der Mensch durch Maschinen ersetzt werden würde, könnte man die Gesundheit der Beschäftigten erhalten und fördern, allerdings mit der Konsequenz, zunehmend mehr Verluste von Arbeitsplätzen in Kauf zu nehmen.

## 2. Organisationsstruktur

Was die Kategorien zur Organisationsstruktur anbelangt, konnten aus vorliegender Datenermittlung drei Unterpunkte differenziert werden, nämlich die *2.1 Gestaltung* der *Organisation*, die der *2.2 Arbeitszeiten* und die der *2.3 Löhne*.

Der Kategorie Organisationsgestaltung werden Maßnahmen der äußeren Rahmenbedingungen, wie beispielsweise der Gesundheitszirkel oder bauliche Veränderungen zur Gesundheitsförderung zugeordnet. Unter der Arbeitszeitgestaltung sind Arbeitszeitmodelle, wie das Gleitzeitmodell oder Schichtplangestaltungen, zu verstehen und bei der Lohngestaltung handelt es sich um Entlohnungssysteme.

Quantitative Verteilung

Insgesamt haben sich zu den verhältnisorientierten Maßnahmen innerhalb der Kategorie Organisationsstruktur drei Interviewpartner geäußert, darunter einer zur Organisationsgestaltung und zwei zu Gestaltungssystemen der Arbeitszeit.

2.1 Organisationsgestaltung

Als organisationsgestalterische Maßnahme betrachtet der Werksarzt Herr Dr. Landgraf die Installation eines Gesundheitszirkels für ein geeignetes Instrument und hält auch die Erstellung von Gesundheitsberichten für sinnvoll, um einen Beitrag zur Gesundheitsförderung zu leisten.

2.2 Arbeitszeitgestaltung

Herr Weno, der Betriebsratvorsitzende, legt in seinem Interview seine Ansicht über eine Neukonzeption des Arbeitsplatzes dar. Demnach hält er eine autonome Zeiteinteilung auf freiwilliger Basis mit selbst gestalteten Pausen für sinnvoll, um die Motivation und die Gesundheit der MitarbeiterInnen zu erhöhen. Die Organisation muss für diese Neugestaltung der Arbeit die notwendigen Rahmenbedingungen schaffen und ein individuelles Angebot von günstigen Urlaubsangeboten, attraktiven Arbeitszeitenmodellen und Schichtmodellen zur Verfügung stellen.

Ebenso setzt sich der Werker Herr Reinhold für eine Neugestaltung der Schichtmodelle und Gleitzeitkonten ein. Das aktuelle Modell erlebt er als überholt und betrachtet den gesundheitsschädigenden Stressfaktor als wesentlich zu hoch.

2.3 Lohngestaltung

Zur Lohngestaltung äußerten sich drei Werkerkollegen des Herrn Reinhold, deren Interviews jedoch nur an die hier vorliegenden Ankerfälle angehängt wurden. Da von den hier aufgeführten Interviewpartnern sich aber keiner zur Lohngestaltung explizit äußerte, soll nur kurz erwähnt werden, dass diese Kategorie aus drei der 30 Interviews entnommen wurde und ihr somit auch eine gewisse Bedeutung im Kontext zukommt.

Als weiteren Aspekt der Lohngestaltung brachte der Betriebsratsvorsitzende implizit mit seinem Wunsch, Privilegien abzuschaffen, zum Ausdruck, dass Übervorteilungen, z. B. Zuteilung eines Dienstwagens, im Entlohnungssystem verändert werden sollten.

## 3. Organisationskultur

Die Kategorie der verhältnisorientierten Maßnahmen, die die Organisationskultur betreffen, ist in 13 Unterkategorien unterteilt. Diese sollen nun kurz, neben einigen Beispielen von möglichen Interventionen, beschrieben werden.

Zunächst, wie aus der Themenmatrix 3.2 hervorgeht, steht unter *3.1* hinter der Kategorie *Anerkennung und Wertschätzung* die ethische Grundhaltung, die Pflege des Human- bzw. Sozialkapitals, die Ethik der Führungskräfte oder auch das Vertrauen in die MitarbeiterInnen. Zu den *Ernährungsangeboten* unter *3.2* zählen Angebote in Kantinen oder Verpflegungsautomaten. Mit der Kategorie *Partizipation und Empowerment* unter *3.3* ist die eigenverantwortliche Mitgestaltung von gesundheitsfördernden Maßnahmen gemeint. Die Kategorie *Delegation, Abflachung von Hierarchien* unter *3.4* in der Themenmatrix, beschreibt die Gleichstellung aller MitarbeiterInnen wie auch die Abschaffung von Privilegien. Unter *3.5 Kommunikation* sind Interventionsmaßnahmen, wie Feedback, Mitarbeiterbefragungen, Regelkommunikation, Mitarbeitergespräche oder auch Rückkehrgespräche zu verstehen. Die *Transparenz und Information* unter *3.6* der vorliegenden Themenmatrix, bezieht sich auf alle klar verständlichen Abläufe und Ziele im Unternehmen, klare Aufgabenstellung, Prozesse, Monitoring oder auch Info-Veranstaltungen, wie z. B. Kick-Off-Veranstaltungen, wie diejenige am 18.03.98 zu Vision und Leitbild. Das *Erstellen von Netzwerken*, die Pflege von Nahtstellen oder auch darüber hinaus das Angebot von Vernetzungsmöglichkeiten stellt unter *3.7* eine Kategorie dar, unter der inhaltlich beispielsweise die Bildung und Organisation von Selbsthilfegruppen oder die Förderung von sozialem Engagement zugeordnet wurden. Zu *3.8 Laufbahn-/ Karriereberatung* gehört als Maßnahme die Information über die beruflichen Entwicklungsmöglichkeiten im Betrieb. Unter *3.9 Formen der Zusammenarbeit, Kooperation* wurden Selbstkontrolle und Entscheidungsspielräume bzw. Handlungsspielräume subsumiert. *Familienfreundliche Einrichtungen*, in der Themenmatrix 3.2 unter *3.10* zu sehen, schließen beispielsweise einen Kindergarten oder Hort mit ein. Die *Führungskultur* bezeichnet unter *3.11* den Führungsstil, Qualifizierungen zur Führungskompetenz sowie z. B. das Projekt Seitenwechsel (besser bekannt als ein Kooperationsprojekt von Siemens und der Stadt München unter dem Namen „switch"). Unter *unterstützenden Abteilungen oder internen Einrichtungen*, wie in der Themenmatrix 3.2 unter *3.12* nachzulesen, werden Abteilungen, wie die der Weiterbildung, des Werksärztlichen Dienstes oder der Sozialberatung angesprochen. Und schließlich unter *3.13 Nachhaltigkeit der Projekte* bedeutet z. B. Gesundheitsförderung als langfristige Einrichtung, eine

Ideenwerkstatt, und ist im Sinne eines langfristig und nachhaltig angelegten Sozialprozesses zu verstehen.

Quantitative Verteilung:
Zu den Kategorien *3.1 Anerkennung* und *3.3 Partizipation, Empowerment* nahmen jeweils sechs Interviewpartner Stellung. Darunter waren der Betriebsrat, die Betriebliche Sozialberatung, der Arbeitssicherheitsbeauftragte, der Centerleiter, der Meister als auch der Werker. Die Kategorien *3.6 Transparenz* und *3.7 Nutzung von Netzwerken und Nahtstellen* haben jeweils bei fünf Interviewpartnern eine wichtige Stellung, wobei hierunter zur *Transparenz* sich der Arbeitssicherheitsbeauftragte, der Centerleiter, die Führungskraft mittleren Managements, der Meister und der Werker äußerten, und zur Netzwerknutzung der Betriebsrat, die Betriebliche Sozialberatung, der Arbeitssicherheitsbeauftragte, der Centerleiter als auch der Werker durchgängig vertreten waren. Jeweils vier Befragte äußerten sich zu den Kategorien *3.9 Zusammenarbeit, Kooperation, 3.11 Führungskultur* und *3.13 Nachhaltigkeit.* Zur *Kooperation* gaben der Betriebsrat, der Centerleiter, der Meister und der Werker ihre Befürwortung, während für die *Führungskultur* der Geschäftsführer, die Sozialberatung, der Meister als auch wieder der Werker stimmten, und zur *Nachhaltigkeit* schließlich der Betriebsrat, die Arbeitssicherheit, der Centerleiter und wiederum der Werker sich äußerten.

Zur Kategorie *Kommunikation* unter *3.5* ergaben sich aus dem Datenmaterial drei Nennungen, nämlich vom Geschäftsführer, vom Arbeitssicherheitsbeauftragten und vom Centerleiter. *Delegation und Abflachung der Hierarchien* unter *3.4* befürworteten zwei Interviewpartner, und zwar der Betriebsratvorsitzende und der Werker. Wie auch *familienfreundliche Einrichtungen* unter *3.10* von zwei Befragten genannt wurde, nämlich wiederum vom Geschäftsführenden als auch vom Werker. Lediglich von einer Person wurden jeweils die

Kategorien *3.2 Ernährungsangebote* und *3.12 unterstützende interne Einrichtungen* erwähnt. Ersteres befand der Meister als wichtig, während Letzteres aus der Sicht des Werkers für die Gesundheit fördernd gehalten wurde. Die Kategorie *3.8 Laufbahnberatung* stellte sich, wie auch bei den *2.3 Entlohnungssystemen*, aus den übrigen Interviews heraus, die in vorliegender Arbeit nicht eigens aufgeführt wurden. Es soll nur kurz erwähnt werden, dass diese Kategorie ebenfalls im Zuge der Befragung erwähnt wurde, und zwar von einem Werker, der dieses als sinnvolle gesundheitsförderliche Maßnahme erachtete. Implizit kann auch der kritische Vorwurf Herrn Reinholds hinsichtlich des Ignorierens einer angemessenen Aufgabenverteilung vonseiten der Führungskräfte, wie er es erlebt, als Bedarf gewertet werden, eine Laufbahnkarriere anzubieten.

3.1 Anerkennung Wertschätzung

Sowohl der Betriebsratvorsitzende Herr Weno, der Sozialberater Herr Krüger als auch der Centerleiter Herr Saumweber, der Meister Herr Mikfelder und der Werker Herr Reinhold stellten alle fest, dass fehlende Anerkennung und Wertschätzung einen erheblichen gesundheitsbeeinträchtigenden Effekt hat, und halten daher Anerkennung als einen wichtigen Bestandteil für ein zufrieden stellendes, erfolgreiches und motivierendes Berufsleben.

So muss aus der Sicht Herrn Wenos ein Unternehmen Vertrauen in seine MitarbeiterInnen setzen, indem es bei den Arbeitszeiten mehr Entscheidungs- und Handlungsspielräume für eine freiere Gestaltung schafft. Sobald das Unternehmen dem / der MitarbeiterIn etwas zutraut und Freiräume zugesteht, erhält es auch Loyalität und Leistungskraft zurück. Zudem betrachtet Herr Weno das Zugestehen einer höheren Selbstverantwortung und Kritikfähigkeit wie auch das Zulassen von mehr Freude am Arbeitsprozess und Lust an der Leistung als Anerkennung und Wertschätzung gegenüber dem/der MitarbeiterIn über dessen Entlohnung hinaus. Die Betrachtung des Menschen als ganzheitliches Wesen stellt für ihn dabei einen wesentlichen Grundsatz dar.

Herr Krüger, der persönliche Vertreter der Betrieblichen Sozialberatung, würde eine würdevolle Anerkennung und Wertschätzung zum einen an der Einbeziehung des Mitarbeiters / der Mitarbeiterin in Veränderungsprozesse durch die Ermöglichung eines partizipativen Engagements erkennen, zum anderen auch am würdevollen Umgang mit dem / der MitarbeiterIn, worin das Beachten, Anerkennen und Respektieren seiner / ihrer „soziopsychosomatischen Bedarfe" inbegriffen ist. Die Unkenntnis oder sogar Ignoranz dessen wertet Herr Krüger als Kulturthema eines Unternehmens und glaubt daher, dass eine in der Organisationskultur verankerte wertschätzende Grundhaltung eine für den / die MitarbeiterIn spürbare gesundheitsförderliche Auswirkung hat.

Herr Prinz, der Arbeitssicherheitsbeauftragte, stuft Wertschätzung und Vertrauen als Grundwerte in der Kommunikation zwischen Führungskraft und MitarbeiterIn ein. Sobald dies fehlt, könnten auch keine ehrlichen Empfindungen und Meinungen in Erfahrung gebracht werden und somit auch keine Verbesserungen eintreten.

Herr Saumweber, Führungskraft des oberen Managements, schließt sich der Meinung Herrn Krügers insofern an, als er ebenfalls den Umgang mit Verletzung als ausbleibende Wertschätzung und „Nicht-Anerkennung" des Mitarbeiters / der Mitarbeiterin bewertet und bezeichnet dies innerhalb der Kultur des Unternehmens als Problemfaktor.

Herr Mikfelder bezieht das „Nicht-Anerkennen" seiner Stressbelastung durch seine Führungskraft darauf, dass Anerkennung im Unternehmen keine große Rolle spiele. Statt Verständnis entgegenzubringen, bestätige ihm betreffende Person noch, dass der Stress ihm wohl gut tue, was er u. a. darauf zurückführt, dass Herr Mikfelder außer einer Grippe ja nie krank sei.

Herr Reinhold fühlt sich ebenfalls in seiner Stressbelastung durch die Schichtarbeit von seinem Meister nicht verstanden und schließt aus dessen ignorierendem Verhalten, Verbesserungsvorschläge oder innovative Erneuerungen anzunehmen und mit umzusetzen, dass „Nicht-Anerkennung" und „Nicht-Wertschätzung" der Belegschaft insgesamt ein Thema im Unternehmen sei. Aus dieser subjektiven Erfahrung und der bewussten Kenntnis der Konsequenzen heraus, hält er Anerkennung und wertschätzenden Umgang untereinander für eine wichtige Grundhaltung einer erfolgreichen Unternehmenskultur.

### 3.2 Ernährungsangebote

Ernährungsangebote betrachtet Herr Mikfelder für eine wichtige Maßnahme, da sie bei den MitarbeiterInnen auch stets gut angenommen werden. Vorstellen könnte er sich ein regelmäßiges Angebot an Obst, was zur freien Auswahl und zum Genuss bereit stehen sollte.

### 3.3 Partizipation und Empowerment

Empowerment als Ansatz, um MitarbeiterInnen als autonome Wesen an allen für sie bedeutenden Projekten teilhaben zu lassen und sie in deren Prozessverfolgung und Gestaltung zu integrieren, steht für Herrn Weno zentral in seiner Handlungslogik. Nur so kann man Arbeit zeitgemäß verändern und den heutigen Ansprüchen anpassen.

Herr Krüger erachtet schon aufgrund der seiner Ausbildung gemäßen Gesinnung Empowerment als sinnvollen Handlungs- und Denkansatz, da dieser Grundvoraussetzung dafür ist, Menschen in ihrem Ressourcenrepertoire zu unterstützen und auf diesem Weg, ihnen zur Selbsthilfe und autonomen Steuerung zu verhelfen. Dieser Ansatz sollte der Handlungslogik eines Unternehmens ebenfalls zugrunde liegen, um leistungsstarke, motivierte und innovative MitarbeiterInnen zu beschäftigen.

Herr Prinz, der Beauftragte der Arbeitssicherheit, schätzt als grundlegenden Ansatz seiner Handlungslogik das Impulsgeben und

Befähigen zum eigenen Bewältigen als gesundheitsfördernd ein. Ohne Partizipation des Mitarbeiters/der Mitarbeiterin hält er Interventionen, vor allem im Bereich der Verhaltensänderung, für nicht sinnvoll und effektiv. Selbstbestimmung und Partizipation als Aspekte von Empowerment stehen für ihn zentral im Mittelpunkt aller Aktivitäten innerhalb einer Organisation und müssen über deren Kultur transportiert und gelebt werden. Die Miteinbeziehung der MitarbeiterInnen muss über eine ihnen angepasste Sprache gewährleistet werden.

Der Centerleiter Herr Saumweber findet diesen Ansatz in den Leitsätzen von Vision-und-Leitbild wieder und bewertet die Projekte im Rahmen dieses Prozesses, wie z. B. Teamentwicklung als Unterstützung zur Selbststeuerung der einzelnen MitarbeiterInnen als auch der Teams. Ziel ist, aus seiner Sicht, mit den Befindlichkeiten und Ängsten der MitarbeiterInnen kompetenter umgehen zu können und über die besser abgestimmten Prozesse der Teams eine höhere Qualität zu erreichen.

Herr Mikfelder empfindet den Druck und das autoritäre Steuern von „on top" kommend als gesundheitsmindernd und würde größere Verantwortung für mehr Handlungs- und Entscheidungsspielräume begrüßen, um für den eigenen Aufgabenbereich ein kontinuierlicheres und eigenständigeres Arbeiten zu ermöglichen. Die Möglichkeit zur Mitsprache der MitarbeiterInnen bei Projekten des Veränderungsmanagements und die informative Aufklärung fehlen zumeist. Anstatt dessen werden solche Maßnahmen von oben verordnet.

In ähnlicher Weise sieht auch Herr Reinhold, dass durch die Art und Weise, wie Anordnungen erteilt werden, die persönliche intrinsische Motivation zunehmend schwindet und sich ein reaktives passives Verhalten entwickelt. Die Einsatzbereitschaft wie auch die Freude am Arbeitsleben nehmen ab. Daher befürwortet er, dem heutigen Zeitgeist entsprechend, mehr Selbstbestimmung und Gestaltungsmöglichkeiten bei Aufgabenverrichtung und Zeiteinteilung. Eine sozialfreundliche Gestaltung der Arbeitsplätze und -verhältnisse wäre seiner Ansicht nach eine wichtige Innovation, die innerhalb der Organisationskultur im Sinne einer gesundheitsbezogenen Wirkungsweise zum Ausdruck käme.

### 3.4 Delegation, Abflachung von Hierarchien

Wie bereits, aufgrund von inhaltlichen Überschneidungen, schon öfter zum Ausdruck kam, sind Herr Weno und Herr Reinhold für eine Abschaffung der Hierarchien und der zugehörigen Privilegien, da somit eine Solidargemeinschaft unter der Belegschaft ermöglicht werde und dadurch die Identifikation mit dem Unternehmen und seinen Zielen erhöht wie auch die Motivation und Leistungsbereitschaft effektiver werden würde.

### 3.5 Kommunikation

Der Geschäftsführer Dr. Kurz schlägt hinsichtlich der Kommunikation eine MitarbeiterInnenbefragung vor, zu den Aspekten, „Wo fühlen wir uns gut?", „Was machen wir gut?" Über die bisher defizitär ausgerichtete Situationsanalyse würde weiterhin mehr Kritik und negative Stimmung kommuniziert werden, was nicht zu besserer Lösungs- und Ressourcenorientierung führen würde.

Herr Prinz ist, wie bereits erwähnt, für eine Miteinbeziehung der MitarbeiterInnen und hält in Bezug darauf eine dem/der MitarbeiterIn verständliche Kommunikation für unumgänglich. Erst über eine verständliche Kommunikation kann der Mitarbeiter/die Mitarbeiterin über gesundheitsbezogene Aktionen aufgeklärt werden und diese dann in einem subjektiven Entscheidungsprozess akzeptieren und als nutzvoll annehmen.

Herr Saumweber erachtet innerhalb der Kommunikationskategorie „Rückkehrgespräche" als sehr gute und effektive Maßnahme. Während die Betriebliche Sozialberatung und der Betriebsrat diese Form der MitarbeiterInnengespräche für veraltet halten und darin die Inkompetenz der Führungskräfte im Rahmen ihres gesamten Führungsstils widergespiegelt sehen, beurteilt Herr Saumweber aus seiner jahrelangen Führungserfahrung heraus dieses „Tool" der Kommunikation mit dem/der MitarbeiterIn als sehr gutes Instrument. Die einheitliche Durchführung dieses Instruments müsse daher über die Organisation installiert werden. Daraus entstünde dann eine einheitliche Kultur im Unternehmen, an der sich der/die MitarbeiterIn orientieren könnte.

### 3.6 Transparenz, Information

Herr Prinz beurteilt auch eine Informationsstruktur als organisationskulturelle Einrichtung für notwendig, um z. B. die Einführung der MitarbeiterInnen in Arbeitsprozesse konkreter zu kommunizieren und durch eine reflexive Begleitung vor fehlgeleiteten Arbeitsabfolgen zu bewahren. Die Frustration und Demoralisierung durch permanente Desorientierung am Arbeitsplatz könnte durch höhere Transparenz so verringert werden.

Der Centerleiter, Herr Saumweber, stellt sich unter einer effektiven Gesundheitsförderung vor, dass nicht nur ergonomische Maßnahmenkataloge abgearbeitet werden sollten, sondern durch das gemeinsame Angehen von Prozessen Störungen im zwischenmenschlichen Bereich als auch im Produktionsablauf vermieden werden könnten. Dazu bedarf es einer Transparenz und informativen Kultur im Unternehmen. Die Motivation könnte seiner Ansicht nach durch ein besseres zwischenmenschliches Verständnis untereinander, was daraus resultieren würde, gesteigert werden.

Herr Dr. Gattner, eine Führungskraft des mittleren Managements, glaubt über mehr Transparenz durch Informationsveranstaltungen, Prozesse anstoßen zu können. Um als Anstoß für punktuelle Maßnahmen, die es bereits im Unternehmen gibt, einen Prozess ins Laufen zu bringen, hält er zunächst die Bündelung dieser Aktivitäten für notwendig. Beispielsweise werden seiner Beobachtung zufolge die punktuell spezifischen Aktionen des Werksarztes, der Arbeitssicherheit und der Betrieblichen Sozialberatung vom / von der MitarbeiterIn nicht wahrgenommen. „Der Link zum subjektiven Wohlbefinden" fehle seiner Meinung nach. Eine Kick-Off-Veranstaltung, wie es beispielsweise diejenige am 18.03.1998 zu Vision-und-Leitbild gegeben hat, würde er für wichtig halten, um das Thema Gesundheit und all seine Facetten hinsichtlich diverser Interventionen im Unternehmen zu platzieren. Damit könnte man das Angebot und seine Zielsetzung allen MitarbeiterInnen zugänglich machen. Transparenz über Zielsetzungen und Angebote müssten seiner Erfahrung nach über Informationsstrukturen kommuniziert werden.

Dem pflichtet sein Meister, Herr Mikfelder, bei und kritisiert die schlechte Aufklärung und Kommunikation im Betrieb zu mitarbeiterInnenbezogenen Maßnahmen.

### 3.7 Erstellen von Netzwerken, Angebot von Vernetzungsmöglichkeiten, Pflege von Nahtstellen

Herr Weno, der Betriebsratsvorsitzende, nimmt zum Thema Networking vorrangig das Angebot von Vernetzungsmöglichkeiten in der Gesellschaft über das Unternehmen hinaus in den Blick. So schätzt er soziales Engagement als wichtige Ressource für ein interessantes innovatives Lernfeld ein, um die Sozialkompetenz von MitarbeiterInnen zu erhöhen. Zum Beispiel beurteilt er das Projekt „Seitenwechsel" als ein ideales Instrument, um Führungskräfte in ihrer Sozialkompetenz zu qualifizieren. Diese Kompetenz würde dann Rückkehrgespräche ablösen. Darüber hinaus hält er ein solidarisches soziales Verhalten untereinander innerhalb der Organisation für wichtig und bewertet die Vernetzung innerhalb des Unternehmens als effektive und effiziente Ressource, um Themen wie den „Gesundheitsschutz" und die „Gesundheitsförderung" voranzubringen.

Der betriebliche Sozialpädagoge Herr Krüger erwartet sich über die Zusammenführung der einzelnen Gesundheitsprojekte und der gemeinsamen Verantwortlichkeit dafür positive Synergieeffekte.

Herr Prinz, der Arbeitssicherheitsbeauftragte, sieht ebenfalls im Networking unter den Experten für Gesundheit und den Führungskräften im Unternehmen eine Chance, gemeinsame Werte in der Pflege des Human- bzw. Sozialkapitals versus bloßer Erkenntnisgewinnung aus Kennzahlen erarbeiten zu können. Durch die vernetzte Erarbeitung gemeinsamer Zielausrichtungen und Wertigkeiten kann das Thema Gesundheitsförderung protegiert werden und das Ziel hinsichtlich der Reduktion der Krankheitsquote in den Hintergrund treten. Die Akzeptanz der MitarbeiterInnen als auch deren Vertrauen in die Arbeitssicherheit über den persönlichen Kontakt zur betreuenden Person ist bei der sozialen Vernetzung für interne Hilfestellen im Unternehmen wichtig.

Der Centerleiter, Herr Saumweber, legt sehr großen Wert auf die Entwicklung von Teamarbeit und sieht darin eine Vernetzung der MitarbeiterInnen, die er einerseits als eine Ressource zur Selbststeuerung der Beschäftigten und andererseits als eine Betreuung der interpersonalen Beziehungsstrukturen und der Interaktionen untereinander gutheißt.

Herr Reinhold ist, aufgrund seiner persönlichen Erfahrungen aus seinem sozialen Engagement außerhalb der Firma, vom Nutzen der sozialen Vernetzung überzeugt. Ein gutes soziales Umfeld bringt persönliche Zufriedenheit, soziale Unterstützung als auch soziale Anerkennung und Wertschätzung mit sich. Durch die Resonanzerfahrung im Anderen fühlt der Einzelne sich ernst genommen und bestätigt. Dies trägt laut Herrn Reinhold zu Wohlbefinden und Gesundheit bei.

### 3.8 Laufbahn

Wie bereits erwähnt, hat sich hierzu ein Werker aus dem restlichen Interviewpool geäußert, der dieses als sinnvolle gesundheitsförderliche Maßnahme erachtete. Herr Reinhold bringt implizit die Sinnhaftigkeit einer Laufbahnberatung zum Ausdruck, insofern er die sich ergebende Perspektivlosigkeit schildert, wenn keine Hoffnung auf neue Perspektiven hinsichtlich der Aufgabenstellung eröffnet werden, was mitunter zur Demoralisierung führe.

### 3.9 Formen der Zusammenarbeit, Kooperation

Herr Weno legt aufgrund seiner Einstellung zur Neugestaltung der Arbeit auch auf Kooperation besonderen Wert. Dabei sollen die MitarbeiterInnen selbstständig die Formen ihrer Zusammenarbeit gestalten.

Herr Saumweber legt wiederum, infolge seines bereits erwähnten Fokus auf Teamarbeit, großen Wert auf Kooperation.

Der Meister Herr Mikfelder weist ebenfalls der Kooperation einen hohen Stellenwert zu. Einerseits bezieht er dies auf die Teamarbeit seiner Werker, andererseits auf die Kooperation zwischen den diversen Führungsetagen.

Herr Reinhold fordert mehr Kooperation zwischen den Führungskräften und den MitarbeiterInnen. Zudem sollten die Führungskräfte auch intensiver auf die Probleme der MitarbeiterInnen eingehen.

### 3.10 Familienfreundliche Einrichtungen

Herr Dr. Kurz, der Geschäftsführer, hält ein organisationsinternes Angebot von Kindergarten und Hort für gesundheitsförderliche Maßnahmen, da diese beispielsweise für Familien mit Doppelverdienern oder allein erziehenden Müttern eine große Stressentlastung bedeuten, zumal die Kinder auf dem Weg in die Arbeit abgegeben und zugleich auch während der Arbeitszeiten immer wieder besucht werden können. Auf diese Weise verliert das Unternehmen keine qualifizierten Arbeitskräfte, die sonst aufgrund ihrer Erziehungspflichten zu Hause bleiben würden.

Herr Reinhold vermisst in der NOVA sozial- und familienfreundlichere Arbeitsmodelle, die er in anderen Firmen beobachte.

### 3.11 Führungskultur

Herr Dr. Kurz betrachtet die Führungskultur in Bezug auf ihre Vorbildfunktion und autoritäre „Abforderung von oben nach unten" als institutionell ausgerichtete Prävention. Partizipation der MitarbeiterInnen an Entscheidungen erachtet er nur soweit für angemessen, als deren kognitives Verständnis dafür ausreicht. Er tritt nicht für eine „Basisdemokratie ein, sondern erwartet Loyalität vonseiten der MitarbeiterInnen".

Herr Krüger, der Sozialpädagoge, weist die Verantwortung für das Thema Gesundheit und dessen Umsetzung den Führungskräften zu, insofern sie über ihr Führungsverhalten entsprechend wertschätzend und sozial kompetent mit den MitarbeiterInnen umgehen könnten und auf diesem Wege auch das Wohl, die Gesundheit, die Motivation und die Leistungsfähigkeit beeinflussen und steuern würden. Eine organisationale Verankerung von Gesundheit in der Führungskultur hält er daher für wichtig.

Herr Mikfelder erlebt aufgrund der hierarchischen Machtausübung seiner Führungskräfte ständig erhöhten Druck, der ihn in der Ausübung seiner Aufgaben massiv belastet. Seine eigene Kontroll- und Machtausübung nach unten zu den Werkern kann er steuern, doch der Steuerung von oben ist er ohnmächtig ausgesetzt. Infolge dessen verlegt er tendenziell die Ursache für seinen Stress auf die Art der Ausübung von Führung und erachtet die Führungskultur als maßgebliche Einflussgröße auf die Gesundheit der MitarbeiterInnen.

Herr Reinhold erfährt keine Unterstützung durch Führungskräfte hinsichtlich der Zuweisung geeigneter Aufgaben oder einer flexibleren Einplanung von Urlaubszeiten. Auch in Bezug auf Anerkennung und wertschätzenden Umgang vermisst er die soziale Handlungskompetenz seiner Führung. Aus dem eigenen Erleben heraus bewertet er die Führungskultur, ebenfalls wie Herr Mikfelder, als eine gewichtige Einflussgröße auf das subjektive Wohlbefinden als auch auf dasjenige des Teams. Neben der Gesundheitsminderung führe hier ein negativer Einfluss auch zu Leistungsabbau und Demoralisierung.

### 3.12 Unterstützende Abteilungen bzw. interne Einrichtungen

Herr Reinhold bewertet interne Einrichtungen, die soziale Unterstützung anbieten, als sinnvoll. Er setzt auf psychosoziale Unterstützung und dabei auch auf professionelle Hilfe vonseiten der Betrieblichen Sozialberatung. Darunter subsumiert er den Kindergarten, den Betriebsrat, die Selbsthilfegruppen zur Suchthilfe sowie die Sozialberatung. Allerdings findet er deren Arbeit in der NOVA als unzureichend, da sie nicht autonom handeln, sondern den Zielinteressen des Managements ausgeliefert sind.

### 3.13 Nachhaltigkeit der Projekte

Der Betriebsrat Herr Weno hält eine nachhaltige gemeinschaftliche Bemühung um den Erhalt von Gesundheit der MitarbeiterInnen für notwendig. Andernfalls werde das Vertrauen der MitarbeiterInnen missbraucht und, nachdem es einmal verloren gegangen ist, auch immer wieder schwerer, es zurückzuerobern. Nachhaltigkeit ist für ihn der Grundsatz, nach dem Projekte und Steuerungsinstrumente langfristig in einer Organisation angelegt werden müssen, um in irgendeiner Form eine Effizienz zu erreichen.

Herr Prinz erachtet den direkten, persönlichen Kontakt zum Mitarbeiter als wichtig. Dabei sollten keine bürokratischen Wege behindern oder nur scheinbar gut aufgezogene Projekte, die lediglich der Außenwirkung dienen, durchgeführt werden. Der Mitarbeiter brauche seiner Meinung nach wahrhaftige Angebote, die mit Nachhaltigkeit langfristig abrufbar sind. Das stärke das Vertrauen und die Bindung der MitarbeiterInnen an das Unternehmen und erhöhe damit auch deren Leistungsbereitschaft, Einsatz und Motivation sowie auch langfristig deren Leistungsfähigkeit. Demzufolge sichere Gesundheitsförderung als Wertschöpfungsfaktor die Qualität und Produktion und folglich auch den Unternehmenserfolg.

Der Centerleiter Herr Saumweber sieht die häufigen Wechsel der Führungskräfte als Problem an und ist davon überzeugt, dass für einen Vertrauensaufbau zwischen MitarbeiterIn und Führungskraft eine langfristig angelegte Führung von Bedeutung ist. Die Flexibilität der Führung sieht er diesbezüglich als negativ an und plädiert für mehr Nachhaltigkeit.

Herr Reinhold plädiert für eine hohe Wertigkeit gesundheitsbezogener Projekte und ist von der Notwendigkeit des auf Nachhaltigkeit basierenden Grundsatzes überzeugt.

#### 5.3.2.3 Verhaltensorientierte Maßnahmen

Weiterhin konnten aus dem Datenmaterial der vorliegenden empirischen Untersuchung verhaltensorientierte Maßnahmen der Gesundheitsförderung identifiziert werden. Zu den eruierten verhaltensbezogenen Maßnahmen konnten 15 thematische Kategorien gebildet werden, die in Bezug auf ihre Inhalte kurz vorgestellt werden.

Unter der Kategorie *Anerkennung, Wertschätzung,* abgebildet in der Themenmatrix *3.3* unter *1.*, werden verhaltensbezogene Maßnahmen, wie der Führungsstil und das Führungsverhalten, der Umgang mit Lob oder auch die Anerkennung von Stress und anderen Belastungszuständen, verstanden. Hinter der Kategorie unter *2. Suchtmittelkonsum bzw. -missbrauch* stehen Maßnahmen für die Bekämpfung von Alkohol-, Tabletten- und illegalen Drogenmissbrauch wie auch falsche Ernährung oder Zigarettenkonsum. Als weitere Kategorie konnten unter *3. Aufklärungs- und Informationsaktionen* erfasst werden, worunter Anti-Raucher-Kampagnen oder Gesundheitsinformationen zu verstehen sind. Zu den *Herz-Kreislauf-Aktionen* in der Themenmatrix als *4.* Kategorie angegeben, wurden entsprechende Gesundheitschecks, individuelle Gesundheitsberatung, Untersuchungen zu Herz, Blutdruck, Cholesterinspiegel, Übergewicht oder Bewegungsmangel subsumiert. Unter *5.* wurde die Kategorie *Weiterbildung* mit Gesundheitsförderung genannt, die Kompetenzerweiterung von Wissen und Inhalten zur Gesundheitsförderung beinhaltet. Als *6.* Kategorie steht die *soziale Kompetenz,* unter der Führungskräfteschulungen, Konfliktseminare, Persönlichkeitsbildung oder auch die Betriebliche Sozialberatung als Einrichtung zugeordnet wurden. Zu den *Copingstrategien* unter *7.* sind Kurse zur Entspannung, Autogenes Training, Zeitmanagement, „SOS" am Arbeitsplatz oder Coaching zu subsumieren. Die Kategorie *Bewegungsangebote* unter *8.* umfasst Angebote wie Rückenschule, Fitnesscenter, Betriebssport oder Anleitung zum Stretching. Unter *9.* steht die Kategorie *Freizeitangebote*, wie Sportgruppen, Stammtische und Betriebsausflüge. Zur Kategorie *Netzwerke* unter *10.* sind die betriebsinternen Selbsthilfegruppen oder auch der Kindergarten, der aus einer Eigeninitiative der Eltern entstand, zu zählen. Die Kategorie *Lernen aus Erfahrung bzw. Lebenserfahrung*, unter *11.* aufgeführt, umfasst die Möglichkeit der Motivation zu gesundem Verhalten aus bisher schlechten Erfahrungen. Unter dem unter *12.* genannten *Indikatorensystem* sind beispielsweise Frühwarnsysteme zu verstehen und unter *13. Annehmbarkeit bei MitarbeiterInnen*, ist in diesem Kontext z.B. eine pädagogische Verordnung auf Einsicht gemeint. Zur Kategorie unter *14.*, *Belohnung für Gesundheitsrate*, gehören monetäre Prämien, oder auch naturale Prämien wie Obstkörbe in Arbeitsräumen bzw. Aufenthaltsräumen. Schließlich unter *15.*, der als letzte der aufgeführten Kategorien, stehen die *langfristig angelegten Lernprozesse*, worunter der Aspekt der Zeit gemeint ist, die für Entwicklungsmöglichkeiten gegeben wird.

Quantitative Verteilung

Insgesamt äußerten sich alle zehn Interviewpartner zu verhaltensbezogenen Kategorien der Gesundheitsförderung, davon sechs Befragte zu den *Aufklärungs- und Informations-Aktionen (3.)*. Hierzu zählen der Personalleiter, der Werksarzt, der betriebliche Sozialpädagoge, die Führungskraft der mittleren Managementebene, der Meister und der Werker. Fünf Interviewpartner hielten *Herz-Kreislauf-Aktionen (4.)* für wichtig, während sich jeweils vier Befragte zu den Kategorien

*1. Anerkennung*, *5. Weiterbildung* und *8. Bewegungsangebote*, äußerten. Zur erst genannten Kategorie gehören der Geschäftsführer, der Personaldirektor, der Werksarzt, der betriebliche Sozialberater und die Führungskraft der mittleren Managementebene. Zur Kategorie *Anerkennung* äußerten sich der Betriebsratsvorsitzende, der Werksarzt, der betriebliche Sozialpädagoge und der Centerleiter. Die Kategorie *Weiterbildung* mit *„Gesundheitsförderung"* befanden der Betriebsrat, der Werksarzt, der Sozialpädagoge und die Führungskraft der mittleren Managementebene für erwähnenswert. Zu den *Bewegungsangeboten* schließlich schlugen der Geschäftsführer, der Personaldirektor, der betriebliche Sozialpädagoge und die Führungskraft der mittleren Managementebene Maßnahmen vor.

Die Kategorien *2. Suchtmittelkonsum/-missbrauch*, *6. Soziale Kompetenz* und *7. Copingstrategien* wurden jeweils von drei Interviewpartnern als wichtig genannt. Zum *Suchtmittelmissbrauch* äußerten sich der Personaldirektor, der betriebliche Sozialberater und der Meister, für die Kategorie *Soziale Kompetenz* stimmten der Betriebsrat, der Werksarzt und der betriebliche Sozialberater. Schließlich äußerten sich zu den Bewältigungsstrategien der Werksarzt, der betriebliche Sozialberater und die Führungskraft der mittleren Managementebene.

Zum Indikatorensystem unter *12.* und der *Annehmbarkeit bei MitarbeiterInnen* unter *13.* machten jeweils zwei Interviewpartner Vorschläge. Darunter waren zu *12.* der Centerleiter und die Führungskraft der mittleren Managementebene vertreten und zu Punkt *13* die Führungskraft der mittleren Managementebene und der Meister.

*Freizeitangebote* unter Punkt *9.*, *Netzwerke* unter *10.*, *Lernen aus Erfahrung* unter *11.*, *Belohnung für Gesundheitsrate* unter *14.* und schließlich die Kategorie *Langfristig angelegte Lernprozesse* unter *15.* wurden je von einer interviewten Person genannt. So befand der Werker die *Freizeitangebote*, die *Netzwerke* als auch *langfristig an-*

*gelegte Lernprozesse* als wichtig, während der Meister die *Belohnung für eine Gesundheitsrate* als gut beurteilte.

1. Anerkennung, Wertschätzung

Der Betriebsrat Herr Weno stellt bedauernd fest, dass in der NOVA unter den Führungskräften lediglich eine Fachhierarchie besteht und er die Motivation, Führungskraft zu werden, kritisch hinterfragt. Seiner Beobachtung zufolge herrscht eine Dominanz der ökonomischen Wertevorstellung vor, sichtbar an der Relevanz von Kennzahlen im Unternehmen, während ein ethisches Menschenbild, das einen wertschätzenden Umgang wie auch eine Haltung zu Anerkennung abbildet, weitgehend fehlt. Das System fördere zudem Reputation, während Anerkennung nur eine geringe Rolle spiele. Diesbezüglich sollte auch zunehmend mehr eine Auseinandersetzung mit ethisch moralischen Fragen und einem philosophisch und psychologisch hinterfragten Menschenbild innerhalb der Wirtschaftsethik stattfinden.

Der Werksarzt Dr. Landgraf schließt sich insofern dieser Meinung an, als er das dominierende Maschinenmodell als Menschenbild der Führungskräfte, wobei ein von Wertschätzung geprägtes Führungsverhalten in den Hintergrund trete, kritisiert. Das erkenne man beispielsweise am sparsamen Umgang mit Lob im Sinne von „nicht getadelt, ist so gut wie gelobt", was zur Folge hat, dass die MitarbeiterInnen sich nicht als wichtig und bedeutsam fühlen und daher in ihrer Motivation abbauen. Zudem herrschen die Kennzahlen, wie beispielsweise die Steigerung der AU-Tage im Interesse der Führungskräfte vor, während die Fürsorge um die MitarbeiterInnen dabei auf der Strecke bleibe.

Auch der betriebliche Sozialberater Herr Krüger kritisiert die fehlende Wertschätzung gegenüber den MitarbeiterInnen und die Nicht-Anerkennung deren Bedürfnisse. Zudem bezieht er diese Missachtung auf seine Person und die aufgabenbezogenen Inhalte seiner Tätigkeit, die er in der Machtverteilung der zugeteilten Hierarchiepositionen erkennt.

Der Centerleiter hält ebenfalls die Wertschätzung und Anerkennung für wichtig. Aus seiner persönlichen Erfahrung erlebt er die „kollegialen" Beziehungen unter den Führungskräften der oberen Managementebene als höchst unkollegial und belastet durch Konkurrenzkämpfe.

2. Suchtmittelkonsum bzw. -missbrauch

Der Personaldirektor Dr. Menne stellt die Maßnahmen des Werksarztes gegen den Suchtmittelkonsum in den Vordergrund. Die Beiträge der Betrieblichen Sozialarbeit erwähnt er in diesem Zusammenhang nicht.

Herr Krüger, der betriebliche Sozialberater, erwähnt im Gegensatz zu Dr. Menne seine Aufgabenbereiche in der Suchtberatung und zählt einige Maßnahmen, wie Führungskräfteseminare, Beratungsgespräche, Verweisungen an Suchtkliniken u. a. auf.

Der Meister Herr Mikfelder nennt in diesem Zusammenhang eine Aktion „Null Promille", die im Unternehmen stattfand, und die MitarbeiterInnen auf ihren Suchtmittelkonsum aufmerksam machte.

3. Aufklärungs- und Informations-Aktionen

Herr Dr. Menne, der Personaldirektor, fasst alle Maßnahmen des Werksärztlichen Dienstes und der Arbeitssicherheit unter dieser Kategorie zusammen. Darunter subsumiert er in seiner Aufzählung sowohl die verhaltensbezogenen Aufklärungsaspekte hinsichtlich der Arbeitsweisen als auch die Bewegungs- und Ernährungsangebote.

Der Werksarzt Dr. Landgraf betrachtet die Durchführung der Gesundheitszirkel als auch die Gesundheitsberichte in diesem Kontext als wichtige Instrumente, die zu einer besseren Information und Aufklärung der MitarbeiterInnen für ihr Gesundheitshandeln beitragen. Überdies hält er die permanente Bewusstmachung und Sensibilisierung der MitarbeiterInnen in Bezug auf ihr Gesundheitshandeln und -verhalten über Einzelaktionen als sinnvoll.

Der betriebliche Sozialberater Herr Krüger zählt in diesem Zusammenhang ebenfalls sein eigenes Angebot an Maßnahmen auf, das er mit seiner Abteilung vertritt. Thematisch reicht dies von Aufklärung zu Suchtverhalten über Beziehungs- und Konfliktlösung bis hin zu sozialen Bewältigungsmöglichkeiten aller Art.

Herr Dr. Gattner, Segmentleiter, appelliert an die Eigenverantwortung der MitarbeiterInnen für sich selbst, im Sinne „jeder muss für sich selbst sorgen" und fordert in diesem Zusammenhang eine aktive Aufklärung der MitarbeiterInnen über Verhaltensweisen, durch die sie über ein Repertoire an multifaktoriellem Gesundheitshandeln verfügen können.

Auch der Meister Herr Mikfelder setzt sich für eine bessere Aufklärung ein, die er in der NOVA oftmals vermisse.

Aus der Sicht des Werkers Herr Reinhold benötigt der Mensch eine langfristige Betreuung und wiederholte Impulse zur Bewusstmachung eines gesundheitsförderlichen Lebensstils, damit die Denkprozesse diesbezüglich immer wieder angeregt werden.

4. Herz-Kreislauf-Aktionen

Der Geschäftsführer Dr. Kurz bewertet den Service für die regelmäßigen Gesundheitschecks als eine gute Maßnahme, um im Rahmen der Gesundheitsförderung effektive Prävention zu betreiben.

Dieser Auffassung schließt sich der Personaldirektor Dr. Menne an und beobachtet hierauf eine gute Resonanz bei den MitarbeiterInnen.

Ebenso hält der Werksarzt Dr. Landgraf diese Gesundheitschecks für wichtig. Als Grundlage dafür verwendet er die Analyse der AU-Tage, der dann eine Diskussion der Daten über Fragebogen erfolgt. Thematisch fokussiert er auf die fünf Säulen, wie Bluthochdruck, Cholesterin, Bewegung, Stressmanagement und Ernährung. Die psychosomatische Komponente sieht er hierbei mit inbegriffen.

Der Sozialberater Herr Krüger schließt sich der Meinung über die Bedeutung der Gesundheitschecks zwar an, sieht aber darin nicht die originär effektive Gesundheitsförderung. Der soziopsychosomatische Aspekt stehe dabei zu sehr im Hintergrund.

Herr Dr. Gattner, Führungskraft der mittleren Managementebene, betrachtet den medizinischen Bodycheck zur Selbstkontrolle als sinnvoll und nützlich, um das eigene Verhalten darauf immer wieder abstimmen zu können.

5. Weiterbildung

Der Betriebsratsvorsitzende Herr Weno spricht sich für eine gesellschaftspolitische Bildung der Führungskräfte aus, deren thematische Inhalte ethische Menschenbilder und die zeitaktuellen Veränderungen und Entwicklungen des Menschen erfassen sollten. Darüber würde seiner Meinung nach die Haltung und Sozialkompetenz der Führungskräfte geschult werden.

Herr Dr. Landgraf glaubt aus ärztlicher Sicht, dass über Qualifizierungen und Schulungen zum Thema Gesundheitsförderung die Kompetenzen diesbezüglich erweitert und das Bewusstsein der MitarbeiterInnen weiterhin dafür sensibilisiert werden könne.

Herr Krüger sieht hier u. a. die Campus-Veranstaltungen und die Seminare „Stress" und „Gesund führen" als Seminarmaßnahmen des betrieblichen Arztes oder auch die Seminarangebote der Betrieblichen Sozialberatung zu „Alkoholsucht am Arbeitsplatz und Führungsverhalten" für wertvolle Interventionen.

Herr Dr. Gattner, Führungskraft auf mittlerer Führungsebene, betrachtet ein Schulungsprogramm zur Aktualisierung des Wissens um gesundheitspräventive Möglichkeiten als sinnvoll.

6. Soziale Kompetenz

Herr Weno, der Betriebsrat, sieht in der Beteiligung an Netzwerken und interdisziplinären Workshops gesundheitsförderliche Maßnahmen, die auf der Verhaltensebene die Prävention insofern unterstützen können, als darüber die sozialen Kompetenzen weiter ausgebildet werden.

Herr Dr. Landgraf ist überzeugt, dass das gesundheitsbezogene Verhalten auch über die Sensibilisierung und Bewusstmachung verbessert werden könne und sieht im Angebot der Betrieblichen Sozialberatung eine ergänzende Komponente zu seinem medizinischen Angebot.

Herr Krüger, der die Betriebliche Sozialberatung vertritt, fasst hierunter sein gesamtes Angebotsrepertoire im Bereich der Themen *Führung und Zusammenarbeit* zusammen. Themen wie *Persönlichkeitsentwicklung, emotionale und soziale Kompetenz, Konfliktmanagement, Leistungserhalt und Leistungsfähigkeit bei Burn-out-Syndromen, Selbstmanagement, Social Step* (gleich Seitenwechsel oder switch) usw. sind dabei für ihn als „Gesundheits-Tools" relevant. Im Weiteren zählt er auch *Teamentwicklung, Teambuilding* oder *Teamcoaching* dazu. Bei Letzteren kritisiert er nur die praktische Umsetzung, wie sie in der NOVA vollzogen wird, da er wichtige soziopsychosomatische Aspekte darin vermisse.

Die Angebote des werksärztlichen Dienstes, wie beispielsweise *Rückführung von MitarbeiterInnen mit Einschränkung* oder *Integration von MitarbeiterInnen nach langer Abwesenheit,* zählt er in diesem Zusammenhang mit zu verhaltensbezogenen Präventionsmaßnahmen. Die Individualberatung der Arbeitssicherheit stellt für ihn ebenfalls eine reine verhaltensbezogene Intervention dar.

7. Copingstrategien

Auch hinsichtlich der Bewältigungsstrategien erachtet Dr. Landgraf es als wichtig, den Umgang bzw. das Empfinden von Stress zu reflektieren. Ausgleichende Kompensationsmöglichkeiten sieht er u. a. bei sportlichen Aktivitäten.

Herr Krüger bezieht sich zu diesem Punkt wieder auf sein Angebot, das innerhalb der Betrieblichen Sozialberatung stattfindet.

Herr Dr. Gattner erachtet das „SOS" (Sicherheit, Ordnung, Sauberkeit) am Arbeitsplatz, als geeignete Maßnahme, um Stress entweder zu vermeiden oder besser zu bewältigen.

8. Bewegungsangebote

Der Geschäftsführer Dr. Kurz sieht in den Fitnessangeboten eine sehr gute Außenwirkung für das Unternehmen.

Der Personaldirektor hält, wie in seinem persönlichen Gesundheitshandeln, die Sport- und Ernährungsmaßnahmen für effizierte Gesundheitsförderungsmaßnahmen.

Herr Krüger erwähnt diese Angebote auch, schreibt ihnen jedoch eine geringere Relevanz zu als die beiden Führungskräfte aus der Geschäftsleitung.

Dr. Gattner hält Aktivitätsprogramme in Form von Bewegung am Arbeitsplatz als wichtige gesundheitsbezogene Maßnahmen.

9. Freizeitangebote

Der Werker Herr Reinhold findet Aktionen, die den Gemeinschaftssinn fördern, sehr wichtig, da durch den gesellschaftlichen Kontakt der soziale Austausch gefördert werden kann. Anstatt auf Seminaren oder Feedbackveranstaltungen immer themenbezogen zu arbeiten, hält er Betriebsausflüge oder Stammtische für eine effektivere Art, um den sozialen Kontakt im Unternehmen zu fördern.

10. Netzwerke

In ähnlicher Weise hält Herr Reinhold auch die Vernetzung innerhalb des Unternehmens für relevant. Beispielsweise könnte man bei persönlichen Problemen soziale Unterstützung aus der Teilnahme an firmeninternen Selbsthilfegruppen schöpfen oder auch Kontakte in Einrichtungen, wie dem firmeninternen Kindergarten, als gegenseitige Unterstützung und sozialen Austausch nutzen.

11. Lernen aus Erfahrung

Der Arbeitssicherheitsbeauftragte glaubt, die Einsicht zu einem gesundheitsbezogenen Verhalten oftmals erst über persönlich erlebte Erfahrungswerte, beispielsweise durch bereits vorhandene Schäden, anregen zu können. Die Arbeitssicherheit und der Werksarzt können mit ihrem Repertoire an Einflussmöglichkeiten lediglich quer eingreifen und sich immer wieder um eine Sensibilisierung der MitarbeiterInnen für deren Gesundheitszustand bemühen.

12. Indikatorensystem

Herr Saumweber, der Centerleiter, hält ein Indikatorensystem als Frühwarnsystem für ein wesentliches Präventionsinstrument, mit dessen Hilfe jeder sein Fehlverhalten in Bezug auf eine gesunde Lebensweise erkennen und daraufhin ändern könnte.

Herr Dr. Gattner, der Segmentleiter, schließt sich dieser Meinung an. Aufgrund eines solchen Systems könnte seiner Meinung nach jeder Mitarbeiter/jede Mitarbeiterin eigenverantwortlich sein Präventivverhalten steuern.

13. Annehmbarkeit bei MitarbeiterInnen

Die Annehmbarkeit bei MitarbeiterInnen betrachtet Dr. Gattner als einen wichtigen Aspekt, da ansonsten ein möglicherweise großes Angebot vom Mitarbeiter / von der Mitarbeiterin übersehen werden könnte. Die Art und Weise des Kommunizierens hinsichtlich der gesundheitsförderlichen Maßnahmen stellt für ihn in diesem Kontext einen entscheidenden Faktor dar, den es zu berücksichtigen gilt.

Der Meister Herr Mikfelder äußert sich diesbezüglich in ähnlicher Weise dazu. Mit seiner Kritik an den schlechten Informations- und Aufklärungsmethoden bleibe beim/bei der MitarbeiterIn oftmals nur Unverständnis und Unkenntnis zurück. Demnach können auch Angebote vielfach nicht genutzt werden.

14. Belohnung für Gesundheitsrate

Herr Mikfelder würde gewisse monetäre Prämien für ein besonderes Gesundheitshandeln eines Teams oder alternativ Belohnungen in naturaler Form, wie das Aufstellen eines Obstkorbs in den Aufenthaltsräumen, für sinnvolle Maßnahmen halten.

15. Langfristig angelegte Lernprozesse
Als entscheidende verhaltensbezogene Maßnahme hält Herr Reinhold die langfristig angelegten Lernphasen für notwendig. Da ein Mensch, um sein Verhalten zu ändern, aus seiner Erfahrung zeitlich länger dauernde Prozesse durchlaufen muss und dazu mitunter auch immer wieder Begleitung benötigt, könne in kurzfristig angelegten Seminaren das Verhalten von MitarbeiterInnen nicht verändert werden. Seiner Ansicht nach muss man hinsichtlich solcher Entwicklungsphasen dem Menschen bzw. dem / der MitarbeiterIn mehr Zeit zugestehen.

### 5.3.3 Zusammenfassung Betriebliche Gesundheitsförderung Erfolgsbausteine

Wie sich bereits aus den Ergebnissen des vorangegangenen Auswertungsteils über die Relevanz von Gesundheit herausstellte, erfordert ein salutogenetisch orientiertes Gesundheitsmanagement bestimmte Faktoren als Voraussetzung, um effektiv im Unternehmen implementiert werden zu können. Im Anschluss sollen die wichtigsten Kernaussagen des betrieblichen Sozialberaters Herrn Krüger dazu zusammengefasst werden. Diese Faktoren für eine erfolgreiche Implementierung wurden im dritten Teil der Ergebnisbeschreibung über die Maßnahmen für eine effektive Gesundheitsförderung als Erfolgsbausteine aufgelistet.

Entlang der aktuellen Situation im Unternehmen gab Herr Krüger aus seiner Wahrnehmung heraus folgende Empfehlungen:

Herr Krüger besteht hinsichtlich einer geplanten Gesundheitsförderung auf einem salutogenetischen Ansatz. Die prospektive, ressourcen- und lösungsorientierte Ausrichtung, verbunden mit einem Kontext, an dem MitarbeiterInnen partizipieren dürfen und selbst über mehr Handlungsspielräume und Selbstbestimmung verfügen, hält er für einen geeigneten Rahmen, damit Erwerbstätige ihre Gesundheit erhalten und fördern können. Um dies umsetzen zu können, muss zum einen Gesundheitsmanagement als Wertschöpfungsfaktor von der Geschäftsleitung anerkannt werden, zum anderen aber müssen alle Gesundheitsexperten und Führungskräfte die Bedeutsamkeiten psychosozialer Aspekte einräumen. Zudem muss das Thema Gesundheit im Unternehmen so verortet werden, dass es top-down vorgelebt und bottom-up partizipativ mitgestaltet wird. Eine gemeinsame Zielausrichtung wie auch eine Vernetzung unter den Fachakteuren spielt im Implementierungsprozess ebenfalls eine entscheidende Rolle. Darüber hinaus soll die Gesundheitsförderung in das unternehmerische Handeln integriert und in der Unternehmenskultur als ständiger Prozess gelebt werden. Die gleichrangige Wertigkeit zum Kerngeschäft, der Produktion, muss ebenso hergestellt werden. Außerdem muss die Nutzbarkeit der Maßnahmen für die MitarbeiterInnen stets geprüft werden.

An dieser Zusammenstellung ließ sich nochmals die momentane Ausgangsituation für eine Implementierung ablesen. Der Veränderungsbedarf bestätigt sich hier in Bezug auf die Organisation und Unternehmenskultur.

### Verhältnis- und verhaltensorientierte Interventionen

Im Weiteren ergaben sich aus den Vorstellungen aller Interviewpartner zweierlei Interventionsrichtungen für eine Betriebliche Gesundheitsförderung, zum einen verhältnisorientierte und zum anderen verhaltensorientierte Gesundheitsförderungsmaßnahmen. Die verhältnisorientierten Interventionen konnten nochmals in drei Kategorien differenziert zugeordnet werden und zwar in Maßnahmen, die die Arbeitsstruktur, die Organisationsstruktur und schließlich die Organisationskultur betreffen.

Dabei fiel auf, dass es innerhalb der drei Gruppierungen unterschiedliche Gewichtungen in den Ausrichtungen gab.

### Zur Verteilung

Insgesamt war die Verteilung von verhältnis- und verhaltensorientierter Ausrichtung ausgewogen. Auffällig war, dass der psychologisch ausgebildete Personalleiter aus der Gruppierung der Geschäftsleitung nur verhaltensorientierte Interventionen vorschlägt und keine verhältnisorientierte.

**Prävention und protektive Förderung**

An den unterschiedlichen Kategorienzuordnungen stellen sich einerseits präventive Maßnahmen heraus, andererseits protektive Förderungsmaßnahmen. Zum einen liegt es an der Betrachtung und Bewertung dieser Maßnahmen, ob sie z. B. mehr unfall- oder krankheitsvermeidend intendiert sind. Zum anderen aber sind auch einzelne Maßnahmen von sich aus auf Prävention von Missständen, Unfällen oder Krankheit angelegt und wieder andere dagegen auf Verbesserung und Erhöhung eines Potenzials durch Gestaltung von Rahmenbedingungen.

**Die drei Gruppierungen**

Die „Geschäftsleitung"

Die „Geschäftsleitung" ist einesteils nur verhaltensorientiert ausgerichtet, andernteils sowohl verhaltens- als auch verhältnisorientiert. Dabei ist einer der beiden in seinen Vorstellungen teils an präventiven Maßnahmen interessiert, größtenteils aber auch an protektiven Gesundheitsförderungsmaßnahmen, die sich auf die Arbeitsstruktur und auf die Organisationskultur beziehen. Insgesamt bringt die Geschäftsleitung relativ wenige Vorschläge zur Gesundheitsförderung, was in der bereits erwähnten zeitlich eingeschränkten Befassung mit diesen Themen begründet ist.

Die „Gesundheitsexperten"

Der Betriebsratsvorsitzende schlägt gleichermaßen verhältnis- wie auch verhaltensorientierte Gesundheitsförderungsmaßnahmen vor, die sich vorwiegend auf die Schaffung einer Organisationskultur beziehen, in der die MitarbeiterInnen in die Lage kommen, ihre Gesundheit zu erhalten und zu fördern.

Der Werksarzt vertritt hier zwar übermäßig protektiv ausgerichtete Interventionsmaßnahmen, die sich aber vor allem auf das Verhalten der MitarbeiterInnen beziehen. Lediglich in der Gestaltung der Organisation würde er die notwendigen Rahmenbedingungen geschaffen sehen.

Der betriebliche Sozialberater tritt in ähnlicher Weise wie der Betriebsrat für verhältnisorientierte Interventionen ein, hat aber aufgrund seines Tätigkeitsfeldes eine Reihe an verhaltensorientierten Maßnahmen als Vorschläge bereit.

Der Arbeitssicherheitsbeauftragte ist übermäßig von verhältnisorientierten Interventionsmaßnahmen überzeugt, die er auch innerhalb seiner beruflichen Aufgabe umzusetzen versucht. Darunter ist er einesteils an präventiv, anderenteils an protektiv ausgerichteten Maßnahmen interessiert. Die für sein Arbeitsfeld typischen, die Arbeitsstruktur betreffenden Maßnahmen sind dabei eher präventiv intendiert, diejenigen, die er aus eigener Überzeugung für notwendig hält, oftmals eher protektiv. Als verhaltensausgerichtete Intervention betrachtet er lediglich allgemein das Lernen aus Erfahrung für maßgeblich.

Insgesamt lässt sich weitgehend Übereinstimmung in dieser Gruppierung feststellen, woraus sich auf eine gute Basis für Kooperation im Thema Implementierung schließen lässt. Die einzelnen Varianten können zu einer ganzheitlichen Sichtweise und Umsetzung des Themas Gesundheitsförderung verhelfen.

Die „Fertigung"

Der Centerleiter ist übermäßig verhältnisorientiert und spricht sich für die Schaffung einer Unternehmenskultur aus, in der Anerkennung, Partizipation und Solidarität in Form von sozialer Unterstützung gelebt werden kann.

Der Segmentleiter ist hinsichtlich seiner Interventionsvorschläge überwiegend verhaltensorientiert, woraus wieder seine Auffassung erkennbar wird, der Einzelne trage für sich die Verantwortung. Die Vorschläge für die Veränderung der Verhältnisse richten sich fast ausschließlich auf die Arbeitsstruktur und sind demnach präventiv intendiert.

Der Meister macht zwischen verhältnis- und verhaltensorientierter Gesundheitsförderung ausgewogen verteilte Vorschläge. Bezogen sind sie zumeist auf die Gestaltung der Organisationskultur.

Der Werker bringt zahlenmäßig die meisten Vorschläge von allen. Überwiegend sind darunter Interventionen, die die Gestaltung der Verhältnisse betreffen. Diese erstrecken sich über alle drei Kategorien hinweg, die Arbeitsstruktur, die Organisationsstruktur und die Organisationskultur. Wie auch der Betriebsrat und der Centerleiter vertritt er die Meinung, dass erst durch eine entsprechende Kultur des Umgangs eine solidarische Gemeinschaft entstehen kann, in der gegenseitige soziale Unterstützung und Anerkennung wie auch ein gleichberechtigtes Mitspracherecht zu einer gesundheitsbezogenen Lebensweise führen kann.

Insgesamt sind bei der Gruppierung der „Fertigung" einige Übereinstimmungen festzustellen, die durchaus eine Basis für Aushandlungen zur Vereinbarkeit der unterschiedlichen Zielinteressen ermöglichen. Die hierarchische Positionierung der einzelnen Akteure und deren inhaltliche Aufgabenschwerpunkte scheinen jedoch die Kommunikation untereinander zu erschweren.

Aus den Vorschlägen für eine effektive Betriebliche Gesundheitsförderung hat sich in der Untersuchung gezeigt, dass Mitarbeiter mit verschiedenen Aufgaben und Funktionen an verschiedenen Positionen vielfältige Intentionen mit dem Thema Gesundheit im Betrieb verfolgen. Ihre spezifische Situation prägt ihre Haltung zum Thema, woraus sich unterschiedliche inhaltliche Schwerpunkte für die Umsetzung von Gesundheitsförderung ergeben. Zudem stehen auch verschiedene organisationsstrukturbedingte Ausgangsituationen zur Debatte, wie z. B. die Zuweisung von Entscheidungsmacht bei Werksarzt und Betrieblicher Sozialberatung.

So war zu erkennen, dass der Betriebsratsvorsitzende, der Centerleiter und der Werker ähnliche Vorstellungen vertreten. Die Schaffung von sozial kulturellen Bedingungen, die eine gesundheitsbezogene Lebensweise unterstützen, steht hier im zentralen Interesse.

Der betriebliche Sozialberater dagegen beschäftigt sich mehr mit konkreten Interventionen im Rahmen einer Gesundheitsförderung wie auch mit den Bedingungen, die in einer Organisation zuerst als Voraussetzung dafür geschaffen werden müssen. Dies liegt in seiner Aufgabe begründet.

Der Arbeitssicherheitsbeauftragte und der Werksarzt verfolgen primär ihre originären Aufgaben, die mit der Gesundheitsförderung inhaltlich zu tun haben. Die ärztliche Versorgung und Aufklärung wie auch die ergonomische Beratung am Arbeitsplatz beispielsweise stellen diese Tätigkeitsfelder dar.

Die Geschäftsleitung ist zweigeteilt und bietet daher auch unterschiedliche Ressourcen wie auch Widerstände für die Implementierung von Gesundheitsmanagement. Auch wird hier die Perspektive aus der Leitung klar, die sich weniger mit den MitarbeiterInnen und detaillierten Konzepten zur Verbesserung beschäftigt, sondern mit globalen betriebswirtschaftlichen Steuerungsthemen.

Aus den vielseitigen Vorstellungen einer Betrieblichen Gesundheitsförderung zeigt sich, dass Gesundheitsförderung sich über viele Aspekte hin erstreckt: Arbeit, Organisation und Kultur in einem Unternehmen. Ihre Vertreter sind Personen mit verschiedenen Funktionen und betonen daher unterschiedliche Richtungen.

Aus den Befragungen in der Untersuchung konnte ein vielseitiger Maßnahmenkatalog zusammengestellt werden, dessen Interventionsempfehlungen je nach Befürworter differenziert dargestellt sind. Somit dient er als wertvolle Grundlage für einen Implementierungsprozess. In vorliegender Arbeit soll sich an dieser Stelle jedoch auf die Schwerpunkte beschränkt werden, die darin zum Ausdruck kommen.

### Verhältnisorientierte Maßnahmen

Als Schwerpunktthemen stellten sich folgende, die Organisationskultur betreffende Maßnahmen heraus:

An erster Stelle standen Anerkennung / Wertschätzung und Partizipation / Empowerment, an zweiter Stelle Transparenz / Information und Netzwerke und an dritter Stelle Kooperation, Führungskultur und Nachhaltigkeit.

Diese Maßnahmen wurden vorwiegend von den Gesundheitsexperten und den MitarbeiterInnen der Fertigung diskutiert.

Das Verständnis von Anerkennung und was damit inhaltlich als Auswirkung erwartet wird, fächerte sich in vielfältige Variationen auf.

So spielt das Vertrauen der Führungskräfte in die eigenverantwortliche Arbeitszeitgestaltung der MitarbeiterInnen eine Rolle. Handlungsspielraum würde so für die MitarbeiterInnen erweitert werden, was mit Loyalität, Leistungswille und Engagement zurückgegeben werden würde. Auch das Anerkennen von psychosomatischen Bedürfnissen und der hohen Stressbelastung vonseiten der Führungskräfte gegenüber den ArbeitnehmerInnen würde zu mehr Wohlbefinden führen. Schließlich zeige sich auch in der Art der Kommunikation Wertschätzung und Anerkennung.

Partizipation und Empowerment seien die Voraussetzung einer menschenwürdigen und zeitgemäßen Arbeitszeitgestaltung. Die Anerkennung des Mitarbeiters / der Mitarbeiterin als autonomes Wesen habe dabei eine zentrale Bedeutung. So erst sei der Mensch in der Lage, sein Ressourcenrepertoire zu nutzen und seine Kompetenzen einzubringen. Ohne Selbstbestimmung und Partizipation sei Verhaltensänderung auch nicht möglich. In der Arbeitsorganisation als Teamstruktur stecke bereits der Ansatz der Selbststeuerung. Durch immer besser abgestimmte Prozesse erhöhe sich dann auch die Qualität. Mehr

Eigenverantwortung für größere Handlungs- und Entscheidungsspielräume seien maßgebliche Bedingungen, um auch innovatives Engagement durch mehr Mitsprache der MitarbeiterInnen zu gewinnen.

Transparenz und Information stelle eine Grundvoraussetzung für bessere Kommunikation dar. Eine reflexive Begleitung der Arbeitsprozesse werde dadurch ermöglicht und somit Frustration durch permanente Desorientierung abgewendet. Auch Prozessstörungen im zwischenmenschlichen Bereich könnten im Produktionsablauf vermieden werden, wenn man eine transparente informative Kultur leben würde. Mehr Transparenz würde sich auch in der Bündelung von gesundheitsbezogenen Aktivitäten des Werksarztes, der Arbeitssicherheit und des betrieblichen Sozialberaters ergeben, die dem Mitarbeiter/der Mitarbeiterin mehr Orientierung geben und in der Nutzung dieser Angebote unterstützen könnte.

Zum Thema Unterstützung durch Netzwerke haben sich auch verschiedene Facetten der Vernetzungsmöglichkeiten für die Interviewpartner als sinnvoll herausgestellt. So wird einerseits die Vernetzung in der Gesellschaft über das Unternehmen hinaus in den Blick genommen, andererseits werden Synergieeffekte unter den Gesundheitsexperten im Unternehmen als wichtig erachtet, die durch die gemeinsame Verantwortlichkeit für die Gesundheitsprojekte während einer kooperativen Zusammenarbeit entstehen. Daraus könnten gemeinsame Werte in Bezug auf die Pflege des Human- bzw. Sozialkapitals erarbeitet werden, womit die bisher alleinige Bedeutung von Kennzahlen entkräftet werden könnte. Zudem sorgt die Vernetzung in Form eines persönlichen Kontakts zwischen den Gesundheitsexperten und den zu betreuenden MitarbeiterInnen für eine wichtige Vertrauensbasis, die das Gesundheitsverhalten der Erwerbstätigen unterstütze. Vernetzung wird auch in der Arbeitsorganisationsform Teamarbeit gesehen. Interpersonale Beziehungsstrukturen wie auch die Interaktion unter den MitarbeiterInnen werde dadurch gefördert. Darüber hinaus bedeute ein sozial vernetztes Umfeld eine wichtige Grundlage für persönliche Zufriedenheit, soziale Unterstützung als auch soziale Anerkennung.

Eine verbesserte Kooperation stellte sich ebenfalls für notwendig heraus. Diese bezieht sich entweder auf die Interaktion innerhalb der Teams oder aber auch auf die Beziehung zwischen MitarbeiterIn und Führungskraft.

Eine Führungskultur, die sich durch Sozialkompetenz auszeichnet, wird in diesem Zusammenhang als wesentlicher Gesundheitsfaktor betrachtet. Allerdings wird diese Sichtweise vonseiten der Geschäftsleitung nicht priorisiert. Hier kommt eher eine autoritäre Haltung als notwendiges Führungselement zum Ausdruck.

Von großer Bedeutung stellte sich die Nachhaltigkeit von Projekten als gesundheitsfördernd heraus, da das Vertrauen des Mitarbeiters / der Mitarbeiterin gewonnen und sein partizipatives Engagement langfristig erst erworben werden könne. Weil sich erst langfristig eine höhere Motivation und Leistungsfähigkeit einstelle, könne auch die Wirkung von gesundheitsbezogenen Förderungsbemühungen erst auf lange Sicht erkennbar werden. Ein weiterer Aspekt war, dass sich ein zu häufiger Wechsel der Führungskräfte für den Vertrauensaufbau gegenüber den MitarbeiterInnen als problematisch herausstellte.

Es zeigt sich, dass Kooperation und Kommunikation, Partizipation und Vertrauen, soziale Anerkennung und soziale Unterstützung wie auch soziale Vernetzung eng miteinander im Zusammenhang stehen und einander bedingen. Sie erweisen sich als Aspekte, die in einer Kultur des Umgangs zum Ausdruck gebracht werden. Um solch eine Kultur zu erzeugen, müssen bestimmte Rahmenbedingungen innerhalb einer Organisation geschaffen werden. Mit der Gestaltung von Arbeits- und Organisationsstrukturen, wie zum Beispiel der Erweiterung des Handlungs- und Entscheidungsspielraums, der Abflachung von Hierarchien bis hin zu Netzwerkorganisationsstrukturen oder Abschaffung von Statushierarchiesymbolen, könnte nach Ansicht der Interviewpartner das Unternehmen als ein System gebildet werden, in dem die Mitarbeiterschaft als solidarische Gemeinschaft ihre sozialen Handlungskompetenzen fördert, ihr salutogenetisch orientiertes Handlungspotenzial nutzt und über eine gesundheitsbezogene Lebensweise mehr Wohlbefinden, Motivation und Leistungsfähigkeit erlangt.

Aus den Befragungen lässt sich erkennen, dass das Bewusstsein für die Notwendigkeit einer sozialen Kultur als Rahmenbedingung weitgehend vorhanden ist. Auch ein salutogenetisch orientiertes Denken, das sich im Verständnis von Gesundheit ausdrückt, zeichnet sich hier ab. So ist bei den Mitarbeitern ein Verständnis dafür, was gesund hält und zu mehr Leistungsfähigkeit führt, gegeben, jedoch bedarf die Einstellung der Geschäftsleitung noch mancher Überzeugungsarbeit, und die organisatorischen Rahmenbedingungen müssen verbessert werden.

### Verhaltensorientierte Gesundheitsförderung

Aus den verhaltensbezogenen Vorschlägen für eine Betriebliche Gesundheitsförderung ergibt sich ebenfalls ein vielseitiger Maßnahmenkatalog. Die bereits angestrebten Werte aus den verhältnisbezogenen Vorschlägen werden hier in noch detaillierteren Interventionsmaßnahmen konkretisiert und zugleich auf ihre Effektivität hin bewertet. Sie beinhalten sowohl bereits im Unternehmen existierende als auch noch wünschenswerte Maßnahmen. Mitunter zählen z. B. die Expertengruppe für Gesundheit und der Personalleiter das spezifische Angebot der jeweiligen Fachabteilungen auf und bewerten hierbei gleich dieses als ausreichend oder noch ergänzungsbedürftig. Die individuelle kritische Wahrnehmung der aktuellen Situation kommt hierin wieder zum Ausdruck. Diese Zusammenstellung zeigt die Übereinstimmungen an und macht zudem auf den weiteren Handlungsbedarf aufmerksam. Für eine weitere Planung von Gesundheitsmanagement stellt sich der Katalog auch insofern als wertvoll heraus, dass die Maßnahmen nicht nur aufgezählt, sondern auf ihre Effektivität hin aus verschiedener Perspektive diskutiert sind. Aus diesen Überlegungen ist wiederum das individuelle Verständnis von Gesundheit erkennbar, wie es sich bereits in den subjektiven Gesundheitskonzepten herauskristallisierte. Damit wird deutlich, dass nicht nur die Aufgabe und Rolle, wie sie im Rahmen einer Unternehmenskultur beschrieben ist, die Person beeinflusst, sondern auch die Person mit ihrer subjektiven Wahrnehmung, Haltung und Erfahrung eine berufliche Rolle und die damit verbundenen Aufgaben beeinflusst und ausfüllt. Mit diesen daraus resultierenden Verhaltensweisen prägt eine Person auch wiederum die Kultur innerhalb einer Organisation.

Es zeigt sich, dass innerhalb einer Organisation Struktur, Kultur, Person und Interaktion sich wechselseitig bedingen. Die Veränderung einer oder aller Faktoren muss daher immer systemisch betrachtet und gestaltet werden.

Inhaltlich stellten sich folgende Schwerpunkte heraus:

Eine bessere Aufklärung und mehr Transparenz hatte aufgrund der Meistnennungen oberste Priorität. Anerkennung und Wertschätzung, Herz-Kreislauf-Aktionen, Weiterbildungsseminare zur Gesundheitsförderung und Bewegungsangebote waren an zweiter Stelle. Dem folgten an dritter Stelle soziale Kompetenz, Copingstrategien und Aufklärung über Suchtmittelkonsum.

**Verteilung**

Die „Geschäftsleitung" legt auf Aufklärung über Suchtmittelkonsum wie auch allgemein auf Gesundheitsaufklärung, Herz-Kreislaufangebote und Bewegungsangebote wert. Die Gruppierung der „Gesundheitsexperten" und der „Fertigung" dagegen fokussieren tendenziell die Maßnahmen zur Anerkennung, Transparenz und zu Copingstrategien.

Hieraus wird wiederum die Haltung zum Thema Gesundheit und seiner Relevanz im Unternehmen aus den verschiedenen Perspektiven deutlich.

# 6. Schlussfolgerungen aus den Ergebnissen der empirischen Untersuchung

Die vorliegende Studie untersuchte den Implementierungsprozess von Gesundheitsmanagement in einem Industrieunternehmen. Als Ziel sollten sich konkrete Hinweise und Empfehlungen ergeben, wodurch die Implementierung einer Betrieblichen Gesundheitsförderung erleichtert und optimiert werden könnte. Dabei stellten sich Fragen nach möglichen Ressourcen und Widerständen, die dieses Vorhaben unterstützen bzw. behindern würden.

In narrativen Interviews von MitarbeiterInnen mit verschiedenen Aufgaben, Funktionen und Positionen, die vom Implementierungsprozess betroffen waren, wurde der Beantwortung folgender Fragen nachgegangen:

*Inwiefern verfügen Erwerbstätige aus verschiedenen hierarchischen Ebenen des Unternehmens im Kontext Arbeit über ein salutogenetisch orientiertes Gesundheitskonzept? Welche Vorstellungen und Theorien haben sie von Gesundheit? Über welche Handlungsstrategien verfügen sie?*

*Welche Relevanz hat das Thema Gesundheit im Unternehmen?*

*Wie schätzen MitarbeiterInnen die Organisation und ihre personalen Interdependenzen im Unternehmen ein? Inwiefern spielen Aufgabe, Funktion und hierarchische Position innerhalb der Organisation eine Rolle?*

*Woran können MitarbeiterInnen erkennen, dass Gesundheit gefördert wird? Welche Gesundheitsförderungsmaßnahmen erachten sie dabei als wichtig und sinnvoll?*

*Welche Chancen hat die Implementierung eines salutogenetisch orientierten Gesundheitsmanagements in einer Profitorganisation und unter welchen Bedingungen wird sie ermöglicht?*

In Anlehnung an die Ergebnisbeschreibung und deren Ergebnisinterpretation aus den Zusammenfassungen am Ende des jeweiligen Auswertungsteils werden im Folgenden die Befunde kurz dargestellt, Erkenntnissen aus der Forschung gegenübergestellt und schließlich eigene Schlussfolgerungen gezogen, basierend auf dem sozialpsychologischen und soziologischen Verständnis der Autorin. Daraus sollen, soweit möglich, Empfehlungen entwickelt und ein Ausblick auf weitere Problemstellungen und Forschungsbedarf gegeben werden.

## 6.1 Resümee der Ergebnisse

### 6.1.1 Subjektives Gesundheitskonzept

Aus den Beschreibungen der subjektiven Gesundheitskonzepte der zehn typisierten Interviewpartner hat sich gezeigt, dass Mitarbeiter mit unterschiedlichen Aufgaben und Funktionen aus verschiedenen Positionen innerhalb einer hierarchisch arbeitsteilig strukturierten Organisation über eine Vielfalt von Vorstellungen und Theorien von Gesundheit verfügen und ihr gesundheitsbezogenes Verhalten nach unterschiedlichen Handlungsstrategien bestimmen.

#### Vier Typen von Gesundheitsmodellen

Entlang dieser Vorstellungen von Gesundheit konnten vier Typen von Gesundheit gebildet werden, die jeweils ein unterschiedliches Modell von Gesundheit präsentieren: das Schalter-Modell „On-Off", das Batterie-Modell „Reduktion", das Akkumulator-Modell „Regeneration" und das Generator-Modell „Expansion". Diese Typologisierung stammt aus einer Studie Faltermaiers von 1998.

#### Quantitative Verteilung und der berufliche Kontext

An der Verteilung der Typen auf die verschiedenen beruflichen Funktionsträger ließ sich erkennen, dass der berufliche Kontext, wie die Aufgabe, Funktion oder Position einer Person eine Rolle in der Zuordnung zu einem Modell spielte. An der quantitativen Verteilung von vier Akkumulator- und drei Generator-Modellen wurde dies deutlich.

Die Verteilung in Faltermaiers Untersuchung weicht diesbezüglich ab. In seiner Studie war der Typus Generator kaum vertreten. Dies ist u.a. auch damit zu erklären, dass die Untersuchungsgruppe bei Faltermaier aus einer homogenen sozialen Schicht stammte, die zwar verschiedenen Unternehmen und Betrieben angehörte, aber hinsichtlich ihres Bildungsniveaus einem bestimmten sozialen Milieu zuzuordnen ist. Im Gegensatz dazu gehören die Interviewpartner dieser Untersuchung alle dem gleichen Unternehmen an und stehen somit alle unter gleichen kulturellen und strukturellen Einflüssen. Da sie aber in Bezug auf ihr Bildungsniveau und ihre berufliche Qualifizierung unterschiedlichen sozialen Milieus zuzuordnen sind, unterscheiden sie sich zudem hinsichtlich ihrer Aufgabeninhalte, Funktionen und hierarchischen Positionen innerhalb der Organisation.

### Keine Zuordnung nach Idealtyp
### Divergenz von kognitiver Haltung und Handeln

Weiterhin stellte sich heraus, dass eine eindeutige Zuordnung nach der idealtypischen Beschreibung der Typen von Faltermaier nicht möglich war.

So konnten auch die eindeutigen nach dem Idealtypus beschriebenen Zusammenhänge zwischen Vorstellung und Handlungsstrategie nicht nachgewiesen werden. Während Faltermaier in seiner Untersuchung feststellte, dass ein gesundheitsbezogenes Handlungsmuster aus den Vorstellungen und Theorien von Gesundheit einer Person resultiert, stellte die Autorin bei ihren Interviewpartnern an dieser Stelle vom Idealtypus abweichende Kombinationen fest, die in sich vielfältigere Varianten von Handlungszusammenhängen aufwiesen.

Anders als beim Idealtypus von Faltermaier korrelierte bei den Interviewpartnern hier die spezifische berufliche Situation mit dem Lebenskonzept und dem subjektiven Gesundheitshandeln. Die Art, wie eine gesundheitsbezogene Handlungsstrategie entwickelt wird, hat sich in vorliegender Studie nicht nur auf das Verständnis und die Theorie von Gesundheit bezogen, sondern wurde vorwiegend nach der beruflichen Konstellation ausgerichtet, die bestimmte Verhaltens- und Handlungsweisen ermöglichte oder auch erschwerte.

Die Rahmenbedingungen, der eine erwerbstätige Person ausgesetzt ist, bestimmen scheinbar ihren Handlungs- und Entscheidungsspielraum im Wesentlichen mit und sind somit für die kausalen Zusammenhänge von Handlungslogiken mit verantwortlich.

Daraus kann wiederum geschlossen werden, dass die Gestaltung des beruflichen Kontexts Zugangschancen zu Ressourcen ermöglichen, aber auch erschweren oder verhindern kann.

Aufgrund dessen vermutete die Autorin eine Korrelation zwischen Aufgabe, Funktion und Position einer Person, die als kontextuale Bedingungen einen wesentlichen Einfluss auf das Denken, Verhalten und Handeln nehmen, die dann im weiteren Verlauf der Auswertung auch bestätigt werden konnte. Eine exakte Zuordnung zu einem bestimmten Typus konnte demnach nur bedingt erfolgen. Es wurden immer wieder auch Tendenzen zu einem anderen Typus festgestellt.

### Kein Typ gleicht dem Typ desselben Typus

Im Weiteren stellte die Autorin im Unterschied zu Faltermaiers Ergebnissen fest, dass kein zugeordneter Typ dem nach den gleichen Kriterien zugeordneten Typ glich. So kristallisierte sich in vorliegender Untersuchung heraus, dass das einzig gemeinsam übereinstimmende Kriterium, das zu einer Zuordnung zu einem Typus führte, das Verständnis von Gesundheit war. In dann weiter folgenden Kategorien wie Theorie von Gesundheit, Gesundheitshandeln oder auch dem Lebenskonzept unterschieden sich die Typen untereinander individuell voneinander.

Demzufolge konnte in vorliegender Untersuchung festgestellt werden, dass eine Typisierung über ihre Zuschreibungen immer andere/

weitere Möglichkeiten ausschließt und damit mitunter zu einer negativen Klassifikation einer Person führen kann. Hinter jedem Typus stehen jedoch unterschiedliche Varianten, die in der Klassifizierung nicht mehr zum Ausdruck kommt. Demzufolge gibt es immer Verschiebungen in der Zuschreibung und Tendenzen zu anderen Typen innerhalb der Typisierung. So stellten sich für die vorliegende Untersuchung immer tendenzielle Abweichungen unter den Zuordnungen heraus.

Eine Typisierung ist also immer als kritisch zu hinterfragen. Sie dient zwar einer ersten Orientierung, Wesenszüge und Verhaltensweisen einordnen zu können, muss aber im Weiteren immer differenziert betrachtet werden.

**Salutogenetisch orientiertes Handlungspotenzial**

Bereits an der quantitativen Verteilung von vier Akkumulator- und drei Generator-Modellen auf zehn Interviewtypen ist ein hohes salutogenetisch orientiertes Handlungspotenzial innerhalb der befragten Gruppe von Interviewpartnern als vorhanden erkennbar. Wie auch in Faltermaiers Studie stellte sich in vorliegender empirischer Untersuchung bei den Akkumulator- und Generatormodellen ein hohes Potenzial an salutogenetisch orientierter Haltung mit entsprechender Handlungskompetenz heraus.

Überdies hat sich aufgrund der tendenziellen Neigungen der Schalter-Modelle zum Akkumulator-Modell ebenfalls, wenn auch wesentlich weniger stark ausgeprägt, eine ressourcenorientierte Haltung aufdecken lassen. Das Gesundheitshandeln, das sich daraus ergab, war jedoch mehr nach einem defizitär orientierten Präventionshandeln ausgerichtet. Im Unterschied zu Faltermaier differenzierte die Autorin zwischen präventiv und protektiv. Die präventiv orientierte Handlungskompetenz bei den Schalter-Modellen konnte daher, wenn auch nicht als salutogenetisch, zumindest als ressourcenorientiert ausgelegt werden.

### Zugangsmöglichkeiten zu Ressourcen als Voraussetzung für eine salutogenetisch orientierte Haltung und Handlungsstrategie

Es ist anzunehmen, dass der Zugang zu Ressourcen und ihre Nutzbarkeit eine wichtige Voraussetzung darstellen, um salutogenetisch orientiertes Handlungspotenzial zu entwickeln. Wie auch Antonovsky in seinem Salutogenesekonzept beschreibt, spielt die Verfügbarkeit über allgemeine Widerstandsressourcen (General Resistance Resources GRR) eine wesentliche Rolle, um Stressoren abzumildern und Belastungszustände zu bewältigen.

### Ranking der Ressourcen in dieser Studie

Aus den Ergebnissen der vorliegenden Untersuchung geht hervor, dass primär die Nutzung von personalpsychischen Ressourcen und sozial interpersonalen Ressourcen zu Wohlbefinden der Interviewpartner führen. Soziokulturelle und körperlichkonstitutionelle Ressourcen spielen ebenfalls eine einflussgebende Rolle. Auf die Verfügbarkeit materieller Ressourcen wie auch ideeller Ressourcen wie z. B. der Zeitfaktor, konnte nur aus dem Kontext implizit geschlossen werden. Als bedeutend wurden sie nicht explizit genannt.

### Beruflicher Kontext eröffnet Zugangsmöglichkeiten zu Ressourcen

Aus der Zuordnung der Typisierungen ließ sich anhand dieser Studienergebnisse schließen, dass es wohl spezifische berufliche Konstellationen gibt, die mitunter einen bestimmten Gesundheitstypus begünstigen. Dies mag an unterschiedlichen Zugangsmöglichkeiten zu Ressourcen liegen, die spezifische Aufgabeninhalte wie auch bestimmte Funktionen und Positionen (im Berufsleben) mit sich bringen.

In der vorliegenden Untersuchung hat sich diesbezüglich gezeigt, dass eine fachbezogene Beschäftigung mit dem Thema Gesundheit ein breiteres Wissensrepertoire als Basis für eine salutogenetische Handlungsorientierung bietet. (Gesundheitsexperten wurden dem Akkumulator- und Generator-Modell zugeteilt.)

Zudem wurde an der Zuordnung auf die unterschiedlichen Funktionsträger sichtbar, dass ein erweiterter Handlungs- und Entscheidungsspielraum eine wesentlich günstigere Ausgangssituation für eine salutogenetisch orientierte Haltung darstellt. (Betriebsratsvorsitzender, Werksarzt, Arbeitssicherheitsbeauftragter, betrieblicher Sozialberater, Centerleiter und Segmentleiter gehören dem Typus Akkumulator oder Generator an und verfügen aufgrund ihrer Aufgabe, Funktion oder Position über Handlungs- und Entscheidungsspielraum.)

Wie sich an den beiden Schalter-Modellen aber zeigt, spielt ein großer Handlungs- und Entscheidungsspielraum alleine nicht die einzige Rolle. Trotz verfügbarer Handlungsautonomie und Entscheidungsmacht kann der Aspekt Zeit Einfluss auf die Wahrnehmung gesundheitsbezogener Aktivitäten nehmen. „Frei verfügbare Zeit", die selbstbestimmt gestaltet werden kann, stellte sich in diesem Zusammenhang auch als Ressource heraus, um den subjektiven Handlungsstrategien nachgehen zu können. Im Sinne von Work-Life-Balance sollte also auch ein ausgewogenes Verhältnis von Arbeitszeit und Freizeit im Berufsleben ermöglicht werden.

Zudem muss der aufgabenbezogene Handlungsspielraum im Berufsleben auch so gestaltet sein, dass er nicht zu Überforderung des Aufgabenträgers führt. An der Situation des Meisters wird deutlich, dass angeblich verfügbarer Handlungs- und Entscheidungsspielraum in einem Kontext, der von Zeit- und Leistungsdruck geprägt ist, zu einer höheren Stressbelastung führen kann. Werden nicht tatsächliche Entscheidungsfreiräume gegeben, die autonomes und selbstbestimmtes Handeln ermöglichen, führt dies stattdessen, wie am Meister nachzuvollziehen, zu Frustration und Demoralisierung.

Überdies konnte aber auch festgestellt werden, dass diese Faktoren alleine nicht ausreichend sein müssen. Insbesondere am Beispiel des Werkers konnte nachvollzogen werden, dass der Zugang zu Ressourcen auch außerberuflich, z. B. im sozialen Engagement, hergestellt werden kann. Im Rahmen von Corporate Citizenship könnte beispielsweise innerhalb des Unternehmens ein soziales Engagement angeregt und ermöglicht werden.

Für andere Interviewpartner wie dem Betriebsratsvorsitzenden, dem Arbeitssicherheitsbeauftragten oder dem Centerleiter erwies sich eine positive familiäre Eingebundenheit oder auch Einbindung in andere soziale Netze als wichtig, sozial interpersonale Ressourcen nutzen zu können. Dafür spielt die Ressource Zeit wieder eine Rolle.

### Zusammenfassung, Schlussfolgerungen und Bezug zur Literatur

An den vielseitigen subjektiven Gesundheitskonzepten der Interviewpartner konnte gezeigt werden, über wie viel Potenzial Mitarbeiter an salutogenetischer Handlungsorientierung bzw. Ressourcenorientierung verfügen.

Darüber hinaus ließ sich eine Abweichung zwischen kognitiver Haltung und Gesundheitshandeln feststellen. Als Einflussfaktor dafür konnte mitunter der berufliche Kontext, der über seine Rahmenbedingungen vieles ermöglicht oder verhindert, verantwortlich gemacht werden.

Es ergab sich daher, dass die Gestaltung der beruflichen Rahmenbedingungen die Zugangsmöglichkeiten zu Ressourcen beeinflussen kann und damit salutogenetisch orientiertes Handlungspotenzial fördern oder verhindern kann.

Im Weiteren ging aus den Beschreibungen der subjektiven Gesundheitskonzepte hervor, was aus Sicht der Mitarbeiter gesund hält und was nicht und auf welche Ressourcen sie dafür zurückgreifen.

Daraus konnte die Bedeutung der Gestaltung von Rahmenbedingungen nachgewiesen werden, wenn ein Gesundheitsmanagement nach salutogenetischem Ansatz implementiert und umgesetzt werden soll.

Aus den Schilderungen der interviewten Mitarbeiter wird die subjektive Wahrnehmung ihrer spezifischen Situation deutlich, woraus Hinweise für eine förderliche Gestaltung von organisatorischen Rahmenbedingungen erkenntlich werden.

Insgesamt hat sich gezeigt, dass der Zugang zu sozialen Ressourcen sich in den Befragungen als ein entscheidender, maßgeblicher Gesundheitsfaktor für persönliches Wohlbefinden erwies.

Die Verfügbarkeit materieller Ressourcen stellte sich in vorliegendem Forschungsfeld als weniger bedeutend dafür heraus, um salutogenetisch orientiertes Handlungspotenzial entwickeln zu können. Dies kann auf die soziale Herkunft der Interviewpartner zurückgeführt werden. Die meisten von ihnen sind finanziell abgesichert und thematisieren in Bezug darauf keine Probleme.

Hinsichtlich der Zugangsmöglichkeiten zu Ressourcen im Rahmen des Berufsalltags konnte gezeigt werden, dass neben der aufgabenbezogenen Beschäftigung mit dem Thema Gesundheit ein großer Handlungs- und Entscheidungsspielraum, die Möglichkeit zu einem ausgewogenen Arbeits- und Freizeitverhältnis als auch Zugangsmöglichkeiten zu sozialem Engagement, wie es z. B. Corporate Citizenship ermöglichen könnte, ein salutogenetisch orientiertes Handlungspotenzial begünstigen.

Dabei stellte sich als wichtig heraus, dass der Handlungs- und Entscheidungsspielraum eine tatsächlich autonome, selbstbestimmte Handlungs- und Entscheidungsmöglichkeit bietet und damit den / die MitarbeiterIn in seinen / ihren Kompetenzen herausfordert und damit fördert.

In der Gestaltung der beruflichen Rahmenbedingungen liegen demzufolge eine Reihe von Chancen, die Zugangsmöglichkeiten zu Ressourcen zu eröffnen, zu erleichtern, aber auch zu verhindern. Salutogenetisch orientiertes Handlungspotenzial wird damit gefördert oder verhindert.

Es hat sich gezeigt, dass im Kontext der Erwerbstätigkeit die Art der Aufgabe, die Funktion wie auch die organisationsstrukturbedingte Position und ihre einhergehende Rollenerwartung sowie die Anforderungen einer Person einen wesentlichen Einfluss auf deren Verhaltensweise und Handlungsstrategien einnimmt. Der Inhalt einer Aufgabe oder auch ihre Gestaltung kann auf das Denken und Handeln in Bezug auf die Werte und Zielinteressen einer Person prägend sein. Aber auch die Position einer Person innerhalb eines hierarchischen Systems impliziert entsprechende Rollenerwartungen und begünstigt damit bestimmte Verhaltensweisen wie auch Handlungs- und Entscheidungsstrategien. Insgesamt spielt demzufolge die Funktion, die eine erwerbstätige Person in einer Organisation übernimmt, ihre fachlich inhaltliche Aufgabe, deren Gestaltungskonstanten und ihre Position eine entscheidende Rolle für ihre Denk- und Verhaltensmuster und kann daher nicht alleine auf ihre subjektiven Vorstellungen und Erfahrungen zurückgeführt werden.

Da sich Beschäftigte in ihren Arbeitsrollen nicht völlig indifferent und instrumentell verhalten, entwickeln sie arbeitsbezogene Identitäten, die sich dem Wertesystem, den Leistungsstandards und Erfolgskriterien des Unternehmens anpassen (vgl. Holtgrewe, 2000, S. 63 ff.). „Ob sie sich konformistisch einfügen, sich distanzieren, Standards umdeuten oder aneignen: Die Beschäftigten kommen nicht umhin, sich an den organisationellen Vorgaben abzuarbeiten, unterschiedliche Kriterien und Dimensionen ins Verhältnis zu setzen, zu balancieren und auszuhalten." (Holtgrewe, 2000, S. 64).

Der berufliche Kontext, in dem sich Erwerbstätige befinden, beschreibt die spezifische Situation, in der sich Berufstätige zu einem bestimmten logischen Handeln entscheiden. Das Handeln ist demnach in die soziale Umgebung eingebettet und kontextgebunden (vgl. Esser, 1999, S. 415). Die subjektive Definition der Situation beschreibt Esser wie folgt:

> „Die subjektive Definition der Situation bildet der Akteur vor dem Hintergrund der äußeren und der inneren Bedingungen der Situation über einen komplexen Prozess verschiedener Selektionen, bei denen Kognitionen und Emotionen, Wahrnehmungen und Gefühle, Reflexe und Reflektionen, Spontanität und Berechnung beteiligt sind. Es ist der Vorgang, über den der

Akteur aus den äußeren Bedingungen und seinen inneren Einstellungen ein spezifisches Modell der Situation auswählt, auf dessen Grundlage er alle weiteren Selektionen vornimmt – und dann auch handelt ..." (Esser, 1999, S. 66)

Die sozialen Rollen und die Identifikation mit der Situation kann hinsichtlich objektiver sozialer Vorgaben und subjektiver Einstellungen dazu voneinander abweichen und zueinander im Widerspruch stehen/ambivalent sein. Wie man im Konzept der Situationslogik („‹logische› Verknüpfung der gesellschaftlich strukturierten Handlungsumstände von Akteuren mit typischen Folgen des dadurch induzierten Handelns", (Popper)) herausfand, sind es „... eben nicht die inneren Antriebe der Menschen, die die gesellschaftlichen Prozesse hervorbringen, sondern die – materiell, institutionell und kulturell geprägten – gesellschaftlichen Strukturen, und zwar über die dadurch strukturierten Interessen, Motive und Kognitionen der Menschen und ihr daran wiederum „logisch" anschließendes Handeln." (Esser, 1999, S. 387/388)

Aus der Anwendung der Typologie nach Faltermaier in vorliegender Arbeit konnte gezeigt werden, dass eine Typisierung immer im Rahmen eines spezifischen Kontexts gesehen werden muss.

Ein Typus wird meistens aufgrund von zugeschriebenen Verhaltensweisen oder kognitiven Haltungen bestimmt, die aber von einer spezifischen Situation und/oder einem spezifischen Kontext beeinflusst werden. Diese sind möglicherweise mit einer spezifischen Rollenerwartung und deren diversen Anforderungen an Kompetenzen verbunden. Wie auch am Modell der Situationslogik veranschaulicht wird, kann beispielsweise ein Entscheidungsverhalten von Führungskräften in einem anderen Umfeld unter anderen Bedingungen völlig anders ausfallen.

Eine Typisierung ist demzufolge nur so lange zutreffend, als die Person sich in dieser spezifischen Situation befindet. In vorliegender

Untersuchung hat sich gezeigt, dass nicht nur der Gestaltungsspielraum des Lebenskonzeptes eines Individuums für sein Gesundheitskonzept verantwortlich ist, sondern eben auch ganz entscheidend der berufliche Kontext, indem sich ein Subjekt befindet und dies mit den oftmals einschränkenden Konditionen bewältigen muss. Eine Typisierung und Bildung von Idealtypen in qualitativen Forschungsverfahren wird von Uta Gerhardt (1986) und Susann Kluge (1999) diskutiert. Darauf soll im Rahmen dieser Dissertation nur kurz verwiesen werden. Eine weitere Vertiefung in die Problematik der Konstruktion von Typen und Typologien in der qualitativen Sozialforschung wäre aber an dieser Stelle sehr interessant und von Bedeutung.

Darüber hinaus geht aus den vorliegenden Ergebnissen hervor, dass sich auch die Kultur innerhalb einer Organisation hinsichtlich ihrer Werte, Überzeugungen und Artefakte auf das Verhalten von MitarbeiterInnen auswirkt und deren Wertehaltungen möglicherweise beeinflusst.

Aber auch umgekehrt zeigte sich, dass Funktionsträger einer Organisation die Ausführung ihrer Aufgabe und Rolle mit ihren subjektiven Werten und Überzeugungen wie auch ihren individuellen Erfahrungen ausfüllen und mitprägen. Damit trägt die Person dann auch zur Kulturgestaltung im Unternehmen bei, indem sie Beziehungen mit ihrer spezifischen Art der Kommunikation, Kooperation und sozialen Verhaltensweisen mitgestaltet.

Wie auch Norbert Elias die Kultur einer Gesellschaft als einen einflussnehmenden Faktor auf die Entwicklung des Individuums hinsichtlich seiner Individualisierungsprozesse versteht, konnte in vorliegender Untersuchung festgestellt werden, dass Erwerbstätige über ihre subjektive Auslegung ihrer sozialen Rolle einerseits das System prägen und andererseits sie in ihrer sozialen Rolle und Identifikation mit einer spezifischen Situation, den Rahmenbedingungen einer Organisation, von einer gesellschaftlich strukturierten Konstellation geprägt werden.

Zusammenfassend kann dargelegt werden, dass mithilfe der eruierten subjektiven Gesundheitskonstruktionen von Erwerbstätigen, die ihre expliziten und impliziten Vorstellungen von Gesundheit widerspiegeln, betriebliche Präventionsstrategien auf diese Zielgruppen und ihre Bedürfnisse zugeschnitten werden können. Dieser Vorteil wirkt sich, laut Flick, auch auf bessere Forschungsbedingungen zukünftiger Studien positiv aus. Präventive oder therapeutische Angebote können dann so formuliert werden, dass sie bei spezifischen Personen und Gruppen ihr Ziel erreichen (vgl. Flick, 1998, S. 27).

### 6.1.2 Relevanz von Gesundheit im Unternehmen

Aus der Ergebnisbeschreibung zur Relevanz von Gesundheit im Unternehmen ergaben sich differenzierte Varianten von Meinungen und Haltungen zum Thema Gesundheit und seiner Bedeutung im Unternehmen. Diese konnten in drei Hauptkategorien unterteilt dargestellt werden: dem *Stellenwert*, den *Messkriterien* und der *Verantwortung.*

#### Drei Gruppierungen

Es konnten drei Gruppierungen gebildet werden, die aufgrund ihrer inhaltlichen Aufgabe und Funktion im Unternehmen thematisch zusammengefasst wurden. So entstand die Gruppierung der „Geschäftsleitung“, der „Gesundheitsexperten“ und der „Fertigung“.

#### Drei Hauptkategorien

Wie bereits erwähnt, wurden die individuellen Haltungen und Positionierungen zur Relevanz von Gesundheit im Unternehmen in drei Hauptkategorien differenziert dargestellt. Unter der Kategorie *Stellenwert* konnte zum einen die *Wichtigkeit im Sinne eines ideellen Wertes,* zum anderen die *Wertigkeit im Sinne eines gelebten Wertes* differenziert subsumiert werden.

#### Stellenwert von Gesundheit und Zielinteressen

Aus der Zuordnung zu einer spezifischen *Wichtigkeit* oder *Wertigkeit* des *Themas Gesundheit* im Unternehmen ließ sich sein *Stellenwert,* wie er aus der Sicht der Interviewpartner beurteilt wird, darstellen. Zudem wurde aber auch sichtbar, dass von den drei Gruppierungen unterschiedliche Zielinteressen im Unternehmen fokussiert werden, woran sie nämlich den Unternehmenserfolg messen bzw. festmachen.

Dabei ergaben sich drei Schwerpunkte, an denen wirtschaftlicher Erfolg eines Unternehmens gemessen werden kann: der *monetäre Profitgewinn*, die *Qualität und Wettbewerbsfähigkeit des Produkts am Markt* und die *Zufriedenheit, Leistungsfähigkeit und Kompetenz von MitarbeiterInnen*.

**Zielinteressen**

Aus den unterschiedlichen Ausrichtungen der drei Gruppierungen wurde das Spannungsverhältnis ihrer Zielinteressen deutlich, zwischen monetärer Profitsteigerung, Produkt und Bedeutung des Human- bzw. Sozialkapitals.

**„Geschäftsleitung"**

So ergab sich, dass die Gruppierung „Geschäftsleitung" hauptsächlich das Ziel der Profitsteigerung verfolgt und demzufolge auch aufgrund ihrer Aufgabenbeschreibung und Position sich erstrangig mit den globalen betriebswirtschaftlichen Managementprozessen beschäftigt.

**„Gesundheitsexperten"**

Dagegen stellt die Gruppierung der „Gesundheitsexperten" das Ziel in den Vordergrund, die MitarbeiterInnen hinsichtlich ihrer Zufriedenheit, Leistungsfähigkeit und Kompetenzen zu fördern. Der Bewertung des Human- bzw. Sozialkapitals kommt hier eine gewichtigere Bedeutung zu als bei der Geschäftsleitung. Aufgrund ihrer fachlichen Aufgabeninhalte beschäftigen sich die „Gesundheitsexperten" hauptsächlich mit der Implementierung und Umsetzbarkeit des Themas Gesundheit im Unternehmen.

### „Fertigung"

Die Gruppierung „Fertigung" fokussiert ihr Zielinteresse auf die Qualität und Wettbewerbsfähigkeit des Produktes am Markt und auf die Gestaltung der Arbeitsprozesse, um die Herstellung des Produkts zu optimieren. In Bezug auf die inhaltlichen Aufgabenschwerpunkte und damit verbundenen, hierarchisch unterschiedlichen Positionierungen ist bei der Führung Centerleiter und Segmentleiter die Fokussierung auf Messinstrumente festzustellen, dagegen bei Meister und Werker das Interesse mehr auf die Koordination der Arbeitsabläufe zwischen Mensch und Maschine gerichtet. Der Meister übernimmt dabei eine Brückenfunktion zwischen Werkstatt und Büro. Das Interesse, die Zufriedenheit, Leistungsfähigkeit und Kompetenz der Belegschaft zu erhöhen, nimmt demzufolge entlang der Rangordnung vom Centerleiter bis zum Werker zunehmend Bedeutung ein.

### Stellenwert von Gesundheit

Es hat sich in den Befragungen gezeigt, dass über alle Ebenen hinweg der Stellenwert von Gesundheit zunächst hoch eingeschätzt wird.

Hinsichtlich der einzelnen Bewertungen steht für die Geschäftsleitung der wirtschaftliche Nutzen eines Gesundheitsmanagements im Vordergrund, während die Gesundheitsexperten konträr dazu die Nachhaltigkeit und Langfristigkeit solcher Projekte bewerten. Die Aufwertung des Menschenbilds innerhalb der Unternehmenskultur bedeutet für sie die Grundvoraussetzung, um die Gesundheit der MitarbeiterInnen salutogenetisch orientiert fördern zu können. Die Gruppierung der „Fertigung" gibt dem Kosten-Nutzen-Faktor eine hohe Bedeutung, ist sich aber der Notwendigkeit bewusst, Gesundheitsprojekte langfristig und nachhaltig anzulegen und stellt Werte wie Anerkennung und respektvollen Umgang in den Vordergrund.

### Messkriterien

Aus den Angaben unter der Kategorie Messkriterien kristallisierten sich zum einen die Kenntnis und das Wissen über die Messbarkeit von

Softskills, zum anderen die Haltung gegenüber dem möglichen Nutzen bzw. der Eignung von Messinstrumenten heraus.

Dabei stellte sich aus den Ergebnissen heraus, dass Instrumente wie die Balanced Scorecard als ein typisches Messinstrument weicher Faktoren nicht erwähnt wurde. Diskurse über die ethischen Folgen durch Messung weicher Faktoren entstanden nicht. In der Gruppe der „Fertigung" erwies sich vonseiten der Führung der Wunsch nach einem Messinstrument als Indikatorenfrühwarnsystem als wichtig, das aber vom Meister und Werker abgelehnt wurde. Das Interesse an Messbarkeit und Kennzahlen wird von diesen beiden weder als wichtig eingeschätzt noch als positiv bewertet.

## Verantwortung

Aus den vielfältigen Meinungen unter der Kategorie Verantwortung stellte sich heraus, wer bzw. welche Gruppe wen für die Sorge um das Thema Gesundheit verantwortlich macht. Aus den vielseitigen Haltungen der hierarchisch unterschiedlich positionierten Machtträger und Interessensvertreter innerhalb der Organisation bildete sich die momentane Chance für eine Implementierung von salutogenetisch orientiertem Gesundheitsmanagement ab.

Zudem wurden in den Erzählungen der Interviewpartner verschiedenste Varianten subjektiver Wahrnehmungen über das Unternehmen NOVA wie auch ihrer persönlichen spezifischen Situation deutlich. Die geschilderten Missstände lassen für den Implementierungsprozess sowohl Chancen als auch Risiken erkennen.

Zusammengefasst stellt sich die Situation an den drei Gruppierungen folgendermaßen dar.

## Die „Geschäftsleitung"

Als nachteilig für ein salutogenetisch orientiertes Gesundheitsmanagement stellte sich bei der Geschäftsleitung ihr nur gering vorhandenes detailliertes Interesse am Thema Gesundheit und seiner

Gestaltungsmöglichkeiten heraus. Das Ziel, den monetären Profit des Unternehmens zu erhöhen, bringt die „Geschäftsleitung" dazu, sich innerhalb ihrer Aufgaben und Position vorrangig mit den globalen betriebswirtschaftlichen Managementprozessen zu beschäftigen. Zudem bewertet sie das Human- bzw. Sozialkapital als nicht sehr hoch und erkennt deswegen im Gesundheitsmanagement auch nicht einen Wertschöpfungsfaktor für den wirtschaftlichen Erfolg.

Sofern die Einstellung dafür offen und die Einsicht in den wirtschaftlichen Nutzen erkannt ist, sind auch positive Ansätze bei den Geschäftsführern zu erkennen. So würde, laut einer der Geschäftsführer, er bei guter überzeugender Aufbereitung des Themas ein entsprechendes Konzept akzeptieren und fördern.

### Die „Gesundheitsexperten"

Die „Gesundheitsexperten" verfügen aufgrund der ungleich verteilten Handlungsspielräume und Entscheidungsmacht, die sich aus der unterschiedlich zugewiesenen hierarchischen Position ergeben, über ungleiche Zugangsmöglichkeiten zu Informationen. Eine gleichberechtigte Zusammenarbeit im Implementierungsprozess von Gesundheitsmanagement wird dadurch erschwert. Zudem stellt sich die Unternehmenskultur als eine Atmosphäre dar, in der gegenseitiger Konkurrenzkampf und Bereichsegoismus vorherrschen. Eine effektive Kooperation wird dadurch nur schwer möglich. Auch die Kommunikationsstrukturen scheinen innerhalb der Vernetzung unter den Fachabteilungen nur mittelmäßig zu funktionieren. Anstatt Nahtstellen herzustellen und zu pflegen, sind die Beziehungen untereinander von wenig gegenseitiger Anerkennung und Wertschätzung gekennzeichnet. Überdies stimmen sie in ihren Haltungen und Zielinteressen nicht überein.

Trotz dieser zunächst pessimistischen Konstellation ergeben sich auch chancenreiche Ressourcen. Neben den genannten Unterschiedlichkeiten lässt sich auch ein einheitlicher Mainstream erkennen, unter dem sie als Experten für Gesundheit auch Gemeinsamkeiten verbindet. Im Rahmen einer interdisziplinären Zusammenarbeit könnten ihre individuellen fachlichen Differenzen im gegenseitigen Austausch von Kenntnissen und Meinungen ergänzt werden und somit zu einer ganzheitlichen Gesundheitsförderung führen. Dazu müsste ihre Vernetzung, ihre Kommunikation und ihr Informationsaustausch verbessert werden. Die Kompetenzen dazu wären hinsichtlich der professionellen Ausbildung dafür vorhanden. Ihre verschiedenen Funktionen im Unternehmen als Betriebsratsvorsitzender, betrieblicher Sozialberater, Werksarzt und Arbeitssicherheitsbeauftragter bieten zusätzliche vielseitige Möglichkeiten, politisch das Thema Gesundheit im Unternehmen zu fördern und zu gestalten. Zudem erweisen die politisch vielseitigen Ausrichtungen auch zur Außenwelt variantenreiche Vernetzungsmöglichkeiten. Ihre individuellen Funktionen im Unternehmen ermöglichen außerdem unterschiedliche Zugänge zu den MitarbeiterInnen über alle Ebenen hinweg.

### Die „Fertigung“

Für die Gruppe der Fertigung hat sich gezeigt, dass trotz des Spannungsverhältnisses zwischen den profitorientierten und sozial-humanorientierten Zielinteressen, das sich aus der hierarchisch ungleichen Zuweisung von Handlungsspielraum und Entscheidungsmacht wie auch der unterschiedlichen Aufgabenschwerpunkte ergibt, der Versuch zu einer beidseitig ausgewogenen Einigung lohnenswert sein kann. Das gemeinsame Interesse, die Arbeitsprozesse zu verbessern, stellt dafür eine erste Basis für Verhandlungen dar. Ein weiterer wichtiger Faktor dafür, wie die Einsicht in die Notwendigkeit von gesunden und zufriedenen MitarbeiterInnen als Kapital für den wirtschaftlichen Erfolg, ist beim Centerleiter gegeben.

Die ungünstige „Sandwichposition“ des Segmentleiters und des Meisters, die innerhalb ihrer Rollenausführung die Spannungen der beiden aufeinander treffenden Werteausrichtungen zwischen höherem Verkaufswert des Produkts und zufriedenerer MitarbeiterInnen zu ertragen haben, könnte mit Interventionen, die einerseits die Strukturen, andererseits die Kultur der Organisation betreffen, verbessert werden.

Weiterhin kann über eine partizipative Integration der MitarbeiterInnen eine Kultur geschaffen werden, die von gegenseitiger Wertschätzung und Anerkennung im Unternehmen geprägt ist. Wie sich aus den Gesundheitskonzepten und den Ausführungen des Werkers, insbesondere zur Relevanz von Gesundheit im Unternehmen, gezeigt hat, ist ein hohes Potenzial an salutogenetischer Handlungsorientierung vorhanden und nutzbar. Seine Einsicht in die betriebswirtschaftlichen Zusammenhänge unternehmerischer Abläufe und das zugleich tiefe Bewusstsein für die Notwendigkeit einer human sozialen Gestaltung der Arbeitsplätze stellen bereits eine gute Basis dar, um die widersprüchlichen Zielinteressen zu vereinbaren zu versuchen.

Zur Kultur im Unternehmen:

## Empowerment

Überdies ging aus den Interviews hervor, dass über alle drei Gruppierungen hinweg die Vorstellung und/oder Erfahrungen mit dem Empowermentansatz recht gering ausfallen. Nur vereinzelt sind Kenntnisse davon vorhanden oder auch Erfahrungen damit gemacht worden. Diese Erfahrungswerte beruhen aber auf außerbetrieblichen Aktivitäten und betreffen den Betriebsratsvorsitzenden, den betrieblichen Sozialberater, den Arbeitssicherheitsbeauftragten und den Werker, die, wie sich bereits gezeigt hat, von sich aus eher sozial ausgerichtet sind.

Eine hierarchisch arbeitsteilige Organisation wie die NOVA, die von hierarchisch strukturierten Denkmustern geprägt ist, bietet allerdings keinen optimalen Rahmen, um die positive Wirkungsweise eines Empowermentansatzes für die MitarbeiterInnen und vor allem für die Führungskräfte subjektiv erfahrbar zu machen. Einzig die Ansätze zu einer „Lernenden Organisation" innerhalb des Unternehmens bieten ein Feld, in dem Partizipation spürbar und erlebbar gemacht werden kann, und stellt in diesem System bereits eine Basis für bessere MitarbeiterInnenbeteiligung und deren Wertschätzung dar.

### Stress

Auch an den einzelnen Kommentaren zum Thema Stress lässt sich eine Kultur erkennen, die wenig von gegenseitiger Anerkennung, Wertschätzung und Respekt getragen ist. So zeigte sich in den Äußerungen der Interviewpartner, dass weder die Geschäftsleitung und Führungskräfte des mittleren Managements den Stress der Werker anerkennen, noch umgekehrt, die Werker den Stress der Führungskräfte. Die Tatsache, dass Werker durch die Schichtarbeit sich stark belastet fühlen und sich zudem aufgrund ihrer Perspektivlosigkeit in Bezug auf weitere Berufschancen einerseits und dem geringen Handlungsspielraum innerhalb ihrer Aufgabenausführung andererseits, ohnmächtig ausgeliefert fühlen, wird ebenso wenig respektiert wie der hoch belastende Termin- und Verantwortungsdruck, dem Führungskräfte täglich in ihrem Arbeitsgeschäft ausgesetzt sind. Ein weiterer Aspekt, der nicht berücksichtigt wird, ist, dass mit der Zunahme von Entscheidungsfreiräumen und Handlungsspielraum auch vermehrt Handlungs- und Entscheidungskompetenzen gefordert sind und dies dann auch eine Zunahme an Belastung bedeuten kann. Dies konnte an den Ausführungen des Meisters über seine Aufgaben und damit verbundenen Rollenerwartungen deutlich gemacht werden.

### Zusammenfassung

Insgesamt lässt sich feststellen, dass entweder aufgrund von geringer Kenntnis über die Tätigkeiten des anderen oder auch aus geringem Interesse daran, die subjektiven Wahrnehmungen der spezifischen Situationen gegenseitig wenig respektiert werden. Das System NOVA stellt sich als eine Kultur dar, in der bestimmte Werte, Überzeugungen und Artefakte aufgrund eines bestimmten Menschenbilds existieren und gelebt werden. Aus der historischen Entwicklung des Unternehmens bis heute und den aktiven Bemühungen, die Arbeitswelt im Sinne der Bewegungen seit den 70er-Jahren zu humanisieren, wird deutlich, inwieweit dieses Unternehmen willig ist, sich Innovationen zu stellen und diese zu implementieren. Wie an den Altersstufen der Interviewpartner und ihren meist geringen Erfahrungen mit anderen Unternehmenskulturen sich als typisch für die Belegschaft der gesamten NOVA zeigen lässt, erweist sich die Bereitschaft für Neuerung und Veränderung als schwerfällig. Im Gegensatz dazu herrschen konservative Verhaltensregeln vor und es gibt auch aufgrund der geringen Erfahrungen kaum lauten Widerspruch gegen Vorgegebenes.

### Hierarchie versus Netzwerk

### Ungleichheit

Weiterhin ist aus den Berichten der Interviewpartner festzustellen, dass eine hierarchisch aufgebaute Organisation eine Kultur der Ungleichheit erzeugt, die sich auf den Handlungsspielraum, die Kooperation und das Rollenverhalten auswirkt. Dadurch entstehen ungleiche Verteilungen von Chancen, ungleiche Zugangsmöglichkeiten von Ressourcen und ungleich zugeteilte Möglichkeiten der Mitsprache. Dies wirkt sich auf die Kommunikation, die Kooperation, die Solidarität, die motivationale Partizipation bzw. das innovative Engagement und den gegenseitigen Respekt in einer Organisation aus. Dadurch wird die Förderung von Handlungs-, Entscheidungs- und Sozialkompetenz von MitarbeiterInnen eingeschränkt. Es entsteht eine Kultur, dessen Menschenbild, Werte und Überzeugungen keinen geeigneten Rahmen für ein salutogenetisch orientiertes Gesundheitsmanagement bietet.

Auch aus den verschiedenen Haltungen zur Relevanz von Gesundheit im Unternehmen ist wiederum deutlich geworden, dass sich innerhalb eines geschlossenen Systems eine Kultur entwickelt, deren Werte, Überzeugungen und Artefakte sich in den Handlungslogiken seiner Insassen zum Ausdruck kommt. (Siehe auch Erläuterung zur Situationslogik nach Esser, 6.1.1.)

Diese Handlungslogiken sind wiederum teilweise auf die spezifische Situation, den Kontext Arbeit, Aufgabe, Position und Funktion zurückzuführen. Auch an den Ergebnissen aus 5.2, der Relevanz von Gesundheit konnte gezeigt werden, dass der Kontext bzw. die Rahmenbedingungen einer Organisation für die Handlungsstrategien von Berufstätigen eine große Rolle spielen. Um eine betriebliche Gesundheitsförderung zu implementieren, müssten dementsprechend organisatorisch Verhältnisse geschaffen werden, die zum Ziel haben, die MitarbeiterInnen zu einem gesundheitsfördernden Verhalten und Handeln zu befähigen (vgl. auch Badura, 2003, S. 19 ff.; siehe 2.7.5.1).

### 6.1.3 Betriebliche Gesundheitsförderung

Aus der Ergebnisbeschreibung der Betrieblichen Gesundheitsförderung ließ sich entlang der konkreten Auffassungen, wie sich Mitarbeiter mit verschiedenen Aufgaben und Funktionen an unterschiedlichen Positionen eines Unternehmens Betriebliche Gesundheitsförderung vorstellen, ein Maßnahmenkatalog erstellen.

#### Erfolgsbausteine

Zunächst konnte aus den Ergebnissen des vorangegangenen Auswertungsteils über die Relevanz von Gesundheit entlang der konkreten Vorschläge des betrieblichen Sozialberaters ein Katalog der Erfolgsbausteine für eine effektive Implementierung von Gesundheitsförderung erstellt werden, die mit einer salutogenetischen Orientierung erforderlich sind. An dieser Zusammenstellung ist wiederum die momentane Ausgangsituation für eine Implementierung erkennbar. Der Veränderungsbedarf in Bezug auf die Organisation und Unternehmenskultur kommt hier zum Ausdruck.

#### Inhaltlich ergaben sich daraus folgende Empfehlungen:

Ein salutogenetischer Ansatz wird als Grundvoraussetzung gesehen.

Die prospektive, ressourcen- und lösungsorientierte Ausrichtung, verbunden mit einem Kontext, in dem MitarbeiterInnen partizipieren dürfen und selbst über mehr Handlungsspielräume und Selbstbestimmung verfügen, werden demnach für einen geeigneten Rahmen gehalten, damit Erwerbstätige ihre Gesundheit erhalten und fördern können. Zur Umsetzung muss einerseits Gesundheitsmanagement als Wertschöpfungsfaktor von der Geschäftsleitung anerkannt, andererseits muss von allen Gesundheitsexperten und Führungskräften die Bedeutsamkeit psychosozialer Aspekte anerkannt werden. Das Thema Gesundheit sollte im Unternehmen so verortet werden, dass es zum einen top-down vorgelebt und bottom-up partizipativ mitgestaltet werden kann. Überdies sei eine gemeinsame Zielausrichtung wie auch eine Vernetzung unter den Fachakteuren im Implementierungsprozess wichtig. Zudem wird eine Integration von Gesundheitsförderung in das unternehmerische Handeln für wichtig gehalten. Im Rahmen der Unternehmenskultur soll Gesundheitsmanagement als ständiger Prozess gelebt werden. Die gleichrangige Wertigkeit zum Kerngeschäft, der Produktion, muss ebenso hergestellt werden. Außerdem ist die Nutzbarkeit der Tools für die MitarbeiterInnen stets zu überprüfen.

**Verhältnis- und verhaltensorientierte Gesundheitsförderung**

**Verhältnisorientierte Gesundheitsförderung**

Im Weiteren stellten sich zweierlei Interventionsrichtungen für eine Betriebliche Gesundheitsförderung heraus: verhältnisorientierte und verhaltensorientierte Gesundheitsförderungsmaßnahmen.

Die verhältnisorientierten Interventionen wurden in drei Kategorien differenziert: die Arbeitsstruktur betreffende Maßnahmen, die Organisationsstruktur betreffende Maßnahmen und schließlich die Organisationskultur betreffende Maßnahmen.

Innerhalb der drei Gruppierungen kristallisierten sich unterschiedliche Gewichtungen in den Ausrichtungen heraus.

**Zur Verteilung**

Insgesamt war die Verteilung von verhältnis- und verhaltensorientierter Ausrichtung ausgewogen. Auffällig war, dass der Personalleiter aus der Gruppierung der Geschäftsleitung nur verhaltensorientierte Interventionen vorschlägt und keine verhältnisorientierte.

**Prävention und protektive Förderung**

Weiterhin stellten sich einerseits präventive Maßnahmen heraus, andererseits protektive Förderungsmaßnahmen. Dies konnte zum einen auf die spezifische Betrachtungsweise und Intention der einzelnen Vertreter zurückgeführt werden. Teilweise erwies sich deren Ausrichtung mehr defizitär pathogenetisch oder protektiv salutogenetisch orientiert. Die berufliche Aufgabe und Ausbildung spielten diesbezüglich eine Rolle. Zum anderen liegt es auch daran, dass diverse Maßnahmen von sich aus auf Prävention von Missständen, Unfällen oder Krankheit angelegt sind, dagegen andere wiederum auf Verbesserung und Erhöhung eines Potenzials durch Gestaltung von Rahmenbedingungen.

**Die drei Gruppierungen**

Für die drei Gruppierungen stellten sich unterschiedliche Gewichtungen heraus:

So überwog bei der „Geschäftsleitung" einesteils die verhaltensorientierte Ausrichtung, andernteils eine gleichermaßen verhaltens- als auch verhältnisorientierte Ausrichtung. Hinsichtlich präventiver oder protektiver Maßnahmen waren die verhaltensorientierten Interventionsvorschläge präventiv intendiert, die verhältnisorientierten Maßnahmen bezogen sich überwiegend auf eine protektive Gesundheitsförderung, die sich auf die Arbeitsstruktur und auf die Organisationskultur ausrichtete. Insgesamt vertritt die Geschäftsleitung relativ wenige Vorschläge zur Gesundheitsförderung. Dies kam bereits in ihrer zeitlich eingeschränkten Befassung mit diesen Themen zum Ausdruck.

Die „Gesundheitsexperten"

Die Gruppierung der „Gesundheitsexperten" ist überwiegend von verhältnisorientierten Maßnahmen überzeugt. Die verhaltensorientierten Förderungsmaßnahmen ergänzten meist die verhältnisbezogenen Interventionsvorschläge und konkretisierten diese hinsichtlich ihrer individuellen Gestaltungsmöglichkeiten. Die Schaffung einer Organisationskultur, durch die die MitarbeiterInnen in die Lage kommen, ihre Gesundheit zu erhalten und zu fördern, stand dabei bei allen in unterschiedlicher Ausprägung im Vordergrund.

Einesteils wurden präventiv, andernteils protektiv ausgerichtete Maßnahmen vorgeschlagen. Die Arbeitsstruktur betreffenden Maßnahmen sind meist eher präventiv intendiert, diejenigen, die sich auf die Kultur der Organisation bezogen, oftmals eher protektiv.

Insgesamt ist weitgehend Übereinstimmung in dieser Gruppierung festzustellen, was eine gute Basis für Kooperation im Thema Implementierung darstellt. Die unterschiedlichen Variationen von Meinungen können zu einer ganzheitlichen Sichtweise und Umsetzung des Themas Gesundheitsförderung verhelfen.

Die „Fertigung"

In der Gruppierung der „Fertigung" sind ebenfalls einige Übereinstimmungen festzustellen, die durchaus eine Basis für Aushandlungen zur Vereinbarkeit der unterschiedlichen Zielinteressen darbieten können. Die hierarchische Positionierung der einzelnen Akteure und deren inhaltliche Aufgabenschwerpunkte scheinen jedoch die Kommunikation untereinander zu erschweren. So ist der Centerleiter übermäßig verhältnisorientiert ausgerichtet. Die Schaffung einer Unternehmenskultur, in der Anerkennung, Partizipation und Solidarität in Form von sozialer Unterstützung gelebt werden kann, steht für ihn im zentralen Interesse.

Der Segmentleiter ist hinsichtlich seiner Interventionsvorschläge überwiegend verhaltensorientiert. Seiner Auffassung nach trägt der

Einzelne für sich die Verantwortung. Die Vorschläge für die Veränderung der Verhältnisse richten sich fast ausschließlich auf die Arbeitsstruktur und sind demnach präventiv intendiert.

Der Meister und der Werker schlagen sowohl verhältnis- als auch verhaltensorientierte Gesundheitsförderungsmaßnahmen vor. Die meisten Interventionen betreffen die Gestaltung der Organisationskultur. Der Werker, der die meisten Vorschläge von allen machte, bezieht sich in seinen Vorschlägen auf alle drei Kategorien, die Arbeitsstruktur, die Organisationsstruktur und die Organisationskultur. Dies ist darauf zurückzuführen, dass er als Betroffener der Fertigungswerkstatt mit den Arbeitsbedingungen dort am nächsten konfrontiert ist und demzufolge Experte in der Einschätzung und Beurteilung seiner Situation ist.

Als zentral wichtig bewertet er in seinen Ausführungen die Gestaltung einer Kultur des sozialen Umgangs. Wie auch der Betriebsrat und der Centerleiter vertritt er die Meinung, dass eine solidarische Gemeinschaft, in der gegenseitige soziale Unterstützung und Anerkennung gelebt werden kann, zu einer gesundheitsbezogenen Lebensweise führen kann. Partizipation durch gleiches Mitspracherecht für alle ist ihm dabei ebenfalls sehr wichtig.

## Ressourcen und Widerstände

Aus den vielschichtigen Vorstellungen einer Betrieblichen Gesundheitsförderung konnte ein differenzierter Maßnahmenkatalog zusammengestellt werden. Die Interventionsempfehlungen erstrecken sich über die Bereiche Arbeit, Organisation und Kultur in einem Unternehmen. Da ihre Vertreter mit verschiedenen Aufgaben, Funktionen und Positionen vertraut sind, ergeben sich auch unterschiedliche Gewichtungen, die auf die individuellen Intentionen mit dem Thema Gesundheit im Betrieb zurückzuführen sind. Aufgrund ihrer spezifischen Situation betonen sie unterschiedliche inhaltliche Schwerpunkte für die Umsetzung von Gesundheitsförderung. Daraus ergeben sich mitunter auch Diskussionen über organisationsstrukturbedingte Ausgangsituationen, die als förderlich oder behindernd wahrgenommen werden. Die Zuweisung von Entscheidungsmacht und dementsprechendem Handlungsspielraum in der Gruppierung der „Gesundheitsexperten" zwischen Werksärztlichem Dienst, Arbeitssicherheit und Betrieblicher Sozialberatung spiegelt eine solche Problematik.

So ist aus den Befragungen zu erkennen, dass eine spezifische Aufgabe und Funktion nicht nur die Absichtsinteressen mit dem Thema Gesundheit prägt, sondern auch infolge dieser unterschiedlichen Zielinteressen eine andere Sichtweise und Beurteilung der Gesamtsituation mit sich bringen kann. Demzufolge fällt dann auch die Bewertung von diversen Kultur- oder Strukturveränderungen ins Gewicht.

Der Betriebsratsvorsitzende, der Centerleiter und der Werker sind für die Schaffung von sozial kulturellen Bedingungen, die eine gesundheitsbezogene Lebensweise unterstützen.

Der betriebliche Sozialberater setzt sich mehr mit konkreten Interventionen im Rahmen einer Gesundheitsförderung auseinander. Zudem sind für ihn die organisatorischen Bedingungen, wie Zuweisung von Entscheidungsmacht und dadurch Ermöglichung von Handlungsautonomie, wichtig. Der Arbeitssicherheitsbeauftragte und der Werksarzt gehen ihren originären Aufgaben, wie ergonomische Beratung am Arbeitsplatz oder ärztliche Versorgung und Aufklärung, nach, die sie innerhalb ihrer Funktion erfüllen müssen.

Die Geschäftsleitung bietet unterschiedliche Ressourcen wie auch Widerstände für die Implementierung von Gesundheitsmanagement. Aus ihrer Perspektive des globalen betriebswirtschaftlichen Managements ist anscheinend wenig Aufmerksamkeit für mitarbeiterorientierte detaillierte Konzepte zur Verbesserung der Arbeitsverhältnisse und Kultur im Unternehmen vorgesehen.

Aus diesen vielseitigen Perspektiven ergeben sich Ressourcen und Widerstände innerhalb der Organisation, die eine Implementierung fördern oder behindern können.

**Verschiedene Meinungen zu Themenschwerpunkten innerhalb der verhältnisorientierten Maßnahmen**

Als Schwerpunktthemen stellten sich folgende die Organisationskultur betreffende Maßnahmen heraus:

Primär wurden Anerkennung / Wertschätzung und Partizipation / Empowerment genannt. An zweiter Stelle folgten Transparenz / Information und Netzwerke. Kooperation, Führungskultur und Nachhaltigkeit wurden an dritter Stelle genannt. Die Maßnahmen in diesen Bereichen wurden vorwiegend von den Gesundheitsexperten und den Mitarbeitern der Fertigung vorgebracht.

Anerkennung und Wertschätzung

Aus dem differenzierten Verständnis von Anerkennung und was damit inhaltlich als Auswirkung verbunden erwartet wird, stellte sich Vertrauen der Führungskräfte in die eigenverantwortliche Arbeitszeitgestaltung der Beschäftigten als ein wichtiges Kriterium heraus, um den Handlungsspielraum der MitarbeiterInnen zu erweitern und darüber Loyalität und Leistungswille und Engagement zurückgewinnen zu können. Das Prinzip des gegenseitigen Nehmens und Gebens wird hier ethisch angesprochen.

Das Anerkennen von psychosomatischen Bedürfnissen oder hoher Stressbelastung vonseiten der Führungskräfte gegenüber den ArbeitnehmerInnen wie auch die Art der Kommunikation zeige Wertschätzung und Anerkennung und soll auch zu mehr Wohlbefinden führen.

Partizipation und Empowerment

Partizipation und Empowerment wurden in Verbindung mit einer menschenwürdigen und zeitgemäßen Arbeitszeitgestaltung gesehen, hinter der die Anerkennung des Mitarbeiters / der Mitarbeiterin als autonomes Wesen gesehen wird. Nur in einer Kultur, in der der Empowermentansatz gelebt würde, könne Ressourcenrepertoire optimal entdeckt und genutzt und damit Kompetenzen gefördert werden. Ohne

Selbstbestimmung und Partizipation sei Verhaltensänderung auch nicht möglich. In der Arbeitsorganisation als Teamstruktur sei der Ansatz der Selbststeuerung angelegt. Besser abgestimmte Prozesse erhöhen die Produktqualität. Mehr Eigenverantwortung für größere Handlungs- und Entscheidungsspielräume seien zudem maßgebliche Bedingungen, um das innovative Engagement zu erhöhen.

Transparenz

Transparenz und Information stellen eine Grundvoraussetzung für bessere Kommunikation dar. Eine damit ermöglichte reflexive Begleitung der Arbeitsprozesse könne Frustration durch permanente Desorientierung abwenden. Auch Prozessstörungen im zwischenmenschlichen Bereich könnten im Produktionsablauf dadurch vermieden werden. Eine transparente informative Kultur würde sich auch in der Bündelung von gesundheitsbezogenen Aktivitäten des Werksarztes, der Arbeitssicherheit und des betrieblichen Sozialberaters als positiv erweisen, da MitarbeiterInnen dann mehr Orientierung über das Angebot hätten und dieses effektiver nutzen könnten.

Netzwerke

Zum Thema Unterstützung durch Netzwerke kristallisierten sich einerseits die Vernetzung in der Gesellschaft über das Unternehmen hinaus, andererseits die Synergieeffekte unter den Gesundheitsexperten im Unternehmen heraus. Aufgrund einer kooperativen Zusammenarbeit könnten gemeinsame Werte in Bezug auf die Pflege des Human- bzw. Sozialkapitals erarbeitet werden. Der bisher starken Aussagekraft von Kennzahlen könnte dann ein gewichtiges Argument für das Sozialkapital entgegengesetzt werden. Darüber hinaus wurde festgestellt, dass die Vernetzung in Form eines persönlichen Kontakts zwischen den Gesundheitsexperten und den zu betreuenden MitarbeiterInnen eine wichtige Vertrauensbasis darstelle, um das Gesundheitsverhalten der Erwerbstätigen zu beeinflussen. Die Vernetzungsstruktur, die sich in der Arbeitsorganisationsform Teamarbeit bietet, diene auch dazu, interpersonale Beziehungsstrukturen wie auch die Interaktion unter den MitarbeiterInnen zu fördern. Überdies stelle ein sozial vernetztes Umfeld eine wichtige Grundlage für persönliche Zufriedenheit, soziale Unterstützung als auch soziale Anerkennung dar.

Kooperation

Eine verbesserte Kooperation wurde entweder in Bezug auf die Interaktion innerhalb der Teams oder aber auch auf die Beziehung zwischen MitarbeiterIn und Führungskraft als wichtig erachtet.

Führungskultur

Eine Führungskultur, die in ihrem Führungsverhalten Sozialkompetenz repräsentiert, wurde als wesentlicher Gesundheitsfaktor betrachtet. Allerdings wird diese Meinung nicht von der Geschäftsleitung mitgetragen. Die äußerte sich eher zu einer autoritären Haltung als notwendiges Führungselement.

Nachhaltigkeit

Da sich erst langfristig höhere Motivation, Leistungsfähigkeit und Gesundheit feststellen lässt, nimmt die Nachhaltigkeit von gesundheitsbezogenen Projekten eine große Bedeutung ein. Das Vertrauen des Mitarbeiters / der Mitarbeiterin wird erst über langfristige und tragfähige Beziehungen gewonnen. In diesem Zusammenhang wurde auch festgestellt, dass zu häufig wechselnde Führungskräfte für den Vertrauensaufbau zu den MitarbeiterInnen sich als problematisch herausstellten. Zu hohe Flexibilität im Wechsel von Führung und Verantwortung erwies sich in der Vergangenheit als ungünstig. Das partizipative Engagement kann zudem erst langfristig erworben werden, wenn die Kultur entsprechend angelegt ist.

## Schlussfolgerungen aus den Ergebnissen der verhältnisorientierten Maßnahmen

Aus den Befragungen geht hervor, dass bereits ein hohes Potenzial an Kenntnis, Wissen und Erfahrung der interviewten Mitarbeiter vorhanden ist. Ihre Wertvorstellungen und Überzeugungen weisen bereits eine salutogenetische Orientierung auf. Entscheidend ist nun, an welchen Positionen innerhalb einer hierarchisch arbeitsteiligen Organisation welche Intentionen und Interessen vertreten werden. Wie sich aus den Erzählungen gezeigt hat, wird in einer hierarchisch arbeitsteiligen Organisationsform durch die Zuweisung von Entscheidungsmacht auch Handlungsspielraum ermöglicht und damit auch über betriebsinterne Anbindungen entschieden. In diesem Kontext stellt sich die Frage, wie und durch wen die Implementierung einer Betrieblichen Gesundheitsförderung, die auf einem salutogenetisch orientierten Ansatz beruht, ermöglicht werden kann.

In den Ergebnissen der Studie hat sich gezeigt, dass Kooperation und Kommunikation, Partizipation und Vertrauen, soziale Anerkennung und soziale Unterstützung wie auch soziale Vernetzung eng miteinander im Zusammenhang stehen und einander bedingen. Eine Kultur des solidarischen Umgangs wird von diesen Aspekten getragen. Für die Entstehung einer solchen Kultur müssen bestimmte Rahmenbedingungen innerhalb einer Organisation geschaffen werden.

Wie sich aus den Interviewaussagen in Erfahrung bringen ließ, besteht in der Gestaltung von Arbeits- und Organisationsstrukturen die Möglichkeit, ein System zu bilden, in dem universelle Werte wie Solidarität, Partizipation und gegenseitige Anerkennung und Respekt gelebt werden.

Indem der Handlungs- und Entscheidungsspielraum aller MitarbeiterInnen erweitert, Hierarchien bis hin zu Netzwerkorganisationsstrukturen abgeflacht oder Statushierarchiesymbole abgeschafft werden, könnte nach Ansicht der Interviewpartner im Unternehmen eine solidarische Gemeinschaft unter den MitarbeiterInnen entstehen. Dadurch würden ihre sozialen Handlungskompetenzen gefördert, ihr salutogenetisch orientiertes Handlungspotenzial genutzt und schließlich über eine gesundheitsbezogene Lebensweise mehr Wohlbefinden, Motivation und Leistungsfähigkeit erlangt werden.

Das Bewusstsein für die Notwendigkeit einer sozialen Kultur als Rahmenbedingung ist weitgehend vorhanden. Auch ein salutogenetisch orientiertes Denken, das sich im Verständnis von Gesundheit ausdrückt, zeichnet sich hier ab. So ist bei den Mitarbeitern ein Verständnis davon, was gesund hält und zu mehr Leistungsfähigkeit führt, gegeben. Die organisatorischen Rahmenbedingungen und die Einstellung der Geschäftsleitung bedürfen aber noch der Verbesserung.

### Verhaltensorientierte Gesundheitsförderung

Aus den verhaltensbezogenen Vorschlägen für eine Betriebliche Gesundheitsförderung hat sich gezeigt, dass nicht nur die Aufgabe und Rolle, wie sie im Rahmen einer Unternehmenskultur beschrieben ist, die Person beeinflusst, sondern auch die Person mit ihrer subjektiven Wahrnehmung, Haltung und Erfahrung eine berufliche Rolle und die damit verbundenen Aufgaben beeinflusst und ausfüllt. Mit diesen daraus resultierenden Verhaltensweisen prägt eine Person auch wiederum die Kultur innerhalb einer Organisation.

Weiterhin bestätigte sich wiederum die Haltung zum Thema Gesundheit und seiner Relevanz im Unternehmen aus den verschiedenen Perspektiven.

Wie aus den verhältnisorientierten Maßnahmen, konnte auch hier ein vielseitiger Maßnahmenkatalog erstellt werden. Auffallend daran ist, dass nicht nur bereits existierende oder noch wünschenswerte Maßnahmen aus den Fachabteilungen aufgezählt wurden, sondern diese gleichzeitig hinsichtlich ihrer Effektivität aus verschiedener Perspektive bewertet wurden. Mit den verhaltensorientierten Interventionsmaßnahmen wurden die bereits angestrebten Werte aus den verhältnisbezogenen Vorschlägen detaillierter konkretisiert. Hieraus zeigt sich wieder das individuelle Verständnis von Gesundheit, wie es sich bereits in den subjektiven Gesundheitskonzepten herauskristallisierte.

**Verteilung**

In Bezug auf die verschiedenen Gruppierungen fiel auf, dass die Expertengruppe für Gesundheit und der Personalleiter unter ihrer Bewertung das spezifische Angebot der jeweiligen Fachabteilungen aufzählten. Aus der individuellen kritischen Wahrnehmung der aktuellen Situation zeigen sich sowohl Übereinstimmungen als auch weiterer Handlungsbedarf.

Inhaltlich stellten sich folgende Schwerpunkte heraus:

Bessere Aufklärung und Transparenz standen an oberster Stelle. Dem folgten Anerkennung und Wertschätzung, Herz-Kreislauf-Aktionen, Weiterbildungsseminare zur Gesundheitsförderung und Bewegungsangebote. An dritter Stelle wurde soziale Kompetenz, Bewältigungsstrategien und Coping und Aufklärung über Suchtmittelkonsum genannt.

Während die „Geschäftsleitung" Aufklärung über Suchtmittelkonsum, Gesundheitsaufklärung im Allgemeinen, Herz-Kreislaufangebote und Bewegungsangebote als zentrales Interesse nennt, fokussieren die Gruppierungen „Gesundheitsexperten" und „Fertigung" Interventionen zur Verbesserung der Anerkennung, Transparenz und Bewältigungsstrategien.

**Zusammenfassung und Schlussfolgerung zur verhältnis- und verhaltensorientierten Gesundheitsförderung**

Es zeigt sich, dass innerhalb einer Organisation Struktur, Kultur, Person und Interaktion korrelativ zusammenhängen. Die Veränderung einer oder aller Faktoren muss daher immer systemisch betrachtet und gestaltet werden. Die Gestaltung der Rahmenbedingungen stellte sich dabei als unabdingbare Voraussetzung heraus, um für die MitarbeiterInnen einen gesundheitsförderlichen Lebens- und Arbeitsraum zu schaffen, in dem sich die Erwerbstätigen gesundheitsbezogen verhalten und handeln können. Ein Unternehmen nimmt über sein soziales System wesentlich Einfluss auf das Wohlbefinden und die Gesundheit seiner MitarbeiterInnen. Und diese wiederum sind wichtige Voraussetzungen für Motivation, Leistungsfähigkeit, innovatives Engagement und Loyalität, was sich letztlich auch positiv auf den wirtschaftlichen Erfolg des Unternehmens auswirkt. Wie bereits im Kapitel zwei dargelegt wurde, empfehlen Badura, Trojan und Udris eine ganzheitliche Gesundheitsförderung, die nicht nur Einzelmaßnahmen zur gesundheitsbezogenen Verhaltensänderung erzielen soll, sondern als ein Managementinstrument gesehen wird, das hilft, Prozesse und Verhältnisse zu steuern, die dem Menschen eine gesundheitsbezogene Verhaltens- und Handlungsweise ermöglichen. Ziel ist ein verbesserter Unternehmenserfolg. Auch Rosenbrock und Siegrist sind für eine Gestaltung und Veränderung der Verhältnisse, jedoch mithilfe des Instruments Organisationsentwicklung. Im Sinne der WHO werteten hier die Forscher, u. a. auch Faltermaier, eine strukturelle und kulturelle Veränderung der Rahmenbedingungen als positiv und befürworten damit die Schaffung von salutogen wirkenden Verhältnissen.

### Die drei Auswertungsteile zusammengefasst

Aus den drei Teilen der Ergebnisbeschreibung, des *subjektiven Gesundheitskonzepts*, der *Relevanz von Gesundheit im Unternehmen* und der *Maßnahmen für eine Betriebliche Gesundheitsförderung* ergaben sich Kriterien, die sich für eine effektive Implementierung von Gesundheitsmanagement nach salutogenetischem Ansatz als förderlich herausstellten.

Aus den Beschreibungen der subjektiven Gesundheitskonzepte geht hervor, dass die Zugangsmöglichkeiten zu Ressourcen für eine salutogenetisch orientierte Haltung und Handlungsstrategie von Bedeutung sind und durch den beruflichen Kontext wesentlich beeinflusst werden.

Die subjektiven Situationsbeschreibungen ließen erkennen, dass die Erweiterung von Handlungs- und Entscheidungsspielräumen, die Ermöglichung von eigenverantwortlichen Entscheidungen, Familienfreundlichkeit und Freizeitgestaltung durch eine ausgewogene Balance zwischen Berufs- und Lebenswelt wie auch soziales Engagement durch firmeninterne Angebote im Rahmen des Corporate Citizenship die Zugangsmöglichkeiten zu Ressourcen eröffnen und ihre Nutzbarkeit erhöhen. Es hat sich gezeigt, dass Mitarbeiter zur Bewältigung ihres Berufsalltags auf vornehmlich personalpsychische und sozial interpersonale Ressourcen zurückgreifen. Damit kommt dem sozialen Umfeld eine hohe Bedeutung zu, um Menschen darin zu unterstützen, ihre psychische und physische Konstitution zu stabilisieren und durch soziale Unterstützung ihre Gesundheit zu erhalten und zu fördern.

Aus den Ergebnissen zur Relevanz von Gesundheit im Unternehmen stellte sich entlang der unterschiedlichen Haltungen heraus, dass zwischen den hierarchisch unterschiedlichen Positionen und vielseitigen Funktionen in einer Profitorganisation ein Spannungsverhältnis innerhalb der Werteüberzeugungen entsteht. So werden verschieden gewichtet unterschiedliche Zielinteressen verfolgt, um den wirtschaftlichen Unternehmenserfolg zu erhöhen. Es zeigte sich, dass, je höher das Management in der Hierarchie tätig ist und sich dementsprechend mit globalen betriebswirtschaftlichen Managementprozessen beschäftigt, desto mehr konzentriert sich das Interesse auf die Steigerung des Profit-Gewinns und der Wettbewerbsfähigkeit des Unternehmens am Markt. Dagegen fokussieren die Mitarbeiter eines Fertigungscenters ihr Interesse auf die Herstellung eines qualitativ hochwertigen Produkts, das am Markt wettbewerbsfähig ist. Die damit verbundenen Arbeitsprozesse sind thematisch auf die Koordination von Mensch und Maschine ausgerichtet. Entlang der hierarchisch arbeitsteiligen Aufstellung eines Centers beziehen sich die Aufgabeninhalte bis zur Ebene des Werkers zunehmend mehr auf die konkreten Belange der MitarbeiterInnen innerhalb des Herstellungsprozesses. Insofern steigt das Interesse am Menschen und seiner Leistungsfähigkeit mit abnehmender hierarchischer Ebene.

Die Vertreter der Fachabteilungen, die sich mit dem Thema Gesundheit innerhalb ihrer Aufgabenstellung beschäftigen, stellen die Humanisierung der Arbeit ins zentrale Interesse. Daher erachten sie das Human- bzw. Sozialkapital als höchstes Gut im Unternehmen. Der/die MitarbeiterIn und seine / ihre Belange und Bedürfnisse stehen im Vordergrund. Mit der Verbesserung seiner / ihrer Situation glaubt man, die Motivation und Leistungsfähigkeit der Beschäftigten zu steigern und somit die Produktqualität zu erhöhen. Damit werden schließlich der Gewinn und die Wettbewerbsfähigkeit am globalen Markt gesteigert.

Auf das Thema Gesundheit bezogen, bedeutet dies, dass auch hier ein Spannungsfeld entsteht, zwischen den Zielinteressen der Geschäftsleitung und denen der übrigen MitarbeiterInnen im Werk, die mit der Implementierung von Gesundheitsmanagement intendiert werden.

Um die Arbeitssituation der MitarbeiterInnen gesundheitsbezogen zu verbessern, stellten mit Ausnahme der Geschäftsleitung fast alle Interviewpartner ungeachtet ihrer hierarchischen Position fest, dass eine Kultur von gegenseitiger Anerkennung und sozialer Unterstützung das Wohlbefinden bzw. die Gesundheit der MitarbeiterInnen erhalten und fördern helfen würde. Insbesondere spiele innerhalb der Führungskultur sozial kompetentes Führungsverhalten und wertschätzende Kommunikation eine ausschlaggebende Rolle, um MitarbeiterInnen zu motivieren und ihre Kompetenzen zu fördern. Durch Vertrauen in die Leistungsbereitschaft, in das Engagement und die Kompetenz der MitarbeiterInnen wie auch durch Ermöglichung deren Partizipation an firmeninternen Prozessen, kann eine solidarische Gemeinschaft entstehen, die nach dem Prinzip des Gebens und Nehmens auf beiden Seiten profitiert.

Die Geschäftsleitung dagegen setzt tendenziell mehr auf die Regelung durch den Gesetzgeber und fordert die MitarbeiterInnen im Rahmen ihres Arbeitsvertrages dazu auf, ihrer Leistungspflicht nachzukommen. Demnach liegt die Verpflichtung zur Gesunderhaltung aus der Sicht des oberen Managements in erster Linie beim Arbeitnehmer.

Durch die ungleich verteilten Zugangsmöglichkeiten zu Ressourcen, die sich aus den Bedingungen einer hierarchisch arbeitsteiligen Organisation ergeben, wird eine Kultur des sozialen Umgangs behindert. Eine Organisation, in der durch die hierarchische Zuweisung von Entscheidungsmacht Handlungs- und Entscheidungsspielraum ungleich verteilt werden und kein Vertrauen in die Kompetenz der MitarbeiterInnen und deren Partizipation gesetzt wird, schränkt deren Handlungsautonomie ein. Auf diese Weise bleiben mögliche Ressourcen unentdeckt und ungenutzt. Die Förderung von Handlungskompetenz und Innovation der Erwerbstätigen bleiben auf der Strecke. Wie an der Zusammenarbeit der Gesundheitsexperten nachzuvollziehen ist, kann sich eine Kultur, die von Konkurrenzkampf und Bereichsegoismus getragen ist, ungünstig auf die Vernetzung und Kooperation auswirken. Die Folge ist oftmals, dass die Leistung abnimmt oder gar ausbleibt.

## 6.2 Schlussfolgerungen

### Ressourcen und Widerstände für den Implementierungsprozess

Aus diesen Konstellationen ergeben sich Ressourcen und Widerstände für den Implementierungsprozess von Gesundheitsmanagement.

Infolge des hierarchischen Aufbaus der Organisation entsteht ein Spannungsverhältnis zwischen unterschiedlichen oder gar entgegengesetzten Werteausrichtungen. Monetäre Zielinteressen stehen sozial humanen Zielinteressen gegenüber. Für den Implementierungsprozess eines salutogenetisch orientierten Gesundheitsmanagements entstehen daraus bestimmte Widerstände, die es gilt zu überwinden, um die Gesundheit der MitarbeiterInnen langfristig und nachhaltig zu erhalten und zu fördern.

Während in vorliegender Studie ein Großteil der Mitarbeiter ungeachtet der hierarchischen Position dem Thema Gesundheit einen hohen Stellenwert zuweist und die Verantwortung für Gesundheitsförderung in die Gestaltung der Rahmenbedingungen legt, entziehen sich die Entscheidungsmachtträger immer noch primär dieser Einsicht. Anstatt dessen setzen sie auf die Eigenverantwortlichkeit eines jeden Einzelnen für sein Gesundheitsverhalten. Demnach ist, wie bereits im Kapitel 2 unter 2.6.1 nachzulesen ist, ein bestimmtes Maß an Fürsorge geregelt und im Gegenzug wird im Rahmen des Arbeitsvertrags die Pflicht zur Leistungserbringung eingefordert.

Ganz anders sind sich die Interviewpartner der Gruppierungen „Gesundheitsexperten" und „Fertigung" darüber einig, dass die Schaffung von gesundheitsförderlichen Verhältnissen die Grundvoraussetzung einer effektiven Gesundheitsförderung darstellt und über die Vorschriften des Arbeitsrechts hinausgeht. Die Verantwortung wird ihrerseits schwerpunktmäßig auf die Gestaltung einer gesundheitsförderlichen Unternehmenskultur gelegt. Außer einer Führungskultur, die auf Sozialkompetenz ausgelegt ist, bedarf es zusätzlich auch der Schaffung bestimmter Strukturen in einer Organisation, durch die Rahmenbedingungen festgelegt sind.

## Hierarchisch arbeitsteilige Organisation versus Netzwerkorganisation

Wie Klaus Doppler und Christoph Lauterburg zwischen einer hierarchisch arbeitsteiligen Organisation und einer Netzwerkorganisation differenzieren, ergeben sich aus diesen beiden Varianten unterschiedliche strukturale Bedingungen, die ein Gesundheitsmanagement in seinen Prozessketten begünstigen oder auch behindern können. Um kulturellen Werten, wie Anerkennung, Partizipation und Solidarität, wie auch Nachhaltigkeit, eine Grundlage zu schaffen, bietet eine Netzwerkorganisation aufgrund ihres strukturalen Aufbaus geeignetere Rahmenbedingungen. Kompetenzen, wie Kommunikation, Transparenz, Kooperation und Koordination, die von den Interviewpartnern als gesundheitsförderliche Maßnahmen vorgeschlagen wurden, sind hier sogar erforderlich, damit die Organisation überhaupt funktionieren kann. So zeichnet sich eine Netzwerk-Struktur durch „flache Hierarchie, hohe Selbstständigkeit der einzelnen Organisationseinheiten, hohe Vielfalt lokal unterschiedlicher Organisationsformen" und die „Gesamtsteuerung über gemeinsame Ziele und Strategien" aus (vgl. Doppler, Lauterburg, 1997, S. 47 ff.). Aus einer anfänglichen Vision und der Formulierung eines Leitbildes leiten sich Ziele und Strategien zur Zielerreichung ab. Daraus ergeben sich konkrete Aufgaben und Prozesse, die wiederum für die Erfüllung der Aufgaben notwendig sind. Die Struktur funktioniert nach dem Prinzip der Prozesskette. Damit bewältigt eine Netzwerkorganisation ein hohes Maß an Komplexität und kann flexibel auf Veränderungen reagieren. Unter dem Begriff Netzwerkorganisationen werden sowohl Konzernstrukturen mit Tochtergesellschaften und Profitcentern wie auch flexible Arbeitsorganisationen, wie Betriebe mit Projekt-Organisationen, Fertigungsinseln und teilautonomen Arbeitsgruppen subsumiert.

Letztere setzen mit ihren Strukturen die Idee der autonomen Entscheidungs- und Handlungskompetenz auch am nächsten um.

Im Rahmen einer Netzwerk-Struktur werden Zuständigkeiten je nach spezifischer Situation ständig wieder neu geklärt. Entscheidungsautorität haben situationsspezifische Experten, die über die fachliche Akzeptanz in partizipativen demokratischen Verfahren gemeinsame Lösungen erarbeiten. Dies erfordert entsprechende Kompetenzen in Flexibilität, Kommunikation, Kooperation und Networking.

Diese strukturalen Bedingungen bieten eine geeignete Grundlage, um ein salutogenetisch orientiertes Gesundheitsmanagement mit seinen Grundsätzen des Empowerment, der Anerkennung und sozialen Unterstützung durch Vernetzung umzusetzen. Wie auch im 2. Kapitel unter 2.5.3 beschrieben wurde, wirken soziale Netzwerke nachweislich gesundheitsfördernd. Die „soziale Unterstützung im eigenen Beziehungsgefüge" wertet auch Heiner Keupp in diesem Zusammenhang als bedeutend, um „soziale Krisen, Krankheiten und Behinderungen" zu bewältigen. Seiner Meinung nach sind gerade die „Vernetzungen von gleich Betroffenen ... von besonderer Qualität." (Keupp, 1997, S. 46)

Wenn ein Organisationssystem bereits hinsichtlich seiner Organisationsstruktur als Netzwerkorganisation aufgebaut ist und für seine Funktion soziale Kompetenzen, Entscheidungs- und Handlungskompetenzen erfordert, wird das soziale System in einer Organisation bzw. in einem Unternehmen stärker ausgeprägt und gefördert. Damit würden bereits über die Gestaltung der Organisationsstrukturen gesundheitsförderliche Verhältnisse, wie sie die Ottawa-Charta beschreibt, geschaffen werden.

Im Gegensatz dazu stellt sich eine hierarchisch arbeitsteilige Organisation aufgrund ihrer festen Zuständigkeiten als zunächst einfacher dar, zumal Entscheidungswege geklärt sind. Andererseits bedingt sie durch ihr ungleiches System, dass Innovationen nur von Machtträgern selbst oder durch eine gute betriebsinterne Anbindung erklärt und implementiert werden können.

Aufgrund der Ungleichheit, die durch unterschiedliche Zugangsmöglichkeiten zu Ressourcen erzeugt und oftmals durch die hierarchische Zuweisung von Statussymbolen noch verstärkt wird, besteht die Gefahr, dass eine Kultur der Reputation entsteht, die von Konkurrenzkampf und Bereichsegoismus geprägt ist. Grundsätzen des Empowermentgedankens und der Teamarbeit stehen Werte der Durchsetzung und Machtausübung entgegen und erscheinen als widersprüchlich zum System.

Das Unternehmen in vorliegender Studie ist zwar aufgrund seiner Einbindung als Tochtergesellschaft eines großen Konzerns wie auch aufgrund seiner Aufteilung in Profitcenter soweit als Netzwerkstruktur zu betrachten, wird aber trotz der weitgehenden Teamstruktur über vier Ebenen und seiner fachspezifischen Aufteilung hierarchisch arbeitsteilig organisiert. Wie an seiner Historie (3. Kapitel, Feldbeschreibung) erkennbar, sind Prozesse wie eine gemeinsame Strategieausrichtung nach Vision-und-Leitbild noch sehr jung verankert. Zudem stellt sich im Rahmen des formulierten Leitbilds auch eine Kultur dar, deren Menschenbild zu überdenken ist. Wie aus der Feldbeschreibung des 3. Kapitels zu entnehmen ist, liegt die Anerkennung von Human- bzw. Sozialkapital als Wertschöpfungsfaktor nur soweit vor, als der/die MitarbeiterIn infolge der höher ansteigenden Anforderungen diese Leistungen in Zukunft erbringen werden muss. Der Begriff Gesundheit oder Gesundheitsförderung tritt nicht auf. Wie auch aus der Entwicklung eines Gesundheitsmanagementkonzepts hervorgeht, bezieht sich dieses zunächst auf die Ziele „Erhöhung der Leistungsfähigkeit, Leistungswille und Motivation". Erst im Rahmen verschiedener Einwirkungen, u. a. auch durch die Einflussnahme der Forscherin in der Prozessentwicklung, entstand ein Konzept, das sich mit einer salutogenetischen Fragestellung auseinander setzt.

Die Strategie, nach der die Arbeitsgruppen und Entscheidungsträger zum Thema Gesundheit organisiert sind, stellt den Interessenskonflikt hinsichtlich der Ziele und Werte im Unternehmen deutlich dar. Entlang der ungleichen Zuweisung von Entscheidungsmacht und Handlungsspielraum wird dem betrieblichen Sozialberater als einem Mitgestalter von Gesundheitsmanagement die Handlungsautonomie entzogen. Zudem fehlt ihm alternativ eine gute betriebsinterne Anbindung. Als Mitarbeiter der untersten Ebene soll er ohne Unterstützung Lieferant von Konzeptideen sein, die Verantwortung für das Controlling der Maßnahmen und deren praktischen Umsetzung übernehmen und die Dokumentation und Kommunikation der Arbeitsgruppenergebnisse ausführen. Die Entscheidungsprozesse sollen dagegen durch Moderation begleitet werden. Mit diesen Aufgaben wird die fachliche Kompetenz der Betrieblichen Sozialarbeit zwar genutzt, überfordert aber die personal schwach besetzte Abteilung hinsichtlich ihrer verfügbaren Kapazität. Ungeachtet persönlichkeitsbedingter Kompetenzen und Inkompetenzen des betrieblichen Sozialberaters führt diese einflusslose Funktion aufgrund der organisatorischen Aufhängung und ihrer Konsequenzen zu Frustration und behindert zudem eine kollegiale vernetzte Zusammenarbeit mit den hierarchisch höher gestellten FachkollegInnen.

An diesem Beispiel wird deutlich, dass in hierarchisch arbeitsteiligen Organisationen die Zuweisung von Entscheidungsmacht und Handlungsautonomie bedacht durchgeführt werden muss, um Kompetenzträger zu erhalten oder zu gewinnen. Wie sich auch aus den Interviewaussagen ergab, wirkt sich eine Kultur von fehlender Anerkennung auf die Kommunikations- und Kooperationsprozesse negativ aus.

## 6.3 Empfehlungen

Für einen Implementierungsprozess sollte daher darauf geachtet werden, dass Entscheidungsträger von top-down eine Implementierung intendieren und gemeinsame Zielsetzungen vereinbaren. Interventionen und Angebote sollten unter Einbeziehung der vernetzten interdisziplinären Fachabteilungen als Expertenkompetenz, der Führungsmannschaft und vor allem der Partizipation der MitarbeiterInnen als Experten ihrer Situation erstellt werden.

Dafür müssen aber zunächst strukturale Rahmenbedingungen in der Organisation geschaffen werden, damit eine soziale Kultur gelebt werden kann.

Im Weiteren benötigen alle mitgestaltenden Gesundheitsexperten im Unternehmen eine gute betriebsinterne Anbindung, um über intakte Kommunikations- und Informationsstrukturen und damit über genügend Handlungsautonomie zu verfügen. Eine hierarchische Position mit Entscheidungsmacht und geklärtem Zuständigkeitsbereich kann für den Implementierungsprozess vorteilhaft sein, da der Gesundheitsexperte auch über wichtige kommunikative und informative Strukturen verankert ist und auch mehr Entscheidungsgewalt hinsichtlich der Verfügung über finanzielle Ressourcen hat. Die Akzeptanz bei der Führungsmannschaft und der Geschäftsleitung kann dadurch ebenfalls erhöht werden. Bei den MitarbeiterInnen im Fertigungs- oder Angestelltenbereich jedoch kann eine hierarchisch hoch aufgehängte Position auch zu weniger Akzeptanz bis hin zu Skepsis und Misstrauen führen, da sich der Verdacht erhöht, dass sozial humane Projekte im Interesse der Firmenleitung und deren Ziele durchgeführt werden, anstatt zur Unterstützung der MitarbeiterInnen-interessen. Die Anerkennung des Sozialkapitals als Wertschöpfungsfaktor käme zwar in der organisatorischen Aufhängung zum Ausdruck, könnte aber auch in Bezug auf Funktion der Interessensvertretung der MitarbeiterInnen zu viel Distanz herstellen und den Vertrauensaufbau einschränken oder empfindlich stören. Das Vertrauen der Beschäftigten in Projekte des Human Resources Bereichs wiederzugewinnen, ist meist sehr schwierig, wenn zuvor schlechte Erfahrungen mit Nachhaltigkeit und Langfristigkeit solcher Prozesse gemacht wurden.

Weiterhin müsste in der Strategie von V+L, Vision-und-Leitbild, das Sozialkapital als Wertschöpfungsfaktor aufgenommen werden und das Interesse an der Gesunderhaltung der Beschäftigten dokumentiert werden.

Die Führungskompetenz müsste zudem mehr Sozialkompetenz statt nur Fachkompetenz beinhalten. Dies kann mitunter durch weiterbildende Seminare oder auch Projekte im Sinne „Learning by Doing" entwickelt werden. Reflexiv begleitete Austauscherfahrungen in sozialen Einrichtungen können diesbezüglich ein geeignetes Lernfeld darstellen. Dieses wird auch unter dem Namen „Seitenwechsel" seit einiger Zeit genutzt und gerne von Managern angenommen.

Zusätzlich könnte im Rahmen von Corporate Citizenship weiteres soziales Engagement angeregt werden. In der Literatur des bürgerschaftlichen Engagements oder des Corporate Citizenship gibt es zahlreiche Varianten des Angebots. „Corporate giving" und „Corporate volunteering" stellen dabei zwei Ausrichtungen dar, in denen MitarbeiterInnen entweder angeregt werden, zu spenden oder zu aktiver Mitarbeit an sozialen Projekten und Einrichtungen motiviert werden. Als möglicher Nutzen wird ein höherer Imagegewinn bei MitarbeiterInnen und Kunden wie auch dem Shareholder sowie mehr Akzeptanz im Gemeinwesen und Steigerung des Unternehmenswerts erwartet. Zudem vermutet man Verbesserungspotenzial für das Unternehmen aus den Ergebnissen der Impulse, Diskurse und Lernprozesse mit der Zivilgesellschaft. Für die MitarbeiterInnen erwartet man sich Qualifikationserwerb und Erweiterung von sozialer Kompetenz. Die Identifizierung der Mitarbeiterschaft mit dem Unternehmen soll gesteigert werden und damit auch der Motivationsgewinn für die Mitarbeiterschaft.

In der Literatur haben sich in Deutschland speziell mit dem Thema Corporate Citizenship u. a. Holger Backhaus-Maul, Dieter Schöffmann und Gerd Mutz beschäftigt, worauf an dieser Stelle aber nicht weiter eingegangen werden soll (vgl. Schöffmann, 2001). Helmut Klages weist überdies in seiner Forschungsarbeit der Bedeutung des Bürgerschaftlichen Engagements als wertvollen Beitrag zur Demokratisierung der Gesellschaft und sozialen Unterstützung des Individuums nach. Auch dies soll nur erwähnt werden.

Darüber hinaus würde die Abschaffung von hierarchisch zugewiesenen Statussymbolen die soziale Ungleichheit abmildern und somit zu gesundheitsförderlichen Rahmenbedingungen führen.

## Hierarchie, soziale Ungleichheit und Gesundheit

Epidemiologischen Studien zufolge zeigen sich in Bezug auf Morbiditätsrisiken und Mortalitätsrisiken soziale Ungleichverteilungen in Abhängigkeit von beruflichem Status. Wilkinson (1996) und Fein (1995) stellen fest, dass die Entwicklungen der gesundheitsbezogenen sozialen Ungleichheit in den letzen Jahren zeigen, dass „die soziale Schere, auch bezogen auf den beruflichen Status, zunehmend weiter auseinander klaff(t)" (zit. nach Peter, 2001, S. 30). Neben Faktoren wie präventives Gesundheitsverhalten, Lebensstil und Coping, spielt der Erwerb positiver psychosozialer Netzwerke und ökonomischer Ressourcen eine Rolle.

> „Einkommen ist, ebenso wie Bildung und Beruf, in allen entwickelten Industriegesellschaften einer der wichtigsten Prädikatoren für Gesundheit und Lebenserwartung. Je geringer das Einkommen ist, desto schlechter ist die Gesundheit und desto geringer ist die Lebenserwartung." (Davey Smith / Blane / Bartley, 1993, Helmert / Mielck /Shea, 1997; zit. nach Heinzel-Gutenbrunner, 2001, S. 39).

Wilkinson (2001) stellt in seinen Untersuchungen über den Zusammenhang von sozialer Ungleichheit und Lebenserwartung darüber hinaus auch fest, dass die Lebenserwartung mehr vom Ausmaß der Einkommensungleichheit in der Bevölkerung abhängt als von der Höhe der Einkommen. Demnach haben nicht die reichsten Länder die höchste Lebenserwartung, sondern diejenigen mit der geringsten Einkommensungleichheit (vgl. Wilkinson, 2001, S. 6 ff.).

Hierarchische Systeme stellen soziale Ungleichheit innerhalb eines Unternehmens her.

Hierarchie definiert das Lexikon zur Soziologie als eine pyramidenförmige Rangordnung von Weisungsbefugten, die durch das Untergebenenverhältnis, jeweils mehrerer Untergebener zu einem Vorgesetzten, und horizontale Kommunikation gekennzeichnet ist (vgl. Fuchs-Heinritz, 1995, S. 275).

Sie stellt eine Strukturierung dar, die Autorität und ungleichwertige Beziehungen legitimiert und die Bereitschaft zur Unterordnung und Abhängigkeit unterstellt. Hierarchie ist durch betriebliche Arbeitsteilung (Dahrendorf 1965) und Zuweisung von Handlungs- und Entscheidungsmacht charakterisiert und erzeugt Ungleichheit. Eine hierarchisch arbeitsteilige Organisation stellt ungleichwertige Beziehungen und ungleiche Zugangsmöglichkeiten zu Ressourcen her und fördert diese. Daher bietet sie auch keine geeigneten Rahmenbedingungen für einen Empowermentansatz, da diesem Werte wie Selbstbefähigung und Stärkung von Autonomie zugrunde liegen und demnach Handlungs- und Entscheidungsspielraum gefordert ist.

## 1. Statussymbole und Anerkennung

Honneth (1994) differenziert drei Formen von Anerkennung und weist diesen drei verschiedene Anerkennungsweisen zu: emotionale Zuwendung, kognitive Achtung und soziale Wertschätzung. Emotionale Zuwendung dient der Gewinnung von Selbstvertrauen und kann beispielsweise in Form von sozialer Unterstützung die Bewältigungskompetenzen erweitern. Kognitive Achtung dient innerhalb der praktischen Selbstbeziehung der Selbstachtung, die nicht unbedingt von außen autorisiert wird. Soziale Wertschätzung erhöht die Selbstschätzung, entsteht in der Beziehung zwischen Akteuren und ist meist durch die Umwelt autorisiert. Damit tendiert sie zur Reputation. Voswinkel unterscheidet (ergänzend dazu) verschiedene Facetten der Anerkennung, da unter dem Begriff Anerkennung unterschiedliche Aspekte des sozialen Handelns erfasst werden.

Zum einen spielt „das Ziel, das Akteure mit dem Streben nach Anerkennung verbinden", eine Rolle, zum anderen stellen auch verschiedene Modi von Anerkennung einen wesentlichen Aspekt dar. Ziel kann die Erwartung einer Bestätigung des eigenen Selbstbildes sein, die Würdigung eines Bildes, das versucht wird, anderen von sich zu vermitteln, oder ein instrumenteller Vorteil, der durch Anerkennung gewonnen wird. Im Weiteren unterscheidet Voswinkel verschiedene Modi von Anerkennung, wie Achtung der Würde des Subjekts, Wertschätzung besonderer Leistungen oder Verhaltensweisen wie auch Beachtung oder Bewunderung und Würdigung (vgl. Voswinkel, 2001, 31).

Anerkennung resultiert aus Interaktionen und ist kontextgebunden. In Arbeitsverhältnissen entstehen verschiedene Formen und Modi von Anerkennung. Insbesondere in einer hierarchischen Organisation bilden sich spezifische Anerkennungsverhältnisse heraus, die in Form von Reputation zum Ausdruck kommen.

Wie auch Anerkennung in der sozialen Beziehung zwischen Akteuren entsteht, resultiert Reputation noch in größerem Maße aus Interaktion, da sie kommuniziert, inszeniert und zugewiesen wird.

Reputation ist, laut Voswinkel, eine ambivalente Form der Anerkennung, da sie einer Inszenierung bedarf, um erworben werden zu können. Dazu bindet sie nicht nur Vertrauen, sondern auch Misstrauen und ist gleichzusetzen mit Konkurrenz (vgl. Voswinkel, 2001, 18). Das Streben nach Anerkennung, um Reputation zu erwerben, beruht auf Konkurrenzkampf und findet in einem hierarchischen System eine geeignete Bühne dafür, da dieses aufgrund seiner autoritär strukturierten Rangordnung nach dem Prinzip der Belohnung durch Anerkennung oder deren Vorenthaltung bzw. Missachtung funktioniert. Die ungleichwertige Beziehung zwischen Vorgesetztem und Untergebenen wird durch die Zuweisung von Reputation oder Vorenthaltung von Anerkennung noch verstärkt. Statussymbole spielen in diesem Zusammenhang oftmals zusätzlich eine Rolle, um dieser Dynamik Ausdruck zu verleihen. Sie dienen der extrinsischen Belohnung und fungieren als sichtbare Zeichen für Erfolg und Anerkennung.

Statussymbole werden, nach Esser, als Zeichen gesetzt, die in einer sozialen Gruppe mit spezifischen Haltungen, Gefühlen und Handlungsbereitschaften assoziiert werden. Mit dem Status, den ein Symbol dann ausdrückt, wird die Wertschätzung oder Reputation ausgedrückt. Diese Statussymbole sind innerhalb dieses Systems gesellschaftlich konstruiert. Ein Mercedes als Dienstwagen z. B. hat eigentlich eine instrumentelle Bedeutung und mutiert im Kontext einer Statushierarchie zu einem Zeichen für Leistung (vgl. Esser, 1999, S. 117).

Die Interviewpartner der Gruppierungen Gesundheitsexperten und Fertigung streben mehrheitlich eine Unternehmenskultur an, aus der eine Wertgemeinschaft im Sinne von Solidarität entstehen und über gegenseitige Anerkennung und soziale Unterstützung Wohlbefinden und Gesundheit erhalten und gefördert werden soll. Ein Ziel davon ist auch die soziale Integration und Anerkennung der eigenen Person im sozialen System des Unternehmens. Die Anerkennung kann sich sowohl auf die Leistung, die Verhaltensweisen als auch die Aufrechterhaltung der Identität beziehen. So drückt sich eine universelle spezifische Anerkennung in gegenseitiger Wertschätzung und Achtung bzw. Respekt aus, oder kommt auch in der Verbundenheit durch Würdigung zum Tragen und stellt somit eine soziale Ressource dar, die, im Gegensatz zur Selbstachtung, aus den interpersonalen Beziehungen resultiert. Deswegen tendiert sie gegebenenfalls auch zur autorisierten Form des Anerkennens im Sinne von Reputation.

In vorliegender Studie wurde fehlende bzw. vorenthaltene Anerkennung erwähnt, die sich u. a. auch darin äußert, dass Führungskräfte ihren MitarbeiterInnen keine Aufmerksamkeit schenken oder ihre innovativen, engagierten Verbesserungsvorschläge nicht wahrnehmen. Heiner Keupp u. a. (1999, S. 257 ff.) spricht in diesem Zusammenhang vom „Fehlen positiver Wertschätzung", die dann als „negative Wertschätzung" gewertet wird. Hierin kommen die ungleichwertigen

Beziehungen in hierarchischen Systemen zum Ausdruck, die Hegel als „Herr-Knecht-Beziehung" beschreibt.

Weiterhin wurde in den vorliegenden Interviews eine andere Form der fehlenden Anerkennung beanstandet. Der Mitarbeiter erhält zwar Aufmerksamkeit, aber gewinnt dabei keine positive Bewertung. Auch diese Form der fehlenden Anerkennung hat Heiner Keupp u. a. in seiner Studie mit Jugendlichen festgestellt. Lob und guter Zuspruch würden aber laut der Ergebnisse in vorliegender Studie als Anerkennung in Form von Achtung und Respekt der eigenen Person als auch Wertschätzung der Leistung empfunden werden, was zu mehr Wohlbefinden und höherer Motivation führen würde.

MitarbeiterInnen fühlten sich durch sozialen Rückhalt gestärkt und könnten mehr Bewältigungskompetenzen aufbauen.

Die Führungskräfte der Geschäftsleitung dagegen konzentrieren sich auf ihre Karrierebestrebungen. Im Kampf um Reputation kommt es tendenziell, verstärkt durch die Zuweisung von Statussymbolen als Ausdruck ihres Erfolgs, zu einer hohen Selbstwertschätzung, bei der der Rückbezug zur Leistung nicht mehr gewährleistet ist. Es geht um Prestige, Geld und Selbstbehauptung anstatt um soziale Kompetenz.

Daher tragen Statussymbole zu sozialer Ungleichheit bei, verstärken den Kampf um Reputation und Konkurrenz und behindern Werte wie Solidarität, interaktiven Austausch und soziale Wertschätzung.

Die ungleichen Anerkennungsverhältnisse und ungleichwertigen Beziehungen mindern nachweislich Wohlbefinden und Gesundheit.

Bernhard Badura beschreibt seine Vision von einer gesunden Organisation so: „Relativ egalitäre Organisationen sind gesünder als solche, die ein hohes Maß an sozialer Ungleichheit zulassen. Anders formuliert: Je steiler die Statushierarchie, je größer die Einkommensunterschiede und die Unterschiede in der Qualifikation, desto ungesünder ist eine Organisation."(Badura, 2003, S. 41)

## 2. Ungleiche Zugangsmöglichkeiten zu Ressourcen

Wie sich aus den Ergebnissen der vorliegenden Studie auch ergab, bietet der berufliche Kontext unterschiedliche Zugangsmöglichkeiten zu Ressourcen. Unterschiedlich zugewiesene Handlungs- und Entscheidungsspielräume innerhalb eines hierarchischen Systems stellen ungleiche Voraussetzungen für Beschäftigte dar, die ihnen für eine selbst bestimmte Lebensgestaltung hinderlich sind. Wie bereits im zweiten Kapitel auf Bourdieu und Keupp verwiesen wurde, stellen die Zugangsmöglichkeiten zu Ressourcen einen wesentlichen Einflussfaktor auf die Gesundheit dar. Subjektiv erfahrene Machtlosigkeit dagegen führt zu Demoralisierung und Reaktivität. Ressourcen bleiben unaufgedeckt und werden nicht genutzt. Heiner Keupp weist in seinem Buch „Ermutigung zum aufrechten Gang" auf Gemeindestudien der epidemiologischen Forschung hin, die das Phänomen „Demoralisierung" beschreiben.

> „Es beinhaltet Einstellungen und Grundhaltungen, die durch ein geringes Selbstwertgefühl, Hilflosigkeit, Hoffnungslosigkeit, unbestimmte Zukunftsängste und allgemein gedrückter Grundstimmung geprägt sind." (Keupp, 1997, S 42).

Im Weiteren erwähnt Keupp Studien aus den USA, die belegen, dass sich 50 % der Angehörigen aus der untersten Schicht als demoralisiert erweisen. Je weiter man in der sozialen Hierarchie nach unten geht, desto mehr nehmen die Erfahrungen mit Ungerechtigkeit aufgrund der ungleichen Verteilung von materiellen und symbolischen Gütern zu (vgl. Keupp, 1997, S. 43). Demzufolge kommt der strukturellen Gestaltung von Organisationen eine hohe Bedeutung zu, da die strukturellen Rahmenbedingungen das salutogenetisch orientierte Handlungspotenzial gesundheitsmindernd einschränken können. Erweiterte, selbstbestimmte Handlungsspielräume haben sich daher als notwendig erwiesen, damit Menschen ihr Ressourcenpotenzial entdecken und nutzen können.

Der Zugang zu personalpsychischen und sozial interpersonalen Ressourcen erwies sich im vorliegenden Forschungsfeld als besonders wichtig.

Die Erfahrung sozialer Unterstützung aus dem eigenen Beziehungsgefüge trägt nachweislich zur Gesundheitserhaltung und -förderung bei. Wie im zweiten Kapitel bereits beschrieben, wirken soziale Netzwerke gesundheitsförderlich. Demnach ist die Förderung von Merkmalen sozialer Systeme erheblich, um MitarbeiterInnen die Möglichkeiten der sozialen Vernetzung zu geben. Monika Jungbauer-Gans (2002) kommt in ihrer Untersuchung über die Wechselwirkungen zwischen sozioökonomischer Situation, individuellem Wohlbefinden und sozialer Einbindung zu dem Ergebnis, dass soziale Unterstützung die Gesundheit positiv beeinflusst. Dabei stellt sie unter anderem fest, dass die Zugehörigkeit zu einer bestimmten sozialen Schicht einen großen Einfluss auf den Gesundheitszustand hat. Soziale Integration und eine gute Vernetzung in Familie und Freundeskreis stellten sich als gesundheitsförderliche Ressourcen heraus. Die Bedeutung sozialer Ressourcen, die durch die Integration in ein gut funktionierendes soziales System entstehen, ist in der Forschung vielfach nachgewiesen, wie auch bereits im zweiten Kapitel näher ausgeführt wurde.

Die ungleich verteilten Zugangschancen zu Ressourcen, die in einem hierarchischen System durch seine strukturell ungleichwertigen Beziehungen noch verstärkt werden, bieten keinen geeigneten Kontext für ein Gesundheitsmanagement, das auf die produktive und salutogene Wirkung des sozialen Kapitals baut. Transparenz und Informationsfluss, Kommunikation und Kooperation wie auch die Berechenbarkeit von Entscheidungen und Entwicklungen stellen neben sozialer Anerkennung und sozialer Unterstützung bedeutende Merkmale des sozialen Kapitals dar, die MitarbeiterInnen als soziale Atmosphäre benötigen, um ihre Gesundheit zu erhalten und ihre Leistungsfähigkeit zu erbringen.

## 3. Keine Kultur von Empowerment in hierarchisch arbeitsteiliger Organisationsstruktur

Um die Privilegierung sozialer Gruppen zu vermeiden, muss die Gesundheitsförderung auf salutogenetische Konzepte zurückgreifen, die „dem zentralen Gedanken der Erweiterung von Lebenssouveränität der Menschen" nachgehen und ihre Aufmerksamkeit auf die Prozesse lenken, die die Selbstbestimmung des Menschen über seine Lebensführung in den Blick nehmen (vgl. Keupp, 1997, S. 45).

Die Ottawa-Charta der Weltgesundheitsorganisation (1986) nimmt dies in ihre zentralen Forderungen nach gesundheitsförderlichen strukturellen Verhältnissen auf. Im zweiten Kapitel wurde diese bereits ausgeführt. Diese Forderungen entstammen der Grundidee des Empowermentkonzepts. Keupp (1992) und Stark (1993) stellen heraus, dass der Empowermentansatz neue innovative Perspektiven für die Gesundheitspolitik eröffnet.

Wie im zweiten Kapitel unter 2.5.1 bereits zitiert, beschreibt Heiner Keupp Empowerment wie folgt:

> „Empowerment meint den Prozess, innerhalb dessen Menschen sich ermutigt fühlen, ihre eigenen Angelegenheiten in die Hand zu nehmen, ihre eigenen Kräfte und Kompetenzen zu entdecken und ernst zu nehmen und den Wert selbst erarbeiteter Lösungen schätzen lernen. Empowerment bezieht sich auf einen Prozess, in dem die Kooperation von gleichen oder ähnlichen Problemen betroffene Personen durch ihre Zusammenarbeit zu synergetischen Effekten führt. Aus der Sicht professioneller und institutioneller Hilfen bedeutet die Empowerment-Perspektive die aktive Förderung solcher solidarischer Formen der Selbstorganisation." (Keupp, 1997, S. 46)

Heiner Keupp fasst die wichtigsten Lernprozesse zusammen, die er als Ideennetz zu einer neuen Orientierung darlegt. Unter anderem sind dies die Abwendung von der „Defizit- und Krankheitsperspektive" und die Zuwendung „zur Ressourcen- und Kompetenzperspektive", die Art der professionellen Unterstützung als einer in die Lebenswelt des Klienten integrierbaren und die „soziale Unterstützung im eigenen sozialen Beziehungsgefüge". Von wesentlicher Bedeutung für den vorliegenden Zusammenhang ist auch der Lernprozess, dass „Widersprüche, Interessensunterschiede und unterschiedliche Bedürfnisse" thematisiert werden müssen, anstatt ein „hehres Allgemeinwohl" zu unterstellen (vgl. Keupp, 1997, S. 46 ff.). Dieses „hehre Allgemeinwohl" wird oftmals im Identifikationsprozess mit der Corporate Identity in wirtschaftlichen Unternehmen vorausgesetzt und als „Muss" erwartet.

So fordert das Empowermentkonzept Kompetenzen und Rahmenbedingungen, in denen gemeinsame Lösungen erarbeitet werden. Es könnte versucht werden, die monetär und sozial human ausgerichteten Zielinteressen im Wirtschaftsunternehmen unter diesen Bedingungen ressourcenorientiert zu vereinbaren.

Die Empowermentperspektive bietet daher einen idealen Ansatz, um eine salutogenetisch orientierte Gesundheitsförderung zu installieren. Die hierarchisch arbeitsteilige Struktur des Unternehmens bietet jedoch dafür keine idealen Voraussetzungen, da sie auf einem konträren Verständnis dazu intendiert und aufgebaut ist. Die Überzeugungen und Werte innerhalb dieser Kultur von *Führung von Menschen* und *Organisation von Arbeitsprozessen zwischen Mensch und Maschine* beruhen auf dazu abweichenden Haltungen. So wurde zwar im Laufe der Humanisierung der Arbeitswelt das fordisitisch-tayloristische Paradigma der industriellen Arbeitsorganisation weitgehend abgelöst, jedoch bieten die strukturellen Verhältnisse in (immer noch) hierarchisch arbeitsteiligen Organisationen nach wie vor eine sozial gestaffelte Rangordnung von Ansehen, Prestige und Wertschätzung, was zu sozialer Ungleichheit führt. Die Verknüpfung von hierarchischer Positionierung und ungleich verteilter Chance wird als Anerkennung bzw. Missachtung erfahren. Petra Frerichs fasst dies wie folgt zusammen: „Wer Macht hat, dem wird auch soziale Anerkennung und Wertschätzung zuteil, wer keine hat, der erleidet das Gegenteil, nämlich soziale Missachtung, Herabwürdigung, Scham." (Frerichs, 1997, S. 252, zit. nach Holtgrewe, Voswinkel, Wagner, 2000, S. 16).

In einer solchen Unternehmensstruktur entsteht keine Kultur, in der Lernprozesse der Empowermentperspektive verwirklicht werden können.

Die „Lernende Organisation" (Senge 1997) und ihre Anforderungen an eine Organisation nimmt bereits die neuen Bewegungen der Humanisierung auf. Sie setzt auf Partizipation und Innovation von MitarbeiterInnen und versucht über Abflachung von Hierarchien und Dezentralisierung von Zuständigkeiten und Verantwortung, Handlungs- und Entscheidungsspielräume zu eröffnen. Dadurch soll u. a. mehr Flexibilität erreicht werden.

In der Organisationsforschung aber werden u. a. von Deutschmann (1989) die aktuellen Management- und Organisationskonzepte kritisch daraufhin hinterfragt, als diese paradoxe Anforderungsstrukturen betreffen, wie den „Widerspruch verordneter Selbstbestimmung", „Widerspruch zielverpflichteter Eigenverantwortung" oder auch den „Widerspruch unterschiedlicher Ebenen der Selbststeuerung" (Pongratz, Voß, 1997, S. 35 ff., zit. nach Senghaas-Knobloch, Nagler, 2000, S. 101 ff.).

Moldaschl (1999) kritisiert diese posttayloristischen Ansätze als neue Nutzung der Arbeitskraft, die die Subjektivität ökonomisch verwertet und die Arbeitenden zur Unterwerfung fremd gesetzter ökonomischer Anforderungen zwingt. In diesem Zusammenhang spricht er von einer „vorformatierten (repressiven) Freiheit". Er stellt daher im Gegensatz zum Taylorismus zwar mehr Handlungsautonomie fest, aber weniger Verhandlungsautonomie, die durch den Schutz der Subjektivität im Taylorismus gegeben war (vgl. Moldaschl, 1999, S. 3 ff. in Senghaas-Knobloch, Nagler, 2000, S. 101 ff.).

Guido Becke beruft sich auf Senghaas-Knobloch und fasst diese Kritikpunkte im Zusammenhang mit der Entwicklung nachhaltiger Managementinstrumente im Unternehmen, wie folgt, zusammen:

„Der Strukturwandel der Erwerbsarbeit in Richtung einer postindustriellen Arbeitswelt (als Überblick vgl. Senghaas-Knobloch 2002; Willke, 1999) ist unter anderem mit der Herausbildung postfordistischer Management- und Organisationskonzepte verbunden. Diese lösen prima vista Anforderungen einer menschengerechten Arbeitsgestaltung ein, sind im Hinblick auf ihre Arbeitsfolgen allerdings hochgradig ambivalent (vgl. Senghaas-Knobloch, 2001; Sennett, 1998; Baethge 1999): Zum Beispiel bieten Gruppen- und Teamarbeitskonzepte sowie projektförmige Arbeitsformen Beschäftigten erweiterte Dispositions- und Tätigkeitsspielräume und Beteiligungschancen sowie neue arbeitszeitliche Gestaltungsoptionen auf der Basis von Vertrauensarbeitszeit. Ihre Kehrseite bilden zum Beispiel Arbeitsverdichtung, zunehmende psychosoziale Belastungen, überlange Arbeitszeiten und eine einseitige Verlagerung von Risiken der Aufgabenbearbeitung auf Individuen bzw. Teams. Mit der Vermarktlichung und Ökonomisierung betrieblicher Austausch- und Sozialbeziehungen verbindet sich ein umfassender Zugriff auf die Leistungspotenziale von Beschäftigten, die sich möglichst mit all ihren Kompetenzen und Fähigkeiten für den Unternehmenserfolg engagieren sollen. Dabei erodieren tendenziell die Grenzen der Person und ihrer Arbeitsrolle." (Senghaas-Knobloch, 2001, S. 182 ff., zit. nach Becke, 2003, S. 538/539).

Demzufolge stellen auch im 21. Jahrhundert moderne Profitorganisationen, die zwar bereits Ansätze zur Netzwerkorganisation beinhalten, aber letztlich immer noch hierarchisch arbeitsteilig strukturiert sind, keine salutogen wirkenden Systeme dar.

Anstatt dessen bauen sie auf Anerkennungsverhältnisse, die durch institutionelle Rahmungen und organisationelle Strukturen ungleiche Handlungsspielräume zuweisen und nach Mechanismen der Handlungskoordinationen funktionieren, die nach hierarchischer Weisungsbefugnis und fest zugeschriebenen Zuständigkeiten und Funktionsrollen geregelt sind.

Um das Empowermentkonzept umzusetzen, müssten Führungskräfte Vertrauen in die Kompetenzen und Stärken ihrer MitarbeiterInnen setzen und an deren Engagement und innovatives Engagement zunächst glauben.

Ihre Rolle als Führungskraft beinhaltet dann vielmehr die Motivation und reflexive Begleitung von MitarbeiterInnen als die Überwachung deren Leistung und Zuteilung von Arbeitsinhalten.

Überdies müssten die betrieblichen Akteure die postfordistischen bzw. posttayloristischen Arbeitsstrukturen wie auch ihre zugehörigen Managementkonzepte reflektieren und damit Arbeitsrollen, Zuständigkeiten und Verantwortlichkeiten so klären, dass einem erweiterten Zugriff auf die Subjektivität Grenzen gesetzt werden. Die Schaffung einer „sozialen Rahmung von Konflikten" muss „verbindliche Regeln und Verfahren zur Konfliktaustragung, Aushandlung und Kompromissfindung mit den Konfliktgegnern (...) vereinbaren und sich über Anforderungen an die Fairness von Verfahren (...) verständigen." (Becke 2003, S. 538). Auf diese Weise könnten die Ziel- und Interessenskonflikte, die sich aus dem Spannungsverhältnis der unterschiedlichen Werteorientierungen ergeben, möglicherweise gelöst werden.

## 6.4 Resümee

Aus den Ergebnissen vorliegender Studie zeigte sich, dass hierarchische Systeme ungünstige kontextuale Bedingungen für ein salutogenetisch orientiertes Gesundheitsmanagement stellen. Eine ganzheitliche, prozessual angelegte Gesundheitsförderung würde zwar bereits wichtige Impulse setzen, um die Forderungen der WHO nach verbesserten strukturalen Verhältnissen umzusetzen, trifft aber in einer hierarchisch angelegten Strukturform immer wieder auf Widerstände, die anscheinend nur schwer zu überwinden sind. Die teils antagonistischen Zielinteressen zwischen monetärer Gewinnmaximierung und

Verbesserung des Human- und Sozialkapitals müssten als „Widersprüche, Interessensunterschiede und unterschiedliche Bedürfnisse" (Keupp, 1997) erst einmal wahrgenommen werden, um dann in demokratischen Verhandlungen thematisiert zu werden. Die Kommunikationsstrukturen sind aber meist, wie auch in vorliegender Studie zum Ausdruck kam, nicht darauf ausgelegt. Ungleiche Anerkennungsverhältnisse und ungleichwertige Beziehungen prägen eine Kultur von autoritärem Weisungsverhalten und ungleichwertigen Beziehungsstrukturen.

Um die Lernprozesse, die im Empowermentkonzept angelegt sind, hier erfahrbar zu machen, müssten die strukturalen und kulturellen Bedingungen verändert werden. In Vision-und-Leitbild-Strategien sollte ein ethisch vertretbares Menschenbild verankert werden, aus dem Werte und Ziele für ein salutogen wirkendes Human- und Sozialkapital abgeleitet werden können.

Mithilfe von Organisationsentwicklung kann jedoch versucht werden, Impulse zu Veränderungsprozessen zu setzen und neue Werte in ein „geschlossenes System" zu bringen. Wie im Theorieteil dieser Arbeit bereits beschrieben wurde, sind Siegrist und Rosenbrock u. a. von der salutogenen Wirkung von Organisationsentwicklung überzeugt. Mit Unterstützung externer Berater könnten innerhalb der Organisationsentwicklung Selbstreflexions- und Lernprozesse angeregt werden. Wichtig ist dabei, über das Wissen um die Struktur einer Organisation zu verfügen, das Verständnis für die Logik solcher Systeme aufzubringen und zunächst zu akzeptieren und schließlich die Abläufe solcher Veränderungsprozesse nachhaltig zu begleiten.

Die Entwicklung einer Führungskultur, die soziale Kompetenz als zentrale Kompetenz beinhaltet, kann dabei ebenfalls nachhaltig auf die Unternehmenskultur salutogene Auswirkungen zeigen.

Als aktuellen Stand der Gesundheitswissenschaften fasst Rosenbrock zusammen, dass „Prävention in der Arbeitswelt heute heißt, Strategien der Senkung überwiegend spezifischer Risiken (Prävention) mit solchen der Vermehrung salutogener Ressourcen (Minderung unspezifischer Risiken: Gesundheitsförderung) miteinander zu verbinden" (BZgA/WHO 1989; BZgA/WHO 1992) in Rosenbrock, 1993, S. 124).

Dabei sieht er drei Ebenen, auf denen Gesundheit in der Arbeitswelt gefördert werden solle: **1.** auf der Ebene der Organisation und Gestaltung, um Distress zu vermindern, **2.** auf der Ebene der Wissenserweiterung zur Information und Aufklärung und **3.** auf der Ebene des Abbaus von verhaltensbedingter Gesundheitsgefährdung (vgl. Rosenbrock, 1993, S. 126).

Das salutogenetische Modell Antonovskys transferiert er in die betriebliche Praxis und stellt demzufolge dar, unter welchen Bedingungen die Bewältigungsbelastung für MitarbeiterInnen zu bestehen sei: „**1.** wenn die Anforderungen und Zumutungen, mit denen sie konfrontiert werden, einigermaßen vorhersehbar und einordnungsfähig sind (comprehensibility); **2.** wenn Möglichkeiten der Reaktion und des Eingreifens, wenn Chancen der Einflussnahme auf Entwicklungen und Ereignisse gegeben sind (manageability) und **3.** die Möglichkeit besteht, unter diesen Bedingungen individuelle oder kollektive Ziele anzustreben und auch zu erreichen (meaningfulness)" (Rosenbrock, 1993, S. 129).

Dieses Konzept stellt eine Ausgangsbasis dar, auf der Gesundheitsmanagement implementiert werden kann, da es die verschiedenen Ebenen und Ansatzpunkte für eine ganzheitliche Intervention umfasst.

Zudem hat sich aus der Erforschung der Netzwerkarbeit herausgestellt, welch hohes Potenzial hinsichtlich ihrer Möglichkeiten zur Ressourcenaktivierung und sozialen Unterstützung und Integration in ihr für die Förderung einer besseren Gesundheitsorientierung steckt. Demzufolge kann Netzwerkarbeit präventiv in kritischen Lebenssituationen eingesetzt werden, zur Vermeidung von Krankheitsbildern einerseits, bei bestehender Krankheit, zu ihrer Bewältigung anderseits. Aus subjektiven Aussagen von Mitarbeitern und anderen Forschungsergebnissen geht auch hervor, dass ein offenes Arbeitsklima im salutogenetischen Sinne eine Atmosphäre schafft, die vorab schon für eine bessere Bewältigung des beruflichen Alltags sorgen und somit Copingstrategien begünstigen kann.

> „... gesundheitsförderlicher wäre, wenn man Aktionen hätte, wo man sich im Team besser kennen lernen kann ... und Seiten von Mitarbeitern kennen lernt, die man nie erkannt hat ... und die Führungskräfte auch mal einen loben würden, ... unser Meister kommt nur zu uns, wenn es Probleme gibt ..." (ein Werker)

Es gilt also, neben der Förderung von Entscheidungs-, Handlungs-, Methoden- und Sozialkompetenz, die Gesundheitskompetenz des / der Mitarbeiters / in aufzubauen. Sie ist vielleicht die Basis dafür, dass Menschen langfristig auf einem hohen Leistungsniveau sind, motiviert weitere Innovationen ins Berufsleben einbringen, flexibel mit Veränderungsmanagement umgehen und eine nahezu fehlerlose und gleichmäßige Produktion ihrer Arbeit liefern und dabei den maximalen Gewinn des Unternehmens erzielen.

Aus den bisherigen Forschungsergebnissen hat sich gezeigt, dass sich „eine partizipative Organisationsentwicklung als Weg zur Entfaltung der strukturellen und personenbezogenen Gesundheitsförderungspotenziale bewährt" hat (Pelikan, Demmer, Hurrelmann, 1993, S. 16).

Bernhard Badura vertritt, wie im zweiten Kapitel beschrieben, ein Betriebliches Gesundheitsmanagement, das die betrieblichen Rahmenbedingungen, betrieblichen Strukturen und Prozesse entwickelt, die eine „gesundheitsförderliche Gestaltung von Arbeit und Organisation und die Befähigung zum gesundheitsfördernden Verhalten der Mitarbeiterinnen und Mitarbeiter zum Ziel haben." Dabei setzt er auf ein sozialkapitalorientiertes Gesundheitsmanagement, dessen Zielwerte die Organisationsbedingungen, Arbeitsbedingungen, Gesundheit und das Arbeitsverhalten sind.

Folgende zehn Thesen umreißen seine Vision einer gesunden Organisation: „1. Ausmaß sozialer Gleichheit, 2. Vorrat an gemeinsamen Überzeugungen, Werten, und Regeln, 3. Identifikation mit übergeordneten Zielen, 4. Vertrauen in die Führung, 5. Ausmaß an Partizipation, 6. Ausmaß an Vertrauen und Kooperation, 7. Anzahl, Qualität und Vereinbarkeit sozialer Beziehungen, 8. Positive Beziehungen am Arbeitsplatz bzw. im Arbeitsteam, 9. Qualität der sozialen Kompetenz und 10. Identifikation mit der Arbeit" (Badura, 2003, S. 40 ff.). Die gesundheitsbezogene Gestaltung sozialer Systeme in Unternehmen sollte nach diesen Standards erfolgen. Dabei nimmt die Investition in das Sozialkapital, neben der Förderung von Gesundheitspotenzial und Gesundheitsverhalten der MitarbeiterInnen eine zentrale Rolle im Betrieblichen Gesundheitsmanagement ein (vgl. Badura, 2003, S. 40 ff.).

Im Sinne von Louis Pratt, der in der Familienforschung feststellte, demokratische Familien sind gesünder, sollten Organisationen wissenschaftliche Erkenntnisse bei der Implementierung humanisierender Maßnahmen berücksichtigen, um für eine nachhaltige Prozessverfolgung zu sorgen. Dass Gesundheitsprojekte immer nur langfristig Wirkung zeigen und nur teilweise mit Methoden, wie z. B. der Balanced Scorecard, messbar und sichtbar gemacht werden können, sollte dabei von den Verantwortlichen bewusst ins Augenmerk genommen werden.

„Gesundheit ist gewiss nicht alles, aber ohne Gesundheit ist alles nichts."
Arthur Schopenhauer

## 6.5 Ausblick

### Das Unternehmen als Teil unserer Gesellschaft

An der vorliegenden Untersuchung konnte anhand empirischer Daten aufgezeigt werden, unter welchen Bedingungen eine salutogenetisch orientierte Betriebliche Gesundheitsförderung ermöglicht bzw. erschwert werden kann. Durch die Untersuchung des Forschungsfelds wurde deutlich, dass ein Unternehmen ein soziales System darstellt, das zwar innerhalb seiner Organisation ein in sich abgeschlossenes System ist, jedoch als System in unserer Gesellschaft einen Teil dieser abbildet.

Demnach ist ein Unternehmen den Einflüssen unseres Zeitgeists ausgesetzt und einerseits durch dessen Wertehaltungen und Handlungsorientierungen geprägt, wie es aber auch andererseits im Zuge der Globalisierung den sozioökonomischen Wandel selbst mitgestaltet. Damit kommt ihm eine gesellschaftliche (soziale und ökologische) Verantwortung zu, die Menschenrechte zu wahren, gerechte Arbeitsbedingungen zu realisieren und den Schutz der Umwelt zu gewähren (vgl. „Global Compact" – Initiative der Vereinten Nationen; http://www.bayer.de/ueber_bayer/gesellschaftliche_verantwortung/global_compact/page390.htm).

Wie bereits eingangs dargelegt, befinden wir uns in einer Zeit des Wandels und damit im Konflikt mit konträren Vorstellungen über eine auch in Zukunft funktionierende demokratische Gesellschaft. Weltweite Interaktionen zwischen politischen Systemen, Kulturen und wirtschaftlichen Institutionen nehmen seit Beginn der 80er-Jahre mit den Globalisierungsbewegungen zu. Mit ihnen entstehen für die einzelnen Gesellschaften neue Herausforderungen, die teils neue Chancen eröffnen, aber auch mit neuen Veränderungen konfrontieren. Werte und Wertvorstellungen verändern sich. Badura stellt fest, dass Sicherheit und Berechenbarkeit der Markt- und Arbeitsverhältnisse abnehmen, während das Tempo des sozioökonomischen Wandels zunimmt und sich mit fortschreitender Technisierung das Krankheitspanorama wie auch die Gesundheitspotenziale wandeln (vgl. Badura, 2003, S. 59 ff.).

Johano Strasser beschreibt die gegenwärtige Postmoderne als eine Zeit „... der ungebremsten Globalisierung und des Neoliberalismus, mit erneuter Radikalität". Er stellt die Frage, ob der Mensch „... nur ein Homo oeconomicus ..." sei, „... dessen Sinnen und Trachten sich in Kosten-Nutzen-Vergleichen erschöpft?"

Ulrich Beck, der mit seiner Theorie einer Reflexiven oder Zweiten Moderne die sozialwissenschaftliche Debatte in Deutschland wie auch auf internationaler Ebene maßgeblich beeinflusst, beschreibt in seiner These über die Risikogesellschaft einen epochalen Wandel moderner Gesellschaften, der eine gesellschaftsverändernde Gestalt und Reichweite einnimmt.

> „Der Individualismus ist als neoliberales Projekt in weiten Bereichen der Gesellschaft fast vollständig absorbiert worden. Es kursiert der Begriff des Selbstunternehmers, ..." der „... in der Illusion ... seiner grenzenlosen Autonomie ..." agiert. Das eigene Leben wird als Unternehmen entworfen, und man muss sich als Kapitalist dem gegenüber verhalten und alle Bezüge des eigenen Lebens im eigenständigen, vorweglaufenden Gehorsam den Marktbedingungen konform organisieren." (Beck / Willms, 2000, S. 91, 92)

Ulrich Wickert beschreibt in seinem Buch „Der Ehrliche ist der Dumme" die gegenwärtige Orientierungskrise in der Gesellschaft zwischen Wertewandel und Werteverlust. Das gesellschaftliche Ziel sei unklar, daher kann die Disziplin zur moralischen Haltung nicht wirken.

> „Wenn neue Werte aber erst begründet werden müssen, dann müssen andere Fähigkeiten als die Pflicht im Volk geweckt werden. Den Mitgliedern der Gesellschaft müssen gemeinschaftliche Ziele vorgegeben werden, mit denen die Bürger sich und ihre Gesellschaft identifizieren können, und die Individuen sollten lernen, ein soziales Ideal zu akzeptieren, an dessen Verwirklichung sie arbeiten können." (Wickert, 2002, S. 116, 117)

Helmut Klages beschreibt die psychsozialen Folgen durch den Werteverlust und spricht sich für ein Bürgeschaftliches Engagement aus.

An diesen Zitaten wird ersichtlich, dass sich die Diskussion über Werteverlust und Wertewandel wie auch das Spannungsverhältnis zwischen ökonomischen und sozialen Zielinteressen innerhalb einer Gesellschaft in einem sozialen System wie dem Unternehmen NOVA widerspiegeln. Die Veränderung organisationaler Systeme ist demzufolge auch immer mit gesellschaftlichen Entwicklungen verbunden und daher nur schwer von einem Unternehmen alleine zu lösen.

Globalisierung und Vormachtstellung, Wirtschaftsinteressen und sozial gesellschaftliche Ausrichtungen stehen einander gegenüber und prägen die gesellschaftlichen Einstellungen und Haltungen. Sie fordern neu heraus, über das gesellschaftliche Zusammenleben nachzudenken und neue Wege einzuschlagen.

Um eine gesundheitsförderliche Gestaltung der Verhältnisse, wie sie die WHO vorgibt, zu erreichen, indem gesundheitsförderliche Interventionen im Rahmen des Berufsumfelds verbessert werden, stellt die Auseinandersetzung mit der berufsbiografischen Sozialisation und Identifikation mit dem Arbeitgeber einen weiteren Forschungsbedarf dar.

Berufsbiografische Orientierungsmuster spielen nach Giegel, Frank & Billerbeck (1988) eine entscheidende Rolle für die gesundheitsbezogenen Verhaltensmuster, deren Zusammenhänge jedoch, laut Faltermaier, noch kaum empirisch in den Blick genommen wurden (vgl. Faltermaier, 1998, S. 36).

Überdies könnte unterstützend das Arbeitsrecht hinsichtlich seiner gesetzlichen Verordnungen neu überdacht werden und darin moderne, den gesellschaftlichen Entwicklungen angepasste, zeitgemäße Auflagen (im Sinne einer Empowermentperspektive) integriert werden.

Unterstützend sollten zudem Strukturen abgebaut werden, die aufgrund ihres hierarchischen Aufbaus soziale Ungleichheit erzeugen und fördern und damit einen Beitrag dazu leisten, ihre Insassen weniger gesund bzw. krank zu machen.

Wilkinson entwirft ein Szenario der gesundheitlichen Entwicklung einer fiktiven Gesellschaft, das in folgendem Zitat dargelegt wird:

> „Stellen wir uns ein nicht allzu fernes Land vor, in dem eine Gesellschaft lebt, die für ihre ausgewogene Einkommensverteilung bekannt sei. In dieser

fiktiven Gesellschaft fühlen sich die meisten Menschen gerecht behandelt und solidarisch miteinander verbunden. Sie befürworten die geltenden Normen und Regeln der sozialen Ordnung und nehmen die ihnen auferlegten Anforderungen und Belastungen überwiegend als Herausforderungen wahr. Sie setzen größeres Vertrauen in die gesellschaftlichen Institutionen, dass diese im Interesse aller Menschen handeln, und sie blicken zuversichtlich in die Zukunft. In einer solchen Kultur relativ geringer Ungleichheit und relativ starkem sozialen Zusammenhalt sind die Lebenschancen der Bevölkerung vergleichsweise günstig und die Gesundheitsrisiken und Gewaltpotenziale begrenzt. Ein Großteil der Menschen ist gegenüber schädigenden Umwelteinflüssen und Stressbelastungen resistent, entsprechend positiv schätzen viele ihre Lebenspotenziale und Gesundheitskompetenzen ein. Ein beträchtlicher, insgesamt wachsender Teil der Bevölkerung nimmt aktiv am sozialen und öffentlichen Leben teil, praktiziert einen gesundheitsförderlichen Lebensstil und bewältigt psychosoziale und Krankheitsbelastungen weitgehend gesundheitsgerecht. Seit einer Reihe von Jahren steigt die durchschnittliche Lebensspanne der Menschen und lässt sich ein beträchtlicher Rückgang der Todesraten für chronische Krankheiten und Gewalteinwirkungen beobachten. Wie Vergleichsstudien mit anderen Ländern ergeben, haben deutlich weniger Menschen Gefühle von Inferiorität, Scham, Angst und Inkompetenz. Das Ausmaß von Alkohol-, Drogen- und Medikamentenkonsum ist geringer, aggressive Verhaltensmuster wie Suizid, Mord, Gewalt und Verbrechen sind seltener." (Wilkinson, 2001, S. 14 ff.)

Wie an der empirischen Studie über Gesundheitsförderung in einem Industrieunternehmen dargelegt werden konnte, ist salutogenetisch orientiertes Handlungspotenzial weitgehend vorhanden. Wenn organisationale Strukturen und Kulturen dementsprechend gesundheitsbezogen gestaltet würden, könnten Erwerbstätige dazu befähigt werden, sich gesundheitsförderlich zu verhalten und zu handeln und damit ihre Leistungskompetenz steigern. Dies würde auch den Gewinn eines wirtschaftlich orientierten Unternehmens langfristig verbessern. Um aber diese Innovationen umzusetzen, bedarf es eines Umdenkens, da wie auch Richard Sennett als Schlusssatz seines Buchs „der flexible Mensch" es formuliert:

„Ein Regime, das Menschen keinen tiefen Grund gibt, sich umeinander zu kümmern, kann seine Legitimität nicht lange aufrechterhalten.“ (Sennett, 2000, S. 203)

## Reflexion der Forschungsarbeit

Die vorliegende empirische Studie wurde sehr offen angelegt, da sie als „Aktionsforschung“ aufgrund des Forschungsfeldes sehr flexibel gestaltet werden musste. Es wurde versucht, mit der offenen und breiten Fragestellung kompetent umzugehen und das Datenmaterial, wie aus den Ausführungen des vierten Kapitels ersichtlich, methodisch sauber auszuwerten. Es ergab sich ein sehr komplexes Datenmaterial, das eine noch spezifischere und detailliertere Interpretation zugelassen hätte. Aufgrund des Umfangs einer Dissertation wurde jedoch versucht, das Datenmaterial hinsichtlich der Ergebnisbeschreibung stark zu verdichten und auf die Beantwortung der Forschungsfragen hin zuzuspitzen. Es stellte sich dabei weiterer Forschungsbedarf heraus.

# 7. Literaturverzeichnis

**Adenauer,** S. u. a. (1997). *Fit für Gruppenarbeit. Ein Qualifizierungsleitfaden – nicht nur für Führungskräfte.* Institut für angewandte Arbeitswissenschaft e. V. (Hrsg.). Köln: Wirtschaftsverlag Bachem.

**Antoni,** C.H. (1996). Betriebliche Führungsstruktur im Wandel – Zur Rolle und Funktion von Meistern und Gruppensprechern im Rahmen von Gruppenarbeit. In: C.H. Antoni (Hrsg.). *Gruppenarbeit in Unternehmen. Konzepte, Erfahrungen, Perspektiven* (2. Auflage). (S. 115–138). Weinheim: Beltz, Psychologie Verlags Union.

**Antonovsky,** A. (1979). *Health, stress and coping: New perspectives on mental and physical well-being.* San Francisco. (Zitiert nach: Faltermaier, T., Kühnlein, I., Burda-Viering, M. (1998). *Gesundheit im Alltag. Laienkompetenz in Gesundheitshandeln und Gesundheitsförderung.* Weinheim: Juventa.).

**Antonovsky,** A. (1987). *Unraveling the Mystery of Health – How People Manage Stress and Stay Well.* San Francisco: Jossey-Bass Publishers. (Zitiert nach: Keupp, H. (1997). *Ermutigung zum aufrechten Gang.* Tübingen: dgvt-Verlag.).

**Antonovsky,** A. (1997). *Salutogenese. Zur Entmystifizierung der Gesundheit.* Deutsche Herausgabe von Alexa Franke. Tübingen: dgvt-Verlag. (Original erschienen 1987: *Unraveling the Mystery of Health – How People Manage Stress and Stay Well.* San Francisco: Jossey-Bass Publishers.).

**Badura,** B. (1993). Gesundheitsförderung durch Arbeits- und Organisationsgestaltung. Die Sicht des Gesundheitswissenschaftlers. In: M. Pelikan, M. Jürgen, H. Demmer, K. Hurrelmann (Hrsg.). *Gesundheitsförderung durch Organisationsentwicklung. Konzepte, Strategien und Projekte für Betriebe, Krankenhäuser und Schulen.* (S. 20–33). Weinheim: Juventa.

**Badura,** B., **Ritter,** W., **Scherf,** M. (1999). *Betriebliches Gesundheitsmanagement. Ein Leitfaden für die Praxis.* Hans-Böckler-Stiftung (Hrsg.). Berlin: Rainer Bohn Verlag, Ed. Sigma.

**Badura,** B., **Hehlmann,** T. (2003). *Betriebliche Gesundheitspolitik. Der Weg zur gesunden Organisation.* Berlin: Springer-Verlag.

**Baethge,** M. (1999). Subjektivität als Ideologie. Von der Entfremdung in der Arbeit zur Entfremdung auf dem (Arbeits-)Markt? In: G. Schmidt (Hrsg.). *Kein Ende der Arbeitsgesellschaft: Arbeit, Gesellschaft und Subjekt im Globalisierungsprozess.* (S. 29–44). Berlin. (Zitiert nach: Becke, G. (2003). Perspektiven soziologischer Beratung für eine nachhaltige Unternehmensentwicklung. In: G. Linne, M. Schwarz (Hrsg.). *Handbuch Nachhaltige Entwicklung. Wie ist nachhaltiges Wirtschaften machbar?* (S. 533–541). Opladen: Leske + Budrich.

**Barz,** H. u. a. (2001). *Neue Werte – Neue Wünsche. Future Values. Wie sich Konsummotive auf Produktentwicklung und Marketing auswirken.* Düsseldorf: Metropolitan Verlag.

**Beck,** U. (2003). *Risikogesellschaft. Auf dem Weg in eine andere Moderne.* (Sonderausgabe, Erstausgabe 1986 bei Suhrkamp). Frankfurt am Main: Suhrkamp Verlag.

**Beck,** U. (2000). Wohin führt der Weg, der mit dem Ende der Vollbeschäftigungsgesellschaft beginnt? In: U. Beck (Hrsg.). *Die Zukunft von Arbeit und Demokratie.* (Edition Zweite Moderne). (S. 7–66). Frankfurt am Main: Suhrkamp Verlag.

**Beck,** U., **Willms,** J. (2000). *Freiheit oder Kapitalismus. Ulrich Beck im Gespräch mit Johannes Willms.* Frankfurt am Main: Suhrkamp Verlag.

**Becke,** G. (2003). Perspektiven soziologischer Beratung für eine nachhaltige Unternehmensentwicklung. In: G. Linne, M. Schwarz (Hrsg.). *Handbuch Nachhaltige Entwicklung. Wie ist nachhaltiges Wirtschaften machbar?* (S. 533–541). Opladen: Leske + Budrich.

**Becke,** G. (2003). Organisationales und ökologisches Lernen in kleinbetrieblichen Figurationen. In: H. Brentel, H. Klemisch, H. Rohn (Hrsg.). *Lernendes Unternehmen – Konzepte und Instrumente für eine zukünftige Unternehmens- und Organisationsentwicklung.* (S. 193–215). Opladen. (Zitiert nach: Becke, G. (2003). Perspektiven soziologischer Beratung für eine nachhaltige Unternehmensentwicklung. In: G. Linne, M. Schwarz (Hrsg.). *Handbuch Nachhaltige Entwicklung. Wie ist nachhaltiges Wirtschaften machbar?* (S. 533–541). Opladen: Leske + Budrich.).

**Becker,** P. (1997). Zielvorstellungen und Leitbegriffe. In: R. Schwarzer (1997). (Hrsg.). *Gesundheitspsychologie. Ein Lehrbuch* (2. überarbeitete und erweiterte Auflage). (S. 517–534). Göttingen: Hogrefe-Verlag.

**Blöschel,** L. (1987). Soziales Netzwerk – Soziale Unterstützung, Lebensbelastung und Befindlichkeit. In: *Zeitschrift für Klinische Psychologie* XVI 4 (S. 311–320).

**Bourdieu,** P. (1992). *Die verborgenen Mechanismen der Macht. Schriften zu Politik und Kultur 1.* Hamburg: VSA-Verlag.

**Bourdieu,** P. (1983). Ökonomisches Kapital, kulturelles Kapital, soziales Kapital. In: R. Kreckel (Hrsg.): *Soziale Ungleichheiten.* (Sonderband 2 der Sozialen Welt) (S. 183–198). Göttingen: Schwartz.

**Broda,** M. (1987). *Wahrnehmung und Bewältigung chronischer Krankheiten.* Weinheim: Beltz, Psychologie Verlags Union.

**Buchholz,** M. B. (2003). *Metaphern der ›Kur‹. Eine qualitative Studie zum psychotherapeutischen Prozess.* Gießen: Psychosozial-Verlag. (Original erschienen 1996. Opladen: Westdeutscher Verlag.).

**Castells,** M. (2001). *Das Informationszeitalter I.* (Teil 1: Der Aufstieg der Netzwerkgesellschaft). Opladen: Leske + Budrich.

**Conrad,** G., **Schmidt,** W. (Hrsg.). (1990). Glossar/Glossary. Nachdruck einer Broschüre vorbereitet für: Gesundheitsförderung. Eine Investition in die Zukunft. Internationale Konferenz Bonn, 17.–19. Dezember 1990. o. O. (Zitiert nach: Sievers, B. (1993). Theorie und Praxis der Organisationsentwicklung. In: M. Pelikan, M. Jürgen M., H. Demmer, K. Hurrelmann (Hrsg.). *Gesundheitsförderung durch Organisationsentwicklung. Konzepte, Strategien und Projekte für Betriebe, Krankenhäuser und Schulen.* (S. 34–42). Weinheim: Juventa.).

**Cohen,** D., **Prusak,** L. (2001). *In Good Company. How Social Capital Makes Organizations Work.* Havard Business School Press. (Zitiert nach: Badura, B., Hehlmann, T. (2003). *Betriebliche Gesundheitspolitik. Der Weg zur gesunden Organisation.* Berlin: Springer-Verlag.).

**Davey Smith,** G., **Blane,** D., **Bartley,** M. (1993). Soziale Klasse und Mortalitätsunterschiede: Diskussion der Erklärungsansätze in Großbritannien. (S. 425–451). In: A. Mielck (Hrsg.). *Krankheit und soziale Ungleicheit. Sozialepidemiologische Forschung in Deutschland.* Opladen: Leske + Budrich. (Zitiert nach: Heinzel-Gutenbrunner, M. (2001). Einkommen, Einkommensarmut und Gesundheit. In: A. Mielck, K. Bloomfeld (Hrsg.). *Sozial-Epidemiologie. Eine Einführung in die Grundlagen, Ergebnisse und Umsetzungsmöglichkeiten.* (S. 39–49). Weinheim: Juventa.).

**Demmer,** H. (1993). Entwicklungsperspektiven der betrieblichen Gesundheitsförderung und Gesundheitsförderung durch Organisationsentwicklung in Betrieben – Einleitung. In: M. Pelikan, M. Jürgen, H. Demmer, K. Hurrelmann (Hrsg.). *Gesundheitsförderung durch Organisationsentwicklung. Konzepte, Strategien und Projekte für Betriebe, Krankenhäuser und Schulen* (S. 74–84), (S. 120–122). Weinheim: Juventa.

**Deutscher Verein für öffentliche und private Fürsorge** (Hrsg.). (1997). *Fachlexikon der sozialen Arbeit.* (4. vollständig überarbeitete Auflage). Frankfurt am Main: Deutscher Verein für öffentliche und private Fürsorge – Eigenverlag.

**Deutschmann,** Ch. (1989). Reflexive Verwissenschaftlichung und kultureller „Imperialismus" des Managements. In: *Soziale Welt,* Jg. 40, Heft 3 (S. 374–396). (Zitiert nach: Senghaas-Knobloch E., Nagler B. (2000). Von der Arbeitskraft zur Berufsrolle? Anerkennung als Herausforderung für die industrielle Arbeitskultur im Rahmen neuer Organisations- und Managementkonzepte. In: U. Holtgrewe, S. Voswinkel, G. Wagner (Hrsg.). *Anerkennung und Arbeit.* Konstanz: UVK Universitätsverlag.).

**Doppler,** K., **Lauterburg,** Ch. (1997). *Change Management. Den Unternehmenswandel gestalten.* (6. Auflage). Frankfurt/Main: Campus.

**Dütz,** W. (2003). *Arbeitsrecht* (8. Auflage). München: C.H. Beck Verlag.

**Elias,** N. (1999). *Die Gesellschaft der Individuen* (4. Auflage). Frankfurt/Main: Suhrkamp Taschenbuch Verlag.

**Esser,** H. (1999). *Soziologie. Spezielle Grundlagen.* (Band 1: Situationslogik und Handeln) (3. Auflage). Frankfurt/Main: Campus.

**Faltermaier,** T. (1994). *Gesundheitsbewusstsein und Gesundheitshandeln. Über den Umgang mit Gesundheit im Alltag.* Weinheim: Beltz, Psychologie Verlags Union.

**Faltermaier,** T. (1998b). Subjektive Theorien und Konzepte von Gesundheit. In: U. Flick (Hrsg.). *Wann fühlen wir uns gesund? Subjektive Vorstellungen von Gesundheit und Krankheit* (S. 70–86). Weinheim: Juventa.

**Faltermaier,** T., **Kühnlein,** I. (2000). Subjektive Gesundheitskonzepte im Kontext: Dynamische Konstruktionen von Gesundheit in einer qualitativen Untersuchung von Berufstätigen. In: *Zeitschrift für Gesundheitspsychologie* 8 (4), (S. 137–154). Göttingen: Hogrefe-Verlag.

**Faltermaier,** T., **Kühnlein,** I., **Burda-Viering,** M. (1998). *Gesundheit im Alltag. Laienkompetenz in Gesundheitshandeln und Gesundheitsförderung.* Weinheim: Juventa.

**Flick,** U. (Hrsg.). (1998). Subjektive Vorstellungen von Gesundheit und Krankheit. Überblick und Einleitung. In: U. Flick (Hrsg.). *Wann fühlen wir uns gesund? Subjektive Vorstellungen von Gesundheit und Krankheit* (S. 7–30). Weinheim: Juventa.

**Flick,** U., **Kardorff,** E. v., **Steinke,** I. (Hrsg.). (2003). *Qualitative Forschung. Ein Handbuch* (2. Auflage). Reinbek bei Hamburg: Rowohlt Taschenbuch Verlag.

**Flick,** U., **Kardorff,** E. v., **Keupp,** H., **Rosenstiel,** L. v., **Wolff,** S. (Hrsg.). (1995). *Handbuch Qualitative Sozialforschung. Grundlagen, Konzepte, Methoden und Anwendungen* (2. Auflage). Weinheim: Beltz, Psychologie Verlags Union.

**Franke,** A. (2001). *Ressourcen im Ansatz der Salutogenese.* Vortrag beim Workshop „Grundfragen Ressourcenorientierter Rehabilitation. Ressourcenmanagement und Lebensqualität". Universität Dortmund, 29.10.–31.10.2001. (Internetseite nicht mehr verfügbar).

**Fein,** O. (1995). The influence of social class on health status: American and British research on health inequalities. J Gen Intern Med 1995; 10 (S. 577–586). (Zitiert nach: Peters, R. (2001). Berufsstatus und Gesundheit. In: A. Mielck, K. Bloomfeld (Hrsg.). *Sozial-Epidemiologie. Eine Einführung in die Grundlagen, Ergebnisse und Umsetzungsmöglichkeiten.* (S. 30–38). Weinheim: Juventa.).

**Frerichs,** P. (1997). Klasse und Geschlecht 1. Arbeit. Macht. Anerkennung. Interessen. Opladen. (Zitiert nach: Holtgrewe, U., Voswinkel, S., Wagner, G. (Hrsg.). (2000). *Anerkennung und Arbeit.* (S. 9–26). Konstanz: UVK Universitätsverlag.).

**Frerichs,** P. (2000). Die Arbeit der Anerkennung. Thesen und ein empirisches Beispiel zur Ungleichheit von Anerkennungschancen nach Klasse und Geschlecht. In: U. Holtgrewe, S. Voswinkel, G. Wagner (Hrsg.). *Anerkennung und Arbeit.* (S. 269–283). Konstanz: UVK Universitätsverlag.

**Fröschle-Mess,** M. (2002). *Personalentwicklung für Meister in einem Industriebetrieb. Ein neues Arbeitsfeld in der sozialen Arbeit.* München: Rainer Hampp.

**Fuchs-Heinritz,** W., **Lautmann,** R., **Rammstedt,** O., **Wienold,** H. (Hrsg.). (1995). *Lexikon zur Soziologie* (3. Auflage). Opladen: Westdeutscher Verlag.

**Gerhardt,** U. (1986). Verstehende Strukturanalyse: Die Konstruktion von Idealtypen als Analyseschritt bei der Auswertung qualitativer Forschungsmaterialien. In: H.-G. Soeffner (Hrsg.). *Sozialstruktur und soziale Typik* (S. 31–83). Frankfurt/M. (Zitiert nach: H. Esser (1999). *Soziologie. Spezielle Grundlagen.* (Band 1: Situationslogik und Handeln) (3. Auflage). Frankfurt/Main: Campus.).

**Glaser,** G. B., **Strauss,** A. L. (1998). Grounded Theory. Strategien qualitativer Forschung. Bern: Hans Huber. (Original erschienen 1967: The Discovery of Grounded Theory – Strategies for Qualitative Research. New York: Aldine de Gruyter.).

**Göckenjan,** G. (1992). Gesundheitsbegriff – Warum Gesundheit definieren? In: A. Trojan & B. Stumm (Hrsg.). *Gesundheit fördern statt kontrollieren. Eine Absage an den Mustermenschen.* (S. 40–49). Frankfurt/Main: Fischer. (Zitiert nach: Trojan, A., Legewie, H. (2001). *Nachhaltige Gesundheit und Entwicklung. Leitbilder, Politik und Praxis der Gestaltung gesundheitsförderlicher Umwelt- und Lebensbedingungen.* Frankfurt: VAS – Verlag für Akademische Schriften.).

**Grawe,** K. & **Grawe-Gerber,** M. (1999). Ressourcenaktivierung. Ein primäres Wirkprinzip der Psychotherapie. *Psychotherapeut,* 2 (S. 63–69). (Zitiert nach Lenz, A. (2002). Empowerment und Ressourcenaktivierung – Perspektiven für die psychosoziale Praxis. In: A. Lenz, W. Stark (Hrsg.). *Empowerment. Neue Perspektiven für psychosoziale Praxis und Organisation.* Tübingen: dgvt-Verlag.).

**Griefahn,** B. (1998). Arbeitswelt und Gesundheit. In: K. Hurrelmann, U. Laaser (Hrsg.). *Handbuch Gesundheitswissenschaften* (S. 443–466). Weinheim: Juventa.

**Grossmann,** R. (1993). Gesundheitsförderung durch Organisationsentwicklung – Organisationsentwicklung durch Projektmanagement. In: M. Pelikan, M. Jürgen, H. Demmer, K. Hurrelmann (Hrsg.). *Gesundheitsförderung durch Organisationsentwicklung. Konzepte, Strategien und Projekte für Betriebe, Krankenhäuser und Schulen.* (S. 43–60). Weinheim: Juventa.

**Handy,** C. (1978). *The gods of management.* London: Penguin. (Zitiert nach: Rosenstiel, L. v. (1992). *Grundlagen der Organisationspsychologie* (3. Auflage). Stuttgart: Schäffer-Poeschel.).

**Heinzel-Gutenbrunner,** M. (2001). Einkommen, Einkommensarmut und Gesundheit. In: A. Mielck, K. Bloomfeld (Hrsg.). *Sozial-Epidemiologie. Eine Einführung in die Grundlagen, Ergebnisse und Umsetzungsmöglichkeiten.* (S. 39–49). Weinheim: Juventa.

**Herriger,** N. (1997). *Empowerment in der Sozialen Arbeit. Eine Einführung.* Stuttgart: Kohlhammer.

**Herzlich,** C. (1973). *Health and Illness. A Social Psychological Analysis.* London: Academic Press.

**Hobfoll,** S. E., **Freedy,** J., **Lane,** C. & **Geller,** P. (1990). Conversation of social resources: Social support, resources Theory. *Journal of Social and Personal Relationship,* 7, (S. 465–478). (Zitiert nach: Lenz, A. (2002). Empowerment und Ressourcenaktivierung – Perspektiven für die psychosoziale Praxis. In: A. Lenz, W. Stark (Hrsg.). *Empowerment. Neue Perspektiven für psychosoziale Praxis und Organisation.* Tübingen: dgvt-Verlag.).

**Holtgrewe,** U. (2000). „Meinen Sie, da sagt jemand danke, wenn man geht?" Anerkennungs- und Missachtungsverhältnisse im Prozess organisationeller Transformation. In: U. Holtgrewe, S. Voswinkel, G. Wagner (Hrsg.). *Anerkennung und Arbeit.* (S. 63–84). Konstanz: UVK Universitätsverlag.

**Honneth,** A. (1994). *Kampf um Anerkennung. Zur moralischen Grammatik sozialer Konflikte.* Frankfurt/Main: Suhrkamp Taschenbuch Verlag.

**Hurrelmann,** K. (1994). *Sozialisation und Gesundheit: somatische, psychische und soziale Risikofaktoren im Lebenslauf* (3. Auflage). Weinheim: Beltz, Psychologie Verlags Union.

**Hurrelmann,** K. (2000). *Gesundheitssoziologie. Eine Einführung in sozialwissenschaftliche Theorien von Krankheitsprävention und Gesundheitsförderung* (4. völlig überarbeitete Auflage von „Sozialisation und Gesundheit"). Weinheim: Juventa.

**Hurrelmann,** K. & **Laaser,** U. (Hrsg.). (1998). *Handbuch Gesundheitswissenschaften.* Weinheim: Juventa.

**Jungbauer-Gans,** M. (2002). *Ungleichheit, soziale Beziehungen und Gesundheit.* Wiesbaden: Westdeutscher Verlag.

**Keupp,** H. (1987). Soziale Netzwerke – Eine Metapher des gesellschaftlichen Umbruchs? In: H. Keupp, B. Röhrle (Hrsg.). *Soziale Netzwerke.* (S. 11–53). Frankfurt/Main: Campus. (Zitiert nach: Lenz, A. (2002). Empowerment und Ressourcenaktivierung – Perspektiven für die psychosoziale Praxis. In: A. Lenz, W. Stark (Hrsg.). *Empowerment. Neue Perspektiven für psychosoziale Praxis und Organisation;* Tübingen. dgvt-Verlag.).

**Keupp,** H. (1988). *Riskante Chancen. Das Subjekt zwischen Psychokultur und Selbstorganisation. Sozialpsychologische Studien.* Heidelberg: Roland Asanger.

**Keupp,** H. (1997). *Ermutigung zum aufrechten Gang.* Tübingen: dgvt-Verlag.

**Keupp,** H. u.a. (1999). *Identitätskonstruktionen. Das Patchwork der Identitäten in der Spätmoderne.* Hamburg: Rowohlt Taschenbuch Verlag.

**Keupp,** H. (2003). Ressourcen als gesellschaftlich ungleich verteiltes Handlungspotenzial. In: H. Schemmel & J. Schaller (Hrsg.). *Ressourcen. Ein Hand- und Lesebuch zur therapeutischen Arbeit* (S. 555–573). Tübingen: dgvt-Verlag.

**Kickbusch,** I. (1993). Vorwort. In: M. Pelikan, M. Jürgen M., H. Demmer, K. Hurrelmann (Hrsg.). *Gesundheitsförderung durch Organisationsentwicklung. Konzepte, Strategien und Projekte für Betriebe, Krankenhäuser und Schulen.* (S. 9–12). Weinheim: Juventa.

**Klages,** H. (2002). *Der Blockierte Mensch. Zukunftsaufgaben und gesellschaftlicher organisatorischer Gestaltung.* Frankfurt: Campus.

**Kluge** (2002). *Etymologisches Wörterbuch der deutschen Sprache* (24. Auflage). Berlin: de Gruyter.

**Kluge,** S. (1999). *Empirisch begründete Typenbildung. Zur Konstruktion von Typen und Typologien in der qualitativen Sozialforschung.* (S. 110–117, Teil B II b). Opladen. (Zitiert nach: H. Esser (1999). *Soziologie. Spezielle Grundlagen.* (Band 1: Situationslogik und Handeln) (3. Auflage). Frankfurt/Main: Campus.).

**Lamnek,** S. (1995). *Qualitative Sozialforschung.* (Band 1: Methodologie, 3. korrigierte Auflage). Weinheim: Beltz, Psychologie Verlags Union.

**Lamnek,** S. (1995). *Qualitative Sozialforschung.* (Band 2: Methoden und Techniken, 3. korrigierte Auflage). Weinheim: Beltz, Psychologie Verlags Union.

**Lenz,** A. (2000 a). Förderung sozialer Ressourcen – eine gemeindepsychologische Perspektive. *Gruppendynamik,* 31 (3). (S. 277–302).

**Lenz,** A. (2002). Empowerment und Ressourcenaktivierung – Perspektiven für die psychosoziale Praxis. In: A. Lenz, W. Stark (Hrsg.). *Empowerment. Neue Perspektiven für psychosoziale Praxis und Organisation.* Tübingen: dgvt-Verlag.

**Luhmann,** N. (2000). *Organisation und Entscheidung.* Opladen/Wiesbaden: Westdeutscher Verlag.

**Mayring,** P. (1999). *Einführung in die qualitative Sozialforschung. Eine Anleitung zu qualitativem Denken* (4. Auflage). Weinheim: Beltz, Psychlogie Verlags Union.

**Mohr,** G., **Udris,** I. (1997). Gesundheit und Gesundheitsförderung in der Arbeitswelt. In: R. Schwarzer (Hrsg.). *Gesundheitspsychologie. Ein Lehrbuch.* (S. 553–573). (2. überarbeitete und erweiterte Auflage). Göttingen: Hogrefe-Verlag.

**Moldaschl,** M. (1999). Das befreite Subjekt als homo oeconomicus. In: M. Moldaschl, B. Nagler, E. Senghaas-Knobloch. *Subjektivität, ökonomische Verwertung und Arbeitskultur.* Bremen: artec-Paper 66. (Zitiert nach: Senghaas-Knobloch E., Nagler B. (2000). Von der Arbeitskraft zur Berufsrolle? Anerkennung als Herausforderung für die industrielle Arbeitskultur im Rahmen neuer Organisations- und Managementkonzepte. In: U. Holtgrewe, S. Voswinkel, G. Wagner (Hrsg.). *Anerkennung und Arbeit.* Konstanz: UVK Universitätsverlag.).

**Narayan,** D. (1999). *Bonds and Bridges: Social Capital and Poverty.* Washington D.C.: World Bank Poverty Division. (Zitiert nach: Badura, B., Hehlmann, T. (2003). *Betriebliche Gesundheitspolitik. Der Weg zur gesunden Organisation.* Berlin: Springer-Verlag.).

**Neuberger,** O. (1989). ohne Angabe. (Zitiert nach: Rosenstiel, L. v. *Grundlagen der Organisationspsychologie* (3. Auflage). Stuttgart: Schäffer-Poeschel.).

**Neuberger,** O. (1985). ohne Angabe. (Zitiert nach: Rosenstiel L. v. *Grundlagen der Organisationspsychologie* (3. Auflage). Stuttgart: Schäffer-Poeschel.).

**Niedersächsische Kommission Gesundheitsförderung** (1992). *Gesundheit 2000. Neue Wege der Gesundheitsförderung in Niedersachsen.* Hannover.

**Oevermann,** U. (1995). Die objektive Hermeneutik als unverzichtbare methodologische Grundlage für die Analyse von Subjektivität. Zugleich eine Kritik der Tiefenhermeneutik. In: T. Jung, S. Müller-Doohm (Hrsg.). *»Wirklichkeit« im Deutungsprozess. Verstehen und Methoden in den Kulturwissenschaften und Sozialwissenschaften* (2. Auflage). (S. 106–189). Frankfurt/Main: Suhrkamp.

**Pearson,** E. R. (1997). *Beratung und soziale Netzwerke. Eine Lern- und Praxisanleitung zur Förderung sozialer Unterstützung.* Weinheim: Beltz, Psychologie Verlags Union. (Original erschienen 1990: *Counseling and Social Support. Perspectives and Practice.* London: Sage Publications, Inc.).

**Pelikan,** J. M., **Demmer,** H., **Hurrelmann,** K. (Hrsg.). (1993). *Gesundheitsförderung durch Organisationsentwicklung. Konzepte, Strategien und Projekte für Betriebe, Krankenhäuser und Schulen.* Weinheim: Juventa.

**Peters,** R. (2001). Berufsstatus und Gesundheit. In: A. Mielck, K. Bloomfeld (Hrsg.). *Sozial-Epidemiologie. Eine Einführung in die Grundlagen, Ergebnisse und Umsetzungsmöglichkeiten.* (S. 30–38). Weinheim: Juventa.

**Picot,** A. (1993). C.3. Organisation. In: M. Bitz, K. Dellmann, M. Domsch und H. Egner. *Vahlens Kompendium der Betriebswirtschaftslehre.* (Band 2, 3. Auflage). (S. 101–174). München: Verlag Franz Vahlen.

**Pierer,** H. v., **Homann,** K., **Lübbe-Wolff,** G. (2003). *Zwischen Profit und Moral. Für eine menschliche Wirtschaft.* München: Carl Hanser Verlag.

**Pongratz,** H.J., **Voß,** G.G., (1997). Fremdorganisierte Selbstorganisation. Eine soziologische Diskussion aktueller Managementkonzepte. In: *Zeitschrift für Personalwesen,* Jg. 11 Heft 1 (S. 30–53). (Zitiert nach: Senghaas-Knobloch, E., Nagler, B. (2000). Von der Arbeitskraft zur Berufsrolle? Anerkennung als Herausforderung für die industrielle Arbeitskultur im Rahmen neuer Organisations- und Managementkonzepte. In: U. Holtgrewe, S. Voswinkel, G. Wagner (Hrsg.). *Anerkennung und Arbeit.* Konstanz: UVK Universitätsverlag.).

**Popper,** K. R. (1945). *Die offene Gesellschaft und ihre Feinde.* (Band 2: Falsche Propheten. Hegel, Marx und die Folgen) (S. 114 ff.). (5.Auflage). München: 1977 (zuerst 1945). (Zitiert nach: H. Esser (1999). *Soziologie. Spezielle Grundlagen.* (Band 1: Situationslogik und Handeln) (3. Auflage). Frankfurt/Main: Campus.).

**Müller,** R. (1998). Prävention arbeitsbedingter Gesundheitsgefahren und Erkrankungen – Perspektiven des Arbeitsschutzes. In: R. Müller, R. Rosenbrock (Hrsg.). *Betriebliches Gesundheitsmanagement, Arbeitsschutz und Gesundheitsförderung – Bilanz und Perspektiven.* (S. 10–32). Sankt Augustin: Asgard-Verlag.

**Putnam,** R.D. (1995). Bowling alone: America's Declining Social Capital. *Journal of Democracy* Vol 6 No 1. (S. 65–78). (Zitiert nach: Badura, B., Hehlmann, T. (2003). *Betriebliche Gesundheitspolitik. Der Weg zur gesunden Organisation.* Berlin: Springer-Verlag.).

**Reicherzer,** J. (2004). Ausgebrannt und angefeindet. Depressive Arbeitnehmer in Deutschland: „Jeden Tag eine Kanonenkugel mehr, die reindonnert". *Süddeutsche Zeitung Nr. 133* vom 12./13.07.2004, S. 28.

**Reinspach,** R. (1996). Vorlesung: *„Organisation der sozialen Dienste"*, Kath. Stiftungsfachhochschule

**Ritter,** J. (Hrsg.). (1974). *Historisches Wörterbuch der Philosophie* (Bd. 3). Basel: Schwabe & Co.

**Rodenstein,** M. (1987). Wandlungen des Gesundheitsverständnisses in der Moderne. *Medizin, Mensch, Gesellschaft,* 12, (S. 292–298). (Zitiert nach: Faltermaier, T. (1994). *Gesundheitsbewusstsein und Gesundheitshandeln. Über den Umgang mit Gesundheit im Alltag.* Weinheim: Beltz, Psychologie Verlags Union.).

**Röhrle,** B. (1994). *Soziale Netzwerke und soziale Unterstützung.* Weinheim: Beltz, Psychologie Verlags Union.

**Rosenbrock,** R. (1993). Betriebliche Gesundheitspolitik und Organisationsentwicklung. In: M. Pelikan, M. Jürgen, H. Demmer, K. Hurrelmann (Hrsg.). *Gesundheitsförderung durch Organisationsentwicklung. Konzepte, Strategien und Projekte für Betriebe, Krankenhäuser und Schulen.* (S. 123–140). Weinheim: Juventa.

**Rosenbrock,** R., **Müller,** R. (1998). Prävention arbeitsbedingter Gesundheitsgefahren und Erkrankungen – Perspektiven des Arbeitsschutzes. In: R. Müller, R. Rosenbrock (Hrsg.). *Betriebliches Gesundheitsmanagement, Arbeitsschutz und Gesundheitsförderung – Bilanz und Perspektiven.* (S. 10–32). Sankt Augustin: Asgard-Verlag.

**Rosenbrock** R., **Gerlinger,** T. (2004). *Gesundheitspolitik. Eine systematische Einführung.* Bern: Hans Huber.

**Rosenstiel,** L. v. (1992). *Grundlagen der Organisationspsychologie* (3. Auflage). Stuttgart: Schäffer-Poeschel.

**Sandkühler,** H.-J. (Hrsg.). (1990). *Europäische Enzyklopädie zu Philosophie und Wissenschaften* (Bd. 1, 2). Hamburg: Felix Meiner.

**Senge,** P. M. (1997). *Die Fünfte Disziplin. Kunst und Praxis der lerneneden Organisation* (4. Auflage). Stuttgart: Klett-Cotta. (Original erschienen 1990: *The Fifth Discipline. The art and practise of the learning organization,* New York: Doubleday/Currency.).

**Senghaas-Knobloch,** E. (2001). Neue Organisationskonzepte und das Problem entgrenzter Arbeit. Zum Konzept der Arbeitsrolle als Schutzmantel. In: E. Senghaas-Knobloch (Hrsg.). *Macht, Kooperation und Subjektivität in betrieblichen Veränderungsprozessen.* (S. 171–196). Münster. (Zitiert nach: Becke, G. (2003). Perspektiven soziologischer Beratung für eine nachhaltige Unternehmensentwicklung. In: G. Linne, M. Schwarz (Hrsg.). *Handbuch Nachhaltige Entwicklung. Wie ist nachhaltiges Wirtschaften machbar?* (S. 533–541). Opladen: Leske + Budrich.).

**Senghaas-Knobloch,** E., **Nagler,** B. (2000). Von der Arbeitskraft zur Berufsrolle? Anerkennung als Herausforderung für die industrielle Arbeitskultur im Rahmen neuer Organisations- und Managementkonzepte. In: U. Holtgrewe, S. Voswinkel, G. Wagner (Hrsg.). *Anerkennung und Arbeit.* Konstanz: UVK Universitätsverlag.

**Senghaas-Knobloch,** E., (2002). *Eine veränderte Welt der Erwerbsarbeit. Befunde und Aufgaben für menschenwürdige Arbeit.* Hannover. (Zitiert nach: Becke, G. (2003). Perspektiven soziologischer Beratung für eine nachhaltige Unternehmensentwicklung. In: G. Linne, M. Schwarz (Hrsg.). *Handbuch Nachhaltige Entwicklung. Wie ist nachhaltiges Wirtschaften machbar?* (S. 533–541). Opladen: Leske + Budrich.).

**Schein,** E. H. (1984). Coming to a new awareness of organizational culture. *Sloan Management Review* (S. 3–16). (Zitiert nach: Rosenstiel L. v. *Grundlagen der Organisationspsychologie* (3. Auflage). Stuttgart: Schäffer-Poeschel.).

**Schiffer,** E. (2001). *Wie Gesundheit entsteht. Salutogenese: Schatzsuche statt Fehlerfahndung.* Weinheim: Beltz Verlag.

**Schmitt,** R. (1995). *Metaphern des Helfens.* Weinheim: Beltz, Psychologie Verlags Union.

**Schipperges,** H. (1990). *Geschichte der Medizin in Schlaglichtern.* Mannheim: o.O.

**Schöffmann,** D. (Hrsg.). (2001). *Wenn alle gewinnen. Bürgerschaftliches Engagement von Unternehmen.* Hamburg: edition Körber-Stiftung.

**Schwager,** T., **Udris,** I. (1998). Verhaltens- versus verhältnisorientierte Maßnahmen in der betrieblichen Gesundheitsförderung. Eine Recherche in Schweizer Betrieben. In G. Amann & R. Wipplinger (Hrsg.). *Gesundheitsförderung. Ein multidimensionales Tätigkeitsfeld.* (S. 368–388). Tübingen: dgvt-Verlag.

**Schwarzer,** R. (1996). *Psychologie des Gesundheitsverhaltens.* (2. überarbeitete und erweiterte Auflage, Band 1: Reihe Gesundheitspsychologie). Göttingen: Hogrefe-Verlag.

**Schwarzer,** R. (Hrsg.). (1997). *Gesundheitspsychologie. Ein Lehrbuch.* (2. überarbeitete und erweiterte Auflage). Göttingen: Hogrefe-Verlag.

**Schwarzer,** R. & **Lepplin,** A. (1989). *Sozialer Rückhalt und Gesundheit.* Göttingen: Hogrefe. (Zitiert nach: Lenz A. (2002). Empowerment und Ressourcenaktivierung – Perspektiven für die psychosoziale Praxis. In: A. Lenz, W. Stark (Hrsg.). *Empowerment. Neue Perspektiven für psychosoziale Praxis und Organisation.* Tübingen: dgvt-Verlag.).

**Sennett,** R. (2000). *Der flexible Mensch. Die Kultur des neuen Kapitalismus.* Berlin: Berlin Verlag. (Original erschienen 1998: *The Corrosion of Character,* New York: W.W. Norton.).

**Sennett,** R. (1998/2000). *Der flexible Mensch. Die Kultur des neuen Kapitalismus.* Berlin: Berlin Verlag. (Original erschienen 1998: *The Corrosion of Character,* New York: W.W. Norton). (Zitiert nach: Becke, G. (2003). Perspektiven soziologischer Beratung für eine nachhaltige Unternehmensentwicklung. In: G. Linne, M. Schwarz (Hrsg.). *Handbuch Nachhaltige Entwicklung. Wie ist nachhaltiges Wirtschaften machbar?* (S. 533–541). Opladen: Leske + Budrich.).

**Siegrist,** J. (1996). *Soziale Krisen und Gesundheit* (Reihe Gesundheitspsychologie; Bd. 5). Göttingen: Hogrefe-Verlag.

**Sievers,** B. (1993). Theorie und Praxis der Organisationsentwicklung. In: M. Pelikan, M. Jürgen, H. Demmer, K. Hurrelmann (Hrsg.). *Gesundheitsförderung durch Organisationsentwicklung. Konzepte, Strategien und Projekte für Betriebe, Krankenhäuser und Schulen.* (S. 34–42). Weinheim: Juventa.

**Stark,** W. (1993). Die Menschen stärken. Empowerment als eine Sicht auf klassische Themen von Sozialpolitik und sozialer Arbeit. *Blätter der Wohlfahrtspflege,* 2 (S. 41–44). (Zitiert nach: Lenz, A. (2002). Empowerment und Ressourcenaktivierung – Perspektiven für die psychosoziale Praxis. In: A. Lenz, W. Stark (Hrsg.). *Empowerment. Neue Perspektiven für psychosoziale Praxis und Organisation;* Tübingen: dgvt-Verlag.).

**Stark,** W. (2002). Gemeinsam Kräfte entdecken – Empowerment als kompetenzorientierter Ansatz einer zukünftigen psychosozialen Arbeit. In: A. Lenz, W. Stark (Hrsg.). *Empowerment. Neue Perspektiven für psychosoziale Praxis und Organisation;* Tübingen: dgvt-Verlag.

**Strasser,** J. (2001). *Leben oder Überleben. Wider die Zurichtung des Menschen zu einem Element des Marktes.* Zürich: Pendo.

**Stimmer,** F. (Hrsg.). (2000). *Lexikon der Sozialpädagogik und der Sozialarbeit* (4. Auflage). München: Oldenbourg.

**Trojan,** A. (2002). Prävention und Gesundheitsförderung. In: P. Kolip (Hrsg.). *Gesundheitswissenschaften. Eine Einführung.* (S. 195–228). Weinheim: Juventa. (Zitiert nach: Trojan & Stumm (1992). *Gesundheit fördern statt kontrollieren.* Frankfurt/Main: Fischer.).

**Trojan,** A., **Legewie,** H. (2001). *Nachhaltige Gesundheit und Entwicklung. Leitbilder, Politik und Praxis der Gestaltung gesundheitsförderlicher Umwelt- und Lebensbedingungen.* Frankfurt: VAS – Verlag für Akademische Schriften.

**Trimmel,** M. (1997). *Wissenschaftliches Arbeiten. Ein Leitfaden für Diplomarbeiten und Dissertationen in den Sozial- und Humanwissenschaften mit besonderer Berücksichtigung der Psychologie* (Band 1, 2. Auflage) Wien: WUV-Universitätsverlag.

**Udris,** I. & **Frese,** M. (1988). Belastung, Stress, Beanspruchung und ihre Folgen. In: D. Frey, C. Graf Hoyos & D. Stahlberg (Hrsg.). *Angewandte Psychologie – Ein Lehrbuch* (S. 427–447). München: Psychologie Verlags Union.

**Udris,** I. & **Frese,** M. (1999). Belastung und Beanspruchung. In: C. Graf Hoyos, D. Frey (Hrsg.). *Angewandte Psychologie.* (Band 1: Arbeits- und Organisationspsychologie). *Ein Lehrbuch* (S. 427–447). München: Beltz, Psychologie Verlags Union.

**Voswinkel,** S. (2001). *Anerkennung und Reputation. Die Dramaturgie industrieller Beziehungen. Mit einer Fallstudie zum «Bündnis für Arbeit».* Konstanz: UVK Verlagsgesellschaft.

**Waller,** H. (1995). *Gesundheitswissenschaft. Eine Einführung in Grundlagen und Praxis.* Stuttgart: Kohlhammer (Zitiert nach: Becker, P. Zielvorstellungen und Leitbegriffe. In: R. Schwarzer (Hrsg.). (1997). *Gesundheitspsychologie. Ein Lehrbuch.* (2. überarbeitete und erweiterte Auflage). Göttingen: Hogrefe-Verlag.).

**Wagner,** H.-J. (2001). *Objektive Hermeneutik und Bildung des Subjekts.* Weilerswist: Velbrück Wissenschaft.

**WHO Weltgesundheitsorganisation** (1986). *Ottawa Charta for Health promotion.* Genf.

**WHO Weltgesundheitsorganisation** (1989). *Europäische Charta Umwelt und Gesundheit.* Kopenhagen.

**WHO Weltgesundheitsorganisation** (1991). *Ziele zur „Gesundheit für alle". Die Gesundheitspolitik für Europa.* Aktualisierte Zusammenfassung. Kopenhagen: Regionalbüro für Europa.

**WHO Weltgesundheitsorganisation** (1993). *Ottawa Charta zur Gesundheitsförderung.* Gamburg: Verlag für Gesundheitsförderung (Nachdruck der autorisierten Fassung von 1986). (Zitiert nach: Schwager, T., Udris I. (1998). Verhaltens- versus verhältnisorientierte Maßnahmen in der betrieblichen Gesundheitsförderung. Eine Recherche in Schweizer Betrieben. In G. Amann & R. Wipplinger (Hrsg.). *Gesundheitsförderung. Ein multidimensionales Tätigkeitsfeld.* (S. 368–388). Tübingen: dgvt-Verlag.).

**WHO Weltgesundheitsorganisation** (1997). *The Jakarta Declaration on leading Health Promotion into the 21st Century.* Genf.

**WHO Weltgesundheitsorganisation** (1998). *Glossar Gesundheitsförderung.* Genf.

**Ottawa-Charta der WHO zur Gesundheitsförderung** (1998). In G. Amann & R. Wipplinger (Hrsg.), *Gesundheitsförderung. Ein multidimensionales Tätigkeitsfeld* (S. 555–560). Tübingen: dgvt-Verlag.

**Wickert,** U. (2002). *Der Ehrliche ist der Dumme. Über den Verlust der Werte. Ein Essay.* München: Saur (Original erschienen 1994: Hamburg: Hoffmann und Campe.).

**Wilkinson,** R.G. (1996). Unhealthy societies – The affiliations of inequality. London: Routledge. (Zitiert nach: Peters, R. (2001). Berufsstatus und Gesundheit. In: A. Mielck, K. Bloomfeld (Hrsg.). *Sozial-Epidemiologie. Eine Einführung in die Grundlagen, Ergebnisse und Umsetzungsmöglichkeiten.* (S. 30–38). Weinheim: Juventa.).

**Willke,** G. (1999). *Die Zukunft unserer Arbeit.* Frankfurt/Main. (Zitiert nach: Becke, G. (2003). Perspektiven soziologischer Beratung für eine nachhaltige Unternehmensentwicklung. In: G. Linne, M. Schwarz (Hrsg.). *Handbuch Nachhaltige Entwicklung. Wie ist nachhaltiges Wirtschaften machbar?* (S. 533–541). Opladen: Leske + Budrich.).

**Wilkinson,** R.G. (2001). *Kranke Gesellschaften. Soziales Gleichgewicht und Gesundheit.* Wien: Springer-Verlag. (Original erschienen 1996: *Unhealthy Societies.* o. O.: Routledge.).

**Wiswede,** G. (2004). *Sozialpsychologie-Lexikon.* München: Oldenbourg.

# Glossar

| | |
|---|---|
| **AS** | Betriebsinterne Abkürzung für Arbeitssicherheit |
| **Bottom-up-Planung** | siehe: Top-down-Planung |
| **BR** | Betriebsinterne Abkürzung für Betriebsrat |
| **BSA** | Betriebsinterne Abkürzung für Betriebliche Sozialberatung |
| **Center** | Betriebsinterne Bezeichnung für Abteilung |
| **CL** | Betriebsinterne Abkürzung für Centerleiter |
| **EFK** | Betriebsinterne Abkürzung für Erweiteter Führungskreis |
| **FK** | Betriebsinterne Abkürzung für Führungskreis |
| **GBL** | Betriebsinterne Abkürzung für Geschäftsbereichsleitung |
| **GF** | Gesundheitsförderung |
| **GM** | Gesundheitsmanagement |
| **GZ** | Gesundheitszirkel |
| **Humankapital** | **(Arbeitsvermögen),** die Gesamtheit der in der Regel wirtschaftlich verwertbaren Fähigkeiten, Kenntnisse und Verhaltensweisen von Personen oder Personengruppen (im engeren Sinn von Erwerbspersonen). Dem volkswirtschaftlichen Begriff Humankapital entspricht auf betriebswirtschaftlicher Ebene das **Humanvermögen** als Gesamtheit der Leistungspotenziale, die Arbeitnehmer einem Unternehmen zur wirtschaftlichen Nutzung zur Verfügung stellen (Arbeitszeit, Leistungsfähigkeit, Motivation). © Bibliographisches Institut & F.A. Brockhaus AG, Mannheim, 2005 |
| **Job-Enlargement** | Ausweitung des Arbeitsinhalts durch Hinzufügen qualitativ gleichwertiger Tätigkeiten (vgl. Fachlexikon der Sozialen Arbeit, 1997, S. 694) |

**Job-Enrichment, Job-Enlargement und Job-Rotation**
Maßnahmen der Arbeitsgestaltung innerhalb der Personalentwicklung (vgl. Fachlexikon der Sozialen Arbeit, 1997, S. 694)

| | |
|---|---|
| **Job-Enrichment** | Anreicherung des Arbeitsinhalts mit qualitativ höherwertigen Arbeitselementen (vgl. Fachlexikon der Sozialen Arbeit, 1997, S. 694) |
| **Job-Rotation** | regelmäßiges Wechseln von Arbeitsplätzen (vgl. Fachlexikon der Sozialen Arbeit, 1997, S. 694) |
| **Kommunitarismus** | [zu englisch community »Gemeinschaft«, »Gemeinwesen«] *der, Politikwissenschaft* und *Soziologie:* Bezeichnung für Theorieansätze, die die Bedeutung des Begriffs »Gemeinschaft« bei der Analyse moderner Gesellschaften hervorheben. In den USA aus der Kritik am Liberalismus entwi- |

ckelt, betont der Kommunitarismus die Einbettung von Individuen, Rechten, Normen und Institutionen in Gemeinschaften verschiedener Art, von der Familie bis zur politischen oder kulturellen Gemeinschaft. Innerhalb der Soziologie findet sich der Kommunitarismus als Kritik an der fortschreitenden Individualisierung moderner pluralistischer Gesellschaften, v. a. an dem damit einhergehenden Gemeinschaftsverlust und der Entwertung traditioneller und zugleich solidarischer Lebensformen. Die seit Mitte der 1980er-Jahre in den USA von A. Etzioni ins Leben gerufene politische Bewegung sieht sich als parteiübergreifenden Versuch, Gemeinsinn und Verantwortung des Einzelnen für die Gemeinschaft zu fördern und das „Übermaß" individueller Rechtsansprüche an den Staat zu reduzieren.
Hier finden Sie in Überblicksartikeln weiterführende Informationen: Kommunitarismus: Politische Philosophie zwischen Tradition und Universalismus
Literatur: Honneth, A. (Hrsg.). (1995). *Kommunitarismus*, Frankfurt/Main. Reese-Schäfer, W. (2001): *Kommunitrismus*. Frankfurt/Main.
© Bibliographisches Institut & F. A. Brockhaus AG, Mannheim, 2005

**M** Betriebsinterne Abkürzung für Meister

**MA** Betriebsinterne Bezeichnung für Mitarbeiter

**Neoliberalismus** wirtschaftspolitisches und sozial philosophisches Konzept für eine Wirtschaftsordnung, die durch die Steuerung aller ökonomischen Prozesse über den Markt, das heißt durch freien, funktionsfähigen Wettbewerb, gekennzeichnet ist. Hauptvertreter sind W. Eucken, W. Röpke, A. Rüstow, A. Müller-Armack, in den USA M. Friedman und die Chicago-Schule. Das im 20. Jahrhundert anknüpfend an Forderungen des klassischen Liberalismus entwickelte Konzept lehnt sowohl das uneingeschränkte Laissez-faire-Prinzip als auch den Staatsinterventionismus sowie jede Form von Planwirtschaft ab und billigt dem Staat lediglich wirtschaftskonforme Eingriffe zu (z. B. Schaffung und Erhaltung der Rahmenbedingungen für freien Wettbewerb, Verhinderung von monopolistischer und/oder gruppenegoistischer Machtentfaltung). Gemäß dem von der Freiburger Schule entwickelten **Ordoliberalismus** kommt dem Staat die Aufgabe zu, über marktkonforme Maßnahmen nicht nur Privateigentum, Privatinitiative, Vertragsfreiheit und freien Wettbewerb zu garantieren sowie negative externe

Effekte und anormales Nachfrage- und Angebotsverhalten zu verhindern, sondern auch Einfluss auf Konjunkturschwankungen und Geldwertstabilität zu nehmen sowie soziale Gerechtigkeit und Chancengleichheit zu gewährleisten. Der Ordoliberalismus bildet die Grundlage der sozialen Marktwirtschaft. Die in den USA dominierende, stärker von F.A. von Hayek beeinflusste Ausprägung des Neoliberalismus vertraut hingegen weitgehend auf die Selbststeuerung der Marktwirtschaft.

Literatur: Renner, A., Hinterberger, F. (Hrsg.). (1998). *Zukunftsfähigkeit und Neoliberalismus*. Baden-Baden. Meyer-Siebert, J. v. (Hrsg.). (2002). *Die Unruhe des Denkens nutzen. Emanzipatorische Ansätze im Neoliberalismus*. Hamburg. Wegmann, M. (2002). *Früher Neoliberalismus und europäische Integration*. Baden-Baden.



**OFK** Betriebsinterne Abkürzung für Oberer Führungskreis

**Pareto** Vilfredo, italienischer Volkswirtschaftler und Soziologe, ✶ Paris 15.7.1848, † Céligny (Kanton Genf) 19.8.1923; Ingenieur, 1870–90 (zuletzt als Generaldirektor) in der Eisenindustrie tätig, 1893–1911 Professor für politische Ökonomie in Lausanne als Nachfolger von L. Walras. ... Auf Paretos Analysen fußen die moderne Wohlfahrtsökonomik (Pareto-Optimum) und eine Theorie der personellen Einkommensverteilung (Pareto-Verteilung). In der Soziologie geht das Denkmodell des „Kreislaufs der Eliten" auf Pareto zurück, nach dem sich die Auseinandersetzung um die gesellschaftliche Macht letztlich nur zwischen Eliten abspielt.

Tabellarischer Lebenslauf des Ökonomen Vilfredo Pareto mit zahlreichen weiterführenden Links: http://www.kfunigraz.ac.at/sozwww/agsoe/lexikon/klassiker/pareto/37bio.htm

Kurzer Abriss über das Lebenswerk des Vilfredo Pareto: http://www.oeffentliche-finanzen.de/zeit/Pareto.htm



**Pareto-Optimum** [nach V. Pareto], Begriff der Wohlfahrtsökonomik für einen Zustand, bei dem Produktion und Einkommensverteilung nicht verändert werden können, ohne dass bei der Umverteilung ein Wirtschaftssubjekt seinen Nutzen auf Kosten eines anderen erhöht.

**Pareto-Prinzip** 80:20-Regel
Das Pareto-Prinzip, die 80:20-Regel, besagt, dass in 20 Prozent der Zeit 80 Prozent der Arbeitsergebnisse geschafft werden, und in 80 Prozent der Zeit nur 20 Prozent. Dieses Prinzip ist nach dem italienischen Ökonom Vilfredo Pareto (1848–1923) benannt.

**Reframing** Umdeutung

**SITA** Betriebsinterne Abkürzungen für Situationsanalyse; Messinstrument zur MitarbeiterInnenbefragung

**SL** Betriebsinterne Abkürzung Segmentleiter

**SOC** Abkürzung für sense of coherence (Kohärenzgefühl); siehe auch 2. Kapitel

**Softskill** Bezeichnung für weiche Faktoren

**Sozialkapital** betriebliche Rückstellungen für Sozialleistungen, z. B. betriebliche Pensionskassen. Eigentumsrechtlich zwischen Eigen- und Fremdkapital stehend, kann das Sozialkapital besonders bei Steuerbegünstigung der Selbstfinanzierung dienen. Verschiedene Vorschläge sehen die Zusammenfassung des betrieblichen Sozialkapitals zu überbetrieblichen **Sozialfonds** mit Arbeitnehmerbeteiligung vor.
© Bibliographisches Institut & F.A. Brockhaus AG, Mannheim, 2005
In vorliegender Arbeit wird jedoch der Begriff Sozialkapital nach dem Verständnis Baduras / Bourdieus / Keupps usw. verwendet. Wie im 2. Kapitel nachzulesen, sind darunter Kompetenzen im sozialen Beziehungsnetz innerhalb des sozialen Systems einer Organisation zu verstehen.

**Tool / Tools** Bezeichnung für Maßnahme / Maßnahmen

**Top-down-Planung** [englisch] (retrograde Planung), Form der Unternehmensplanung, bei der der Planungsprozess die hierarchischen Ebenen von oben nach unten durchläuft. Das Topmanagement trifft Grundsatzentscheidungen, die von den nachgeordneten Stellen schrittweise konkretisiert werden. Die Bottom-up-Planung (progressive Planung) erfolgt im Gegensatz dazu von unten nach oben, indem Detailpläne aus den Bereichen an die übergeordneten Instanzen weitergegeben werden, die die Teilpläne zusammenfassen und weiterreichen.
© Bibliographisches Institut & F.A. Brockhaus AG, Mannheim, 2005

**Vision und Leitbild** Strategie zur Zielausrichtung und Prozessoptimierung

**W** Betriebsinterne Abkürzung für Werker

**WS** Betriebsinterne Abkürzung für Werksärztlicher Dienst

# Anhang

## Interviewleitfaden 1 (vor dem GZ)

*Subjektive Konzepte / Theorien von Gesundheit*
*Gesundheitsvorstellungen / Gesundheitshandeln*
*Erwartungen an das Thema Gesundheit im Beruf und an den GZ*

Einstieg: Vielen Dank, dass Sie sich die Zeit für ein Interview mit mir nehmen.
In diesem Interview möchte ich mit Ihnen über das Thema Gesundheit sprechen und wie aus Ihrer Sicht das ein Thema für ein Unternehmen sein kann? Im Weiteren möchte ich mit Ihnen mich über Ihre subjektiven Vorstellungen zum Thema Gesundheit unterhalten und wie Sie damit im Rahmen ihres Lebens umgehen?
Ich möchte Sie bitten, mir zu gestatten, unser Gespräch auf Tonband aufzeichnen zu dürfen. Sie können sich darauf verlassen, dass die Ergebnisse vertraulich behandelt werden, also in keinen Zusammenhang mit Ihrem Namen gebracht werden. Die Auswertung führe nur ich alleine vertraulich und anonym durch.
Der zeitliche Umfang unseres Gesprächs wird etwa eine halbe bis dreiviertel Stunde sein.

Demographische Daten zur Person:

*Zunächst würde ich Sie bitten, einige Angaben zu Ihren persönlichen Daten zu machen:*
*Alter, Familienstand, sozioökonomischer Status (Aufgabenfeld und Verantwortung in der Aufgabe, Position in der Firma)*

Eingangsfrage:
Gesundheitsvorstellung, -bewusstsein

**1.0 Zum Einstieg in unser Gespräch möchte ich Sie bitten, Ihr Leben einmal insgesamt bis heute zu betrachten und zu erzählen, welche Rolle Gesundheit dabei für Sie persönlich spielt oder gespielt hat.**
**Was bedeutet für Sie Gesundheit?**
**Wie würden Sie Gesundheit beschreiben oder definieren?**
**Wie würden Sie sich selbst beschreiben, wenn Sie gesund sind?**

Gesundheitshandeln

2.0 **Wodurch, glauben Sie, wird Gesundheit oder Wohlbefinden erreicht bzw. beeinflusst?**
Warum? Was bedeutet das für Sie?

Relevanz im Unternehmen

Sie haben mir jetzt geschildert, was für Sie wichtig wäre, um gesund leben zu können:

3.0 **Welche Bedeutung hat das Thema Gesundheit für Sie im Unternehmen?**

Wenn morgen die Firmenleitung sagt, wir möchten etwas für Ihre Gesundheit tun:

**Was, welche Aktionen / Maßnahmen könnten Sie sich darunter vorstellen und was könnte aus Ihrer Sicht nützlich sein?**
**Woran könnten Sie erkennen, dass Ihre Gesundheit gefördert wird?**
**Welche Maßnahmen / Bedingungen kennen Sie bereits in Ihrem Unternehmen, die aus Ihrer Sicht gesundheitsfördernd sind?**

Erwartungen an GZ

4.0 **Erwartungen an den Gesundheitszirkel:**

In der nächsten Zeit wird Ihr Team einen Gesundheitszirkel durchführen:

**Was stellen Sie sich darunter genau vor?**
**Welche Erwartungen haben Sie aus Ihrer Sicht?**
Was davon ist / wäre Ihnen besonders wichtig, weniger wichtig?

**Woran könnten Sie erkennen, dass etwas Positives für Ihre persönliche Situation an Ihrem Arbeitsplatz passiert ist ... an Ihrem Team ... an Ihrer Führungskraft?**
Was würden Sie einem Kollegen aus einer anderen Abteilung gerne berichten, was sich verändert hat?

Veränderungsmöglichkeiten durch GZ

**5.0 Was könnte sich aus Ihrer Sicht verändern?**
Woran könnten Sie das erkennen?

Vielen Dank für Ihre Unterstützung und aktive Mitarbeit. Für den Gesundheitszirkel wünsche ich Ihnen viel Erfolg und dass Ihre Erwartungen erfüllt werden. Wir sehen uns dann wieder nach dem Gesundheitszirkel. Ich freue mich und bin schon sehr gespannt, was Sie mir dann über Erfolgsbausteine und Veränderungen berichten werden können.

# Themenmatrizen

| Gesundheitsvorstellungen und Lebenskonzept | Kurz | Menne | Weno | Landgraf | Krüger | Prinz | Saumweber | Gattner | Mikfelder | Reinhold |
|---|---|---|---|---|---|---|---|---|---|---|
| **Zugang zum Thema Gesundheit** | | | | | | | | | | |
| a. Verknüpfung mit Krankheit | ● | | ● | | ● | ● | | ● | ● | |
| b. Verweis auf gesundheitsbezogene Aktivitäten | | ● | | ● | | | ● | | | |
| c. Einstieg über biografischen Blickwinkel | | | ● | ● | ● | ● | ● | ● | ● | ● |
| d. Bedeutsamkeit und normative Bewertung des Themas | | | | | | | | | | |
| **Gesundheitskonzept** | | | | | | | | | | |
| **a. dynamisches Modell** | | | | | | | | | | |
| A: „On-Off" Schalter | ● | ● | | | | | | | | |
| B: „Reduktion" Batterie | | | | | | | | | ● | |
| C: „Regeneration" Akkumulator | | | | ● | | ● | ● | | | ● |
| D: „Expansion" Generator | | | ● | | ● | | | ● | | |
| **b. Inhalte 1–3 neg.; 4–8 pos.** | | | | | | | | | | |
| 1 Abwesenheit von Krankheit | ● | ● | | | | | ● | ● | ● | |
| 2 keine spezifischen Beschwerden | ● | | | ● | ● | | ● | | ● | ● |
| 3 keine gesundheitlichen Probleme | | ● | | | | | | ● | ● | |
| 4 Handlungsfähigkeit | | | | | ● | | | ● | ● | |
| 5 Leistungsfähigkeit | | | | | | ● | ● | ● | | |
| 6 Stärke/Kraft | | | | | | | | | ● | |
| 7 Wohlbefinden | ● | ● | ● | ● | ● | ● | | ● | ● | ● |
| 8 Harmonie | | | | | | | ● | | | ● |
| **Gesundheitstheorie** | | | | | | | | | | |
| **Einflussprozesse (pos./neg.)** | | | | | | | | | | |
| A: Belastungen, Risiken oder Noxen gefährden Gesundheit<br>A1: Externe Risiken, A2: Risikofaktoren/-verhalten | ●A2 | | ●A2 | | ●A2 | | | ●A1 | ●A1 | ●A1 |

| | | | | | | | | | | |
|---|---|---|---|---|---|---|---|---|---|---|
| B: Schwächung/Stärkung externer oder interner Ressourcen | | | ● | ● | ●B2 | ● | | | | ●B2 |
| C: Ausgleich v. Risiken oder Herstellung von Gleichgewicht<br>C1: Ausgleich von Risiken<br>C2: Harmonie (physisch, psychisch, sozial) | ●C2 | ●C1 | ●C1 | ●C1<br>●C2 | | | ●C1<br>●C2 | ●C1 | | ●C1<br>●C2 |
| D: altersbedingtes/schicksalhaftes Eintreten von Krankheit | | ●D4 | | | | | ●D4 | | ●D4 | |
| **Einflussbereiche (a. pos. ● / b. neg. ❍)** | | | | | | | | | | |
| 1 Konstitution/Disposition physisch/psychisch | ● | | ❍ | ● | ● | ● | ● | | ❍ | ● |
| 2 Lebensweise/Verhalten/Handeln und Erleben | ● | ● | ● | ● | ● | ● | ● | ●❍ | | ● |
| 3 Umwelt sozial/ökologisch | | | ●/❍ | ❍ | ●❍ | ● | ●❍ | ● | ❍ | ● |
| 4 Alter/Schicksal | | ● | | | | | | | | |
| **Gesundheitshandeln** | | | | | | | | | | |
| **A Lebensweise ohne ausgeprägtes Gesundheitshandeln** | ● | | ● | ● | ● | | | ● | ● | |
| A1 kein bewusstes Gesundheitshandeln | | | | | | | | | | |
| A2 beschwerdebezogenes Gesundheitshandeln | ● | | | ● | ● | | | | | |
| A3 riskanter Lebensstil | ● | | ● | | | | | ● | | |
| A4 Ansätze eines bewussten Gesundheitshandelns | ● | | | | | | | | ● | |
| **B Gesundheitshandeln mit spezifischem Handlungsschwerpunkt** | | ●→C | | ● | | | | ● | | |
| B1 primär ernährungsbezogenes Gesundheitshandeln | | ● | | | | | | | | |
| B2 primär bewegungsbezogenes Gesundheitshandeln | | ● | | ● | | | | ● | | |
| B3 primär naturbezogenes Gesundheitshandeln | | | | | | | | | | |
| B4 primär noxenbezogenes Gesundheitshandeln | | | | | | | | | | |
| B5 Gesundheitshandeln als Abbau eines Risikoverhalten | | | | | | | | | | |
| **C Gesundheitshandeln integriert in Lebensweise** | | | ● | | ● | ● | ● | | | ● |
| C1 sozial motiviertes Gesundheitshandeln | | | | | ● | ● | ● | | | |
| C2 psychisches und soziales Gesundheitshandeln | | | ● | | ● | | | | | ● |
| C3 mehrdimensionales Gesundheitshandeln | | | | | | ● | ● | | | |
| C4 Gesundheitshandeln dominiert in Lebensweise | | | | | | | | | | |

Themenmatrix 1

| Relevanz von Gesundheit im Unternehmen | Kurz | Menne | Weno | Landgraf | Krüger | Prinz | Saumweber | Gattner | Mikfelder | Reinhold |
|---|---|---|---|---|---|---|---|---|---|---|
| **A Stellenwert** | ● | ● | ● | ● | ● | | ● | ● | ● | ● |
| **A1 Wichtigkeit** | ● | ● | ● | ● | ● | | ● | | | ● |
| 1.1 Ranking/Priorisierung | ● | ● | ● | ● | ● | | ● | | | ● |
| 1.2 Notwendigkeit für wirtschaftlichen Erfolg | ● | ● | ● | | | | | | | |
| 1.3 Die eigene Aufgabenstellung betreffend | | | | | ● | | | | | |
| 1.4 Vorbildfunktion top-down vs. bottom-up | | | | | | | | | | |
| **A2 Wertigkeit** | ● | ● | | ● | ● | | ● | ● | ● | ● |
| 2.1 Zeitfaktor für Softskills | ● | | | | | | | | | |
| 2.2 Kosten-Nutzendenken | ● | ● | | | ● | | ● | ● | | ● |
| 2.3 Bewertung des Humankapitals | | | | ● | ● | | | | | ● |
| 2.4 Langfristigkeit und Nachhaltigkeit vs. kurzfristiges Profitdenken | | ● | | | ● | | ● | ● | ● | ● |
| 2.5 Wertesystem: Anerkennung und Wertschätzung | | | | ● | ● | | ● | | | ● |
| 2.6 Menschenbild und Arbeitsorganisation | ● | | | ● | | | | | ● | |
| 2.7 Integration in den Arbeitsalltag | ● | | | | ● | | | | | |
| **B Messkriterien** | | | | ● | | | | | ● | |
| 1. Gesundheitsquote vs. Fehlzeitenquote | | | | ● | | | | | ● | |
| 2. Alternative Messinstrumente | | | | | | | | | | |
| **C Verantwortung** | ● | | ● | | ● | ● | ● | ● | | |
| 1. Gesetzgeber regelt im Arbeitsrecht | ● | | ● | | | ● | ● | | | |
| 2. Führungskultur und soziale Führungskompetenz | | | ● | | ● | ● | | ● | | |
| 3. Organisationskultur als Gestalter | | | | | ● | ● | ● | | | |
| 4. Individuum und System übernehmen Verantwortung | ● | | ● | | ● | | ● | | | |
| 5. MitarbeiterIn übernimmt allein Verantwortung | | | | | | | | ● | | |

Themenmatrix 2

## Maßnahmen für eine effektive Betriebliche Gesundheitsförderung

| Erfolgsbausteine von Gesundheitsförderung | Kurz | Menne | Weno | Landgraf | Krüger | Prinz | Saumweber | Gattner | Mikfelder | Reinhold |
|---|---|---|---|---|---|---|---|---|---|---|
| **Bereits existierende Maßnahmen zu GM** | | ● | | | ● | | | | ● | |
| **Erfolgsbausteine von GF** | | | | | ● | | | | | |
| 1. Salutogenetischer Ansatz: | | | | | | | | | | |
| 1.1 Partizipation, Empowerment | | | | | | | | | | |
| 1.2 Entscheidungs- und Handlungsspielräume | | | | | ● | | | | | |
| 2. Anerkennung von GM als Wertschöpfungsfaktor | | | | | ● | | | | | |
| 3. Anerkennung der Bedeutsamkeit von psychosozialen Aspekten | | | | | ● | | | | | |
| 4. Verortung von GM im Unternehmen: | | | | | | | | | | |
| 4.1 Top-down und bottom-up | | | | | | | | | | |
| 4.2 Gemeinsame Zielausrichtung | | | | | | | | | | |
| 4.3 Vernetzung der Fachbereiche zum Thema GM | | | | | ● | | | | | |
| 5. Integration in | | | | | | | | | | |
| 5.1 unternehmerisches Handeln | | | | | | | | | | |
| 5.2 Unternehmenskultur als ständiger Prozess | | | | | ● | | | | | |
| 6. Gleichrangigkeit der Wertigkeitigkeiten | | | | | ● | | | | | |
| 7. Annehmbarkeit bei MitarbeiterInnen | | | | | ● | | | | | |

Themenmatrix 3.1

| Verhältnisorientierte Gesundheitsförderung | Kurz | Menne | Weno | Landgraf | Krüger | Prinz | Saumweber | Gattner | Mikfelder | Reinhold |
|---|---|---|---|---|---|---|---|---|---|---|
| **GF: Kategorien verhältnisorientiert** | ● | | ● | ● | ● | ● | ● | ● | ● | ● |
| **1. Die Arbeitsstruktur betreffend:** | | | | | | | | | | |
| 1.1 Arbeitsergonomie | | | | | ● | ● | ● | ● | | |
| 1.2 Arbeitsgestaltung | ● | | | | | ● | | | ● | ● |
| 1.3 Arbeitsentlastung | ● | | | | | | | | | |
| **2. Die Organisationsstruktur betreffend:** | | | | | | | | | | |
| 2.1 Organisationsgestaltung | | | | ● | | | | | | |
| 2.2 Arbeitszeitgestaltung | | | ● | | | | | | | ● |
| 2.3 Lohngestaltung | | | | | | | | | | |
| **3. Die Organisationskultur betreffend** | | | | | | | | | | |
| 3.1 Anerkennung, Wertschätzung | | | ● | | ● | ● | ● | | ● | ● |
| 3.2 Ernährungsangebote | | | | | | | | | ● | |
| 3.3 Partizipation, Empowerment | | | ● | | ● | ● | ● | | ● | ● |
| 3.4 Delegation, Abflachung der Hierarchien | | | ● | | | | | | | ● |
| 3.5 Kommunikation | ● | | | | | ● | ● | | | |
| 3.6 Transparenz, Information | | | | | | ● | ● | ● | ● | ● |
| 3.7 Netzwerke, Vernetzungsmöglichkeiten, Nahtstellen | | | ● | | ● | ● | ● | | | ● |
| 3.8 Laufbahn- und Karriereberatung | | | | | | | | | | |
| 3.9 Formen der Zusammenarbeit, Kooperation | | | ● | | | | ● | | ● | ● |
| 3.10 Familienfreundliche Einrichtungen | ● | | | | | | | | | ● |
| 3.11 Führungskultur | ● | | | | ● | | | | ● | ● |
| 3.12 Unterstützende Abteilungen/interne Einrichtung | | | | | | | | | | ● |
| 3.1.3 Nachhaltigkeit der Projekte | | | ● | | | ● | ● | | | ● |

Themenmatrix 3.2

| **Verhaltensorientierte Gesundheitsförderung** | Kurz | Menne | Weno | Landgraf | Krüger | Prinz | Saumweber | Gattner | Mikfelder | Reinhold |
|---|---|---|---|---|---|---|---|---|---|---|
| Kategorien verhaltensorientiert | ● | ● | ● | ● | ● | ● | ● | ● | ● | ● |
| 1. Anerkennung, Wertschätzung | | | ● | ● | ● | | ● | | | |
| 2. Suchtmittelkonsum/-missbrauch | | ● | | | ● | | | | ● | |
| 3. Aufklärungs- und Informationsaktionen | | ● | | ● | ● | | | ● | ● | ● |
| 4. Herz-Kreislauf-Aktionen | ● | ● | | ● | ● | | | ● | | |
| 5. Weiterbildung mit Gesundheitsförderung | | | ● | ● | ● | | | ● | | |
| 6. Soziale Kompetenz | | | ● | ● | ● | | | | | |
| 7. Coping-Strategie | | | | ● | ● | | | ● | | |
| 8. Bewegungsangebote | ● | ● | | | ● | | | ● | | |
| 9. Freizeitangebote | | | | | | | | | | ● |
| 10. Netzwerke | | | | | | | | | | ● |
| 11. Lernen aus Erfahrung, Lebenserfahrung | | | | | | ● | | | | |
| 12. Indikatorensystem | | | | | | | ● | ● | | |
| 13. Annehmbarkeit bei MitarbeiterInnen | | | | | | | | ● | ● | |
| 14. Belohnung für Gesundheitsrate | | | | | | | | | ● | |
| 15. Langfristig angelegte Lernprozesse | | | | | | | | | | ● |

Themenmatrix 3.3

GPSR Compliance

*The European Union's (EU) General Product Safety Regulation (GPSR) is a set of rules that requires consumer products to be safe and our obligations to ensure this.*

*If you have any concerns about our products, you can contact us on ProductSafety@springernature.com*

In case Publisher is established outside the EU, the EU authorized representative is:

Springer Nature Customer Service Center GmbH
Europaplatz 3
69115 Heidelberg, Germany

**Batch number: 10815964**

Printed by Printforce, the Netherlands